Buch

Henry A. Kissinger schildert die dramatischsten Momente seiner Laufbahn, und jeder Leser spürt sofort, daß der Autor nicht nur ein exzellenter Kenner der politischen Materie ist, sondern auch ein scharfer Beobachter all seiner Partner, zudem ein Mann, der die »komischen« Seiten der Weltgeschichte mit Humor zu nehmen versteht, und nicht zuletzt ein selbstkritischer Politiker, der sich auch darum bemüht, seine Fehler und Versäumnisse zu erkennen.

... und Autor

Henry A. Kissinger wurde 1923 in Fürth/Bayern geboren. 1938 wanderte seine Familie in die Vereinigten Staaten aus, 1943 wurde er dort eingebürgert. Nach dem Zweiten Weltkrieg machte er eine Karriere ohnegleichen. Hier nur die wichtigsten Stationen:

1954 Studiendirektor eines Forschungsprogramms, um der militärischen Herausforderung durch die Sowjetunion zu begegnen;

gleichzeitig Mitglied des Lehrkörpers der weltberühmten Harvard-Universität;

1957 stellvertretender Direktor des Harvard Center for International Affairs;

1958 Direktor von Harvard's Defense Studies Program;

1962 ordentlicher Professor in Harvard;

1973 Verleihung des Friedensnobelpreises;

1973–1977 Außenminister der Vereinigten Staaten.

Vom selben Autor ist in der Reihe Goldmann Sachbuch außerdem erschienen:

Amerikanische Außenpolitik.
Analysen und Tendenzen (11284)

Der zweite Teil der Memoiren, der im wesentlichen Kissingers Amtszeit als Außenminister zwischen 1973 und 1977 schildert, wird demnächst im Verlag C. Bertelsmann erscheinen.

Henry A. Kissinger

Memoiren

Band I

1968 – 1970

Wilhelm Goldmann Verlag

Die amerikanische Originalausgabe ist unter dem Titel
»White House Years« im Verlag Little, Brown and Company
erschienen

Aus dem Amerikanischen von Hans-Jürgen Baron von Koskull

---

*Dem Andenken
an Nelson A. Rockefeller*

---

1. Auflage November 1981. 1.–35. Tsd.

Made in Germany 1981
Genehmigte Taschenbuchausgabe

Umschlagentwurf: Atelier Adolf & Angelika Bachmann, München
Umschlagfoto: Bildarchiv Süddeutscher Verlag, München
Druck: Presse-Druck Augsburg
Verlagsnummer 11327
Lektorat: Renate Richter · Herstellung: Sebastian Strohmaier
ISBN 3-442-11327-X

Inhaltsverzeichnis

Band I

Band II

Band III

Vorwort

Wie man meine Arbeit auch beurteilen mag, ich war dazu aufgefordert, eine bedeutende Rolle bei der Ausarbeitung wie bei der Durchführung der Außenpolitik der Vereinigten Staaten zu spielen, anfangs als Sicherheitsberater Präsident Nixons, dann als Außenminister der Präsidenten Nixon und Ford. Dieses Buch berichtet über unsere Außenpolitik während der ersten Amtszeit Präsident Nixons – von meiner Ernennung zum Sicherheitsberater nach der Wahl im November 1968 bis zum Abschluß der Vietnam-Verhandlungen, der ungefähr mit dem Beginn von Nixons zweiter Amtszeit im Januar 1973 zusammenfällt. Natürlich sehe ich die Geschichte mit meinen Augen – ich gebe ein Bild dessen, was ich sah, dachte und tat –, und ich mußte natürlich auswählen und komprimieren. Für eine umfassende Darstellung im Sinne des Historikers muß die Veröffentlichung weiterer Dokumente, Memoiren und Biographien abgewartet werden – sie werden nicht alle aus Amerika kommen.

Die Periode, die in diesem Band behandelt wird, war durch innere Uneinigkeit und internationale Unruhe gekennzeichnet; sie war Zeuge von Amerikas Reise in eine Welt, in der es zwar noch sehr einflußreich war, aber nicht mehr die Vorherrschaft besaß. Dieser schmerzhafte Übergang birgt – nicht ohne unser Zutun, wie ich hoffe – langfristig vielleicht den Keim zu einem neuen amerikanischen Beitrag im Interesse freier Gesellschaften. Die Darstellung umstrittener Themen in diesem Band, besonders des Vietnam-Krieges, wird einigen die ihnen unvertraute Seite der Barrikade zeigen. Sie wird hier so ehrlich wie möglich gegeben, um den Streit beizulegen, nicht, um rückwirkend Punkte zu machen. Eine Nation kann ihre Uneinigkeit nur überwinden, wenn sie erkennt, daß auf beiden Seiten der Barrikade ehrenhafte Menschen gestanden haben.

In einem folgenden Band beabsichtige ich, die Zeit vom Januar 1973 bis zum Januar 1977 zu behandeln. Während des größten Teils dieser Periode war ich Außenminister. Dort werde ich über Angelegenheiten sprechen wie Watergate und den Rücktritt Richard Nixons; den Nahen Osten im Oktober 1973 und die darauf folgende »Pendeldiplomatie«; internationale Wirtschaftsprobleme wie die Ölkrise und den Nord-Süd-Dialog; Südafrika; den Sturz von Salvador Allende und unsere Politik in Lateinamerika; die Übernahme der Macht in Indochina durch die Kommunisten; die Verhandlungen über SALT II; die Entwicklung unserer Beziehungen zu China; die Amtszeit des Präsidenten Gerald Ford; den Wahlkampf von 1976 und andere Themen. Gelegentlich werde ich auf die Ereignisse der Jahre 1969 bis 1972 zurückkommen, die hier aus Platzgründen ausgelassen wurden oder weil sie nicht in den Zusammenhang paßten. Leser, die diesen gewichtigen Band in den

Händen halten, werden sich kaum vorstellen können, daß ich irgend etwas ausgelassen habe; sie werden vielleicht dankbar sein, daß einiges für einen zweiten Band übriggeblieben ist.

Beim Verfassen dieses Berichts habe ich mich darum bemüht, mich so wenig wie möglich auf mein Gedächtnis zu verlassen; ich konnte mich auf viele Dokumente stützen und für einen Teil dieser Periode auf meine Tagebücher. Ich beabsichtige, ein Exemplar dieses Bandes mit Notizen und Erläuterungen bei meinen persönlichen Papieren zu hinterlegen, das Wissenschaftlern zur Verfügung stehen soll, die sich eines Tages intensiver mit dieser Periode beschäftigen wollen.

Eines der Paradoxe im Zeitalter der Denkschriften und Fotokopien, der alles überwuchernden Bürokratien und Dokumentationen ist, daß die Geschichtsschreibung fast unmöglich zu werden scheint.

Wenn sich ein Historiker mit vergangenen Jahrhunderten beschäftigt, hat er Schwierigkeiten, genügend zeitgenössische Quellen zu finden; wenn er über die heutige Diplomatie schreibt, liegt die Schwierigkeit darin, nicht in diesen Quellen zu ertrinken. Wollte man einem unbefangenen Historiker mit hohem wissenschaftlichen Rang und unangreifbarer Objektivität die Millionen von Dokumenten zur Verfügung stellen, die es für einen beliebigen Vierjahresabschnitt in der modernen Geschichte gibt, hätte er größte Schwierigkeiten, mit dieser erschreckenden Aufgabe fertig zu werden. Der Aktenberg ist ebenso erhellend wie verdunkelnd. Es wäre ihm unmöglich, zu entscheiden, welche Dokumente nur verfaßt wurden, um dem Verfasser ein Alibi zu geben, und welche die Entscheidungen wirklich beeinflußt haben; welche Schriftstücke konkrete Ergebnisse widerspiegeln oder von den entscheidenden Umständen nichts enthalten.

Vor Einführung unserer modernen Nachrichtenmittel mußten die Anweisungen für einen Unterhändler klar formuliert sein und vermittelten daher einen Einblick in die Denkweise des Staatsmannes; im Zeitalter des Fernschreibers behandeln sie meist taktische und technische Fragen, sagen aber über größere Zusammenhänge und Überlegungen nichts aus. Die offiziellen Akten in unserer Zeit lassen nicht unbedingt erkennen, welche Entscheidungen über »vertrauliche Kanäle« gefallen sind, die den offiziellen Dienstweg umgehen, oder was mündlich vereinbart wurde, ohne daß es je schriftlich protokolliert worden ist. Gesprächsnotizen können leicht nachträglich zur Rechtfertigung des Verfassers angefertigt werden. (Dean Acheson sagte einmal, daß er nie ein Gesprächsprotokoll gelesen habe, dessen Verfasser nur die zweitbesten Argumente gehabt habe.) Durch die richtige Auswahl von Dokumenten läßt sich fast alles beweisen. Da es heute üblich geworden ist, vertrauliche Schriftstücke ohne Genehmigung zu veröffentlichen, muß man damit rechnen, daß der Verfasser jedes Dokuments auch daran gedacht hat, sich für solch einen Fall abzusichern. Der Gewinn des Journalisten wird zum Verlust des Historikers.

Wer an wichtigen Ereignissen beteiligt war, ist natürlich diesen Tendenzen gegenüber nicht immun, wenn er seinen Bericht schreibt. Der Umstand, daß er beteiligt war, beeinflußt die Perspektive seiner Darstellung; das Bestreben, etwas zu erklären, vermischt sich mit dem Bestreben, sich zu verteidigen. Der persönlich Beteiligte kann zur Geschichtsschreibung jedoch wenigstens einen wesentlichen Beitrag leisten: Er *weiß*, welche der Myriaden von Faktoren die Entscheidungen beeinflußt haben, an denen er beteiligt war; er kann beurteilen, welche Dokumente die Wirklichkeit so wiedergeben, wie er sie begriffen hat; er kann sagen, welche Auffassungen ernst genommen, welche zurückgewiesen wurden und welche Überlegungen hinter den Entscheidungen gestanden haben. Dadurch ist nicht die Richtigkeit seines Urteils garantiert, sondern nur seine Grundlage aufgezeigt. Hält er sich zurück, kann er künftigen Historikern helfen zu beurteilen, wie die Dinge wirklich aussahen, wenn (vielleicht besonders dann) nach längerer Zeit mehr Quellenmaterial zu allen Dimensionen der Ereignisse verfügbar wird.

Zu ganz besonderem Dank bin ich all denen verpflichtet, die mir bei der Vorbereitung dieses Buches geholfen haben. Peter W. Rodman, seit 15 Jahren mein Freund, Vertrauter und unschätzbarer Mitarbeiter, hat die Forschungsarbeiten geleitet, selbst wichtige Forschungen durchgeführt, an der Redaktion mitgearbeitet, Angaben überprüft und viele andere Aufgaben übernommen. Ohne seine Hilfe wäre dieses Werk nicht zustande gekommen. Ein weiterer treuer Mitarbeiter und langjähriger Freund, William G. Hyland, hat sich entscheidend an den Forschungsarbeiten beteiligt, besonders über die Europa-Politik, die Ost-West-Beziehungen und SALT. Rosemary Neaher Niehuss und Mary E. Brownell, die schon in der Regierung mit mir zusammengearbeitet haben, waren mir mit ihrer außerordentlichen Sachkenntnis und ihrem Fleiß in der Forschung und bei der Bearbeitung des Manuskripts hilfreich.

Winston Lord und William P. Rogers haben mir erlaubt, ihre Freundschaft in Anspruch zu nehmen, und das ganze Manuskript gelesen. Sie haben mir zahllose kluge Hinweise gegeben und einen wesentlichen Beitrag zur Redaktion des Werkes geleistet. Brent Scowcroft, Lawrence S. Eagleburger, David Ginsburg, Richard Helms, John Freeman, Samuel Halbern, Jessica Catto und John Kenneth Galbraith haben Teile des Manuskripts gelesen.

Harold Evans hat gemeinsam mit Oscar Turnill den ganzen Band aufmerksam gelesen und wichtige redaktionelle Vorschläge gemacht; aus diesen Vorschlägen habe ich gelernt, wie eine geschickte und intelligente Redaktionsarbeit dazu beitragen kann, ein Buch aufzubauen und lesbarer zu machen. Betsy Pitha und der verstorbene Ned Bradford vom Verlag Little,

Brown haben das Manuskript mit großer Aufmerksamkeit durchgesehen. Catherine De Sibour, Kathleen Troia und Jeffrey Yacker haben mich bei der Forschungsarbeit unterstützt.

Dank schulde ich Daniel J. Boorstin, dem Bibliothekar des Kongresses, und den Damen und Herren von der Manuskriptabteilung: John C. Broderick, Paul T. Heffron, John Knowlton und ihren hervorragenden Mitarbeitern. Ihnen bin ich dankbar für ihre Zuvorkommenheit und Hilfe beim Ordnen meiner Unterlagen, die sie jetzt verwalten. Ihre Arbeitsmethoden haben mir und meinen Mitarbeitern ganz wesentlich geholfen. Über die Verwendung von Material, das noch den Geheimhaltungsbestimmungen unterliegt, habe ich mich mit dem Büro des gegenwärtigen Beraters für Nationale Sicherheit, Dr. Zbigniew Brzezinski, abgesprochen, dem ich für seine Hilfe danke. Präsident Nixon hat mir freundlicherweise erlaubt, aus seinen Präsidialakten zu zitieren.

Besonders dankbar bin ich meiner persönlichen Assistentin, M. Christine Vick, die die Zusammenstellung des Manuskripts besorgte und mehrere Fassungen abgetippt hat, während sie daneben für die Organisation meines Büros verantwortlich war. Cheryl Womble und Mary Beth Baluta haben ihr bei den Schreibarbeiten geholfen. Alle haben viele Überstunden gemacht.

Meine Frau Nancy hat mir mit ihren Ratschlägen und ihrer Liebe zur Seite gestanden und ist dabei mein Gewissen gewesen.

Ich habe diesen Band Nelson A. Rockefeller gewidmet. Bis zu seinem zu frühen Tode im Januar dieses Jahres ist er 25 Jahre lang mein Freund gewesen.

Für den Inhalt dieses Buches bin ich allein verantwortlich, und ich scheue mich auch nicht, die Verantwortung zu übernehmen für das, was ich getan und hier beschrieben habe.

Washington, D. C.

Juni 1979

ERSTER TEIL
Einführung

I. Eine Aufforderung

Die Amtseinführung erfolgte an einem hellen, kalten und windigen Tag. Ich saß auf der Tribüne, unmittelbar hinter dem neuen Kabinett und beobachtete, wie Lyndon B. Johnson zum letztenmal zu den Klängen von »Hail to the Chief« den Gang zwischen den Zuschauerreihen herunterkam, und überlegte, was diese starke und tragische Persönlichkeit jetzt dachte, da seine Amtszeit, die mit so hohen Erwartungen begonnen hatte, in Schmerzen zu Ende gegangen war. Wie hatte es geschehen können, daß dieser Mann des Ausgleichs schließlich vor einem zerrissenen Land stand? Johnson sah aus wie ein Adler im Käfig; stolz, würdig, ein Mann, der nicht mit sich scherzen ließ, den Blick auf ferne Höhen gerichtet, die nun unerreichbar für ihn geworden waren.

Eine zweite Fanfare ertönte, und der neu gewählte Präsident Richard Nixon erschien auf den obersten Stufen des Kapitols. Er trug einen Cut; die Hosen, wie üblich, ein wenig zu kurz. Er hatte das Kinn herausfordernd vorgeschoben und machte dennoch einen etwas unsicheren Eindruck, als wüßte er nicht, ob er wirklich hier sei. Er schien erleichtert und ungläubig zugleich. Nach einer höchst unwahrscheinlichen beruflichen Laufbahn und einem in der politischen Geschichte Amerikas einmaligen Beweis der Selbstdisziplin war ihm endlich der Erfolg beschieden. Nun schien er zu triumphieren und kaum erwarten zu können, daß die Zeremonie zu Ende ging, um sofort damit beginnen zu können, sich den Traum seines Lebens zu erfüllen. Aber er machte auch einen fast zerbrechlichen Eindruck, wie ein Marathonläufer, der sich in einem großen Rennen verausgabt hat. Wie immer war es schwer zu sagen, ob es das Ereignis als solches oder seine Erwartungen waren, die ihn bewegten. Er ging die Stufen hinunter und leistete den Amtseid mit fester tiefer Stimme.

1. *Nelson Rockefeller*

Meine Überraschung, dabeizusein, war verständlich. Noch vor acht Wochen hätte ich es für absurd gehalten, wenn man mir gesagt hätte, daß ich vielleicht als einer der engsten Berater des neuen Präsidenten an der Amtseinführung teilnehmen würde. Denn bis dahin hatte ich alle politischen Erfahrungen im Kreise derjenigen gemacht, die sich als Todfeinde Richard Nixons betrachteten. Ich hatte mehr als zehn Jahre an der Universität Harvard gelehrt, wo es für die Professoren selbstverständlich war, Richard Nixon abzulehnen. Darüber hinaus war die einflußreichste Persönlichkeit in meinem Leben ein Mann gewesen, den Nixon bei seiner vergeblichen Bewerbung um die Nominierung zum Präsidentschaftskandidaten zweimal geschlagen hatte, Nelson Rockefeller.

Nelson Rockefeller hatte mich 1955 in die hohe Politik eingeführt, als er Sonderberater des Präsidenten Eisenhower für Nationale Sicherheit gewesen war. Er hatte damals eine Gruppe von Akademikern, darunter auch mich, zusammengerufen und gebeten, für den Präsidenten ein Gutachten über ein fundamentales, diplomatisches Problem zu entwerfen: Wie könnten die Vereinigten Staaten in der Außenpolitik die Initiative ergreifen und ihre langfristigen Ziele artikulieren?

Die Begegnung war aufschlußreich. Er klopfte den versammelten Akademikern auf den Rücken, lächelte breit und redete jeden mit Vornamen an, soweit er sich dessen erinnern konnte. Aber gerade das und die Demonstration amerikanischen Charmes ließen den großen Abstand spüren. Wenn man jeden mit Vornamen anredet und gleich freundlich behandelt, dann verliert die Beziehung zu einem Menschen ihre persönliche Bedeutung. Rockefeller setzte sich, um zuzuhören, wie jeder von uns, tief beeindruckt von der Nähe zur Macht – und ich darf sagen zum Reichtum –, sein Möglichstes tat, ihn durch seinen Scharfsinn zu beeindrucken. Ein Professor nach dem anderen äußerte sich mit klugen Worten über die Taktik, eine Nation zu manipulieren – oder wenigstens die Bürokratie – und mit einem Präsidenten umzugehen, den wir noch nicht kannten, oder (zu dem ständigen Problem des Sicherheitsberaters) sich gegenüber einem ebenso unbekannten Außenminister durchzusetzen. Nachdem wir unsere Ausführungen beendet hatten, verschwand das Lächeln von Rockefellers Gesicht, und seine Augen bekamen einen verschleierten Ausdruck, den ich später noch so gut kennenlernen sollte und der anzeigte, daß es Zeit war, sich ernsthafteren Dingen zuzuwenden. Er sagte: »Meine Herren, ich habe Sie nicht hierhergebeten, damit Sie mir sagen, wie man in Washington manövriert – das ist meine Sache. *Ihre* Sache ist es, mir zu sagen, was richtig ist. Wenn Sie mich überzeugen können, werde ich es dem Präsidenten vortragen. Und wenn ich es ihm nicht verkaufen kann, werde ich zurücktreten.«

Rockefeller stand zu seinem Wort. Er schrieb einen Bericht, und sein Vorschlag vom »offenen Himmel« wurde angenommen. Die Passagen des Berichts, in denen von weitgesteckten Zielen die Rede war, wurden jedoch abgelehnt, zum Teil, weil im Lande eine zu selbstzufriedene Stimmung herrschte, vor allem jedoch wegen der Opposition eines mächtigen Außenministers, der seine eigenen Überzeugungen durchsetzen wollte. Ende 1955 trat Rockefeller zurück.

Ich hatte an einem für Rockefeller typischen Unternehmen teilgenommen. Von allen Persönlichkeiten, die in der Öffentlichkeit eine Rolle spielten und die ich kennengelernt habe, hat er sich am stärksten den absoluten, ja fast rührenden Glauben an die Macht der Ideen bewahrt. Er hat enorme Mittel eingesetzt, um herauszufinden, was »das Richtige« sei. In seinen durch das ganze Land führenden Wahlkämpfen ging er von der Illusion aus, daß man die Delegierten auf den nationalen politischen Versammlungen mit erstklassigen, das Wesentliche treffenden Programmen gewinnen könne. Für die Vorbereitung seiner Reden brauchte er unendlich lange Zeit. So untypisch er mit seiner grenzenlosen Energie, seinem pragmatischen Genie und dem durch nichts zu entmutigenden Optimismus erscheinen mochte, er war in gewisser Weise in seinem tiefsten Wesen Amerikaner. Hindernisse waren dazu da, überwunden zu werden. Probleme eröffneten neue Möglichkeiten. Er konnte sich nicht vorstellen, daß ein Unrecht nicht wiedergutgemacht werden könnte oder daß es unmöglich sei, ein ehrenhaftes Ziel zu erreichen. Für andere Nationen gehören Utopien einer besseren, nicht wiederkehrenden Vergangenheit an, für einen Amerikaner liegen sie in Reichweite seiner Hingabe an eine Sache.

Ich bin überzeugt, daß Nelson Rockefeller ein großer Präsident geworden wäre, denn er besaß in reichem Maße die für einen Führer entscheidenden Eigenschaften des Muts und der Voraussicht. Aber in den Augenblicken, in denen sich sein Ziel hätte verwirklichen können, 1960 und dann wieder 1968, zögerte er, was eigentlich nicht seinem Charakter entsprach. Für seine Überzeugung konnte er kaltblütig und rücksichtslos eintreten. Er hatte ein unglaubliches Beharrungsvermögen, und doch gab es in ihm eine tiefe Ambivalenz. Gewisse aristokratische Skrupel hielten ihn davon zurück, sein Ziel mit der erforderlichen Zielstrebigkeit zu verfolgen, und brachten ihn dazu, sich in dem Bestreben zu erschöpfen, des Amtes würdig zu werden. Seine ganze Erziehung verbot es ihm, vor dem Volk, dem er dienen wollte, so zu erscheinen, als verfolgte er ein persönliches Ziel. Da er schon so große Vorrechte genoß, glaubte er, kein Recht zu haben, für sich persönlich noch mehr zu verlangen. Deshalb bewarb er sich um das Amt, indem er versuchte, der Nation die mitreißendste Vision von ihren Möglichkeiten und den besten Plan für ihre Verwirklichung vorzustellen.

Im tiefsten Sinne litt Nelson Rockefeller an den ererbten Hemmungen sehr reicher Männer in einer egalitären Gesellschaft. Er wollte unbedingt überwinden, was im Wesen unvereinbar war, nämlich den politischen Erfolg seinem Verdienst und nicht seinem Reichtum verdanken, ihn durch Leistungen verdienen und nicht ererbt haben. In Ländern mit aristokratischen Traditionen – zum Beispiel in Großbritannien noch lange nach dem Zweiten Weltkrieg – hatten die Angehörigen der oberen Klassen hohe Staatsämter und waren davon überzeugt, das Recht zu besitzen, eine öffentliche Verantwortung zu übernehmen. Verdienst wurde als selbstverständlich vorausgesetzt. In den Vereinigten Staaten dagegen sind die Nachkommen großer Familien außerordentlich empfindsam gegenüber dem Vorwurf, sie strebten die Macht durch die sichtbare Ausübung ihres Einflusses oder ihres Reichtums an. Sie glauben daher, ein hohes Amt nur übernehmen zu dürfen, wenn sie es verdient hätten. Doch ebensowenig, wie eine schöne Frau sicher sein kann, »um ihrer selbst willen« begehrt zu werden – denn ihr Wert ist untrennbar mit ihrer Schönheit verbunden –, kann ein reicher Mann in Amerika gewiß sein, welchem Einfluß er seine Stellung in der Öffentlichkeit zu verdanken hat. Wenn er Glück hat, lernt er rechtzeitig, daß die Frage eigentlich gleichgültig ist. In einem hohen politischen Amt wird er an den Herausforderungen gemessen, die er bestanden, und an den Ergebnissen, die er erzielt hat, nicht an seinem Geld oder an den Motiven, die ihm zu diesem Amt verholfen haben. Die Geschichte beurteilt nicht den Vorsprung zu Beginn, sondern die Leistung.

Nelson Rockefeller hat dieses Dilemma niemals ganz lösen können. Nach seinem vorzeitigen Tod hat man von ihm gesagt, es sei ihm nicht gelungen, Präsident zu werden, obwohl er ein Rockefeller war. Das Gegenteil ist richtiger. Daß es ihm nicht gelang, lag vor allem daran, daß er ein Rockefeller war. Er scheute sich nicht, im Wahlkampf hohe Summen auszugeben. Aber zugleich fühlte er sich in ungewöhnlicher Weise verpflichtet, seinen Ehrgeiz durch seine Programme zu rechtfertigen, und empfand eine starke Abneigung dagegen, seine Träume zu verwirklichen, indem er den Delegierten auf den politischen Versammlungen schmeichelte, eine Taktik, die er für erniedrigend hielt. Doch so wird bei uns nicht Politik gemacht; sie ist mehr auf Persönlichkeiten als auf Programme ausgerichtet.

In drei Wahlkämpfen um die Nominierung zum Präsidentschaftskandidaten kämpfte Rockefeller für ein von ihm für solide gehaltenes Parteiprogramm, ohne eine der wichtigsten Lehren zu beachten, die man aus der amerikanischen Geschichte ziehen kann: daß nämlich Parteiprogramme nur während der kurzen Augenblicke eine Bedeutung haben, in denen die Delegierten zusammenkommen, um ihren Kandidaten zu wählen, um dann wieder aus dem Gedächtnis der Öffentlichkeit zu verschwinden. 1960, nur drei Wochen vor Beginn des Nationalen Konvents der Republikanischen Partei, als seine Ablehnung bereits feststand und die Situation hoffnungslos war, trug er ein bedeutendes und umfangreiches Programm vor. Damit zwang er Nixon zu der bekannten »Übereinkunft der Fifth Avenue« – einem in Rokkefellers Appartement entworfenen Dokument –, die die republikanische Wahlplattform in eine mit seinen Auffassungen zu vereinbarende Richtung verschob. Was seinen Rang in der Parteihierarchie betraf, mußte er jedoch einen hohen Preis dafür bezahlen. 1964 stellte er sich, unter Mißachtung jeden Gebots der Klugheit, gegen Barry Goldwater, weil er ehrlich davon überzeugt war, daß Goldwater damals der Strohmann für eine gefährliche Form des konservativen Extremismus sei (später hat er ihn allerdings bewundert). Und Goldwaters weniger gemäßigte Anhänger vergalten es ihm mit dem Versuch, Rockefeller mit Buhrufen von der Bühne des Republikanischen Parteikonvents zu verjagen. Im März 1968, als er als Außenseiter noch eine gewisse Chance hatte, zog er sich aus dem Rennen zurück, beteiligte sich jedoch wieder daran, als Nixon sich eine mathematische Mehrheit gesichert hatte, indem er eine Serie detaillierter und wohlüberlegter politischer Positionen veröffentlichte.

Zwischen seinem und Richard Nixons Stil hätte es keinen größeren Gegensatz geben können. Im heutigen Amerika wächst die politische Macht der Persönlichkeiten, die von dem Verlangen besessen sind, an die Macht zu kommen. Wer sich nicht mit monomaner Energie um die Nominierung bemüht, wer sich fürchtet oder solch ein Verhalten verächtlich findet, läuft einer Fata Morgana nach, so hervorragend seine sonstigen Fähigkeiten auch sein mögen. Für die Bewerber um das höchste Staatsamt hängt, ebenso wie für den Spitzensportler, alles von der richtigen zeitlichen Koordinierung ab, von der intuitiven Fähigkeit, die Gelegenheit zu ergreifen, wenn sie sich bietet. Die Delegierten eines Parteikonvents haben die auf einen kurzen Zeitraum zusammengedrängte Lebensdauer von Schmetterlingen. Während dieser Zeit werden sie bewundert, umschmeichelt, unter Druck gesetzt, man sucht ihnen zu gefallen, man verwöhnt sie, und man verfolgt sie unaufhörlich. Aber einen Tag nachdem sie ihre Stimme abgegeben haben, sind sie vergessen. Sie reagieren deshalb in den wenigen Augenblicken, in denen sie im Rampenlicht stehen, sehr empfindlich darauf, wenn ein Kandidat an sich selbst zweifelt.

Die Qualitäten, die man braucht, um von einer nur so kurze Zeit amtierenden Körperschaft zum amerikanischen Präsidentschaftskandidaten gewählt zu werden, haben mit denen, die für das Regieren erforderlich sind, vielleicht nur wenig gemeinsam. Da die Anforderungen bei der Nominierung mit jeder Wahl wachsen, könnte es sein, daß sie sich mit den für das Amt erforderlichen immer weniger vereinbaren lassen. Die Nominierung verlangt vom Kandidaten Organisationstalent. Er muß seine politischen Äußerungen den Bedürfnissen des Augenblicks anpassen, Widersprüche meistern und Übereinstimmung herbeiführen können, und er muß fähig sein, die Programme den Erfordernissen anzupassen, die für eine Koalition auf breiter Basis notwendig sind. Ein Mann, der das komplexe Wesen des Nominierungsprozesses so hervorragend begreift wie Nixon, wird unweigerlich einen Kandidaten schlagen, der sich auf die Substanz seiner Programme konzentriert.

Als Persönlichkeit war Nelson Rockefeller das absolute Gegenteil von Adlai Stevenson. Er war viel strenger und viel entschiedener, und doch wies das Schicksal der beiden Männer eigenartige Parallelen auf. Angesichts einer günstigen Gelegenheit zögerten sie oder lehnten es vielmehr ab, sich durch Mittel, die eine neue Politik erfordert hatte, Vorteile zu verschaffen. Wenn so etwas für einen Demokraten gefährlich war, dann war es für einen Republikaner tödlich. Denn diese Partei, die eine Generation nicht mehr an der Macht gewesen war, befleißigte sich einer Orthodoxie und Disziplin im Inneren, die ihre neuen Programme höchst verdächtig erscheinen ließen. Beide Männer scheiterten daran, daß sie das nicht erkannten. Ebenso wie Stevenson 1960 von der hinter Kennedy stehenden Organisation geschlagen wurde, so hat die Organisation Nixons 1960 und 1968 Rockefeller geschlagen. Die ausgesprochene Antipathie, die Rockefeller gegenüber Nixon empfand, war auf viele Faktoren zurückzuführen. Entscheidend war jedoch die intuitive Rebellion gegen die Politik der Manipulation, die bis jetzt das Wesen der modernen amerikanischen Präsidialpolitik ausmachen dürfte.

Der Rivalität zwischen Rockefeller und Nixon fehlte es aber auch nicht an einer gewissen persönlichen Antipathie, die über das Maß hinausging, das automatisch entsteht, wenn sich zwei Männer um einen einmalig hohen Preis bewerben. Nixon hielt Rockefeller für einen selbstsüchtigen Amateur, der zerstören würde, was er nicht beherrschte, für einen Vertreter des Establishments, das ihn während seines ganzen politischen Lebens von oben herab behandelt hatte. Für Rockefeller war Nixon ein Opportunist ohne den zur Gestaltung des Schicksals unserer Nation notwendigen Weitblick und Idealismus.

1968 beurteilte ich Nixon sehr ähnlich, konnte aber dieses Urteil nicht auf konkrete Beobachtungen stützen. Ich nahm an der Pressekonferenz teil, auf der sich Rockefeller gegenüber Nixon in ritterlicher Form geschlagen gab, und war zutiefst enttäuscht. Meine Gefühle glichen etwa denen eines Journalisten, der über den Wahlfeldzug von Rockefeller berichtet hatte und am Schluß in der Bar des Americana-Hotels zusammenbrach. Er hat gesagt: »Das ist der letzte Politiker, für den ich mich emotional engagieren werde. Politiker sind wie Hunde; sie haben eine zu kurze Lebenserwartung, so daß es sinnlos ist, sich für sie einzusetzen.«*

* Robert Kennedy war erst vor zwei Monaten ermordet worden.

Ein Mann, der einer unserer größten Präsidenten hätte sein können, würde dieses Ziel nie erreichen. Diese Erkenntnis war für seine Freunde um so bitterer, weil wir genau wußten, daß es anders hätte kommen können und die Niederlage nur taktischen Fehlern und seinem Zögern zuzuschreiben war.

2. *Das Telefongespräch*

Wenige Monate nach jenem deprimierenden Tag – Richard Nixon war jetzt der gewählte Präsident – war ich zum Lunch bei Gouverneur Rockefeller und einer Beratergruppe in seiner kleinen Wohnung im vierten Stock des Museums für Primitive Kunst in New York City. Es war Freitag, der 22. November 1968. Das von ihm gestiftete Museum war mit Rockefellers Gouverneursbüro an der 55. Straße West durch einen überdachten Gang verbunden, der eine Nebenstraße überquerte. Das Appartement hatte der Architekt Wallace Harrison eingerichtet, der Erbauer des Rockefeller Center. An den dramatisch geschwungenen roten Wänden hingen Gemälde von Toulouse-Lautrec. Rockefeller besaß noch weitere kostbare Gemälde, die in Schränken aufbewahrt wurden, weil er keinen Platz hatte, sie aufzuhängen. In dieser exquisiten Atmosphäre sprachen wir darüber, welche Haltung Rokkefeller einnehmen sollte, wenn man ihm anbot, in das Kabinett Nixon einzutreten, und welches Ministerium für ihn das geeignetste wäre, wenn man ihm die Wahl ließ.

Die Meinungen gingen auseinander. Einige Berater meinten, als Gouverneur eines großen Staats, der dort die politische Parteiorganisation beherrschte und ihr Schirmherr war, würde Rockefeller einen größeren Einfluß haben. Andere meinten, dieser indirekte Einfluß sei illusorisch. Ein Gouverneur könne weder die Innenpolitik noch die Außenpolitik auf die Dauer beeinflussen, und jeder Versuch würde wahrscheinlich unter besonders ungünstigen Umständen nur alte Wunden aufreißen. Rockefeller neigte der ersten Auffassung zu und sagte, daß es ihm schwerfallen würde, als Untergebener zu arbeiten, besonders unter Nixon.

Ich war der Ansicht, daß Rockefeller dem Kabinett beitreten sollte, wenn er die Gelegenheit dazu erhielt, und gab meiner Überzeugung Ausdruck, daß er als Verteidigungsminister am glücklichsten sein würde. Ich glaubte, der gewählte Präsident werde höchstwahrscheinlich seiner erklärten Absicht folgen und selbst die Aufgaben des Außenministers übernehmen. Darüber hinaus würde Rockefeller wahrscheinlich im State Department nicht so selbständig arbeiten können, wie es seiner Persönlichkeit entsprach. Das Amt des Verteidigungsministers kam dagegen seinem jahrzehntelangen Interesse für die nationale Sicherheit entgegen. Wenn ich an Robert McNamara dachte, dann konnte ich mir vorstellen, daß der Verteidigungsminister auch bei der Gestaltung der Außenpolitik eine wichtige Rolle spielen konnte.

Wir diskutierten alle diese Fragen in unverbindlicher Form, als wir von einem Anruf aus dem Büro des gewählten Präsidenten unterbrochen wurden. Der Umstand, daß der für die Verabredungen Nixons verantwortliche Sekretär Dwight Chapin eine strategische Besprechung Rockefellers unterbrach, um mich – und nicht Rockefeller – zu bitten, ich möge zu seinem Chef kommen, war ein schmerzlicher Hinweis auf die enttäuschenden Fehlschläge Rockefellers in der Bundespolitik. Rückblickend ist klar, daß unsere Besprechung durch diesen Anruf ihren Sinn verloren hatte, aber wir nahmen sie wieder auf, als sei nichts geschehen. Niemand, der an diesem Essen teilnahm, konnte sich vorstellen, daß ich angerufen worden sei, weil man mir in der neuen Administration einen wichtigen Posten anbieten wollte.

Der Anruf löste in mir weder irgendwelche Erwartungen noch Begeisterung aus. Während meiner langen Zusammenarbeit mit Rockefeller war ich während der ersten Zeit der Kennedy-Administration Berater im Weißen Haus gewesen, als Professoren zum erstenmal nicht nur beratende, sondern auch exekutive Verantwortung übernahmen. Präsident Kennedy, der mein kurz vorher veröffentlichtes Buch *The Necessity for Choice* (oder eine im *New Yorker* erschienene, ausführliche Besprechung) gelesen hatte, nahm mich in den Beraterstab des Weißen Hauses auf. Wir führten ein langes Gespräch, bei dem mich Kennedy durch seine Vitalität und seinen scharfen Verstand für sich gewann, obwohl ich damals noch nicht den Eindruck hatte, daß Kennedys Selbstbewußtsein seiner Energie und seinem geistigen Höhenflug entsprach. Auch glaubte ich nicht, daß sein Sonderberater für Nationale Sicherheit, mein ehemaliger Kollege aus Harvard, McGeorge Bundy, wie der Präsident der Meinung war, daß im Stab des Weißen Hauses ein zweiter Professor notwendig sei, dessen akademische Kompetenz sich mit der seinen vergleichen ließ. Ich wollte jedoch meine Beziehungen zu Rockefeller nur ungern aufgeben; deshalb kamen wir überein, daß ich wöchentlich einen oder zwei Tage als Berater im Weißen Haus tätig sein sollte.

Schon der Umstand, daß ich als Außenstehender beratende Funktionen übernehmen mußte, aber auch meine akademische Egozentrik, die sich damals noch nicht unter dem täglichen Druck der Zusammenarbeit mit einem Präsidenten gemildert hatte, sorgten dafür, daß meine Tätigkeit alle Beteiligten enttäuschte. Ein regulärer Berater hat einen zu großen Abstand, um an raschen Entscheidungen teilnehmen zu können; er ist aber doch zu sehr beteiligt, um den inneren Abstand zu wahren und das Geheimnisvolle seiner Aufgabe so zu empfinden wie ein außenstehender Berater. So muß er fast unausweichlich für diejenigen, die ihm bei seiner Arbeit an die Hand gehen, wie für diejenigen, die er berät, zu einer Belastung werden. Ich wußte damals noch verhältnismäßig wenig über die Arbeitsmethoden eines Präsidenten und verbrauchte daher meine Energie damit, unaufgefordert Ratschläge zu erteilen. Bei den seltenen Kontakten trug ich Präsident Kennedy wissenschaftliche Lagebeurteilungen vor, die seine Entscheidungen nicht beeinflussen konnten, und zwar auch nicht in dem kaum zu erwartenden Fall, daß sie sein Interesse weckten. Wir waren daher beide erleichtert, als wir uns Mitte 1962 wieder trennten.

3. Begegnung mit Richard Nixon

Unter so ungünstigen Voraussetzungen hatte ich noch weniger Grund, damit zu rechnen, daß man mich auffordern würde, einen Posten bei der neuen Regierung zu übernehmen. Ich kannte den neugewählten Präsidenten kaum. Mein Freund William F. Buckley jun., der konservative Leitartikler, hatte mir schon vor einigen Jahren gesagt, Nixon würde von seinen Kritikern unterschätzt und sei intelligenter und vernünftiger, als seine Gegner glaubten. Ich hatte jedoch bis nach den Wahlen von 1968 noch nicht die Gelegenheit gehabt, mir ein eigenes Urteil zu bilden.

Ich war Richard Nixon erst einmal begegnet, als wir nämlich beide 1967 an einer Weihnachtsparty bei Claire Luce teilnahmen. Nixon kam, als ich gerade gehen wollte. Mrs. Luce führte uns in die Bibliothek. Nixon sagte, er habe mein erstes Buch, *Kernwaffen und auswärtige Politik*, gelesen, etwas daraus gelernt und mir einen kurzen Brief geschrieben. Das hatte ich vergessen, was mir sehr peinlich war. Meine Antworten kamen etwas gezwungen, weniger wegen des Vorurteils, das ich seit zwanzig Jahren hegte, als wegen der Peinlichkeit der Situation. Damals war es mir noch sehr unangenehm, Konversation zu machen, und Richard Nixon hat seine gesellschaftlichen Hemmungen bis heute nicht überwinden können. Wir sagten uns ein paar Freundlichkeiten und gingen wieder unserer Wege.

Mit dem Mitarbeiterstab Nixons traf ich zum erstenmal auf dem republikanischen Parteikonvent 1968 in Miami zusammen. Vor der Abstimmung – aber nachdem Nixons Nominierung längst beschlossene Sache war – traf ich mich mit seinem damaligen außenpolitischen Chefberater, Richard V. Allen. Ich wollte versuchen, in der Vietnam-Frage zu einer Übereinstimmung zu kommen, um einen Streit während des Konvents zu vermeiden. Meine Hauptsorge war, darauf zu achten, daß die offizielle Haltung der Republikanischen Partei die Hoffnungen auf eine Beilegung des Konflikts durch Verhandlungen berücksichtigte. Nachdem sie der Nominierung sicher waren, hielten die hinter Nixon Stehenden ein Gerangel um Probleme für sinnlos, das sich bei den vorangegangenen Parteikonventen nur negativ ausgewirkt hatte. So kam es zu einem recht freundschaftlichen Kompromiß, den wir im Lager von Rockefeller – da wir sonst kaum Grund zum Feiern hatten – als moralischen Sieg begrüßten.

Nach dem Parteikonvent kehrte ich nach Harvard in dem Glauben zurück, meinen Beitrag zur amerikanischen Innenpolitik geleistet zu haben. Während des Präsidentschaftswahlkampfs 1968 riefen mich mehrere Beauftragte Nixons – einige von ihnen auch auf eigene Initiative – an und baten mich um Rat. Ich erklärte, ich sei bereit, spezielle Fragen zur Außenpolitik zu beantworten, nicht aber, allgemeine Ratschläge zu geben oder von mir aus Vorschläge zu machen. Anfragen des Stabes von Humphrey hatte ich ebenso beantwortet.

Schließlich wurde mir von Nixons Stab nur eine einzige Frage gestellt. Anfang Oktober 1968 stellte mich Bill Buckley Nixons damaligem Wahlkampfmanager, John Mitchell, vor. Mitchell fragte mich, ob ich glaubte, daß die Regierung Johnson als Gegenleistung für die Eröffnung von Verhandlungen vor den Wahlen einer Einstellung der Bombenangriffe in Vietnam zustimmen werde. Ich antwortete, ich hielte es für sehr wahrscheinlich, daß die Nordvietnamesen unter diesen Bedingungen die Einstellung der Bombenangriffe wünschten und daß sie versuchen würden, beide Kandidaten dafür einzuspannen. Ich glaubte deshalb, Hanoi werde mit einer solchen Vereinbarung unmittelbar vor den Wahlen einverstanden sein, warnte jedoch davor, eine Staatsaffäre daraus zu machen. Mitchell kam während des Wahlkampfes noch ein- oder zweimal auf dieses Problem zurück. Bei einer dieser Gelegenheiten bat er mich, einen gewissen Mister Haldeman anzurufen, wenn ich konkrete Informationen liefern könnte, und gab mir eine Telefonnummer. Ich habe diese Nummer niemals benutzt. Ich hatte den unbestimmten Eindruck, daß der Stab Nixons aus einer Gruppe von Männern bestünde, die sich ausschließlich mit den technischen Einzelheiten des Wahlkampfes beschäftigten und entscheidende Fragen auf die Zeit nach dem Wahlkampf verschoben; eine nicht untypische Haltung für den Stab eines jeden Bewerbers um das Präsidentenamt.

4. Begegnungen im Pierre-Hotel

Auf den Anruf von Chapin meldete ich mich am Montagvormittag, dem 25. November, um 10.00 Uhr in Nixons vorläufigem Hauptquartier im 29. Stockwerk des Pierre-Hotels, ohne zu wissen, was mich erwartete. Ich rechnete nicht mit einem Gespräch, das mein Leben verändern würde, sondern hielt es für wahrscheinlich, daß der gewählte Präsident meine Ansichten über die vor ihm liegenden politischen Probleme hören wollte. Im Empfangsraum saßen korrekt gekleidete junge Männer und beobachteten die Bildschirme der Sicherheitskameras. Der jüngste und bestangezogene begrüßte mich, und es stellte sich heraus, daß es Dwight Chapin war. Kühl und höflich führte er mich in einen großen Aufenthaltsraum am Ende des Flurs und sagte mir, daß der gewählte Präsident bald hereinkommen werde. Ich wußte damals noch nicht, daß Nixon fast peinlich schüchtern war. Es war ihm sehr unangenehm, zum erstenmal mit irgendwelchen Menschen zusammenzutreffen, besonders, wenn ihre Stellung es ihnen erlaubte, ihn zurückzuweisen oder ihm zu widersprechen. Wie gewöhnlich vor solchen Verabredungen war Nixon wahrscheinlich im Nebenzimmer, versuchte sich zu beruhigen, und überlegte, was er sagen sollte. Sicher machte er sich Notizen auf einem gelben Block, den seine Besucher jedoch nie zu sehen bekamen.

Als Nixon schließlich das Zimmer betrat, war er übertrieben lebhaft, konnte aber seine ungewöhnliche Nervosität dahinter nicht verbergen. Er setzte sich mit dem Rücken zum Fenster, das zur Fifth Avenue hinausging, auf ein Sofa und bat mich, auf einem Lehnstuhl ihm gegenüber Platz zu nehmen. Er wirkte fast schüchtern, seine Bewegungen waren etwas unsicher und standen in keiner Beziehung zu dem, was er sagte, als lägen hinter den Worten und Gesten zwei verschiedene Impulse. Seine Stimme war tief und sanft; während er redete, trank er eine Tasse Kaffee nach der anderen, und der Kaffee wurde immer wieder eingeschenkt, ohne daß er darum gebeten hätte.

Sein Thema war die Regierungsbildung. Er sagte, er habe ungeheuere organisatorische Schwierigkeiten. Zum State Department, dem amerikanischen Außenministerium, hatte er nur sehr geringes Vertrauen. Die Beamten dort brachten ihm keine Loyalität entgegen. Das Außenministerium hatte ihn verächtlich behandelt, solange er Vizepräsident war, und ignoriert, sobald er dieses Amt aufgegeben hatte. Nun war er entschlossen, die Außenpolitik vom Weißen Haus aus selbst in die Hand zu nehmen. Er glaubte, die Regierung Johnson habe sich über die Militärs hinweggesetzt und dem Präsidenten in den Entscheidungsprozessen keine Alternativmöglichkeiten geboten; er hielt es für unbedingt erforderlich, die CIA nicht an der Gestaltung der Politik zu beteiligen. Die CIA war mit Liberalen von der Ivy League besetzt, die hinter der Fassade analytischer Objektivität gewöhnlich ihre eigenen Ziele verfolgten. Sie hatten gegenüber Nixon immer in der politischen Opposition gestanden. Nun bat mich Nixon um meine Meinung zu diesen Themen.

Ich sagte, er sollte die Haltung des Außenministeriums gegenüber einem Präsidenten nicht nach seinem Verhalten gegenüber einem Kandidaten oder gar gegenüber einem Vizepräsidenten beurteilen. Ein Präsident, der weiß, was er will, werde in jedem Fall in der Lage sein, die außenpolitische Linie zu bestimmen. Über die CIA wußte ich zu wenig, um eine Meinung äußern zu können. Daß die Entscheidungsprozesse straffer organisiert werden müßten, war auch meine Meinung. Die Entscheidungen der Regierung Johnson waren zu häufig auf zwanglosen Sitzungen getroffen worden; oft bei irgendwelchen Mahlzeiten – bei dem berühmten »Dienstag-Lunch« –, ohne daß der Mitarbeiterstab daran gearbeitet hätte und ohne daß ihre Auswirkungen überwacht worden wären. Es war daher sehr schwer festzustellen, welche Entscheidungen überhaupt getroffen worden waren. Auch beim besten Willen war jede interessierte Behörde versucht, die oft widersprüchlichen Ergebnisse solcher Besprechungen so zu interpretieren, wie es ihren Vorstellungen am besten entsprach. Dadurch wuchsen natürlich mit hoher Wahrscheinlichkeit Fehler und Mißverständnisse, und es war kaum möglich, Begriffe zu klären, folgerichtig zu handeln oder die Entscheidungen zu nuancieren. Eine systematischere Struktur schien mir notwendig. Sie sollte auch nicht in den rigorosen Formalismus der Eisenhower-Regierung verfallen, wo die politischen Entscheidungsprozesse oft den Charakter von Sonderverträgen zwischen selbständigen Ministerien angenommen hatten; aber nach meiner Ansicht war es wesentlich, einen neuen Zusammenhang zu schaffen und präziser zu sein.

Nixon erläuterte seine Ansichten zu einigen außenpolitischen Fragen. Sein Auffassungsvermögen und sein Wissen erstaunten mich, denn sie glichen so gar nicht dem Bild, das ich mir bisher von ihm gemacht hatte. Er fragte mich, was meiner Meinung nach das Ziel seiner Diplomatie sein sollte. Ich antwortete, das Hauptproblem sei, unsere Außenpolitik von ihren heftigen historischen Schwankungen zwischen Euphorie und Panik zu befreien, von der Illusion, daß Entscheidungen weitgehend von den persönlichen Neigungen derjenigen abhängen, die sie treffen. Die Politik müsse zu bestimmten Grundprinzipien des nationalen Interesses in Beziehung gesetzt werden, die über einzelne Regierungen hinausreichten und deshalb auch weiter befolgt würden, wenn das Amt des Präsidenten in andere Hände käme.

An diesem Punkt verlor das Gespräch an Präzision. Seine Furcht vor Zurückweisung veranlaßte Nixon zu so vagen und umständlichen Vorschlägen, daß es oft schwierig war zu sagen, worauf er hinauswollte und ob er überhaupt etwas Bestimmtes meinte. Nachdem ich häufiger mit ihm zusammengewesen war, verstand ich diese subtile Weitschweifigkeit besser. Ich erkannte, daß Nixon Worte wie Billardkugeln verwendete. Es kam nicht auf die erste Stoßrichtung an, sondern auf die Karambolage. Bei dieser ersten Begegnung hatte ich keine andere Wahl, ich mußte den neugewählten Präsidenten wörtlich nehmen. Was ich verstand, war, daß man mich gefragt hatte, ob ich grundsätzlich bereit sei, im Rahmen der politischen Planung einen Posten in der neuen Regierung zu übernehmen. Ich antwortete: Falls man Gouverneur Rockefeller einen Kabinettsposten anbieten werde, würde ich mich glücklich schätzen, in seinem Stab zu arbeiten. Der gewählte Präsident äußerte sich über meine Zukunft nicht weiter und schlug vor, meine Auffassungen über die effektivste Regierungsstruktur in einer Denkschrift zu Papier zu bringen.

Rückblickend ist mir klar, daß ich mit meinen Worten auch die allergeringste Aussicht auf eine Ernennung Rockefellers zerstört hatte. Richard Nixon hatte nicht die Absicht, mich an den Rockschößen Nelson Rockefellers in seine Regierung aufzunehmen. Und er war noch weniger bereit, eine Lage zu schaffen, in der ich vielleicht zwischen beiden Männern zu wählen hätte. Später wurde mir klar, daß Nixon zum Teil deshalb an mich gedacht hatte, weil meine Ernennung seine Fähigkeit, einen Intellektuellen aus Harvard zu wählen, beweisen würde. Daß ich aus dem Gefolge Rockefellers kam, machte das Unternehmen nur noch interessanter.

Um anzudeuten, daß das Gespräch seinem Ende zuging, drückte Nixon auf einen Klingelknopf. Ein gut angezogener, nüchtern wirkender Mann mit kurzem Haarschnitt erschien und wurde mir als Bob Haldeman vorgestellt. Nixon sagte ihm, er solle eine direkte Telefonleitung zu meinem Büro in Harvard einrichten lassen, damit der gewählte Präsident das Gespräch später weiterführen könnte. Haldeman notierte sich diese eigenartige Anordnung, obwohl es zwischen New York und Cambridge auch eine normale Telefonverbindung gibt, auf einem gelben Block. Er hat nie versucht, sie auszuführen.

Als ich den gewählten Präsidenten verließ, hatte ich keine genaue Vorstellung davon, was er von mir erwartete. Denn aus dem Gespräch ging nicht deutlich hervor, ob Nixon meinen Rat oder mein Engagement suchte und, wenn letzteres, wofür. Beim Hinausgehen bat mich Haldeman noch kurz in sein Büro, das unmittelbar neben dem von Nixon lag. Zu meiner Hauptfrage hatte er nichts zu sagen, und ich fragte auch nicht weiter nach. Statt dessen schien Haldeman viel daran zu liegen, mir seine Aufgabe zu erläutern. Sachlich erklärte er, seine wichtigste Funktion sei es, dafür zu sorgen, daß niemand sich direkt mit dem Präsidenten in Verbindung setze. Keine Denkschrift dürfe den Präsidenten erreichen, ohne daß der zuständige Mitarbeiter aus dem Stab des Weißen Hauses seinen Kommentar dazu gegeben habe. Bei jedem Gespräch, das der Präsident führe, müßte ein Mitglied des Stabes zugegen sein, um die Ausführung der Wünsche des Präsidenten zu gewährleisten. Außerdem wies er darauf hin, daß er den Titel des dienstältesten Mitarbeiters im Weißen Haus ändern werde. Er solle von nun an nicht mehr »Special Assistent to the President«, sondern nur noch »Assistent to the President« heißen, denn niemand wisse, was das »Special« bedeute. Nachdem er mir das alles in einer Art und Weise erklärt hatte, die mich nicht veranlassen konnte, ihm meine Meinung dazu zu sagen, verabschiedete sich Haldeman sehr freundlich von mir.

Ich kehrte noch am gleichen Nachmittag nach Harvard zurück und kam rechtzeitig dort an, um meine Vorlesung um 16.00 Uhr im Seminar für nationale Sicherheitspolitik zu halten. Man interessierte sich allgemein dafür, daß ich mit dem gewählten Präsidenten gesprochen hatte, aber niemand glaubte im Ernst daran, daß man mir in der neuen Regierung einen Posten anbieten würde. Keine Zeitung fragte mich nach der Begegnung, und nur wenige Freunde schienen interessiert zu sein.

Am folgenden Tag rief mich Nelson Rockefeller an. Er hatte mit dem gewählten Präsidenten gesprochen und erfahren, daß er dem Lande als Gouverneur von New York bessere Dienste leisten könne als im Kabinett. Da 1970 entscheidende Wahlen bevorstünden, sei es wichtig, daß Rockefeller auch weiter an der Spitze der Kandidatenliste stünde. Nixon hatte ihm auch viele Fragen über mich gestellt und sich besonders danach erkundigt, wie ich mich unter Druck verhielte. Rockefeller sagte mir, er habe den gewählten Präsidenten in diesem Punkt völlig beruhigen können. Rockefeller berichtete ganz kühl und kommentarlos über dieses Gespräch und äußerte keine Meinung dazu, ob ich unter Nixon dienen sollte oder nicht.

Eine Stunde später bekam ich einen zweiten Anruf; diesmal aus dem Büro von John Mitchell. Man schlug mir für den folgenden Tag ein neues Treffen vor. Thema sollte meine Stellung in der neuen Regierung sein. Er erklärte mir nicht, von welcher Stellung er sprach, denn er glaubte, man habe mir bereits eine angeboten, aber ich wußte nicht, ob es sich wieder nur um ein Vorgespräch handeln würde.

Ich fuhr noch am gleichen Abend nach New York und suchte McGeorge Bundy auf, der nach Verlassen des Weißen Hauses die Leitung der Ford Foundation übernommen hatte. Zwischen Bundy und mir hatte sich im Laufe der Jahre eine ambivalente Beziehung entwickelt. Ich bewunderte seinen klaren Verstand, auch wenn er ihn allzu oft in den Dienst von Ideen stellte, die mehr einer Moderichtung entsprachen, als daß sie Substanz gehabt hätten, und hielt ihn für einfühlsamer und sanfter, als man dies bei seinem etwas brüsken Auftreten erwartet hätte. Er pflegte mich mit einer Mischung aus Höflichkeit und unbewußter Herablassung zu behandeln, wie sie die Angehörigen der Oberschicht in Boston gegenüber Menschen zeigen, die nach den Maßstäben New Englands eine exotische Vergangenheit haben und einen außergewöhnlich auffallenden persönlichen Stil.

Andererseits schätzte ich Bundy sehr hoch. Hätte er in einer weniger revolutionären Zeit gelebt, dann hätte er eine ähnliche politische Karriere machen können wie sein Idol Henry Stimson, dessen Autobiographie er herausgegeben hatte. Bundy hätte alle hohen Regierungsämter durchlaufen, bis seine Erfahrungen seinem scharfen Verstand entsprochen hätten und seine Urteilsfähigkeit ebenso stark entwickelt gewesen wäre wie sein Selbstvertrauen. Sein Unglück war, daß er zu einer Zeit des Aufruhrs in den Institutionen und Gruppen, die ihm als feste Bezugspunkte hätten dienen sollen, in den Dienst der Regierung getreten war. Deshalb stand er immer wieder auf der Seite derjenigen, die das in Mode Gekommene vertraten, aber just in dem Augenblick, in dem diese bis dahin neue Richtung wieder aus der

Mode kam. In der Vietnam-Frage gehörte er zu den Falken und war verwirrt von der Demoralisierung des Establishments, dessen Maximen zu diesem Krieg geführt hatten. Im Herzen war er ein Konservativer, dessen frühere Beziehungen ihn veranlaßt hatten, sich für Dinge einzusetzen, die ihm schließlich doch nicht lagen. Zwischen seinen Überzeugungen und Instinkten, seiner Intelligenz und dem Bedürfnis nach emotionaler Unterstützung hin und her gerissen, verlor Bundy allmählich die Anhängerschaft, die aus ihm einen ähnlichen permanenten öffentlichen Ratgeber hätte machen können wie John McCloy oder David Bruce. Er besaß mit Sicherheit die hohe Intelligenz, den Charakter und die Erziehung, um der Nation größere Dienste zu leisten, als das Schicksal es bisher zugelassen hatte.

Ich schätzte Bundy so sehr, daß er der einzige war, mit dem ich mich vor meinem Zusammentreffen mit Mitchell beriet. Ich sagte ihm, ich rechnete damit, daß man mir eine Position im State Department anbieten werde. Bundy meinte, es wäre nicht gut, wenn der gewählte Präsident, vor der Ernennung des Außenministers, schon einen Stellvertreter bestimmen würde, und zeigte damit, an welche Ebene er im Hinblick auf meine Position dachte. Er sagte, die Erfahrungen aus der Ära Kennedy haben gezeigt, daß dieses Verfahren die Autorität des Ministers untergrabe, ohne den Einfluß des Präsidenten zu stärken, und empfahl mir dringend, ich sollte, wenn man mir die Entscheidung überließe, die Position des Direktors des Politischen Planungsstabes anstreben, falls der Außenminister eine Persönlichkeit sei, die ich kannte und der ich vertraute. Im Prinzip hatte er keine besonderen Einwendungen dagegen, daß ich in der Regierung Nixon tätig wurde.

John Mitchell saß pfeiferauchend hinter seinem Schreibtisch. Selbstsicher und wortkarg verbreitete er eine Atmosphäre der Autorität. Er kam sofort zur Sache: »Wie haben Sie sich zur Arbeit im Nationalen Sicherheitsrat entschieden?«

»Ich wüßte nicht, daß man mir diesen Posten angeboten hätte.«

»Mein Gott«, sagte Mitchell, »er hat wieder alles durcheinandergebracht.« Er erhob sich aus seinem Drehstuhl und stürzte aus dem Zimmer. Nach fünf Minuten kam er zurück und sagte mir, daß der gewählte Präsident mich sehen wolle. Dann begleitete er mich den Flur hinunter.

Diesmal wußte ich, was Nixon im Sinn hatte: Er wollte mir den Posten des Sicherheitsberaters anbieten. Der gewählte Präsident wiederholte im wesentlichen, was er mir vor zwei Tagen gesagt hatte, und betonte noch entschiedener, er hielte die CIA für inkompetent und das State Department für nicht vertrauenswürdig. Die Position des Sicherheitsberaters war für ihn und für seinen Plan, die Außenpolitik vom Weißen Haus aus zu leiten, daher entscheidend. Wir sprachen kurz über die hier zu leistende Arbeit. Ich wies Nixon besonders darauf hin, daß ich mich als politischer Berater bisher strikt geweigert hatte, mit der Presse zu sprechen. Der gewählte Präsident stimmte sofort mit mir überein und sagte, ich sollte auch weiter Zurückhaltung üben. Wir konnten uns damals beide noch nicht vorstellen, wie sich die Dinge entwickeln würden.

Ich mußte mich nicht erst darauf besinnen, daß ich es hier mit dem gleichen Richard Nixon zu tun hatte, der für mich über zwanzig Jahre lang ein politisches Anathema gewesen war. Deshalb, wenn nicht aus anderen Gründen, sah ich mich außerstande, den mir angebotenen Posten sofort anzunehmen. Ich erklärte daher dem gewählten Präsidenten, ohne die Unterstützung meiner Freunde und gegenwärtigen Mitarbeiter würde ich ihm nicht viel nützen können – eine Auffassung, die sich später als falsch erwies –, und bat ihn, mir eine Woche Zeit zu geben, um mich mit ihnen beraten zu können.

Dieses ungewöhnliche Verlangen zeigte sehr deutlich, in welcher Isolation die Akademiker lebten und wie arrogant die Professoren an der Harvard-Universität waren. Hier bot der gewählte Präsident der Vereinigten Staaten einem im Ausland geborenen Professor eine der einflußreichsten Positionen der Welt an, und dieser Professor zögerte, weil er vorher mit seinen Kollegen sprechen wollte, die geschlossen gegen Nixon gestimmt hatten und mit Sicherheit auch in Zukunft gegen ihn opponieren würden. Der gewählte Präsident ging vielleicht ein gewaltiges Risiko ein. Der in Aussicht genommene Berater scheute sich davor, die Wertschätzung seiner akademischen Kollegen aufs Spiel zu setzen. Nixon hätte jede Veranlassung gehabt zu sagen, ich sollte die ganze Sache vergessen. Statt dessen akzeptierte er die Bedenkzeit mit einer Zuvorkommenheit, die ich nicht verdient hatte. Ich fand es sogar rührend, daß er mir die Namen einiger Professoren nannte, die ihn an der Duke-Universität gekannt hatten und mir wahrscheinlich ein ausgewogeneres Bild von seinen moralischen Qualitäten vermitteln würden, als dies in Harvard geschehen könnte. Er fügte hinzu, daß es ihn freuen würde, wenn ich regelmäßig Intellektuelle ins Weiße Haus brächte, damit uns eine möglichst breite Skala von Ideen zur Verfügung stünde. Besonders schätzte er Männer wie Alastair Buchan aus Großbritannien und Raymond Aron aus Frankreich.

Sofort nach meinem Gespräch mit Nixon informierte ich meine Freunde und Kollegen. Sie alle drängten mich, den Posten anzunehmen. Diese Auffassung entsprach zweifellos ihrem Wunsch, eine einflußreiche Persönlichkeit in Washington zu kennen, die ihnen stellvertretend den Zugang zur Macht eröffnen könnte, nach der so viele Akademiker in der Periode nach Kennedys Amtszeit strebten. Hier lagen die Ursachen zahlreicher künftiger Mißverständnisse. Es mag Freunde und Kollegen gegeben haben, die in unserer Beziehung nicht nur die Garantie für den Zugang zur Macht, sondern auch die Möglichkeit gesehen haben, ihre Auffassungen durchzusetzen. Aber das war aus zwei Gründen unmöglich. Der versteckte Antagonismus zwischen Nixon und den Intellektuellen gründete sich zutiefst auf philosophische und persönliche Gegensätze. Nixon traute ihnen ebensowenig, wie sie ihn akzeptierten. Eine Koexistenz war denkbar, eine Zusammenarbeit niemals. Und obwohl ich meine Kollegen achtete und viele von ihnen schätzte, mußte meine Loyalität als Mitarbeiter des Präsidenten meinem Chef gehören, denn an der Gestaltung seiner Politik würde ich schließlich einen wesentlichen Anteil haben. Dieser Unterschied in der Perspektive ist im Laufe der Zeit auf beiden Seiten oft schmerzlich empfunden worden.

Das entscheidende Gespräch führte ich mit Nelson Rockefeller. Er sagte mir, daß ich keine andere Wahl hätte. Es sei meine Pflicht, der Aufforderung zu folgen. Eine Weigerung wäre ein Akt der Selbstsucht gewesen. Hätte ich das Angebot abgelehnt, würde ich mir für jeden außenpolitischen Fehler Vorwürfe machen und hätte die schärfste Kritik verdient. Am späten Freitagnachmittag, dem 29. November, eine Woche nach jenem ersten telefonischen Anruf im Speisezimmer Rockefellers und zwei Tage, nachdem mir der Posten angeboten worden war, rief ich Nixons Berater Bryce Harlow an und bat ihn, dem gewählten Präsidenten mitzuteilen, daß es mir eine Ehre sein werde, sein Angebot anzunehmen.

Die Bekanntgabe wurde für Montag, den 2. Dezember, um 10.00 Uhr festgesetzt. So betraten der gewählte Präsident und ich das Podium im Ballsaal des Pierre-Hotels zu meiner ersten Pressekonferenz. Nixon war wie üblich nervös, und in seinem Bemühen, jede Kritik von vornherein auszuschalten, erläuterte er sein Programm, das sich wesentlich von dem unterschied, was er mir privat gesagt hatte. Er erklärte, sein Berater für Fragen der nationalen Sicherheit werde in erster Linie mit Planungsaufgaben beschäftigt sein, und er habe die Absicht, einen starken Außenminister zu ernennen. Der Sicherheitsberater werde nicht zwischen dem Präsidenten und dem Außenminister stehen, er werde sich mit langfristigen Angelegenheiten beschäftigen, nicht mit taktischen Fragen. Ich bestätigte, dies entspräche meinen eigenen Vorstellungen, und fügte hinzu, ich hätte nicht die Absicht, mich öffentlich zu außenpolitischen Fragen zu äußern.

Aber die Grundsatzerklärungen jeder neuen Regierung gleichen verwehten Blättern auf einer bewegten See. Weder ein gewählter Präsident noch seine Berater können wissen, an welche Küste sie schließlich durch jenen Sturm – der unbedingt einzuhaltenden Termine, einander widersprechender Informationen, komplexer Entscheidungsmöglichkeiten und des von vielen Seiten ausgeübten Drucks – verschlagen werden, von dem jeder Führer einer großen Nation ergriffen wird.

II. Die Periode der Unschuld – Der Regierungswechsel

1. Man lernt sich kennen

Die Zeit unmittelbar nach einem Wahlsieg ist durch eine geradezu entwaffnende Unschuld und Naivität gekennzeichnet. Der gewählte Präsident sieht sich von der quälenden Ungewißheit befreit, und die körperlichen und psychologischen Belastungen seines Ringens um den großen Erfolg sind von ihm genommen. Zum erstenmal nach Monaten, vielleicht nach Jahren, kann er sich konkreten Fragen zuwenden. Er und seine Mitarbeiter genießen aus vollem Herzen die neu gewonnene Autorität, werden aber noch nicht von ihren Widersprüchlichkeiten und Zwängen gestoßen. Seine Berater, die bisher im Dunkeln gestanden hatten, werden plötzlich ins Rampenlicht katapultiert. Jedes ihrer Worte und Taten wird nun von Journalisten, Diplomaten und ausländischen Nachrichtendiensten als Hinweis auf die künftige Politik analysiert. Solche Untersuchungen führen jedoch gewöhnlich zu nichts. Die Mitarbeiter eines Kandidaten haben keine Zeit, sich mit den Problemen der Regierung zu beschäftigen, und sind auch nicht danach ausgewählt worden, politische Entscheidungen zu treffen. Nach der Wahl sind sie vollauf mit den praktischen Problemen der Regierungsbildung beschäftigt.

So erging es auch mir. Eine der delikatesten Aufgaben eines neu ernannten Regierungsmitglieds besteht darin, wie man das Amt von seinem Vorgänger übernimmt. Ich hielt mich jedoch von Washington möglichst fern. Der Sicherheitsberater des Präsidenten Johnson, Walt Rostow, stellte mir zwar im Verwaltungsgebäude neben dem Weißen Haus ein Büro zur Verfügung und machte mir den großzügigen Vorschlag, ich solle mit dem Studium der täglich eingehenden Telegramme beginnen. Ich hielt das aber für unklug, denn ich verfügte noch über keinen Stab, der mir bei der Auswertung der darin enthaltenen Informationen helfen konnte.

Johnson und Rostow brachte ich herzliche und freundschaftliche Gefühle entgegen. Bald nach meiner Ernennung machte ich ihnen einen Höflichkeitsbesuch. Ich war mit Präsident Johnson schon ein paarmal zusammengetroffen, hatte aber nicht direkt für ihn gearbeitet. 1967 hatte ich über zwei französische Vermittler in seinem Auftrag mit den Nordvietnamesen verhandelt. In diesem Zusammenhang hatte ich an einer Besprechung teilgenommen, die er im Kabinettszimmer mit seinen wichtigsten Beratern abhielt. Dieser etwas ungeschlachte, mächtige Mann, der so herrisch und doch unsicher, so überwältigend und doch so verwundbar wirkte, beeindruckte mich und rührte mich zugleich. Es war die Tragödie Präsident Johnsons, daß man ihn mit einem nationalen Unglück identifizierte, das zur Zeit seiner Amtsübernahme auf dem Feld der Außenpolitik, auf dem sich seine fein abgestimmte politische Antenne als wertlos erwies, schon längst unvermeidlich geworden war. Für Präsident Johnson waren die internationalen Beziehungen eigentlich ein fremdes Gebiet. Man hatte nie den Eindruck, daß er spontan an dieses Thema dachte – etwa, wenn er sich rasierte. Er traute seinem eigenen Urteil nicht und verließ sich deshalb auf Ratgeber, die er in den meisten Fällen nicht selbst ernannt hatte und deren Denkweise mit der seinen nicht wirklich übereinstimmte. Die Ratgeber selbst aber hatten zur Zeit der Umwälzungen in den 60er Jahren keine wirkliche Beziehung zu den Ereignissen. Einige von ihnen wurden angesichts der Folgen ihrer eigenen Empfehlungen unruhig und begannen, gegen die politischen Entscheidungen zu arbeiten, die sie selbst migestaltet hatten.

Kein Präsident hat so verzweifelt die Zustimmung der Öffentlichkeit erstrebt, seit Andrew Johnson ist keiner so heftig angegriffen worden. Lyndon B. Johnson hat sich danach gesehnt, einen besonderen Platz in der amerikanischen Geschichte einzunehmen. Seine gesetzgeberischen Leistungen und seine echte Menschlichkeit werden ihm diesen Platz im Lauf der Zeit sichern. Aber gerade die Fähigkeit, Kompromisse zu schließen und auf guten Rat zu hören, auf der seine innenpolitischen Erfolge beruhten, wirkte sich in der Außenpolitik katastrophal aus. Zu hart für den liberalen Flügel seiner Partei und zu unentschlossen für ihre konservativeren Elemente, konnte Lyndon B. Johnson nie ein außenpolitisches Unternehmen, bei dem er von seiner Partei oder von der amerikanischen Öffentlichkeit überzeugend unterstützt wurde, beginnen. Er ließ sich von Leuten beraten, von denen er glaubte, sie seien besser informiert und ihr Rat sei richtiger als das, was sein elementarer Instinkt ihm sagte. Dabei isolierte er sich schließlich sowohl von seiner bisherigen Gefolgschaft als auch von seinen emotionalen Wurzeln.

Als ich ihn im ovalen Zimmer des Weißen Hauses aufsuchte, war Präsident Johnson in melancholischer Stimmung. Für den Präsidenten, der sein Amt abgibt, ist der Übergang (wie ich später miterlebt habe) eine düstere Zeit. Die äußeren Zeichen der Macht sind noch da, die Bürokratie erzeugt noch die schriftlichen Unterlagen für die Entscheidungen der Exekutive, aber allmählich entgleitet dem alten Präsidenten die Autorität. Entscheidungen, denen die Beamten nicht zustimmen, werden vertagt. Ausländische Regierungen halten sich noch an die Formen der Diplomatie, behalten jedoch wichtige Schritte der neuen Regierung vor, der ihre wirkliche Aufmerksamkeit gilt. Und doch hat sich der Präsident so an die Machtausübung gewöhnt, daß er ihren Verlust nur wie durch einen Schleier und nur gelegentlich wahrnimmt. Es vergehen Tage, an denen er seinen Pflichten nachkommt, als käme es doch noch auf seine Entscheidungen an.

Das galt auch für Präsident Johnson. An den Wänden des ovalen Zimmers stand an diesem Tag eine Reihe von Fernsehgeräten, und die Fernschreiber klapperten. Es war eigenartig, den mächtigsten politischen Führer der Welt, dem sofort alle Informationen unserer Nachrichtendienste zur Verfügung standen, zu beobachten, wie er immer wieder aufsprang, um die eingehenden Nachrichten zu lesen.

Er hielt mir einen langen Vortrag über den Krieg in Vietnam, empfahl dringend, militärischen Druck auszuüben und zugleich auf ernsthafte Verhandlungen zu drängen, definierte aber nicht im einzelnen, wie er sich das vorstellte. Er riet mir, ich sollte mich der Loyalität der Bürokratie versichern, denn er glaubte, er sei zum Teil als Folge systematischer Indiskretionen gestürzt. »Ich will Ihnen einen Rat geben, Professor«, sagte er, und ich beugte mich vor, um von der Weisheit, dem Destillat von Jahrzehnten im öffentlichen Dienst, zu lernen. »Lesen Sie die Leitartikel«, sagte er, »und wenn es darin heißt, ein Mitglied Ihres Stabes sei umsichtig, treu oder habe andere gute Eigenschaften, werfen Sie diesen Mann sofort hinaus. Er ist die undichte Stelle.« Ich verließ das ovale Zimmer mit dem festen Entschluß, mein Äußerstes zu tun, um der neuen Regierung den Kummer und die Isolation zu ersparen, die Johnson in den letzten Tagen seiner Amtszeit ertragen mußte.

Aber in der Übergangszeit hat man nur wenig Gelegenheit für solche Überlegungen, denn ich hatte es jetzt mit konkreteren Problemen zu tun. Ich mußte eine Beziehung zu den anderen Beratern herstellen, die Nixon während des Wahlkampfes begleitet hatten, und meine eigenen Mitarbeiter finden.

Einige der bisherigen Mitarbeiter Nixons hätten übermenschlich tolerant sein müssen, wenn sie einen Außenseiter nicht hätten ablehnen sollen, der die beste aller Welten zu besitzen schien: das nach ihrer Meinung prächtige Leben eines Harvard-Professors und Mitarbeiters von Rockefeller und Beraters des neu gewählten Präsidenten nach dessen Wahlsieg. Ich hatte mich schließlich nicht nur aus dem Wahlkampf herausgehalten, ich hatte auch zu denen gehört, die Nixon entweder feindlich gegenüberstanden oder ihn verachteten. Eine der schmerzlichsten Aufgaben eines neuen Präsidenten besteht darin, einen Teil der Männer und Frauen zu entlassen, die ihm bei der Wahl geholfen haben. Dadurch entsteht eine fast unvermeidliche Rivalität zwischen denen, die den gewählten Präsidenten bis zu seiner Wahl begleitet haben, und den Neuankömmlingen, die der alten Garde vorkommen wie Eindringlinge, die die Früchte ihrer Arbeit ernten wollen. Es muß aber solche neuen Leute geben, denn ein Wahlhelfer hat andere Aufgaben als ein politischer Mitarbeiter.

Es gehört eine besondere persönliche Eignung dazu, einen Präsidentschaftskandidaten schon zu Beginn seines Wahlkampfs zu unterstützen, wenn er nur ganz geringe Aussichten auf Erfolg hat. Die Aufgaben eines

Wahlhelfers sind im höchsten Grade technischer Art und manchmal auch demütigend: das Aufstellen von Terminkalendern, die Vorbereitung von Wahlversammlungen und dann die »Betreuung« der Delegierten und der Journalisten. Die Mitarbeiter eines Kandidaten werden aufgrund ihrer Loyalität und ihrer Standhaftigkeit ausgewählt – oder melden sich freiwillig. Sie unterstützen den Kandidaten in schwierigen Situationen auch emotional. Aber beim besten Willen kann kaum jemand sagen, was er tun oder wofür er sich einsetzen wird, wenn er das hohe Amt, um das er sich beworben hat, endlich innehat, denn das Auftreten im Wahlkampf gibt keinen Hinweis auf die späteren Leistungen in der Exekutive.

Das stellte den Stab Nixons vor ein besonderes Problem. Die wenigen Getreuen, die nach Nixons Niederlage in der Gouverneurswahl in Kalifornien 1962 bei Nixon geblieben waren, bewiesen ihm eine fast perverse Hingabe. Soweit sich damals voraussehen ließ, war Nixons politische Laufbahn mit dieser Niederlage beendet. Ganz Amerika machte sich über die Hartnäkkigkeit lustig, mit der er auch weiter das Präsidentenamt anstrebte. Auch Lyndon B. Johnson machte sich über ihn lustig und nannte ihn einen »chronischen Wahlkämpfer«. Augenscheinlich konnte niemand etwas dabei gewinnen, wenn er auf einen solchen Außenseiter setzte, und auch auf lange Sicht glaubte kaum jemand an seinen Erfolg. Nur Leute, die bereit waren, ein sehr hohes Risiko einzugehen, konnten sich jetzt noch für ihn engagieren. Diese Männer und Frauen mußten den Eindruck haben, von feindlichen Kräften geradezu umgeben zu sein. Deshalb fiel es ihnen schwer, Kontakte mit Persönlichkeiten außerhalb ihres engen Kreises herzustellen.

Diese Haltung war nicht ganz unbegründet. Auch Wahnvorstellungen können sehr real sein. Als Nixon 1962 nach New York ging, mieden ihn Personen, mit deren Respekt er als ehemaliger Vizepräsident der Vereinigten Staaten, der fast zum Präsidenten gewählt worden war, hätte rechnen dürfen. Personen, die nach seiner Ansicht zur »besten Gesellschaft« gehörten, luden ihn nicht ein. Das wurmte ihn und stärkte das schon vorhandene Gefühl, er sei von Feinden umgeben. Auch seine Freunde fühlten sich isoliert, und das ärgerte sie. So verschanzte sich das Nixon-Team von Anfang an in einer Wagenburg. Es glaubte sich schon lange belagert, bevor die Belagerung überhaupt begann.

Diese Festungsmentalität, die auf die gesamte Administration noch so zersetzend wirken sollte, zeigte sich auf manche Weise. Das Team war zum Beispiel nicht in der Lage, die gesellschaftlichen Möglichkeiten Washingtons zu nutzen, um das innenpolitische Räderwerk zu schmieren. Arbeit ist hier der einzige Lebensinhalt, alle höheren Regierungsbeamten treffen sich ständig auf endlosen Konferenzen, auf denen die politische Linie festgelegt wird. Abends kommen die gleichen Leute mit einigen führenden Journalisten, gesellschaftlich gewandten und mächtigen Kongreßmitgliedern und den Persönlichkeiten zusammen, die das Establishment in Washington vertreten. Praktisch gibt es kein anderes Gesprächsthema als die Politik, und das bedeutet in Washington im allgemeinen nicht das Interesse der Nation, sondern die Beziehungen zwischen den Schlüsselpersönlichkeiten in der gegenwärtigen Regierung, wobei es vor allem darauf ankommt, wer gerade »oben« und wer »unten« ist.

Die Kriterien dieses gesellschaftlichen Lebens sind brutal. Es kommt im wesentlichen nur auf die Macht an, auf ihre Ausübung und auf das Festhalten an der Macht. Nur wer in den geweihten Kreis der Inhaber der Macht aufgenommen wird, bedeutet gesellschaftlich etwas. Bis auf ganz wenige Ausnahmen läßt man ihn fallen, sobald er seine Stellung verloren hat, seine ständige Kolumne nicht mehr erscheint oder er dem Kongreß nicht mehr angehört. Man braucht sich nicht darum zu bemühen, in den Kreis der Eingeweihten einzudringen. Die Zugehörigkeit – oder wenigstens die Möglichkeit hineinzukommen – erwirbt man fast automatisch. Aber ebenso automatisch wird man auch wieder ausgeschlossen. Der Anschein, über Macht zu verfügen, ist in Washington daher fast ebenso wichtig wie die reale Macht. Ja, sehr häufig ist dieser Anschein die eigentliche Realität. Da die Frage, wer »oben« und wer »unten« ist, alles andere überschattet, wird manchmal um nichts anderes gerungen als um abstrakte bürokratische Amtsbezeichnungen.

Weil das offizielle Leben so starre Formen angenommen hat, bietet das gesellschaftliche Leben einen Mechanismus, das Unwägbare und das Verständnis seiner Nuancen zu beurteilen. Bestimmte Tendenzen lassen sich daran erkennen, welche Journalisten, Botschafter oder höhere Regierungsbeamte nicht an bestimmten offiziellen Zusammenkünften teilnehmen. Bei den Essen und Empfängen werden Beziehungen geknüpft, ohne die der Mechanismus des Regierungsapparates bald zum Stillstand kommen würde. Der Umstand, daß die engeren Mitarbeiter Nixons diese Seite des Lebens in Washington ablehnten, wirkte sich ungünstig auf ihre Handlungsfähigkeit aus und beraubte sie der Möglichkeit, drohende innenpolitische Spannungen zu spüren und darauf zu reagieren. Ich muß zugeben, daß auch ich die Gepflogenheiten in Washington und die Art, wie hier regiert wurde, nicht kannte, als ich auf der Pressekonferenz, bei der meine Ernennung bekanntgegeben wurde, erklärte, ich wolle mit der Presse nichts zu tun haben. Sofort nach der Bekanntgabe meiner Ernennung kamen führende Journalisten zu mir, um mich in Augenschein zu nehmen. Natürlich beeindruckte es mich, jetzt die berühmten Männer kennenzulernen, deren Leitartikel ich bisher nur gelesen und deren Kommentare ich gehört hatte. Nun lernte ich Walter Lippmann, James (»Scotty«) Reston und Joseph Alsop kennen. Reston und Alsop wurden später meine persönlichen Freunde (Lippmann erkrankte bald nach unserem ersten Zusammentreffen). Lippmann versuchte mich davon zu überzeugen, daß es notwendig sei, die außenpolitischen Verpflichtungen Amerikas auf unsere Möglichkeiten abzustimmen, besonders in Indochina und im Nahen Osten. Reston redete mit mir damals und später wie ein freundlicher Onkel voll kalvinistischer Skepsis über die Unverbesserlichkeit des Menschen. Joe Alsop interviewte mich, als sei sein Urteil über meine Eignung für ein hohes Staatsamt ausschlaggebender als das von Nixon, und gab mir zu verstehen, daß er das Indochina-Problem viel besser durchschaue als irgendein Neuling aus dem Beraterstab des Präsidenten. Ich hatte den Eindruck, daß er sich noch kein abschließendes Urteil darüber gebildet hatte, ob der Präsident die richtige Wahl getroffen hatte, und daß ich noch eine längere Bewährungsprobe ablegen müßte.

Die Herausgeber des Nachrichtenmagazins *Newsweek* luden mich zu sich ein. Pedantisch erklärte ich noch einmal, es sei mit meiner Stellung unvereinbar, die Presse ausführlich über meine Arbeit zu unterrichten. Begrüßt wurde diese Mitteilung mit der amüsierten Toleranz, mit der man Amateure oder seine Opfer behandelt.

Sehr bald stellte ich fest, wie naiv meine Haltung war. Denn eine der wichtigsten Aufgaben des Präsidentenberaters ist es, die Politik des Präsidenten und ihre Ziele zu erläutern. Ich erkannte, daß ich die Medien nicht ignorieren durfte, und empfing von nun an Journalisten, wenn auch anfangs immer nur auf ihre Initiative hin. Dabei lernte ich die in Washington zwischen den Medien und der Regierung bestehende Symbiose kennen. Der Journalist hat hier, auch wenn es ihm nicht gefallen mag, zum Teil eine Regierungsfunktion. Er kann sich darauf verlassen, daß jeder, der etwas bedeutet, auf ihn hört oder wenigstens zuhört, was er zu sagen hat. Hohe Beamte suchen ihn auf, um ihre Lieblingsprojekte der Öffentlichkeit vorzustellen, sich ins richtige Licht zu rücken oder Entscheidungen rückgängig machen zu lassen, die gegen sie getroffen wurden. Doch welches Motiv der Beamte auch haben mag, uneigennützig ist es nicht. Zumindest wird er versuchen, sich in das günstigste Licht zu setzen. Der erfahrene Beobachter in Washington wird nach sorgfältigem Studium der Presse und aus den Äußerungen der wichtigen Rundfunk- und Fernsehkommentatoren unschätzbare Erkenntnisse über die Strömungen und Gegenströmungen in der Bürokratie oder die versteckte Bereitstellung bisher ohnmächtiger politischer Kräfte gewinnen.

Aber auch die Journalisten haben ein starkes Interesse daran, Kontakt mit den Beamten zu pflegen. Der Journalist muß den Beamten hofieren und ihm schmeicheln, denn ohne seine Hilfe kommt er nicht an die wichtigen Informationen heran. Er darf sich aber nicht verführen lassen – der geheime Traum der meisten Beamten –, denn dann büßt er seine Objektivität ein. Deshalb ist eine beiderseitige Haßliebe fast unvermeidlich. Die Beamten sind versucht zu glauben, gesellschaftliche Beziehungen seien die Grundlage einer verständnisvollen Behandlung. Doch die Journalisten versuchen ihre »Objektivität« oft dadurch nachzuweisen, daß sie ausgerechnet diejenigen angreifen, die sie mit Aufmerksamkeiten überschütten. Wenn beide Partner realistisch und reif sind, werden sie sich gegenseitig respektieren. Der Beamte wird erkennen, daß die persönliche Integrität des Journalisten seine Fairneß garantiert, nicht aber der Versuch, ihn zu beeinflussen. Der Journalist seinerseits wird sich damit abfinden, daß Pflichttreue für den Beamten oberster Grundsatz sein muß, was nicht immer bedeutet, daß er die Presse mit sensationellen Nachrichten versorgt. Wenn die politisch Verantwortlichen und ihre Interpreten begreifen, welch wesentliche Funktion der andere hat, kommt es zu einer Arbeitsbeziehung, die zu einer der besten Garantien einer freien Gesellschaft werden kann.

Ich habe sehr bald feststellen müssen, daß ich auch eine andere Lieblingsidee aufgeben mußte. Ich hatte noch bis kurz vor der Amtseinführung geglaubt, meinen Lehrstuhl in Harvard beibehalten zu können. Das war unmöglich. Ich mußte mich jetzt auf meine Pflichten vorbereiten und den Apparat für Analyse und Planung aufbauen, dessen Einrichtung der gewählte Präsident im Wahlkampf versprochen hatte. Meine Vorbereitung bestand zum Teil darin, zahlreiche Männer und Frauen zu befragen, die in den Regierungen von Eisenhower, Kennedy und Johnson wichtige Posten eingenommen hatten. Während der ganzen Nachkriegszeit hat die Leitung der amerikanischen Außenpolitik in den Händen von Männern gelegen, die sich auf anderen Gebieten ausgezeichnet hatten und nun in den öffentlichen Dienst gegangen waren. Dean Acheson, David K. E. Bruce, Ellsworth Bunker, Averell Harriman, John McCloy, Robert Lovett und Douglas Dillon gehörten unter anderen zu dieser Gruppe hochbegabter Männer, einer Aristokratie, die sich aus weit über Parteiinteressen hinausgehenden grundsätzlichen Erwägungen dem Dienst an der Nation zur Verfügung gestellt hatte. Die freien Völker sind ihnen für ihre Leistungen zu Dank verpflichtet. Präsidenten und Außenminister sind durch ihren sachlichen Patriotismus und ihre staatsmännische Weisheit unterstützt worden. Während meiner Amtszeit haben sie mir ihren Rat ohne Vorbedingungen zur Verfügung gestellt; und niemals hat man fürchten müssen, sie könnten die aus Regierungskreisen gewonnenen Informationen für ihren persönlichen oder politischen Vorteil nützen. Leider waren sie jedoch, als ich mein Amt antrat, schon alle älter als siebzig Jahre. In meiner Generation gab es ebenso intelligente Persönlichkeiten, aber keiner hatte bisher Gelegenheit gehabt, die Selbstlosigkeit und Integrität zu beweisen, die ihre Vorgänger auszeichneten. Wenn eine Gruppe von Staatsdienern aus der Regierung ausscheidet, verliert unsere Außenpolitik einen der Faktoren, die bis dahin für ihre stetige Fortführung gesorgt haben.

Das Mitglied dieser Gruppe, mit dem ich in der Übergangszeit am häufigsten zusammengetroffen bin, war John McCloy. Später siedelte ich nach Washington über und schloß enge Freundschaft mit Dean Acheson und David Bruce, die mich häufig beraten haben. Mit dem Körper eines Ringers und seinem runden Kopf machte McCloy eher den Eindruck eines jovialen Zwerges als eines bedeutenden New Yorker Rechtsanwalts und ständigen Beraters amerikanischer Präsidenten und Außenminister. Nach außen hin war sein Einfluß kaum zu bemerken. Er hatte noch nie ein Ministeramt innegehabt, und die Positionen, in denen er zäh gearbeitet hatte, waren zwar wichtig, aber nicht entscheidend gewesen. Er hatte die Eigenheit, lange Anekdoten zu erzählen, und seine Intelligenz wirkte ausgleichend, drang aber nicht in die Tiefe. Aber Inhaber hoher Ämter sehen sich immer wieder vor schwierige Personalentscheidungen gestellt. Präsidenten und Außenminister fanden in John McCloy einen zuverlässigen Lotsen, der sie durch gefährliche Gewässer steuerte. Nur selten fand er Lösungen für schwierige Probleme, es gelang ihm aber stets, die psychologischen und moralischen Stützen zu bieten, die solche Lösungen ermöglichen. Als ich 1975 nach erfolglosen Verhandlungen aus dem Nahen Osten zurückgekehrt war, bat ich McCloy schon am ersten Tag, mich aufzusuchen. Ohne sich das geringste anmerken zu lassen, kam er sofort. Erst nach Wochen erfuhr ich, daß es sein achtzigster Geburtstag gewesen war und er auf eine Familienfeier hatte verzichten müssen, ohne auch nur im Traum daran zu denken, die Besprechung mit mir um 24 Stunden zu verschieben. Er stand immer zur Verfügung. Er war immer weise.

Als ich anfing, meine Mitarbeiter auszuwählen, kam es sofort zu Reibereien mit Personen aus Nixons näherer Umgebung. Es war bisher üblich gewesen, daß der Sicherheitsberater des Präsidenten auch die Verantwortung für die Auswahl der Mitglieder des Nationalen Sicherheitsrats übernahm. Als der erste vom Präsidenten ernannte außenpolitische Mitarbeiter hatte ich den Vorteil, mit dieser Auswahl schon sehr früh beginnen zu können, und als Berater im Weißen Hause brauchte ich auf die in den Ministerien und der Bürokratie geübten Praktiken keine Rücksicht zu nehmen.

So war ich entschlossen, dem Auftrag des gewählten Präsidenten folgend, von Grund auf eine neue Organisation aufzubauen, mich nicht von bürokratischen Rücksichten hindern zu lassen und nur die tüchtigsten und stärksten Persönlichkeiten, die ich finden konnte, dafür zu gewinnen.

Obwohl ich selbst sehr entschiedene Auffassungen vertrete, habe ich es immer für wichtig gehalten, sie im Gedankenaustausch mit intelligenten und charakterfesten Männern zu testen. Diejenigen, die mir gegenüber ihre Meinung vertreten konnten, haben sich damit meine Achtung erworben und sind später oft meine engsten Mitarbeiter gewesen. Wenn mein Stab auf die Koordination der Vorhaben einzelner Ministerien einen entscheidenden Einfluß ausüben sollte, dann mußte er Quantität durch Qualität ersetzen.

Wenige Mitarbeiter zu haben konnte von Vorteil sein, denn damit vermieden wir die endlosen Diskussionen, die die Arbeit in größeren Organisationen behindern. Ich sah mich deshalb nach jüngeren Männern und Frauen um und beförderte sie rasch, denn ich glaubte, altgediente Beamte hätten wahrscheinlich schon ihre Leistungsgrenze erreicht und würden als meine Mitarbeiter nicht sehr viel Besseres leisten als in ihrer gegenwärtigen Position. Ich traf meine Auswahl unter den Berufsbeamten im Außenministerium, im Verteidigungsministerium und in den Nachrichtendiensten, um mir ihre Erfahrungen zunutze zu machen und mich mit ihrer Hilfe im Netz der Bürokratie zurechtzufinden. Außerdem stellte ich begabte junge Akademiker an, und, um eine gewisse Ausgewogenheit herzustellen, versuchte ich Persönlichkeiten für diese Arbeit zu gewinnen, die möglichst viele verschiedene Gesichtspunkte vertraten.

Selbstverständlich wollte ich jede Rücksicht auf die Sicherheitsbestimmungen nehmen, mich aber von keinem anderen Gesichtspunkt leiten lassen als dem der Qualität. Der für politische Ernennungen zuständige Mitarbeiter Nixons, Peter Flanigan, mit dem mich heute eine enge Freundschaft verbindet, nannte mir die Namen von sechs Persönlichkeiten, denen man politische Ämter zugesagt hatte. Nachdem ich mit einigen gesprochen hatte, lehnte ich alle ab. In mindestens zwei Fällen beanstandete Haldeman meine Auswahl aus Sicherheitsgründen. Es stellte sich jedoch heraus, daß er nur etwas gegen die liberale Haltung dieser Persönlichkeiten oder ihre Neigung, mit Journalisten zu sprechen, einzuwenden hatte. In beiden Fällen konnte ich mich gegen Haldeman durchsetzen.

Nixon hat sich in jedem Fall auf meine Seite gestellt. Er hatte jedoch seine privaten Zweifel und später, als der öffentliche Druck zunahm, betrachtete er meine Mitarbeiter mit einigem Mißtrauen, denn er hatte den Verdacht, einige von ihnen seien gegen ihn eingestellt, und damit hatte er recht. Außerdem glaubte er, es gebe in meinem Stab undichte Stellen, wodurch die öffentliche Diskussion weiter angefacht würde; das hat sich aber niemals nachweisen lassen. Doch während der Übergangsperiode stellte sich Nixon hinter meine Personalentscheidungen. Er tat es, weil er die Außenpolitik anders behandelte als die Innenpolitik. In der Innenpolitik hatte er sich bisher gröberer Taktiken bedient und sich gelegentlich mit recht eigenartigen Leuten umgeben; das sollte er auch in Zukunft tun. Doch um gerecht zu sein: Nixon war bis zum Schluß davon überzeugt, daß er in der Innenpolitik nur bewährten Praktiken folgte, für die ein selbstgerechtes Establishment in seiner unverständlichen Doppelbödigkeit nur ihn verantwortlich machte. Aber die Außenpolitik betrachtete er als etwas ganz anderes. Wo es um die Grundinteressen der Nation sowie Sicherheit und Fortschritt der freien Welt ging, kam es ihm darauf an, das Richtige zu tun, und nicht darauf, was ihm persönlichen Vorteil einbrachte – und zwar ohne Rücksicht auf konventionelle Praktiken und, wenn notwendig, auch im Gegensatz zu überlieferten Erkenntnissen. Nur in den seltensten Fällen ließ er es zu, daß parteipolitische Gesichtspunkte außenpolitische Entscheidungen beeinflußten.

Zwar hat es sich im Lauf der Zeit herausgestellt, daß ich in einigen Fällen bei der Auswahl meiner Mitarbeiter nicht die richtige Entscheidung getroffen hatte, aber ihre Hingabe und Tüchtigkeit hat dennoch Wesentliches zu den außenpolitischen Erfolgen der Nixon-Regierung beigetragen. Der Kern meines Mitarbeiterstabes – Winston Lord, Lawrence Eagleburger, Helmut Sonnenfeldt, William Hyland, Harold Saunders, Peter Rodman und Alexander Haig – ist mir durch alle Wechselfälle meiner politischen Laufbahn treu geblieben; diese Männer sind heute meine guten Freunde. Die hohe Qualität dieses Teams war ein wichtiger Grund für den wachsenden Einfluß des Amtes des Sicherheitsberaters des Präsidenten, und die Leistungsfähigkeit der von mir geleiteten Behörde war wiederum ein unbedingtes Erfordernis, denn Nixon ernannte zwar fähige, kluge und arbeitswillige Männer zu Mitgliedern seines Kabinetts, das aber niemals lernte, als Team erfolgreich zusammenzuarbeiten.

2. *Die uneinige Regierungsmannschaft*

In gewissem Sinne war Richard Nixon der erste republikanische Präsident nach 36 Jahren. Dwight D. Eisenhower war als Kandidat der Republikanischen Partei zum Präsidenten gewählt worden, er hatte aber kaum irgendwelche Beziehungen zu dieser Partei und verhielt sich auch entsprechend. Nachdem die Republikanische Partei seit fast zwei Generationen nicht mehr an der Macht gewesen war, war sie es nicht mehr gewohnt, in der Regierungsverantwortung zu stehen. Die Folgen wurden schon sehr bald nach der Amtseinführung deutlich sichtbar. Die Delegierten auf dem Parteikongreß verhielten sich oft, als stünden sie in Opposition zu einem republikanischen Präsidenten. Die Mitglieder der neuen Regierung, die einander kaum kannten und von der komplexen Persönlichkeit des Präsidenten verunsichert wurden, haben es nie fertiggebracht, als Mannschaft harmonisch zusammenzuarbeiten.

Ein französischer Soziologe[1] schreibt, jeder hohe Beamte gleich unterhalb der Spitze einer Organisation müsse eine Grundsatzentscheidung treffen: Er kann sich als Stellvertreter des Kopfs der Organisation betrachten und sich selbst mit den unpopulären bürokratischen Entscheidungen belasten. Er kann aber auch zum Sprecher seiner Untergebenen werden und damit den Chef der Exekutive zwingen, für schmerzliche Entscheidungen allein die Verantwortung zu übernehmen. Wenn sich der Beamte für die erste Möglichkeit entscheidet, wird er sich bei der Bürokratie unbeliebt machen – wenigstens für kurze Dauer –, aber er wird auf die Dauer den Zusammenhalt, die politische Richtung und die Moral innerhalb des Teams fördern. Wenn er die Verantwortung für jede schwierige Entscheidung seinem Vorgesetzten aufbürdet – wenn er unbedingt den »anständigen Kerl« spielen will –, dann wird er damit vielleicht die Sympathie seiner Untergebenen gewinnen, opfert aber die Disziplin und den Erfolg seiner Bemühungen. Am Schluß wird die Moral der ganzen Organisation darunter leiden. Ein solches Verfahren führt im übrigen gerade zu den Erschütterungen, die man vermeiden wollte, denn die Aufmerksamkeit richtet sich auf die Hindernisse und nicht auf das Ziel der Bemühungen.

Das ist eine Herausforderung, der sich jede Exekutive zu stellen hat, sie wird aber in Washington durch die engen Beziehungen zwischen der Regierung und den Medien noch komplexer. Unzufriedene Beamte bedienen sich der Presse, um sich Gehör zu verschaffen. Die Medien ihrerseits sind begierig, etwas über Meinungsverschiedenheiten innerhalb der Regierung zu erfahren. Es gibt Journalisten, denen es nichts ausmacht, solche Spannungen zu schüren, um dann mit einer sensationellen Meldung aufwarten zu können. Der Kongreß versucht zunehmend, in den Konflikten der höheren Regierungsbeamten das Rohmaterial für viele seiner Anhörungen zu finden. Spaltungstendenzen werden daher mit größter Aufmerksamkeit beobachtet, und Krisen in Washington sind bürokratische Gefechte.

Man darf kaum daran zweifeln, daß es das sogenannte Nixon-Team, außer im Weißen Haus, niemals gegeben hat, und selbst dort ist es später unter Druck auseinandergefallen. Dafür gab es verschiedene Gründe. Bei den Medien hatte Richard Nixon wegen seiner Philosophie und seiner Vergangenheit viele Feinde. Das konnte dazu führen, daß günstigere Entwicklungen den bei der Presse beliebteren Mitarbeitern des Präsidenten zum Verdienst angerechnet wurden, während er für alles verantwortlich gemacht wurde, was der Öffentlichkeit weniger gefiel. Seine Mitarbeiter hätten über eine geradezu übermenschliche Hingabe und Bescheidenheit verfügen müssen, um die ihnen angebotenen Lorbeeren zurückzuweisen. Niemand einschließlich meiner selbst hatte diese Qualitäten zu entwickeln vermocht.

Aus diesem Grund kam es zu einer Umkehrung der normalen Praxis. In den meisten Regierungen werden die guten Nachrichten vom Weißen Haus bekanntgegeben, die schlechten Nachrichten stehen in den Verlautbarungen der Ministerien. In der Nixon-Regierung entwickelte die Bürokratie eine große Geschicklichkeit darin, gute Nachrichten vorzeitig durchsickern zu lassen, um dafür gelobt zu werden, und die schlechten Nachrichten so bekanntzugeben, als läge die Schuld beim Präsidenten. Das wiederum verstärkte den bei Nixon ohnedies schon vorhandenen starken Verdacht, er sei von Verschwörern umgeben, die sich sogar unter seinen Kabinettskollegen befänden, und es förderte seine bereits starke Neigung, sich zurückzuziehen und zu isolieren. Der Regierungsapparat verwandelte sich in einzelne, von Feudalherrn verwaltete Herrschaftsbereiche, die nach bestem Vermögen gegen die Eingriffe der Zentralgewalt verteidigt wurden, wenn diese gelegentlich aus ihrer Festung ausbrach, um ihre Macht zu demonstrieren.

Im Laufe der Zeit profitierte ich von dieser Lage und von der Parteilichkeit der Medien. Denn ironischerweise übertrug mir der Präsident gerade deshalb eine so hohe Verantwortung und verwendete mich zu so vielen Missionen, weil ich mehr unter seinem Einfluß stand als sein Kabinett. Da ich zu Beginn noch recht unbekannt war, war dies auch eine Methode, dafür zu sorgen, daß man wenigstens einige Erfolge auf das Konto des Weißen Hauses buchte.

Nixon komplizierte seine Lage durch einen indirekten Regierungsstil und die Auswahl von Kabinettskollegen, zu denen er so komplizierte persönliche Beziehungen hatte (um es sehr milde auszudrücken), daß sich ein echtes Zusammengehörigkeitsgefühl nicht entwickeln konnte. Das traf insbesondere auf seinen Außenminister zu. Ich hatte William Pierce Rogers noch nicht kennengelernt, als Nixon sich für ihn entschied. Bald nach meiner Ernennung führten Nixon und ich ein kurzes Gespräch darüber, wer künftiger Außenminister werden sollte. Er sagte, er brauche einen guten Unterhändler und keinen Mann, der selbst die politische Linie bestimmen würde – diese Aufgabe hatte er sich selbst und seinem Berater für die Nationale Sicherheit vorbehalten. Weil Nixon dem Auswärtigen Dienst mißtraute, wünschte er an seiner Spitze einen starken Chef. Der sollte dafür sorgen, daß das Außenministerium die Politik des Präsidenten unterstützte. Nach dem Gespräch mit Nixon hatte ich den Eindruck, seine erste Wahl sei Botschafter Robert Murphy, ein hervorragender Diplomat im Ruhestand, der damals Vorsitzender des Aufsichtsrats der Firma Corning Glass war. Murphy hatte sich auf mehreren höheren Posten ausgezeichnet, und im Lauf der Zeit lernte ich seine Urteilsfähigkeit und seinen scharfen Verstand schätzen. Jahre später sagte mir Nixon, Murphy habe sein Angebot abgelehnt. Wenige Tage nach meiner Ernennung traf ich zum erstenmal im Speisezimmer von Nixons Appartement im Pierre-Hotel mit Rogers zusammen. Der gewählte Präsident hatte mich gebeten, mit Rogers ein Gespräch zu führen und ihm zu sagen, welchen Eindruck ich von Rogers hätte. Er sagte mir nur, Rogers sei für ein höheres politisches Amt vorgesehen. Da weder Rogers noch ich genau wußten, weshalb Nixon uns zusammengeführt hatte, war die Atmosphäre etwas gespannt und das Gespräch hatte keinen rechten Zusammenhang. Ich konnte keinen günstigen oder ungünstigen Eindruck gewinnen, sondern nur feststellen, daß Rogers ein umgänglicher Mann war.

Am folgenden Tag teilte Nixon mir mit, ohne vorher auf das Gespräch zurückzukommen oder mich nach meiner Ansicht zu fragen, William Rogers werde sein Außenminister sein. Er sagte, er und Rogers seien in der

Regierung Eisenhower, wo Rogers den Posten des Justizministers innehatte, gute Freunde gewesen. Die freundschaftlichen Beziehungen hätten sich jedoch abgekühlt, nachdem beide ihr Amt verloren hatten. Als Rechtsanwälte, die sich in einem Fall um den gleichen Mandanten beworben hatten, war es Rogers, wie Nixon zugab, gelungen, ihm einen recht lukrativen Fall wegzuschnappen. Obwohl ihre Beziehungen durch diesen Vorfall getrübt worden waren, hielt Nixon Rogers für den richtigen Mann auf dem Posten des Außenministers. Daß Rogers auf diesem Gebiet keine Erfahrungen besaß, hielt Nixon für einen Vorteil, weil er darin die Garantie erblickte, daß das Weiße Haus die politische Linie bestimmen würde. Zugleich, so sagte Nixon, sei Rogers einer der härtesten, kaltblütigsten, egozentrischsten und ehrgeizigsten Männer, denen er je begegnet sei. Als Unterhändler werde er die Sowjets zum Schwitzen bringen. »Die kleinen Jungen im State Department sollen sich nur vorsehen, denn Rogers läßt nicht mit sich spaßen.« Wahrscheinlich ist es nur sehr selten vorgekommen, daß ein Präsident seinen Außenminister deshalb ausgesucht hat, weil er nichts von Außenpolitik verstand.

Sicherlich ist es unfair gewesen, eine Persönlichkeit mit einem so wichtigen Kabinettsposten zu betrauen, deren ganze Schulung und Erfahrung auf anderen Gebieten gelegen hatten. Rogers wäre ein hervorragender Justizminister gewesen. Aber die alte Vorstellung, daß die Leute in ihr Amt hineinwachsen, hat sich nach meinen Erfahrungen als falsch erwiesen. Ein hohes Amt lehrt einen, Entscheidungen zu treffen, vermittelt aber nicht konkretes Wissen. Die Angehörigen eines Kabinetts werden sehr bald von den Anforderungen überwältigt, die die Leitung eines Ministeriums an sie stellt. Im großen und ganzen verbraucht man in einem hohen Amt intellektuelles Kapital; man erwirbt es nicht. Die meisten hohen Beamten scheiden aus ihrem Amt mit den gleichen Vorstellungen und Einsichten aus, mit denen sie es übernommen haben; sie lernen Entscheidungen zu treffen, nicht aber, welche Entscheidungen getroffen werden müssen. Und je weniger sie bei Beginn wissen, desto stärker geraten sie in die Abhängigkeit der einzigen Quelle für dieses Wissen, der Beamten in dem betreffenden Ministerium. Sie zweifeln an ihrer eigenen Urteilsfähigkeit, erkennen nicht die Alternativen und haben keine andere Wahl, als dem Rat der Fachleute zu folgen.

Das ist für den Außenminister ein besonderes Problem. Er steht an der Spitze einer Organisation, die über die vielleicht fähigsten, am besten ausgebildeten Männer und Frauen im öffentlichen Dienst verfügt. Diese Leute sind intelligent, verstehen etwas von ihrem Fach, sind loyal und fleißig. Aber andererseits sind sie überzeugt davon, daß sie während eines dem Dienst und dem Studium gewidmeten Lebens Einsichten gewonnen haben, die weit über das hinausreichen, was aus politischen Gründen ernannte, nur oberflächlich mit dem Fachgebiet vertraute Persönlichkeiten wissen können. Wenn sie mit starker Hand geführt werden, dann wird der Auswärtige Dienst durch ihr Fachwissen zu einem unschätzbaren und unverzichtbaren Werkzeug für den politischen Entscheidungsprozeß. Unter solchen Voraussetzungen wird aus dem Auswärtigen Dienst ein diszipliniertes und fein abgestimmtes Instrument, und die gelegentliche Eigenwilligkeit der Beamten führt zu einem wichtigen, manchmal erregenden Dialog. Wenn sich aber das Steuer nicht in einer starken Hand befindet, kann die Disziplin leiden und können sich Cliquen bilden. Schreibtischbeamte werden zu Interessenvertretern der Länder, mit denen sie es zu tun haben, und vertreten dann nicht mehr die politische Linie ihres eigenen Landes; stellvertretende Außenminister versuchen fast immer, die Angelegenheiten voranzutreiben, die etwas mit ihrem begrenzten Arbeitsgebiet zu tun haben. Beamte kämpfen mit erstaunlicher Hartnäckigkeit um Nebensächlichkeiten und mit einer bürokratischen Geschicklichkeit, die sie sich in Jahrzehnten des Kampfs um das Überleben erworben haben. Klare Anweisungen werden sie gewissenhaft befolgen, aber der typische Beamte des Außenministeriums läßt sich nicht leicht überzeugen, daß eine Anweisung, mit der er nicht einverstanden ist, eindeutig gegeben wurde.

Die im Außenministerium üblichen Verfahren begünstigen die Eigenwilligkeit der Bürokratie. Obwohl man behauptet, sich mit politischer Planung zu beschäftigen, besteht eine starke Tendenz, nur dadurch Politik zu machen, indem man auf Telegramme reagiert und Telegramme abschickt. Der neue, unerfahrene Außenminister findet deshalb auf seinem Schreibtisch keine politischen Analysen oder Alternativvorschläge, sondern Stapel von Depeschen, die er abzeichnen soll, und zwar möglichst rasch. Er kann die Zusammenhänge, um die es sich dabei handelt, natürlich noch kaum kennen oder sich eine Meinung darüber bilden. Aus den Entwürfen für diese Depeschen wird er auch nicht erfahren, welche Alternativen er hat. Selbst wenn er sich einschalten will und einen Entwurf ablehnt, wird dieser Entwurf voraussichtlich mit einer so geringen Änderung zu ihm zurückkommen, daß nur ein Jurist den Unterschied feststellen könnte. Als ich später Außenminister wurde, mußte ich feststellen, daß es selbst für einen Mann, der die Außenpolitik zu seiner Lebensaufgabe gemacht hat, eine herkulische Anstrengung bedeutet, den Depeschenmechanismus des Außenministeriums zu beherrschen. Wehe dem Uneingeweihten, der der Gnade jener ungewöhnlichen und arbeitseifrigen Gesellschaft von Fachleuten ausgeliefert ist!

Die Ironie bei Nixons Entschluß, einen Mann zum Außenminister zu machen, der keine Zeit gehabt hatte, sich in dieses Gebiet einzuarbeiten, lag darin, daß er damit gerade den Einfluß der beiden Institutionen stärkte, denen er am wenigsten vertraute – des Auswärtigen Dienstes und der Presse.

Für den neuen Außenminister gab es praktisch nur zwei Möglichkeiten: Entweder konnte er seine Anweisungen vom Weißen Haus entgegennehmen und damit der Vertreter der politischen Linie des Präsidenten gegenüber seinem Ministerium, dem Kongreß und dem Lande werden, oder er konnte sich zum Sprecher seiner Untergebenen machen. In einer ruhigeren Zeit hätte es dem Außenminister Rogers vielleicht gelingen können, die an ihn gestellten Anforderungen ins Gleichgewicht zu bringen. In der Erregung der durch Vietnam verursachten innenpolitischen Zerrissenheit brauchte er aber dafür mehr Selbstvertrauen und Sachkenntnis, als man vernünftigerweise von ihm erwarten durfte. Er machte sich daher natürlich Sorgen darum, ähnlichen Angriffen zum Opfer zu fallen wie sein Vorgänger Dean Rusk. Da er dazu neigte, die öffentliche Meinung und die Stimmung im Kongreß mit der Haltung der Redaktionen der führenden Zeitungen im amerikanischen Osten zu identifizieren, und da diese Zeitungen auch seine Untergebenen erheblich beeinflußten, war Rogers in kritischen Situationen nicht bereit, sich auf die Seite des Präsidenten zu stellen, und vertrat oft einen Standpunkt, der dem Nixons widersprach.

Paradoxerweise ist er in dieser Tendenz vielleicht durch die Erinnerung an seine Freundschaft mit Nixon in den 50er Jahren bestärkt worden. Damals war Rogers durchaus der psychologisch beherrschende Partner gewesen. Er konnte daher nicht wirklich begreifen, daß er in dieser neuen Beziehung eindeutig die untergeordnete Position einnahm. Noch weniger konnte er sich vorstellen, er sei vielleicht – wenigstens zum Teil – deshalb ernannt worden, weil sein alter Freund jetzt die Rollen vertauschen wollte, um eine Beziehung herzustellen, in der Nixon sowohl in der Rangordnung als auch ganz konkret die erste Geige spielte.

Diese eigenartigen Wechselbeziehungen zwischen den beiden Männern hatten zur Folge, daß meine Position gestärkt wurde, aber meine Rolle war selbstverständlich eine Folge dieser Beziehung und nicht ihre Ursache. Von Anfang an war Nixon entschlossen, bei den wichtigsten Verhandlungen den Ton anzugeben. So ließ er zum Beispiel seinen Außenminister nicht an seinem ersten Treffen mit dem sowjetischen Botschafter Anatoly Dobrynin am 17. Februar 1969, vier Wochen nach der Amtseinführung, teilnehmen, als es mir noch unvorstellbar erschien, dieses Verfahren vorzuschlagen. Bei dieser Praxis, die der Präsident eingeführt hatte, bevor ich mich in meiner Position eingearbeitet hatte, blieb es dann auch. Während seiner ganzen Amtsperiode war ich jedesmal, wenn ein Staatsbesuch von Nixon zu einem längeren Gespräch im ovalen Zimmer empfangen wurde, der einzige Amerikaner, der daran teilnehmen durfte.

Das Tauziehen um die Verantwortung für die außenpolitische Linie begann schon sehr früh. Außenminister Rogers stellte sich auf den Standpunkt, er werde Anordnungen, mit denen er nicht einverstanden sei, nur befolgen, wenn sie ihm vom Präsidenten persönlich gegeben würden. Das war eine Sache, zu der Nixon psychologisch nicht fähig war. Er benutzte jede nur mögliche Ausflucht, um eine persönliche Konfrontation zu vermeiden. Er schrieb Briefe, um seinen Standpunkt zu erläutern, und er beauftragte Dritte damit. Aber da Rogers glaubte – und damit hatte er recht –, daß diese Briefe von mir oder meinem Stab entworfen worden seien, hielt er sie nicht für völlig glaubwürdig, auch wenn der Präsident sie unterschrieben hatte, und brachte den Beauftragten des Präsidenten, und das war gewöhnlich John Mitchell, dadurch in Verlegenheit, daß er von seiner alten Freundschaft mit dem Präsidenten sprach und behauptete, er verstünde Nixon besser. Diese Kraftprobe, die zum Teil dadurch verschleiert wurde, daß beide Dritte dafür verantwortlich machten, fand kein Ende. Immer wieder befahl Nixon, alle hinausgehenden politischen Depeschen müßten dem Weißen Haus vorgelegt und von ihm genehmigt werden. Das wurde aber häufig umgangen. Außerdem hat ein Außenminister so viele andere Möglichkeiten, sich mit seinen Untergebenen in Verbindung zu setzen, daß sich der Verkehr mit ihnen durch eine Willenserklärung des Präsidenten nicht kontrollieren läßt.

Um diese endlosen Konfrontationen zu vermeiden, sind der Präsident oder ich in seinem Namen mit der Zeit dazu übergegangen, mit führenden ausländischen Politikern über Kanäle zu kommunizieren, die das Lagezimmer im Weißen Haus direkt mit diesen Gesprächspartnern verbanden und nicht über das Außenministerium liefen. Das waren die sogenannten Ausweichkanäle. Dieses Verfahren begann sich schon am Tag nach der Amtseinführung des Präsidenten zu entwickeln. Der neue Präsident wollte die Verhandlungsinstruktionen über Vietnam ändern, die im Außenministerium entworfen worden waren und der Haltung der vorigen Regierung entsprachen, wollte aber außerdem eine Kontroverse vermeiden. Deshalb bat er mich, Botschafter Henry Cabot Lodge, unseren Unterhändler in Paris, anzurufen und ihm vorzuschlagen, er möge auf dem normalen Dienstweg die vom Präsidenten gewünschte Verhandlungstaktik als seine eigene Idee vorlegen. Lodge erklärte sich sofort einverstanden. Da dieses Verfahren jedoch kompliziert und in den meisten Fällen nicht anwendbar war, verlegte Nixon wichtige Verhandlungen immer häufiger ins Weiße Haus, wo er sie unmittelbar überwachen konnte. Hier wurden Erfolge als sein persönliches Verdienst gewertet, und er vermied die bürokratischen Diskussionen und die Reaktionsträgheit der Beamten, die ihm so zuwider war.

Der Präsident ging sogar so weit, sich von den außenpolitischen Erklärungen seines Außenministers zu distanzieren. Im März 1969 bat mich Nixon, den sowjetischen Botschafter Dobrynin privat davon zu unterrichten, daß der Außenminister in seinem ersten ausführlichen Gespräch mit dem sowjetischen Botschafter über Vietnam über die Vorstellungen des Präsidenten hinausgegangen sei. Ich habe das nicht sofort getan, sondern abgewartet, bis sich ein konkreter Anlaß dafür ergab. Es besteht jedoch kein Zweifel daran, daß das Verhalten des Weißen Hauses und des Außenministeriums die Sowjets auf unsere internen Meinungsverschiedenheiten aufmerksam gemacht hat und sie alles getan haben, das auszunutzen. Nixon hat Rogers von seinem Meinungsaustausch mit dem nordvietnamesischen Präsidenten Ho Tschi Minh im Juli und August 1969 erst 48 Stunden vor der Bekanntgabe dieser Kontakte über das Fernsehen im November unterrichtet. Anfang 1970 ließ Nixon der jüdischen Öffentlichkeit durch seinen Assistenten Leonard Garment und den Justizminister John Mitchell mitteilen, der »Rogers-Plan« zur Nahostpolitik trage die richtige Bezeichnung und sei nicht im Weißen Haus entstanden. Im Mai 1971 wußte der Außenminister nicht einmal etwas von den direkten Verhandlungen des Weißen Hauses mit dem Kreml, die zum Durchbruch in den SALT-Gesprächen führten, und erfuhr erst 72 Stunden vor der offiziellen Bekanntgabe davon. Im Juli 1971 wurde Rogers von meiner geheimen Reise nach China erst informiert, als ich bereits auf dem Weg war. Im April 1972 gab der Präsident Rogers eine so gewundene Erklärung für meine Moskaureise – die geheim und gegen den Widerstand Rogers', der erst in letzter Minute davon unterrichtet wurde, arrangiert worden war –, daß es die Verhandlungen komplizierte. Ich könnte ungezählte Beispiele für dieses Verhalten nennen.

Ich will damit aber nicht sagen, daß ich mich gegen dieses Verhalten Nixons gegenüber seinem dienstältesten Kabinettsmitglied gestellt hätte. Vom ersten Augenblick an habe ich es technisch ermöglicht und den Präsidenten nach einiger Zeit auch zweifellos dazu ermutigt. Wie die überwältigende Mehrheit der hohen Staatsbeamten hatte ich meine eigenen, sehr artikulierten Anschauungen und verzichtete natürlich nicht darauf, sie durchzusetzen. Was die Spannungen und Anstrengungen eines hohen Amts erträglich macht und einen daran erfreut, ist die Überzeugung, daß man seinen Beitrag zur Schaffung einer besseren Welt leistet. Wieweit weniger altruistische Motive wie Eitelkeit und Machtstreben eine Rolle spielen, läßt sich aus so kurzem Abstand nicht entscheiden, aber wahrscheinlich haben sie auch nicht völlig gefehlt. Ich bin jedoch davon überzeugt, daß die Außenpolitik einer Nixon-Regierung in jedem Fall im Weißen Haus gemacht worden wäre, welches die Verwaltungspraktiken auch gewesen sein mochten und mit welchen Persönlichkeiten es Nixon auch zu tun gehabt hätte.

Nachdem Nixon eine starke Persönlichkeit und einen Fachmann für Außenpolitik zum Chef des Nationalen Sicherheitsrats ernannt hatte, war die Rivalität mit dem Außenminister unvermeidlich geworden, obwohl ich das zunächst nicht erkannt habe. Beide Stellungen rivalisieren ihrem Wesen nach miteinander, wenn beide Persönlichkeiten eine größere politische Rolle spielen wollen. Alle sie bewegenden Motive begünstigen eine Kontroverse; ja, wenn sie der gleichen Meinung wären, bräuchte man nicht beide. Zwar dachte ich damals noch nicht so, bin aber inzwischen davon überzeugt, daß ein Präsident den Außenminister zu seinem wichtigsten Berater machen und den Chef des Nationalen Sicherheitsrates in erster Linie als rangältesten Verwaltungsbeamten und Koordinator verwenden sollte, um dafür zu sorgen, daß jeder wichtige Gesichtspunkt zu Gehör kommt. Wenn der Sicherheitsberater bei der Entwicklung und Artikulierung der Außenpolitik aktiv wird, verringert er damit unbedingt die Einflußmöglichkeiten des Außenministers und dessen Effektivität. Fremde Regierungen werden verwirrt und, was ebenso gefährlich ist, erhalten Gelegenheit, einen Teil unserer Regierung gegen den anderen auszuspielen; das Außenministerium wird demoralisiert und zieht sich auf Bagatellfragen zurück. Wenn der Präsident zu seinem Außenminister kein Vertrauen hat, sollte er ihn ablösen, aber nicht von einem persönlichen Berater überwachen lassen. In der Nixon-Regierung konnte der Außenminister seine beherrschende Rolle nicht spielen, weil Nixon der Bürokratie des Auswärtigen Amtes mißtraute, weil er eine besondere Beziehung zu Rogers hatte, weil Rogers unerfahren war und weil ich in außenpolitischen Fragen eine sehr ausgesprochene eigene Meinung hatte. Daß Rogers verständlicherweise darauf bestand, daß die Vorrechte seines Amtes beachtet wurden, komplizierte das Problem und hatte ironischerweise eine Schwächung seiner Position zur Folge. In einer bürokratischen Meinungsverschiedenheit wird die Partei, deren Argumente nicht überzeugender sind als ihr hierarchisches Recht, verlieren. Präsidenten hören auf Berater, auf deren Ansichten sie Wert legen, und nicht auf solche, die darauf bestehen, gehört zu werden, weil ihre Stellung es erfordert.

Darüber hinaus entstanden in dem politischen Entscheidungsmechanismus Nixons auch Spannungen durch ehrliche Unterschiede in der Auffassung zwischen dem Minister und mir. Rogers war in Wirklichkeit viel tüchtiger, als man ihn dargestellt hat. Er war ein ausgezeichneter Analytiker und verfügte über einen hervorragenden gesunden Menschenverstand. Aber seine Perspektive war taktisch. Als Rechtsanwalt hatte er gelernt, sich so intensiv mit den an ihn herangetragenen Problemen zu beschäftigen, »wie sie es verdienten«. Ich ging von strategischen und geopolitischen Gesichtspunkten aus und versuchte die Ereignisse zueinander in Beziehung zu setzen, in einem Teil der Welt Anregungen zu schaffen und Druck zu erzeugen, um die Ereignisse anderswo zu beeinflussen. Rogers konzentrierte sich scharf auf die Erfordernisse der jeweils anstehenden Einzelverhandlungen. Ich wollte die feinen Nuancen finden, die ich für eine Strategie auf lange Sicht brauchte. Rogers sorgte sich um die unmittelbare Reaktion im Kongreß und in den Medien, die in gewisser Weise in seinem Verantwortungsbereich als dem wichtigsten außenpolitischen Sprecher lagen. Ich sorgte mich mehr um die Auswirkungen der außenpolitischen Entschlüsse nach mehreren

Jahren. Dabei ließ sich nicht vermeiden, daß Rogers mich für einen egoistischen Pedanten hielt, der seinen Beziehungen zum Präsidenten schadete. Ich wiederum neigte dazu, ihn als unvernünftigen Neuling zu betrachten, der den Erfolg unserer sorgfältig geplanten Außenpolitik in Frage stellte. Unsere Beziehungen mußten sich verschlechtern. Wären wir beide klüger gewesen, dann hätten wir erkannt, daß wir dem Lande am besten dienen würden, wenn wir unsere persönlichen Differenzen begruben und uns gegenseitig den Rücken stärkten. Das hätte Nixons Neigung verringert, Spannungen zu manipulieren, die er zugleich fürchtete und schürte. Aber alle unsere Versuche, normale Beziehungen herzustellen, scheiterten. Rogers war zu stolz, ich auf intellektuelle Weise zu arrogant, und wir beide fühlten uns nicht sicher genug, einen Kurs zu steuern, der uns manchen nutzlosen Ärger und bürokratische Kopfschmerzen erspart hätte.

Aber das alles wäre selbst dann nicht sehr viel anders gewesen, wenn Nixon und Rogers sich wirklich so nahegestanden hätten, wie sie es vielleicht selbst aufrichtig geglaubt haben. Ein Außenminister braucht unter allen Umständen das volle Vertrauen des Präsidenten. Die erfolgreichen Außenminister wie Dean Acheson oder John Foster Dulles haben alle vertrauensvoll mit ihrem Präsidenten zusammengearbeitet. Wenn ein Außenminister versucht hat, zu seinem Präsidenten in Konkurrenz zu treten, wie Robert Lansing oder James Byrnes, dann hat er bald seinen Einfluß oder seine Position verloren. Acheson hat häufig darauf hingewiesen, er habe sich die Freiheit genommen, dem Präsidenten energisch zu widersprechen, er habe ihn aber niemals in eine Lage gebracht, die den Anschein erweckte, er stelle seine Autorität in Frage, und er habe sich auch niemals an einer Kabale anderer Kabinettsmitglieder beteiligt, um den Präsidenten unter Druck zu setzen. Ein Präsident braucht eine gediegene Beratung, er braucht aber auch emotionalen Beistand. Er muß wissen, daß seine Berater stark sind und Selbstvertrauen besitzen, er muß aber auch fühlen, daß sie die Isolation und die hohe Verantwortung seiner Stellung kennen, mit ihm fühlen und seine psychologische Belastung nicht absichtlich verstärken. Dieses schwer zu fassende Erfordernis fehlte zwischen dem Präsidenten Nixon und seinem ersten Außenminister, und zwar zum Teil aus Gründen, die vor der Bildung der Regierung Nixon lagen. Gerade die Tatsache, daß früher enge Beziehungen bestanden hatten, hat Rogers daran gehindert, diesen Umstand zu berücksichtigen, und Nixon davon abgehalten, es zuzugeben.

Die Beziehungen zu dem zweiten Kabinettsmitglied, dessen Verantwortlichkeit zum Teil auf dem Gebiet der Außenpolitik lag, dem Verteidigungsminister Melvin Laird, waren ganz anders. Ähnlich wie bei der Besetzung des Postens des Außenministers hatte ich während der ersten Tage den Eindruck gehabt, daß eine andere Persönlichkeit für dieses Amt vorgesehen sei, und geglaubt, Senator Henry M. Jackson werde das Angebot des gewählten

Präsidenten annehmen. Als er es ablehnte, erfuhr ich von der Entscheidung Nixons, Mel Laird zu ernennen. Er hat mich nicht um meine Meinung gefragt.

Ich hatte Laird 1964 auf dem Republikanischen Parteikonvent kennengelernt. Er war der Vorsitzende des Komitees für das Parteiprogramm gewesen und hatte die Anhänger von Rockefeller geschickt ausmanövriert. Später hatte ich an einer von ihm herausgegebenen Sammlung von Aufsätzen über den Konservatismus mitgearbeitet[2]. Mel Laird war Berufspolitiker; er sprach die Sprache, die Nixon verstand. Nixon hatte gegenüber seinem Verteidigungsminister keine psychologischen Vorbehalte, und es gab auch keine alten Rechnungen zu begleichen. Laird war während der 16 Jahre im Kongreß fast die ganze Zeit Mitglied des Verteidigungs-Unterausschusses im Bewilligungsausschuß des Kongresses gewesen und kannte sein Fachgebiet vor der Übernahme seines Amts sehr genau. Und Laird verfügte über eine große Gefolgschaft. Da er auch weiterhin einen erheblichen Einfluß im Kongreß hatte, besonders weil er mit dem mächtigen Vorsitzenden des Bewilligungsausschusses, George Mahon, befreundet war, wäre es für den Präsidenten sehr riskant gewesen, ihn zu übergehen. Und da Lairds Manöver auch oft in ihrer Komplexität oder Richtungslosigkeit ebenso byzantinisch waren wie die Nixons, erreichte er mit Schwung und einer überraschenden Bereitwilligkeit zur Zusammenarbeit das, was Nixon mit finsterer Entschlossenheit und verstecktem Unmut zustande brachte. Es bereitete Laird Freude, in einer Konfrontation der Sieger zu sein, aber anders als Nixon hatte er kein besonderes Vergnügen daran, seinen Gegner geschlagen zu haben. Er war überaus lebhaft und verfügte über einen irgendwie hinterhältigen Sinn für Humor, der die Zusammenarbeit mit ihm einerseits erleichterte, einen auf der anderen Seite aber auch manchmal zum Wahnsinn treiben konnte.

Laird setzte voraus, daß er das verfassungsmäßige Recht habe, jeden zu übertölpeln und auszumanövrieren, mit dem er dienstlich zusammenkam. Das war zum Teil Spiel und zum Teil das Bemühen eines erfahrenen Politikers, sich Möglichkeiten offenzuhalten und jede Chance zu nutzen. Laird war ein Meister der manipulierten Indiskretion. Nach einiger Zeit stellte ich fest: Wenn Laird mich frühmorgens anrief, um sich über einen Zeitungsbericht zu beschweren, war er selbst wahrscheinlich die Quelle dieses Berichts. Elliot Richardson sagte immer, ohne es böse zu meinen, wenn Laird einen seiner Lieblingsausdrücke benutze, nämlich: »Sie wissen doch, was ich meine?«, dann sei es vollständig unmöglich zu erkennen, was er sagen wollte.

Laird dachte sich nichts dabei, mit den Joint Chiefs of Staff zu einer Besprechung ins Weiße Haus zu kommen und ihre Auffassung zu unterstützen, um dann seine Vorbehalte dem Präsidenten und mir persönlich vorzutragen und schließlich mit seinem Freund, dem Vorsitzenden Mahon, eine dritte Lösung auszuarbeiten. Die Manöver von Nixon und Laird, sich jeden vorher angekündigten Truppenrückzug in Vietnam auf das eigene Konto buchen zu lassen, erinnerten an die Geschicklichkeit eines Kabuki-Spielers und die Hofintrigen im Florenz des 15. Jahrhunderts. Die Fechtkunst dieser beiden hartgesottenen Berufspolitiker, die jeweils die Absichten des anderen zu ergründen und zugleich den Gegner zu verwirren suchten, läßt sich in einer sachlich geschriebenen Biographie nicht darstellen; nur ein Roman oder ein Schauspiel könnte diesem Geplänkel gerecht werden. Es war jedoch ein Spiel, bei dem Nixon, der es nicht so humorvoll aufnahm, sondern mit tödlichem Ernst spielte und dabei die Trumpfkarte des Präsidentenamts in der Hand hielt, selten verlor.

Wenn man Laird genügend Spielraum ließ, sein Gesicht zu wahren, und er sich, ohne daß es für ihn peinlich wurde, in eine neue Position manövrieren konnte, akzeptierte er bürokratische Niederlagen, ohne gekränkt zu sein. Aber er bestand darauf, gehört zu werden. Bei der Zusammenarbeit mit ihm hatten intellektuelle Argumente nur am Rande etwas zu bedeuten, und direkte Anweisungen kamen dem Selbstmord gleich. Im Lauf der Zeit lernte ich, daß man ein Gefecht mit Laird am besten damit eröffnete, daß man ihm soweit wie möglich alle bürokratischen oder über den Kongreß führenden Fluchtwege abschnitt, vorausgesetzt, man kannte sie, und das war nicht immer leicht. Nur wenn mir das gelungen war, konnte ich konkrete Fortschritte erzielen. Doch selbst wenn ich diese Taktik anwandte, verlor ich ebenso oft, wie ich gewann.

John Ehrlichman, der ebenso wie ich ein Berater des Präsidenten war, hielt meine Methode für feige. 1971 wollte Ehrlichman erreichen, daß die Armee ein Stück Land in Hawaii, das ihr gehörte, für einen Nationalpark zur Verfügung stellte. An diesem Beispiel wollte er mich lehren, wie man mit Laird umgehen müsse. Der bisher unbestrittenen Theorie folgend, das Weiße Haus sei für solche Fragen zuständig, ließ Ehrlichman, ohne sich um die Bürokratie oder den Kongreß zu kümmern, Laird eine direkte Anweisung zukommen, dieses Land abzutreten. Laird wehrte diesen plumpen Überrumpelungsversuch ab wie ein Matador den blind heranstürmenden Kampfstier, indem er seine Bemühungen verdoppelte, dort so rasch wie möglich Erholungsheime für die Armee bauen zu lassen. Mit Hilfe seines Freundes Mahon brachte er ein Gesetz durch den Kongreß, das der Anweisung des Präsidenten eindeutig widersprach, und erklärte die ganze Zeit immer wieder, er werde selbstverständlich jede Anordnung des Weißen Hauses ausführen, wenn der Kongreß es ihm erlaube. Die Erholungsheime der Armee stehen heute noch dort, und der Nationalpark ist ein Traum geblieben. Ehrlichman mußte die bittere Erfahrung machen, daß es in der politischen Wissenschaft Dimensionen gibt, die man nicht auf der Universität lernen kann, und daß der Erfolg in Washington nicht damit garantiert ist, daß man sachlich recht hat.

Als erfahrener Politiker hielt Laird nichts davon, für eine verlorene Sache zu kämpfen. Die hier und jetzt auftretenden Probleme verstand er sehr geschickt zu lösen; um Probleme, die morgen auftreten könnten, kümmerte er sich weniger. In ruhigen Zeiten konnte er einen zum Wahnsinn treiben. In Krisenzeiten war er großartig – stark, loyal, kühn und wortgewandt bei der Verteidigung der Entscheidungen des Präsidenten, auch wenn er ihm in den Beratungen des Kabinetts widersprochen hatte. Laird war Verteidigungsminister zu einer Zeit, als unsere militärische Stärke unaufhörlich von der Mehrheit im Kongreß, den Medien, den Akademikern und anderen Interessengruppen angegriffen wurde. Er sorgte für die Erhaltung der Verteidigungskapazität und legte das Fundament für ihre Stärkung für den Fall, daß sich die öffentliche Meinung wieder änderte. Melvin Laird hat dafür gesorgt, daß unsere Abwehrkräfte während einer ungewöhnlich turbulenten Periode erhalten blieben. Das war eine bedeutende Leistung.

Unterhalb der Kabinettsebene gab es eine weitere Gruppe einflußreicher Berater, nämlich den Vorsitzenden der Joint Chiefs of Staff, General Earle Wheeler, und den Direktor der Central Intelligence Agency, Richard Helms.

Zur Zeit der Amtsübernahme Nixons hatte »Bus« Wheeler das letzte Jahr den Vorsitz bei den Joint Chiefs of Staff. Seine Amtsperiode hätte schon im Juli 1968 zu Ende gehen sollen, aber Johnson hatte sie großzügig um ein Jahr verlängert, um seinem Nachfolger die Möglichkeit zu geben, den nächsten Vorsitzenden zu bestimmen. Wheelers Integrität und Erfahrung erwiesen sich als so unersetzlich, daß Nixon ihn noch ein weiteres Jahr im Amt ließ. Der hochgewachsene, elegante, ruhige Wheeler war zu jener Zeit zutiefst desillusioniert. Er sah aus wie ein wachsamer Beagle. Seine sanften dunklen Augen wanderten unruhig umher, um festzustellen, woher der nächste Schlag kam. In den 60er Jahren hatte er erlebt, wie junge Systemanalytiker ins Pentagon gekommen waren und das militärische Establishment durch das Infragestellen von lange geltenden Vorstellungen durcheinanderbrachten. Intellektuell hatten diese Systemanalytiker eher recht als unrecht; sie mußten aber bald feststellen, daß man durch die Art, wie man eine Frage formuliert, die Antwort vorwegnehmen kann, und ihre Bemühungen, der so hoch geschätzten Objektivität zu dienen, endeten oft damit, persönliche Vorurteile zu begünstigen.

Doch ganz abgesehen vom Mißbrauch der Systemanalyse gab es eine Wahrheit, die höhere Offiziere in einem langen militärischen Leben gelernt hatten und die sich nicht offiziell artikulieren ließ, daß nämlich die Macht auch eine psychologische und nicht nur eine technische Komponente hat. Man kann Menschen nur bis zu einem ganz bestimmten Punkt aufgrund statistischer Angaben führen, dann kommt es mehr auf fundamentale Werte an. In der letzten Analyse geht es beim militärischen Beruf um die Kunst, sich zu behaupten, und obwohl dafür heute sorgfältigere Berechnungen angestellt werden müssen als früher, hängt das auch von elementaren psychologischen Faktoren ab, die man schwer quantifizieren kann. Die Militärs mußten feststellen, daß sie Waffen auf der Basis abstrakter Kriterien entwarfen und Strategien vertraten, an die sie eigentlich nicht glaubten, um schließlich einen Krieg zu führen, den sie nicht verstanden. Sicherlich waren die Militärs an den Schwierigkeiten, die sie hatten, manchmal auch selbst schuld. Sie ließen sich zu bereitwillig in eine Sache einspannen, sie gaben sich mit der neuen Ordnung zufrieden, die sie innerlich ablehnten, und in Vietnam verfolgten sie die von Grant, Pershing und Marshall übernommene Zermürbungsstrategie. Sie haben nie begriffen, daß eine Zermürbungsstrategie in einem Guerillakrieg gegen einen Feind, der nicht kämpfen *muß*, weil er in der Bevölkerung untertauchen kann, fast unmöglich ist. Damit spielten sie der zivilen Führung in die Hände, die ihnen immer größere Einschränkungen auferlegte. Der militärische Traditionalismus und die Überintellektualisierung der Zivilisten verspielten gemeinsam jede Chance für ein rasches Kriegsende zu einer Zeit, als sich Johnson noch der Unterstützung durch eine breite Öffentlichkeit erfreute. Je länger der Krieg dauerte, desto mehr verschob sich das psychologische Gleichgewicht zu unseren Ungunsten und desto wirkungsloser und enttäuschender wurden alle Bemühungen der Militärs.

In den 60er Jahren waren die Militärs zwischen der Verpflichtung gegenüber dem Vorrang der zivilen politischen Führung, zu der sie durch Generationen erzogen waren, und ihren Befürchtungen hin und her gerissen, sie steuerten auf eine Katastrophe zu. Auf der einen Seite versuchten sie, das neue System wirkungsvoll anzuwenden, rebellierten aber andererseits dagegen. Sie waren demoralisiert durch den Befehl, Waffen herzustellen, an deren Wirksamkeit sie nicht glaubten, und durch die Notwendigkeit, einen Krieg zu führen, dessen Ziel immer undeutlicher wurde. Es entstand eine ganz neue Offiziersgeneration, Männer, die den neuen Jargon gelernt hatten, die in der Lage waren, die jetzt so beliebten Argumente der Systemanalyse deutlicher zu formulieren als die älteren Generationen, und die geschickter bürokratisch zu manövrieren wußten. Auf manchen Ebenen erleichterte das die Beziehungen zwischen Zivilisten und Militärs. Auf tieferer Ebene verhinderte es eine einfache und vielleicht gröbere, aber unter Umständen zutreffendere Lagebeurteilung, die letzten Endes notwendig wird, wenn es zu einer bewaffneten Auseinandersetzung kommt.

Earle Wheeler hatte diesen Übergang überwacht, war aber nicht ganz zufrieden damit. Er glaubte zu Recht, das Pentagon habe in den sechziger Jahren die militärischen Empfehlungen nicht ernst genug genommen; als es jedoch Zeit wurde, eine Alternativlösung vorzuschlagen, hatte er nicht mehr zu bieten als unwesentliche Modifizierungen des Status quo. Er schätzte seine direkten Beziehungen zum Präsidenten sehr hoch, machte aber nur selten Gebrauch davon – zum Teil, weil Laird etwas dagegen einzuwenden hatte, daß der Präsident und der Vorsitzende Besprechungen abhielten, an denen er selbst nicht teilnahm. Viel häufiger trug mir Wheeler seine Bedenken persönlich vor als bei einer offenen Konfrontation mit seinem Vorgesetzten. Auf der im Juni 1969 in Hawaii stattfindenden Konferenz, wo Nixon die Zustimmung der Militärs für seinen Rückzugsplan in Vietnam gewinnen wollte, wurde mir klar, daß Wheeler und General Creighton Abrams (unser Befehlshaber in Vietnam) sehr unzufrieden waren. Sie wußten instinktiv, daß es unwahrscheinlich war, daß wir durch den Rückzug unserer Streitkräfte die Oberhand gewinnen konnten. Je stärkere Kräfte zurückgezogen wurden, desto geringer waren die Aussichten auf einen vertretbaren Ausgang des Krieges. Es fehlte ihnen jedoch am nötigen Selbstbewußtsein, das auch ihren zivilen Vorgesetzten zu sagen, die ebenso wie ich behaupteten, eine Zurücknahme unserer Truppen sei notwendig, um die innenpolitische Basis für eine politische Lösung zu schaffen. Wheeler und Abrams versuchten sich zu beruhigen, indem sie darauf drängten, beim Rückzug möglichst wenig Gelände preiszugeben. Doch bald mußten sie feststellen, daß sie einem Plan zugestimmt hatten, der nun seine eigene Dynamik entwickelte. Als sich der Zeitplan für den Rückzug auf den Militäretat auszuwirken begann, ließen sich die Rückzugsbewegungen nur verlangsamen, wenn man dafür auf eine Modernisierung bestimmter Waffen verzichtete. Höhere Offiziere müssen immer wieder einen Ausgleich zwischen ihren Überzeugungen und der Erkenntnis finden, daß sie, um Erfolg zu haben und weiterkämpfen zu können, überleben müssen. Der natürliche Respekt vor dem Oberbefehlshaber veranlaßt sie, für das kaum Akzeptable doch noch eine militärische Begründung zu finden. Im Gegensatz zu dem, was die Öffentlichkeit manchmal glaubt, stellen sie die Kompetenz des Oberbefehlshabers fast nie in Frage; sie suchen nach Gründen, sich hinter ihn zu stellen, nicht aber dafür, sich ihm zu widersetzen. So hatte sich auch Wheeler an einer Reihe von Entscheidungen beteiligt, die er einzeln rechtfertigen konnte, deren kumulative Auswirkungen er aber nicht einmal vor sich selbst zu rechtfertigen in der Lage war. Er war der geborene Gentleman, ein glänzender Offizier, der seinem Land in einer tragischen Periode gedient hat und sich dabei verzehrte.

Wheelers Nachfolger, Admiral Thomas Moorer, war eine robustere Persönlichkeit als Wheeler. Er hatte in den sechziger Jahren höhere Kommandostellen inne, wo er zwar auch Enttäuschungen erlebte, die jedoch nicht die physischen und psychologischen Anforderungen stellten wie die höheren Positionen in Washington. Moorer verstand es zwar, sich geschickt in der

Bürokratie zu behaupten, gab aber nicht vor, alle akademischen Feinheiten zu beherrschen. Vielleicht übertrieb er ein wenig die Haltung des unschuldigen Burschen vom Lande, der unversehens in einen Dschungel von Intrigen geraten war. Was ihm an Eleganz fehlte, glich er durch Bestimmtheit aus. Als er seinen Posten übernahm, war der Vietnam-Krieg zu einem Rückzugsgefecht geworden. Er führte seine Truppe mit persönlicher Würde durch diese letzte, für alle so tragische Phase. Kein Präsident hätte einen tüchtigeren und standhafteren Militärberater haben können.

Ein weiteres Mitglied des Nationalen Sicherheitsrats war Richard Helms, den Nixon als Direktor der Central Intelligence Agency übernommen hatte. Ich hatte Helms während der Amtszeit Kennedys 1961 kennengelernt, als ich mit ihm auf Bitten des Weißen Hauses mehrere Gespräche über die Berlin-Krise führte. Er verfügte über eine Sachkenntnis, die mich damals wie heute beeindruckt hat. Wir sind uns erst wieder bei meiner Ernennung zum Berater des Präsidenten begegnet, als er mir im Lagezimmer des Weißen Hauses die Gliederung und die Arbeitsweise seiner Behörde erläuterte. Damals befand sich Helms in einer heiklen Lage. Nixon glaubte, in der CIA versteckten sich noch mehr gegen ihn eingestellte liberale Intellektuelle als im Außenministerium, denn er hatte den Verdacht, daß der liberale Kreis in Georgetown, den Nixon für viele seiner Schwierigkeiten verantwortlich machte, Helms mochte. Ich hatte mir von Helms noch keine ganz klare Vorstellung machen können, war aber gegen seine Ablösung. Ich hielt es für gefährlich, aus der CIA einen politischen Spielball zu machen, dessen Direktor von jedem neuen Präsidenten abgelöst wurde. Nixon stimmte einem Kompromiß zu. Er erklärte sich bereit, Helms als Direktor der CIA zu behalten, schlug aber vor, ihn nicht mehr an den Sitzungen des Nationalen Sicherheitsrats teilnehmen zu lassen. Aber Laird gelang es, diese Entscheidung rückgängig zu machen, denn er wies mit Recht darauf hin, daß sich der Präsident der Kritik des Kongresses und der Öffentlichkeit aussetzen werde, wenn der Nationale Sicherheitsrat ohne den Direktor der CIA wichtige Entscheidungen beriete. Wieder mußte Nixon nachgeben. Er erklärte sich einverstanden, Helms an den Besprechungen des Nationalen Sicherheitsrats teilnehmen zu lassen, aber nur, um Berichte über konkrete Vorgänge vorzutragen. Helms sollte keine Empfehlungen machen dürfen und das Beratungszimmer sofort nach seinem Vortrag verlassen. Unter diesen unnormalen Voraussetzungen blieb Helms noch sechs Wochen im Amt. Aber die Situation wurde für ihn zu peinlich, zu gekünstelt, und er konnte sie mit seiner Selbstachtung nicht mehr in Einklang bringen. Die nachrichtendienstlichen Erkenntnisse spielten gewöhnlich auch noch nach dem Vortrag bei der Besprechung eine entscheidende Rolle. Schließlich hing sehr viel davon ab, wie man die Folgen der einzelnen, hier beratenen Alternativen beurteilte. Deshalb nahm Helms schließlich regelmäßig an den Sitzungen des

Nationalen Sicherheitsrats teil, wenn er auch nie ein persönlicher Vertrauter des Präsidenten wurde.

Meine Stellung als Berater für Fragen der nationalen Sicherheit erforderte natürlich eine enge Zusammenarbeit mit dem Direktor der CIA. Auf ihn muß sich der Präsident verlassen können, wenn er rechtzeitig über bestimmte Entwicklungen unterrichtet werden will, und an ihn wendet sich der Beauftragte des Präsidenten zuerst, wenn er in einer Krise Tatsachen erfahren und die Ereignisse analysieren will. Und da Entscheidungen davon abhängen, wie weit man die Folgen von Maßnahmen erkennen kann, können die Beurteilungen des CIA fast die gleiche Bedeutung haben wie politische Empfehlungen.

Diszipliniert, in jeder Hinsicht fair und diskret nahm Helms seine Pflichten mit der absoluten Objektivität wahr, die die wesentliche Voraussetzung für einen effektiven Nachrichtendienst ist. Jahrelang haben wir keine gesellschaftlichen Kontakte zueinander unterhalten, trafen uns aber gelegentlich zum Essen bei anderen Leuten. Nicht, weil er mir sympathisch war, achtete ich Helms, obwohl auch das zutraf, sondern wegen seiner fachlichen Eignung und Standhaftigkeit. Er hat nie politische Ratschläge erteilen wollen, außer zu bestimmten, direkt an ihn gerichteten Fragen, hat jedoch auch nie gezögert, das Weiße Haus vor Gefahren zu warnen, selbst wenn seine Ansichten den vorgefaßten Meinungen des Präsidenten oder seines Sicherheitsberaters widersprachen. Er verteidigte seinen Standpunkt auch dort, wo weniger charakterstarke Männer Ausflüchte gemacht hätten. Zu Beginn der Amtszeit der neuen Regierung vertraten einige Leute die Auffassung, der Dreifachsprengkopf des sowjetischen SS-9-Interkontinental-Flugkörpers sei ein mehrfach beim Wiedereintritt in die Erdatmosphäre lenkbares Geschoß (MIRV), das die Sowjets zur Bekämpfung unserer Minuteman-Raketensilos entwickelt hätten. Die CIA behauptete, die Sprengköpfe seien nicht mehr unabhängig lenkbar. Ich neigte zu der für uns gefährlicheren Interpretation. Um die Angelegenheit zu klären, wendete ich eine Methode an, die von den Traditionalisten abgelehnt wurde, die eifersüchtig darüber wachten, daß sie bei ihrer Beurteilung einer solchen Frage unabhängig blieben. Ich versammelte alle Analytiker im Lagezimmer des Weißen Hauses und spielte den Advocatus Diaboli. Dabei nahm ich die Analytiker in ein scharfes Kreuzverhör. Helms beharrte auf seinem Standpunkt, der sich später als richtig erwies.

Niemand wird nach einer regulären Beamtenlaufbahn Direktor der CIA, der sich nicht in vielen Schlachten bewährt hat. Helms war eine starke Persönlichkeit und ein sehr vorsichtiger und aufmerksamer Mann. Mit seiner Liebenswürdigkeit verband sich eine ungewöhnliche Hartnäckigkeit, und wenn er lächelte, dann lächelten seine Augen oft nicht mit. Er hatte Regierungen kommen und gehen sehen und wußte, daß in Washington Wissen

Macht bedeutet. Angeblich wußte er sehr viel und hat das auch nie bestritten. Ich wußte aber auch, daß er sein Wissen oder seine Macht niemals mißbrauchte. Er vergaß nie, daß seine Leistungsfähigkeit von seiner Integrität abhing und daß seine beste Waffe im Umgang mit dem Präsidenten der Ruf der Zuverlässigkeit war.

Die Analysen der CIA waren aber auch nicht unfehlbar. Diese Behörde war in Wirklichkeit alles andere als eine aus Falken und internationalen Abenteurern zusammengesetzte Bande, wie ihre Kritiker es so leichtfertig behaupteten, sie irrte sich jedoch gewöhnlich nur bei solchen Interpretationen, wie sie innerhalb des Washingtoner Establishments üblich waren. Nach meinen Erfahrungen gab die CIA häufiger die Empfehlung an die Regierung, abzuwarten und nichts zu unternehmen, als eine für gewagte Vorstöße. Ihre Analytiker waren sich nur allzu deutlich der Tatsache bewußt, daß noch niemals jemand dafür zur Verantwortung gezogen worden ist, daß er eine Möglichkeit nicht erkannt hat, daß aber schon mancher darüber gestolpert ist, eine Gefahr nicht vorausgesagt zu haben. Deshalb neigen die Nachrichtendienste dazu, vor den schlimmen Konsequenzen bestimmter Handlungen zu warnen, eine Haltung, die eher die Entschlußkraft lähmt und nicht zu Abenteuern führt. Nach jeder Krise kommt irgendwo in der Presse irgendein obskurer nachrichtendienstlicher Bericht zum Vorschein oder irgendein Analytiker behauptet, die Krise vorausgesagt zu haben, sei aber von den politisch maßgebenden Leuten törichterweise ignoriert worden. Was dabei nicht erwähnt wird, ist, daß Warnungen jede Bedeutung verlieren, wenn sie zu sehr Routine werden. Wenn die oberste Führung nicht besonders auf einen Bericht aufmerksam gemacht wird, geht dieser Bericht in dem bürokratischen Hintergrundgeräusch unter, besonders weil man für jede Warnung wahrscheinlich in den Akten auch das Gegenteil finden kann.

Trotz dieser Vorbehalte stellte ich fest, daß die Angehörigen der CIA pflichtbewußte Männer und Frauen waren, auf deren Mitarbeit man nicht verzichten durfte. Helms hat seinem Land und dem Präsidenten gute Dienste erwiesen. Die Vorwürfe waren nicht gerechtfertigt, mit denen man ihm den Abschluß einer 30 Jahre dauernden Laufbahn im Dienste der Öffentlichkeit, in der er sich bewährt hatte, vergällt hat.

Aus diesen Männern bestand das Team, das der neue Präsident zusammengestellt hatte, um seine weltpolitische Strategie zu bestimmen, wobei er die ganze Zeit bestrebt war, sein Land aus einem Krieg herauszuführen, dem es durch seine Vorgänger ausgeliefert worden war. Die Mitglieder des Kabinetts versammelten sich am 12. Dezember 1968 zu einer ersten Fühlungnahme im Shoreham-Hotel in Washington. Die neuen Methoden Nixons warfen ihre Schatten voraus, als die Probleme, mit denen es die neue Regierung zu tun haben würde, nicht von den erst am vergangenen Tage ernannten neuen Kabinettsmitgliedern, sondern von den persönlichen Beratern des

Präsidenten, zu denen auch ich gehörte, erläutert wurden. Die meisten Berater waren mehr als eine Woche früher auf ihre Posten berufen worden. Niemand wird jemals sagen können, ob die fähigen, intelligenten, energischen Minister unter irgendeiner Führung ein geschlossenes Team hätten abgeben können. Ihr Chef mit seiner schillernden Persönlichkeit hatte beschlossen, sich ihrer einzeln auf ganz verschiedenen Gebieten zu bedienen, während er seine einsame Reise mit einem System für die politische Entscheidungsbildung begann, das die Macht im Weißen Haus zentralisierte.

3. Die Arbeit wird organisiert

In einer Rundfunkansprache hatte der Präsidentschaftskandidat Richard Nixon am 24. Oktober 1968 versprochen, »dem Nationalen Sicherheitsrat wieder seine überaus bedeutende Rolle bei der Planung der nationalen Sicherheit zurückzugeben«. Er ging sogar so weit zu sagen, »die meisten schweren Rückschläge in der Außenpolitik sind der Unfähigkeit der Nachfolger des Präsidenten Eisenhower oder ihrer Abneigung (zuzuschreiben), sich dieses bedeutenden Instruments zu bedienen«. Als der gewählte Präsident am 2. Dezember 1968 meine Ernennung bekanntgab, erklärte er: »Dr. Kissinger hat ein nach meiner Auffassung sehr anregendes Verfahren eingeführt – oder ist gegenwärtig dabei, es einzuführen –, das garantieren soll, daß der nächste Präsident der Vereinigten Staaten nicht nur hört, was er hören will . . .« Nixon sagte nicht, wie ich das alles in den drei Tagen hätte tun können, die seit meiner Ernennung vergangen waren.

Ich war mit dem gewählten Präsidenten der Auffassung, daß es sehr wichtig sei, wieder einen arbeitsfähigen Nationalen Sicherheitsrat einzurichten. In einer Erklärung des Gouverneurs Nelson Rockefeller vom 21. Juni 1968 während seines Wahlfeldzuges für seine Nominierung kam meine Auffassung zu diesem Thema zum Ausdruck:

> »Es gibt kein reguläres, von einem dafür gebildeten Stab durchzuführendes Verfahren für den politischen Entscheidungsprozeß. Statt dessen werden, wo sich diese Notwendigkeit ergibt, *ad hoc* Gruppen gebildet. Es gibt keine Behörde für die Überwachung der Durchführung solcher Beschlüsse. Es gibt keinen Sammelpunkt für eine langfristige Planung auf zwischenbehördlicher Basis. Ohne einen zentralen Sammelpunkt der Regierung wird die Außenpolitik zu einer Reihe nicht miteinander im Zusammenhang stehender Entscheidungen – in ihrem Wesen krisenorientiert, *ad hoc* und nach rückwärts blickend. Wir werden zu Gefangenen der Ereignisse.«

Zur Zeit meiner Ernennung hatte ich noch keine Vorstellung von einem Organisationsplan. Meine Hauptsorge bestand darin, daß eine weitläufige

Bürokratie, so gut sie auch organisiert sein mag, dazu neigt, Kreativität zu ersticken. Sie verwechselt kluge Politik mit reibungslos laufender Verwaltungsarbeit. In den modernen Staaten werden Bürokratien so umfangreich, daß zu oft mehr Zeit damit zugebracht wird, sie zu verwalten, als ihre Ziele zu bestimmen. In einer komplexen Bürokratie besteht die Neigung, die technische Komplexität zu übertreiben und den Umfang oder die Bedeutung politischer Lagebeurteilungen zu verringern; sie begünstigt den Status quo ohne Rücksicht darauf, wie man zu ihm gelangt ist, weil der Status quo – wenn es nicht zu einer regelrechten Katastrophe kommt – immer den Vorteil hat, daß man mit ihm vertraut ist, und weil es niemals möglich ist zu beweisen, daß mit einem anderen politischen Kurs größere Erfolge erzielt worden wären. Ich glaubte daher, es sei kein Zufall, daß die meisten großen Staatsmänner ständig mit den Fachleuten in ihren Auswärtigen Ämtern gerungen haben, denn der Horizont der Konzeption des Staatsmannes fordert die Neigung des Fachmanns heraus, das Risiko zu verringern.

Die Komplexität moderner Regierungen verlangt umfangreiche Bürokratien; aber das Erfordernis, Neuerungen einzuführen, schafft die Notwendigkeit, Ziele zu definieren, die über die administrativen Normen hinausgehen. Letzten Endes gibt es keine rein organisatorische Lösung; es ist vor allem ein Problem des Führungsstils. Eine Verbesserung der Organisation kann von sich aus die Neigung abschaffen, auf Krisen zu warten und die langfristige Planung zu versäumen. Wir stellten uns selbst die Aufgabe, uns bewußt die Mühe zu machen, das internationale Klima nach den Vorstellungen von den außenpolitischen Zielen Amerikas zu beeinflussen und nicht, auf Ereignisse zu warten, die Entscheidungen erzwingen.

Meine unglücklichen Erfahrungen als regulärer, aber von außen wirkender Berater des Präsidenten Kennedy erwiesen sich als ungeheuer wertvoll. Ich hatte damals gelernt, welcher Unterschied zwischen einer beratenden Funktion und persönlicher Verantwortung besteht. Ein Staatsmann braucht vor allem einen Sinn für Nuancen und Proportionen; er muß fähig sein, in der Masse der offensichtlichen Tatsachen das Wesentliche zu erkennen, und intuitiv spüren, welche der zahlreichen, in gleicher Weise plausiblen Hypothesen über die Zukunft sich wahrscheinlich als richtig erweisen werden. Und die persönliche Verantwortlichkeit ist entscheidend wichtig – die Kraft, die Verantwortung für eine Folge von Ereignissen zu übernehmen und ihnen eine bestimmte Richtung zu geben. Gelegentlich kann ein Außenseiter Perspektiven eröffnen; fast nie weiß er genug, um für taktische Maßnahmen vernünftige Ratschläge zu geben. Vor meiner Tätigkeit als Berater Kennedys hatte ich wie die meisten Akademiker geglaubt, der Entscheidungsprozeß sei in erster Linie eine intellektuelle Sache und man brauche nur in das Büro des Präsidenten zu gehen und ihn von der Richtigkeit der eigenen Auffassungen zu überzeugen. Sehr bald erkannte ich aber, daß diese Perspektive ebenso gefährlich unreif wie verbreitet ist. Es ist eine Tatsache, daß in unserem System der Präsident die Vollmacht hat, endgültige Entscheidungen zu treffen; er hat eine größere Entscheidungsfreiheit als die Regierungschefs aller anderen großen Länder – und das schließt wahrscheinlich sogar die Sowjetunion ein. Aber der Arbeitsplan eines Präsidenten ist so hektisch, daß er für abstrakte Überlegungen nur sehr wenig Zeit hat. Fast jeder, der ihn besucht, kommt mit seinem Anliegen in eigenem oder fremdem Interesse, und meist sind diese Anliegen sehr plausibel – denn nur dann können diese Leute bis zum Ovalen Zimmer vordringen. Deshalb besteht eine der schwierigsten Aufgaben des Präsidenten darin, aus einer Vielzahl von Argumenten die herauszufinden, die auch überzeugend sind. Er findet sie aber nicht selbst; sie werden auf niedrigerer Ebene ausgearbeitet. Daher gründet ein Präsident seine Entscheidungen während seiner Amtszeit außer in extrem kritischen Situationen immer mehr auf das Vertrauen, das er seinen Beratern entgegenbringt. Er wird sich des bürokratischen und politischen Drucks, dem er ausgesetzt ist, zunehmend deutlicher bewußt, und wesentliche Probleme verbinden sich in seinem Bewußtsein mit Persönlichkeiten, die miteinander in Konflikt stehende Anschauungen verkörpern.

Die Entscheidung eines Präsidenten ist immer das Ergebnis einer Mischung aus eigenem Urteil, Vertrauen zu seinen Mitarbeitern und einem gewissen Zweifel an ihrer Moral. Jeder Präsident stellt sehr bald fest, daß die Schwierigkeit für ihn nicht nur darin liegt, eine Anordnung zu treffen, sondern auch ihre Durchsetzung sicherzustellen, und das erfordert die Bereitschaft zur Zusammenarbeit. Von der Bürokratie ungern entgegengenommene Anordnungen lassen sich auf verschiedenste Weise umgehen. Man kann sie geschickt so interpretieren, daß das Ergebnis den Wünschen der Behörde, die am meisten betroffen ist, möglichst nahekommt; die Verwirklichung kann endlos hinausgezögert werden; Diskussionen können eine politische Entscheidung dadurch sabotieren, daß sie eine Kontroverse auslösen. Schließlich kommen schwer zu definierende menschliche Qualitäten ins Spiel. Der Präsident ist von den meisten normalen Kontakten isoliert und fühlt sich äußerst unwohl, wenn seine Mitarbeiter unzufrieden sind – und dann versucht er, dem Problem nach Möglichkeit auszuweichen.

Um dem Präsidenten etwas zu nützen, muß daher der Entscheidungsmechanismus bestimmte Voraussetzungen erfüllen: Er muß seiner Persönlichkeit und seinem Stil entsprechen und zu konkreten Maßnahmen führen. Wenn nur wahllos über bestimmte Möglichkeiten geredet wird, ohne daß etwas geschieht, dann wirkt das lähmend. Vor allem muß dieser Mechanismus auf die psychologischen Beziehungen zwischen dem Präsidenten und seinen engsten Beratern abgestimmt sein; er muß die Mitarbeiter des Präsidenten befähigen, sein Selbstvertrauen zu stärken und ihm zugleich echte Alternativen vorzulegen, ihm Perspektiven zu vermitteln, ohne aus jeder

Frage eine Willensprobe zu machen. Er muß dem Präsidenten eine echte Entscheidungsfreiheit lassen, ohne Größenwahn zu erzeugen, der sich oft bei Persönlichkeiten in Positionen entwickelt, in denen man nur selten auf jemanden Ebenbürtigen trifft. Wenn aber jede Entscheidung im Büro des Präsidenten getroffen werden soll, wird er sehr bald durch die Masse der weniger wichtigen Probleme überlastet sein; er wird sich die technische Kompetenz und die reichen Erfahrungen seiner Beamten nicht mehr zunutze machen können.

Wenn Schlüsselentscheidungen inoffiziell auf unvorbereiteten Sitzungen getroffen werden, kann die Neigung, dem Präsidenten einen Gefallen tun zu wollen und bei den Kollegen den Eindruck zu erwecken, man wolle möglichst reibungslos mit ihnen zusammenarbeiten, die Artikulation echter Alternativen verhindern. Das erschien mir bei den Entscheidungsprozessen in den Regierungen Kennedy und Johnson eine der Schwierigkeiten zu sein. Wenn das Verfahren jedoch zu formell wird und der Präsident bescheiden genug ist, sein Urteil der gemeinschaftlichen Überzeugung seiner Beamten hintanzustellen – wie in der Eisenhower-Regierung –, dann besteht die Gefahr, daß er in der Praxis nur noch die Wahl hat, einer einzigen Empfehlung zuzustimmen oder sie abzulehnen. Da man ihm weder Alternativen nennt, noch sagt, welche Folgen seine Ablehnung haben wird, entwickelt sich in einem solchen System die Neigung zum niedrigsten gemeinsamen Nenner. Der Zweck wird der administrativen Effizienz geopfert. Das wird vielleicht manchmal dadurch vermieden, daß der Präsident aufbegehrt und eine Willenserklärung abgibt, um anderen (und sich selbst) seine Autorität zu bestätigen. Aber solche gelegentlichen Ausbrüche können auf die Dauer keine Wirkung haben, denn wenn der Präsident sich geweigert hat, der Empfehlung zuzustimmen, hat er keine Alternative, in einer anderen Richtung aktiv zu werden.

Nach meiner Überzeugung war es äußerst wichtig, dem Präsidenten eine echte Wahl zu lassen, und zwar nicht nur, um die Autorität des Präsidenten zu stärken, sondern auch, um seine führende Rolle zu betonen, indem man ihm das Selbstvertrauen gab, das aus dem Bewußtsein entsteht, er habe alle in Frage kommenden Alternativen gegeneinander abgewogen. Die Hauptaufgabe des Sicherheitsberaters bestand in der Tat darin, dem Präsidenten möglichst viele Alternativen und ihre möglichen Folgen vorzutragen. Kein Präsident kann es vermeiden, irgendwann während seiner Amtszeit Fehler zu machen, aber ich wollte nicht, daß behauptet wurde, sie seien begangen worden, weil man gewisse Entwicklungen vorausgesehen, aber nicht in Erwägung gezogen habe. Mit Hilfe von Morton Halperin, eines jungen Kollegen aus Harvard, und des Generals Andrew Goodpaster, eines ehemaligen Beraters des Präsidenten Eisenhower, ging ich an die Arbeit.

General Goodpaster war dem Übergangsstab Nixons während eines

Urlaubs von seinem Posten als stellvertretender Befehlshaber in Saigon zugeteilt worden. Er hatte während der Amtszeit des Präsidenten Eisenhower zeitweise dem Nationalen Sicherheitsrat angehört; deshalb war Nixon auf ihn aufmerksam geworden. Er hatte in Princeton seinen Doktor gemacht und gehörte zu jenen neuen höheren Offizieren, die ihre Bildung (wenn man das so nennen darf) durch ein Studium an zivilen Hochschulen vertieft hatten. Die Kombination von militärischer Ausbildung und wissenschaftlicher Arbeit kann oft zu einem so methodischen Stil führen, daß er an Pedanterie grenzt, erweitert jedoch auch den Horizont des Betreffenden weit über das hinaus, was man bei anderen höheren Offizieren findet. Vielleicht haben die Militärs die akademischen Leistungen von Goodpaster überschätzt, und die Akademiker haben sich durch das Phänomen eines intellektuellen Generals zu sehr beeindrucken lassen. Unbestritten ist aber, daß Goodpaster ein sehr erfahrener, sehr ehrenhafter Mann mit beachtlichen Fähigkeiten war.

Ende Dezember 1968 war ich soweit, dem gewählten Präsidenten meine Empfehlungen machen zu können. Am 27. Dezember schickte ich ihm eine Denkschrift mit meiner Beurteilung der Stärken und Schwächen des bisherigen Systems. Darin sprach ich von der Flexibilität, aber auch gelegentlichen Unordnung des formlosen Verfahrens bei Johnson und von der Normalität, aber auch Starrheit der Struktur bei Eisenhower, wobei der Präsident sich der Einstimmigkeit seiner Beamten gegenübersah, ihm aber keine echten Alternativen vorgetragen wurden. Ich behauptete, daß es unsere Aufgabe sei, die besten Seiten beider Systeme zu kombinieren: die Ordnung und Effizienz des Nationalen Sicherheitsrats verbunden mit Verfahren, die gewährleisteten, daß der Präsident und seine wichtigsten Berater alle realistischen Alternativen, ihre Kosten und Vorteile und die Auffassungen und Empfehlungen aller interessierten Behörden erwogen. Der Nationale Sicherheitsrat sollte durch ein aus Unterausschüssen bestehendes Netz gestützt werden. Wie dem Sicherheitsrat selbst sollten auch ihnen Vertreter aller in Frage kommenden Behörden angehören. Ihre Aufgabe sollte es sein, politische Analysen zu entwerfen, in denen die Tatsachen, die Probleme und die Alternativen dargestellt wurden. Gruppen, die aus mehreren Ministerien zusammengestellt waren und die sich mit verschiedenen Themenkreisen beschäftigten, sollten unter der Leitung eines stellvertretenden Außenministers oder (wenn das ihrer Aufgabe entsprach) eines stellvertretenden Verteidigungsministers stehen. Wie es während der Amtszeit Eisenhowers der Fall gewesen war, sollte der Sicherheitsberater des Präsidenten Vorsitzender eines Prüfungsausschusses sein, der die von den ministeriellen Unterausschüssen erarbeiteten Denkschriften durchsah, bevor sie dem gesamten Nationalen Sicherheitsrat unter Vorsitz des Präsidenten vorgelegt wurden.

Am Schluß meiner Denkschrift stand ein harmlos klingender Satz: »Mit der Errichtung des komplexen Apparats des Nationalen Sicherheitsrats erübrigt sich die weitere Tätigkeit der jetzt noch bestehenden Gruppe aus Vertretern der verschiedenen Ministerien.« Dieser Vorschlag löste ein gewaltiges bürokratisches Gerangel aus, das erste in der neuen Regierung. Wenn man auch den Eindruck haben mochte, das sei nur eine rein interne Angelegenheit, so sagte dieser Streit doch viel über den Stil des gewählten Präsidenten aus, und sein Ausgang beeinflußte die Machtverteilung innerhalb der Regierung für die gesamte Amtsperiode Nixons.

Die sogenannte Senior Interdepartmental Group (»SIG«) war 1967 eingerichtet worden und bestand aus den höchsten Regierungsbeamten unmittelbar unterhalb der Kabinettsebene – dem stellvertretenden Außenminister, dem stellvertretenden Verteidigungsminister, dem stellvertretenden Finanzminister, dem stellvertretenden Direktor der CIA und dem Vorsitzenden der Joint Chiefs of Staff. Den Vorsitz hatte der stellvertretende Außenminister. Diese Körperschaft hatte die Aufgabe, die vom Nationalen Sicherheitsrat vorgelegten Optionen zu überprüfen und die Durchführung der getroffenen Entscheidungen zu überwachen. Der SIG unterstanden eine ganze Reihe von Gruppen, die aus Mitgliedern der verschiedenen Ministerien zusammengesetzt waren und jeweils die außenpolitischen Belange in den verschiedenen Teilen der Welt bearbeiteten. Auch in ihnen führten Vertreter des Außenministeriums den Vorsitz. Das State Department betrachtete natürlich dieses System als einen beachtlichen bürokratischen Triumph, denn es sicherte offiziell den Vorrang des Außenministeriums auf dem Gebiet der Außenpolitik. Ebenso selbstverständlich war es, daß die Einrichtung den anderen Ministerien mißfiel. Dabei kam es nicht darauf an, daß der Nationale Sicherheitsrat während der Amtszeit von Johnson nur selten zusammengetreten war und die SIG daher nur wenig zu tun gehabt hatte. Auch war es gleichgültig, daß die Durchführung der Entscheidungen, die bei den regelmäßig dienstags stattfindenden gemeinsamen Mittagessen getroffen wurden, außerhalb der SIG überwacht wurde. Für das Außenministerium war sein Vorrang, so formalistisch und ausgehöhlt er auch sein mochte, ein unverzichtbares Symbol. Das war nicht einmal falsch, da in Washington die Neigung besteht, die wirkliche Macht mit ihrem Anschein zu identifizieren.

Zunächst vermochte ich das alles nicht zu erkennen. Vor einer meiner ersten Besprechungen mit dem gewählten Präsidenten hatte ich mir ein paar Notizen gemacht und darin festgehalten, welches nach meiner Auffassung die Voraussetzungen für meine Tätigkeit im Weißen Hause waren. Diese Notizen lassen keinen Zweifel daran, daß ich zunächst instinktiv die bestehende Struktur intakt lassen wollte, denn ich schlug vor, mich als Außerordentliches Mitglied der SIG zuzuordnen und meinen Stab an den Beratungen der verschiedenen interministeriellen Gruppen teilnehmen zu lassen. Der gewählte Präsident wollte davon jedoch nichts wissen. Da Nixon fest davon überzeugt war, daß der Auswärtige Dienst ihm gegenüber feindlich eingestellt sei, weigerte er sich, an einen Weiterbestand der SIG auch nur zu denken. Meine Notizen nach unserer Besprechung zeigen, daß er mir entsprechende Anweisungen gegeben hat: »Einfluß des State-Department-Establishments muß eingeschränkt werden.«

General Goodpaster und der ehemalige Präsident Eisenhower äußerten sich mit gleicher Entschiedenheit, wenn auch aus weniger persönlichen Gründen. Sehr bald nach meiner Ernennung nahm mich General Goodpaster zu einem Besuch bei dem ehemaligen Präsidenten mit, der im Walter Reed Army Hospital zu Bett lag. Präsident Eisenhower war nach seiner Krankheit stark abgemagert und durch einen Herzschrittmacher in seiner Beweglichkeit gehemmt. Ich war bisher noch niemals mit ihm zusammengetroffen und glaubte wie viele andere, er sei ein genialer, aber etwas blasser militärischer Führer, der als Präsident keine besonderen Leistungen aufzuweisen hätte. In zwei meiner Bücher und mehreren Artikeln hatte ich das Fehlen einer starken Führerpersönlichkeit während seiner Amtszeit beklagt – eine Auffassung, die ich inzwischen korrigiert habe. Nach einer Reihe von Herzanfällen mußte man damit rechnen, daß er nicht mehr lange leben würde. Trotzdem erstaunte mich seine Energie. Sein Englisch, das gedruckt so plump wirkte, wurde viel plastischer, wenn seine Worte durch den durchdringenden Blick seiner kalten tiefblauen Augen belebt wurden und ihnen die immer noch scharfe Kommandostimme Nachdruck verlieh.

Eisenhower verlangte dringend die Auflösung der SIG, denn das Pentagon werde niemals bereit sein, dem Außenministerium den Vorrang auf dem Gebiet der nationalen Sicherheit zu überlassen. So werde es entweder versuchen, sich am Schluß doch durchzusetzen oder mit gezielten Indiskretionen einen Gegenangriff zu führen. Er hatte das Glück gehabt, einen starken Außenminister zu haben, aber der Einfluß von Dulles hatte dem Vertrauen des Präsidenten in seinen Außenminister entsprochen und war nicht der Leistungsfähigkeit seines Ministeriums zu verdanken. Trotz seiner Bewunderung für Dulles hatte Eisenhower immer darauf bestanden, den technischen Apparat des Nationalen Sicherheitsrates vom Weißen Haus aus kontrollieren zu lassen.

Im Lauf der Zeit habe ich erkannt, daß Präsident Eisenhower recht hatte. Nixons Anweisungen sind wahrscheinlich durch persönlichen Groll veranlaßt worden, aber sie entsprachen dennoch den Bedürfnissen einer Präsidialregierung. Ein Präsident darf die Begründung seiner Entscheidungen keinem Ministerium und keiner Behörde überlassen. Da die Ministerien oft einander widersprechende Auffassungen vertreten, würden die anderen Ministerien glauben, man gäbe der Behörde, die die Entscheidungen des Präsidenten der Öffentlichkeit vorstellt, den Vorzug. Alle Ministerien sind außerdem geneigt, die Entscheidungsfreiheit des Präsidenten einzuengen, und nicht, sie zu erweitern. Ihre Arbeitsmethoden bringen sie dahin, eine bestimmte politische Linie vorzuziehen, nicht aber Alternativvorschläge vorzulegen. Wenn ein Ministerium gezwungen wird, es doch zu tun, wird es in der Regel zwei völlig sinnlose Alternativen der von ihm bevorzugten Lösung gegenüberstellen – die in den meisten Fällen zwischen den beiden anderen liegen wird. Ein völlig ahnungsloser Präsident könnte seine Ministerien leicht zufriedenstellen, wenn er sich blind für den zweiten der ihm vorgelegten Vorschläge entschiede. Schließlich fürchtet jedes Ministerium, der Präsident könnte seinen Vorschlag verwerfen, und deshalb haben alle Behörden jeden Grund, ihre Differenzen zu verbergen. Die Alternativen werden daher oft in einem nichtssagenden Kompromiß verschleiert, der letzten Endes jeder Behörde oder jedem Ministerium einen weiten Spielraum läßt, ihre eigenen Ziele zu verfolgen. Deshalb braucht der Präsident einen starken, arbeitswilligen und ehrlichen Mitarbeiterstab, damit er sicher sein kann, daß ihm echte und nicht fingierte Entscheidungsmöglichkeiten vorgelegt werden.

Der Plan, den ich dem gewählten Präsidenten vorgelegt hatte, war nicht besonders neu. Es entsprach im wesentlichen dem Nationalen Sicherheitsrat-System Eisenhowers, wobei sich das Gewicht geringfügig zugunsten des State Department verlagert hatte, das State Department behielt den Vorsitz in den verschiedenen Unterausschüssen. In der Regierung Eisenhower war ein ähnliches System, bei dem jedoch der offizielle Einfluß des Weißen Hauses größer war, von Außenminister Dulles völlig beherrscht worden.

Aber in der Übergangsperiode entsprach mein Vorschlag nicht den Vorstellungen der Ministerien. Der gewählte Präsident versammelte am 28. Dezember 1968 die von ihm für höhere Positionen vorgesehenen Männer – William Rogers, Melvin Laird und mich – in Key Biscayne, Florida, um mit uns seine organisatorischen Vorschläge zu besprechen. Bezeichnenderweise hatte Nixon meiner Denkschrift am Tage *zuvor* zugestimmt – und damit das Ziel unserer Besprechung schon vorweggenommen, obwohl die Teilnehmer das noch nicht wußten. Wie bei so vielen Besprechungen im Rahmen der Regierung Nixon war der Verlauf der Zusammenkunft in Key Biscayne schon im voraus festgelegt. Nach unverbindlichen Gesprächen teilte Nixon seinen künftigen Kabinettskollegen mit, er habe der in meiner Denkschrift empfohlenen Struktur zugestimmt. Es gab keine Einwände, vielleicht weil die in Aussicht genommenen Minister sich vorher nicht mit ihren Stäben beraten hatten, oder weil der gewählte Präsident seine Auffassungen so vage ausdrückte, daß ihre Bedeutung nicht sofort begriffen wurde. Die einzige von ihm angeordnete Veränderung war die Abberufung des Direktors der CIA aus dem Nationalen Sicherheitsrat.

Kaum waren Rogers und Laird aus Key Biscayne abgereist, änderte sich sofort ihre Haltung. Vielleicht kannten sie Nixon schon lange genug und glaubten, daß seine Zustimmung zu einer Denkschrift noch lange keine endgültige Entscheidung bedeutete.

Der erste, von dem ich etwas hörte, war Laird, der mich im Verlauf der folgenden Auseinandersetzungen mit seiner bewährten Taktik der bürokratischen Kriegführung bekanntmachte. Er verschleierte seinen Standpunkt hinter Einwänden, an denen er nicht wirklich interessiert war, die aber die Frage, an der ihm wirklich etwas lag, in so winzige Dimensionen rückten, daß es ausgesprochen unanständig erschienen wäre, seinen Vorschlag abzulehnen. Laird sprach mit mir und legte dann eine Denkschrift vor, um zu erklären, in welchen Punkten er grundsätzlich mit dem vorgeschlagenen neuen System nicht einverstanden sei. Er wandte sich dagegen, daß die Nachrichtendienste keinen direkten Zugang zum Präsidenten haben sollten, und hatte Bedenken gegen das Monopol des Stabes des Nationalen Sicherheitsrats auf das Recht, die Untersuchung bestimmter Fragen anzuregen. Etwas widersprüchlich verlangte er Garantien gegenüber hohen Beamten, »die den Nationalen Sicherheitsrat umgehen und sich im Rahmen des Üblichen direkt an den Präsidenten wenden könnten«. (Hier kam es ihm besonders darauf an, den Vorsitzenden der Joint Chiefs of Staff daran zu hindern, sein legales Vorrecht als Militärberater des Präsidenten zu wörtlich auszulegen und wahrzunehmen.) Als ich mich aber mit Laird zum Essen im Sheraton-Carlton-Hotel in Washington traf, um mit ihm über seine Denkschrift zu sprechen, stellte sich heraus, daß er nichts weiter wollte als die Teilnahme des Direktors der CIA an den Besprechungen des Nationalen Sicherheitsrats und das Recht, Vorschläge für die genauere Untersuchung bestimmter Fragen zu machen. Dieses Verlangen ließ sich leicht befriedigen.

Die Einwände von Rogers zielten jedoch auf den Kern des Systems. Rogers hatte festgestellt, daß seine neuen Untergebenen es für außerordentlich wichtig hielten, daß dem Außenministerium der Vorsitz in der SIG übertragen wurde und daß diese Gruppe gewissermaßen die ganze Tätigkeit des Nationalen Sicherheitsrats filtern sollte. Der neu ernannte Unterstaatssekretär für politische Angelegenheiten, U. Alexis Johnson, war der Hauptverfechter dieser Auffassung des State Department. Alex Johnson war einer der besten Beamten im Auswärtigen Dienst, geschickt, diszipliniert, vernünftig und loyal; der besonders fähige Vertreter einer Institution, die ich bewundern mußte – des Corps der Berufsdiplomaten, die unserem Lande in persönlicher Anonymität und Hingabe dienen, ohne Rücksicht darauf, welche Regierung an der Macht ist, und die damit die Kontinuität unserer Außenpolitik garantieren. Diese Qualitäten veranlaßten Alexis Johnson, Bill Rogers zu einem Rückzugsgefecht zu ermutigen, in dem er den Vorrang des State Department verteidigen sollte – den jedoch, wie man nach einem Fünf-Minuten-Gespräch mit Nixon erkennen mußte, der gewählte Präsident niemals zulassen würde.

Am 7. Januar schickte ich dem gewählten Präsidenten eine schriftliche

Erläuterung der bezüglich des State Departments anstehenden Probleme. Das Außenministerium schlug vor, auch weiterhin als »Exekutivbevollmächtigter« des Präsidenten die Außenpolitik zu gestalten und durchzuführen. Das Außenministerium wollte die personelle Besetzung des interministeriellen Apparats bestimmen und verlangte die Vollmacht, bei Meinungsverschiedenheiten mit anderen Ministerien die Entscheidung zu treffen, und das Recht, solche Meinungsverschiedenheiten vor den Nationalen Sicherheitsrat zu bringen. Ich erklärte dem gewählten Präsidenten, daß die von ihm bereits genehmigten Verfahren diese Anweisungen enthielten. Das Außenministerium würde ausreichend in der neuen Struktur des Nationalen Sicherheitsrats vertreten sein, den Vorsitz in den interministeriellen Gruppen übernehmen und sowohl an der Arbeit des Prüfungsausschusses als auch an der des Nationalen Sicherheitsrats teilnehmen. Nur die endgültige Prüfung (aller Vorschläge) fände unter dem Vorsitz des Weißen Hauses statt, wie unter der Regierung Eisenhower. Zwar hatte ich zunächst keine ungewöhnlich starke Position inne, glaubte aber nicht, daß Nixon es sich leisten konnte, in dieser Frage einen Rückzieher zu machen. Wenn er sie offenließ, würde er seine Amtszeit mit einer scharfen bürokratischen Meinungsverschiedenheit beginnen, und wenn er seine in Key Biscayne getroffenen Entscheidungen zurücknahm, ermutigte er damit weitere Herausforderungen.

In diesem Stadium erlebte ich zum erstenmal zwei der für Nixon bezeichnenden Charaktereigenschaften. Nixon konnte sehr entschieden sein. Während seiner ganzen Amtszeit waren seine Entscheidungen fast immer mutig und stark, und er traf sie oft ganz selbständig gegen die Empfehlungen aller Fachleute. Aber er scheute die Konfrontation mit Kabinettskollegen, die anderer Meinung waren als er, und brachte es nicht fertig, sich einem Freund zu stellen, der seine Meinung nicht teilte. William Rogers war beides. Plötzlich ließ sich Nixon tagelang nicht sprechen. Wenn ich ihn aufsuchte, meinte er vage, das Organisationsproblem werde sich von selbst lösen, ohne anzudeuten, wie, um sich dann anderen Themen zuzuwenden. Die Öffentlichkeit erfuhr kaum etwas von dem neuen System für die Arbeit des Nationalen Sicherheitsrats, das erst vor drei Wochen so begeistert bekanntgegeben worden war. Um die Angelegenheit zum Abschluß zu bringen, entwarfen General Goodpaster und ich eine Direktive und legten sie dem Präsidenten zur Unterschrift vor. Der offizielle Titel lautete »National Security Decision Memorandum« – abgekürzt NSDM2.* Das NSDM2 war offiziell das System, in dessen Rahmen der Nationale Sicherheitsrat arbeiten sollte und

* NSDM1 war eine technische Direktive, aus der zwei Serien von Direktiven des Präsidenten hervorgingen: National Security Study Memoranda (NSSM) und National Security Decision Memoranda (NSDM).

das den Richtlinien entsprach, die Nixon in Key Biscayne gebilligt hatte.

Gleichzeitig bemühte ich mich, die Meinungsverschiedenheiten über dieses Problem beizulegen. Goodpaster, ich und mein Mitarbeiter Larry Eagleburger besuchten das State Department und trafen dort mit Rogers und seinem von Nixon ernannten Stellvertreter Elliot Richardson in dem Büro zusammen, das Rogers für die Zeit des Übergangs zur Verfügung gestellt worden war. Goodpaster verteidigte die Direktive sehr energisch. Rogers erklärte wiederum, daß das Außenministerium darauf bestünde, den Vorsitz über den gesamten Apparat des Nationalen Sicherheitsrats zu führen. Zunächst stellte sich Richardson auf die Seite Rogers', änderte aber dann seine Meinung und verteidigte NSDM2 sehr geschickt. Ich nehme an, Richardson wußte genau, daß die Direktive den Wünschen Nixons entsprach, und erkannte auch ihren Sinn und ihre Symmetrie. Doch Nixon war weder bereit, die Direktive so zu akzeptieren, wie sie im Entwurf vorlag, noch auf Rogers' Einwände einzugehen. Seine Gründe hatten mit dem Inhalt kaum etwas zu tun, sondern sein Grundproblem war taktischer Natur. Angesichts der detaillierten Anweisungen Nixons und seiner Überzeugung, daß ein neues System für die Arbeit des Nationalen Sicherheitsrats notwendig sei, sowie seines Mißtrauens gegenüber dem Außenministerium brauchte man am Ausgang der Sache nicht zu zweifeln. Wie man jedoch Nixons Wünsche ohne direkte Anweisungen befriedigen sollte, war eine andere Sache. Obwohl wir alle Büros im Pierre-Hotel in New York hatten, brachte Nixon es weder fertig, eine schriftliche Anweisung zu geben, noch die Angelegenheit durch einen von ihm Beauftragten klären zu lassen – wie er es am liebsten machte. Er hüllte sich in der Schlüsselfrage für unser außenpolitisches Verfahren vielmehr weiter in Schweigen und verharrte in seiner zwiespältigen Haltung.

Als sich Nixon wieder zurückzog, um an seiner Ansprache zur Amtseinführung zu arbeiten, änderte sich die Lage. Die geographische Distanz erwies sich als das Mittel, die Kontroverse beizulegen. Ganz unerwartet wurde ich von Haldeman angerufen, der mir mitteilte, daß der gewählte Präsident sich entschlossen habe, das NSDM2 zu unterschreiben, und daß jeder, der nicht damit einverstanden sei, seinen Rücktritt erklären solle. Auch das war wieder typisch für Nixon. Eine definitive Anweisung, gefolgt von Zwiespältigkeiten und Zaudern, die einen zum Wahnsinn treiben konnten und hinter denen er seine Suche nach indirekten Lösungen tarnte, wurde durch eine plötzliche Entscheidung abgeschlossen – die den Verlierern von zwei nacheinander auftretenden Vermittlern überbracht wurde. Das erklärt auch, weshalb seine Assistenten im Weißen Haus später eine so beherrschende Rolle spielten. Sie waren die Prellböcke, die unerwünschte Gesprächspartner fernhielten, eine Kategorie, zu der jeder gerechnet wurde, der dem Präsidenten eine abweichende Meinung vortragen wollte. Sie überbrachten auch unangenehme Instruktionen. Auf sie entlud sich daher der ganze Zorn der Ministerien.

NSDM2 wurde am 19. Januar unterzeichnet und trat kurz nach der Amtseinführung am 20. Januar in Kraft.

Der Ausgang dieser Konfrontation war durch die feste Überzeugung Nixons vorausbestimmt. Damit wurde mir jedoch nicht die Machtvollkommenheit übertragen, von der oft gesprochen worden ist.[3] Dieser Vorfall war, was die eigentliche Machtverteilung betraf, weniger bedeutend, als es den Anschein hatte, ließ jedoch erkennen, wie sich die Beziehungen des Präsidenten zu seinen wichtigsten Beratern gestalten würden. Die Tatsache, daß die Machtprobe mit einem augenscheinlichen Sieg für mich endete, trug dazu bei, meine Autorität schon am Anfang zu festigen. Außerdem war es das erste einer unendlichen Serie von Geplänkeln zwischen dem Präsidenten und seinem Außenminister – die für beide um so schmerzlicher waren, da jeder gewöhnlich einen Dritten für die Meinungsverschiedenheiten verantwortlich machte. Es war die Vergeblichkeit dieser Kämpfe, die in der Praxis den relativen Einfluß der Schlüsselberater Nixons viel mehr stärkte als das System der Organisation. Die Anregung für die Gestaltung des politischen Entscheidungsprozesses kam von Nixon persönlich, der sich entschlossen hatte – schon vor meiner Ernennung –, die Außenpolitik im Weißen Haus zu machen. Dazu veranlaßten ihn Mißtrauen gegenüber der bestehenden Bürokratie, die Übereinstimmung seiner Philosophie mit meinen Auffassungen und die relative Unerfahrenheit des neuen Außenministers.

Die neue Organisation erleichterte sicher dem Weißen Haus die Leitung der Auswärtigen Politik, denn sie gab mir die Mittel in die Hand, mich und meinen Stab sehr bald in die Gestaltung der Außenpolitik einzuschalten. So wurden auch die späteren Geheimverhandlungen möglich, die man anfangs noch nicht ins Auge gefaßt hatte und zu denen ich im Laufe der Zeit immer mehr hinzugezogen wurde. Nixon und ich konnten den interministeriellen Rat dazu benutzen, uns zu informieren, indem wir Planungspapiere anforderten, die, soweit es die Bürokratie interessierte, hypothetisch waren. Diese Studien sagten uns, über welche Optionen wir verfügten und wo wir mit der Unterstützung der Regierung rechnen konnten. Anschließend konnten wir die Vorstellungen der Ministerien außerhalb der offiziellen Kanäle in die Praxis umsetzen. So seltsam das erscheinen mag, ich habe niemals Verhandlungen geführt, ohne daß die Ministerien wesentliche Beiträge geleistet hätten, auch wenn die Ministerien nicht wußten, was ich tat.

Doch letzten Endes ist der Einfluß eines Präsidentenberaters fast ausschließlich von dem Vertrauen des Präsidenten abhängig und nicht von administrativen Einrichtungen. Ich hätte sicher etwa die gleiche Rolle gespielt, wenn man das von Johnson verwendete System beibehalten hätte. Die persönliche Nähe bedeutet viel. Die Möglichkeit, mehrmals am Tage mit dem

Präsidenten zu sprechen, ist oft entscheidend, viel mehr als der Vorsitz in Ausschüssen oder das Recht, Vorschläge zu machen. Aus Gründen, deren Erforschung wir den Psychologen überlassen müssen, scheint jeder Präsident seit Kennedy seinen Beratern im Weißen Haus mehr vertraut zu haben als seinem Kabinett. Das liegt vielleicht daran, daß sie von ihm noch abhängiger sind – oder die Mitarbeiter des Präsidenten können, weil sie keinen umfangreichen bürokratischen Apparat leiten müssen, besser auf die Launen des Präsidenten eingehen; die Antwort kann aber auch ganz simpel sein und darin liegen, daß man sich jederzeit sprechen kann, weil das Büro des anderen nur ein paar Schritte weit entfernt ist. Im Falle Nixons wuchs die Bedeutung seiner Mitarbeiter um ein Vielfaches aufgrund der Arbeitsgewohnheiten des Präsidenten. Nixon neigte dazu, gewissermaßen ruckartig zu arbeiten. Wenn er sich zurückzog, rechnete er damit, daß seine Mitarbeiter die täglich fälligen Entscheidungen trafen. Während der kurzen Perioden, in denen er extrem aktiv war, verließ er sich darauf, daß seine Mitarbeiter sein ungestümes Verhalten dämpften. Er brauchte sie aber auch, um die direkten Konfrontationen, die ihm so unangenehm waren und die er fürchtete, zu verhindern. Sie mußten Nixon vor impulsiven Anordnungen schützen oder vor seiner Neigung, Besuchern, die er empfing, zuzustimmen. Haldemans Stab hat den Präsidenten nicht »isoliert«, wie das oft behauptet worden ist; Nixon wollte sich selbst isolieren; das war für ihn die einzige Möglichkeit, seine psychischen Reserven zu mobilisieren und seine Verfügungen nochmals systematisch zu überprüfen.

In diesem Zusammenhang waren die Überwachung des interministeriellen Apparats und das Recht, in den Konferenzen des Nationalen Sicherheitsrats Vorschläge zu machen, nützlich, aber nicht entscheidend. Die Alternativen wurden schließlich von den interministeriellen Ausschüssen ausgearbeitet und gewöhnlich auf den Sitzungen des Nationalen Sicherheitsrats in Gegenwart aller wichtigen Mitglieder diskutiert, die jeweils das Recht hatten, Einwände zu machen, wenn das Problem einseitig dargestellt wurde – was besonders schlimm war, wenn mehrere von ihnen zur gleichen Sache Einwände vorbrachten. Hier war aber auch noch eine weitere Sicherung eingebaut: Ein Präsident vergaß nicht leicht einen Fehlschlag, der durch die falsche Darstellung eines Problems entstanden war.

Schließlich wurde ich nach anderthalb Jahren sein Chefberater. Bis Ende 1970 war ich einflußreich, aber nicht dominierend. Dann aber nahm mein Einfluß zu, als Nixon versuchte, die Verzögerungen und teilweise den Widerstand der Ressorts zu übergehen. Es ist jedoch unbestritten, daß man von dem Apparat des Nationalen Sicherheitsrats am ausgiebigsten Gebrauch gemacht hat, bevor sich meine Autorität wirklich gefestigt hatte, während die taktischen Entscheidungen später zunehmend außerhalb dieses Systems im persönlichen Gespräch mit dem Präsidenten getroffen wurden.

4. Wir wenden uns der Substanz zu

In der Übergangsperiode bestehen die substantiellen Probleme gewöhnlich darin, daß bestimmte Persönlichkeiten darum bitten, mit dem gewählten Präsidenten sprechen zu dürfen, oder darum ersuchen, die bisherige politische Linie beizubehalten. Von dem Augenblick meiner Ernennung an baten mich ausländische Diplomaten, ihnen ein Gespräch mit dem Präsidenten zu vermitteln, denn sie mußten Berichte schreiben und – wenn möglich – bei den Kontakten mit der neuen Regierung einen Vorsprung gewinnen. Außerdem versuchte die bisherige Regierung, die neu ernannten Mitarbeiter des Präsidenten für die Unterstützung ihrer Ziele zu gewinnen.

Den Mitgliedern der alten Regierung, die zum großen Teil fünf oder acht Jahre ihr Amt in Washington innegehabt hatten, brachten wir großen Respekt entgegen und bemühten uns, ihnen den Übergang ins Privatleben zu erleichtern. Nixons Team hat weder vor noch nach der Amtseinführung irgendein kritisches Wort über einen wichtigen Mitarbeiter der Regierung Johnson verlauten lassen. Man gab sich große Mühe, diese Personen höflich zu behandeln und aus ihren Erfahrungen zu lernen. Wir unterrichteten den ehemaligen Präsidenten Johnson und einige seiner Ratgeber noch Jahre nach ihrer Ablösung regelmäßig. Später wurde fast jeder frei werdende Botschafterposten zuerst Dean Rusk angeboten. Cyrus Vance wurde gebeten, eine schwierige Mission zu übernehmen.

Wir konnten aber nicht die gleiche außenpolitische Richtung beibehalten; denn wir waren nicht bereit, unsere Zweifel an einigen gegenwärtigen Trends und Verfahrensweisen auszuschalten. Das peinlichste Problem war, was wir im Hinblick auf die fortwährenden Bemühungen der Johnson-Regierung, ein Gipfeltreffen zwischen dem scheidenden Präsidenten und dem sowjetischen Premierminister Alexei Kossygin zu arrangieren, unternehmen sollten. Präsident Johnson hatte bei der Unterzeichnung des Vertrags über die Nichtverbreitung von Nuklearwaffen am 1. Juli 1968 erklärt, die beiden Regierungen seien übereingekommen, Gespräche über die Begrenzung strategischer Waffen zu beginnen. Eine gemeinsame Erklärung sollte am 21. August veröffentlicht werden und bekanntgeben, daß diese Verhandlungen am 30. September auf einem Gipfeltreffen zwischen Kossygin und Johnson in Leningrad beginnen würden. Diese Erklärung wurde nicht abgegeben, weil die Sowjets in die Tschechoslowakei einmarschierten.

Aber die Johnson-Regierung drängte auch nach der Besetzung der Tschechoslowakei und sogar nach den amerikanischen Präsidentschaftswahlen weiterhin darauf, die Gipfelgespräche abzuhalten. Die Sowjetunion ihrerseits war auch stark daran interessiert, denn die Sowjets wollten die Vereinigten Staaten an das Prinzip der Begrenzung strategischer Waffen binden, bevor Präsident Nixon sein Amt übernahm (dann konnten sie Nixon dafür verantwortlich machen, wenn die Gespräche später in eine Sackgasse gerieten, indem sie ihn mit seinem Vorgänger verglichen). Außerdem wollten sie die weltpolitische Atmosphäre von dem Gestank reinigen, den die Besetzung der Tschechoslowakei hinterlassen hatte. Am 14. November 1968, eine Woche nach der Wahl Nixons, teilte Botschafter Dobrynin dem Präsidentenberater Walt Rostow mit, daß seine Regierung es für wichtig hielte, die Gespräche über die Fernlenkwaffen weiterzuführen, ebenso wichtig sei es jedoch, für die Ratifizierung des Vertrages über die Nichtweitergabe von Kernwaffen eine günstige Atmosphäre zu schaffen. Dobrynin fügte hinzu, es wäre ein bedeutender Beitrag für die Zukunft der Beziehungen zwischen den Vereinigten Staaten und der Sowjetunion, wenn Präsident Johnson das Fundament für eine rasche Fortführung der Verhandlungen mit der nächsten Regierung schaffen würde. Zwar erwiderte Rostow, das Verbleiben sowjetischer Truppen in der Tschechoslowakei sei ein Problem, aber das Gespräch wendete sich dennoch der Erörterung eines Gipfeltreffens zu. Noch am 15. Dezember empfahl der Verteidigungsminister Clark Clifford im Fernsehprogramm »Face the Nation« dringend ein baldiges amerikanisch-sowjetisches Gipfeltreffen, um dabei mit den Verhandlungen über den Abbau strategischer Waffen zu beginnen.

Es war unmöglich, nicht bewegt zu sein, wenn man sah, wie eifrig sich Präsident Johnson bemühte, mit einem Durchbruch in Richtung Frieden in die Geschichte einzugehen. Doch das Schicksal, sein eigener Charakter und die Ereignisse hinderten ihn daran, diesen Traum zu verwirklichen. Der scheidende Präsident, dem man wegen einer Vietnam-Politik, die er zum Teil übernommen hatte, so brutale Vorwürfe gemacht hat, wollte verständlicherweise seinem Ausscheiden aus dem Amt eine hoffnungsvollere Note geben. Wir glaubten jedoch, daß sich die Übergangsperiode nicht für einen sowjetisch-amerikanischen Gipfel eigne, und ein Präsident der Vereinigten Staaten nicht wenige Monate nach der Besetzung der Tschechoslowakei mit den sowjetischen Führern zusammentreffen dürfe. Die Auswirkungen einer solchen Geste wären verheerend gewesen, vor allem in Westeuropa. Besonders unklug war ein solcher Schritt, wenn er von einer schon abgewählten Regierung unternommen wurde. Jede Maßnahme hätte von Beamten weitergeführt werden müssen, die weder an den Verhandlungen teilgenommen noch an ihrem Ausgang mitgewirkt hatten. Wie die Vereinbarungen auch immer aussehen mochten, die Sowjetunion, bei der die Kontinuität der Führung gewährleistet war, hätte sich zum maßgebenden Interpreten machen können. Wenn nun die neue Regierung ihre Politik hätte ändern wollen, dann wäre sie dafür kritisiert worden, feierlich geschlossene internationale Vereinbarungen zu brechen, oder man hätte einen für sie ungünstigen Vergleich mit der Politik der vorigen Regierung angestellt.

Eine der ersten Entscheidungen nach meiner Ernennung am 2. Dezember war daher, ein Gipfelgespräch vor der Amtseinführung des Präsidenten zu verhindern. Am 8. Dezember erhielt Nixons Berater Robert Ellsworth, mit dem die sowjetische Botschaft während des Wahlkampfes Verbindung gehalten hatte, die Anweisung, dem sowjetischen Geschäftsträger Juri N. Tschernjakow zu erklären, daß der gewählte Präsident mit einem Gipfeltreffen vor dem 20. Januar nicht einverstanden sei. Sinngemäß die gleiche Mitteilung machte ich Boris Sedow, einem Agenten des KGB, der während des Wahlkampfes augenscheinlich die Aufgabe gehabt hatte, Rockefeller zu überwachen, und sich seither an mich gehängt hatte.

Am 18. Dezember überreichte Tschernjakow Ellsworth im Plaza-Hotel in New York die sowjetische Antwort. In der sowjetischen Note hieß es, die Vereinigten Staaten hätten das Thema der Gipfelkonferenz im Juli zuerst zur Sprache gebracht, dann wieder Mitte September und schließlich Ende November. Die Sowjets hätten geglaubt, der gewählte Präsident sei unterrichtet worden. Nun, da »die Lage in dieser Hinsicht geklärt« sei, räumten die Sowjets ein, daß es für sie »schwierig« wäre zu beurteilen, wie erfolgreich ein Gipfelgespräch unter den gegenwärtigen Umständen sein könnte. Tschernjakow fügte hinzu, er sei gern bereit, die Antwort des gewählten Präsidenten nach Moskau zu übermitteln. Eine Antwort wurde jedoch nicht gegeben. Das war das Ende der Initiative für ein Gipfeltreffen.

Ich hatte auch weiterhin sporadische Kontakte mit Sedow. Ihm lag vor allem daran, daß Nixon in seiner Ansprache bei der Amtsübernahme andeutete, die Möglichkeit für eine Verständigung mit Moskau sei offen. Das, so meinte Sedow, würde im Kreml begrüßt werden. Mir ist es niemals ganz klargeworden, ob dieses Ersuchen uns sagen sollte, wie gute Beziehungen Sedow in Moskau hatte, oder ob es ein ernst zu nehmender politischer Annäherungsversuch des Politbüros war. Meiner Ansicht nach konnte es jedoch nicht schaden, wenn wir der Anregung folgten. In seiner Ansprache sagte Nixon, daß die Verständigungsmöglichkeiten während seiner Amtszeit zu allen Nationen offengehalten werden würden, und sprach außerdem in der heute üblich gewordenen Weise von unserer Friedensliebe.[4]

Als ein weiteres schwieriges Problem, das wir uns größtenteils selbst zuzuschreiben hatten, erwies sich während der Übergangsperiode die sogenannte Scranton-Mission.

Ich hatte William Scranton 1964 flüchtig kennengelernt, als er sich vergebens um die Präsidentschaftskandidatur bemühte. Später, als er unser Botschafter bei den Vereinten Nationen wurde, habe ich eng mit ihm zusammengearbeitet. Auf mich machte er einen selbstlosen und tüchtigen Eindruck. Er wollte nur ungern einen Posten übernehmen, der ihn dauernd beschäftigte, stand aber immer mit seinem Rat und für Sondermissionen zur Verfügung. Anfang Dezember 1968 schickte ihn Nixon als persönlichen Beauftragten für neun Tage in sechs verschiedene Länder im Nahen Osten.

Nachdem er am 9. Dezember über die Allenby-Brücke aus Jordanien auf das von den Israelis gehaltene Westufer des Jordans kam, sprach Scranton in Jericho mit Reportern und kreierte dabei ein neues Schlagwort für das Vokabular der Nahost-Diplomatie: »Es ist wichtig, daß die Politik der Vereinigten Staaten (in diesem Gebiet) unparteiischer wird.« Er erklärte, mit »unparteiisch« meine er, die Vereinigten Staaten sollten »mit allen Ländern in diesem Gebiet« Beziehungen unterhalten »und sich nicht eines Landes besonders annehmen«. Als Scranton am 11. Dezember in Rom eintraf, erklärte er, die Nixon-Regierung werde einen neuen »Friedensplan« für den Nahen Osten entwerfen. Das löste in Israel einen Aufschrei aus, der den Pressesprecher Nixons, Ronald Ziegler, veranlaßte, am selben Tag zu sagen, die Äußerungen über eine »unparteiische« Politik und einen neuen »Friedensplan« stammten nicht unbedingt vom gewählten Präsidenten. Als Scranton jedoch zurückkehrte, um sich am 13. Dezember bei Nixon zu melden, hielt er anschließend eine Pressekonferenz. Da er ein Mann fester Überzeugungen war, wiederholte er seine Erklärung, die Vereinigten Staaten sollten im Nahen Osten »eine unparteiischere Politik« treiben. Die Wogen der Erregung breiteten sich bis nach Israel, aber auch bei den Freunden Israels in den Vereinigten Staaten aus. Wir hatten Gelegenheit, Öl auf die Wogen zu gießen, als Nixon und ich am 13. Dezember mit dem israelischen Verteidigungsminister Moshe Dajan zusammentrafen. Dajan, der ebensowenig wie Nixon dessen Amtsperiode mit einem Streit zwischen den Vereinigten Staaten und Israel beginnen wollte, dementierte öffentlich Meldungen, Israel sei mit dem Besuch von Scranton unzufrieden. Etwas zweideutig erklärte Dajan, seine Regierung habe den Eindruck, daß Scranton Israel mit »einem besseren Verständnis für die Probleme« verlassen habe. Die peinliche Scranton-Affäre lag hinter uns, aber die ausweglos erscheinende Situation im Nahen Osten blieb unverändert.

Hier wurden wir nicht das einzige Mal der komplexen Lage im Nahen Osten ausgesetzt. Am 17. Dezember traf der gewählte Präsident auf dringende Empfehlung des Präsidenten Johnson hin mit dem Emir von Kuweit zusammen. Johnson hielt es mit Recht für eine wichtige persönliche Geste, daß sein letzter offizieller Gast auch von Nixon empfangen wurde. Hier hatte ich zum erstenmal Gelegenheit, den gewählten Präsidenten auf ein Treffen auf höchster Ebene vorzubereiten – und ich muß zugeben, daß ich kläglich versagte. Ich nahm an, die Hauptsorge des Emirs sei der arabisch-israelische Konflikt, und verfaßte zu diesem Thema eine ausführliche Denkschrift. Der Emir zeigte sich jedoch absolut desinteressiert. Er wollte wissen, welche Pläne die neue Regierung für den Persischen Golf hätte, wenn die Briten sich 1971 aus diesem Gebiet zurückgezogen haben würden. Wie zum Beispiel werde sich Amerika verhalten, wenn der Irak Kuweit angriff? Nixon sah mich mit gläsernen Augen an, wie immer, wenn er glaubte, die Unzulänglichkeit seiner Berater habe ihn in eine unmögliche Lage gebracht. Männlich erwiderte er, er müsse sich mit dieser Angelegenheit noch eingehender beschäftigen, aber natürlich seien wir an der territorialen Integrität aller Staaten in diesem Gebiet interessiert. Welche taktischen Maßnahmen wir ergriffen, müsse sich aus den jeweiligen Umständen ergeben. Der Emir schien mit dieser orakelhaften Erklärung zufrieden zu sein.

Später habe ich gelernt, mich besser auf solche Gelegenheiten vorzubereiten – wenn notwendig, fragte ich den Besucher im voraus, über welche Themen er mit Nixon sprechen wollte.

In der Übergangsperiode muß sich eine neue Regierung davor hüten, in den außenpolitischen Alltag der noch amtierenden Regierung einzugreifen, sie kann aber durch gewisse Gesten eine positive Atmosphäre schaffen. Anfang Januar schrieb der gewählte Präsident an den Präsidenten Charles de Gaulle, Premierminister Harold Wilson, Bundeskanzler Kurt Kiesinger und den Generalsekretär der NATO Manlio Brosio freundliche Briefe, in denen er zum Ausdruck brachte, daß er sich besonders darum bemühen werde, das Atlantische Bündnis zu stärken. Auch an den japanischen Premierminister Eisaku Sato, den Präsidenten Josip Broz Tito und Papst Paul VI. gingen freundschaftliche Botschaften.

Die wichtigste diplomatische Initiative ergriff die neue Regierung in der Übergangsperiode gegenüber Hanoi. Auf meinen Vorschlag setzte sich der gewählte Präsident Ende Dezember und Anfang Januar zweimal mit den Nordvietnamesen in Verbindung, um dadurch zu bekunden, daß wir zu ernsthaften Verhandlungen bereit seien. Der Vermittler war mein Freund Jean Sainteny, der frühere französische Generaldelegierte in Hanoi. Diese Kontakte führten jedoch zu nichts, denn die Nordvietnamesen, die praktisch schon die einseitige Einstellung der Bombenangriffe erreicht hatten, verlangten sofort, die Vereinigten Staaten sollten die gegenwärtige Regierung in Saigon stürzen.

In der Vietnam-Politik haben wir in der Tat unseren schwersten Fehler während der Übergangsperiode gemacht. Es war, als müsse Vietnam zwangsläufig das amerikanische Urteilsvermögen immer wieder vernebeln. Wenige Tage vor der Amtseinführung ermöglichten wir es den amerikanischen Unterhändlern bei den Pariser Friedensgesprächen, aus der Zwickmühle herauszukommen, die den Beginn offizieller Verhandlungen seit der Einstellung der Bombenangriffe am 1. November aufhielt. Gestritten wurde um die Form des Verhandlungstisches und die offizielle Bezeichnung der Verhandlungspartner, die daran Platz nehmen sollten. Das war keine Nebensächlichkeit; für unsere südvietnamesischen Verbündeten hatte es eine große symbolische Bedeutung, denn sie betrachteten sich als die legitime Regierung und waren nicht bereit, den Vertretern Hanois im Süden, der Nationalen Befreiungsfront, den gleichen Status einzuräumen. Drei

Monate lang hatte sich daher Saigon dem Vorschlag Hanois widersetzt, an einem viereckigen Tisch Platz zu nehmen, an dem Hanoi, die Nationale Befreiungsfront, Saigon und die Vereinigten Staaten den gleichen Status haben sollten. Durch diesen Vorschlag wollte Hanoi schon gleich zu Beginn der Verhandlungen die Nationale Befreiungsfront als Alternativregierung bestätigt wissen.

Mitte Januar machte die Sowjetunion plötzlich im Namen der Nordvietnamesen ein Kompromißangebot. Man einigte sich rasch auf einen runden Tisch ohne Namensschilder, Flaggen oder andere Bezeichnungen – eine sehr zweischneidige Lösung, da die Kommunisten von vier Verhandlungspartnern sprechen konnten, während die Vereinigten Staaten und Südvietnam nur zwei Seiten anerkannten, die Alliierten und die Kommunisten. Die kommunistischen Absichten ließen sich leicht durchschauen. Wenn sich der tote Punkt bis zur Amtsübernahme durch die neue Regierung nicht überwinden ließ, konnte der neue Präsident, dessen öffentliche Erklärungen recht kriegerisch klangen, den Bombardierungsstopp wieder aufheben. Kämen die Verhandlungen aber nach der Amtseinführung wieder in Gang, dann wäre die neue Regierung in der Lage, dieses Zeichen des »Fortschritts« für den Versuch auszunutzen, die Unterstützung der Öffentlichkeit zu gewinnen und sich gegen den psychologischen Krieg zu wappnen, den Hanoi gegen sie vorbereitete. Wenn es den Nordvietnamesen gelang, sich noch mit der alten Regierung zu einigen, dann waren beide Probleme für sie gelöst.

Es wäre uns ein leichtes gewesen, die Südvietnamesen zur Fortsetzung ihrer Verzögerungstaktik zu ermutigen und damit eine Einigung über die Amtseinführung hinauszuzögern. Saigon würde das ohnedies tun, auch wenn wir nichts sagten. Aber Bill Rogers bevollmächtigte den amtierenden Außenminister Rusk, Saigon mitzuteilen, der gewählte Präsident dränge darauf, den Kompromiß *vor* der Amtseinführung zu akzeptieren. Und gegen meinen Rat glaubte Nixon nicht, jetzt eine andere Haltung einnehmen zu dürfen. So konnte die scheidende Regierung in den letzten Tagen ihrer Amtszeit einen Erfolg verbuchen. Dieser Erfolg war für sie bedeutungslos, doch wie Hanoi vorausgesehen hatte, schwächte er den neuen Präsidenten und führte ihn sofort wieder in eine Sackgasse. An ihr sollte sich sehr bald eine innenpolitische Debatte entzünden. Es vergingen nur wenige Wochen, bis man Nixon Starrheit vorwarf, weil bei den Verhandlungen keine sichtbaren konkreten Fortschritte erzielt wurden.

Die Übergangsperiode erwies sich als viel zu kurz; und das ist immer so. Am 20. Januar beobachtete ich Richard Nixon, der auf den Stufen des Kapitols im kalten Wind den Amtseid leistete. Wir nahmen unsere neuen Pflichten hoffnungsvoll, aber nicht ohne Sorgen auf, um die Entscheidungen zu treffen, die die Zukunft unseres Landes gestalten und bestimmen sollten, welche Aussichten die Welt auf Frieden und Freiheit haben würde.

III. Die Grundüberzeugungen eines angehenden Staatsmannes

1. Die Perspektiven des Historikers

Der Augenblick, in dem man die Verantwortung übernimmt, ist zutiefst ernüchternd, ganz besonders für einen Akademiker. Jetzt sah ich mich gezwungen, dort, wo ich bisher nur Überlegungen angestellt hatte, Entscheidungen zu treffen, und mußte lernen, welcher Unterschied zwischen einer logischen Schlußfolgerung und politischem Handeln besteht. Es genügte nicht mehr, plausible Argumente zu haben, sondern es kam auf überzeugendes Handeln an. Die Probleme waren nicht mehr rein theoretisch; die Besucher waren nicht Leute, die mit mir debattieren wollten, sondern Vertreter souveräner Staaten, die zum Teil die konkrete physische Macht hatten, ihren Willen durchzusetzen.

Jeder Staatsmann ist zum Teil der Gefangene unausweichlicher Gegebenheiten. Er sieht sich einer Umwelt gegenüber, die er nicht geschaffen hat, und er ist selbst das Ergebnis einer persönlichen Vergangenheit, an der er nichts mehr ändern kann. Es ist eine Illusion zu glauben, daß politische Führer durch Erfahrungen an Tiefgründigkeit gewinnen. Ich habe schon gesagt, daß die Überzeugungen, die führende Politiker vor Übernahme eines hohen Amts gewonnen haben, ihr intellektuelles Kapital sind, das sie während ihrer Amtszeit verbrauchen. Der politische Führer hat nur wenig Zeit, tiefgründige Überlegungen anzustellen. Er steht unaufhörlich im Kampf, in dem das Dringende immer wieder das Wichtige verdrängt. Das öffentliche Leben jedes Politikers ist ein ständiges Ringen, aus dem Druck der Verhältnisse ein Element der freien Wahl zu retten.

In mein Amt brachte ich eine Philosophie mit, die ich mir im Verlauf eines zwanzigjährigen Studiums der Geschichte erworben hatte. Die Geschichte ist natürlich kein Kochbuch mit erprobten Rezepten. Wir lernen aus geschichtlichen Analogien, aber die Geschichte liefert uns keine Maximen. Sie kann etwas über die Folgen des Handelns in vergleichbaren Situationen aussagen, aber jede Generation muß selbst entdecken, welche Situationen sich wirklich miteinander vergleichen lassen. Keine akademische Disziplin kann uns die Last schwieriger Entscheidungen von den Schultern nehmen.

Ich hatte ein Buch und mehrere Aufsätze über die Diplomatie im 19. Jahrhundert geschrieben. Meine Absicht war es, die Vorgänge zu verstehen, in deren Rahmen Europa nach den Napoleonischen Kriegen zu einem hundertjährigen Frieden gekommen war; außerdem wollte ich wissen, weshalb dieser Friede 1914 geendet hatte. Ich hatte mir aber nie eingebildet, daß Pläne und Strategien vergangener Perioden in der Gegenwart buchstabengetreu übernommen werden könnten. Bei Übernahme meines Postens war ich überzeugt, wir könnten aus der Vergangenheit wichtige Lehren ziehen. Ich war mir aber auch der Tatsache bewußt, daß wir am Beginn einer Periode standen, für die es in der Vergangenheit keine Vergleiche gab. Dies galt für die vernichtende Kraft der Waffen, die Geschwindigkeit, mit der sich Ideen ausbreiten, die globalen Auswirkungen außenpolitischer Entscheidungen und die technische Möglichkeit, den uralten Traum von der Verbesserung des Lebens der Menschheit auf dieser Erde in Erfüllung gehen zu lassen.

Wenn wir etwas aus der Geschichte lernen können, dann, daß es ohne Gleichgewicht keinen Frieden und ohne Beschränkung keine Gerechtigkeit gibt. Ich war aber ebensosehr davon überzeugt, daß keine Nation sich ihren Möglichkeiten stellen oder sie erkennen kann, wenn sie nicht über einen moralischen Kompaß verfügt, nach dem sie ihren Kurs durch die Zwiespältigkeiten der Realität steuern kann. Erst dann bekommen die zu erbringenden Opfer einen Sinn. Die Bereitschaft, auf diesem schmalen Grat zu wandern, macht den Unterschied zwischen der Auffassung des Akademikers – oder jedes anderen Außenseiters – und derjenigen des Staatsmannes von der Moral aus. Der Außenseiter denkt in absoluten Begriffen; für ihn sind Recht und Unrecht begrifflich genau definiert. Der politische Führer kann sich diesen Luxus nicht leisten. Er erreicht sein Ziel selten anders als stufenweise, und jeder einzelne Schritt muß seine moralischen Mängel haben, aber dennoch kann man sich der Moral ohne diese Schritte nicht nähern. Den Prüfstein des Philosophen bilden die logischen Schlußfolgerungen hinter seinen Maximen; der Prüfstein des Staatsmannes ist nicht nur die Verwirklichung seiner politischen Ziele, sondern auch die Vermeidung der Katastrophen. Die Menschheit wird nie erfahren, was ihr erspart geblieben ist, weil Risiken vermieden oder Maßnahmen getroffen wurden, um fürchterliche Konsequenzen abzuwenden – denn es läßt sich nie nachweisen, welche Konsequenzen wirklich abgewendet worden sind. Der Dialog zwischen dem Akademiker und dem Staatsmann wird deshalb wahrscheinlich niemals zu konkreten Ergebnissen führen können. Ohne eine Philosophie fehlen jeder Politik die Maßstäbe; aber ohne die Bereitschaft, ins Dunkel zu blicken und ein paar unsichere Schritte in die Zukunft zu tun, würde die Menschheit den Zustand des Friedens nicht kennen.

Die Geschichte kennt in der Aufwärtsentwicklung keine Rastplätze und keinen Zustand vorübergehender Ruhe. Alle Gesellschaften, über die uns die Geschichte unterrichtet, haben Perioden des Niedergangs erlebt; die meisten sind schließlich untergegangen. Es gibt jedoch einen Grenzbereich zwischen Notwendigkeit und Zufall, innerhalb dessen der Staatsmann ausdauernd und intuitiv Entscheidungsmöglichkeiten wahrnehmen muß, um das Schicksal seines Volkes zu gestalten. Objektiv feststellbare Gegebenheiten nicht zu beachten, ist gefährlich; sich hinter der historischen Unausweichlichkeit zu verstecken, ist gleichbedeutend mit moralischer Kapitulation, denn dabei übersieht man die Elemente der Stärke, Hoffnung und Inspiration, die die Menschheit durch die Jahrhunderte am Leben erhalten haben. Es liegt in der Verantwortung des Staatsmannes, gegen die Vergänglichkeit anzukämpfen, nicht aber für die Ewigkeit zu bauen. Er soll wissen, daß die Geschichte die Feindin der Dauer ist; aber kein politischer Führer ist berechtigt zu resignieren. Er schuldet es seinem Volk, sich zu bemühen, schöpferisch zu sein und sich dem Verfall zu widersetzen, dem alle menschlichen Einrichtungen ausgesetzt sind.

2. *Die amerikanische Erfahrung*

Ich wurde in einer besonders komplexen Periode des Lebens unserer Nation in ein hohes Amt berufen. Im Leben der Nationen ebenso wie in dem der einzelnen Menschen wird oft ein Punkt erreicht, an dem die scheinbar unbegrenzten Möglichkeiten der Jugend plötzlich begrenzt werden und man sich mit der Tatsache abfinden muß, daß einem nicht mehr jede Möglichkeit offensteht. Diese Einsicht kann einen neuen schöpferischen Impuls inspirieren, der vielleicht weniger unschuldig ist als die naive Begeisterung früherer Jahre, aber komplexer und schließlich dauerhafter. Es ist niemals leicht, sich mit den eigenen Grenzen abfinden zu müssen. Das kann mit Verzweiflung und Rebellion enden; es kann einen Selbsthaß erzeugen, bei dem unvermeidbare Kompromisse zu einem Gefühl der Unzulänglichkeit führen.

Amerika ist Ende der 60er Jahre durch eine solche Periode des Zweifelns an sich selbst und des Selbsthasses gegangen. Der auslösende Faktor war der Vietnam-Krieg. Während der Amtsperioden von zwei Regierungen, die allmählich in diesen Konflikt hineingezogen wurden, waren 1969 31000 amerikanische Soldaten in Vietnam gefallen, und eine Lösung des Konflikts stand nicht in Aussicht. Der Krieg begann mit der begeisterten Zustimmung der großen Mehrheit der Bevölkerung und des Kongresses, aber diese Zustimmung verwandelte sich zunächst in Skepsis und dann in zunehmend feindlicher werdende Rebellion. Denn zu viele glaubten, ein Krieg zur Abwehr einer Aggression habe sich zum Symbol dessen entwickelt, was es in Amerika an Bösem gäbe. Ein Jahrzehnt, das mit der kühnen Erklärung begonnen hatte, Amerika werde für den Fortbestand und Erfolg der Freiheit jeden Preis bezahlen und jede Last auf sich nehmen, war in einer Agonie der Attentate, Unruhen, Rebellionen und häßlichen Demonstrationen zu Ende gegangen. Die 60er Jahre erlebten das Ende unserer Unschuld; das stand fest. Jetzt mußten wir entscheiden, ob wir aus dieser Erkenntnis etwas lernen oder unsere Substanz in der Rebellion gegen die Realität unseres Erwachsenwerdens verbrauchen wollten.

Die Erschütterungen der 60er Jahre wirkten auf die Amerikaner um so beunruhigender, weil sie am Ende einer Periode erstaunlicher amerikanischer Leistungen standen. Wir hatten Bündnisse geschlossen, die den Frieden wahrten und das Wachstum der industriellen Demokratien in Nordamerika, Westeuropa und Japan förderten. Wir hatten an der Schaffung internationaler wirtschaftlicher Einrichtungen teilgenommen, die den Wohlstand auf der ganzen Welt eine Generation lang förderten. Wir hatten die Entkolonialisierung unterstützt und waren bei der Entwicklungshilfe für die neuen Nationen mit unserem Beispiel vorangegangen. Auf einem durch die neuen Kommunikationsmittel und die Technologie kleiner gewordenen Planeten, in einer Welt, die entweder vom Kriege verwüstet war oder die ersten tastenden Schritte auf dem Weg zur Bildung neuer Nationen tat, hatten die Vereinigten Staaten jede Veranlassung, stolz auf ihren Beitrag zur weltweiten Entwicklung zu sein – stolz auf ihre Energie, ihren Idealismus und ihre sich auf Dauer auswirkenden Leistungen.

Aber dennoch war Amerika am Ende dieser 20 Jahre äußerster Anstrengung nicht mit sich selbst im Frieden. Der Konsens, der über unserer Außenpolitik in den Nachkriegsjahren bestanden hatte, war zerfallen. Die Männer und Frauen, die unsere internationalen Verpflichtungen und Leistungen getragen hatten, waren demoralisiert, weil sie glaubten, in der Vietnam-Politik versagt zu haben. Zu viele junge Leute rebellierten gegen die Leistungen ihrer Väter, wandten sich gegen das nach ihrer Auffassung entstandene Übermaß unserer Verpflichtungen und machten die Werte verächtlich, die solche Leistungen motiviert hatten. Ein neuer Isolationismus begann zu entstehen. Während wir uns in den 20er Jahren von der Außenwelt zurückgezogen hatten, weil wir glaubten, zu gut für sie zu sein, sagten gehässige Stimmen in den 60er Jahren, wir sollten uns von der übrigen Welt zurückziehen, weil wir zu böse für sie wären.

Es überrascht nicht, daß Amerikas Zweifel an sich selbst sich auch auf andere übertrugen. Das Vertrauen des Auslandes zu einem Land kann kaum stärker sein als das Vertrauen dieses Landes zu sich selbst. Europäische Intellektuelle behaupteten jetzt, der Kalte Krieg sei nicht nur durch die sowjetische, sondern auch durch die amerikanische Politik verursacht worden, und drängten ihre Regierungen, durch eigene Friedensinitiativen aus dem Circulus vitiosus auszubrechen. Viele politische Führer in Europa reagierten auf diese Stimmung und wurden zu leidenschaftlichen Befürwortern einer Entspannungspolitik, in deren Rahmen sie die Rolle einer »Brücke« zwischen Ost und West übernahmen, besuchten Moskau, nahmen Verbindung zu Peking auf und machten Empfehlungen zur Abrüstung und zum Ost-West-Handel.

Ihre Friedensbeteuerungen klangen recht gut, bis die Vereinigten Staaten Ende der 60er Jahre anfingen, sie sich zu Herzen zu nehmen und eine Politik zu verfolgen, die in derselben Richtung lag. Daraufhin änderten die europäischen Staatsmänner plötzlich ihren Kurs. Jetzt fürchteten sie die gemeinsame Vorherrschaft der Vereinigten Staaten und der Sowjetunion, ein »Super Yalta«, bei dem sich amerikanische und sowjetische Politiker über die Köpfe der europäischen Regierungen hinweg in weltpolitischen Fragen einigen könnten. Im Jahr des sowjetischen Einmarsches in die Tschechoslowakei wurden die Vereinigten Staaten von einigen ihrer Verbündeten beschuldigt, einerseits in Südostasien zu kriegerisch zu sein, dabei aber zu nachgiebig gegenüber der Sowjetunion. Diese Gegensätzlichkeiten bedrohten die Stabilität des Bündnisses. Zermürbt durch die Ereignisse in der Tschechoslowakei, durch die öffentliche Meinung zur Versöhnung gedrängt und überzeugt, für die eigene Sicherheit sorgen zu müssen, war das westliche Bündnis gelähmt wie ein Segelschiff, das in eine Windstille geraten ist.

Eine ähnliche Unsicherheit kennzeichnete unsere Außenpolitik auch in anderer Hinsicht. Zwei Jahrzehnte hatten sich unsere Kontakte mit China darauf beschränkt, daß sich bei ihren sporadischen Treffen die Botschafter in Warschau gegenseitige Vorwürfe machten. Die Lage im Mittleren Osten war explosiv; trotzdem bemühte man sich nach dem Krieg von 1967 nicht um eine diplomatische Lösung der Probleme. Unsere innenpolitischen Auseinandersetzungen hinderten uns an entscheidenden Initiativen. Amerika schien zur Passivität verurteilt in einer Welt, in der trotz aller Zweifel an uns selbst nur unsere Macht Sicherheit bieten und unser Engagement die Hoffnung aufrechterhalten konnten.

Nach meiner Auffassung war Vietnam nicht die Ursache unserer Schwierigkeiten, sondern ein Symptom. Wir befanden uns in einer Periode der schmerzlichen Anpassung an eine tiefgreifende Wandlung in der Weltpolitik und sahen uns daher gezwungen, den Gegensätzen zwischen unserer geschichtlichen Vergangenheit und den neuen Notwendigkeiten gerecht zu werden. In 200 Jahren hatte die Teilnahme Amerikas an der Weltpolitik zwischen einem übermäßigen Engagement und völligem Heraushalten hin- und hergeschwankt. Wir hatten entweder zu viel von unserer Macht erwartet oder uns ihrer geschämt; die Zwiespältigkeiten einer unvollkommenen Welt hatten in uns entweder hochfliegende optimistische Gefühle oder Resignation und Enttäuschung geweckt. Ich war überzeugt, daß die eigentliche Ursache unserer nationalen Unsicherheit die Erkenntnis war – die uns jedoch erst zu dämmern begann –: Wir müßten wie andere Nationen einsehen, daß unsere Macht zwar bedeutend war, aber Grenzen hatte. Zur Lösung unserer Probleme verfügten wir nicht mehr über unbegrenzte Mittel. Wir mußten vielmehr Prioritäten setzen, und zwar intellektuelle und materielle Prioritäten. In den 50er und 60er Jahren hatten wir uns um endgültige Lösungen für bestimmte Probleme bemüht. Jetzt waren wir herausgefordert, eine Welt und die amerikanische Rolle darin, zu der wir uns auf Dauer verpflichtet hatten, zu gestalten, und diese Vorstellungen ließen sich nicht durch die Illusion aufrechterhalten, daß unsere Anstrengungen irgendwo Grenzen hatten.

Jede 1968 neu gewählte Regierung hätte vor diesem Problem gestanden. Im günstigsten Fall war es eine gewaltige Aufgabe; der Krieg in Vietnam wurde zu einem kräfteverzehrenden, beängstigenden Unternehmen.

Unsere Geschichte hatte uns schlecht darauf vorbereitet. Ironischerweise waren unsere Gründungsväter erfahrene Staatsmänner, die das Gleichgewicht der Kräfte in Europa brillant zu manipulieren wußten, um zunächst die Unabhängigkeit Amerikas zustande zu bringen und sie dann zu erhalten. Die geschickte Diplomatie Franklins und Jeffersons brachte die Feinde Großbritanniens (Frankreich, Spanien und Rußland) auf unsere Seite. Nachdem unsere Verhandlungsposition so gestärkt worden war, sicherte sich John Jay die Anerkennung durch die britische Krone und löste die nach dem Kriege gegen England noch bestehenden Probleme. Aber an diesem Punkt lösten wir uns in der besten Tradition des europäischen Gleichgewichts der Kräfte von unseren bisherigen Verbündeten und gingen unsere eigenen Wege. Länger als drei Jahrzehnte nach Erlangung der Unabhängigkeit waren die Lebensumstände in Amerika ebenso instabil wie in anderen Ländern. Unsere Beziehungen zu Frankreich brachten uns an den Rand des Krieges, und die Briten besetzten sogar unsere Hauptstadt. Aber Amerika nutzte klug alle neuen Möglichkeiten aus, die sich ihm boten. Die wirksame Ausschaltung Frankreichs und Spaniens in der westlichen Hemisphäre, die neue Gefahr einer russischen Expansion im pazifischen Nordwesten und die zunehmende Entfremdung zwischen Großbritannien und den europäischen Nationen führten 1823 dazu, die Monroe-Doktrin mit Großbritannien abzustimmen, um den Einfluß der europäischen Mächte in unserer Hemisphäre auszuschalten.

Die Basis der britischen Außenpolitik bildete das europäische Gleichgewicht. Premierminister Canning erkannte, daß die Monroe-Doktrin »die Neue Welt entstehen ließ, um das Gleichgewicht in der Alten neu auszurichten«. Aber in der Neuen Welt bedeutete es, daß wir die Freiheit besaßen, Europa den Rücken zu kehren und unsere Kräfte zur Öffnung des Kontinents nach Westen einzusetzen. In den 100 Jahren zwischen Waterloo und 1914 waren wir durch unsere geographische Lage und die britische Seemacht, die die weltpolitische Stabilität aufrechterhielt, abgeschirmt.

Während die Vereinigten Staaten stärker wurden und sich die Rivalitäten zwischen den europäischen Mächten auf Europa, Afrika und Asien richteten, betrachteten die Amerikaner ihre durch zwei große Ozeane bewirkte Isolation als die normale Grundvoraussetzung ihrer auswärtigen Beziehungen. In recht arroganter Weise behaupteten wir, unsere Sicherheit beruhe allein auf der Überlegenheit unserer Überzeugungen und weniger auf unserer Stärke oder den für uns günstigen historischen und geographischen Gegebenheiten. Nach der turbulenten napoleonischen Periode distanzierte sich Amerika während des ganzen 19. Jahrhunderts von den europäischen Konflikten – obwohl wir zur Begradigung unserer Grenzen und Aufrechterhaltung unserer nationalen Einheit ebenso viele Kriege geführt haben wie irgendein europäisches Land und dabei wahrscheinlich höhere Verluste hinnehmen mußten. Man betrachtete diese Kriege aber nicht als Ereignisse, die mit internationalen Beziehungen zusammenhängen würden. Für die Amerikaner entsprachen sie der Notwendigkeit, ihren gottgegebenen Auftrag zu erfüllen.

Die amerikanischen Bürger, ob sie nun Nachkommen der ersten auf der »Mayflower« eingetroffenen Auswanderer oder Flüchtlinge waren, die Europa nach den fehlgeschlagenen Revolutionen des Jahres 1848 verlassen hatten, glaubten, gegen die Zwänge immun zu sein, denen andere Nationen unterworfen waren. Es gab natürlich auch eine pragmatische und realistische Einschätzung der Lage. Die Auffassung Admiral Mahans von der Rolle einer Seemacht bewies, daß es Amerikaner gab, die wohlbegründete geopolitische Vorstellungen hatten. Die Methoden, mit deren Hilfe wir die Philippinen und den Panama-Kanal erwarben, bewiesen, daß wir auch die Machtpolitik nicht vollkommen vernachlässigten. Dennoch neigte das politische Denken in Amerika dazu, die Diplomatie immer mißtrauischer anzusehen. Rüstung und Bündnisse hielt man für amoralisch und reaktionär. In Verhandlungen sah man weniger ein Mittel, einen Ausgleich zwischen unseren Idealen und unseren Interessen zu finden, als vielmehr eine Falle, die uns in die endlosen Streitigkeiten einer moralisch fragwürdigen Welt hineinzog. Unsere angeborene Neigung zur Direktheit, zur offenen, lautstarken Politik und unser Mißtrauen gegenüber europäischen Verhaltensweisen und kontinentalen Eliten machten uns immer ungeduldiger gegenüber den verfeinerten Methoden der europäischen Diplomatie und ihrer Tendenz, unklare Kompromisse zu schließen. Seinerzeit betrachtete man sogar den Kauf von Alaska, mit dem Rußland endgültig von unserem Kontinent verdrängt wurde, als eine Riesendummheit, die sich nur durch die amerikanische Tölpelhaftigkeit angesichts der diplomatischen Intrigen in der Alten Welt erklären ließe. Nur unter allergrößten Schwierigkeiten konnte der Kongreß dazu bewogen werden, die für dieses Geschäft benötigten sieben Millionen Dollar freizugeben.

Der Mythos von der arglistigen und daher überlegenen ausländischen Diplomatie lebte bis in das 20. Jahrhundert weiter. Will Rogers konnte immer damit rechnen, die Lacher auf seiner Seite zu haben, wenn er seinen alten Witz machte: »Amerika hat niemals einen Krieg verloren und nie eine Konferenz gewonnen.«

So war Amerika zu Beginn des 20. Jahrhunderts schlecht auf die Rolle vorbereitet, die es jetzt spielen sollte. Vergessen war die Staatskunst, mit der die Gründungsväter unsere Unabhängigkeit gewonnen hatten, verächtlich beiseite geschoben die Methoden, mit denen alle Nationen ihre Interessen wahren müssen. Lord Bryce schrieb 1888 in *The American Commonwealth*, Amerika sei auf »einer sommerlichen See« gesegelt, aber jetzt erscheine am Horizont eine Wolkenbank, »und in nicht mehr weiter Ferne liegt eine Zeit des Nebels und der Schatten, in der sich Gefahren verbergen mögen, deren Form und Umfang (Amerika) sich kaum vorstellen kann«.

Amerika konnte sich die Folgen viele Jahrzehnte lang nicht vorstellen, aber die Pax Britannica, auf die es sich solange gestützt hatte, näherte sich ihrem Ende. Wir hatten uns zur größten Wirtschaftsmacht der Welt entwikkelt; und sehr bald wurden wir zur einzigen demokratischen Nation, die stark genug war, ein sehr gefährdetes Gleichgewicht in der Weltpolitik zu halten.

Unser Eintritt in den Ersten Weltkrieg war die unausweichliche Folge unserer geopolitischen Interessen bei der Aufrechterhaltung der Freiheit der Meere, wobei es auch darauf ankam zu verhindern, daß Europa von einer feindlichen Macht beherrscht wurde. Getreu unserer Tradition entschieden wir uns, unsere Teilnahme mit juristischen und idealistischen Argumenten zu begründen. Wir kämpften in einem Krieg, »der alle Kriege beenden sollte«, und »um das Überleben der Demokratie in dieser Welt zu sichern«. Die einem unbefriedigenden Ausgang folgende Enttäuschung führte zu einer neuen Welle des Isolationismus. Wieder entdeckten wir unsere Vorliebe für juristische Positionen und versuchten wiederholt, die internationalen Konflikte mit Hilfe des Völkerrechts beizulegen – mit Hilfe eines automatisch wirkenden Apparats für die kollektive Sicherheit, neuen Abrüstungsplänen und dem Kellogg-Briand-Pakt zur Ächtung des Krieges. Unsere Weigerung einzusehen, daß Außenpolitik mit Sicherheitspolitik beginnen muß, führte uns in den Jahren zwischen den Kriegen dazu, Alliierte wie Rivalen zu behandeln, deren Rüstungsanstrengungen eingeschränkt werden mußten, weil Waffen grundsätzlich zu internationalen Spannungen beitragen. Wir suchten nach Sündenböcken – den sogenannten »Munitionsmachern« –, um zu erklären, wie es dazu gekommen sei, daß wir uns an einem so finsteren Unternehmen wie dem Ersten Weltkrieg beteiligt hatten. Man betrachtete die Nachrichtendienste als unter unserer Würde, wenn nicht sogar als Bedrohung unserer Freiheiten. Das wirtschaftliche Engagement wurde als die einzige vertretbare Form der amerikanischen Beteiligung am Leben im Ausland betrachtet; seine Ziele waren entweder humanitär, wie die Bemühungen des jungen Herbert Hoover um die Auslandshilfe, oder unsere Haltung war im wesentlichen passiv, wie etwa bei den von Cordell Hull empfohlenen Grundsätzen über die Handelsfreiheit.

Als dann der Totalitarismus immer stärker und die ganze internationale Ordnung in die Schranken gefordert wurde, hielten wir an unserer Isolierung fest, und zwar nicht mehr aus politischen Gründen, sondern aus moralischer Überzeugung. Wir hatten praktisch die Grundvoraussetzungen für unsere nationale Sicherheit aufgegeben. Nur unter größten Schwierigkeiten konnte Präsident Roosevelt die ersten vorsichtigen Schritte gegen die wachsende Bedrohung tun, indem er Großbritannien vorsichtig unterstützte und unser militärisches Potential aufbaute. Der Zweite Weltkrieg dauerte schon eine ganze Zeit, bis wir durch einen Überraschungsangriff gegen amerikanischen Boden aus unserer Isolation aufgeschreckt wurden. Doch dann waren wir von der Idee des totalen Sieges so besessen, daß wir die Vorstellung verächtlich beiseite schoben, die Sicherheit der Nachkriegswelt könnte von irgendeinem Gleichgewicht der Kräfte abhängen. Deshalb waren wir über die politischen Entwicklungen nach dem Kriege sehr erstaunt. Die Tatsache, um die sich in der Zeit nach dem Kriege alles drehte, war, daß die Vernichtung Deutschlands und Italiens und die Erschöpfung Großbritanniens und Frankreichs die Sowjetmacht in das Herz des europäischen Kontinents vorstoßen ließen, und es eine Zeitlang den Anschein hatte, Westeuropa sei auf Gnade oder Ungnade den Sowjets ausgeliefert. Moskaus erneuerte ideologische Feindschaft forderte in zunehmendem Maß unsere bequemen, im Kriege gehegten Vorstellungen über eine internationale Harmonie nach dem Kriege heraus. Und unsere Wissenschaftler hatten das Atom entfesselt und damit eine Revolution in der Rüstung herbeigeführt, mit der Folge, daß sich unser Zeitalter grundsätzlich von allen vorangegangenen unterscheiden mußte.

Als Dean Acheson sagte, er sei »bei der Schöpfung zugegen gewesen«, meinte er damit nicht nur unsere neue Außenpolitik, sondern auch eine ganz neue Ära in unserer Geschichte. Nach zwei Weltkriegen in diesem Jahrhundert konnten wir der Verantwortung und der Bürde nicht mehr entfliehen, die uns eine führende Position in der Welt auferlegte. Die Vereinigten Staaten waren, ohne es zu wollen, zum Bewahrer des neuen Gleichgewichts geworden. Es ist das unbestrittene Verdienst jener Generation von Amerikanern, daß sie diese Verantwortung mit Energie, Ideenreichtum und Sachkenntnis übernommen hat. Sie hat die Möglichkeiten, den Frieden zu erhalten, dadurch gerettet, daß sie sich am Aufbau Europas beteiligte, die Europäer zur Einigkeit ermutigte, die Einrichtungen für eine wirtschaftliche Zusammenarbeit schuf und den Schutz unserer Bündnisse erweiterte. Dieser Ausbruch der Kreativität ist einer der ruhmreichen Augenblicke in der amerikanischen Geschichte.

Aber die Hochstimmung und Begeisterung dieser Periode mußten im Lauf der Zeit verblassen, wenn auch nur, weil wir mit den Konsequenzen unseres Erfolges konfrontiert wurden. Der Wiederaufbau in Europa und Japan erforderte die Anpassung unserer Beziehungen zu unseren Verbündeten an die neue Lage; die neu entstandenen Nationen, deren Unabhängigkeit wir gefördert hatten, würden mit Sicherheit einen größeren Anteil am allgemeinen Wohlstand beanspruchen, und nichts, was wir hätten tun können, hätte die Sowjetunion daran gehindert, sich vom Kriege zu erholen und ihre neue Machtstellung zu sichern. Unsere ersten Nachkriegserfolge hatten uns nicht für eine neue Ära mit viel komplexeren Problemen gerüstet. Unsere ersten Programme, wie der Marshall-Plan und das Vier-Punkte-Programm, waren Ausdruck unseres Idealismus, unseres technologischen Wissens und unserer Fähigkeit, Probleme unter Ausnutzung unserer Hilfsquellen zu lösen. In gewissem Sinne handelten wir hier nach den Grundsätzen unseres eigenen New Deal und erwarteten, daß sich politische Konflikte im Verlauf des wirtschaftlichen Fortschritts von selbst lösen würden. So geschah es auch in Europa und Teilen von Asien, wo politische Strukturen vorhanden waren; bei den zahlreichen neuen Nationen durfte man jedoch kaum damit rechnen. In der relativ simplen doppelpoligen Welt des kalten Krieges haben wir in Berlin, in Korea, dann wieder in Berlin und schließlich in der kubanischen Raketenkrise Druck und Erpressung widerstanden. Das waren Erfolge. Aber in gewissem Sinn – und das ist außerordentlich wichtig – hatten wir erst angefangen, an der Oberfläche eines langfristigen Problems in unseren Beziehungen mit der Sowjetunion im thermonuklearen Zeitalter zu kratzen.

Unser tieferes Problem, welches bald zweifelhaftere Herausforderungen hervorbringen sollte, war begrifflicher Natur. Auch darauf hatte uns die Geschichte in gewisser Weise schlecht vorbereitet. Weil man glaubte, der Friede sei »normal«, erwartete man von vielen unserer großen internationalen Anstrengungen endgültige Ergebnisse und die Wiederherstellung eines normalen Zustandes durch die Überwindung von Hindernissen, die sich dem entgegenstellten. Die Projekte zum wirtschaftlichen Wiederaufbau in Europa sollten dauernden Wohlstand bringen. Die Bemühungen um die Sicherheit richteten sich auf eine endgültige Beilegung der Differenzen mit der Sowjetunion. Das war der Inhalt des Begriffs »Eindämmung«, der das Grundkonzept unserer Nachkriegspolitik gegenüber der Sowjetunion zum Ausdruck brachte.[1]

Nach dem berühmten, 1947 in *Foreign Affairs* erschienenen »X-Artikel« von George Kennan war es unsere Aufgabe, sowjetischen Vorstößen mit Stärke zu begegnen und geduldig auf die Aufweichung des sowjetischen Systems zu warten. Nach der von Dean Acheson und in gewisser Hinsicht auch von John Foster Dulles verfolgten außenpolitischen Linie sollten wir um Zeitgewinn kampfen, bis wir stark genug waren, die sowjetische Aggression einzudämmen – besonders den Angriff gegen Mitteleuropa, der unser strategisches Denken beherrschte. Nachdem die Eindämmung gelungen war, sollten diplomatische Schritte folgen. Außenminister Acheson sagt dazu: »Wir müssen eine Situation der Stärke schaffen; wir müssen stärker aufbauen, und wenn wir diese Stärke geschaffen haben, wird sich, wie ich glaube, die ganze Weltlage zu verändern beginnen ... Mit jener Stärke geht ein Wandel in der Verhandlungsposition der verschiedenen Beteiligten einher, und daraus, so hoffe ich, wird sich eine Bereitschaft des Kreml ergeben, die Tatsachen anzuerkennen ...«[2]

Diese Definition der Eindämmung behandelte Stärke und Diplomatie als zwei ganz verschiedene Elemente oder Phasen der Politik. Sie war darauf ausgerichtet, ein Endziel durch Verhandlungen zu erreichen. Aber die Definition von Acheson sagte nichts über den Inhalt dieser Verhandlungen. Sie setzte die Stärke als etwas Selbstverständliches voraus und hielt es für ebenso selbstverständlich, daß nach dem Beginn von Verhandlungen deren Inhalt ebenso selbstverständlich sein werde. Hier gab es keine Antwort auf die Frage, wie die Position der Stärke demonstriert werden sollte, wenn weder wir noch unsere Verbündeten direkt angegriffen wurden. Auch wurde nicht deutlich, was geschehen würde, nachdem wir die Position der Stärke erreicht hätten, unser Gegner sich jedoch nicht verhandlungsbereit zeigte, sondern sich darauf konzentrierte, unsere Stärke zu untergraben, oder sich gegen unsere Flanke wendete.

Diese Politik der Eindämmung hatte drei schwache Punkte. Erstens hat unsere rein militärische Vorstellung vom Gleichgewicht der Kräfte – und ihr Gegenstück, der Grundsatz, die Verhandlungen über eine endgültige Neuordnung nach dem Kriege immer wieder zu verschieben – der Sowjetunion paradoxerweise Zeit gelassen, ihre Eroberungen zu konsolidieren und das nukleare Ungleichgewicht zu ihren Gunsten zu verschieben. Natürlich sind die massiven sowjetischen Streitkräfte in Mitteleuropa unmittelbar nach dem Kriege viel stärker gewesen als die auf der anderen Seite stationierten; Westeuropa lag danieder, und die Vereinigten Staaten hatten ihre Armee demobilisiert. Aber die wirkliche Stärke der Sowjetunion betrug nur einen Bruchteil der unseren. Die Sowjetunion war durch vier Kriegsjahre und 20 Millionen Gefallene erschöpft. Wir hatten ein atomares Monopol und waren den Sowjets 20 Jahre lang nuklear weit überlegen. Unsere relative Stärke ist niemals größer gewesen als zu Beginn des bald so bezeichneten Kalten Krieges.

Zweitens lag es in der Natur der militärischen Technologie, daß das Gleichgewicht der Kräfte nicht mehr so einfach zu definieren war. Die Zerstörungskraft der Nuklearwaffen war so ungeheuer, daß mit dem Anwachsen des Arsenals die Möglichkeit, sie einzusetzen, um jeden denkbaren Angriff abzuwehren, immer mehr abnahm. Eine Zeitlang wurde diese Realität durch unser nukleares Monopol verschleiert, später durch unsere zahlenmäßige Überlegenheit. Es ließ sich aber nicht vermeiden, daß der Punkt erreicht wurde, an dem die Technologie den Kreml in die Lage versetzte, Risiken zu schaffen, die die Glaubwürdigkeit der nuklearen Vergeltung erschütterten. Von diesem Zeitpunkt an bedurfte es zur Aufrechterhaltung des militärischen Gleichgewichts der Wachsamkeit auf zwei Ebenen: Man mußte nicht nur strategisch an nuklearen Kräften stark genug sein, sondern auch an Ort und Stelle mit konventionell ausgerüsteten Streitkräften. Formale Erklärungen über die unverminderte Aufrichtigkeit unserer nuklearen Garantie beseitigten jetzt nicht mehr die Tatsache des nuklearen Patts und der darauf folgenden Notwendigkeit für alternative regionale Verteidigungsmöglichkeiten. Doch wir mußten in jedem Jahrzehnt von neuem die essentielle Doppelschichtigkeit der auf uns lastenden Verantwortung erfahren.

Drittens konnte unsere Doktrin von der Eindämmung niemals eine ausreichende Erwiderung auf die Auswirkungen der kommunistischen Ideologie in neuerer Zeit sein, da sie die Beziehungen zwischen den Staaten zu Konflikten zwischen Philosophien werden läßt und das Gleichgewicht der Kräfte durch innenpolitische Umwälzungen in Frage stellt.

Das haben wir niemals ganz verstanden; daß nämlich, als unsere *absolute* Macht zunahm, unsere *relative* Position schwächer wurde, weil sich die UdSSR von den Folgen des Zweiten Weltkriegs erholte. Unsere militärische und außenpolitische Lage ist niemals günstiger gewesen als unmittelbar *am Anfang* der Eindämmungspolitik Ende der 40er Jahre. Damals wäre es an der Zeit gewesen, in ernsthafte Verhandlungen über die Zukunft Europas einzutreten. Aber diese Gelegenheit haben wir verspielt.

Ich möchte sogar bezweifeln, daß Stalin ursprünglich damit gerechnet hat, alle osteuropäischen Länder in den Kreis seiner Satelliten aufnehmen zu können; aus seinen ersten nach dem Kriege unternommenen Schritten – etwa der Zulassung freier Wahlen in Polen, der Tschechoslowakei und Ungarn, die die Kommunisten überall verloren haben – könnte man schließen, daß er bereit gewesen ist, ihnen einen ähnlichen Status wie Finnland zuzubilligen. Doch unerwartet verschoben wir ernsthafte Verhandlungen auf einen Zeitpunkt, zu dem wir unsere potentielle Streitkraft stärker mobilisiert hatten. Damit gaben wir der Sowjetunion Zeit – die wertvollste Voraussetzung, die sie brauchte, um ihre Eroberungen zu konsolidieren und sich vom Krieg zu erholen.

Wie so vieles hat Winston Churchill auch das am besten verstanden. In einer wenig beachteten Rede im Oktober 1948, als er bereits aus seinem Amt ausgeschieden war, sagte er:

»Man stellt die Frage: Was wird geschehen, wenn sie selbst die Atombombe haben und sich einen großen Vorrat davon anlegen? Sie können sich vorstellen, was geschehen wird, wenn Sie sich ansehen, was jetzt geschieht. Wenn sie diese Dinge am grünen Holz tun, was werden sie am trockenen tun? Wenn sie monatelang fortfahren können, die Welt in Aufregung zu versetzen und zu quälen, weil sie darauf vertrauen, daß unsere christlichen und altruistischen Grundsätze uns daran hindern werden, diese unheimliche neue Waffe gegen sie zu verwenden, was werden sie tun, wenn sie selbst über eine große Menge von Atombomben verfügen? . . . Kein vernünftiger Mensch kann glauben, daß wir noch sehr viel Zeit haben. Wir sollten die Sache zum Abschluß bringen und eine endgültige Lösung finden. Wir dürfen nicht mehr länger blind dahintrotten, die Zügel schleifen lassen und warten, daß etwas geschieht; und damit meine ich, daß etwas für uns Ungünstiges geschehen könnte. Es wird den westlichen Nationen wahrscheinlich viel eher gelingen, ohne Blutvergießen zu einer Dauerregelung zu kommen, wenn sie ihre gerechten Ansprüche stellen, solange sie über die Atomkraft verfügen und bevor die russischen Kommunisten sie auch haben.«[3]

So kam es, daß die beiden Kriege, in die Amerika nach 1945 verwickelt wurde – in Korea und Vietnam –, in keiner Weise unseren politischen oder strategischen Erwartungen entsprachen. Der Korea-Krieg entstand nicht durch einen Angriff auf die Vereinigten Staaten oder einen ihrer großen Verbündeten. Die Bedrohung richtete sich nicht gegen das europäische Kernland. Auch war die UdSSR nicht unmittelbar daran beteiligt. Kein Wunder, daß die Verantwortlichen in Washington darin ein strategisches Ablenkungsmanöver sahen, mit dem wir in Asien beschäftigt werden sollten, während die Sowjetunion sich auf einen Schlag gegen Europa vorbereitete. Wir haben diesen Krieg deshalb sehr unentschlossen geführt und unsere Ziele der jeweiligen militärischen Lage angepaßt. So haben wir erklärt, unser Ziel sei die Zurückweisung eines Angriffs, die Wiedervereinigung Koreas, die Gewährleistung der Sicherheit unserer Kräfte oder ein garantierter Waffenstillstand zur Herstellung des militärischen Gleichgewichts.

Unsere Einschätzung der Macht und der Diplomatie als voneinander zu unterscheidender und einander folgender Phasen der Außenpolitik hinderte uns daran, den Korea-Krieg nach der Landung bei Inchon durch Verhandlungen zu beenden, als wir militärisch am stärksten waren; wir gaben vielmehr der Versuchung nach, unsere Forderungen zu erhöhen. Ein Jahr später veranlaßten uns solche Vorstellungen, die militärischen Operationen in dem Augenblick, als die Verhandlungen begannen, bis auf reine Defensivmaßnahmen einzustellen. Damit hatte der Gegner keine Veranlassung mehr, eine rasche Lösung auf dem Verhandlungswege anzustreben. Wir taten so, als ob Verhandlungen ihrer ganz eigenen und vom militärischen Gleichgewicht unabhängigen Logik folgten – ja, wir fürchteten sogar, militärischer Druck könnte die Verhandlungen gefährden, weil der Gegner noch feindseliger gestimmt würde oder glauben könnte, er dürfe uns nicht vertrauen. Kein Wunder, daß das nun folgende Patt fast zwei Jahre dauerte, in denen wir ebenso hohe Verluste hinnehmen mußten wie zu der Zeit, als die Feindseligkeiten ohne Beschränkung ausgetragen wurden. Weil wir unser Machtpotential und die Diplomatie wie zwei voneinander unabhängige Phänomene behandelten, kam es dazu, daß es der Macht an Wirkung fehlte und den Verhandlungen an Kraft.

Die Folge waren innenpolitische Erschütterungen, in denen sich zum erstenmal ein Bruch in der neuen nationalen Einigkeit über außenpolitische Fragen zeigte; und zwar im Konflikt zwischen General Douglas MacArthur und der zivilen und militärischen Führung in Washington. MacArthur verlangte einen militärischen Sieg im Fernen Osten. Seine Kritiker meinten unter anderem, daß wir unsere Stärke für den Fall einer entscheidenden Kraftprobe mit der Sowjetunion, zu der es in Europa kommen könnte, bewahren müßten. MacArthur wendete sich gegen die ihm erteilten Anweisungen, weil sie seine Handlungsfreiheit angesichts der überlieferten Vorstellungen vom Wesen der Kriegführung zu sehr einschränkten. Die politische Führung andererseits betrachtete Korea als ein strategisches Ablenkungsmanöver. In Washington meinte man, der Krieg in Korea habe sich zu stark ausgeweitet, weil man davon ausging, daß die Entscheidung in Europa fallen müsse.

Angesichts der Bedrohung, die sich sehr bald aus dem wachsenden sowjetischen nuklearen Arsenal ergeben mußte, kann man daran zweifeln, daß die Zeit auf unserer Seite war oder wir in einem mit allen Mitteln geführten Kriege mehr zu verlieren hatten als die Sowjetunion. Das Paradox, das wir nicht aufzulösen vermochten, lag darin, daß wir in den Korea-Krieg eingetreten waren, weil wir fürchteten, Europa würde anderenfalls in naher Zukunft viel größeren Gefahren ausgesetzt sein. Als wir uns aber dann scheuten, es auf einen sowjetischen Schlag gegen Europa ankommen zu lassen, zeigte sich sehr deutlich, welches Risiko wir übernahmen, wenn wir in Korea siegen wollten. Das folgende Unentschieden höhlte unsere innenpolitische Einigkeit aus und trug dazu bei, daß McCarthy und seine Leute ihren Angriff gegen unsere bürgerlichen Freiheiten unternehmen konnten.

Zehn Jahre später standen wir in Vietnam vor dem gleichen Dilemma. Auch in diesen Krieg sind wir eingetreten, weil wir glaubten, in den kriegerischen Auseinandersetzungen in Indochina die Manifestation einer koordinierten globalen kommunistischen Strategie zu erkennen. Wieder wollten wir unser Risiko begrenzen, weil die globale Herausforderung, von der Indochina ein Teil zu sein schien, auch Vietnam als einen für die Entscheidung ungeeigneten Schauplatz erscheinen ließ. Daher bemühten wir uns in jeder Phase, unsere Risiken unterhalb der Ebene zu halten, auf der es nach unserer Auffassung zu einer chinesischen oder sowjetischen Intervention kommen müßte. Kurz gesagt, unsere Vorstellung von einer globalen Herausforderung veranlaßte uns einerseits, uns auf weit entfernten Kriegsschauplätzen zu engagieren, und hinderte uns andererseits daran, alle erforderlichen Kräfte einzusetzen, um eine Entscheidung zu erzwingen. Wieder verwandelte sich ein Krieg, den wir mit der entschiedenen Unterstützung der Öffentlichkeit begonnen hatten, in ein frustrierendes Unentschieden, dem die Öffentlichkeit schließlich ihre Zustimmung versagte. 1969 war der Vietnam-Krieg zu einem nationalen Alptraum geworden, der den Angriff gegen unsere gesamte Außenpolitik seit dem Kriege herausforderte. Der bisher fast im ganzen Volk einmütigen Überzeugung, der Kalte Krieg sei durch die sowjetische Unnachgiebigkeit veranlaßt worden, widersprach jetzt eine lautstarke und gelegentlich sehr leidenschaftliche Minderheit, die behauptete, die Kriegslust Amerikas, der amerikanische Militarismus und der amerikanische Wirtschaftsimperialismus seien die Wurzel der internationalen Spannungen. Dieser hausgemachte Radikalismus verfügte nie über viele Anhänger und verschwand sofort, nachdem wir Vietnam verlassen hatten. Auffallend daran ist nicht so sehr die Tatsache, daß er vorübergehend eine Anhängerschaft gefunden hat, sondern daß er gerade die Gruppen in erschütternder Weise demoralisieren konnte, von denen man hätte erwarten müssen, daß sie die Grundlagen und Leistungen unserer Nachkriegspolitik verteidigen würden. Das internationalistische Establishment, das für die großen Leistungen unserer Außenpolitik verantwortlich gewesen war, brach unter den Angriffen seiner Kinder, die alle seine Grundwerte in Frage stellten, zusammen.

Die neue Nixon-Regierung war die erste nach dem Kriege, die ihre Außenpolitik ohne die geschlossene Zustimmung der ganzen Nation, deren sich ihre Vorgänger seit 1947 größtenteils erfreut hatten, durchführen mußte. Dabei war unsere Aufgabe viel komplexer. Wir hatten es nicht nur mit den durch einen Krieg verursachten Erschütterungen zu tun, sondern mußten auch eine neue Außenpolitik für eine neue Ära gestalten. Früher oder später würde der Vietnam-Krieg zu Ende gehen. Welchen globalen Herausforderungen würden wir uns stellen müssen? Welches waren unsere Ziele im Rahmen der Weltpolitik? Konnten wir einen neuen Konsens herbeiführen, der unseren Idealismus mit unseren Verantwortlichkeiten, unsere Sicherheit mit unseren Grundwerten, unsere Träume mit unseren Möglichkeiten versöhnte?

3. Die Problematik eines neuen Gleichgewichts

Schon bei unserer Amtsübernahme war es klar, daß wir als Folge der schmerzlichen Erfahrungen des Vietnam-Krieges mit einer neuen Ernüchterung in unserer Außenpolitik rechnen mußten. Das konnte zur Folge haben, daß Amerika sich nach innen wandte, um seine Wunden zu heilen und auf seine Vormachtstellung in der Welt zu verzichten. Das wäre eine furchtbare Tragödie, schmerzlicher als die Tragödie des Vietnam-Krieges selbst. Wieder wäre es uns nicht gelungen, aus dem historischen Circulus vitiosus auszubrechen, in dessen Verlauf ein Übermaß an außenpolitischem Engagement mit schmollendem Isolationismus abwechselt. Und diesmal würden wir eine Welt im Stich lassen, die viel komplexer, gefährlicher und viel abhängiger von der führenden Rolle Amerikas war als die Welt der 30er Jahre. Deshalb betrachtete es die Nixon-Regierung als ihre Aufgabe, das Fundament für eine langfristige amerikanische Außenpolitik zu legen, und zwar schon zur Zeit der Liquidierung unserer Beteiligung am Indochina-Konflikt. Ein Krisenmanagement, das die theoretische Grundlage unserer Außenpolitik in den 60er Jahren gebildet hatte, genügte nicht mehr. Krisen waren Symptome für tiefer liegende Probleme, mit denen fertig zu werden immer schwieriger werden mußte, wenn man sie nicht bewältigte. Unser Überengagement war ebenso wie unser Isolationismus von übertriebenen Moralvorstellungen inspiriert. Nach meiner Überzeugung mußten wir erkennen, welches unsere fundamentalen nationalen Interessen waren, um uns einerseits Zurückhaltung aufzuerlegen, andererseits eine sichere Kontinuität zu erreichen. Unser Idealismus durfte nicht zum Vorwand verantwortungslosen Handelns werden, sondern sollte eine Quelle des Muts, des Durchhaltevermögens, des Selbstvertrauens und der Geradlinigkeit sein. Nur so würden wir ein internationales System gestalten können, das so viele Gefahren barg, so viele Hoffnungen weckte und so weltumspannend war wie nie zuvor.

Da wir von einem Unbehagen ergriffen waren, dessen Ursachen tiefer lagen als Vietnam, gehörte zur Lösung unserer Probleme nicht so sehr fachliches Wissen wie die richtige Philosophie. In einem wenige Wochen vor den Wahlen von 1968 veröffentlichten Aufsatz, als ich noch keine Ahnung hatte, daß ich die Gelegenheit haben würde, meine Gedanken in der Praxis zu erproben, schrieb ich:

»Die gegenwärtige Unruhe wird ohne Zweifel von Leuten ausgenutzt, deren Ziele sich nur allzu klar erkennen lassen. Daß sie jedoch vorhanden ist und ausgenutzt werden kann, beweist eine tiefe Unzufriedenheit mit dem konsumorientierten Staat, der sich als Manager gebärdet, und mit einer Welt, die durch Trägheit Krisen heraufzubeschwören scheint. Der moderne bürokratische Staat wird trotz der zur Schau gestellten Stärke offenbar durch ganz triviale Anlässe in seinen Grundfesten erschüttert. Seine Anfälligkeit und die weltweite Revolution der Jugend – besonders in den hochentwickelten Ländern und in relativ wohlhabenden Kreisen – lassen ein spirituelles Vakuum vermuten, eine fast metaphysische Langeweile und Unzufriedenheit mit einer politischen Umwelt, die sich zunehmend auf die Bürokratie stützt und der es nur noch auf materielle Bequemlichkeit ankommt . . .

Günstigstenfalls wird es die kommende Regierung mit vielen Krisen zu tun haben. Fast überall in der Welt haben wir vom Kapital gezehrt – wir haben uns mit den an der Oberfläche liegenden Dingen beschäftigt und nur selten die dahinterliegenden Probleme erkannt. Diese Schwierigkeiten werden sich wahrscheinlich vervielfachen, wenn deutlich wird, daß in Amerika ein riskantes Eingreifen in Übersee nach dem Vietnam-Krieg auf eine entschiedene Ablehnung stößt.

Eine neue Regierung hat das Recht, vom amerikanischen Volk Mitgefühl und Verständnis zu erwarten. Dieser Anspruch darf jedoch nicht mit bequemen technischen Antworten auf schwierige Fragen begründet werden; vor allem muß man die richtigen Fragen stellen. Die Regierung muß erkennen, daß wir auf dem Feld der Außenpolitik keinen Beitrag zur Errichtung einer stabilen und kreativen Weltordnung leisten können, wenn wir uns nicht zuerst eine Vorstellung davon gemacht haben.«[4]

Die besorgniserregendste Veränderung in unserer Zeit war die Veränderung des Wesens der Macht. Zu Beginn des nuklearen Zeitalters wäre es unvorstellbar gewesen, daß ein Land militärisch zu stark sein könnte, um einen wirksamen politischen Gebrauch von dieser Stärke zu machen; jeder Machtzuwachs war – wenigstens theoretisch – nützlich. Im nuklearen Zeitalter sind diese Maßstäbe verlorengegangen. Ein Land kann stark genug sein, einen Gegner zu vernichten – und doch seine Bevölkerung nicht mehr vor einem Angriff schützen. Dank einer historischen Ironie war durch einen ungeheuren Machtzuwachs das Verhältnis zwischen Macht und Politik ausgehöhlt worden. In Zukunft würden die großen Nuklearmächte sich gegenseitig vernichten können. Aber es würde ihnen auch sehr schwerfallen, ihre Macht dort zur Wirkung zu bringen, wo sie sie wahrscheinlich am meisten brauchten. Zwar würden sie einer direkten Bedrohung ihres eigenen Überlebens begegnen, aber nicht unbedingt ihre Stärke einsetzen können, um ihren Willen durchzusetzen. Die Vernichtungskapazität ließ sich nur schwierig in eine plausible Bedrohung umsetzen, und zwar auch nicht gegenüber Ländern, die nicht in der Lage waren, einen Gegenschlag zu führen. Der Abstand der Supermächte gegenüber den nicht nuklear gerüsteten Staaten hatte sich vergrößert, aber die unvorstellbaren Auswirkungen der praktischen Anwendung ihrer militärischen Macht hatten ihnen auch größere Hemmungen auferlegt. Während die militärische Stärke immer bedrohlicher wurde, war sie abstrakter, weniger greifbar geworden und ließ sich schwieriger definieren.

Die Grundlage unserer Militärpolitik war die Abschreckung. Aber Abschreckung ist ein psychologisches Phänomen. Ihre Wirksamkeit richtet sich danach, was ein potentieller Angreifer für ein nichtakzeptables Risiko hält. Im nuklearen Zeitalter ist ein ernstgenommenes Täuschungsmanöver wirkungsvoll, aber eine ernstgemeinte Drohung, die für ein Täuschungsmanöver gehalten wird, kann zur Katastrophe führen. Je länger die Abschreckung wirkt, desto schwieriger ist es nachzuweisen, weshalb sie wirkt. Wurde der Friede gewahrt, weil man das Risiko eines Krieges scheute, oder weil der Gegner in Wirklichkeit niemals einen Angriff geplant hat? Es ist kein Zufall, daß immer mehr Friedensbewegungen entstanden sind, je länger der Friede dauert. Wenn die Abschreckung jedoch eine Wirkung hat, dann ist es außerordentlich gefährlich, die Streitkräfte abzubauen, die diesen Zustand aufrechterhalten.

Die Nuklearwaffen haben die politische Erstarrung einer von zwei Supermächten beherrschten Welt zementiert. Die Bewahrer des Gleichgewichts der Kräfte im 19. Jahrhundert sind bereit gewesen, dieses Gleichgewicht den Veränderungen in der Machtstruktur anzupassen. Die Männer, die die Politik der Supermächte in der zweiten Hälfte des 20. Jahrhunderts bestimmen, vertrauen viel weniger darauf, daß das Gleichgewicht, wenn es einmal gestört ist, sich von selbst wiederherstellen wird. Das »Gleichgewicht« zwischen den Supermächten ist instabil geworden und zugleich erstarrt. Mit dem Entstehen der Bipolarität hat die Welt das Gefühl für feine Nuancen verloren. Ein Gewinn für die eine Seite erscheint der anderen als absoluter Verlust. Jedes Problem scheint sich auf die Frage nach dem Überleben zuzuspitzen. Die Diplomatie ist erstarrt, und beide Seiten beobachten sich mißtrauisch und mit äußerster Wachsamkeit.

Es ist eigenartig, daß die militärische Bipolarität zu einer stärkeren und nicht geringeren Machtverteilung über die ganze Erde geführt hat. Die kleineren Länder sind zwischen dem Verlangen nach Schutz und dem Wunsch, sich nicht von den großen Mächten beherrschen zu lassen, hin- und hergerissen. Soweit jene schwächeren Alliierten daran zweifeln, daß ihre stärkeren Partner das eigene Überleben aufs Spiel setzen würden, um ihres zu erhalten, sehen sie sich veranlaßt, nach Möglichkeiten zu suchen, sich selbst zu verteidigen. Selbst wenn sie damit rechnen, von ihrem stärkeren Bündnispartner verteidigt zu werden, sind sie um so mehr versucht, eine unabhängige Außenpolitik zu treiben, und zwar auch gegen den Wunsch dieser Verbündeten. Vielleicht hat die kühne Herausforderung der Vereinigten Staaten durch Charles de Gaulle 1960 eher seine Überzeugung bewiesen, daß die Vereinigten Staaten keine andere Wahl hätten, als Frankreich gegen einen sowjetischen Angriff zu verteidigen, als seine angebliche Furcht, daß wir es nicht tun würden. So haben die jungen Nationen die Supermächte geschickt gegeneinander ausgespielt, obwohl die militärische Überlegenheit der Supermächte gewaltig ist und ständig wächst. Jeder neue Präsident erkennt sehr bald, daß er zwei einander augenscheinlich widersprechende Verpflichtungen zu erfüllen hat. Er muß militärisch stark genug sein, um die Sicherheit Amerikas und seiner Verbündeten und Freunde zu gewährleisten. Und er muß zugleich der moralischen Verpflichtung genügen, einen Nuklearkrieg zu vermeiden. Wenn die Öffentlichkeit glaubt, er nähme eine andere Haltung ein, wird ihm die notwendige Unterstützung im eigenen Lande versagt bleiben, die er jedoch unbedingt braucht, wenn eine Konfrontation sich nicht mehr vermeiden läßt. Er muß sein Land militärisch stärken und zugleich der Anwendung dieser Stärke Grenzen setzen. Er muß die Bereitschaft Amerikas zur Verteidigung und zum Frieden aufrechterhalten. Beides ist aber nicht möglich ohne eine Öffentlichkeit, die seinen politischen Zielen vertraut. Daher muß der Präsident, bevor er die Führung übernimmt, seinen Führungsanspruch moralisch rechtfertigen.

Die Aufrechterhaltung des Friedens ist in jeder Lage schwierig; in unserer Zeit kompliziert sich diese Aufgabe durch einen ideologischen Konflikt. In ideologisch stark beeinflußten Perioden stimmen die politischen Loyalitäten nicht mit den nationalen Grenzen überein. Die kommunistischen Parteien überall in der Welt vertreten eine Philosophie, die den Anspruch erhebt, universale Geltung zu besitzen, und von historischer Zwangsläufigkeit spricht. Diese Parteien sind an eine fremde Nation gebunden, die sich oft im Konflikt mit der jeweils eigenen befindet. In vielen jungen Nationen machen sich Ideologien breit, die nach ihrem Inhalt zwar nicht unbedingt kommunistisch sein müssen, aber im Namen des Antiimperialismus sehr starke antiwestliche Tendenzen aufweisen; ein entscheidender neuer Konflikt ist der Kampf zwischen Gemäßigten und Radikalen in den Entwicklungsländern. In dieser Lage können innenpolitische Unruhen in jedem beliebigen Land zu einer spürbaren Verlagerung innerhalb der internationalen Bündnissysteme führen. Daher beginnen Nationen sich nicht nur durch außenpolitische Entwicklungen, sondern auch und vielleicht besonders durch innenpolitische Umwälzungen bedroht zu fühlen. So veranlaßte ein liberales kommunistisches Regime in Prag, das die sowjetische Vorherrschaft in der Außenpolitik in keiner Weise in Frage stellte, die Sowjetunion 1968 zum Einmarsch, weil sie das Risiko vermeiden wollte, daß sich in diesem Land Ideen breitmachten, die auch in anderen Teilen ihres Herrschaftsbereichs aufgenommen werden konnten. Zehn Jahre später erschütterte der Aufstand im Iran die Stabilität im Nahen Osten.

Alle diese Konfrontationen und Unsicherheiten wirkten sich jetzt zum erstenmal weltweit aus. Bisher waren die einzelnen Kontinente in ihrer geschichtlichen Entwicklung relativ isoliert gewesen. Noch zur Zeit des Ausbruchs des Zweiten Weltkriegs fielen die großen weltpolitischen Entscheidungen in wenigen europäischen Hauptstädten. Doch nach dem Zweiten Weltkrieg beeinflußten sich die Ereignisse auf *allen* Kontinenten gegenseitig. 1945 bestand die Gemeinschaft der Völker aus 51 Nationen, 1968 hatte sich diese Zahl mehr als verdoppelt, jetzt waren es 130. Mit Hilfe der modernen Kommunikationsmittel verbreiten sich Nachrichten und Ideen im Nu. Bisher auf begrenzte Regionen beschränkte Ereignisse – Kriege, Rivalitäten, Skandale, innenpolitische Unruhen und Naturkatastrophen – bekamen plötzlich weltweite Bedeutung. Bei der Amtsübernahme der

Nixon-Regierung waren alle Elemente der internationalen Beziehungen gleichzeitig im Fluß.

Auf der einen Seite hatten wirtschaftlicher Wohlstand und politische Lebensfähigkeit in den demokratisch regierten Industriestaaten zugenommen. Dadurch wurde natürlich unsere bisherige Überlegenheit in den Bündnissystemen, denen wir angehörten, gefährdet. Die meisten amerikanischen Führer neigten dazu, diese Entwicklung dem bedrohlichen und rätselhaften Charles de Gaulle anzulasten. Ich selbst teilte jedoch nicht die konventionellen Ansichten über de Gaulle. Ich erblickte in ihm nicht die Ursache der gegenseitigen Schwierigkeiten und Zweifel, sondern für mich war er Symptom entscheidender struktureller Veränderungen in den atlantischen Beziehungen. Es war unnatürlich, daß die großen Entscheidungen, die das Schicksal so traditionsreicher, auf ihre Geschichte stolzer und wirtschaftlich starker Länder wie der westeuropäischen und Japans an einem Ort entschieden wurde, der Tausende von Meilen von diesen Ländern entfernt war. Wenn die Vereinigten Staaten die Treuhänderschaft für alle nichtkommunistischen Gebiete übernehmen wollten, dann mußten wir uns psychologisch längst erschöpft haben, bevor wir es auch physisch taten. Ich glaubte daher, daß sich eine Welt, in der es mehrere Entscheidungszentren gab, mit unseren Interessen ebenso wie mit unseren Idealen vereinbaren ließe. Aus diesem Grunde hielt ich es für falsch, daß die Regierungen unter Kennedy und Johnson die Franzosen im Stich lassen und sich vielleicht sogar gegen die britischen Nuklearprojekte stellen wollten, und war gegen die Neigung Washingtons in den 60er Jahren, aus den gegenseitigen Konsultationen eine Exegese amerikanischer Rezepte zu machen.

Zugleich stellte die sogenannte Dritte Welt der Entwicklungsvölker unser intellektuelles und politisches Verständnis auf die Probe. Denn unsere Erfahrungen mit dem New Deal und dem Marshall-Plan ließen sich nicht auf die Forderung nach wirtschaftlichem Fortschritt und den Aufbau neuer Nationen in Ländern übertragen, in denen es weder eine politische Tradition noch einen Mittelstand gab, aus dem sich Manager und Administratoren rekrutieren konnten. Die Hauptaufgabe der dortigen politischen Führung bestand oft darin, den Zusammenhalt zu festigen. Wir hatten es nicht mit stabilen Wirtschaftsstrukturen zu tun, sondern mit Gesellschaften, die die ersten mühsamen Schritte zur Modernisierung taten. Es wurde deutlich, daß sich der Aufbau neuer Nationen vor allem auf die Fähigkeit stützte, eine politische Autorität zu errichten. Eine Wirtschaftshilfe, die half, die überlieferte Ordnung (häufig ein Feudalsystem) zu untergraben, erschwerte es in vielen Fällen, politische Stabilität herzustellen. Es war wiederum eine Ironie der Geschichte, daß sich der Marxismus in den Entwicklungsländern nicht wegen seiner Wirtschaftstheorie als attraktiv erwies, auf die er so stolz ist, sondern weil er eine Antwort auf das Problem der politischen Legitimität und Autorität gab – eine Formel für die gesellschaftliche Mobilisierung, eine Rechtfertigung für die politische Macht und ein Werkzeug, die Ablehnung der kulturellen und politischen Vorherrschaft durch den Westen als eine Methode zur Herstellung der Einheit zu propagieren. Die Demokratie findet nicht deshalb weniger Anklang, weil der Westen gesündigt hat, sondern weil die Führer in den meisten Entwicklungsländern nicht das Risiko des Kampfes gegen den Kolonialismus eingegangen waren, um dann wieder in den Schatten zu treten. Es ist ein historischer Witz, daß sich eine materialistische Philosophie, die die wirtschaftlichen Probleme noch in keinem Lande gelöst hat, wegen ihrer moralischen Ansprüche hat ausbreiten können, während der Westen, der eine idealistische Philosophie vertritt, diese hinter wirtschaftlichen und technischen Heilmitteln verbirgt, die mit den politischen und geistigen Grundproblemen im allgemeinen nichts zu tun haben.

Die neue Regierung hatte es daher mit einer turbulenten und komplexen Welt zu tun, und das verlangte Qualitäten von uns, die in der amerikanischen Geschichte bisher noch keine so große Rolle gespielt hatten. Zugleich mußten wir einen Krieg zu Ende bringen, mit einer globalen Rivalität gegenüber der Sowjetunion im Schatten der nuklearen Bewaffnung fertig werden, unser Bündnis mit den demokratischen Industriestaaten mit neuem Leben erfüllen und die jungen Nationen in ein neues Weltgleichgewicht integrieren, das nur Dauer haben konnte, wenn es den Hoffnungen und Zielen aller Nationen entsprach. Wir mußten uns neuen konstruktiven Aufgaben zuwenden, während wir zugleich die Grenzen unserer Kapazität erkannten, und mußten in uns selbst die moralische Kraft finden, um durchzuhalten, während unsere Gesellschaft von Zweifeln zerrissen wurde.

Ende des 18. Jahrhunderts hatte der Philosoph Immanuel Kant in seinem Aufsatz *Ewiger Friede* geschrieben, der Weltfriede sei unvermeidbar; er werde entweder verwirklicht werden, weil alle Nationen in gleicher Weise an die Gerechtigkeit glaubten, oder weil eine Reihe von Kriegen, in denen sich das Vernichtungspotential ständig steigerte, die Menschen davon überzeugen würde, daß Konflikte zu nichts führen. Unser Zeitalter verleiht den Voraussagen Kants eine neue Dimension. Wenn die Nationen in der Lage sind, innerhalb von Stunden Millionen von Menschen zu töten, dann ist der Friede zu einem moralischen Imperativ geworden; niemand, der ein hohes Amt übernimmt, kann dieser fundamentalen Verantwortung ausweichen. Aber die Grundursache des Dilemmas unserer Zeit liegt darin, daß, wenn der Friede zum *einzigen* politischen Ziel wird, die Furcht vor dem Kriege zur Waffe in den Händen der Rücksichtslosesten wird; sie erzeugt die moralische Abrüstung. Wie soll man zugleich nach Frieden und nach Gerechtigkeit streben, nach einer Beendigung des Krieges, die nicht zur Tyrannei führt, nach einer Verpflichtung zur Gerechtigkeit, die keinen vollständigen Umsturz zur Folge hat – dieses Gleichgewicht zu finden, ist die Aufgabe des

Staatsmanns im Nuklearzeitalter, die er niemals aus dem Auge verlieren darf.

Das waren die Vorstellungen, über die ich als Professor viel nachgedacht und geschrieben hatte. Und jetzt sollten sie in der Praxis auf die Probe gestellt werden. Denn sobald ein neuer Präsident den Amtseid geleistet hat, gibt es nur noch wenig Zeit zum ruhigen Nachdenken. Der aktive Politiker läßt sich dann mit einem Seiltänzer vergleichen: Er kann den jähen Sturz nur vermeiden, wenn er weitergeht.

ZWEITER TEIL

1969

IV. Nixon in Europa

1. Nixons Staatsbesuche in Europa

Am 23. November 1969 flog Richard Nixon von dem in der Nähe von Washington gelegenen militärischen Flugplatz Andrews Air Force Base zu seiner ersten Auslandsreise als Präsident ab. Es war ein regnerischer Sonntagmorgen. Die Menschen, die aus Washington zum Flugplatz gefahren waren, um sich von ihm zu verabschieden, waren vollkommen durchnäßt. Das Kabinett hatte sich vollständig versammelt, dazu die führenden Kongreßabgeordneten beider Parteien. Die Fotografen drängten sich hinter dem Maschendrahtzaun, um den Präsidenten in den richtigen Blickwinkel für ihre Aufnahmen zu bekommen.

Die Regierung befand sich noch in der ersten Periode ungeteilter Freude über den Wahlsieg, und Nixon spürte zum erstenmal in seinem Leben die Sympathie der Öffentlichkeit und ihre Zustimmung. Er genoß das wie ein Mann, der nach einem langen Marsch durch die Wüste endlich eine Oase errreicht hat. Er war zu klug, nicht die Ironie zu bemerken, die darin lag, daß er für eine versöhnliche Haltung gepriesen wurde, die das Gegenteil dessen war, was er bisher in seinem öffentlichen Leben gezeigt hatte. Er wußte besser als jeder andere, daß sich der ihm heute gespendete Beifall schon morgen in Schmähungen verwandeln konnte. Doch jetzt sonnte er sich in der Wärme der ihm entgegengebrachten Zustimmung.

Nixon scherzte etwas gehemmt mit den Prominenten auf der Rollbahn und ging dann zum Mikrophon hinüber, um eine kurze Erklärung abzugeben. Was er zur Außenpolitik zu sagen hatte, war vernünftig, bescheiden und typisch für ihn. Er ginge nach Europa, um sich dort mit Freunden zu beraten. Es würde sich dabei um »echte« Konsultationen handeln, denn »wir suchen nicht nur ihre Unterstützung, sondern auch ihren Rat in vielen Teilen der Welt« – ein Seitenhieb auf die Verschlechterung der Beziehungen innerhalb des Bündnisses unter seinen Vorgängern, die er im Wahlkampf kritisiert hatte. Im übrigen hatten seine Äußerungen aber jenen unterkühlten Ton, mit dem er so oft die Begeisterung und den guten Willen seiner

Zuhörer dämpfte. Er hatte sich schon Wochen vorher Sorgen darum gemacht, daß es Demonstrationen gegen ihn geben könnte, die, wenn sie im Fernsehen gezeigt würden, seine innenpolitische Stellung schwächen konnten. Nixon glaubte, er könnte einer ungünstigen Entwicklung dadurch den Stachel nehmen, daß er die Öffentlichkeit rechtzeitig darauf vorbereitete. Wenn er deutlich sagte, er rechne mit Schwierigkeiten, dann werde der Schaden nicht so groß sein.

Gelegentlich hatte er recht. Häufiger ließen seine Warnungen vor Schwierigkeiten oder Hindernissen ihn nur defensiv erscheinen, wenn sich herausstellte, daß er unrecht gehabt hatte; wenn sich seine Voraussagen aber bewahrheiteten, sagte man, er habe das Unheil beschworen. So war es auch diesmal. Die Hälfte seiner Ansprache beschäftigte sich mit der Möglichkeit gegen ihn gerichteter Demonstrationen. Er versuchte, die Demonstranten lächerlich zu machen, indem er behauptete, sie verträten nur eine winzige Minorität und würden ihn nicht davon abhalten können, sich um den Frieden zu bemühen. Diese zum Teil provozierende und seine Empfindlichkeit offenbarende Erklärung war ungeeignet, seine Zuhörer mitzureißen, aber sie zeigte sehr genau den komplexen Charakter des nicht unbesonnenen Mannes, der das Schicksal unseres Landes während der folgenden turbulenten fünfeinhalb Jahre gestalten sollte.

Ich hörte den Schluß seiner Ansprache nicht, weil ich schon vorher mit anderen Mitgliedern des Gefolges das Flugzeug des Präsidenten, *Air Force One*, bestieg. Dafür gab es zwei Gründe, und das Verfahren war bei jeder Präsidentenreise das gleiche: Das Flugzeug sollte starten, sobald sich die Tür hinter dem Präsidenten geschlossen hatte. Noch wichtiger war es aber für die Organisatoren solcher Reisen, daß Nixon, wenn er an der Tür des Flugzeugs stand, um der Menge zum Abschied zuzuwinken und dabei fotografiert wurde, allein auf dem Foto erschien.

Dies alles und noch viel mehr war bei dieser Reise die Aufgabe John Ehrlichmans und des »Vorauskommandos«, das diese Bezeichnung trug, weil eine kleine Gruppe von Mitarbeitern vor der Ankunft des Präsidenten an jedem Ort, an dem er einen Zwischenaufenthalt einlegt, den Ablauf seines Besuchs bis in alle Einzelheiten vorbereitete. Ehrlichman war während des Wahlkampfs 1968 Leiter dieses Vorauskommandos für Nixon gewesen. Er war 1962 zum Stabe Nixons gekommen, als die Aussichten auf einen Erfolg minimal waren und nur ein ihm bedingungslos ergebener Mann daran glauben konnte.

Niemand konnte es in der Umgebung von Nixon zu etwas bringen, der sich nicht den Anschein der Robustheit gab. Doch was als Pose begann, konnte, wenn man es lange genug durchhielt, zur Weltanschauung werden. Ich glaube nicht, daß Ehrlichman von Natur besonders robust war. In Wirklichkeit war er eher sanft. Er hatte eine sympathische Familie, die er vergötterte. Am liebsten hätte er sich mit der Verwirklichung eines fortschrittlichen innenpolitischen Programms beschäftigt, einer Aufgabe, die er später auch übernehmen sollte. Aber er war ehrgeizig; vor allem wollte er im Weißen Haus als führende Persönlichkeit anerkannt werden. Gerade weil sich dieses Streben nicht spontan entwickelte, konnte er bei der Verfolgung dieses Ziels ungewöhnlich aggressiv und sogar unangenehm sein. Mich achtete er; und er beneidete mich, weil er glaubte – von seinem Standpunkt aus nicht zu Unrecht –, daß ich in meiner Machtposition den Rahm abschöpfte, während er selbst sich einem fortwährenden gesellschaftlichen Scherbengericht ausgesetzt sah, das die Folge des zwischen den alten Wahlhelfern Nixons und dem Establishment in Washington bestehenden gegenseitigen Mißtrauens war. Oft versuchte er, mich zu ärgern, gewöhnlich dadurch, daß er sich bemühte, undichte Stellen in meinem Informationssystem aufzuspüren, um zu zeigen, wie unzuverlässig meine Mitarbeiter seien. Ebensooft hat er mir aber auch geholfen und mich ermutigt. Meistens waren unsere Beziehungen herzlich. Unter anderen Voraussetzungen hätte er seinem Land vielleicht große Dienste leisten können. In dem von Nixon beherrschten Weißen Haus wurde er schließlich durch den Kult des unnahbaren harten Burschen und die quälende Belagerungsmentalität vernichtet, die dazu beigetragen hat, gerade die Alpträume herbeizuführen, die diese Leute am meisten fürchteten. Ehrlichman war der Freund und Rivale von H. R. (Bob) Haldeman – ihre Beziehung besserte sich, als Ehrlichman im Rahmen der konkreten Aufgaben des Weißen Hauses, an denen sich Haldeman in aggressiver Weise uninteressiert zeigte, an Macht und Einfluß gewann. Aber auf dieser Reise gab es erhebliche Spannungen, denn Haldeman war entschlossen, das Vorauskommando allein zu befehligen. Das gelang ihm. Es war die letzte Reise, auf der Ehrlichman dem Vorauskommando angehörte; später wurden seine Aufgaben von dem Gefolgsmann Haldemans, Dwight Chapin, übernommen.

Ehrlichman hatte alle Hände voll zu tun, denn die Reise eines Präsidenten ist ein umfangreiches logistisches Unternehmen. Ich habe mich jahrelang so wenig darum gekümmert, daß ich im Juli 1971 während meiner geheimen Mission in Peking, als Tschou En-lai mich fragte, wie stark das Gefolge Nixons sein werde, glaubte, es seien etwa 50 Personen, und bewies damit eine solche Ahnungslosigkeit, daß Haldeman nur mitleidig lächeln konnte.

Schon die Zahl der den Präsidenten begleitenden Geheimdienstagenten war größer. Hinzu kamen der Stab seiner direkten Mitarbeiter, die Sekretärinnen, die Leute, die für das Gepäck zuständig waren, und das technische Personal, das die Nachrichtenverbindungen herstellte. Denn wohin der Präsident auch reist, er und sein Stab müssen in der Lage sein, in jedem Augenblick mit jedem Teil der Welt fernschriftlich oder telefonisch Verbindung aufzunehmen. Ein Präsident kann außerdem nicht ohne die zahlreichen Assistenten und Vertreter der einzelnen Ministerien reisen, für die es ein begehrtes Statussymbol ist, an einer Präsidentenreise teilzunehmen, auch wenn sie zu den Besprechungen nicht hinzugezogen werden und den Präsidenten kaum zu Gesicht bekommen. Schließlich wird der Präsident auf seinen Reisen oft von mehr als 300 Journalisten begleitet. Das ganze Gefolge des Präsidenten besteht daher aus 600 bis 800 Personen.

Es ist in der Tat eine beachtliche Leistung, alle diese Menschen bei der Hektik solcher Unternehmungen jeweils rechtzeitig an den richtigen Ort zu bringen. Dabei stellt die Presse allein schon ein besonderes Problem dar. Sie muß jeweils über die Ankunft und Abreise des Präsidenten berichten. Deshalb startet das Presseflugzeug gewöhnlich nach *Air Force One* (damit die Journalisten beim Abschied zugegen sind), es überholt den Präsidenten jedoch im Fluge und landet vor ihm (damit die Journalisten auch über seine Ankunft berichten können). Außerdem fliegen vier bis sechs Pressevertreter im Flugzeug des Präsidenten mit. Sie müssen bei allen wichtigen Ereignissen dabeisein und außerdem die Möglichkeit haben, ihre Berichte zu schreiben und abzusetzen.

Im Mittelpunkt dieses ungewöhnlichen Unternehmens steht die über diese Organisation leicht erstaunte offizielle Delegation. Jedes Mitglied bekommt ein Heftchen mit einem genauen Zeitplan, in dem der Ablauf buchstäblich auf die Minute festgelegt ist. Dazu gehören graphische Darstellungen, aus denen jeder ersehen kann, wo er während der Zeremonien zu stehen hat (wo er untergebracht wird) und an welchen Besprechungen er teilnimmt. Dazu kommen andere wichtige Informationen. Hier gibt es keine andere Möglichkeit, als sich sklavisch unterzuordnen, wenn das auch sehr kräftezehrend ist und einen manchmal an den Rand des Wahnsinns treibt. Als Assistent des Präsidenten in einer Position, in der ich trotz meines großen Einflusses protokollarisch einen sehr niedrigen Rang einnahm, saß ich immer sehr weit unten am Konferenztisch. Deshalb war der Präsident meist sehr weit von mir entfernt, und es war schwierig, nach Schluß der Sitzungen rechtzeitig zu meinem Wagen zu kommen, bevor die Limousine des Präsidenten abfuhr. Bei einem Galadiner im riesigen Speisesaal des königlichen Schlosses in Madrid sagte mir eine elegante Spanierin, die neben mir saß: »Ich würde alles dafür geben, wenn ich wüßte, was ein so kluger Mann wie Sie jetzt denkt.« Wahrscheinlich hat sie an der emotionalen Stabilität amerikanischer Politiker gezweifelt, als sie meine Antwort hörte: »Offen gesagt, ich bin der Panik nahe, denn ich weiß nicht, ob ich meinen Wagen zur rechten Zeit erreichen werde.«

So machte ich auf dieser Europareise meine ersten Erfahrungen mit der komplizierten Technik der Beförderung eines Präsidenten von einem Land zum andern und den Aufgaben des Vorauskommandos. Es bestand aus gut aussehenden, tüchtigen und disziplinierten Leuten, die Haldeman sich über Werbeagenturen besorgt und aus jüngeren Männern in leitenden Stellungen zusammengestellt hatte. Einige von ihnen arbeiteten hauptberuflich in dem Vorauskommando, andere waren nur vorübergehend hier und hatten im übrigen Positionen in der Privatwirtschaft. Was ihnen an Idealen und Erziehung fehlte, glichen sie durch Dienstfertigkeit aus. Später sollte es sich zeigen, wie wenig solche Leute, die keine Vergangenheit haben, an die Zukunft denken. Wem die eigene Karriere das wichtigste ist, der hat keinen Ballast, wenn diese Karriere gefährdet wird. Das hatte während der Watergate-Periode ein recht unerfreuliches Schauspiel zur Folge. Alles stürzte sich auf die Rettungsboote, und jeder kleine Cäsar versuchte, sich in Sicherheit zu bringen, indem er seinen Blutsbruder über Bord stieß.

1969 lag Watergate jedoch noch in weiter Ferne. Das Vorauskommando stand auf dem Gipfel seiner Macht und seines Selbstbewußtseins, nachdem ein Wahlkampf, bei dem die Aussicht auf Erfolg auf Messers Schneide gestanden hatte, gewonnen war. Man hatte diesen Leuten eingebleut, sie seien niemandem verpflichtet außer dem Präsidenten. Da während der Wahlreisen die Gastgeber an jedem Ort, an dem der Präsidentschaftskandidat haltgemacht hatte, zurückgelassen worden waren und nicht mehr beachtet zu werden brauchten, waren die Gefühle dieser fremden Menschen den Wahlhelfern Nixons natürlich vollkommen gleichgültig. Sie waren allein dafür verantwortlich, daß Nixons Reise glatt verlief und er nicht überraschenden Begegnungen ausgesetzt wurde, die er so haßte. Sie hatten auch dafür zu sorgen, daß lange Ruhepausen eingelegt wurden – die in den Presseverlautbarungen als »Stabsbesprechungen« bezeichnet wurden – und die er brauchte, um sich zu konzentrieren und sich auf wichtige persönliche Begegnungen vorzubereiten. Aber vor allem kam es darauf an, alles so zu arrangieren, daß Nixon vor allen anderen in einem möglichst günstigen Licht erschien.

Das führte manchmal zu absurden Situationen. 1972 kam Nixon zu einem Staatsbesuch nach Ottawa. Ein Angehöriger des Vorauskommandos meinte, die braunen Möbel im Büro Pierre Trudeaus würden Nixon im Fernsehen nicht richtig zur Geltung bringen. Deshalb wollte er in das Privatbüro des kanadischen Premierministers mit blauem Stoff bezogene Sofas stellen. In letzter Minute hinderte ihn ein ungläubiger und vor Wut schäumender Mitarbeiter Trudeaus an diesem Vorhaben.

Auf der Europareise hatte es das Vorauskommando zum erstenmal mit der Welt der Diplomatie zu tun und löste seine Aufgabe, als handele es sich um die Vorbereitung einer Wahlrede in Des Moines. Die Gefolgsleute Nixons nahmen keinerlei Rücksichten auf unsere Botschafter, denen sie mißtrauten, weil sie noch von den Demokraten ernannt worden waren. Aber auch um die ausländischen Regierungen, die unsere Gastgeber waren, kümmerten sich diese Leute kaum. Als Ehrlichman eine Gästeliste für ein in der Downing Street zu Ehren Nixons gegebenes Essen einreichte, telegraphierte unser Botschafter in London, David Bruce, der ein zu erfahrener Diplomat war, als daß er sich durch Angehörige der neuen Regierung hätte erschüttern lassen: »Es bedarf wohl keiner näheren Erläuterung, weshalb es absurd ist, dem britischen Premierminister vorzuschreiben, wen er in seinem eigenen Haus zum Essen einladen darf.« Andere Männer des Vorauskommandos in Paris, die in der Wohnung unseres dortigen Botschafters das Essen vorbereiteten, das der Präsident für de Gaulle geben wollte, brachten auch dort die Dinge durcheinander. Sie fanden in den Räumen des Botschafters ein paar Fotografien des Präsidenten John Kennedy. Erst nach Rücksprache auf höchster Ebene durfte unser Botschafter, Sargent Shriver – der mit Präsident Kennedys Schwester Eunice verheiratet war – die Aufnahmen von seinem Schwager in seiner Wohnung lassen. Doch abgesehen von diesen gelegentlichen Albernheiten leistete das Vorauskommando gute logistische Arbeit. In sieben Tagen besuchte Nixon sieben verschiedene Städte, und alles klappte hervorragend.

Sobald der Präsident in seinem Flugzeug *Air Force One* Platz genommen hatte, nahm er sich seine sehr umfangreichen und detaillierten Arbeitspapiere vor. Die Reden waren natürlich schon geschrieben. Welcher Anlaß es auch sein mag, kein Präsident hat Zeit, seine Reden selbst zu entwerfen. Die außenpolitischen Reden Nixons kamen alle aus der gleichen Quelle. Der Nationale Sicherheitsrat verfaßte unter meiner Aufsicht einen detaillierten Entwurf, den Nixon prüfte und vielleicht ein wenig änderte, bevor er ihn an einen Redenschreiber weitergab. Wenn es sich um eine wichtige Rede handelte, brachte er besonders am Anfang und am Ende unter Umständen entscheidende Veränderungen an, um die politische Bedeutung seiner Ausführungen noch deutlicher zum Ausdruck zu bringen. Wenn er glaubte, ich werde mit der rhetorischen Phrasierung einverstanden sein, zeigte er mir vielleicht den endgültigen Text, sonst aber nicht. Auf Auslandsreisen, bei denen alles sehr schnell gehen mußte, hatten wir für sorgfältige Redaktion keine Zeit, und dann mußte sich der Präsident nach dem Text der Redenschreiber richten.

Die Auswahl dieser Leute bestimmte immer den Ton und nicht selten auch die Substanz der Reden des Präsidenten. Im allgemeinen stellt man sich vor, daß die Leute, die diese Reden formulieren, gefügige Werkzeuge sind, die die politischen Vorstellungen ihrer Vorgesetzten in einem eleganten Stil auszudrücken wissen. In Wirklichkeit sind die meisten von ihnen selbst Leute, die eine Rolle spielen wollen und jetzt ihre privilegierte Stellung dazu ausnutzen, ihre eigenen Ideen vorzutragen. Da sie sich der Tatsache bewußt sind, daß ein vom Präsidenten in der Öffentlichkeit gesprochener Satz von der Bürokratie als Grundsatzerklärung angesehen werden kann, versuchen sie, das letzte Stadium der Redaktion für sich in Anspruch zu nehmen, und ringen dabei um die Seele des Präsidenten. Um welches Thema es auch gehen mochte, gelegentlich kam es zu heftigen Auseinandersetzungen zwischen meinem Stab und den Schreibern, wenn wir sahen, wie sie den Text verändert hatten.

Die Leute, die die Reden Nixons bearbeiteten, waren ungewöhnlich talentiert und vielseitig gebildet und so sehr auf bestimmte Themenkreise spezialisiert, daß es für jede Frage, die Nixon anschneiden wollte, einen Fachmann gab. Bei dieser Reise, auf der wir gut zusammengearbeitet haben, war ihr Chef Bill Safire, ein schlagfertiger, flexibler Mann, der ein ungewöhnlich gutes Gespür für die Reaktionen der Öffentlichkeit hatte und die Fähigkeit besaß, Sätze so zu formulieren, daß ihre Bedeutung sich hinter geschickten Andeutungen verbarg. Er neigte am wenigsten dazu, einer Rede seine persönliche Note zu verleihen, obwohl er einen so eigenen Stil hatte, daß Nixon ihn nur selten mit dem Entwurf einer Rede beauftragte, in der er mit seiner eigenen Rhetorik glänzen wollte. Ray Price war der älteste Redenschreiber. Er war klug, ausgeglichen, hatte liberale Neigungen, und der Präsident verwendete ihn, wenn er den Eindruck vornehmer, etwas philosophischer Unparteilichkeit erwecken wollte. Patrick Buchanan war der konservativste unter ihnen. Er beobachtete mit größter Aufmerksamkeit jeden, den er verdächtigte, er versuche den Präsidenten von seiner ursprünglich dem rechten Flügel zugewandten Haltung abzubringen, denn er war überzeugt, eine Verschwörung von Intellektuellen verunreinige die ursprünglich klare Haltung Nixons. Buchanan weigerte sich zu sehen, daß es in der Natur unseres vielgesichtigen Chefs lag, verschiedenen Leuten verschiedene Gesichter zu zeigen. An der Ausarbeitung von Nixons außenpolitischen Reden wurde er nur selten beteiligt – ich kann mich nur an die in Kambodscha gehaltene Rede erinnern.

Neben dem Aktenstück, in dem die Entwürfe für die Reden enthalten waren, versorgten meine Mitarbeiter und das Außenministerium Nixon mit umfangreichem Material. Dazu gehörte ein allgemeines Lagepapier, das unsere politischen Ziele, die Strategie, mit der sie verwirklicht werden sollten, und ihre Beziehung zu unserer allgemeinen außenpolitischen Linie erläutert wurden. Daneben gab es Notizen über die Gesprächsthemen in den einzelnen Ländern. Sie enthielten eine Stellungnahme zu den Problemen, die voraussichtlich zur Sprache kommen würden, und biographische Daten der Politiker, mit denen der Präsident zusammentreffen würde. Dabei gingen wir insofern auf die besonderen Eigenheiten des Präsidenten ein, als wir versuchten, den Gang der Gespräche vorher möglichst genau festzulegen. Alle Themen, die von den Gesprächspartnern wahrscheinlich angesprochen werden würden, wurden genau behandelt. Dazu kamen die Vorschläge für die

Antworten und eine Aufstellung von heiklen Themen, die der Präsident unbedingt vermeiden müßte.

Ich wußte damals schon, wie wichtig eine so genaue Vorbereitung für Nixon war. Wenn er mit einer ihm bis dahin unbekannten Persönlichkeit zusammentreffen wollte, wurde er von einer unerklärlichen Scheu ergriffen. Er fürchtete, mit unerwarteten Fragen konfrontiert zu werden, mit einem Problem, mit dem er nicht gerechnet hatte, oder Argumenten, auf die er nichts zu erwidern wußte, was den Anschein erwecken könnte, er habe die Dinge nicht so im Griff, wie es nach seiner Vorstellung hätte sein müssen. Er verlangte deshalb, daß die Arbeitspapiere den genauen Verlauf eines jeden Gesprächs in allen möglichen Variationen berücksichtigten.

Da Nixon aber nicht zugeben wollte, daß er eine Anleitung brauchte, unterwarf er sich der ungewöhnlichen Selbstdisziplin, den Inhalt all dieser Denkschriften im Gedächtnis zu behalten. Um nun zu zeigen, was er auf diesem Gebiet leisten konnte, und weil es ihm so viel Freude machte, ein kleines Spiel mit uns zu spielen, ging er immer wieder so nahe wie möglich an den Rand dessen, was wir ihm geraten hatten zu vermeiden. Manchmal wurde die Situation so gefährlich, daß sich seine Berater innerlich vor Verlegenheit wanden; er ging aber niemals über die festgelegten Grenzen hinaus.

Auf dem Flug nach Europa lernte der Präsident nicht nur unsere Analysen Punkt für Punkt auswendig, sondern beschäftigte sich auch mit einem langen Aufsatz über de Gaulle, den ich meinem Buch über das Nordatlantische Bündnis mit dem Titel *The Troubled Partnership* entnommen hatte*. Ich selbst erwartete mit Spannung die Ereignisse der nächsten Tage, denn ich kehrte auf den Kontinent zurück, auf dem ich geboren war; aber der eigentliche Grund für mein Interesse waren die geopolitischen Realitäten und die historischen Bindungen zwischen den Ländern mit einer ähnlichen geschichtlichen Vergangenheit, gleichartigen Wertvorstellungen und politischen Institutionen.

Nach unserer Landung auf dem Brüsseler Flughafen waren wir natürlich vollends von den Empfangsfeierlichkeiten in Anspruch genommen, doch läßt sich die innere Erregung kaum beschreiben, die mich ergriff, als ich zum erstenmal wieder europäischen Boden betrat. Als sich die Tür des Flugzeugs öffnete, standen wir im Flutlicht der Fernsehscheinwerfer. Neben dem roten Teppich stand eine militärische Ehrenwache. Der liebenswürdige, sensible König der Belgier Baudouin stand am Fuß der Gangway, um den Präsidenten zu begrüßen, der in seiner kurzen Ansprache erklärte, mit dieser Reise be-

* Dieses Buch war nur ein bescheidener Verkaufserfolg, wie man das von einem Wälzer über die NATO nicht anders erwarten konnte. Nur in einer einzigen Stadt war der Absatz ungewöhnlich: Bei näherer Untersuchung stellte man fest, daß es im Buchladen auf das Regal gestellt worden war, wo die Eheberatungsbücher standen.

ginne ein neues Bemühen um den Frieden. Dabei zitierte er Woodrow Wilson, der immer eines seiner Vorbilder gewesen ist. Zum Empfang des Präsidenten hatten sich außer belgischen Würdenträgern auch Vertreter der NATO versammelt. Offizieller Zweck der Reise nach Brüssel war ein Besuch des NATO-Hauptquartiers gewesen, aber die Belgier beanspruchten den Präsidenten an diesem ersten Abend für sich, so daß wir zunächst zum prächtigen königlichen Palast in das Zentrum der Stadt fuhren. Nach ein paar höflichen Worten verabschiedete sich König Baudouin und ließ den Präsidenten mit dem belgischen Premierminister Gaston Eyskens, dem Außenminister Pierre Harmel, dem Außenminister Rogers und mir allein. Es verwirrte die Belgier, daß auch ich an diesem Gespräch teilnahm, denn ihr Protokoll sah einen Präsidentenberater nicht vor. Meine Gegenwart brachte auch das allen Diplomaten so teure zahlenmäßige Gleichgewicht durcheinander. Da man nicht wußte, wie man mich loswerden könnte, ließen die Belgier nun auch einen Angehörigen aus dem Stabe des belgischen Premierministers an der Begegnung teilnehmen.

Die belgischen Minister legten ebenso wie alle anderen politischen Führer, mit denen wir zusammentrafen, vor allem Wert darauf, eine enge persönliche Beziehung zu Nixon herzustellen; noch wichtiger war es ihnen vielleicht, uns deutlich erkennen zu lassen, daß sie sich um diese Beziehung bemühten. Welche innenpolitischen Schwierigkeiten Nixon in den Vereinigten Staaten jetzt oder später auch haben mochte, in Europa galt die Freundschaft mit dem Präsidenten der Vereinigten Staaten als politischer Gewinn. Es kam hinzu, daß alle, die Nixon schon vor seiner Wahl zum Präsidenten gekannt hatten, ihn günstig beurteilten und besonders von seinem Wissen über die Zusammenhänge der Weltpolitik beeindruckt waren. Dieser Respekt vor seinem Verständnis für die Belange der Außenpolitik nahm im Verlauf seiner Amtsperiode ständig zu.

Der kleine, etwas korpulente Eyskens betonte das Interesse Belgiens an einem vereinigten Europa. Belgien hoffte daher auf eine Beendigung der Differenzen zwischen England und Frankreich, die den Eintritt Großbritanniens in die Europäische Wirtschaftsgemeinschaft blockiert hatten. Offensichtlich machte sich Eyskens um eine mögliche gemeinsame Vorherrschaft Frankreichs und Deutschlands Sorgen und sagte, der Beitritt Großbritanniens zum Gemeinsamen Markt werde das Gleichgewicht verbessern und einem übertriebenen Nationalismus steuern. Er sagte nicht, was Belgien tun könnte, um diese Entwicklung zu fördern, außer daß sein Land es nicht an gutem Willen fehlen lassen würde. Er schien zu hoffen, daß irgend jemand – vielleicht die Vereinigten Staaten – das gewünschte Ergebnis eines Tages zustande bringen würde. Das zweite wichtige Thema, für das sich die belgischen Politiker interessierten, war die Entspannung. Wie die meisten europäischen Staatsmänner waren sie besorgt, weil Nixon in dem Ruf stand, ein

»Kalter Krieger« zu sein. Offensichtlich glaubten sie, man müsse ihm deutlich machen, wie notwendig es sei, Spannungen abzubauen. Die Belgier sagten uns, die Sowjetunion wünsche Entspannung, weil ihre Bevölkerung ein reichlicheres Angebot an Verbrauchsgütern verlange und weil sie sich vor China fürchte. Dabei versicherten sie, eine Stärkung des Verteidigungspotentials der NATO sei die Voraussetzung für die Entspannung, sagten aber auch, es bestünde kaum eine Aussicht, die Verteidigungsanstrengungen in Europa zu erhöhen. Im wesentlichen setzten sie sich für eine Beibehaltung der Stationierung starker amerikanischer Truppenverbände in Europa ein. Taktvoll deuteten sie an, mit welchen innenpolitischen Schwierigkeiten es die europäischen Regierungen als Folge des Vietnam-Krieges zu tun hätten.

Bei außenpolitischen Gesprächen dieser Art konnte sich Nixon von seiner besten Seite zeigen. In ruhiger Form erklärte er, daß er sich energisch für die Erhaltung des Friedens einsetzen werde, und räumte ein, der Frieden ließe sich nur erhalten, wenn der Westen stark bliebe. Er wies besonders darauf hin, daß die atlantische Einheit sein politisches Ziel und er entschlossen sei, unsere Verbündeten vor jeder wichtigen Initiative zu konsultieren. Am nächsten Vormittag hielt Nixon eine längere Ansprache vor dem Nordatlantikrat, der Versammlung der ständigen Botschafter der Bündnispartner. Dabei schnitt er eine Reihe von Fragen an, mit denen sich das Bündnis im Lauf der kommenden 20 Jahre würde auseinandersetzen müssen:

»Die NATO ist infolge einer Bedrohung durch die Sowjetunion entstanden. Worin liegt diese Bedrohung heute?

Als die NATO gegründet wurde, waren die Wirtschaftsstrukturen in Europa durch den Krieg zerschlagen. Heute blühen sie wieder. Wie sollte sich das durch eine Veränderung der Beziehungen zwischen den Bündnispartnern innerhalb der NATO ausdrücken?

Wir alle müssen mit den Problemen einer modernen Umwelt fertig werden, die ein Nebenprodukt unserer fortgeschrittenen Technologien sind – mit Problemen wie der Luft- und Wasserverschmutzung und der Überbevölkerung in unseren großen Städten. Gemeinsam können wir hier entschiedene Fortschritte machen. Auf welche Weise sollen wir zusammenarbeiten, um dieses Ziel zu erreichen?«

Er bekräftigte die Entschlossenheit Amerikas, nach den notwendigen Vorbereitungen mit der Sowjetunion über einen weiten Themenkreis in Verhandlungen einzutreten. Er sagte jedoch, sein Hauptziel sei es, das Bündnis zu stärken:

»Das Band, das Europa mit Amerika verbindet, ist nicht der Gedanke an die Gefahr und es kann sich auch nicht durch das Stärker- oder Schwächerwerden der Furcht lockern oder festigen.

Was unsere Kontinente verbindet, sind die gemeinsamen Traditionen der

Freiheit, der gemeinsame Wunsch nach Fortschritt, das gemeinsame Verlangen nach Frieden.

In diesem konstruktiveren Geist lassen Sie uns neue Situationen mit neuen Augen ansehen und dabei der Welt ein Beispiel geben.«

Es wäre übertrieben zu sagen, daß die im Atlantikrat versammelten Vertreter übermäßig begeistert reagiert hätten. Es waren Botschafter, die mit einem Staatsoberhaupt zusammentrafen und es nicht gewohnt waren, bei solchen Gelegenheiten tiefgründige Debatten zu führen; dazu waren sie auch gar nicht ermächtigt. Außerdem sollte der Präsident noch vier andere Hauptstädte besuchen, und es steht einem Botschafter nicht zu, vorwegzunehmen, was sein Regierungschef zu sagen hätte. Aber die Botschafter nahmen mit Erleichterung auf, daß sich der amerikanische Präsident zur NATO bekannte. Niemand wollte den Eindruck erwecken, daß das von ihm vertretene Land bereit sein könnte, seine Verteidigungsanstrengungen zu verstärken; alle waren sich aber darin einig, daß die weitere Stationierung amerikanischer Streitkräfte in Europa notwendig sei. Der französische Botschafter warnte als einziger vor einer möglichen Unvereinbarkeit von Entspannung und Verteidigung. Er sagte, der Präsident dürfe auf keinen Fall den Eindruck erwecken, er habe sich mit der Sowjetunion geeinigt. Der Besuch in Brüssel vermittelte uns im Querschnitt einen Eindruck von den Problemen im Rahmen der europäisch-amerikanischen Beziehungen des Jahres 1969. Über die Zukunft Europas herrschte eine gewisse Unsicherheit. Die Haltung gegenüber dem Problem der gemeinsamen Verteidigung war eine eigenartige Mischung aus der Ablehnung, die europäischen Verteidigungsanstrengungen zu vergrößern, und der Furcht vor dem Abzug der amerikanischen Truppen. Die europäischen Führer ermutigten uns zur Entspannung gegenüber dem Osten – aber wir hatten das ungute Gefühl, sie wollten in erster Linie die Bürde schwieriger Entscheidungen von den Schultern der Verantwortlichen in Europa nehmen. Und Vietnam konfrontierte die europäischen Regierungen mit einem Dilemma: Sie glaubten, auf den innenpolitischen Druck reagieren zu müssen, aber um ihrer eigenen Sicherheit willen fürchteten sie eine Demütigung oder Niederlage der Amerikaner und scheuten vor jedem Schritt zurück, der dazu beitragen konnte. Es war klar, daß alle unsere Vorstellungen und Pläne auf die Probe gestellt werden sollten, und man muß sich daran erinnern, wie wir die atlantischen Beziehungen sahen, an die Unruhe und die Uneinigkeit; Erscheinungen, zu denen es kam, weil theoretische Erwägungen an die Stelle praktischer Politik getreten waren.

2. *Unbehagen im westlichen Bündnis*

Ende der 60er Jahre herrschte innerhalb des Atlantischen Bündnisses eine Unsicherheit, die um so schmerzlicher war, da wir vorher eine Periode außergewöhnlicher Erfolge erlebt hatten. Aus amerikanischer Initiative war der Marshall-Plan entstanden; amerikanische Streitkräfte hatten für die europäische Sicherheit gesorgt. Kluge Europäer wie Jean Monnet, Robert Schuman, Alcide de Gasperi, Konrad Adenauer und Paul-Henri Spaak, hatten sich im Rahmen der Partnerschaft mit den Vereinigten Staaten für die europäische Integration eingesetzt. Die amerikanische Europapolitik hatte diese großen Europäer manchmal inspiriert, war aber häufiger ihren Anregungen gefolgt und während dieser Periode umsichtig und folgerichtig gewesen. Jede amerikanische Nachkriegsregierung hatte den Gedanken einer auf übernationale föderative Institutionen begründeten europäischen politischen Einheit unterstützt. Nur eine europäische Föderation, so glaubte man, werde die Kriege in Europa beenden können, ein wirksames Gegengewicht gegen die Sowjetunion darstellen, Deutschland unauflöslich an den Westen binden, ein gleichberechtigter Partner der Vereinigten Staaten sein und mit uns die Lasten und Verpflichtungen unserer führenden Rolle in der Welt tragen.

In einem 1968 von mir verfaßten Aufsatz habe ich die Auffassung vertreten, zwei Jahrzehnte amerikanischer militärischer Präsenz in Europa hätten die Furcht vor einer sowjetischen Invasion und einem amerikanischen Rückzug verringert, und das neue, gestärkte Europa müsse sich jetzt anders verhalten als das Europa aus dem Jahr 1949:

> »Die Vereinigten Staaten konnten nicht erwarten, daß das Unglück der Erschöpfung Europas nach dem Kriege als Dauerzustand die internationalen Beziehungen beeinflußte. Der wirtschaftliche Wiederaufbau in Europa führte notwendigerweise zu einer Rückkehr zu traditionelleren politischen Zwängen.«[1]

In *The Troubled Partnership* schrieb ich:

> »Ein vereintes Europa wird die Weltpolitik wahrscheinlich in einer europäischen Perspektive sehen wollen – mit anderen Worten, es wird sich der amerikanischen Hegemonie in der atlantischen Politik widersetzen. Es mag sich lohnen, diesen Preis für die europäische Einheit zu bezahlen; aber die amerikanische Politik hat darunter gelitten, nicht anerkennen zu wollen, daß ein Preis bezahlt werden muß.«[2]

1968 hat eine Verschiebung an der Basis unserer atlantischen Beziehungen offensichtlich zu Enttäuschung und Sorge geführt. Walt Rostow, der Sonderberater des Präsidenten Johnson für Angelegenheiten der Nationalen Sicherheit, hat beim Verlassen seines Amtes gesagt, die Europapolitik habe ihn enttäuscht,[3] und Francis Bator, ein Professor aus Harvard, den Johnson ins Weiße Haus geholt hatte, erklärte ganz offen, frühere Vorstellungen von einer atlantischen politischen Integration hätten an Boden verloren:

»Keine der großartigen Visionen zur Überwindung der Folgen des Zweiten Weltkriegs und Verhinderung eines Dritten scheint sich erfüllen zu wollen.«[4]

In Europa schrieb der langjährige Direktor des angesehenen Instituts für strategische Studien in London, Alastair Buchan, 1968, in der europäischen Politik sei gegenwärtig eine Ebbe eingetreten:

»Die Klarheit, zu der der Kalte Krieg die hochentwickelten Industrienationen gezwungen hatte, besonders das Gefühl der Solidarität innerhalb der beiden großen Bündnissysteme, hat sich getrübt; die Vorstellung, daß zwischen den Nationen der atlantischen Welt eine natürliche Interessengemeinschaft besteht, ist geschwächt worden, und das gleiche gilt für das Gefühl der Identität zwischen Osteuropa und der Sowjetunion; der Glaube, eine Wirtschaftsgemeinschaft innerhalb von Westeuropa werde auf natürlichem Wege zu einer politischen Einheit führen, ist erschüttert worden; viele geschichtliche Gegebenheiten, die die europäischen Mächte früher getrennt haben, der Nationalismus und das schwindende Vertrauen zu den Regierungen, die während eines großen Teils der Nachkriegsperiode unwirksam geworden waren, beginnen wieder wirksam zu werden.«[5]

Die Strukturveränderungen im Atlantischen Bündnis hatten ihren Ursprung auf dem Gebiet der Sicherheit, das den ersten Anlaß für das Entstehen des Bündnisses gegeben hat. Das Atlantische Bündnis ist für die gemeinsame Verteidigung geschlossen worden; ihre Militärstrategie gründete sich auf die amerikanische Drohung, zur Verteidigung Europas einen Nuklearkrieg mit allen verfügbaren Mitteln zu führen. In den 50er Jahren wurden amerikanische Land- und Luftstreitkräfte in Europa stationiert, obwohl nach der offiziellen Strategie die massive Vergeltung durch in den Vereinigten Staaten stationierte Kräfte erfolgen sollte. Was unsere europäischen Verbündeten betraf, so sollten die Vereinigten Staaten bei einem Konflikt von Anfang an keine andere Wahl haben als den Einsatz amerikanischer Streitkräfte. Angesichts der Risiken eines modernen Krieges betrachteten die Europäer unsere ständige Versicherung, Amerika werde zu seinem Wort stehen, als ungenügend, wenn nicht naiv. Es ist zu oft vorgekommen, daß europäische Länder von ihren Bündnispartnern im Stich gelassen worden sind – oder ihre Verbündeten selbst im Stich gelassen haben –, als daß sie sich durch rhetorische Versicherungen beruhigen lassen wollten, wie sie bei den Besprechungen der NATO üblich geworden waren. Um es ganz grob zu sagen: Man verlangte unsere Truppen als Geiseln.

In dieser Lage hatten unsere Verbündeten keinen Anlaß, selbst einen wesentlichen Beitrag zur regionalen Verteidigung zu leisten. Natürlich haben unsere europäischen Verbündeten auch eigene Verteidigungsanstrengungen unternommen, damit der amerikanische Kongreß sich nicht darüber beschwerte, daß uns die ganze Last aufgebürdet würde. Aber diese europäischen Anstrengungen waren im wesentlichen ambivalent. Sie waren zu umfangreich, um nur als Stolperdraht zu wirken, und zu schwach, um sich gegen einen massiven sowjetischen Schlag wehren zu können, denn die militärischen Kräfte unserer Verbündeten bestanden aus zufällig zusammengewürfelten Streitkräften, denen man keine bestimmte Aufgabe zugewiesen hatte.

Die am besten ausgebildeten und ausgerüsteten Truppen, und zwar die amerikanischen, standen im Süden, um die schönste Landschaft zu verteidigen – und das vor allem deshalb, weil sie 1945 zufällig gerade hier zum Halten gekommen waren. Doch leider liegen die traditionellen Vormarschstraßen aus dem Osten in der Norddeutschen Tiefebene, deren Verteidigung in der Verantwortlichkeit westdeutscher und britischer Streitkräfte lag, die über die am wenigsten effektive logistische Unterstützung verfügten. Die Waffen der verschiedenen Truppen waren – und sind – eine Mischung aus dem Arsenal der verschiedensten Nationen. Weder die Ausrüstung noch die Kriterien für ihre Verwendung waren standardisiert. Die NATO war Ende der 60er Jahre – und ich fürchte, sie ist es auch noch heute – stark genug, um in den ersten Phasen eines Konflikts Widerstand zu leisten, wäre aber nicht in der Lage, den Konflikt durchzustehen. Aber vielleicht haben unsere Verbündeten gerade das gewollt. Gerade darin lag die Garantie für das amerikanische Eingreifen mit strategischen Nuklearwaffen.

Wiederholte Versuche, die Verteidigungsstruktur in Europa zu rationalisieren, mußten auf Widerstand treffen. Bei jeder amerikanischen Intitiative zur Stärkung der regionalen Verteidigung fragte man, ob sie zum Abbau unserer nuklearen Verpflichtungen führen sollte. Wenigstens einige unserer Verbündeten sorgten sich darum, daß wir, wenn sich uns eine Alternative böte, vielleicht nicht zu ihrer Verteidigung bereit seien oder sie gegebenenfalls aufgeben würden, wenn sich die Lage im Landkrieg zu unseren Ungunsten entwickelte.

Zugleich fürchteten die Europäer die Zerstörungen eines nuklearen Krieges auf ihrem dicht bevölkerten Kontinent und unsere augenscheinlich wachsenden Vorbehalte, Nuklearwaffen einzusetzen. Sie wollten die Sowjetunion glauben machen, jeder Angriff werde den Einsatz des nuklearen Arsenals der Vereinigten Staaten auslösen. Wenn diese Abschreckung jedoch nicht wirkte, waren sie nicht begierig darauf, daß wir die Drohung auf ihrem Boden wahrmachten. Ihre geheime Hoffnung, die sie nie zu artikulieren wagten, bestand darin, daß die Verteidigung Europas in der Form eines interkontinentalen nuklearen Duells durchgeführt werden würde, das über ihre Köpfe hinweg stattfand. Um ihre Länder zu verteidigen, wurde

Amerika aufgefordert, das Risiko jener nuklearen Zerstörung auf sich zu nehmen, das sie selbst scheuten.

Worum es beiden Seiten wirklich ging, blieb verborgen. Die Europäer wagten nicht, ihre Befürchtungen deutlich auszusprechen, um das Unheil nicht heraufzubeschwören. Die Vereinigten Staaten erklärten mit vollem Recht, zuverlässige Bündnispartner zu sein, wollten aber nicht zugeben, daß sich das strategische Gleichgewicht so weit verschoben hatte, daß es sich mit Worten nicht mehr herstellen ließ.

Seit dem Kriege war die Sowjetunion praktisch wehrlos einem ersten amerikanischen Schlag ausgesetzt gewesen. Auch ein Angriff konnte ihre Lage nicht wesentlich verbessern, denn unser Gegenschlag hätte ein unerwünschtes Risiko bedeutet. Deshalb waren unsere strategischen Streitkräfte eine wirksame Abschreckung gegen jeden massiven Angriff sowjetischer Bodenstreitkräfte. Anfang der 60er Jahre war unsere Möglichkeit, einen Vergeltungsschlag zu führen – obwohl wir zunächst von der Vorstellung einer nicht existierenden »Lücke« beim Einsatz der Fernlenkwaffen besessen waren –, noch so überlegen, daß regionale militärische Abenteuer der Sowjets völlig sinnlos gewesen wären. Doch Mitte der 60er Jahre, nach der kubanischen Raketenkrise, fingen die Sowjets an, ihr strategisches Arsenal so stark zu erweitern, daß sich die amerikanischen Verluste in einem mit Kernwaffen geführten Krieg – ganz gleichgültig, wer ihn beginnen sollte – auf mehr als zehn Millionen erhöhen mußten. Bei unserer Amtsübernahme im Jahr 1969 schätzte man die Verluste im Falle eines sowjetischen *Vergeltungsschlags* auf mehr als 15 Millionen Tote durch die unmittelbaren Auswirkungen eines solchen Angriffs (wobei die später durch Strahlung eingetretenen Verluste nicht mitgerechnet waren).

So zu tun, als beeinflußten solche Aussichten nicht die Bereitschaft Amerikas, Kernwaffen einzusetzen, wäre verantwortungslos gewesen. Das Anwachsen des sowjetischen Nuklearpotentials mußte die Glaubwürdigkeit einer Bedrohung durch einen Krieg mit Nuklearwaffen mit jedem Jahr verringern.

Es wäre ebenso verantwortungslos gewesen, hätte man die durchaus begründeten Befürchtungen mißachtet, die durch diese Lage in Europa entstanden. Amerikas Bemühungen in den 60er Jahren, innerhalb des Bündnisses das alleinige Verfügungsrecht über Kernwaffen zu behalten, die sich in unserer Ablehnung der britischen und französischen Kernwaffenprojekte ausdrückten, wurden – von einer größeren Zahl europäischer Politiker als nur denen, die sich dazu bekannten – als ein Versuch der Vereinigten Staaten interpretiert, sich die Definition dessen vorzubehalten, was als vitale Interessen des gesamten Bündnisses angesehen werden durfte. Wenn man das noch extremer ausdrückte, dann konnte man den amerikanischen Versuch, die Entscheidung über den Einsatz von Kernwaffen den Vereinigten Staaten vorzubehalten, so darstellen, daß wir beanspruchten – und zwar ganz abgesehen von unseren jeweiligen Absichten – unsere Verteidigung von der unserer Verbündeten »abkoppeln« zu können. Das war der Alptraum der Europäer – und er ist es geblieben. Nach seinem Ausscheiden aus dem Amt im Jahr 1969 hat de Gaulle diese Sorge in ihrer brutalsten Form bei einem Gespräch mit André Malraux zum Ausdruck gebracht: »Ich glaube nicht, daß die Vereinigten Staaten trotz ihrer großen Stärke eine Politik auf lange Sicht betreiben. Es ist ihr Wunsch, und er wird sich eines Tages erfüllen, Europa im Stich zu lassen. Sie werden es sehen.«[6]

In den 60er Jahren hatten die Vereinigten Staaten im allgemeinen bei ihren rein militärischen Analysen recht, unsere Verbündeten trieben dagegen eine Vogel-Strauß-Politik. Sie waren ebensowenig bereit, die veränderten strategischen Beziehungen anzuerkennen oder größere Verteidigungsanstrengungen zu unternehmen, wie sie willens waren zu sehen, daß die komplexen, manchmal schwer zu durchschauenden amerikanischen Absichten in Wirklichkeit vor allem das Ergebnis einer unausweichlichen technologischen Entwicklung waren. Zugleich erkannten die Vereinigten Staaten nur allmählich, daß es hier um ein politisches und schließlich psychologisches Problem ging.

Man durfte erwarten, daß die Nuklearstrategie überschaubarer werden und sich leichter handhaben lassen würde, wenn sich das nukleare Potential der Supermächte auszugleichen begann. Aber gerade der Versuch, das zu erreichen, mußte den anderen als der Beginn einer zwischen den Supermächten vereinbarten gemeinsamen Vorherrschaft erscheinen: Selbstverständlich waren wir in dieser Lage weniger bereit, einen Krieg mit Kernwaffen zu führen – der die Sicherheit Europas garantierte. Die Verbündeten beschwerten sich darüber, nicht ausreichend konsultiert worden zu sein, aber ihre Sorgen wären auch durch weitere Konsultationen nicht zerstreut worden. Sobald die Vereinigten Staaten und die Sowjetunion über nicht verwundbare Kräfte für einen atomaren Gegenschlag verfügten, die dem Gegner einen nicht mehr zu akzeptierenden Schaden zufügen konnten, würde der Zusammenhalt des Bündnisses davon abhängen, daß es gelang, die amerikanischen und europäischen Vorstellungen davon, was im vitalen, beiderseitigen Interesse lag, in Übereinstimmung zu bringen. Diese Tatsache mußte außerdem der Sowjetunion verständlich gemacht werden.

Die strategischen Debatten waren deshalb nur die Spitze des Eisbergs. Die größte Herausforderung lag darin, daß sich der Schwerpunkt der Weltpolitik nach Jahrhunderten europäischer Vorherrschaft jetzt verlagerte und Europa jetzt nicht mehr den Mittelpunkt bildete. Wenn Nationen eine bedeutende Rolle in der Weltpolitik spielen wollen, müssen sie überzeugt sein, daß ihre Entscheidungen Gewicht haben. Seit der Mitte des 18. Jahrhunderts haben die europäischen Mächte über Krieg und Frieden, Fortschritt oder Stagnation entschieden. Konflikte auf anderen Kontinenten wurden oft von den Europäern herbeigeführt, wenn auch nicht immer von ihnen ausgefochten. Der wirtschaftliche Fortschritt war an europäisches Kapital und europäische Technologie gebunden. Der Erste Weltkrieg – dessen Beginn ebenso sinnlos war wie sein Ausgang – führte zu einer Katastrophe, die in keinem Verhältnis zu den ursprünglichen Kriegszielen stand. 90 Prozent der Studenten, die 1914 auf der britischen Universität Oxford ihr Abschlußexamen abgelegt hatten, sind in dem Gemetzel des großen Krieges als junge Offiziere gefallen. Gerade weil das Leiden so gewaltig und so unerwartet war, nachdem man ein Jahrhundert lang selbstzufrieden an nicht aufzuhaltenden Fortschritt geglaubt hatte, war das Selbstvertrauen in Europa so sehr erschüttert und waren seine wirtschaftlichen Fundamente untergraben worden. Der Zweite Weltkrieg und die Periode der Entkolonialisierung beendeten diesen Prozeß, verengten die Horizonte noch weiter und verliehen den europäischen Völkern das Gefühl der Machtlosigkeit. Die europäischen Regierungen erkannten plötzlich, daß ihre Sicherheit und ihr Wohlstand von Entscheidungen abhingen, die weit außerhalb ihres Kontinents getroffen wurden. Jetzt waren sie nicht mehr die Hauptdarsteller auf der Bühne des Welttheaters, sondern Statisten. 1945 war Europa in eine geistige Krise geraten, die über seine immer noch beträchtliche materielle Leistungsfähigkeit weit hinausging. Bei den Spannungen zwischen den Vereinigten Staaten und Europa ging es daher um die Suche der Europäer nach ihrer Identität und ihren Aufgaben in einer Welt, in der sie nicht mehr die letzten Entscheidungen trafen.

Die amerikanische Antwort auf solche Fragen war in den 60er Jahren ganz einfach. Wir erklärten, Amerika und Europa hätten die gleichen Interessen; die Vereinigten Staaten hatten nicht die Möglichkeit, die vitalen Interessen ihrer Alliierten in der Außenpolitik oder in der Strategie bewußt zu gefährden. Wir wandten ein, daß die Zusammenarbeit innerhalb des Bündnisses vielmehr durch das Machtgefälle zwischen Europa und den Vereinigten Staaten erschwert würde. Europa würde mit zunehmender Stärke globale Verantwortlichkeiten übernehmen, und zwar als Folge einer Integration auf übernationaler Basis.

Amerikanische Befürworter der europäischen Einigung haben diesen Gedanken manchmal leidenschaftlicher vertreten als ihre Kollegen in Europa. Doch einige kluge Europäer haben sich die Frage gestellt, ob das alles wirklich so einfach sei. Sie bezweifelten, daß die »Lastenverteilung« (wie das im Diplomatenjargon hieß) die Probleme der Identität und des nationalen Selbstverständnisses lösen würde. Sie glaubten, Europa brauche eine eigene politische Aufgabe, ihm dürfe nicht nur eine technische Aufgabe in einem gemeinsamen Unternehmen zugewiesen werden. Diejenigen, die meinten, Europa werde eher bereit sein, sich an einer globalen Verantwortlichkeit zu beteiligen, wenn es sich zu einer Föderation zusammenschlösse, folgten nach meiner Ansicht einem zu mechanischen historischen Konzept. Daß Europa keine globale Rolle spielte, lag nicht so sehr daran, daß sich seine Hilfsmittel erschöpften, sondern an der Verengung der Horizonte.

Ich glaubte nicht, daß Länder nur deshalb bestimmte Belastungen gemeinsam auf sich nehmen, weil sie dazu fähig sind. Während der längsten Zeit ihrer Geschichte hatten die Vereinigten Staaten die Fähigkeit, aber nicht die Neigung, eine weltpolitische Rolle zu spielen. Im Gegensatz dazu engagierten sich europäische Länder auch weiter in Übersee, als ihr Machtpotential zu schwinden begann. Das bei weitem größte Kolonialreich wurde in den 60er Jahren und zu Beginn der 70er Jahre von Portugal, einem der schwächsten Mitglieder der NATO, beherrscht. Eine Lastenverteilung unter den Verbündeten war nur unter zwei Voraussetzungen wahrscheinlich: Europa mußte seine eigenen Vorstellungen von internationalen Beziehungen entwickeln und überzeugt werden, daß wir diese Lasten nicht allein tragen konnten oder wollten. Diese Voraussetzungen waren Ende der 60er Jahre nicht erfüllt. Die Europäer waren vielmehr vollauf mit innenpolitischen Problemen beschäftigt. Soweit sie sich gegen einen amerikanischen Rückzug sichern wollten, taten sie es nicht, indem sie sich die Arbeit mit uns teilten, sondern indem sie die bereits von uns unternommenen Anstrengungen wiederholten und selbst strategische Waffen bauten. Und Europa würde eine eigene Politik artikulieren müssen, bevor es größere Lasten oder Verantwortlichkeiten übernehmen konnte.

Ich befürwortete die europäische Einheit, wußte aber nicht, welche äußeren Formen sie annehmen sollte, ob es eine Konföderation von Nationalstaaten oder eine supranationale Föderation werden sollte. Ich wünschte Europa eine bedeutendere internationale Rolle, wir mußten uns aber mit der Tatsache abfinden, daß diese Rolle einer in Europa entwickelten Konzeption entsprach, die nicht immer der unseren glich. Kurz vor den Wahlen hatte ich über unsere Beziehungen zu Europa folgendes geschrieben:

»Kein Land kann immer gleichzeitig und in jedem Teil der Welt weise handeln. Eine pluralistischere Welt – besonders in den Beziehungen zu Freunden – liegt auf lange Sicht grundsätzlich in unserem Interesse. Die politische Multipolarität, an die man sich zwar nur schwer gewöhnt, ist die Voraussetzung für eine neue Periode der Kreativität. So schmerzlich es sein mag, das zuzugeben, ein Gegengewicht, das unser gelegentliches Ungestüm disziplinieren und dadurch, daß es eine historische Perspektive lieferte, unsere Neigung zu abstrakten und ›endgültigen‹ Lösungen modifizieren würde, konnte uns nützlich sein.«[7]

Die Vitalität der freien Völker würde durch die Antwort auf die Probe gestellt werden, die sie in dem uralten Dilemma der Freiheit finden: Wie lassen sich Vielfalt und Einheit, Unabhängigkeit und Zusammenarbeit, Freiheit und Sicherheit miteinander versöhnen?

3. *London und die »Sonderbeziehungen«*

Von Brüssel flog Nixon nach London. Die Ungezwungenheit und Herzlichkeit seines Empfangs verschleierte die Tatsache, daß es erst kürzlich stürmische Auseinandersetzungen gegeben hatte, eine häßliche Meinungsverschiedenheit zwischen Großbritannien und Frankreich über die Zukunft Europas, die symptomatisch für das war, was vor uns lag.

Die leidenschaftliche Konfrontation hatte mit einem Privatgespräch begonnen, das Präsident de Gaulle mit dem britischen Botschafter in Paris, Christopher Soames, führte, der als Schwiegersohn Winston Churchills durchaus gewohnt war, mit großen Männern umzugehen, und sich durch ihre Erhabenheit und Würde nicht zu sehr beeindrucken ließ. Diese Gegensätze sagten manches über die innerhalb von Europa und im ganzen Bündnis bestehenden Meinungsverschiedenheiten aus. Am 4. Februar 1969 unterhielten sich Präsident de Gaulle und Botschafter Soames im Elysée-Palast (der Residenz des französischen Präsidenten) über die Zukunft Europas. Am 14. Februar trafen sie sich wieder und sprachen über das gleiche Thema. Anschließend teilten die Briten ihren Verbündeten und auch uns mit, General de Gaulle habe seine Vorstellungen von der Zukunft Europas in einer recht provokanten und in mancher Beziehung auch neuen Art zum Ausdruck gebracht.

De Gaulle hatte gesagt, um ein wirklich unabhängiges Europa zu schaffen, das in der Lage sei, in weltpolitisch wichtigen Dingen Entscheidungen zu treffen, werde es vor allem notwendig sein, daß sich die Europäer aus der Umklammerung durch die NATO lösten, die »von den Amerikanern beherrscht wird und ein amerikanisches Instrument ist«. Eine erfolgreiche europäische politische Organisation müßte sich auf das Zusammenwirken der wichtigsten europäischen Mächte stützen: Frankreichs, Englands, Deutschlands und Italiens. Und innerhalb dieser Beziehungen sollten die Verständigung und Zusammenarbeit zwischen Briten und Franzosen das zentrale Element sein. Zweitens müßte sich in diesem Prozeß die Struktur des Gemeinsamen Marktes ändern, zu dessen Zukunft de Gaulle ohnedies nur wenig Vertrauen habe. Er könne sich statt dessen eine Art weiten Freihandelsraum vorstellen, besonders für landwirtschaftliche Erzeugnisse. Drittens, wenn die englisch-französischen Beziehungen den Grundstein für dieses Gebäude bilden würden, sei der General bereit, mit Großbritannien *private* bilaterale Gespräche über wirtschaftliche, währungspolitische, außenpolitische und finanzielle Probleme zu führen. Er würde eine britische Initiative für solche Gespräche begrüßen.

Die Briten sagten uns, sie hätten de Gaulle geantwortet, das Vereinigte Königreich habe immer noch die Absicht, dem Gemeinsamen Markt beizutreten, und hoffe, die Verhandlungen darüber würden demnächst wiederaufgenommen werden. Obwohl die britischen Auffassungen über die NATO, die Beziehungen zu den Vereinigten Staaten und die Zweckmäßigkeit eines Viermächtedirektorats in Europa sich wesentlich von denen de Gaulles unterschieden, hielt Großbritannien die Vorschläge des Generals für sehr bedeutend. Es war bereit, weiter darüber zu sprechen, aber nur unter der Voraussetzung, daß seine Bündnispartner in der NATO ständig über solche Gespräche informiert wurden. In diesem Zusammenhang habe Soames de Gaulle bei ihrem zweiten Zusammentreffen gesagt, Premierminister Wilson habe es für seine Pflicht gehalten, den deutschen Bundeskanzler Kiesinger bei seinem Zusammentreffen mit ihm am 13. und 14. Februar in Bonn davon zu unterrichten. Die Briten teilten außerdem den wesentlichen Inhalt der Gespräche zwischen de Gaulle und Soames uns, den Belgiern und den anderen Verbündeten mit, und diese Nachricht verbreitete sich wie ein Buschfeuer durch die ganze NATO.

Am 17. und 18. Februar bemühten sich die französischen Botschafter in den europäischen Hauptstädten darum, festzustellen, wieviel von den Gesprächen zwischen de Gaulle und Soames bekanntgeworden sei, und den Regierungen dieser Länder zu versichern, daß der General nicht die Absicht habe, die NATO auseinanderzureißen. Sie erklärten, daß er Soames nur gesagt habe, die Ausweitung des Gemeinsamen Marktes müsse seinen Charakter verändern, und man müsse die weitere Entwicklung sehr aufmerksam verfolgen. Am 21. Februar hatte der allgemeine Streit darum, wer was und zu wem gesagt habe, solche Ausmaße angenommen, daß Briten und Franzosen sich verpflichtet fühlten, jeweils die von ihnen vertretene Version an die Presse durchsickern zu lassen. Die Darstellung eines britischen Beobachters in der Londoner *Times* entsprach jedoch nicht genau den uns vorher privat zugeleiteten britischen Berichten. Ein von der Regierung angeregter Artikel in der Pariser Zeitung *Figaro* behauptete, de Gaulle habe nur seine Vorstellungen von einem unabhängigen Europa skizziert, das verwirklicht werden könnte, »ohne irgendwelche Auswirkungen auf das Konzept der NATO zu haben«. Um der Sache noch einen besonderen Akzent zu geben, griff der *Figaro* Botschafter Soames persönlich deswegen an, weil er in Europa eine »sensationelle Version« der Ausführungen des Generals verbreitet habe, die »Zweifel an der Glaubwürdigkeit von Herrn Soames weckt«. Bald darauf erklärte der französische Außenminister, Michel Debré, öffentlich, der General habe nur prüfen wollen, ob sich die Briten für Gespräche interessierten, in denen man die gegenseitigen Standpunkte in »politischen und wirtschaftlichen Perspektiven in Europa« erörtern könnte.

Wie die Veteranen einer Schlacht, deren Andenken Emotionen weckt und Rechtschaffenheit beflügelt, zogen jetzt alle Amerikaner, die sich schon früher an Kontroversen mit de Gaulle beteiligt hatten, in den Kampf. Die neue Regierung wurde mit Vorschlägen überschüttet, die sowohl aus Regierungskreisen als auch von außen kamen, und aufgefordert, die Gelegenheit zu ergreifen, erneut zu bestätigen, daß wir eine europäische Föderation unterstützen würden und die Vorschläge de Gaulles ablehnten – die er gar nicht uns gemacht hatte –, den größeren europäischen Mächten ein besonderes Direktorat zu übertragen. Wir wurden aufgefordert, die Lanze wieder aufzunehmen, die unsere Vorgänger fallengelassen hatten, um sie noch einmal gegen die Windmühlenflügel der europäischen Dogmen zu richten. Damit wäre die hitzige Diskussion mit Frankreich genau an dem Punkt wiederaufgenommen worden, wo man sie wegen der Präsidentschaftswahlen unterbrochen hatte.

Wir waren entschlossen, das nicht zu tun, denn wir glaubten, die Organisation Europas sei Sache der Europäer. Die Vereinigten Staaten hatten ihr Prestige schon zu oft bei derartigen dogmatischen Auseinandersetzungen aufs Spiel gesetzt. Am 22. Februar, einen Tag vor unserem Abflug nach Europa, schrieb ich für Nixon einen kurzen Bericht über diese Angelegenheit, der mit folgenden Worten schloß:

»Ich glaube, daß de Gaulle seine Ansichten über die Zukunft Europas sehr ähnlich dem dargestellt hat, was die Briten behaupten. Jedenfalls stimmt die Hoffnung, Europa könne sich von der ›Vorherrschaft Amerikas‹ befreien und von einem Konzern der stärksten europäischen Mächte geführt werden, vollständig mit den bekannten Auffassungen de Gaulles überein. Es ist auch bezeichnend, daß de Gaulle erkennt, ein solches Direktorat müsse sich auf eine Vereinbarung zwischen Briten und Franzosen stützen, allerdings unter der Voraussetzung, daß England sich aus jeder ›Sonderbeziehung‹ zu den Vereinigten Staaten löse . . .
Sie werden dazu Stellung nehmen müssen.
Ich empfehle Ihnen:
1. Bestätigen Sie unsere Verpflichtungen gegenüber der NATO;
2. bestätigen Sie, daß es amerikanische Tradition ist, die europäische Einheit des britischen Beitritts zum Gemeinsamen Markt zu unterstützen,
aber
3. sagen Sie deutlich, daß wir uns nicht in innereuropäische Debatten über die Form, die Methoden und den Zeitplan zur Erreichung der Einheit einschalten werden.«

Nixon ist in seinen Privatgesprächen diesen Empfehlungen sehr genau und mit viel Feingefühl gefolgt, und ich selbst habe diesen Standpunkt immer wieder bei Beratungen vor und nach der Europareise vertreten. Als man mich zu der Kontroverse zwischen Soames und de Gaulle befragte, erklärte ich am 21. Februar vor der Presse: »Wir interessieren uns für die Beziehungen der Vereinigten Staaten zu Europa und nicht für die innereuropäische Ordnung.« Wir nahmen die Kontroverse zwischen Soames und de Gaulle zum Anlaß, deutlich zu sagen, daß bei uns der Schwerpunkt bei den atlantischen Beziehungen läge; wir würden die Gestaltung der inneren Ordnung Europas den Europäern überlassen. Auf die Dauer würde das den Beitritt Großbritanniens zum Gemeinsamen Markt erleichtern.

Als Nixon von Brüssel kommend an einem regnerischen Montagabend in London eintraf, wurde er auf dem Flughafen Heathrow von Premierminister Harold Wilson und dem Außenminister Michael Stewart begrüßt. Die Zeremonie hielt sich in bescheidenem Rahmen, weil Nixon fürchtete, man könnte ihm vorwerfen, er unternähme auf Staatskosten eine Vergnügungsreise, während amerikanische Soldaten im Vietnam-Krieg sterben müßten. Damit brachte er ein für ihn schmerzliches Opfer, denn er genoß nichts mehr als große Zeremonien, besonders in Großbritannien, wo man den unterkühlten Pomp zu einer Kunstform entwickelt hatte. Mehr als irgendwo anders vermittelt das Protokoll in Großbritannien dem Schüchternen die Überzeugung, er habe die Ehre, die man ihm erweist, auch wirklich verdient.

Harold Wilson begrüßte Nixon mit der onkelhaften Jovialität des Oberhaupts einer alten Familie, die schon bessere Zeiten gesehen hat, so, als habe er das Andenken an die Würde und Macht bewahrt, die ihren Ruhm begründet haben. Mit einem Seitenhieb auf de Gaulle erklärte er, er lehne eine Außenpolitik ab, die »nach innen blicke«, und gab zu verstehen, daß er mit dem »weltweiten Konzept« Nixons viel eher einverstanden sei und es unterstützen werde.

Aber Wilsons Hauptthema entsprach dem Ritual, das sich in ganz Westeuropa ständig wiederholte – daß nämlich das Bündnis über die Garantie der Sicherheit hinausgehen und so positive Zwecke verfolgen müsse wie »Zusammenarbeit und Frieden«. Der Zweck des Bündnisses Ende der 60er Jahre war nicht mehr die Verteidigung – jedenfalls nicht in der öffentlichen Rhetorik. Man rechtfertigte es vor allem mit der dadurch bewirkten Lösung von Spannungen. Nixon ließ sich jedoch von niemandem in der Formulierung hochklingender Proklamationen übertreffen. Er antwortete mit einem Satz, den er in seinem Wahlkampf 1972 bis zur Erschöpfung wiederholen sollte, um damit hohe Erwartungen im Hinblick auf die Erfolge seiner Entspannungspolitik zu wecken: »So wie ich heute hier stehe, glaube ich, daß wir in unserer Zeit einen dauerhaften Frieden herbeiführen können.« Er war glänzender Laune und ging sofort auf die sogenannten »Sonderbeziehungen« zwischen Großbritannien und den Vereinigten Staaten ein, die bei uns in Regierungskreisen so umstritten waren, und sprach zweimal absichtlich ganz besonders positiv darüber.

Die Befürworter der europäischen Integration im Außenministerium und außerhalb der Regierung empfanden das natürlich als besonders peinlich, denn diejenigen, die den Gedanken der Einigung Europas mit fanatischer Leidenschaft vertraten, wollten unbedingt die »besonderen Beziehungen« zu unserem ältesten Verbündeten bloß als angebliche Bevorzugung Großbritanniens ausgeben, um seinen Eintritt in den Gemeinsamen Markt zu erleichtern. Sie hielten es für wichtig, Großbritannien jeden Sonderstatus in den Beziehungen mit uns zu nehmen. Er ließ es nicht zu, daß die Briten im Rahmen eines Vereinten Europa die Rolle übernahmen, die sie nach ihrer Auffassung übernehmen sollten. Sie setzten sich für ein formales Gleichheitsprinzip ein, das weder durch Tradition noch irgendwelche nationalen Interessen beeinträchtigt werden dürfte, und glaubten, das sei die beste Garantie für die Verwirklichung ihrer großen Pläne. Wenn das auch wünschenswert gewesen wäre, was ich bezweifelte, war es undurchführbar, denn die besonderen Beziehungen zu Großbritannien ließen sich durch abstrakte Theorien nicht beeinflussen. Sie waren nicht abhängig von formalen Beschlüssen. Sie waren zum Teil vielmehr aus der Anerkennung der heroischen Anstrengungen Großbritanniens im Kriege entstanden und reflektierten überdies die gemeinsame Sprache und Kultur zweier Brudervölker. Sie verdankten auch nicht wenig der hervorragenden Selbstdisziplin, mit der es Großbritannien gelungen war, seinen politischen Einfluß zu behalten, nachdem seine physische Stärke nachgelassen hatte. Als Großbritannien nach dem Zweiten Weltkrieg zu schwach war, seine Auffassungen durchzusetzen, verlor es keine Zeit damit, einer unwiederbringlichen Vergangenheit nachzutrauern. Statt dessen entwickelten die britischen Führer die »besonderen Beziehungen« zu uns. Das waren im wesentlichen so intime und sachliche Konsultationen, daß es psychologisch unmöglich wurde, die britischen Ansichten zu ignorieren. Die regelmäßig abgehaltenen Zusammenkünfte wurden so sehr zur Gewohnheit, daß ein davon unabhängiges amerikanisches Handeln irgendwie die innerhalb eines Klubs geltenden Regeln zu verletzen schien. Aber vor allem verfügten wir dadurch über einen so reichen Schatz an staatsmännischer Weisheit und Vertrauenswürdigkeit, daß die amerikanische Führung es im eigenen Interesse für unerläßlich hielt, sich vor jeder größeren Entscheidung mit den Briten zu beraten. Die Beziehung war so außergewöhnlich, weil sie auf keinem Rechtsanspruch beruhte. Kein Dokument bestimmte ihre Regeln. Die aufeinanderfolgenden britischen Regierungen bedienten sich dieser Beziehungen, als sei eine Alternative unvorstellbar. Der Einfluß Großbritanniens war gerade deshalb so groß, weil die Briten niemals darauf bestanden haben. Die »besonderen Beziehungen« bewiesen den Wert des Immateriellen.

Eine besondere Seite der anglo-amerikanischen Beziehungen zeigte sich darin, wieweit sich konkrete Meinungsverschiedenheiten durch diplomatisches Geschick beilegen ließen. In der Realität glichen die Auffassungen der britischen Führer zur europäischen Integration eher denen de Gaulles als unseren. Ein »integriertes, supranationales Europa« war in Großbritannien ebenso verpönt wie in Frankreich. Der Hauptunterschied zwischen den

Franzosen und Briten lag darin, daß die britischen Führer theoretisch mit uns im Hinblick auf die europäische Integration oder die atlantische Einheit übereinstimmten, während sie ihre Verwirklichung im engsten Kontakt mit uns zu beeinflussen suchten. De Gaulle neigte dazu, uns vor vollendete Tatsachen zu stellen und dogmatisch herauszufordern, die Briten machten ihre Konzilianz zu einer Waffe, weil es moralisch unvorstellbar war, unter diesen Umständen ihre Auffassungen zu ignorieren.

Mir erschienen die aus unseren Regierungskreisen kommenden Angriffe gegen die besonderen Beziehungen peinlich und formalistisch. Das Aufgeben unserer besonderen Bindungen – wenn das überhaupt geschehen könnte – würde das britische Selbstvertrauen untergraben und uns keinen Gewinn bringen. In einer schriftlichen Lagebeurteilung vom 21. Februar vor unserer Abreise nach Europa hatte ich geschrieben:

> »Meine persönliche Auffassung zu diesem Thema ist, daß wir in der Welt nicht genügend Freunde haben, um es uns leisten zu können, diejenigen zu entmutigen, die glauben, daß sie eine besondere Freundschaft mit uns verbindet. Ich würde sagen, die Antwort auf die besonderen Beziehungen zu Großbritannien wäre es, andere Länder auf den gleichen Status zu heben, anstatt es Großbritannien zuzumuten, weniger herzliche Beziehungen zu den Vereinigten Staaten zu unterhalten.«

Nixon war meinem Rat gefolgt, sich nicht in die Kontroverse zwischen Soames und de Gaulle verwickeln zu lassen, und interessierte sich auch so lange nicht für diese Meinungsverschiedenheit, wie es sich dabei nur um ein bedeutungsloses theoretisches und bürokratisches Gerangel handelte. Da er an den Wert der »besonderen Beziehungen« glaubte, erledigte er die Angelegenheit mit wenigen Worten in seiner Begrüßungsansprache.

Das entsprach auch ganz der Haltung unserer Gastgeber. Alles war auf Moll gestimmt, persönlich und in subtiler Weise zuvorkommend. Die Briten hatten sich große Mühe gegeben, uns den Aufenthalt so bequem wie möglich zu machen, ohne aufdringlich zu sein, und uns für einen Meinungsaustausch zur Verfügung zu stehen, ohne dafür besondere amerikanische Leistungen zu verlangen. Vom Flugplatz fuhren wir zum Landsitz des Premierministers nach Chequers. Das ist ein sehr wohnliches, aber nicht übertrieben luxuriöses Haus, das gerade genügend historische Erinnerungsstücke enthält, um Großbritanniens glorreiche Vergangenheit nicht vergessen zu lassen. Aber ebenso wie seine Bewohner ist es in dem, was es den Besucher lehrt, und in seinem Einfluß subtil und indirekt. Die ersten Gespräche wurden beim Abendessen geführt, im kleinen privaten Kreis, zu dem Nixon und Wilson, Rogers und Stewart, der britische Kabinettssekretär Sir Burke Trend und ich gehörten.

Als wir Harold Wilson zum erstenmal begegneten, standen wir unter dem Eindruck, er sei ein schlauer Politiker, dessen durchdringende Intelligenz nur dadurch beeinträchtigt würde, daß er nicht absolut zuverlässig sei. Einige Mitglieder der vorigen amerikanischen Regierung fanden, er stünde dem linken Flügel der Labour Party zu nahe. Das und seine Eitelkeit machten ihn angeblich ungewöhnlich empfänglich für sowjetische Schmeicheleien. Man warf ihm auch vor, er sei durchaus imstande, unsere unangenehme Lage in Vietnam auszunutzen, um seine eigene innenpolitische Stellung zu stärken. Nach meinen Erfahrungen mit Wilson war diese Kritik in allen Punkten ungerechtfertigt. Natürlich muß jeder Führer der Labour Party die Auffassungen des linken Flügels seiner Partei irgendwie berücksichtigen. Auch war Wilson nicht der erste britische Premierminister, der die Rolle des Friedensapostels gegenüber dem Osten übernahm – schließlich hatte sich Harold Macmillan den Spitznamen SuperMac verdient, weil er auf dem Höhepunkt der Berlinkrise nach Moskau reiste, Versöhnung predigte und demonstrativ eine russische Pelzmütze trug. Soweit ich es beurteilen kann, war Wilson ein aufrichtiger Freund der Vereinigten Staaten. Seine emotionalen Bindungen gingen wie bei den meisten Briten über die Ozeane und nicht über den Kanal in jenes Gebiet, das in Großbritannien bezeichnenderweise »Europa« heißt. Er war längere Zeit in den Vereinigten Staaten gewesen und glaubte aufrichtig an die anglo-amerikanische Partnerschaft. Es war kein Theater, wenn er Nixon aufforderte, an einer Kabinettssitzung teilzunehmen – eine Ehre, die einem Fremden bisher noch nicht zuteil geworden war. Was nun die Zuverlässigkeit Wilsons anbetrifft, so kann ich sein Agieren auf der politischen Bühne in Großbritannien nicht beurteilen. In seinen Beziehungen mit den Vereinigten Staaten hat er, soweit ich es feststellen konnte, immer sein Wort gehalten. Auf der politischen Bühne in Großbritannien war er ein eigenartiges Phänomen. Die Führer der Labour Party seiner Generation standen den Vereinigten Staaten emotional näher als viele Führer der Konservativen Partei. Sie ärgerte augenscheinlich der Machtverlust Großbritanniens gegenüber den Vereinigten Staaten, besonders nachdem wir England, wie sie glaubten, in der Suez-Frage verraten hatten.

Obwohl Wilson die Universität Oxford besucht und dort einige Jahre Wirtschaftswissenschaften gelehrt hatte, interessierte er sich fast überhaupt nicht für abstrakte Ideen. Ihn faszinierte die Manipulation der politischen Macht, und es bereitete ihm besondere Freude, klar zu definierende Probleme zu lösen. Langfristigere Ziele beachtete er nur ganz nebenbei. Weites Vorausplanen hielt er für sinnlos, denn er war fest davon überzeugt, mit seiner Geschicklichkeit durch jede Krise zu kommen.

Wilson verfügte über ein ungewöhnliches Gedächtnis und erinnerte sich noch nach Jahren, an welcher Stelle und auf welcher Seite eines Buchs er einen bestimmten Satz gelesen hatte. Es machte ihm besonderen Spaß, diese Fähigkeit zu beweisen, und er war fast ebenso talentiert darin, die Gelegenheit dafür zu schaffen. Im persönlichen Umgang war er kühl, aber – ähnlich wie Nixon – in rührender Weise darauf bedacht, von anderen anerkannt zu werden, besonders von Menschen, die er achtete. Zu ihnen gehörten im allgemeinen einflußreiche Persönlichkeiten oder Akademiker. Besonders schätzte er seine engen Beziehungen zu amerikanischen Präsidenten. Schon sehr bald machte er Nixon den Vorschlag, sie sollten sich mit Vornamen anreden. Ein entsetzter Blick Nixons ließ dieses Vorhaben scheitern. Das beeinträchtigte aber nicht die freundliche Haltung Wilsons gegenüber den Vereinigten Staaten. Ich persönlich mochte ihn gern, und er hat uns niemals im Stich gelassen.

Sein Kollege, der britische Außenminister Michael Stewart, war eine ganz andere Persönlichkeit. Wohlmeinend und etwas pedantisch schwelgte er geradezu darin, sich mit moralischen Streitfragen zu beschäftigen, was Nixon zur Verzweiflung bringen konnte. Er war Schullehrer gewesen, bevor er zunächst Erziehungsminister und dann Außenminister wurde, und man merkte ihm die Herkunft an. Wie viele, die erst später im Leben internationale Verantwortung übernehmen mußten, tat er so, als bestünde seine Aufgabe aus der Proklamation theoretischer Maximen. Michael Stewart setzte sich aus Überzeugung für enge Beziehungen zwischen unseren beiden Ländern ein. Trotz vieler Zweifel verteidigte er unsere Haltung in Vietnam bei einer Debatte vor der Oxford Union energischer und geschickter als viele Amerikaner, die sich dazu entschlossen hatten, unsere Truppen dorthin zu schicken. Seine Vorbehalte und Zweifel hat er gegenüber Außenstehenden niemals zum Ausdruck gebracht. Er war ein anständiger, solider Mann, nicht brillant oder weitsichtig, gehörte aber zu jenen standhaften und robusten Leuten, denen Großbritannien so viel von seiner Größe zu verdanken hat.

Der dritte ranghöhere Brite, der an diesem Essen teilnahm, war der Kabinettssekretär Sir Burke (später Lord) Trend. Seine Stellung ist ebenso mächtig wie anonym. Als höherer Zivilbeamter, der seinen Platz bei jedem Regierungswechsel behält, entwirft er die Tagesordnung für alle Kabinettssitzungen, überwacht den gesamten Beamtenapparat und berät das Kabinett aus jahrzehntelanger Erfahrung. Der amtierende Amtsinhaber hat den damit verbundenen Einfluß besonders erfolgreich auszunutzen verstanden. Burke Trend war ein schlanker, gebildeter Mann mit einem wachen Ausdruck und einer Haltung, die Weisheit und Verschwiegenheit verrieten. Ohne aufdringlich zu wirken, lenkte er das Gespräch um Klippen herum, an denen erfahrungsgemäß fürwitzige Abenteurer schon öfter Schiffbruch erlitten hatten. Geschickt verstand er es, den Eindruck zu erwecken, daß die Kabinettsminister sachverständiger erschienen, als sie sein konnten. Er war ein großzügiger Mann, dessen Bildung und gute Ratschläge uns, die wir die »besonderen Beziehungen« pflegten, wesentlich geholfen haben.

Das Abendessen in Chequers verlief wie ein Familientreffen. Das Gespräch behandelte alle aktuellen weltpolitischen Fragen, begann in dem holzgetäfelten Speisezimmer und wurde bei einem Brandy in der berühmten langen Galerie fortgesetzt. Die Männer, die in den folgenden Jahren für die Zukunft ihrer Länder verantwortlich sein würden, suchten voneinander einen Eindruck zu bekommen und waren im allgemeinen mit dem Ergebnis zufrieden.

Nixon bat mich anschließend in seine Suite, um die Ereignisse des Tages mit mir zu besprechen. Er hatte beim NATO-Rat in Brüssel begonnen und war im Hause des britischen Premierministers zu Ende gegangen, das, wie Nixon glaubte, eine jahrhundertealte Geschichte hatte. Ich wagte nicht, ihm zu sagen, daß Chequers erst seit dem Ersten Weltkrieg der Landsitz des britischen Premierministers war. Der Präsident war begeistert. Er genoß die ehrwürdigen Zeremonien, die ihm noch so fremd waren, daß er sie immer wieder von neuem bewunderte. Mit dem Präsidentenflugzeug *Air Force One* auf fremdem Boden zu landen, zuerst von einem König und dann von einem Premierminister begrüßt zu werden, die Ehrengarde abzuschreiten, in Chequers eingeladen zu werden – das alles war die Erfüllung seiner jugendlichen Träume, seine Vorstellung von einem hohen Amt, das einem armen, etwas enttäuschten jungen Mann aus einer kleinen Stadt in Kalifornien so unerreichbar erschienen war. Hier erlebte ich an diesem zurückhaltenden und scheuen Menschen zum erstenmal im Lauf meiner Bekanntschaft mit ihm eine fast spontane Freude. Die an diesem Tag geführten Gespräche hatten zwar keine ganz wichtigen Themen zum Inhalt gehabt, aber Nixon liebte es, sich über philosophische Fragen zu unterhalten, bei denen es zu keinen Konfrontationen kam und man sich nicht über Einzelheiten streiten mußte. Nixon wollte unbedingt hören, wie gut er sich gehalten hätte. Später, bei vielen anderen Gelegenheiten, bat er mich immer wieder, ihm zu sagen, wann er einen besonders vorteilhaften Eindruck gemacht hatte. Er war schon zu Bett gegangen, und wie es manchmal geschah, wenn er sehr angespannt war, fing er an, undeutlich zu sprechen, oder mußte sich sogar anstrengen, seine Sätze besonders sorgfältig zu formulieren. Es war nicht schwer, ihm das Gefühl der Sicherheit zu geben. Zwar war der Tag sehr anstrengend gewesen, aber er hatte alles mit Würde und Geschick hinter sich gebracht.

Am folgenden Tag hatte sich eine größere Gruppe im Beratungszimmer das Kabinetts in der Residenz und dem offiziellen Amtssitz des Premierministers an der Downing Street 10 versammelt, und man sprach über die gleichen Themen wie am Abend zuvor. In der Hauptsache ging es um die Entscheidung Großbritanniens, den Antrag zur Aufnahme in den Gemeinsamen Markt zu stellen, um die Zukunft der NATO und die Entwicklung der Ost-West-Beziehungen. Die britischen Minister behaupteten, sie strebten weniger aus wirtschaftlichen Gründen nach der Mitgliedschaft im europäischen Gemeinsamen Markt als wegen der politischen Vorteile, die entstehen könnten, wenn sich mit ihrer Hilfe ein mehr nach außen blickendes Europa entwickelte. Nixon stimmte diesen Vorstellungen zu, betonte aber, daß eine feindliche Einstellung Amerikas gegenüber de Gaulle das nicht fördern könnte. Er wollte versuchen, Amerikas Beziehungen zu Frankreich zu verbessern, werde dadurch die Grundauffassungen de Gaulles zwar nicht ändern, ihn aber vielleicht veranlassen, sich zu den praktischen Gegebenheiten freundlicher zu stellen. Die britischen Minister versicherten, genau das sei auch ihre Meinung – als habe es eine Kontroverse zwischen Soames und de Gaulle niemals gegeben.

In den Gesprächen über die NATO zeigten sich wieder die Ambivalenzen, mit denen das Atlantische Bündnis belastet war. Alle Beteiligten stimmten Nixon darin zu, daß die Sowjetunion bei der nuklearen Rüstung aufholte und wir trotz des vom Kongreß ausgeübten Druckes guttäten, an den begonnenen neuen Verteidigungsprojekten festzuhalten. Aber niemand wollte die naheliegende Schlußfolgerung ziehen, daß die Verteidigungsanstrengungen in Europa vermehrt werden müßten. Wilson meinte, die NATO brauche eine neue strategische Doktrin, bezweifelte jedoch, daß es ein europäisches Land gebe, das seine Verteidigungsausgaben erheblich erhöhen werde, weil man überall fürchtete, die Vereinigten Staaten würden in diesem Falle ihren Verteidigungsbeitrag verringern. Wilson überließ es uns, darüber nachzudenken, was eine neue strategische Doktrin bedeute, bei der die Streitkräfte nicht verstärkt würden.

Der Diskussionsbeitrag Michael Stewarts ist später in Europa zum Standardthema geworden. Unsere Verhandlungen mit der Sowjetunion, besonders über die Begrenzung der strategischen Waffen, waren entscheidend wichtig. Die junge Generation war nicht länger bereit, das Atlantische Bündnis nur als Verteidigungsinstrument zu unterstützen. Für die Einheit des Westens, so meinte Stewart, sei es wichtig, im Bündnis auch ein Instrument der Entspannung zu sehen. Er hatte recht, aber damit deckte er die fundamentale Ambivalenz bei unseren europäischen Verbündeten auf. In Zeiten zunehmender Spannungen bestritten sie die amerikanische Starrheit; in Zeiten der Entspannung fürchteten sie die zu enge amerikanische Zusammenarbeit. Sie drängten uns, fest zu sein, und boten dann ihre Vermittlung an, um uns zu helfen, aus der Sackgasse wieder herauszukommen. Sie verlangten, wir sollten sie konsultieren, bevor wir etwas unternehmen, bestanden aber gleichzeitig auf der autonomen Freiheit, ohne Einschränkung ihre eigene Entspannungspolitik zu treiben. Wenn wir den Eindruck erweckten, wir blockierten die Entspannung, verlören wir die Unterstützung unserer westeuropäischen Alliierten, die sich dann beeilen würden, ohne eine koordinierte Strategie selbst beschleunigt Kontakte mit dem Osten anzuknüpfen. Sie wären zu schwach, um gleichzeitig dem innenpolitischen und dem sowjetischen Druck zu widerstehen. Wir befänden uns in der paradoxen Situation, in den Ost-West-Beziehungen eine führende Rolle übernehmen zu müssen, wenn wir die Allianz zusammenhalten und gewisse Grundregeln für Ost-West-Kontakte festlegen wollten. Wenn wir jedoch zu rasch vorgingen oder unberechtigte Hoffnungen weckten, würden wir damit unsere Argumente für die Beibehaltung der militärischen Stärke unterminieren, die die einzige sichere Grundlage war, auf der wir mit der Sowjetunion verhandeln konnten. Das war ein Problem, mit dem wir noch konfrontiert sein sollten, nachdem sich die Teilnehmer an dem Gespräch in der Downing Street längst nicht mehr im Amt befanden.

Es gab ein formelles Essen im Buckingham-Palast mit Königin Elisabeth. Ich fand, daß sie zu Unrecht als langweilig galt. Sie hatte Sinn für Humor und beeindruckte mich durch ihr Wissen von den weltpolitischen Zusammenhängen und ihre richtige Beurteilung der Persönlichkeiten, die in diesem Zusammenhang eine Rolle spielten. Am Nachmittag sprach der Präsident mit den Angehörigen der amerikanischen Botschaft und traf mit einer Gruppe britischer Redakteure und Intellektueller zusammen.

Am Abend zeigte sich Nixon von einer Seite, die die Öffentlichkeit an ihm kaum kannte. Im Frühjahr 1968 hatte sich Harold Wilson gewaltig geirrt und mit einem Sieg der Demokratischen Partei gerechnet. Er hatte deshalb einen alten Freund von Hubert Humphrey, John Freeman, zum Botschafter in Washington ernannt. Diese Entscheidung hätte fast katastrophale Folgen gehabt. Freeman gehörte dem linken Flügel der Labour Party an und war Arbeitsminister gewesen. Er war nach einer heftigen Auseinandersetzung wegen der Gesundheitspolitik der Regierung zurückgetreten und hatte sich zuerst als Fernsehinterviewer, dann als Herausgeber der linken Wochenzeitschrift *New Statesman* und schließlich als britischer Hochkommissar in Indien einen Namen gemacht. Als Herausgeber des *Statesman* hatte Freeman Nixons Niederlage in Kalifornien gefeiert, indem er den Amerikanern dazu gratulierte, »einen Mann bar jeder Grundsätze außer der Bereitschaft, alles dem Wohle von Dick Nixon zu opfern«, abgewählt zu haben. Als Nixon sieben Monate nach der Ernennung Freemans die Wahlen gewann, stand Wilson vor einer peinlichen Wahl. Man muß es ihm jedoch hoch anrechnen, daß er sich weigerte, einen neuen Botschafter zu ernennen. Nixon war wütend. Gleich nach seiner Amtsübernahme beteuerte er, er wolle nichts mit Freeman zu tun haben. General Eisenhower stärkte ihm den Rücken und sagte ihm in meiner Gegenwart im Januar, Freemans Ernennung sei nicht nur eine persönliche Beleidigung für Nixon, sondern auch für das Amt des amerikanischen Präsidenten. Da es jedoch undenkbar war, einen britischen Botschafter zur *Persona non grata* zu erklären, blieb Nixon augenscheinlich nichts übrig, als Freeman seinen Posten als Botschafter möglichst zu verleiden. Dazu war Nixon fraglos in der Lage. Unser Vorauskommando hatte nun von Wilson verlangt, Freeman von der Gästeliste des Essens zu streichen, das dem Präsidenten in der Downing Street 10 gegeben wurde. Wilson weigerte sich mutig, und wir alle sahen dem Abend mit Zittern und Zagen entgegen.

Aber Nixon konnte einen in Erstaunen versetzen. Am Schluß des Essens erhob er sich und brachte einen Toast aus. Er sah Freeman, der an der anderen Seite des Tisches saß, direkt ins Gesicht und sagte: »Manche Leute behaupten, es gäbe einen neuen Nixon, aber sie wissen nicht, ob es einen neuen Freeman gibt: Ich möchte glauben, das alles liegt längst hinter uns. Schließlich ist er der neue Diplomat, und ich bin der neue Staatsmann, und wir versuchen beide, das Beste für den Frieden in der Welt zu tun.«

Die Zuhörer waren wie elektrisiert. Wilson sagte, dies sei der anmutigste und freundlichste Toast gewesen, den er in der Downing Street 10 gehört habe. Auf Nixons Tischkarte schrieb er: »Man kann nicht dafür garantieren, als Lord geboren zu werden. Aber es ist möglich – Sie haben es bewiesen – als Gentleman geboren zu sein.« Freeman, der sich so leicht durch nichts aus der Ruhe bringen ließ, war den Tränen nahe. Damit begann eine Amtszeit als Botschafter in Washington, die zu einem großen Erfolg wurde. John Freeman war einer der tüchtigsten Botschafter, mit denen ich es je zu tun gehabt habe. Das läßt sich allerdings nicht so einfach erklären. Er führte ein ganz unauffälliges Leben, vermied es, irgend jemandem zu schmeicheln, verkehrte nur mit Leuten, die er achtete, und machte seine Botschaft nicht zu einem eleganten Salon. Wenn er eine Mitteilung überbrachte, erläuterte er sie mit der Feststellung, er sei an bestimmte Weisungen gebunden. Aber Freeman war auch bereit, über seine Weisungen hinauszugehen und persönliche Ansichten zu äußern. Da er ein hochintelligenter und absolut integrer Mann war, erwies sich das als sehr wertvoll. Er hatte klare geopolitische Vorstellungen und teilte, wie sich bald zeigte, unsere Auffassungen von der Außenpolitik. Das Urteil Freemans war für mich so wichtig, daß ich ihn oft in Angelegenheiten konsultierte, die außerhalb seines Amtsbereichs lagen. Ein paarmal gab ich ihm die Entwürfe für Reden des Präsidenten zu lesen und bat ihn, sie zu redigieren. Selbstverständlich hatte er das Recht, über alle Gespräche, die er führte, seinem Premierminister zu berichten, und hat das sicher auch getan. Aber die Vertraulichkeit unserer »besonderen Beziehungen« zu den Briten bedeutete gerade eine so enge und herzliche Zusammenarbeit.

Bald faßte auch Nixon Vertrauen zu Freeman und lernte ihn im Lauf der Zeit persönlich schätzen. Freeman war der einzige Botschafter, der während der ersten Amtsperiode Nixons privat ins Weiße Haus eingeladen wurde. Auch zwischen Freeman und mir entwickelte sich eine Freundschaft, die die Zeit überdauert hat, in der wir dienstlich miteinander zu tun hatten, und ich betrachte diese Freundschaft als einen großen persönlichen Gewinn.

Der Aufenthalt in London ging also damit zu Ende, daß wir einen Sonderbonus guten Willens verbuchen konnten. Wir waren auf mehr Zwiespältigkeiten gestoßen, als wir auflösen konnten, aber wie beabsichtigt hatten wir das Fundament für eine fruchtbare Zusammenarbeit gelegt.

4. Bonn und Berlin, das schwer durchschaubare deutsche Problem

Unser nächster Besuch galt Bonn. Die Situation der Bundesrepublik war komplexer. Wahlen standen bevor, und wir trafen gerade zu Beginn einer Krise um Berlin ein. Der westdeutsche Präsident, der fast ausschließlich repräsentative Aufgaben hat, wird von beiden Häusern des westdeutschen Parlaments gewählt. Bisher waren die zu dieser Wahl erforderlichen Sitzungen im alten Reichstagsgebäude in West-Berlin abgehalten worden. Damit wollte Bonn nachdrücklich seinen Anspruch betonen, daß es die Kontinuität des legitimen deutschen Staatswesens vertrete. Die Sowjets und ihre ostdeutschen Freunde hatten diese Herausforderung bisher ignoriert, fühlten sich aber 1969 stark genug, in dieser Frage auf eine Grundsatzentscheidung zu drängen. Sie protestierten gegen die Wahl des Bundespräsidenten in Berlin mit der Begründung, daß West-Berlin völkerrechtlich kein Teil der Bundesrepublik sei, und zum erstenmal seit 1962 behinderten sie den Verkehr auf den Zugangswegen nach Berlin.

Das mußte in Bonn tiefe Besorgnis auslösen. Die Verwundbarkeit Berlins war sprichwörtlich geworden. Man wußte nicht, wie die neue amerikanische Regierung reagieren würde. Es herrschte eine allgegenwärtige Unbehaglichkeit, zum Teil verursacht durch die exponierte Lage Deutschlands, zum Teil durch politische Meinungsverschiedenheiten mit den beiden amerikanischen Regierungen vor uns. Bonn war nicht damit einverstanden gewesen, daß McNamara die regionale Verteidigung ohne Nuklearwaffen in den Vordergrund gestellt hatte, weil die Deutschen fürchteten, man könnte die Sowjets damit zum Angriff herausfordern. Den Vertrag über die Nichtverbreitung von Nuklearwaffen empfand Bonn als deutliche Diskriminierung auf dem Gebiet der Kernwaffen. Es gefiel den deutschen Politikern auch nicht, daß die Amerikaner die Bundesrepublik unter Druck setzten und verlangten, sie sollten die Stationierungskosten für die amerikanischen Streitkräfte auf deutschem Boden übernehmen. Zwei Bundeskanzler – Konrad Adenauer und Ludwig Erhard – hatten wegen ihrer Kontroversen mit den Regierungen Kennedy und Johnson früher aus dem Amt ausscheiden müssen.

Das alles spiegelte die unsichere psychologische Position des nach außen so mächtig erscheinenden neuen deutschen Staates. In zwei Kriegen besiegt, mit dem Stigma der nationalsozialistischen Vergangenheit belastet, unter Gebietsverlusten und der Trennung Deutschlands leidend, stellte die Bundesrepublik Deutschland eine wirtschaftliche Einheit dar, die nach einer politischen Aufgabe suchte. In Bonn gab es nicht jenes britische Selbstvertrauen, das aus Jahrhunderten ununterbrochener politischer Entwicklung und dem Glanz eines Weltreichs geboren wird. Bonn selbst war zur Hauptstadt der Bundesrepublik bestimmt worden, weil das dem ersten deutschen Kanzler nach dem Kriege am bequemsten war (die Stadt liegt unweit des kleinen Ortes, in dem Adenauer lebte). Die neue Hauptstadt hatte keine politischen Traditionen und symbolisierte die Instabilität des Wiederaufstiegs eines neuen Deutschland. Die Bundesrepublik glich einem stattlichen Baum mit flachen Wurzeln, der von einem plötzlichen, starken Windstoß umgeworfen werden kann.

Ihre Schwäche kam im Gefühl der Unsicherheit ihrer Führer zum Ausdruck. Adenauer, ein wahrhaft bedeutender Mann, hatte es für seine erste Pflicht gehalten, für Deutschland den Ruf der Zuverlässigkeit zurückzugewinnen. Entschieden lehnte er es immer wieder ab, durch ein Manövrieren zwischen Ost und West Deutschland in eine günstigere Lage zu bringen, und widersetzte sich den Vorwürfen der innenpolitischen Opposition, daß sein prowestlicher Kurs die Aussichten Deutschlands auf Wiedervereinigung verringere. Gelegentliche Annäherungsversuche des Ostens ließ er unbeachtet. Statt dessen wollte er die Bundesrepublik fest in Europa verankern und Europa im Atlantischen Bündnis, und zwar so vollständig, daß der Nationalismus, der die Katastrophe Deutschlands herbeigeführt hatte, nie wieder Gelegenheit haben sollte, sein Volk anzustecken.

Adenauer hatte dramatische Erfolge. Zwölf Jahre nach der Gründung der Bundesrepublik war ihre Westorientierung kein innenpolitisches deutsches Problem mehr. Die Opposition, die erst gestern ein neutralistisches Deutschland verlangt hatte, das zwischen Ost und West stand, hatte ihr Programm grundlegend geändert und bekannte sich ebenso wie die Regierung zu den Bindungen Deutschlands an den Westen, sogar auf militärischem Gebiet. Ausgerechnet in diesem Augenblick empfahlen die klugen jungen Männer in der Kennedy-Regierung dem Mann eine größere Flexibilität gegenüber dem Osten, der so großen Wert auf Standhaftigkeit und Zuverlässigkeit gelegt hatte und dem es eben gelungen war, unter größten Anstrengungen einen nationalen Konsens für eine enge Bindung an das Atlantische Bündnis zu erreichen. Dadurch trugen sie in den 60er Jahren zu innenpolitischen Umwälzungen und einer Rollenverschiebung in Deutschland bei. Die sozialdemokratische Opposition, die vor zehn Jahren versucht hatte, sich unter Ausnutzung des latenten deutschen Nationalismus gegen die Westorientierung Adenauers zu stellen, kritisierte jetzt die Regierung dafür, daß sie angeblich die guten Beziehungen zu Amerika aufs Spiel setze. Die immer noch regierenden Christlichen Demokraten hielten jedoch starr an den politischen Maximen der 50er Jahre fest. Ihr an Besessenheit grenzender Eifer, die einmal eingeschlagene Richtung beizubehalten, erregte die Ungeduld einer amerikanischen Regierung, die neue Perspektiven eröffnen wollte und die, von der Richtigkeit ihrer Perspektiven überzeugt, besser mit linken oder wenigstens reformistischen Gruppen umgehen konnte als mit den konservativen Christlichen Demokraten, die das Nachkriegseuropa aufgebaut hatten.

Darin zeigte sich das in der deutschen Nachkriegspolitik verheerende Dilemma. Unter den europäischen Mächten war die Bundesrepublik die einzige, deren nationale Ziele sich nach dem Kriege nicht erfüllt hatten. Das Verlangen nach Wiedervereinigung drückte sich in der Weigerung aus, mit der ostdeutschen Regierung zu verhandeln oder diplomatische Beziehungen mit Regierungen aufzunehmen, die solches taten. (Das war die sogenannte Hallstein-Doktrin.) Aber keine andere europäische Regierung stellte sich hinter dieses deutsche Verlangen, denn bei ihnen allen weckte die Vorstellung von einem wiedervereinigten Deutschland alte Alpträume von der deutschen Vorherrschaft. Für sie galt das Scherzwort Clemenceaus, der gesagt hatte, er liebe Deutschland so sehr, daß er sich zwei deutsche Staaten wünsche. Sie wußten außerdem, daß sich die deutsche Wiedervereinigung, wenn überhaupt, dann nur nach einer massiven Konfrontation mit der Sowjetunion erreichen ließe. Es bestand deshalb eine tiefe Kluft zwischen dem erklärten Ziel der Bundesrepublik, der Wiedervereinigung Deutschlands, und den Aktionsmöglichkeiten, das zu erreichen. Diese Kluft versetzte die Sowjetunion in die Lage, die Bundesrepublik Deutschland immer wieder zu Konfrontationen in der Berlin-Frage zu zwingen, unter anderem mit dem Ziel, die Zustimmung der Bundesrepublik zur Beibehaltung des Status quo zu erzwingen und die Verbündeten Deutschlands in der NATO zu veranlassen, sich von den nationalen Zielen Deutschlands zu distanzieren.

In exponierter Stellung an der unmittelbaren Front eines geteilten Europa, einem ständigen Druck aus dem Osten ausgesetzt, in Kenntnis des im Westen tief verwurzelten Mißtrauens und in der schmerzlichen Erkenntnis, daß das wichtigste nationale Ziel in unerreichbarer Ferne lag, erblickten die führenden Männer in Deutschland den einzigen Rettungsanker in den Beziehungen zu den Vereinigten Staaten. Sie verlangten kein Mitspracherecht in der großen Weltpolitik, es fehlte ihnen an Selbstbewußtsein, unsere Politik in einem größeren Rahmen beeinflussen zu wollen. Ihre Ziele waren bescheidener: Sie wollten sich vergewissern, daß sie zu ihrer Verteidigung mit uns rechnen konnten und es keine drastische Veränderung in unserer Ostpolitik geben würde, durch die Deutschland physisch oder psychologisch exponiert werden könnte.

Die sich mit großem Schwung entwickelnde amerikanische Politik beunruhigte deshalb die westdeutschen Politiker. Der periodisch erfolgende Machtwechsel in Amerika, nach dem die jeweils neuen Regierungen laut verkündeten, daß sich neue politische Perspektiven ergäben oder alte politische Ziele aufgegeben werden müßten, ließen es möglich erscheinen, daß sich das Rad der Geschichte eines Tages in eine andere Richtung drehte und das gefürchtete Disengagement Amerikas von Europa eintrat.

Wenn Nixon dazu beitragen wollte, das Vertrauen und die Stabilität in Bonn wiederherzustellen, hatte er einen besonders günstigen Zeitpunkt gewählt, denn trotz der Berlin-Krise befand sich die Politik in der Bundesrepublik in einem Übergangsstadium. Adenauer war im Oktober 1963 als Bundeskanzler zurückgetreten, sein Nachfolger war der damals als Architekt des deutschen »Wirtschaftswunders« überaus beliebte Erhard geworden. Aber wie Adenauer vorausgesagt hatte, war Erhard als Politiker nicht so tüchtig wie als Wirtschaftsfachmann. Die Regierungskoalition aus Christlichen Demokraten und Freien Demokraten fiel auseinander. 1966 kam es zur Großen Koalition aus Christlichen Demokraten und Sozialdemokraten mit Kurt Georg Kiesinger als Bundeskanzler und Willy Brandt als Vizekanzler und Außenminister.

Die Entscheidung, die Große Koalition einzugehen, erwies sich für die gemäßigt konservativen Christlichen Demokraten, die während der ganzen Nachkriegszeit die Regierungsgewalt in der Hand gehabt hatten, als schicksalhaft. Die Sozialdemokraten waren ständig in der Opposition geblieben – das drohte sich zum Dauerzustand auszuwachsen. Die Hauptursache war, daß die Mehrzahl der Wähler glaubte, diese Partei sei – obwohl sie auf eine beachtliche demokratische Vergangenheit zurückblicken konnte – die Erbin zu vieler radikaler Traditionen, als daß man sie mit der Regierungsverantwortung betrauen könnte. Die Große Koalition, die von dem brillanten sozialdemokratischen Strategen Herbert Wehner zusammengezimmert worden war, gab nun eine Antwort auf die Frage, ob die Sozialdemokraten regierungsfähig seien oder nicht. Ihre aktive Beteiligung an der Regierung verschaffte ihnen schließlich genügend Wählerstimmen, um Ende 1969 einen entscheidenden Wahlsieg zu erringen. So schmerzlich sich die Fehleinschätzung, aus denen die Große Koalition hervorgegangen war, für die Christlichen Demokraten erwies, der Demokratie in Deutschland hat sie außerordentlich gutgetan. Sie zeigte, daß die Sozialdemokratie wirklich eine verantwortungsbewußte demokratische Partei war. Dadurch wurde in Deutschland die Radikalisierung oder Polarisierung des politischen Lebens verhindert, für die so viele andere europäische Länder anfällig waren.

Doch diese Entwicklung stand noch bevor. Die Regierung, die uns in Bonn begrüßte, war trotz ihrer hochklingenden Bezeichnung »Große Koalition« zutiefst zerstritten, denn die führenden Persönlichkeiten sollten sich nach wenigen Monaten bei den Wahlen als Gegner gegenüberstehen. Fast alles, was während unseres Besuchs gesagt wurde, spiegelte daher das vorsichtige Manövrieren um Positionen wider. Bundeskanzler Kiesinger*, höflich, würdig und ernst, verstand es, die banalsten Dinge so zu sagen, als hätten sie eine tiefe politische Bedeutung. Er war in eine politische Falle geraten, denn mit jedem Tag, den er länger im Amt blieb, nützte er seinem Hauptgegner, der dazu noch Vizekanzler war – Willy Brandt. Der untersetzte, solide wirkende, trotz seiner Herzlichkeit wenig gesprächige Brandt machte nicht den Eindruck, als betrachte er sich als Untergebener des Bundeskanzlers.

Wo die britische Regierung im Hinblick auf die Abschreckung, die Entspannung, die Einheit des Westens und die Ost-West-Beziehungen eine ambivalente Haltung eingenommen hatte, waren die führenden deutschen Politiker jeder für sich klarer in ihren Aussagen, vertraten aber jeweils verschiedene Standpunkte. Was die Festigkeit in der Berlin-Frage betraf, waren sie einer Meinung. Aber weiter ging die Übereinstimmung nicht. Brandt formulierte offiziell Nuancen des Entgegenkommens. Es bedurfte aber keiner großen Phantasie, um zu erkennen, daß er bereit war, die Pille der Anerkennung der ostdeutschen Regierung zu schlucken. Kiesinger pries die guten Beziehungen zu Frankreich. Brandt war bereit, sich für den Eintritt Großbritanniens in den Gemeinsamen Markt einzusetzen. Kiesingers Ansichten entsprachen eher denen Nixons. Brandt vertrat mehr den Standpunkt unseres Außenministeriums. Die Gespräche in Bonn zeigten daher deutlich, daß die deutsche Politik bis zu den Wahlen im Herbst darauf gerichtet sein würde, alles in der Schwebe zu halten.

Der Besuch in der Bundesrepublik Deutschland endete mit einer Fahrt durch Berlin. Große Menschenmengen hatten sich auf den Straßen versammelt, als die Fahrzeugkarawane des Präsidenten vorbeifuhr, aber Nixon fühlte sich nicht recht wohl; er fürchtete, sein Auftreten würde ungünstiger beurteilt werden als das Kennedys 1963. Er entspannte sich erst, nachdem man ihm wiederholt versichert hatte, ein ungünstiger Vergleich könne nicht gezogen werden. (Ich stellte fest, daß der Weg, den die Fahrzeugkolonne

* Das Schicksal Kiesingers zeigt, wie sehr eine politische Laufbahn Zufällen unterworfen ist. Bei den Wahlen im September konnte Kiesinger die zweitgrößte Zahl der Wählerstimmen auf sich vereinigen, die die Christlichen Demokraten jemals erreicht hatten. Aber es war das einzige Mal in der ganzen Nachkriegszeit, daß sich eine winzige neonazistische Partei an den Wahlen beteiligte und ihn – Folge einer besonderen Bestimmung im deutschen Wahlgesetz – der Sitze im Parlament beraubte, die er für die absolute Mehrheit brauchte. Deshalb konnten die Sozialdemokraten und die Freien Demokraten eine Koalition bilden und die Partei Kiesingers, die über die meisten Sitze verfügte, in die Opposition zwingen. Damit war Kiesinger auf einmal nicht mehr der bedeutende Politiker, als den man ihn bisher gepriesen hatte, sondern plötzlich der Führer, der versagt und dessen Partei während seiner Amtszeit die Macht hatte abgeben müssen. Während dieses Buch geschrieben wird, steht die CDU noch immer in der Opposition.

durch die Stadt nahm, S-förmig war, so daß die Menschen leicht von einer Straße zur anderen hinüberwechseln konnten. Man sagte mir, beim Kennedy-Besuch habe man die Sache ähnlich organisiert.)

Nixon versuchte, einer weiteren Berlin-Krise entgegenzuwirken, indem er sich schon gleich zu Beginn seiner Amtsperiode als Präsident unmißverständlich für Berlin einsetzte. Zu diesem Thema hielt er im Siemens-Werk eine beredte Ansprache: »Vier Präsidenten vor mir haben sich für diesen Grundsatz eingesetzt, und ich sage Ihnen heute und an diesem Ort, daß auch ich an diesem Prinzip festhalte: Berlin muß frei bleiben. Ich sage das nicht im Geiste des Übermuts oder der Aggressivität, ich stelle es einfach fest als unwiderrufliche Tatsache der Weltpolitik.«

5. Zwischenspiel in Rom

Die nächste Station auf dieser Reise war Italien. Es war ein dramatischer Szenenwechsel von der kühlen, offiziellen Atmosphäre Berlins in das überschwengliche Chaos des Flughafens von Rom. In der durch die Begeisterung der Italiener hervorgerufenen Verwirrung wurde Außenminister Rogers zum Abschreiten der Ehrenwache geleitet, bis ein entsetzter Angehöriger unseres Vorauskommandos sich von seinem Schock erholt hatte und dafür sorgte, daß der Präsident es tat. Anschließend verlief alles glatt, wenn auch immer am Rande des Abgrunds.

Dies war der erste Besuch, den ich während meiner Amtszeit Italien abgestattet habe. Die strenge Schönheit der Landschaft und die ungewöhnliche Menschlichkeit der italienischen Bevölkerung haben mich immer tief bewegt. Aber bei jedem Besuch bestätigte sich, daß in Italien andere politische Gesetze galten und die Rolle des Staats anders aufgefaßt wurde als in den übrigen westeuropäischen Ländern. Vielleicht waren die Italiener zu kultiviert, zu sehr vom Wert des einzelnen überzeugt, um sich ganz den politischen Zielen zu verschreiben, die mehr als anderthalb Jahrhunderte Rivalitäten und Ambitionen der anderen europäischen Länder bestimmt hatten. Zweifellos erforderten die innenpolitischen Probleme in Italien soviel Aufmerksamkeit der führenden Politiker, daß die Außenpolitik erst in zweiter Linie eine Rolle spielte. Außerdem mußte man auch die Tatsache berücksichtigen, daß Rom als Hauptstadt weniger der Brennpunkt des Nationalbewußtseins war als der einer historischen Tradition. Es war der Regierungssitz eines Weltreichs im klassischen Altertum gewesen. Seit anderthalb Jahrtausenden befand sich hier auch der Regierungssitz des Papstes, der Vatikan – bis 1871 war sogar der Quirinal, die heutige Residenz des italienischen Präsidenten, der Sommersitz des Papstes gewesen. Im Gegensatz zu anderen europäischen Hauptstädten war Rom nicht der Antrieb zur italienischen Einigung gewesen, es wurde vielmehr erst zehn Jahre nach der italienischen Staatsgründung Italien zugeschlagen. Die italienische Regierung zog in die Stadt des Papstes, und das Papsttum blieb in Rom die zentrale Institution.

Aus welchen Gründen auch immer, nach jedem Besuch Roms hatte ich das Gefühl, nach unserer Ankunft auf dem Flughafen sei das erste Ziel schon erreicht. Damit zeigten wir, daß die Vereinigten Staaten Italien ernst nahmen. Die Fotos bewiesen, daß wir die italienischen Führer konsultierten. Danach benahmen sich die italienischen Minister, als seien sie zu weltklug, um vorzugeben, ihre Auffassungen zu weltpolitischen Fragen könnten die Ereignisse entscheidend beeinflussen.

Während meiner Amtszeit übernahmen Mariano Rumor und Aldo Moro abwechselnd das Amt des Premierministers, das zwischendurch nur kurze Zeit in den Händen von Emilio Colombo lag. Wer von diesen beiden nicht gerade Premierminister war, übernahm das Amt des Außenministers. Rumor war ungewöhnlich freundlich, entgegenkommend und bemühte sich offensichtlich, uns gefällig zu sein. Er war der Manager des Parteiapparats, der tätig wurde, wenn das politische Klima sich beruhigen mußte und die verschiedenen Flügel der Christlichen Demokraten auf einen gemeinsamen Kurs gesteuert werden sollten. Colombo hingegen war ein Intellektueller. In seiner höflichen, nachdenklichen Art war er mehr ein Fachmann als ein Führer und schien immer dann an die Spitze zu kommen, wenn sich die verschiedenen Gruppierungen in einer Sackgasse befanden und man einen amtierenden Premierminister brauchte, der das Gleichgewicht nach keiner Richtung verschob, bis man sich auf einen Ausgleich geeinigt hatte. Moro war bei weitem der bedeutendste. Er war intelligent und verschwiegen, ja er stand im Ruf außergewöhnlicher Intelligenz. Ich konnte das nur der byzantinischen Komplexität seiner Sprache entnehmen. Aber vielleicht habe ich auch einschläfernd auf ihn gewirkt, denn bei Gesprächen mit mir ist er oft eingenickt, so daß ich mich besonders erfolgreich wähnte, wenn es mir gelang, ihn wachzuhalten. Die internationale Politik interessierte Moro offensichtlich nicht. Er war der Parteistratege par excellence, der es außerordentlich geschickt verstand, neue innenpolitische Wendungen einzuleiten. Die Außenpolitik nutzte er nur als Machtbasis, betrachtete sie aber nicht als seine Hauptberufung. Die politischen Führer in Italien wurden offenbar nach innenpolitischen Gesichtspunkten berufen und vor allem, um das Gleichgewicht innerhalb der Christlichen Demokraten aufrechtzuerhalten.

Die Präsidenten, denen ich gedient habe, haben das niemals ganz verstanden. Sie litten unter der Illusion, daß der italienische Premierminister über Exekutivvollmachten verfügte, und versuchten daher, ihn bei ihren Gesprächen zu bestimmten Entscheidungen zu bewegen. Doch kein italienischer

Premierminister, den ich kennengelernt habe, hat eine solche Haltung herausgefordert, denn sie konnte nach seiner Ansicht nur ein ungeschickter Versuch sein, ihm zu schmeicheln, oder Unwissenheit beweisen. Manche Männer wußten, daß sie an der Spitze instabiler Koalitionen standen. Sie hatten das Recht, Kabinettssitzungen zu leiten, nicht aber, bindende Anweisungen zu geben. Entscheidungen wurden gemeinsam getroffen und verlangten die Zustimmung zahlreicher Persönlichkeiten, die nicht der Regierung angehörten. In Gesprächen mit dem Premierminister und dem Außenminister ging es vor allem um Innenpolitik. Zum italienischen Außenministerium gehörten einige der hervorragendsten und klügsten Diplomaten, die ich kennengelernt habe. Man konnte aber manchmal nicht den Eindruck vermeiden, daß ein Gespräch mit dem Außenminister über Außenpolitik ihn unter Umständen langweilte.

Auch diesmal mußten wir uns um die innenpolitische Lage in Italien Sorgen machen. Die Christlich-Demokratische Partei war in Italien seit dem Kriege an der Macht. Es war allgemein üblich zu behaupten, es sei ihr nicht gelungen, die fundamentalen Probleme Italiens zu lösen, sie könne sich nicht durchsetzen und sei weitgehend korrupt. Das stimmte aber nur zum Teil. Italien hatte bedeutende wirtschaftliche Fortschritte gemacht. Das Wirtschaftswachstum betrug während der vorangegangenen zehn Jahre jährlich etwa 5,5 Prozent. Aber wie auch anderswo hatte der Entwicklungsprozeß Erschütterungen zur Folge, die die politische Stabilität bedrohten. Die Bauern in Süditalien waren seit jeher sehr arm gewesen. Ihre moralischen Stützen waren die Tradition und die Kirche. Die Industrialisierung verpflanzte diese Männer und Frauen zum Teil in Fabrikstädte. Während dieser massiven Umschichtung war ihre wichtigste geistige Stütze die kommunistische Partei, die sie schon auf den Bahnhöfen in Empfang nahm und den entwurzelten Menschen einen Halt gab. Wenn der Stimmenanteil der Kommunisten in Italien trotz des rapiden wirtschaftlichen Wachstums konstant hoch blieb – und zwar im Gegensatz zu allen sonst vertretenen Theorien –, lag das zum großen Teil daran, daß viele in dieser Partei den Garanten ihrer Sicherheit erblickten und die Regierung in Rom den menschlichen Kontakt, der in Italien so entscheidend ist, nicht herzustellen wußte.

Die fast an Besessenheit grenzende, seit je bestehende Neigung der Amerikaner, institutionelle Lösungen zu finden, erschwerte die Lösung des Problems. Während des größten Teils der Nachkriegszeit war Italien von Koalitionen aus Christlichen Demokraten und gemäßigten Parteien der Rechten und Linken regiert worden. Die Sozialdemokraten stellten den linken Flügel der Regierungsparteien. Sie zeichneten sich dadurch aus, daß sie sich weigerten, mit den Kommunisten zusammenzuarbeiten. Die Opposition stellten die Kommunisten, die mit ihnen verbündeten Linkssozialisten und auf der Rechten die Monarchisten und Faschisten. 1963 beschlossen die Vereinigten Staaten, die sogenannte Öffnung nach links zu unterstützen. Ihr Ziel war eine Koalition zwischen Linkssozialisten und Christdemokraten, in der Hoffnung, damit die Kommunisten zu isolieren. Unter erheblichem amerikanischen Druck kam diese Koalition auch zustande.

Die Folgen, die allerdings erst nach einem Jahrzehnt spürbar wurden, waren genau das Gegenteil dessen, was man beabsichtigt hatte. Mit der neuen Koalition verlor die Sozialdemokratische Partei ihre Existenzgrundlage – ihre Rolle als nichtkommunistische Opposition am linken Flügel. So verlor sie mit jeder Wahl mehr Stimmen und versank in die Bedeutungslosigkeit. Die das freie Unternehmertum vertretende Liberale Partei mußte gewissermaßen als Eintrittspreis für die Sozialisten aus der Regierung ausscheiden. Auch sie wurde mit jeder Wahl schwächer. Die Linkssozialisten profitierten nichts davon, weil sie in der Provinz mit den Kommunisten verbündet waren, während sie in Rom mit den Christdemokraten regierten. In einer solchen Ambivalenz konnte sich die Partei nur erschöpfen. Da sie aber nicht bereit war, auf eine dieser beiden Koalitionen zu verzichten, erfüllte sie deshalb weder die Funktion einer Barriere gegen den Kommunismus in den Provinzen, noch konnte sie eine Reform der Christdemokraten in Rom bewirken.

Weit davon entfernt, die Kommunisten zu isolieren, bewirkte die Öffnung nach links vielmehr, daß diese zur einzigen Oppositionspartei wurden. Die kleineren demokratischen Parteien wurden geopfert, und das Experiment beraubte das politische System in Italien seiner Flexibilität. Jede Regierungskrise nützte von nun an den Kommunisten. Italien hatte jetzt nur noch die Wahl zwischen den Christdemokraten, die zusehends erstarrten, und radikalen antidemokratischen Veränderungen. Ende der 60er Jahre zeigte sich diese unheilverkündende historische Entwicklung zum erstenmal ganz deutlich. Die Minister beteuerten immer noch ihre antikommunistische Haltung, aber die Wahlarithmetik strafte diese Bekenntnisse Lügen. Jeder fundamentale Wandel würde nicht nur die Herrschaft der Regierungspartei, sondern auch das demokratische System selbst bedrohen.

Rom war die einzige Hauptstadt, in der Nixon mit ausgesprochen feindlichen Demonstrationen begrüßt wurde. Die Kommunisten hatten damals noch nicht den öffentlichen Kurswechsel vorgenommen und sich zur NATO bekannt (was erst geschehen sollte, als sie kurz davorstanden, an der politischen Macht beteiligt zu werden, und es ihnen taktische Vorteile brachte). Sie demonstrierten mit dem Schlagwort: »Die NATO hinaus aus Italien und Italien hinaus aus der NATO.« Nixon kam auf die gleichen Themen zu sprechen, über die er sich bei den anderen Besuchen geäußert hatte, auf seine Bereitschaft zu ausführlichen Konsultationen, seine vorsichtige Annäherung an die Sowjetunion und seinen Wunsch nach Frieden. Das wurde von den italienischen Führern günstig aufgenommen, aber doch so, als seien es

Nachrichten von einem fernen Planeten – interessant, aber im Grunde belanglos in bezug auf die für sie wichtigen Angelegenheiten.

Die Besprechungen mit den einzelnen italienischen Politikern fanden in einer eher vom Zufall bestimmten Weise statt. Präsident Giuseppe Saragat bestand darauf, Nixon ohne seine Minister zu empfangen, weil er sich in ihrer Gegenwart fürchtete, von den Sorgen zu sprechen, die ihm die kommunistischen Erfolge bereiteten. In diesen persönlichen Gesprächen machte Saragat einen klaren und intelligenten Eindruck, aber die Wirkung der Gespräche verlor an Bedeutung, weil der italienische Präsident nach der Verfassung keinen politischen Einfluß hat. Saragat gab dem amerikanischen Präsidenten im prächtigen Quirinalspalast ein glänzendes Staatsdiner. Da ernste Gespräche hier nicht möglich waren und niemand wußte, welche italienischen Politiker in den nächsten Jahren eine wichtige Rolle spielen würden, empfing Nixon eine ganze Anzahl dieser Männer einzeln in den kleineren Räumen des Palastes, während die anderen Gäste Cognac tranken. Der Eindruck, den er dabei gewann, war eher kaleidoskopartig und nicht sehr aufschlußreich. Kein einziger Parteiführer hatte ein konkretes Programm, denn sein Einfuß im Amt würde – falls er ein solches übernahm – weniger von seinen persönlichen Überzeugungen als vom jeweils vorgefundenen Gleichgewicht der Kräfte abhängen.

Italien hatte eigenartigerweise noch nicht mit seiner Renaissancetradition gebrochen. Die Parteien verhielten sich wie die Menschenmassen in den Stadtstaaten, die so lange Zeit hindurch in der italienischen Geschichte die beherrschende Rolle gespielt hatten. Die Christdemokraten waren eine Mischung aus neapolitanischen und florentinischen Verhältnissen. Geschickt verhinderten sie jede Veränderung und manipulierten ihre Rivalen mit machiavellistischen Taktiken. Die Kommunisten stellten ein von Moskau unterstütztes Piemont dar und folgten damit dem Beispiel des alten Piemont, hinter das sich seinerzeit Frankreich gestellt hatte. Sie waren diszipliniert, intelligent und stur. Die Republikanische Partei folgte dem Vorbild eines bescheidenen Stadtstaats wie Modena und stützte sich auf das Prestige ihrer Intelligenz. Nur die Sozialisten befanden sich in Schwierigkeiten, denn sie beriefen sich auf nationale und europäische Fundamente, die in der italienischen Geschichte nur wenige Wurzeln hatten.

Auf der großen offiziellen Sitzung mit den Mitgliedern der Regierung in der Villa Madonna, einem schönen, ganz Rom überblickenden Renaissancepalast, an der fast alle Minister teilnahmen, kamen viele dieser Tendenzen zum Ausdruck. Vorher war Nixon privat mit Premierminister Rumor zusammen, ohne daß dieses Gespräch zu konkreten Ergebnissen führte, denn Rumor konnte ohne die Zustimmung seiner Minister keine Entscheidungen treffen. Das Kabinett bestand wiederum aus zu vielen Personen, als daß es bei der Plenarsitzung zu gezielten Gesprächen hätte kommen können – eine

Veranstaltung, die Nixon wegen ihres Umfangs verabscheute. Den Italienern lag viel an der Beendigung des Vietnam-Krieges, um den Kommunisten ein Propagandathema zu nehmen; sie befürworteten die Mitgliedschaft Großbritanniens im Gemeinsamen Markt; sie wendeten sich gegen gaullistische Tendenzen, wollten den Osten besänftigen und das Bündnis stärken. Diese Vorschläge wurden vorgetragen wie freundliche Ermahnungen gegenüber einem vertrauenswürdigen Bundesgenossen, waren aber nicht von irgendwelchen besonderen Vorschlägen begleitet. Die italienischen Minister äußerten sich nicht zu Fragen der Verteidigung.

6. Der Koloß de Gaulle

Die letzte Station auf der Odyssee Nixons war Paris, wo er auf dem Flughafen von Charles de Gaulle begrüßt wurde, dem Präsidenten der Fünften Französischen Republik und einem Mann von außergewöhnlichen Eigenschaften, der eine Atmosphäre der Autorität um sich verbreitete. Vier Wochen später sollte er zur Beisetzung Präsident Eisenhowers nach Washington kommen. Den von Nixon veranstalteten Empfang beherrschte er derart, daß er überall sofort im Mittelpunkt der Aufmerksamkeit stand. Andere Staatsoberhäupter und viele Senatoren, die sonst offen erklärten, sie lehnten autoritäre Generäle ab, drängten sich um ihn und behandelten ihn, als sei er ein Wesen von einem anderen Stern. Man hatte das Gefühl, wenn er sich an ein Fenster stellen würde, dann müßte sich der Schwerpunkt im Zimmer verlagern, das Haus würde sich auf die Seite neigen und wir alle würden in den Garten fallen.

De Gaulle hatte sich zum Sprecher der Nationalstaatlichkeit und der europäischen Autonomie gegenüber den Vereinigten Staaten gemacht. Die gallische Logik veranlaßte ihn aber oft, seine Forderungen auf die Spitze zu treiben und damit die Amerikaner unnötigerweise zu verletzen. Zur Zeit des Amtsantritts unserer Regierung hatte das gegenseitige Mißtrauen ruhige Gespräche unmöglich gemacht, denn de Gaulle war für unsere Politiker zum Anathema geworden. Diese Gefühle wurden erwidert. Das war schade, denn de Gaulle hatte eine wichtige Frage über das Wesen der internationalen Zusammenarbeit aufgeworfen. Washington träumte von einer Struktur, die das selbständige Handeln physisch unmöglich machte, da jeder Partner einen Teil der gesamten Aufgabe übernehmen sollte. De Gaulle behauptete dagegen, eine Zusammenarbeit könne nur wirkungsvoll sein, wenn jeder Partner eine echte Entscheidungsfreiheit besaß. Deshalb sollte jeder Verbündete – wenigstens theoretisch – in der Lage sein, autonom zu handeln. Washington setzte ein Gewebe miteinander verflochtener gemeinsamer Interessen voraus und wollte Meinungsverschiedenheiten in gegenseitigen Beratungen ausräumen. Nach amerikanischer Auffassung sollte der Einfluß bei solchen Konsultationen dem Beitrag jeder Nation zu den gemeinsamen Anstrengungen entsprechen, wie etwa bei Anteilseignern in einer Aktiengesellschaft.

De Gaulle, Sohn eines Kontinents voller Ruinen, die von der Unvollkommenheit menschlicher Voraussicht zeugten, war mit einer so institutionellen Methode nicht einverstanden. Nach seiner Auffassung erforderte die europäische Selbsteinschätzung nicht nur die Möglichkeit, sich zu beraten, sondern außerdem, für den Fall, daß sich Meinungsverschiedenheiten nicht ausräumen ließen, andere Alternativen. Wo daher die Amerikaner von Partnerschaft sprachen, betonte de Gaulle das Gleichgewicht. Für de Gaulle hingen vernünftige Beziehungen weniger von dem guten Willen des einzelnen und der Bereitschaft zur Zusammenarbeit ab als von einem Gleichgewicht der Zwänge und dem Verständnis für die Relation der Kräfte. Er sagte: »Der Mensch, ›seinem Wesen nach begrenzt‹, kennt ›für seine Wünsche keine Grenzen‹. Die Welt ist daher erfüllt von einander entgegenwirkenden Kräften. Natürlich ist es der menschlichen Weisheit oft gelungen, diese Rivalitäten daran zu hindern, in mörderische Konflikte auszuarten. Aber die Konkurrenz der Bestrebungen ist eine Voraussetzung für das Leben. Unser Land sieht sich heute mit diesem Gesetz der Spezies konfrontiert, das aber schon seit 2000 Jahren gilt.«[8] Die Staatskunst, so meinte de Gaulle, bestünde darin, die geschichtlichen Tendenzen zu begreifen. Ein bedeutender politischer Führer mag intelligent sein, muß aber vor allem klare Vorstellungen haben und die Zusammenhänge durchschauen. Für de Gaulle bestand menschliche Größe nicht nur in physischer Macht, sondern in der durch ein moralisches Ziel beflügelten Kraft. Konkurrenz bedeutete nach seiner Meinung noch nicht unbedingt den physischen Konflikt. Paradoxerweise glaubte de Gaulle, echte Partnerschaft könne sich nur in einer Auseinandersetzung gegensätzlicher Bestrebungen entwickeln, denn nur so könne jede Seite ihre Selbstachtung bewahren: »Ja, das internationale Leben ist ebenso wie das Leben in einem allgemeinen Kampf begriffen. Der Kampf, in den unser Land verwickelt ist, führt zur Einigkeit und nicht zur Trennung, zur Ehre und nicht zur Schande, zur Befreiung und nicht zur Vorherrschaft. So wird es seiner Aufgabe gerecht, die immer human und universal gewesen ist und das auch bleiben wird.«[9]

Aufgrund dieser Philosophie konnte sich de Gaulle nicht der amerikanischen Überzeugung anschließen, der Nationalstaat sei überholt. Das Problem bestand nicht darin, daß er die traditionellen nationalen Rivalitäten in Europa reaktivieren wollte, wie so viele seiner amerikanischen Kritiker behaupteten. Im Gegenteil, er setzte sich leidenschaftlich für das Ziel der Einheit Europas ein. Wo jedoch amerikanische und europäische »Integrationisten« behaupteten, die europäische Einheit erfordere das Aufgehen des

Nationalstaats in einer föderalistischen, supranationalen Struktur, vertrat de Gaulle den Standpunkt, daß die Identität Europas und letzten Endes auch seine Einheit von der Lebensfähigkeit und dem Selbstvertrauen der europäischen nationalstaatlichen Gebilde abhänge. Für de Gaulle waren die Nationalstaaten die einzigen legitimen Machtquellen; nur sie konnten verantwortungsbewußt handeln:

»Es ist richtig, daß die Nation ein menschliches und empfindsames Element ist, während Europa auf der Grundlage aktiver, autoritativer und verantwortlicher Elemente aufgebaut werden kann. Welcher Elemente? Das sind natürlich die Staaten; denn in dieser Hinsicht kommt es nur auf die Staaten an; sie sind leigitim und fähig, Fortschritte zu machen. Ich habe es schon gesagt und ich wiederhole es, daß es gegenwärtig kein anderes Europa als ein Europa der Einzelstaaten geben kann, natürlich frei von Mythen, Geschichten und Paraden.«[10]

»Die Staaten unterscheiden sich in der Tat sehr stark voneinander, denn jeder hat seinen eigenen Geist, seine eigene Geschichte, seine eigene Sprache, sein eigenes Mißgeschick, seinen eigenen Ruhm und seinen Ehrgeiz; aber diese Staaten sind die einzigen Gebilde, die das Recht auf Befehlsgewalt und die Autorität zum Handeln besitzen.«[11]

Als de Gaulle Großbritannien 1963 aus dem Gemeinsamen Markt ausschloß, nahm die Empörung in Washington fast eine greifbar persönliche Form an. Als er 1966 aus dem integrierten Kommando der NATO ausschied, verwandelte sich diese Empörung in Rachsucht. Ein großer Teil unserer Europa-Politik bestand Ende der 60er Jahre in dem vergeblichen Versuch, Frankreich zu isolieren und zu bestrafen; vergeblich, weil einige Europäer ihm zustimmten und andere zu schwach waren, sich ihm zu widersetzen.

Wie gesagt, habe ich nie der Verurteilung de Gaulles zugestimmt, vielmehr die Auffassung vertreten, daß unsere Europa-Politik in den 60er Jahren im allgemeinen von falschen Voraussetzungen ausging. Mir schien, wir hätten die psychologischen Probleme eines Landes wie Frankreich, das unter äußersten Anstrengungen und Opfern zwei Weltkriege überlebt hat, 1940 gedemütigt worden war und 1958, 1960 und 1962 am Rande des Bürgerkrieges gestanden hatte, vollkommen mißverstanden. De Gaulle sah seine Hauptaufgabe darin, Frankreich den Glauben an sich selbst zurückzugeben. Wie weit ihm das gelungen ist, zeigte sich darin, daß man sich drei Jahre nach Beendigung des Algerien-Krieges (die meisten Beobachter hatten damit gerechnet, daß Frankreich auf Jahrzehnte durch innenpolitische Spannungen geschwächt bleiben würde) darüber beschwerte, Frankreich treibe eine Außenpolitik, die energischer und zielstrebiger sei, als es ihm seine konkreten Fähigkeiten erlaubt hätten.

Ich war davon überzeugt, daß ein Europa, das in der Weltpolitik eine Rolle spielen wollte – wenn dies gelegentlich auch anmaßend war –, eher in unserem Interesse lag als ein schweigendes Europa, das sich scheute, Verantwortung zu übernehmen, mit dem Argument, es folge der Führung Amerikas. Auch die Haltung de Gaulles gegenüber supranationalen Institutionen erschien mir nicht ungewöhnlich. Großbritannien vertrat ja die gleichen Auffassungen. Der Hauptunterschied lag darin, daß die britischen Staatsmänner bezeichnenderweise ihre abweichende Meinung pragmatischer und weniger doktrinär begründeten.* Wir hatten es nicht nötig, Strukturen zu verlangen, die unsere führende Position zementierten. Die Europäer würden, wenn sie sich selbst überlassen blieben, wahrscheinlich selbst zu dem Schluß kommen, daß ihre vitalen Interessen in den meisten Angelegenheiten der Sicherheit des atlantischen Raums den unseren entsprachen. Nixon vertrat die gleiche Auffassung wie ich, wenn sie bei ihm auch weniger theoretisch klang.

Vor und während unseres Besuchs in Paris ergriffen wir jede Gelegenheit, auf unsere Entschlossenheit hinzuweisen, die alten Meinungsverschiedenheiten mit Frankreich auszuräumen. Am 28. Februar erklärte ich vor der Presse in Paris:

> »Der Präsident ist der Überzeugung, daß es keinen Sinn hat und es niemandem etwas nützt, wenn zwischen den Vereinigten Staaten und Frankreich vermeidbare schlechte Beziehungen bestehen. Was man uns in jedem Land, das wir besucht haben, gesagt hat, war . . ., daß man nicht in eine Lage geraten will, in der man zwischen den Vereinigten Staaten und Frankreich wählen muß . . . Ich glaube, wir ermöglichen es jedem Land, seine Entscheidungen so zu treffen, wie es die diversen Probleme verlangen, wenn wir uns nicht in einem ständigen organischen Konflikt mit Frankreich befinden . . .«

Auf dem glänzenden Staatsdiner im Elysée-Palast verlieh Nixon seiner persönlichen Bewunderung für de Gaulle Ausdruck. Er sagte, das Leben de Gaulles sei »ein Heldenepos des Mutes und der großen Führereigenschaften gewesen, wie es das in der Weltgeschichte nur selten gegeben hat, einer Führung, die heute diese große Nation an den ihr mit Recht gebührenden Platz, den sie in der Familie der Nationen einnehmen sollte, gestellt hat«. Er bezeichnete de Gaulle als »einen Führer, der unter Menschen zum Riesen geworden ist, weil er Mut gehabt hat, weil er Voraussicht besaß und weil er die Weisheit hatte zu erkennen, daß die Welt jetzt nach einer Lösung ihrer

* Beide Parteien Großbritanniens lehnten supranationale Institutionen ab. Als Harold Macmillan sich im Juli 1961 zum erstenmal um den britischen Beitritt zum Gemeinsamen Markt bewarb, versicherte er dem Parlament, er interessiere sich nicht für ein »föderalistisches System«, das sich auf eine »völlig falsche Analogie« zum amerikanischen bundesstaatlichen System stütze. Der Labourführer Hugh Gaitskell stellte sich trotz dieser Versicherungen Macmillans gegen die britische Mitgliedschaft, weil er fürchtete,Großbritannien könnte die Freiheit verlieren, eine sozialistische Innenpolitik zu treiben, wenn es sich einem christlich-demokratischen Europa anschloß.

schwierigen Probleme sucht«. De Gaulle erwiderte mit gleicher respektvoller Wärme und erschien – eine bei ihm seltene Geste – bei dem Essen, das Nixon in der amerikanischen Botschaft gab.

Nixon und de Gaulle trafen dreimal zu ausführlichen Besprechungen zusammen. Ich habe nur an einer teilgenommen, aber das von unserem hervorragenden Dolmetscher, General Vernon A. Walters, verfaßte Protokoll gelesen. De Gaulle wußte sich dabei so plastisch auszudrücken und zeigte auch hier die Gewandtheit im Umgang mit der Sprache, der er einen großen Teil seiner Autorität verdankte. Bei seinen Ausflügen in die Geschichte erschien die Notwendigkeit als Magd der Perspektiven des Staatsmannes. Bei dem ersten Treffen im Elysée-Palast waren die Ost-West-Beziehungen das Hauptthema. De Gaulle sprach vom chinesischen Volk und der Notwendigkeit, dafür zu sorgen, daß es nicht »in seiner eigenen Wut isoliert« blieb. Er verlangte die Beendigung des Krieges in Vietnam und schlug vor, wir sollten, um zu einer politischen Lösung zu kommen, für unseren Rückzug eine zeitliche Begrenzung festlegen. Allerdings ging er nur oberflächlich auf dieses Thema ein und sagte nicht, wie wir das erreichen sollten. Für den Nahen Osten empfahl er eine Zwangslösung, die nach seinen Vorstellungen im Rahmen eines Viermächteforums erreicht werden müsse. Als Nixon parallele amerikanisch-sowjetische Gespräche vorschlug, zeigte de Gaulle eine Indifferenz, die er kaum hinter seiner natürlichen extremen Reserviertheit verbergen konnte. De Gaulle hatte kein Interesse an einem amerikanisch-sowjetischen Kondominium. (Über diese Frage wird im Kapitel über den Nahen Osten noch mehr zu sagen sein.)

Was die Sowjetunion betraf, bestand de Gaulle einerseits auf einer starken Verteidigung und stützte seine Auffassung von der Notwendigkeit der Entspannungspolitik mit weit ausholenden historischen Argumenten. Er sagte, es gäbe Rußland und es gäbe den Kommunismus. Die Kommunisten kämen nicht mehr voran; die Gefahr des Kommunismus sei zwar noch nicht gebannt, aber er könne die Welt nicht mehr erobern. Dazu sei es zu spät. Er habe die Dynamik verloren. Rußland sei ein riesiges Land mit einer langen Geschichte, reichen Hilfsquellen, stolz und ehrgeizig, aber das seien nicht unbedingt kommunistische Kriterien. Zwar wären die sowjetischen Führer begeistert, wenn die Vereinigten Staaten und Europa ihre Verteidigungsanstrengung verringerten, aber sie würden wahrscheinlich nicht nach Westen marschieren. Denn das würde zu einem allgemeinen Krieg führen, und Moskau wisse, daß es diesen Krieg nicht gewinnen könne. Die Vereinigten Staaten könnten es nicht zulassen, daß Rußland Europa besetzte, denn das bedeutete auch die Eroberung Asiens und die Isolation der Vereinigten Staaten auf dem amerikanischen Kontinent. In einem Krieg könnte Moskau Anfangserfolge haben, aber die Vereinigten Staaten würden schließlich ihre ganze Kraft einsetzen und Rußland vernichten.

Die Hauptsorge der sowjetischen Führer, sagte de Gaulle, sei China. Die Russen betrachteten ihre Beziehungen zum Westen und den Vereinigten Staaten im Lichte der Probleme, die sie, wie sie glaubten, mit Peking haben würden. Deshalb würden sie sich, wenn der Westen klug vorginge und flexibel bliebe, vielleicht zu einer Verbesserung ihrer Beziehungen zum Westen entschließen, um zu verhindern, daß der Westen hinter dem Rücken mit China verhandelte. De Gaulle war überzeugt, in dieser Hinsicht sei ihr Wunsch nach Entspannung aufrichtig. Die Entspannung konnte nach seiner Meinung dem Westen auch in anderer Weise nützen. Sie bedeute Kontakte, Reisen und den Austausch von Waren und Meinungen. Das Verlangen nach Freiheit und Würde sei in Osteuropa noch nicht tot und werde in einer Atmosphäre der Entspannung sicherlich neuen Auftrieb bekommen. Wenn die Menschen sich am Rande eines Krieges sähen, dann sei das immer ein Vorwand für härtere Kontrollmaßnahmen, die aber nicht aufrechterhalten würden, wenn die Spannungen sich lösten. Außerdem, was sei denn die Alternative? Wenn man nicht Krieg führen und die Mauer in Berlin niederreißen wolle, dann gäbe es keine andere Alternative, als nichts zu unternehmen. Und das sei immer das Allerschlechteste.

De Gaulle befürwortete deshalb amerikanische Kontakte mit den Sowjets, denn er sah darin eine Anwendung der Grundsätze, denen er bereits folgte. Er warnte jedoch vor einem versteckten Einverständnis zwischen den Vereinigten Staaten und der Sowjetunion. Wenn die Vereinigten Staaten Vereinbarungen träfen, sollten sie das »in Gesellschaft« tun; sie sollten vermeiden, was »manche Leute« als die »Yalta-Idee« betrachteten. Kurz, die Entspannung war ihm nicht wichtig genug, einer amerikanisch-sowjetischen bilateralen Einigung das Wort zu reden. Am nächsten Tage trafen sich Nixon und de Gaulle im Grand Trianon in Versailles. Der General sprach sehr lebhaft über die atlantischen Beziehungen und skizzierte seine Vorstellungen von Europa: Italien sei im Mittelmeerraum gefangen und durch die Alpen isoliert; Deutschland, die Quelle allen europäischen Unglücks, sei geteilt und werde von beiden Seiten aufmerksam beobachtet; Frankreich sei ein kontinentales Land mit Zugang zur See; Großbritannien sei ebenfalls von Meeren umschlossen und für den Überseehandel wie geschaffen. Diese vier Länder, die einzigen, die in Europa wirkliches Gewicht hätten, seien in ihren Sprachen, Sitten, ihrer Geschichte und ihren Interessen so verschieden wie ihre jeweilige geographische Lage. Sie, und nicht irgendwelche abstrakten Vorstellungen von Integration, seien die politische Realität in einem Europa, das über sie hinaus nicht existiere.

De Gaulle betonte, es sei für die Sowjets entscheidend zu wissen, daß die Vereinigten Staaten im Falle eines Angriffs fest auf der Seite ihrer Verbündeten in Europa stünden. Aber das integrierte Oberkommando der NATO sei eine andere Sache. Er habe nichts gegen die Bereitschaft anderer

Länder einzuwenden, eine Schutzfunktion Amerikas zu akzeptieren. Aber für Frankreich bedeute die Integration den Verzicht auf die eigene Verteidigung. Wenn ein Krieg von einer integrierten NATO geführt würde, dann würde das französische Volk das Gefühl haben, es sei ein amerikanischer und kein französischer Krieg. Das würde das Ende der französischen Bemühungen bedeuten und damit das Ende einer französischen nationalen Politik. Ein so demoralisiertes Frankreich würde in diesem Fall rasch in den gleichen Zustand geraten, in dem es sich befand, als es dreißig politische Parteien gab. Nach der Auffassung de Gaulles leistete Frankreich – vielleicht paradoxerweise – dem Bündnis den besten Dienst, wenn es unabhängig bliebe.

Dieser den amerikanischen Vorstellungen nach dem Kriege so entgegengesetzte Standpunkt war der eines alten Landes, das skeptisch geworden war, nachdem sich so viele Illusionen zerschlagen hatten, und jetzt wußte, daß Frankreich, wenn es anderen etwas bedeuten wollte, zuerst sich selbst etwas bedeuten mußte. Zwar lehnte der General eine Integration der Streitkräfte ab, befürwortete aber eine Koordination auf dem Gebiet der Außenpolitik. Wir hatten früher die umgekehrte Haltung vertreten. Die Nixon-Regierung bemühte sich nun um Koordination auf beiden Gebieten.

Bei einer dritten kurzen Besprechung im Elysée-Palast ging es um Vietnam, China und bilaterale Beziehungen. Über seine Auffassungen zu Vietnam hatte de Gaulle bei der ersten Besprechung eine zusammenfassende Darstellung gegeben. Über das China betreffende Gespräch werde ich in dem Kapitel berichten, das diese Frage behandelt. Zu den bilateralen Beziehungen zwischen Frankreich und den Vereinigten Staaten sagte Nixon klug, es sei unmöglich, die theoretischen Meinungsverschiedenheiten im Bündnis zu überbrücken; deshalb sollte man sich darum bemühen, im Rahmen konkreter Projekte gemeinsamen Interesses zusammenzuarbeiten. Dem stimmte de Gaulle zu.

Nur über Europa und in der Kraft, mit der er es darzustellen wußte, unterschieden sich die Vorstellungen de Gaulles drastisch von denen der anderen westeuropäischen Führer. Er setzte sich für eine starke Verteidigung ein. Sie war nach seiner Ansicht die Voraussetzung für eine Atmosphäre, in der sich Verhandlungen führen ließen. Er bemühte sich aber nicht mehr als seine Kollegen um den Ausgleich einer potentiellen Unvereinbarkeit zwischen Entspannung und Verteidigung: je erfolgreicher die Entspannung, um so weniger dringlich die Verteidigungsanstrengungen. Der Hauptunterschied lag darin, daß seine Kollegen ihre Ost-West-Politik mit innenpolitischer Notwendigkeit rechtfertigten, während de Gaulle seine Ideen in den Dienst einer historischen Vision stellte.

Ich würde gern berichten, daß meine Kontakte mit de Gaulle auf einer Ebene stattgefunden haben, die meiner Ansicht von seiner historischen

Bedeutung entsprach. Leider war dem nicht so. Der General betrachtete Präsidentenberater als Funktionäre, die nur um ihre Meinung gefragt werden sollten, wenn ihre Vorgesetzten genauere Angaben über ein technisches Problem brauchten, und behandelte sie nicht als selbständige Persönlichkeiten. Gegen Ende des Diners, als der Likör serviert wurde, sagte mir ein Adjutant, daß der General mich zu sprechen wünsche. Ohne den geringsten Versuch, mit mir Konversation zu machen, begrüßte mich der General mit der Frage: »Warum ziehen Sie sich nicht aus Vietnam zurück?«

»Weil«, antwortete ich, »ein plötzlicher Rückzug unsere Glaubwürdigkeit in Frage stellen würde.«

»Wo?« wollte der General wissen. Ich erwähnte den Nahen Osten.

»Das ist aber sehr eigenartig«, sagte der General, der mich um einen Fuß überragte. »Ich habe geglaubt, Ihre Gegner hätten im Nahen Osten selbst Schwierigkeiten mit der Glaubwürdigkeit.«

Am folgenden Tag wurde ich vor dem Essen zu einem Aperitif zu beiden Präsidenten gebeten. Nixon kam auf die unglaubliche Idee, mich zu fragen, was ich von den Ansichten de Gaulles über Europa hielte. Und ich war so schrecklich unbedacht, Nixons Aufforderung zu folgen. De Gaulle erstaunte dieses Ansinnen so sehr, daß er sich in Erwartung meiner impertinenten Meinungsäußerung noch stärker aufrichtete.

»Ich fand sie faszinierend«, sagte ich. »Aber ich weiß nicht, wie der Präsident Deutschland daran hindern will, das Europa, das er eben geschildert hat, zu beherrschen.« Diese unglaubliche Beschränktheit veranlaßte de Gaulle, ein tief melancholisches Gesicht zu machen. Er schien noch einen Zoll zu wachsen, als er mich mit dem Stolz eines schneebedeckten Alpengipfels gegenüber einem kleinen Hügel betrachtete. »*Par la guerre*«, sagte er einfach (»durch Krieg«).

Um mir mit einem Thema, das vielleicht in Reichweite eines Professors lag, eine Chance zu geben, wendete sich de Gaulle der Geschichte zu und fragte mich, welcher Diplomat aus dem 19. Jahrhundert mich am meisten beeindruckt hätte.

»Bismarck«, antwortete ich.

»Warum?« fragte der General.

»Wegen seiner gemäßigten Haltung nach dem Siege«, sagte ich. Hätte ich nun geschwiegen, wäre vielleicht alles gutgegangen. Aber leider merkte ich nicht, daß ich verlieren mußte, und redete weiter. »Nur einmal hat er einen Fehler begangen, als er 1871 gegen seine Überzeugung dem Wunsch des Generalstabs nachgab, Elsaß-Lothringen zu annektieren. Er hat immer gesagt, er habe mehr erreicht, als gut für Deutschland sei.«

Nun gab de Gaulle auf. »Ich bin froh, daß man Bismarcks Rat nicht befolgt hat«, sagte er. »So erhielten wir die Chance, 1918 alles zurückzuerobern.«

Ich glaube nicht, daß ich bei dem großen französischen Führer einen dauernden Eindruck hinterlassen habe.

Der Aufenthalt in Paris war der Höhepunkt der ersten Europa-Reise Nixons. Er kehrte noch einmal zu einem kurzen Zusammentreffen mit dem Papst nach Rom zurück, um mit ihm über die philosophische Anziehungskraft des Kommunismus und die Unruhe der Jugend zu sprechen, bevor er wieder nach Hause flog.

Als wir auf dem Andrews-Flughafen landeten, konnte Nixon mit seinem Europa-Besuch zufrieden sein. Sein zusammenfassender Bericht vor dem Kongreß entsprach recht genau der Wirklichkeit. Er hatte die Reise unternommen, um neue vertrauensvolle Beziehungen zu den europäischen politischen Führern herzustellen. Das war ihm innerhalb der Grenzen gelungen, die ihm durch die Kürze des Unternehmens gesetzt waren. Er hatte sich darum bemüht, die Vereinigten Staaten aus den innereuropäischen Streitigkeiten herauszuhalten. In allen diesen Fragen hatte er Fortschritte erzielt. Bis zu einem gewissen Grade hatte er die europäischen Befürchtungen vor einer Einigung zwischen den Vereinigten Staaten und der Sowjetunion auf Kosten Europas zerstreuen können. Er hatte vor einer Entspannung um ihrer selbst willen gewarnt, denn sie berge die Gefahr der Selbstzufriedenheit, und hatte darauf hingewiesen, daß es notwendig sei, die Lasten innerhalb der NATO gleichmäßig zu verteilen und die Doktrin des Bündnisses den neuen Realitäten anzupassen. Für Konsultationen in einem neuen Geist war ein erster Schritt getan.

Natürlich konnte kein einzelner Staatsbesuch oder Gedankenaustausch mit dem Präsidenten die Ambivalenz innerhalb des Bündnisses überwinden, die zwischen der Furcht vor einer amerikanisch-sowjetischen Einigung auf fremde Kosten und dem Streben nach Entspannung; zwischen dem Verlangen nach einer starken Verteidigung und der Versuchung, militärische Gesichtspunkte innenpolitischen Rücksichten zu opfern; zwischen dem Wunsch, Amerika sollte sich zu einer Truppenstationierung verpflichten, und der Sorge, daß Europa von amerikanischen strategischen Streitkräften verteidigt werden könnte, die nicht Teil der NATO seien, besteht. Aber die Fragen waren definiert, und wir würden jetzt die Antworten des Präsidenten in aller Ruhe formulieren können.

V. Erste Kontakte mit Moskau

1. Ich lerne Anatoli Dobrynin kennen

Die sowjetische Botschaft in den Vereinigten Staaten wurde um die Jahrhundertwende als stattliches privates Wohnhaus gebaut. Heute besitzt es aber keinen Garten mehr. Hohe moderne Bürohäuser blicken herablassend auf diesen etwas gedrungenen viktorianischen Eindringling hinunter, der weder praktisch ist, noch elegant aussieht. Auf dem Dach erhebt sich ein Wald von Antennen. Sie zeigen entweder ein ungewöhnliches Interesse für die amerikanischen Fernsehsendungen bei den Angestellten der sowjetischen Botschaft an, oder sie dienen einem nüchternen Zweck – wie etwa der Befriedigung einer nicht zu unterdrückenden Neugier auf amerikanische Ferngespräche.

Wenn man die Botschaft betritt, kommt man in einen langen Korridor, an dessen Ende ein sowjetischer Sicherheitsoffizier in Ringschaltung zusammengeschlossene Fernsehschirme überwacht. Im ersten Stock befinden sich mehrere große, hohe Räume, die recht verwahrlost waren, bevor sie wieder gestrichen wurden und man zu Ehren des Besuchs von Leonid Breschnew 1973 die Vergoldungen restaurierte. Das waren zweifellos die Aufenthaltsräume, als die kapitalistischen Besitzer hier wohnten. Heute verwendet man sie nur noch für große Empfänge oder offizielle Essen.

Am 14. Februar 1969 wurde ich zum ersten offiziellen Empfang in die sowjetische Botschaft eingeladen. Er wurde zu Ehren von Georgi Arbatow, des Leiters des Forschungsinstituts, gegeben, das sich mit dem Studium der Vereinigten Staaten beschäftigt. Arbatow war ein treuer Anhänger der politischen Linie des Kreml; ich war schon als Universitätsprofessor bei verschiedenen internationalen Konferenzen über die Rüstungskontrolle mit ihm zusammengetroffen. Er wußte viel über Amerika, paßte seine Argumente dem jeweiligen politischen Trend sehr geschickt an und verstand es, besonders subtil den unerschöpflichen Masochismus amerikanischer Intellektueller ins Spiel zu bringen, für die es ein Glaubensartikel war, daß jede Schwierigkeit in den Beziehungen zwischen den Vereinigten Staaten und der Sowjetunion durch amerikanische Dummheit oder Unversöhnlichkeit entstanden sei. Er verfügte fernerhin über eine unerschöpfliche Phantasie, wenn er demonstrieren wollte, wie amerikanische Zurückweisungen die friedliebenden, gefühlvollen Führer im Kreml enttäuschten. Ganz gegen ihren Willen wurden sie durch unseren Mangel an Flexibilität in Konflikte getrieben, die so gar nicht ihrem eigentlichen, so sanften Wesen entsprachen.

An diesem Februarabend drängte sich in den Räumen der Botschaft die übliche Washingtoner Cocktailgesellschaft – Ministerialbeamte, ein paar

Lobbyisten und Kongreßabgeordnete. Nach den in Washington geltenden Maßstäben war es keine besonders glänzende Versammlung. Der Botschafter, Anatoli Dobrynin, war oben in seinen Privaträumen und erholte sich von einer Grippe. Der Gastgeber war der sowjetische Geschäftsträger Juri Tschernjakow.

Ich begrüßte Arbatow, unterhielt mich mit einigen Bekannten und wollte schon wieder gehen, als ein jüngerer sowjetischer Beamter mich am Ärmel zupfte. Er fragte mich, ob ich ein paar Minuten Zeit für seinen Chef hätte. Es war unsere erste Begegnung. Dobrynin begrüßte mich im Schlafrock in dem zweiten Wohnzimmer seiner kleinen Wohnung, das früher wahrscheinlich ein Schlafzimmer gewesen war. Zwei mittelgroße Aufenthaltsräume gingen ineinander über. Sie waren fast gleich eingerichtet und erinnerten mich mit ihren schweren Möbeln an meine Jugend in Deutschland. Dobrynin sah mich mit lächelnden, aufmerksamen Augen an und kam mir in der etwas plump vertraulichen Art entgegen wie jemand, der oft mit höheren amerikanischen Beamten verkehrt. Er meinte, da wir in nächster Zeit eng zusammenarbeiten würden, sollten wir uns mit Vornamen anreden. Seit diesem Tage nennen wir uns »Anatol« und »Henry« (bei ihm klang es wie »Chenry«, denn im Russischen gibt es kein »h«.)* Er sagte, er sei gerade aus der Sowjetunion zurückgekehrt, wo er sich im selben Sanatorium habe untersuchen lassen, in dem auch Breschnew, Kossygin und Podgorny behandelt würden, sagte aber nicht, ob auch sie dort gewesen oder er sie im Kreml gesprochen habe. Er teilte mir mit, die Kremlführung hätte ihn beauftragt, dem neuen Präsidenten eine mündliche Botschaft zu überbringen. Er sagte, er sei schon seit 1962 in Washington und habe viele Krisen erlebt. Während dieser ganzen Zeit habe er zu den höheren Beamten gute und vertrauensvolle persönliche Beziehungen unterhalten. Er hoffe, das werde sich bei der neuen Regierung fortsetzen, und zwar ohne Rücksicht auf die Atmosphäre in den jeweiligen offiziellen Beziehungen. Er meinte, zwischen der Sowjetunion und den Vereinigten Staaten sei besonders zwischen 1959 und 1963 manche große Gelegenheit versäumt worden. Damals war er der Leiter der amerikanischen Abteilung des sowjetischen Außenministeriums gewesen und habe gewußt, daß Chruschtschow aufrichtig darum bemüht war, zu einem guten Verhältnis zu den Vereinigten Staaten zu kommen. Damals sei die Gelegenheit verspielt worden, und das dürften wir heute nicht wieder tun.

Ich sagte Dobrynin, die Regierung Nixon sei bereit, auf der Basis der Gegenseitigkeit Spannungen abzubauen. Wir glaubten jedoch nicht, daß diese Spannungen durch Mißverständnisse begründet seien. Sie ergäben sich aus ganz realen Ursachen, die wir aus dem Wege räumen müßten, wenn ein wirklicher Fortschritt erzielt werden sollte. Wenn Dobrynin gesagt habe,

* Wir sprachen Englisch. Über seinen russischen Akzent habe ich mich natürlich nicht lustig gemacht.

daß in der Zeit von 1959 bis 1963 Gelegenheiten versäumt woren seien, dann müsse das in amerikanischen Ohren sehr eigenartig klingen. Das war schließlich die Zeit gewesen, in der es zweimal zu einem Berlin-Ultimatum gekommen war, als Chruschtschow sich in Wien gegenüber Kennedy ungewöhnlich brutal verhalten hätte, als es wegen der Stationierung sowjetischer Raketen auf Kuba zu einer Krisc gekommen sei und die Sowjetunion einseitig gegen das Moratorium über Kernwaffenversuche verstoßen habe. Wenn die sowjetische Führung mit solchen Methoden eine Verständigung mit der neuen Regierung suchte, dann wären Krisen nicht zu vermeiden; und weitere »Gelegenheiten« würden versäumt werden.

Dobrynin lächelte und gab zu, daß nicht alle Fehler von den Amerikanern begangen worden seien. Ich versprach ihm, möglichst bald ein Gespräch mit dem amerikanischen Präsidenten zu arrangieren.

2. *Die ständigen philosophischen Schwierigkeiten in den amerikanisch-sowjetischen Beziehungen*

Nur wenige außenpolitische Fragen haben die amerikanische Innenpolitik so sehr belastet und die traditionellen Denkgewohnheiten mehr herausgefordert als unsere Beziehungen zur Sowjetunion. Im Lauf unserer Geschichte sind wir kaum darauf vorbereitet worden, mit einem Gegner von vergleichbarer Stärke über längere Zeit auskommen zu müssen, und sind niemals über eine längere Periode großer Spannungen hinaus mit Nationen konfrontiert worden, die unsere entschiedenen Gegner waren. Der Schock, den die feindliche Einstellung Rußlands nach 1945 auslöste, war um so größer, weil die große Allianz im Kriege die Zuversicht gestärkt hatte, daß der Friede durch die dauerhafte Zusammenarbeit der Sieger aufrechterhalten würde. Statt dessen fanden wir uns in einer Welt politischer Rivalitäten und ideologischen Ringens wieder, im Schatten furchtbarer Waffen, die Spannungen erzeugten und sie unlösbar machten. Kein Wunder, daß sich die amerikanische Außenpolitik nach dem Kriege in erster Linie darum bemüht hat, die Schwierigkeiten in den Beziehungen zur zweiten nuklearen Supermacht zu beseitigen.

Es ist erstaunlich, daß wir überhaupt daran gedacht haben, uns in unsere alte Isolation zurückziehen zu können. In zwei Weltkriegen ist das internationale System zerstört worden, das die Weltpolitik 200 Jahre lang beherrscht hatte. Deutschland und Japan verschwanden zeitweilig als wesentliche Faktoren von der Weltbühne. China war vom Bürgerkrieg schwer angeschlagen. Das Territorium jeder bedeutenden ausländischen Macht, mit Ausnahme Großbritanniens, war entweder während des Krieges oder als Folge des Krieges von fremden Truppen besetzt worden. Und Großbritannien war durch seinen heroischen Kampf so erschöpft, daß es seine historische Rolle als Wahrer des Gleichgewichts nicht mehr spielen konnte. Irgendwie hatten wir die Vorstellung, dieses Vakuum könnte von Dauer sein, als wir wenige Monate nach dem Sieg unsere starken Streitkräfte demobilisierten. Unsere Außenpolitik richtete sich auf Versöhnung, Abrüstung und eine weltweite Zusammenarbeit im Rahmen der Vereinten Nationen. Unser geheimer Traum in den ersten Nachkriegsjahren war, die Rolle zu spielen, die der indische Premierminister Nehru später für sich in Anspruch nahm; wir hätten es gern gesehen, wenn irgendein anderes Land, etwa Großbritannien, das Gleichgewicht der Kräfte aufrechterhalten hätte, während wir uns in edler Objektivität darum bemühten, seine Konflikte mit der Sowjetunion auszugleichen. Es war symptomatisch für diese Haltung, daß sich Präsident Truman weigerte, auf dem Wege zur Konferenz nach Potsdam und auf der Rückreise in die Vereinigten Staaten in Großbritannien einen Zwischenaufenthalt einzulegen, weil er nicht den Eindruck erwecken wollte, es bestünde zwischen den Vereinigten Staaten und dem Vereinigten Königreich ein geheimes Einverständnis, das sich gegen unseren sowjetischen Verbündeten richtete. Unsere traditionelle entschiedene Ablehnung der Politik des Gleichgewichts der Kräfte hinderte uns daran, rechtzeitig zu erkennen, daß gerade durch die Totalität unseres Sieges ein gewaltiges Ungleichgewicht der Kräfte und der Einflußmöglichkeiten in Mitteleuropa entstanden war. Die amerikanische Demobilisierung bedeutete für die Sowjets eine günstige Gelegenheit; sie beschleunigte die kommunistische Vorherrschaft in ganz Osteuropa, mit der Stalin zunächst vielleicht gar nicht gerechnet hat, und erzeugte in allen Ländern unmittelbar außerhalb der sowjetischen Einflußsphäre höchste Besorgnis und Unsicherheit.

Die Periode unserer politischen Unschuld endete 1947, als Großbritannien uns mitteilte, es könne die Verteidigung Griechenlands und der Türkei nicht mehr garantieren. Nun waren wir gezwungen einzugreifen – es genügte aber nicht mehr, die nationale Integrität dieser Länder mit entsprechenden Erklärungen garantieren zu wollen. Ob es uns gefiel oder nicht, wir übernahmen die historische Verantwortung für die Aufrechterhaltung des Gleichgewichts der Kräfte, aber wir waren auf diese Aufgabe schlecht vorbereitet. In beiden Weltkriegen hatten wir geglaubt, daß der Sieg den Frieden bedeute, und sogar in der Krise von 1947 glaubten wir immer noch, daß man das Gleichgewicht auf der ganzen Welt aufrechterhalten könnte, indem man vorübergehend eingetretene Störungen der natürlichen Ordnung beseitigte. Nach unseren Begriffen war Macht mit militärischer Stärke gleichzusetzen, und da wir eben unsere für einen Weltkrieg aufgebauten gewaltigen Streitkräfte aufgelöst hatten, glaubten wir, wir müßten militärisch erst wieder ebenso stark sein, bevor wir ernsthafte Verhandlungen mit der Sowjetunion aufnehmen konnten. Wir waren der Ansicht, erst wenn wir ihren expansionistischen Vorstößen Schranken gesetzt hätten, könnte die Diplomatie wieder etwas bewirken, nämlich guten Willen und eine versöhnlichere Haltung erzeugen.

Aber die Herstellung und Erhaltung des Gleichgewichts der Kräfte ist eine Aufgabe, an der permanent gearbeitet werden muß, und eine Anstrengung, deren Ende man nicht absehen kann. Es ist zum großen Teil eine psychologische Angelegenheit; wenn die Beteiligten glauben, die Kräfte seien ausgeglichen, dann wird dieser Zustand nicht auf die Probe gestellt. Bei allen Berechnungen müssen sowohl die potentiellen als auch die wirklich vorhandenen Kräfte einbezogen werden; nicht nur der Machtbesitz, sondern auch die Entschlossenheit, diese Macht zur Wirkung zu bringen. Die Erhaltung des Gleichgewichts erfordert Ausdauer, Feingefühl, eine ganze Portion Mut und vor allem Verständnis der äußeren Umstände und Voraussetzungen.

Wie im III. Kapitel gesagt, bestand unsere erste Reaktion in der Eindämmungspolitik, die davon ausging, daß ernsthafte Verhandlungen mit den Sowjets erst stattfinden könnten, wenn wir unsere militärische Stärke zurückgewonnen hätten. Wir hofften, daß die sowjetische Führung bis dahin eingesehen haben werde, welche Vorteile der Friede bringt. Paradoxerweise überschätzten wir dabei die militärische Überlegenheit der Sowjets, unterschätzten unser eigenes Potential und unsere psychologische Überlegenheit, nicht zu reden von unserem Kernwaffenmonopol, und gaben der Sowjetunion die Zeit, die sie unbedingt brauchte, um ihre Gebietseroberungen zu konsolidieren und das nukleare Ungleichgewicht auszugleichen.

Ich habe schon über die durch die Kernwaffen verursachten Veränderungen der Machtstrukturen gesprochen. Wegen ihrer gewaltigen Zerstörungskraft können Kernwaffen unter bestimmten Voraussetzungen gar nicht eingesetzt werden, etwa bei Sondierungsvorstößen, Guerillakriegen und örtlich begrenzten Krisen. Die Schwäche der von Dulles in den 50er Jahren verfochtenen Stategie der »massiven Vergeltung« (der Doktrin, nach der wir uns das Recht vorbehielten, örtlichen Herausforderungen mit der Drohung, einen strategischen Krieg zu beginnen, begegneten) lag nicht darin, daß sie uns in einen mit Kernwaffen ausgefochtenen Krieg treiben konnte, sondern daß uns in einer Krise nur die Wahl blieb, entweder einen nuklearen Krieg zu führen oder nichts zu unternehmen. Schließlich unternahmen wir nichts (oder verwendeten konventionelle Streitkräfte wie 1958 im Libanon, was der von uns verkündeten Strategie entsprach).

Unter diesen Voraussetzungen versuchten die Vereinigten Staaten, mit der Dynamik des sowjetischen Systems fertig zu werden.

Die sowjetische Außenpolitik wird natürlich im wesentlichen von der kommunistischen Ideologie bestimmt, und das hat zur Folge, daß die zwischenstaatlichen Beziehungen zu Konflikten zwischen verschiedenen Philosophien werden. Die kommunistische Ideologie ist zugleich historische Doktrin und motivierende Kraft. Von Lenin bis Stalin, Chruschtschow, Breschnew und weiter, gleichgültig, wer die Nachfolge antreten wird, haben sich die sowjetischen Führer zum Teil durch eine von ihnen selbst verkündete Erkenntnis der geschichtlichen Kräfte und die Überzeugung leiten lassen, der Sieg des Kommunismus sei aus historischen Gründen unvermeidbar. Diese Ideologie lehrt, daß der Klassenkampf und der wirtschaftliche Determinismus zu revolutionären Umwälzungen führen müssen. Der Konflikt zwischen den revolutionären und konterrevolutionären Kräften läßt sich nicht vermeiden. Für die demokratischen Industriestaaten ist der Friede ein auf natürliche Weise erreichbarer Zustand; er besteht in der Beilegung von Differenzen und dem Nichtvorhandensein von Kämpfen. Im Gegensatz dazu läßt sich ein Kampf nach der Vorstellung der sowjetischen Führer nicht durch einen Kompromiß beenden, sondern nur durch den Sieg einer Seite. Nach der kommunistischen Theorie läßt sich der dauernde Friede nur durch die Beendigung des Klassenkampfes erreichen, und der Klassenkampf kann nur durch einen kommunistischen Sieg beendet werden. Deshalb gilt alles, was die Sowjets unternehmen, so kriegerisch es auch sein mag, dem Frieden, während jede kapitalistische Politik, so versöhnlich sie auch sein mag, schließlich zum Kriege führen muß. Lenin sagt: »Bis die letzte Entscheidung [zwischen Kapitalismus und Kommunismus] gefallen ist, wird der furchtbare Kriegszustand andauern . . . Sentimentalität ist kein geringeres Verbrechen als Feigheit vor dem Feind.«[1] Wenn westliche Politiker oder Analytiker auf die Bedeutung des guten Willens hinweisen, dann können sowjetische Führer darin nur Heuchelei oder Dummheit, Propaganda oder Ahnungslosigkeit sehen.

Die sowjetische Politik verwendet daher ein ganz eigenes Vokabular. 1939 war es der Völkerbund, der nach der sowjetischen Propaganda den Frieden bedrohte, weil er den sowjetischen Angriff gegen Finnland verurteilte. Während sowjetische Panzer im Herbst 1956 in Ungarn Zivilisten erschossen, beschuldigten die Vereinten Nationen Moskau, den Frieden durch die sowjetische bewaffnete Intervention zu bedrohen. 1968 marschierten die Sowjetunion und die Staaten des Warschauer Pakts in die Tschechoslowakei ein, hinter einem Nebelschleier aus Beschuldigungen gegen die Vereinigten Staaten, die Bundesrepublik und die NATO wegen deren »Einmischung«, obwohl der Westen alles unternahm, um nicht in die tschechoslowakische Krise verwickelt zu werden. 1978 »warnte« die Sowjetunion die Vereinigten Staaten davor, sich im Iran einzumischen, und zwar nicht, weil sie sich davor fürchtete, sondern weil sie wußte, daß nichts geschehen werde; damit sollte die Demoralisierung derjenigen beschleunigt werden, die sich dem bereits im Gang befindlichen Umsturz widersetzen wollten. Die sowjetische Führung belastet sich nicht mit Selbstzweifeln oder liberalen Schuldkomplexen. Es gibt auch keine wirksame innenpolitische Opposition, die die Moral ihres

Handelns in Frage stellen könnte. Das Ergebnis ist eine Außenpolitik, der es freisteht, jedes Vakuum auszufüllen, jede Gelegenheit auszunutzen und alles zu tun, was der Doktrin entspricht. Die Politik wird grundsätzlich nur durch die Beurteilung der konkreten Verhältnisse in Schranken gehalten. Sowjetische Friedensbeteuerungen müssen nach diesem Vokabular beurteilt werden. Sie können durchaus »aufrichtig« sein, aber aus pragmatischen Gründen. Wo die Gefahr eines Kernwaffenkrieges besteht, sind sie fraglos aufrichtig, weil die sowjetische Führung nicht die Absicht hat, Selbstmord zu begehen. Aber im Grunde sind sie kaum prinzipieller Natur, sondern entsprechen mehr der Auffassung, daß die Kräfteverteilung die Ausübung militärischen Drucks ungünstig erscheinen läßt. Selbst bei ihren mit größtem Aufwand betriebenen Friedensoffensiven haben die sowjetischen Führer nie ihre Absicht verschleiert, für den menschlichen Geist einen andauernden Krieg zu führen.

In seinem Bericht vor dem Parteikongreß über seine neue Verpflichtung zur Koexistenz hat Chruschtschow seine Politik nach rein taktischen Gesichtspunkten erläutert und als eine Methode dargestellt, die den Kapitalisten die friedliche Kapitulation ermöglichen soll: »Es besteht kein Zweifel daran, daß der mit Gewalt herbeigeführte Sturz der Diktatur der Bourgeoisie in einer Reihe kapitalistischer Länder unvermeidlich ist . . . Aber die soziale Revolution nimmt die verschiedensten Formen an . . . Ob dieses Ringen nun mit größerer oder geringerer Intensität erfolgt, die Anwendung oder Nichtanwendung von Gewalt beim Übergang zum Sozialismus hängt vom Widerstand der Ausbeuter ab . . .«[2]

Man glaubt, historische Tendenzen ließen sich durch taktische Kompromisse nicht beeinflussen. Die marxistische Theorie und die geopolitisch günstige Lage Rußlands ermöglichen es der Sowjetunion, sich auf die Seite aller radikalen antiwestlichen Bewegungen der Dritten Welt zu stellen, gleichgültig, welche praktischen Vereinbarungen zwischen Ost und West auf nuklearem Gebiet getroffen werden. Leonid Breschnew hatte Ende März 1971 auf dem 24. Parteikongreß erklärt:

> »Wir erklären, daß die Sowjetunion, während sie konsequent ihre Politik des Friedens und der Freundschaft unter den Nationen verfolgt, ihren Kampf gegen den Imperialismus entschlossen fortsetzen und entschieden alle schädlichen Pläne und Subversionen der Aggressoren zurückweisen wird. Wie in der Vergangenheit werden wir das Ringen der Völker um Demokratie, nationale Befreiung und Sozialismus unbeirrt unterstützen.«

Sein Kollege, der sowjetische Präsident Nikolai Podgorny, erklärte im November 1973:

> »Das sowjetische Volk glaubt, daß eine gerechte und demokratische Welt nicht ohne die nationale und soziale Befreiung der Völker entstehen

kann. Das Ringen der Sowjetunion um den Abbau internationaler Spannungen, für die friedliche Koexistenz unter den Staaten und verschiedenen Systemen wird und kann nicht eine Abweichung von den Klassenprinzipien unserer Außenpolitik darstellen.«[3]

Die Arena, in der dieses internationale Ringen ausgetragen wird, erstreckt sich also auch auf die Innenpolitik und die Sozialstrukturen der Länder und bedeutet damit eine Verhöhnung der überlieferten Maßstäbe des Völkerrechts, das die Einmischung in die Innenpolitik eines Landes verurteilt. In den Jahrhunderten, in denen die europäischen Nationen die Welt beherrschten, konnte ein Land seinen Einfluß nur durch territoriale Eroberungen steigern; diese waren durchaus greifbar und weckten nach einiger Zeit den gemeinsamen Widerstand aller, die sich durch den Umsturz der etablierten Ordnung bedroht fühlten. Aber in der Nachkriegsperiode ist es möglich geworden, das Gleichgewicht der Kräfte durch Entwicklungen innerhalb des souveränen Territoriums eines anderen Landes zu verändern – durch Unruhen, Revolutionen und Subversion. Eine Ideologie stellt auf diese Weise eine Herausforderung der Stabilität des internationalen Systems dar – wie die nach der Französischen Revolution von Napoleon herbeigeführten Umwälzungen oder wie die Religionskriege, von denen Europa jahrhundertelang erschüttert worden ist. Ideologien überschreiten Grenzen, lassen sich nicht im Zaum halten und verachten Toleranz oder Versöhnlichkeit.

Die Sowjetpolitik ist auch die Erbin der alten Tradition des russischen Nationalismus. Durch die Jahrhunderte hat das uns so rätselhaft erscheinende russische Reich, ausgehend vom Herzogtum der Moskowiter, sich nach Ost und West über die unendliche Weite ausgebreitet, wo menschlichem Ehrgeiz außer durch Entfernungen kein Hindernis gesetzt war, und es hat alles, was sich ihm widersetzte, überflutet, und was sich fügte, aufgesogen. Diese gewaltige Landmasse hat auch Eroberer gereizt, die aber schließlich alle von ihr verschlungen wurden – wozu natürlich auch das harte Klima beigetragen hat. Und sie hat das russische Volk geprägt und daran gewöhnt, Sicherheit damit gleichzusetzen, daß es alle umgebenden Länder zurückdrängt. Die russischen Herrscher – die Kommunisten ebenso wie die Zaren – haben – vielleicht als Folge ihrer durch Unsicherheit gekennzeichneten Geschichte oder eines Minderwertigkeitskomplexes – Sicherheit nicht nur mit weiten Entfernungen, sondern auch mit der Unterwerfung anderer identifiziert. Sie haben nie geglaubt, zu einer moralischen Übereinstimmung mit anderen Völkern kommen zu können. Für Rußland hat die eigene absolute Sicherheit die absolute Unsicherheit all seiner Nachbarn bedeutet. Der leninistische Kommunismus zeichnet sich dadurch aus, daß er dem Expansionsdrang zum erstenmal in der russischen Geschichte die theoretische Grundlage gegeben hat, die sich überall auf der Welt anwenden läßt. Sie beruhigte das russische Gewissen und komplizierte das Problem für alle anderen Völker.

Diese Stärken nationalistischer und ideologischer Impulse, die hinter der sowjetischen Politik liegen, zeigen, wie bedeutungslos ein großer Teil der Diskussion im Westen über die Frage ist, ob diese oder jene sowjetische Maßnahme das Vorspiel für einen weltweiten Entscheidungskampf ist oder ob irgendein Entgegenkommen ein Tauwetter oder einen Gesinnungswandel bedeutet. Immer wieder fragt man: Welches sind die letzten politischen Ziele der Sowjetunion? Welches sind die wirklichen Absichten der sowjetischen Führer? Vielleicht sind das die falschen Fragen, denn mit ihnen scheint man sagen zu wollen, daß die Antwort in den geheimen Kammern des Denkens der sowjetischen Führer läge, als könne Breschnew sie preisgeben, wenn er mitten in der Nacht geweckt würde oder man ihn in einem unerwarteten Augenblick überraschte. Wenn die Demokratien sich auf die Fragen nach den letzten Zielen konzentrieren, werden sie bei jedem neuen geopolitischen Schritt, den die Sowjetunion unternimmt, zur Ungewißheit und zum Zaudern gezwungen, werden sie zu analysieren suchen und darüber debattieren, ob das Gebiet, um das es im Einzelfall geht, eine »strategische Bedeutung« hat oder ob man mit einer Verhärtung der Sowjetpolitik rechnen müsse. Das sind aber nicht die Alternativen, wie sie von den Sowjetführern gesehen werden. Die sowjetische Praxis, die auf einen vorausberechenbaren Verlauf der Geschichte vertraut, besteht darin, die Aufweichung der Gegner durch kleine Schritte zu begünstigen und nicht alles auf einen Schlag erreichen zu wollen. Lenin schreibt: »Die Schlacht in einem für den Feind offensichtlich günstigen, für uns aber ungünstigen Augenblick anzunehmen, ist ein Verbrechen.«[4] Ebenso ist es natürlich ein Verbrechen, den Konflikt nicht zu suchen, wenn die Kräfteverteilung günstig erscheint. Die sowjetische Taktik wird daher zu jeder Zeit und an jedem Ort dadurch bestimmt, wie die sowjetischen Führer das »objektive Kräfteverhältnis« beurteilen, wozu sie ja als Marxisten in der Lage zu sein glauben.

Nach meiner Ansicht ist es daher richtiger, die sowjetische Strategie als die des rücksichtslosen Opportunismus zu erkennen. Keine Gelegenheit, einen Gewinn zu erzielen, darf westlichen Vorstellungen von gutem Willen geopfert werden. Das gewaltige Kapital an Sympathie, das sich während des Zweiten Weltkriegs angesammelt hatte, wurde ohne Zögern geopfert, als es möglich wurde, eine Bastion in Osteuropa zu errichten. 1955 nutzten die Sowjets die Gipfelkonferenz in Genf dazu aus, ihre Stellung in Ostdeutschland zu festigen, und ebneten dem Waffengeschäft mit Ägypten die Wege, dessen Folge 20 Jahre dauernde Unruhen im Nahen Osten waren. 1962 wurde eine neue amerikanische Regierung, die mit großer Dringlichkeit – fast flehentlich – ihren Wunsch zum Ausdruck gebracht hatte, die Beziehungen zwischen den Vereinigten Staaten und der Sowjetunion auf eine neue Basis zu stellen, mit einem Ultimatum in der Berlin-Frage und einer Raketenkrise auf Kuba konfrontiert. 1975 und 1976 verhinderte die Möglichkeit, ein SALT-Abkommen zu schließen, nicht, daß die Sowjets die Entsendung kubanischer Streitkräfte nach Angola unterstützte. 1977 erfüllten sich die Hoffnungen einer neuen Regierung, die sehr darum bemüht war, die Entspannungspolitik wieder zu beleben, nicht, und die Sowjets weigerten sich, Zurückhaltung zu üben, als sich in Äthiopien die Gelegenheit für einen Krieg bot, den andere stellvertretend ausfechten mußten. Bei jeder politischen Entscheidung haben die sowjetischen Führer ihre Interessen nicht mit dem guten Willen von Ländern identifiziert, die nach der sowjetischen Doktrin im Wesen feindlich sind, sondern haben die ihnen günstig erscheinenden strategischen Gelegenheiten ausgenutzt. Wer von den sowjetischen Führern erwartet, sie würden günstige Gelegenheiten ungenutzt verstreichen lassen, deutet die Geschichte falsch. Es ist daher die Aufgabe des Westens, den Sowjets solche Gelegenheiten nicht zu geben. *Wir* müssen den sowjetischen Bestrebungen die Grenzen setzen.

Das ist ein erreichbares Ziel. Die imposante monolithische Struktur eines totalitären Staats verschleiert oft seine latenten Schwächen. Das sowjetische System ist politisch instabil; es besitzt keinen Nachfolgemechanismus. Von den vier Generalsekretären der Sowjetischen Kommunistischen Partei sind zwei im Amt gestorben; der dritte ist in einem Verfahren, das einem Staatsstreich sehr nahekam, aus dem Amt entfernt worden; das Schicksal des vierten ist, während dieses Buch geschrieben wird, noch nicht entschieden. Weil es keine »legitime« Methode gibt, die Führung abzulösen, werden alle sowjetischen Führer in ihren Ämtern alt. Ein schwerfälliger bürokratischer Apparat und die Komplexität der kollektiven Führung haben zur Folge, daß die sowjetische Außenpolitik nur selten diplomatische Brillanz verrät oder sofort auf rasche Entwicklungen reagiert.

Auch das sowjetische Wirtschaftssystem ist wenig beeindruckend. Ironischerweise liegt der Lebensstandard in der Sowjetunion, einem Land, das den ökonomischen Determinismus predigt und reich an Hilfsquellen ist, weit hinter dem seiner osteuropäischen Satelliten, und zwar 60 Jahre nach der Machtübernahme durch den Kommunismus. Mit der Zeit muß diese Ineffizienz dazu führen, daß die Rohstoffe, die heute vor allem für Rüstungszwecke genutzt werden, knapp werden, weil man sie auch auf anderen Gebieten der Wirtschaft braucht. Man kann auch nicht damit rechnen, daß die kommunistische Partei auf ewige Zeiten unangefochten ihre monolithische Stellung behalten wird. Das totale Plansystem führt zu kopflastigen, miteinander konkurrierenden Demokratien, deren Arbeit von den alternden Führern im Politbüro nur mühsam überwacht und koordiniert werden kann. Es ist eine Ironie, daß die kommunistische Partei in den so straff durchorganisierten kommunistischen Staaten selbst keine wirkliche Funktion hat, obwohl sie das ganze gesellschaftliche Leben durchdringt. Man braucht sie weder in der Wirtschaft noch in der Verwaltung oder in der Regierung. Sie ist vielmehr die Verkörperung einer Struktur von Privilegien; ihre Daseinsberechtigung begründet sie allein mit ihrer Wachsamkeit gegenüber inneren und äußeren Feinden – und erzeugt damit ein rechtmäßiges Interesse an Spannungen. Früher oder später wird diese im Wesen parasitäre Funktion – besonders in einem Nationalitätenstaat – zu inneren Spannungen führen.

Nichts wäre verkehrter als der Glaube an den Mythos von einem unaufhaltsamen sowjetischen Vormarsch, dessen einzelne Bewegungen von irgendwelchen Superplanern sorgfältig aufeinander abgestimmt worden sind. Koexistenz auf der Grundlage des Gleichgewichts der Kräfte sollte daher durchaus erreichbar sein – vorausgesetzt, die Herausforderung wird von uns richtig verstanden. Aber gerade das bereitet den Demokratien Schwierigkeiten. Die Vorstellungen des Westens von der Sowjetunion sind immer wieder die gleichen gewesen: Erstens hat man angenommen, die Sowjets hätten ihre politischen Ziele geändert und ihre Führer konzentrierten sich mehr auf die wirtschaftliche Entwicklung im eigenen Land als auf außenpolitische Abenteuer. Zweitens glaubt man, Verbesserungen der Atmosphäre und gute persönliche Beziehungen zu den sowjetischen Führern könnten die feindselige Haltung abbauen helfen. Drittens ist man der Meinung, im Kreml gäbe es Falken und Tauben, und es sei die Pflicht der westlichen Demokratien, den Einfluß der Tauben durch eine versöhnliche Politik zu stärken.

Der Eifer, mit dem so viele Personen in der nichtkommunistischen Welt erklären, die Spannungen und Gefahren des Kalten Krieges seien beendet, entbehrt nicht der Bitterkeit. In den 30er Jahren behauptete der prominente amerikanische Historiker Michael Florinsky: »Die ehemaligen Kreuzritter der Weltrevolution um jeden Preis haben ihre Schwerter gegen Werkzeuge vertauscht und verlassen sich heute mehr auf die Früchte ihrer Arbeit als darauf, durch direktes Eingreifen den endgültigen Sieg für das Proletariat zu erreichen.«[5] Europa und die Vereinigten Staaten bewunderten die in der sowjetischen Verfassung definierten Freiheiten, während der Archipel Gulag immer größer wurde, die Schauprozesse zur politischen Säuberung jeder Vorstellung von Gerechtigkeit spotteten und die Sowjetunion als erstes größeres Land Hitler Ouvertüren darbrachte. Nachdem Stalin 1943 die Kommunistische Internationale aufgelöst hatte, wurde der Senator Tom Connally aus Texas, sicher kein Kommunistenfreund, wie folgt zitiert: »Die Russen haben seit Jahren ihr Wirtschaftssystem verändert und nähern sich dem Punkt, an dem sie den Kommunismus aufgeben werden; die ganze westliche Welt wird den Erfolg dieser Bemühungen dankbar begrüßen.«[6]

Der Unterstaatssekretär Sumner Welles schrieb: »Bei Abschluß dieses Krieges wird die Sowjetregierung zweifellos während einer Reihe von Jahren ihre Hauptenergie für die Rehabilitierung und den Wiederaufbau ihrer zerstörten Städte und Gebiete einsetzen, um das Problem der Industrialisierung zu bewältigen und eine Hebung des Lebensstandards zu erreichen.«[7]

Die Stimmen, die behaupten, die Sowjetunion bemühe sich vor allem um die wirtschaftliche Entwicklung, sind nie verstummt. Die westlichen Demokratien, die diese Fragen nach ihren eigenen innenpolitischen Erfahrungen beurteilen, glauben, man könne der Unzufriedenheit im Volk durch wirtschaftlichen Fortschritt begegnen und der wirtschaftliche Fortschritt sei ein viel vernünftigeres Ziel als außenpolitische Abenteuer. 1959 schrieb Averell Harriman: »Ich glaube, es liegt Chruschtschow sehr viel daran, den Lebensstandard in der Sowjetunion zu heben. Ich glaube, er betrachtet den gegenwärtigen Siebenjahresplan als Krönung des Erfolgs der kommunistischen Revolution und historischen Wendepunkt im Leben des sowjetischen Volkes. Er sieht darin auch ein Denkmal für sich selbst, das ihm in der Geschichte einen Platz als großen Wohltäter seines Landes sichern wird.«[8] An die bitteren Enttäuschungen, die auf solche Hoffnungen folgen, hat er nicht gedacht.

Im Februar 1964 behauptete der amerikanische Außenminister Dean Rusk, der sicherlich keine Taube war, zuversichtlich: »Sie (die Kommunisten) haben augenscheinlich angefangen zu begreifen, daß zwischen dem Verlangen, den Weltkommunismus mit Gewalt herbeizuführen, und den Bedürfnissen des sowjetischen Staats und Volks ein unauflöslicher Widerspruch besteht.«[9] Die gewaltsame Unterdrückung der Aufstände in Ostdeutschland und Ungarn, die wiederholten Konfrontationen in der Berlin-Frage, die Raketenkrise in Kuba, der Einmarsch in die Tschechoslowakei, die massive materielle Unterstützung Vietnams, das Schüren der Spannungen im Nahen Osten und die unaufhörlichen Versuche, in Afrika weiche Stellen zu finden – das alles hat nicht die verbreitete Überzeugung zu erschüttern vermocht, ein sowjetischer Sinneswandel stehe kurz bevor und für die Sowjets sei die wirtschaftliche Entwicklung wichtiger als außenpolitische Abenteuer. (Ein Grund, weshalb es so schwer gewesen ist, diese letzte Behauptung auf die Probe zu stellen, liegt natürlich darin, daß die demokratischen Industriestaaten nie von der Sowjetunion verlangt haben, sich in dieser Frage zu entscheiden: Sie haben ihr auch in Perioden sowjetischer Aggressivität Kredite gewährt und Handel mit ihr getrieben.)

Ebensowenig hört man auf zu glauben, im Kreml wüte ein ständiger Machtkampf, bei dem Amerika die friedlicheren Elemente durch eine versöhnlichere Politik unterstützen könnte. Immer wieder hat der Westen Gründe gefunden, die seine Auffassung von der Ablösung der Männer an der Spitze der Sowjetunion stützten; der neue Staats- und Parteiführer war nach westlicher Auffassung immer der Führer des »liberalen« Flügels, sogar Josef Stalin. Am deutlichsten drückt sich diese westliche Haltung vielleicht in einem Schriftstück aus, das 1955 verfaßt worden ist. Heute erkennen wir seine Ironie. Nach der Jalta-Konferenz sagte der Berater des Weißen Hauses, Harry Hopkins, dem Schriftsteller Robert Sherwood:

»Die Russen hatten bewiesen, daß sie vernünftig und weitblickend sein konnten, und weder der Präsident noch wir anderen hatten den geringsten Zweifel daran, daß wir in Zukunft, solange wir es uns nur vorstellen konnten, friedlich mit ihnen zusammenleben und auskommen könnten. Dazu muß ich aber noch eine Anmerkung machen – ich glaube, wir haben alle innerlich den Vorbehalt gemacht, daß wir nicht voraussagen könnten, welche Folgen es haben würde, wenn Stalin etwas zustieße. Wir waren überzeugt, uns darauf verlassen zu können, daß er vernünftig, sachlich und verständnisvoll sein würde – aber wir konnten nicht wissen, was dort im Kreml vielleicht hinter ihm stand.«[10]

Am 5. Mai 1958 schrieb die New York Times: »Westliche Diplomaten sprechen davon, daß das Weiterbestehen der liberalen Regierung unter Nikita S. Chruschtschow von dem Zusammentreffen zwischen dem sowjetischen Premier und den westlichen Führern abhängt.« Diese Haltung führte 1959 zum Besuch Chruschtschows in Washington. Nachdem Chruschtschows Bemühungen, das strategische Gleichgewicht zu verändern, an der Raketenkrise in Kuba gescheitert waren, spekulierten Experten in Washington darüber, daß er gegen die Vertreter einer harten Linie im Kreml zu kämpfen habe und das Verständnis und die Unterstützung der Vereinigten Staaten brauche, damit sich seine Gegner nicht durchsetzten. Dabei übersah man ganz, daß Chruschtschow selbst die Raketen nach Kuba geschickt hatte und vor allem deswegen angegriffen wurde, weil ihm sein Vorhaben nicht gelungen war.[11] Man kann aber plausibel argumentieren, wir stützen die gemäßigten Elemente, die es im Kreml geben könnte, mehr durch unsere Festigkeit, um damit anzuzeigen, auf welches Risiko sich sowjetische Abenteurer einließen, und nicht, wenn wir den Eindruck erweckten, daß die Vertreter der harten Linie unbeschadet handeln könnten.

Die Vorstellung von Gegensätzen im Kreml, in deren Rahmen Amerika seinen Einfluß geltend machen könnte, verleiht auch dem anderen, oft vorgetragenen Gedanken Bedeutung: daß Spannungen, weil durch persönliche Mißverständnisse entstanden, durch Charme und Aufrichtigkeit abgebaut werden könnten. Etwas mehr als zwei Jahre nach dem Amtsantritt Präsident Eisenhowers, der seinerzeit gesagt hatte, er werde den Kommunismus zurückdrängen, kam es mit den Sowjets zu einem Gipfeltreffen, von dem behauptet wurde, der persönliche Charme des Präsidenten habe den Beginn einer neuen Ära eingeleitet. Die *New York Herald Tribune* schrieb am 21. Juli 1955: »Niemand würde den Wandel der russischen Haltung unterschätzen wollen. Ohne sie wäre nichts möglich gewesen . . . Aber es bleibt die Leistung Präsident Eisenhowers, daß er diesen Wandel begriff, die Öffnung erkannte und sie zum Vorteil des Weltfriedens ausnutzte.« Am 1. August 1955 behauptete die Zeitschrift *LIFE:* »Das wichtigste Ergebnis der Genfer

Konferenz ist so einfach und atemberaubend, daß Zyniker und Rechthaber es immer noch in Frage stellen und es die Amerikaner aus anderen Gründen schwer begreifen können. Andere Personen haben jetzt die Sache des Friedens zu der ihren gemacht. Nach Auffassung der Europäer ist der Titel des Friedenshelden jetzt von Moskau an Washington übergegangen.« Dabei blieb die Frage offen, wie ein Land, das in kurzer Folge alle osteuropäischen Staaten zu Satelliten gemacht, Berlin unter Blockade gestellt und einen Aufstand in Ostdeutschland niedergeschlagen hatte, den Titel des Ersten Verteidigers des Friedens hatte erwerben können. Aber der Glaube, daß der Friede von guten persönlichen Beziehungen abhänge, war sogar in den 50er Jahren sehr verbreitet. Am beredtesten hat der damalige britische Außenminister Harold Macmillan diesen Gedanken zum Schluß der Außenministerkonferenz des Jahres 1955 zum Ausdruck gebracht. Dieses Treffen war gerade deshalb in eine Sackgasse geraten, weil die Sowjets auf der vorangegangenen Gipfelkonferenz ein Nachlassen der Spannungen ausschließlich durch atmosphärische Verbesserungen erreicht hatten:

»Warum hat dieses Treffen (der Gipfel) in der ganzen Welt neue Hoffnungen und Erwartungen geweckt? Es lag nicht daran, daß die Gespräche besonders bemerkenswert waren . . . Man war auch nicht zu sensationellen Vereinbarungen gekommen. Es ging nicht eigentlich darum, was getan oder gesagt wurde. Was die Vorstellungskraft in der Welt beflügelte, war die Tatsache, daß es zwischen den Spitzenpolitikern der beiden Gruppen, in die die Welt aufgeteilt ist, zu einem freundschaftlichen Zusammentreffen gekommen war. Diese Männer mit ihren gewaltigen Belastungen haben sich getroffen, miteinander gesprochen und gescherzt wie gewöhnliche Sterbliche . . . Der Geist von Genf bedeutete wirklich eine Rückkehr zu normalen menschlichen Beziehungen.«[12]

Ein Jahr später schlugen die gleichen sowjetischen Führer den Aufstand in Ungarn nieder und bedrohten Großbritannien und Frankreich wegen der Krise im Nahen Osten mit einem Kernwaffenkrieg – nachdem sich die Vereinigten Staaten ostentativ von ihren Verbündeten distanziert hatten. Doch zehn Jahre später, 1965, gab Präsident Johnson in seiner Botschaft über den Zustand der Nation der Hoffnung Ausdruck, daß die Nachfolger Chruschtschows auch die Vereinigten Staaten besuchen würden, um das Risiko persönlicher Mißverständnisse zu verringern:

»Wenn wir in Frieden zusammenleben sollen, müssen wir einander besser kennenlernen. Ich bin sicher, das amerikanische Volk würde die Gelegenheit begrüßen, die sowjetischen Führer in unserem Fernsehen zu hören – ebenso wie ich mich freuen würde, wenn das sowjetische Volk unsere Führer in ihrem Fernsehen hören könnte.

Ich hoffe, die neuen sowjetischen Führer können Amerika besuchen, damit sie unser Land aus eigener Anschauung kennenlernen.«

Trotz der zwiespältigen Herausforderungen durch die Sowjetunion lähmt der Westen sich darüber hinaus noch selbst, und zwar nicht nur durch übermäßige Versöhnungsbereitschaft, sondern auch durch ein Übermaß an Ungestüm. In jedem Jahrzehnt wurde die Alternative zu einer Politik sentimentaler Versöhnungsbereitschaft in der Form liturgischer Kriegsbereitschaft dargestellt, als genüge das emphatische Hinaustrompeten antikommunistischer Überzeugungen, um Mauern einstürzen zu lassen. Neben der Vorstellung, daß es im sowjetischen System entscheidende Veränderungen gegeben habe, stand auch noch der Glaube, die sowjetischen Ziele könnten nie modifiziert werden, was bedeuten würde, daß der Sowjetstaat der erste in der Geschichte wäre, der gegen historische Veränderungen immun ist. Personen, die die amerikanische Unversöhnlichkeit beklagten, stießen auf die Gegnerschaft anderer, die sich nicht vorstellen konnten, daß eine Einigung mit der Sowjetunion in unserem Interesse sein könnte; manchmal wurde schon allein die Tatsache, daß die Sowjets nach einer Vereinbarung strebten, als ein Argument gegen sie benutzt. Doch beide Haltungen entsprangen dem gleichen Irrtum, daß es nämlich irgendwo einen Endpunkt für internationale Spannungen gäbe, der sich entweder durch den Beweis guten Willens oder durch Härte erreichen ließe. Man vernachlässigte dabei die Realität, daß man es nämlich mit einem System zu tun hatte, das für eine sofortige Versöhnung ideologisch zu feindlich und militärisch zu mächtig war, um es zu vernichten. Wir mußten verhindern, daß die Sowjets strategische Möglichkeiten ausnutzten; wir mußten aber auch genügend Vertrauen zu unserem eigenen Urteil haben, um Vereinbarungen zu treffen, mit denen sich Zeit gewinnen ließ – Zeit für die dem kommunistischen System inhärente Stagnation, um es auszuhöhlen, und Zeit, damit die andere Seite begriff, wie notwendig eine auf Zurückhaltung begründete Koexistenz sei.

Ich war ein Kritiker dieser beiden Schulen gewesen – die in dem Jahrzehnt vor meinem Eintritt in den öffentlichen Dienst alle Nachkriegsregierungen beeinflußt hatten:

»Der innere Zwang, sich mit den sowjetischen Absichten befassen zu müssen, veranlaßt den Westen, in Perioden der Entspannung überheblich zu sein und auf Krisen mit Panik zu reagieren. Sanfte Töne der Sowjets werden so beurteilt, als sei damit schon der Friede erreicht; sowjetische Feindseligkeit gilt als Signal für eine neue Periode der Spannungen und veranlaßt gewöhnlich rein militärische Gegenmaßnahmen. Der Westen ist daher niemals auf einen sowjetischen Kurswechsel vorbereitet; er ist ebensowenig auf die Entspannung wie auf die Zunahme von Spannungen vorbereitet gewesen.[13] In der Hitze des Gefechts ist manchmal ganz vergessen worden, daß die Befürworter und Gegner von Verhandlungen in ihren Grundvoraussetzungen übereinstimmten. Sie waren sich darin einig, daß eine wirkungsvolle Lösung aller Fragen eine Veränderung innerhalb des sowjetischen Systems voraussetzte. Beide glaubten, die westliche Außenpolitik sollte versuchen, die innenpolitische Entwicklung in der Sowjetunion zu beeinflussen. Beide Gruppen vermittelten den Eindruck, daß das Wesen einer möglichen Einigung mit der kommunistischen Welt ganz deutlich erkennbar sei ... Ihre Meinungen gingen vor allem in der Beurteilung des richtigen Zeitpunkts auseinander. Die Gegner von Verhandlungen behaupteten, der sowjetische Sinneswandel läge noch in der Zukunft, während die Befürworter sagten, er habe bereits stattgefunden. Dabei ging es mehr um die Frage, ob wir verhandeln sollten, als um den Inhalt dieser Verhandlungen. Die Diskussion über die innenpolitische Entwicklung in der Sowjetunion verbrauchte Energien, die dazu hätten eingesetzt werden können, unsere eigenen Ziele zu definieren. Sie veranlaßte uns, aus etwas Selbstverständlichem, aus unserer Bereitschaft zu verhandeln, eine Streitfrage zu machen, und lenkte uns davon ab, ein konkretes Programm auszuarbeiten, das allein den Verhandlungen einen Sinn gegeben hätte.«[14]

Als die Regierung Nixon ihr Amt übernahm, zeigte die außenpolitische Bilanz kaum einen für uns positiven Saldo. Die Sowjetunion hatte eben die Tschechoslowakei besetzt und schickte massive Waffenlieferungen nach Nordvietnam. Wäre ihre Hilfe nicht gewesen, hätten wir mit Sicherheit erfolgreiche Verhandlungen mit Hanoi führen können. Sie hatte sich nicht bereit gefunden, sich an einer Lösung der politischen Fragen im Nahen Osten zu beteiligen, und die Sowjetunion verfügte zu dieser Zeit schon fast über ebensoviele strategische Waffen wie wir. Die entscheidende amerikanische Überlegenheit, die die ganze Nachkriegsperiode gekennzeichnet hatte, war 1967 nicht mehr vorhanden, weil wir unsere Aufrüstung auf 1000 Minuteman-Interkontinental-Raketen, 656 von U-Booten abzuschießende Polaris-Raketen und 54 Titan-Interkontinental-Raketen begrenzt hatten. 1969 war es klar, daß die Sowjetunion sehr bald über ebensoviele Flugkörper verfügen würde, mit denen sie die Vereinigten Staaten erreichen konnte, wie sie den Amerikanern für einen Gegenschlag gegen die Sowjetunion zur Verfügung standen, und wenn das sowjetische Raketenbauprogramm der 70er Jahre weitergeführt würde, dann würde sie uns überlegen sein.

Die neue Regierung mußte mit einer ganzen Reihe von Widersprüchen fertig werden. Was man auch über die wachsende Militärmacht der Sowjets, die kommunistische Ideologie, den russischen Expansionismus und den sowjetischen Interventionismus sagen mochte, wer Ende der 60er Jahre die Regierung übernahm, mußte von dem bisher noch nie dagewesenen Ausmaß der Forderung nach Frieden tief beeindruckt sein. Kein Säbelrasseln konnte darüber hinwegtäuschen, daß das bestehende Kernwaffenarsenal genügte, die ganze Menschheit zu vernichten; kein noch so großes Mißtrauen gegenüber der Sowjetunion konnte einen veranlassen, die überlieferte Politik des Gleichgewichts der Kräfte zu verfolgen oder Krisen mit Konfrontation zu begegnen. Es konnte keine höhere Pflicht geben, als die Katastrophe eines Krieges mit Kernwaffen zu verhindern. Jedoch Sentimentalität konnte nur schaden. Sie würde unser Volk und ebenso die kommunistischen Führer in die falsche Richtung führen, unser Volk einem Schock aussetzen und die Kommunisten zu der Annahme verleiten, Verhandlungen könnten ein brauchbares Instrument der politischen Kriegführung sein. Wir mußten erkennen, daß wir zu Hause und bei unseren Verbündeten durch entschlossenes Handeln in einer Krise nur dann Unterstützung finden würden, wenn wir bewiesen, daß wir die Krise nicht selbst herbeigeführt hatten. Aber bei dem Versuch, den Frieden in der Welt zu sichern, wäre es auch töricht gewesen, die Menschen nur beruhigen zu wollen. Sie hätten dann das Wesen einer ideologischen und geopolitischen Herausforderung nicht erkannt, die noch Generationen andauern würde. Ebenso töricht wäre es gewesen, aus Rücksicht auf die eigene Popularität die notwendigen Ausgaben für die taktische und strategische Verteidigung zu scheuen. Das war für eine Demokratie, die in Asien einen Krieg führte, der erhebliche innere Spaltungen zur Folge hatte, keine leichte Sache.

Die verantwortlichen Politiker können ihre Friedens- und Wahrheitsliebe nicht durch gefühlvolle Erklärungen unter Beweis stellen. Wir mußten unsere Hingabe an diese Ziele durch die Disziplin nachweisen, mit der wir das verteidigen wollten, was wir für wertvoll hielten, und die Voraussetzungen für Sicherheit auf lange Zeit schaffen. Wir mußten unser Volk lehren, sich seiner ständigen Verantwortung bewußt zu sein und nicht damit zu rechnen, daß je eine Zeit ohne Spannungen und Gegner kommen würde. Ein solcher Kurs war vielleicht nicht bequem oder einfach, besonders für ein so ungeduldiges Volk wie das unsere. Aber kommende Generationen würden uns danach beurteilen, ob wir ihnen eine sicherere Welt hinterlassen hatten, als wir sie vorfanden, eine Welt, die den Frieden bewahrt hatte, ohne zu resignieren, und das Vertrauen und die Hoffnungen der freien Völker stärkte.

3. Überlegungen während der Übergangsperiode

Der Kreml neigt dazu, jede neue amerikanische Regierung mit äußerstem Mißtrauen zu beobachten. Es liegt im Wesen bürokratischer Strukturen, daß sie Voraussagbarkeit verlangen, und die sowjetischen Führer wirken im Rahmen einer byzantinischen Bürokratie, deren feste Regeln unbedingt eingehalten werden müssen. Wenn sie mit der Stabilität der Verhältnisse bei ihren Gegnern rechnen können, fällt es ihnen nicht schwer, sich anzupassen; angesichts rascher Veränderungen werden sie jedoch nervös, denn sie unterminieren das Vertrauen ihrer Kollegen in ihre Urteilsfähigkeit und lassen sie daran zweifeln, ob sie die Lage noch in der Hand haben. Es hatte nach unserer Ansicht keinen Sinn zu versuchen, den Sowjets schon sofort nach der Amtsübernahme diese Unsicherheit zu nehmen, indem wir sie an unsere gemeinsamen moralischen Verpflichtungen erinnerten, denn für die sowjetische Führung gab es, wenn man ihren Werdegang und ihre Ideologie berücksichtigte, diese Werte nicht. Sie verstehen es besser, wenn man von dem eigenen Interesse ausgeht. Nicht zufällig haben in den Beziehungen zwischen der Sowjetunion und anderen Gesellschaften die westlichen Führer, die am ehesten ihren sowjetischen Verhandlungspartnern »Verständnis« entgegenbrachten, am wenigsten Erfolg gehabt. Eine sowjetische Führung, die stolz darauf ist, die politischen Motivationen objektiv richtiger zu erkennen als andere, darf nicht zugeben, daß sie von auf Dauer geltenden Überlegungen beeinflußt wird. So haben auch die fast beschwörend wirkenden Bemühungen der Kennedy-Regierung keinen Fortschritt erzielen können, bevor das psychologische Gleichgewicht wiederhergestellt worden war; zunächst durch die Wiederaufrüstung der Vereinigten Staaten nach den gegen Berlin gerichteten Maßnahmen der Sowjets und dann durch die Kuba-Krise. Erst nach diesen Ereignissen wurden gewisse Fortschritte erzielt.

Der Kreml kannte Nixon andererseits als einen Kommunistenhasser, hat es aber nie zugelassen, daß persönliche Antipathien dem nationalen Interesse der Sowjets im Wege standen. So hat Stalin z. B. schon wenige Wochen nach der Machtergreifung durch die Nationalsozialisten versucht, mit Hitler ins Gespräch zu kommen. Trotz des gegenseitigen Mißtrauens waren die Beziehungen zwischen dem Kreml und der Regierung Nixon sachlicher als in den meisten vorangegangenen Amtsperioden amerikanischer Präsidenten, und sie waren auch nicht von zunächst übertriebenen und dann enttäuschten Hoffnungen gekennzeichnet. Das seltsame Gespann Breschnew–Nixon entwickelte schließlich einen Modus vivendi, weil jeder die Vorstellungen und Interessen des anderen allmählich begriff. Nixon war schon als Vizepräsident in der Sowjetunion gewesen und hatte dort sein berühmtes »Küchengespräch« mit Chruschtschow geführt. Er kannte die sowjetische Führung besser als irgendein anderer Präsidentschaftskandidat der letzten Zeit. Moskau sorgte sich darum, daß der neue Präsident mit einem neuen Rüstungsprogramm beginnen könnte, das die sowjetische Wirtschaft schwer belasten würde, war jedoch bereit, sich nach dem Preis zu erkundigen, für den eine solche Entwicklung abgewendet werden konnte. Gleichzeitig folgte sie ihrer bewährten Taktik, so zu tun, als könnte sie durch Drohungen nicht beeindruckt werden, und versuchte statt dessen, die innenpolitische Unterstützung der von ihr gefürchteten Maßnahmen zu unterminieren – eine altbewährte Methode.

Es dauerte einige Zeit, bis eine vernünftige Arbeitsbeziehung hergestellt war, doch als es schließlich gelang, war es kein Zufall gewesen. Kein Thema hat den gewählten Präsidenten in der Übergangsperiode mehr beschäftigt, er und ich haben Stunden damit zugebracht, unseren Kurs zu entwerfen. Nixon hatte dieses Problem mehr im innenpolitischen Rahmen gesehen als ich. Er hatte sich durch seinen harten und manchmal lautstarken Antikommunismus einen Namen gemacht und wollte sich jetzt die Sympathie seiner konservativen Wähler erhalten. Daher glaubte er, sein Ruf als Vertreter einer harten Linie werde ihm bei der Durchführung seiner Politik nur nützlich sein. Aber er begriff, daß er als Präsident seine innenpolitische Basis von der Rechten auf die politische Mitte ausdehnen mußte, und war intelligent genug, in den Ost-West-Beziehungen die Gelegenheit zu erkennen, auf längere Zeit eine Majorität hinter sich zu bringen. Er neigte jedoch dazu, diese instinktiven Erkenntnisse mit extrem persönlichen Auffassungen zu verbinden. Er hatte gefürchtet, daß der Gipfel von Glassboro Johnson politisch wieder in den Sattel heben könnte – deshalb glaubte er, die Sowjets hätten mit den Demokraten gemeinsame Sache gemacht, um ihn zu schlagen. Er hatte aber auch gesehen, daß die Beliebtheit Johnsons nach dem ergebnislosen Ausgang des Gipfels ebenso rasch verflog, wie sie zunächst gewachsen war – daher sein Entschluß, sich an keinem Gipfel zu beteiligen, wenn der Erfolg nicht garantiert werden konnte.

Ich dachte – wie schon oben erläutert – ganz ähnlich, wenn ich auch als Akademiker die Sache mehr theoretisch betrachtete. Am 12. Dezember 1968 bat mich der gewählte Präsident, das neue Kabinett über unsere außenpolitische Linie zu unterrichten. Ich sagte meinen neuen Kollegen, ich hätte den Eindruck, die sowjetische Außenpolitik ginge in zwei verschiedene Richtungen. Auf der einen Seite sähen sich die Sowjets gedrängt, einen Ausgleich mit dem Westen anzustreben, was sich mit dem steigenden Bedarf an Verbrauchsgütern und der Furcht vor einem Kriege erklären ließe, vielleicht aber auch mit der Hoffnung, daß dann die polizeistaatlichen Kontrollen nachlassen könnten. Zugleich sprachen aber auch Gründe dafür, die Konfrontation mit den Vereinigten Staaten, die sich aus der kommunistischen Ideologie und dem Mißtrauen der sowjetischen Führung ergab, fortzuführen. Diese Tendenzen kamen aus dem Parteiapparat, von den Militärs und denjenigen, die fürchteten, jedes Nachlassen der Spannungen könnte nur die Satelliten zu dem Versuch ermutigen, die Bindungen an Moskau zu lockern. Die Außenpolitik Moskaus seit dem Einmarsch in die Tschechoslowakei im August hat sich auf zwei Probleme konzentriert: wie man den Schock überwinden sollte, den dieser Einmarsch in der übrigen kommunistischen Welt ausgelöst hatte, und wie man den Prestigeverlust anderswo verringern könnte, besonders in den Beziehungen zwischen den Vereinigten Staaten und der Sowjetunion. Aus dem letzteren Grund schienen die Sowjets besonders daran interessiert zu sein, die Möglichkeiten für Gespräche über eine

Beschränkung der strategischen Rüstung offenzuhalten. Dafür gab es zahlreiche Motive. Es konnte ein taktisches Mittel zur Wahrung der Respektabilität sein und ein Manöver, das westliche Bündnis zu spalten, indem man die Befürchtungen schürte, die sich aus einer zu weitgehenden Verständigung zwischen den Vereinigten Staaten und der Sowjetunion ergaben. Vielleicht glaubten sie auch, ein einigermaßen stabiles strategisches Gleichgewicht sei unvermeidbar, und hatten deshalb beschlossen, die Rüstung auf dem gegenwärtigen Stand zu halten. Unsere Antwort hing davon ab, wie wir das Problem beurteilten. Bisher hatten wir uns oft darum bemüht, das gegenseitige Vertrauen um seiner selbst willen zu stärken, weil wir annahmen, mit dem Anwachsen des Vertrauens würden sich die Spannungen lösen. Wenn man aber glaubte, daß sich Spannungen aus Meinungsverschiedenheiten zu konkreten Fragen ergaben, dann mußte man das Problem damit lösen, daß man diese Differenzen ausräumte. Ein dauernder Friede war davon abhängig, ob man die politischen Streitfragen, die die beiden nuklearen Supermächte trennten, beilegen konnte.

Einem wichtigen sowjetischen Vertreter habe ich im übrigen praktisch das gleiche gesagt. Als ich am 18. Dezember im Pierre-Hotel mit dem KGB-Agenten Boris Sedow, der sich als Berater der Botschaft tarnte, zusammentraf, sagte ich ihm, der gewählte Präsident meine es ernst, wenn er von einer Ära der Verhandlungen spräche. Die sowjetische Führung werde feststellen, daß die neue Regierung bereit sei, über die endgültige Beilegung bestimmter Differenzen zu verhandeln, wenn sie die realen Interessen beider Seiten betrafen. Wir seien der Meinung, man habe sich zu sehr nur auf die Verbesserung der Atmosphäre konzentriert und zu wenig auf substantielle Fragen. Nach Auffassung der neuen Regierung gäbe es reale Differenzen zwischen den Vereinigten Staaten und der Sowjetunion, und diese Differenzen müßten verringert werden, wenn wir die Spannungen wirklich abbauen wollten. Ich sagte, wir seien bereit, über die Begrenzung strategischer Waffen zu sprechen. Wir würden uns aber nicht zu Gesprächen nötigen lassen, bevor wir das Problem analysiert hätten. Wir würden die Absichten der Sowjetunion auch danach beurteilen, wie weit sie bereit sei, auf breiter Front voranzugehen, besonders im Hinblick auf ihre Haltung zu Problemen des Nahen Ostens und Vietnams. Wir erwarteten von der Sowjetunion, daß sie an den Krisenherden überall auf der Welt Zurückhaltung übte. (Das entsprach der bekannten Doktrin von der »Verknüpfung«.) Ich hoffte, daß Sedow diese Überlegungen nach Moskau übermitteln würde.

Moskau ließ uns eine beschwichtigende Antwort zukommen. Am 2. Januar 1969 überbrachte mir Sedow eine Botschaft, in der die sowjetischen Führer sich von der »pessimistischen Auffassung« distanzierten, die sie angeblich in »vielen Teilen der Welt« über den gewählten Präsidenten angetroffen hätten. Die »Hauptsorge Moskaus« sei nicht die Vergangenheit

Nixons, sondern die Frage, ob sich unsere Führung von »einem Sinn für die Realität« leiten ließe. Die Abrüstung habe Vorrang. Die sowjetischen Führer hätten erkannt, daß eine Lösung des Vietnam-Problems, eine politische Lösung im Nahen Osten und eine »realistische« Europa-Politik, besonders in der Deutschland-Frage, sich günstig auf unsere Beziehungen auswirken würden. Dabei unterließ es der Kreml nicht, auf seine »besonderen Interessen« in Osteuropa hinzuweisen.

Nun hatten beide Seiten deutlich gemacht, von welchen Grundvoraussetzungen sie ausgingen. Die neue Regierung wollte die Besorgnis der Sowjets über ihre Absichten dazu ausnutzen, den Kreml an den Gesprächen über Vietnam zu beteiligen. Wir verlangten deshalb, daß die Verhandlungen über alle anstehenden Fragen gleichzeitig geführt werden sollten. Die sowjetischen Führer sorgten sich ganz besonders um die Auswirkungen eines neuen Wettrüstens auf die sowjetische Wirtschaft; deshalb gaben sie den Rüstungsbeschränkungen den Vorrang. Daraus ergab sich außerdem für sie der Vorteil, daß die bloße Tatsache von Gesprächen über Rüstungsbeschränkungen – ganz gleichgültig, was dabei herauskam – es uns erschweren würde, den Kongreß zur Bewilligung neuer Verteidigungsausgaben zu bewegen. Außerdem glaubten sie – und das haben wir damals noch nicht erkannt –, daß solche Gespräche die Chinesen beunruhigen würden.

Natürlich konnte nichts Konkretes geschehen, bevor die neue Regierung im Amt war. Aber im Rahmen unserer Überlegungen im Pierre-Hotel erarbeiteten der gewählte Präsident und ich eine Reihe von Grundsätzen, die unser Verhalten im Hinblick auf die Beziehungen zwischen den Vereinigten Staaten und der Sowjetunion während der Amtszeit dieser Regierung bestimmen sollten:

Der Grundsatz der Korrektheit. Wir würden verlangen, daß alle Verhandlungen zwischen den Vereinigten Staaten und der Sowjetunion sich mit bestimmten Ursachen von Spannungen beschäftigten und nicht nur auf eine Verbesserung der allgemeinen Atmosphäre gerichtet seien. Wenn Gipfelgespräche eine Bedeutung haben sollten, dann mußten sie gut vorbereitet werden und sich auf Verhandlungen gründen, bei denen über diplomatische Kanäle bereits Fortschritte erzielt worden waren. Wir würden die ideologischen Verpflichtungen der sowjetischen Führer ernstnehmen; wir würden uns nicht darüber täuschen, daß es zwischen unseren Ländern auf vielen Gebieten miteinander unvereinbare Interessen gäbe. Wir würden nicht so tun, als könnten gute persönliche Beziehungen oder sentimentale Reden die nach dem Kriege entstandenen Spannungen ausräumen. Aber wir waren bereit festzustellen, auf welchen Gebieten es gemeinsame Interessen gab, und genau präzisierte Vereinbarungen auf der Grundlage strikter Gegenseitigkeit zu treffen.

Das Prinzip der Zurückhaltung. Vernünftige Beziehungen zwischen den

Supermächten ließen sich nicht aufrechterhalten, wenn ständig versucht würde, einseitige Vorteile zu gewinnen und die Lage an den Krisenherden auszunutzen. Wir waren entschlossen, uns sowjetischen Abenteuern entgegenzustellen; zugleich waren wir bereit, über einen echten Abbau von Spannungen zu verhandeln. Wir würden aber einer Entspannung nicht zustimmen, deren Ziel es war, mögliche Opfer in Sicherheit zu wiegen – wir waren bereit zu einer Entspannung auf der Grundlage gegenseitiger Zurückhaltung. Dabei würden wir eine Politik des Gebens und Nehmens verfolgen und uns nicht scheuen, Abenteuern mit konkreten Maßnahmen zu begegnen, wollten aber die Beziehungen verbessern, wo wir auf verantwortungsbewußtes Verhalten trafen.

Das Prinzip der Verknüpfung. Wir stellten uns auf den Standpunkt, daß sich die Beziehungen zwischen den Supermächten nur dann wirklich verbessern könnten, wenn man auf breiter Front voranging. Die Entwicklungen in den verschiedensten Teilen der Welt waren nach unserer Auffassung alle miteinander verknüpft; das galt in noch höherem Maß für das Verhalten der Sowjetunion in den verschiedenen Teilen der Welt. Wir gingen davon aus, daß wir, wollten wir die einzelnen Fragen isoliert voneinander behandeln, die sowjetischen Führer ermutigen würden zu meinen, sie könnten die Zusammenarbeit auf einem Gebiet als Sicherheitsventil benutzen, während sie anderswo einseitige Vorteile suchten. Das war unannehmbar. Nixon vertrat diese Auffassung schon am 27. Januar 1969 auf seiner ersten Pressekonferenz. Er sagte, die Gespräche über die Begrenzung strategischer Waffen mit der Sowjetunion würden bessere Ergebnisse bringen, wenn sie »in einer Weise und zu einer Zeit (geführt würden), die es erlaubten, nach Möglichkeit auch Fortschritte bei anderen politischen Fragen zu erzielen.« Am 6. Februar benutzte ich gelegentlich eines Gesprächs mit Journalisten absichtlich den Ausdruck »Verknüpfung«: »Was nun die Frage der Verknüpfung der Außenpolitik mit der Strategie betrifft . . . so würde [der Präsident] . . . sich mit dem Problem des Friedens gern auf der ganzen Front beschäftigen, auf der der Friede herausgefordert ist, und nicht nur im Hinblick auf militärische Fragen allein.«

Die pragmatische Tradition im politischen Denken der Amerikaner ist so stark, daß dieses Konzept der Verknüpfung 1969 in weiten Kreisen auf Widerstand stieß. Man hielt es für exzentrisch und für ein Manöver, um die Verhandlungen über Rüstungsbeschränkung zu verzögern. Später hat man es abgelehnt, als würde es die Vorliebe für ein einzelnes politisches Ressort widerspiegeln. Nach unserer Auffassung gab es jedoch zwei Formen der Verknüpfung: Erstens konnte ein Diplomat bei Verhandlungen absichtlich zwei verschiedene Ziele miteinander verknüpfen, wobei er das eine als Hebel für das andere benutzte; oder er konnte von der Realität ausgehen, daß in einer Welt der gegenseitigen Abhängigkeiten alle Maßnahmen einer Großmacht unbedingt in einer Beziehung zueinander stehen müssen und Folgen haben, die weit über das Problem oder die Region hinausgehen, um die es sich zunächst handelt.

Die neue Regierung hat die Probleme gelegentlich in der ersten Weise miteinander verknüpft. Wenn wir z. B. bei der Beilegung des Vietnam-Konflikts Fortschritte machten, schufen wir damit Voraussetzungen für Fortschritte auf anderen Interessengebieten der Sowjets, wie etwa im Nahen Osten, im Rahmen der Handelsbeziehungen oder der Rüstungsbegrenzung. Aber in einem viel wichtigeren Sinne war die Verknüpfung eine Realität und nicht eine Entscheidung. Wenn sich die Machtlosigkeit Amerikas in einem Teil der Welt wie etwa in Asien oder Afrika zeigte, dann untergrub das natürlich unsere Glaubwürdigkeit in anderen Teilen der Welt, wie z. B. im Nahen Osten. (Deshalb waren wir so entschlossen, den Rückzug aus Vietnam nicht als Folge einer Niederlage, sondern als Teil der amerikanischen Gesamtstrategie durchzuführen.) Unsere Haltung bei Verhandlungen über Rüstungsbeschränkungen ließ sich von dem dadurch zu erreichenden militärischen Gleichgewicht nicht trennen, aber ebensowenig von unserer Verantwortung als der stärksten militärischen Macht in einem weltweiten Bündnissystem. Aus dem gleichen Grund konnte es natürlich keine Rüstungsbeschränkungen geben, denn die internationalen Spannungen wuchsen. Kurz gesagt, war für uns das Prinzip der Verknüpfung synonym mit einer Gesamtstrategie und unseren geopolitischen Auffassungen. Wir hätten den Zusammenhang unserer Gesamtpolitik untergraben, hätten wir das übersehen. Das Verknüpfen politischer Gegebenheiten ist jedoch für die Amerikaner keine Selbstverständlichkeit, denn sie haben die Außenpolitik bisher als ein episodisches Unternehmen angesehen. Unsere bürokratischen Organisationen, die in regionale und funktionale Ämter aufgeteilt sind, und auch unsere ganze akademische Tradition der Spezialisierung führen dahin, die Aufgabenbereiche zu teilen. Der amerikanische Pragmatismus erzeugt die Neigung, jede Frage für sich zu untersuchen und jedes Problem nach seiner Dringlichkeit zu lösen, ohne Zeitpunkt, Zusammenhänge oder das nahtlose Gewebe der Realität zu berücksichtigen. Die Tradition der amerikanischen Rechtsprechung führt außerdem dazu, in jedem Einzelfall nur die damit in Zusammenhang stehenden Fakten zu beachten und jeder Ablenkung in andere Richtung zu mißtrauen.

Doch in der Außenpolitik darf die Notwendigkeit eines integrierenden Begriffsrahmens nicht übersehen werden. In der Innenpolitik werden Abweichungen vom bisherigen Kurs durch legislative Vorgänge bestimmt; dramatische Initiativen sind gelegentlich die einzige Möglichkeit für den beginn eines neuen Programms. In der Außenpolitik erfordern wichtige Initiativen eine außerordentlich sorgfältige Vorbereitung; hier dauert es Monate oder Jahre, bis sich ein Erfolg zeigt, und um ihn zu erreichen, braucht man

Sinn für geschichtliche Zusammenhänge, Verständnis für die vielfältigen Kräfte außerhalb unseres Einflußbereiches und weiten Überblick über das Netz der Ereignisse. Der Erfolg in der Innenpolitik zeigt sich in den Auswirkungen eines Gesetzes; in der Außenpolitik liegen diese Kriterien in den Nuancen und Wechselbeziehungen. Die schwierigste Aufgabe für den Außenpolitiker besteht darin, Prioritäten zu setzen. Dafür ist ein Begriffsrahmen – der die Ereignisse miteinander »verbindet« – ein wichtiges Werkzeug. Ohne eine solche Verknüpfung erreicht man das Gegenteil von Handlungsfreiheit; der Außenpolitiker ist dann gezwungen, auf Einzelinteressen Rücksicht zu nehmen, und Zwängen ausgesetzt, ohne einer vorher genau festgelegten Richtung folgen zu können. Der Außenminister ist dann der Gefangene seiner auf geographische Regionen spezialisierten Abteilungen. Der Präsident steht unter dem starken Druck der ihm unterstellten Ämter. Beide riskieren es so, Gefangene der Ereignisse zu werden.

Durch die Verknüpfung der Ereignisse suchte die neue Regierung deshalb, unsere Außenpolitik von ihren Schwankungen zwischen Überengagement und Isolation zu befreien, und ihr eine solide Vorstellung davon zu geben, was im nationalen Interesse lag.

4. Die Haltung der Öffentlichkeit und des Kongresses: Ein Frühlingsregen

Bizarr an der Wahl Richard Nixons war, daß viele, die ihn wegen seiner entschiedenen Ablehnung des Kommunismus bekämpft hatten, seine Wahl allen Ernstes nun als Mandat für Verhandlungsbereitschaft gegenüber der Sowjetunion betrachteten. Bei seinem Amtsantritt wurde Nixon mit Empfehlungen überschüttet, die Beziehungen zur Sowjetunion so rasch wie möglich zu verbessern, und sehr bald wurde behauptet, Nixon täte auf diesem Gebiet nicht genug, er mißtraue den sowjetischen Absichten zu sehr, er sei von der Sorge um die eigene militärische Stärke besessen und widersetze sich den Notwendigkeiten der Entspannung.

Einer der Vorschläge bestand darin, Gipfelgespräche zu arrangieren, um »miteinander bekannt zu werden«. Dieser Gipfel sollte Gespräche über die Beschränkung der strategischen Rüstung, die von der Johnson-Regierung vorbereitet worden waren, einleiten und das Klima in den persönlichen Beziehungen verbessern. Dafür setzte sich unter anderem besonders Zbigniew Brzezinski ein. Er schrieb: »Eine wirksame Methode – sowohl symbolisch als auch praktisch – wäre die jährliche Abhaltung inoffizieller, zwei Tage dauernder Arbeitsgespräche zwischen dem amerikanischen und dem sowjetischen Regierungschef. Das Treffen bräuchte nicht immer eine offizielle Tagesordnung zu haben . . . Sein Zweck wäre, den Chefs der . . . beiden führenden Nuklearmächte die regelmäßige Gelegenheit zum persönlichen Gedankenaustausch und zur Aufrechterhaltung des persönlichen Kontakts zu geben.«[15]

Von anderer Seite wurde die Regierung massiv dazu gedrängt, die Schranken im Ost-West-Handel zu beseitigen und die Zusage für die Ausdehnung der Wirtschaftsbeziehungen als Keil zu benutzen, um einen politischen Dialog zu eröffnen. Die beiden Supermächte hätten zunehmend parallele wirtschaftliche Interessen, die, so wurde argumentiert, dazu beitragen könnten, das politische Mißtrauen auszuräumen. Der prominente Rußlandexperte Marshall Shulman schrieb: »Diese gemeinsamen Interessen werden vielleicht die Differenzen nicht aufheben können, die heute den Konkurrenzkampf zwischen der Sowjetunion und den Vereinigten Staaten antreiben, aber sie werden diese Differenzen im Laufe der Zeit vielleicht nicht so bedeutungsvoll erscheinen lassen.«[16]

Ein Ausschuß der Gesellschaft für die Vereinten Nationen unter dem Vorsitz von Arthur Goldberg, der aus mehreren Fachleuten bestand, veröffentlichte am 1. Februar 1969 einen Bericht – knapp fünf Monate nach der Besetzung der Tschechoslowakei –, in dem die Aufhebung der Beschränkungen im Ost-West-Handel als »eine Angelegenheit von vorrangiger Bedeutung« bezeichnet wurde. Der Kongreß nahm diese Anregung auf. 1968 hatte es im Senat bereits Anhörungen gegeben, und nun kam es zu einer neuen Serie von Anhörungen über die Frage, welche Vorteile sich aus einer Intensivierung des Handels mit der Sowjetunion ergeben könnten.

Natürlich glaubte man auch allgemein, daß in der Abrüstungsfrage ein Durchbruch erzielt werden könnte; erstens, weil es im beiderseitigen Interesse läge, einen Krieg mit Kernwaffen zu vermeiden, und zweitens, weil man glaubte, 1969 seien die strategischen Streitkräfte auf beiden Seiten etwa gleich stark. Eine Studiengruppe des Council on Foreign Relations unter dem Vorsitz von Carl Kaysen (dem stellvertretenden Sicherheitsbeauftragten in der Kennedy-Regierung), dem viele bedeutende Akademiker und Abrüstungsspezialisten angehörten, überreichte dem gewählten Präsidenten im Januar 1969 einen Bericht des Inhalts, ein baldiges Abkommen über eine Begrenzung der strategischen Rüstung sei »unbedingt erforderlich«. Diese Empfehlung wurde damit begründet, daß hier eine der seltenen Gelegenheiten versäumt werden könnte, und man verlangte ein einseitiges Moratorium über die Entwicklung amerikanischer Flugabwehrraketen (ABM) und Fernlenkgeschosse mit mehreren Sprengköpfen (MIRV), um eine Vereinbarung über die Begrenzung der strategischen Rüstung zu ermöglichen. Der oben erwähnte Ausschuß der Gesellschaft für die Vereinten Nationen sprach von »der Notwendigkeit, möglichst bald bilaterale Verhandlungen über strategische Flugkörper mit der Sowjetunion einzuleiten«.

In Europa wurde die Tendenz, sich von der amerikanischen Politik gegenüber der Sowjetunion etwas zu distanzieren, spürbar und verstärkte sich sogar noch als Folge unseres Engagements in Vietnam. De Gaulle hatte als erster die bilateralen Beziehungen zur Sowjetunion aufgenommen und 1966 Moskau besucht. Britische Premierminister beider Parteien waren mit Pelzmützen im Kreml erschienen, um zu zeigen, wie sehr sie dem Frieden verpflichtet seien. Die Bundesrepublik Deutschland hatte, sogar noch bevor Willy Brandt 1969 Bundeskanzler wurde, während des Bestehens der Großen Koalition, in der Brandt Außenminister war, seine starre Haltung gegenüber Osteuropa aufgegeben und direkte Gespräche mit der Sowjetunion geführt. Je starrer die Haltung der Vereinigten Staaten gegenüber der Sowjetunion war, desto größer war die Versuchung für die politischen Führer unserer Verbündeten, die Rolle einer »Brücke« zwischen Ost und West zu übernehmen. Für die europäischen Führer bedeutete es einen Gewinn, der Öffentlichkeit in ihren Ländern zu versichern, sie würden es nicht zulassen, daß durch den Leichtsinn der Amerikaner ein neuer Weltkrieg entstünde. Die Verbündeten hielten es für klug, ihr Interesse an einer beiderseitigen Abrüstung und dem schon seit längerer Zeit von der Sowjetunion vorgetragenen Vorschlag einer europäischen Sicherheitskonferenz zu zeigen. Es bestand daher die Aussicht, daß sich eine »differenzierte Entspannung« entwickelte; die Sowjetunion konnte sich diese von den Europäern gezeigte Haltung zunutze machen, ohne dabei die uns interessierenden weltpolitischen Fragen zu berühren, und so einen Keil zwischen uns und unsere Verbündeten treiben.

Im ganzen Westen, und zwar sowohl in den Vereinigten Staaten als auch in Europa, war der Wunsch groß, die Entspannung voranzutreiben und sich durch den Einmarsch in die Tschechoslowakei in diesen Bemühungen nicht behindern zu lassen. Am 10. September 1968, knappe drei Wochen nach dem Einmarsch der Sowjets in die Tschechoslowakei, hatte Präsident Johnson in einer Ansprache erklärt: »Wir hoffen – und wir werden uns darum bemühen –, daß dieser Rückschlag nur ein zeitweiliger bleibt.« Es war eigenartig, daß nach den Ereignissen in der Tschechoslowakei ausgerechnet Amerika seinen guten Willen demonstrierte. Auch war nicht klar, welche konkreten Tatsachen zu dem zweifellos vorhandenen Gefühl der Hoffnung und Ungeduld berechtigten, das in einem Leitartikel des *Washington Star* am 8. März zum Ausdruck kam, wo es hieß, daß, wenn es einen Zeitpunkt gäbe, mit der Entspannung zu beginnen, er jetzt gekommen sei. In dieser Atmosphäre wählte die Sowjetunion den Tag der Amtseinführung des neuen Präsidenten, um sich für den sofortigen Beginn von Gesprächen über die Begrenzung strategischer Waffen auszusprechen (später als SALT bezeichnet).

Der Präsident wollte sich nicht überfahren lassen. Er war entschlossen, den sowjetischen Führern zu zeigen, daß wir nicht nur verhandeln wollten, um eine bessere Atmosphäre zu schaffen, und einem Gipfeltreffen nicht zustimmen würden, ohne darauf vorbereitet zu sein und ohne mit konkreten Fortschritten rechnen zu können; wir würden keinem Verfahren zustimmen, bei dem die Sowjetunion die Tagesordnung der Konferenzen bestimmte. Ich teilte diese Ansichten. Wir brauchten Zeit, unsere Ziele zu definieren, unsere Strategie zu entwickeln und festzustellen, welche Haltung die Sowjets in den Fragen einnahmen, die uns wichtig erschienen. Wir glaubten nicht, daß die Gelegenheit für solche Gespräche so bald vorübergehen würde, wie es die Befürworter sofortiger Verhandlungen behaupteten, oder daß die sowjetischen Führer so launenhaft reagieren könnten. Wir waren vielmehr davon überzeugt, daß sich nichts so verhängnisvoll auf Verhandlungen auswirken könnte als ungenügende Vorbereitung oder der Eindruck bei der sowjetischen Führung, wir könnten durch Propaganda unter Druck gesetzt werden.

Allerdings waren wir durchaus bereit zu verhandeln, vielleicht sogar über einen viel weiteren Themenkreis als bisher, wenn es dabei gelang, zu einer grundsätzlichen Einigung zu kommen. Diese Verhandlungen sollten aber eine wohlüberlegte Strategie ausdrücken und nicht bloß auf sowjetische Manöver reagieren; wir hielten es für wichtig, die Anreize zu diesen Verhandlungen genau aufeinander abzustimmen. Am 6. Februar sprach ich in einer Presseerklärung noch einmal davon, wie wichtig es wäre, bestimmte Probleme miteinander zu verknüpfen: »Wir haben einen Hinweis darauf verlangt . . ., daß man politische Spannungen abbauen will, und dies nicht nur mit Worten; daß zugleich mit dem Abbau des Wettrüstens versucht wird, den Konflikt auf allen politischen Gebieten zu verringern.« Konkret wollten wir damit sagen, daß wir nicht wie unsere Vorgänger vergessen würden, welche Rolle die Sowjetunion gespielt hatte, um den Krieg in Vietnam zu ermöglichen. Auch würden wir nicht darauf verzichten, die sowjetischen Sorgen (z. B. im Hinblick auf China) dazu auszunutzen, sie zu Zugeständnissen im weiteren Sinne zu bewegen.

Aber Öffentlichkeit und Kongreß waren in einer anderen Stimmung. Obwohl es zu Beginn der Amtsperiode eines neugewählten Präsidenten nicht üblich war, kritisierte man das Prinzip der Verknüpfung und die Strategie des Präsidenten gegenüber der Sowjetunion, sobald deutlich geworden war, worum es hier ging. »Die Gespräche über die Fernlenkwaffen können anscheinend beginnen, sobald Nixon will«, schrieb die *Washington Post* in einem Leitartikel einen Tag nach der Amtseinführung. »Sie bieten ihm sofort die Gelegenheit – und das ist seine erste – gemäß seiner erklärten Absicht zu beweisen, daß die ›Ära der Konfrontation‹ in den Ost-West-Beziehungen einer ›Ära der Verhandlungen‹ gewichen ist . . . Nun muß er beweisen, ob er die wichtigste Aufgabe, die er sich gestellt hat, die des ›Friedensbringers‹, übernehmen will.« Das Nachrichtenmagazin *Time* sprach in seiner ersten Ausgabe nach der Amtseinführung (31. Januar) die Erwartung aus, daß schon bald Fortschritte erzielt werden könnten: »Die Russen haben sich den Tag der Amtseinführung ausgesucht, die Vereinigten Staaten anzustacheln, und der Welt gezeigt, daß Washington den nächsten Schritt tun muß . . . Einige Diplomaten und Abrüstungsexperten in Washington glauben, Nixon und Rogers seien bereits überzeugt, daß Gespräche geführt werden sollten – und daß eine Konferenz tatsächlich schon nach zwei bis vier Monaten beginnen könnte.« Aber wenn wir diese Gelegenheit ergriffen, dann, so wurde uns freundlich geraten, müßten die Eröffnungsgespräche ohne Voraussetzungen oder Verknüpfungen geführt werden. In einem Leitartikel der *New York Times* vom 18. Februar hieß es:

»Der Präsident hat angedeutet, daß er der amerikanischen Außenpolitik der vergangenen zwölf Jahre eine andere Richtung geben will, indem er die künftigen sowjetisch-amerikanischen Verhandlungen über die strategische Rüstungskontrolle mit politischen Fragen koppele. Aber wahrscheinlich wird nichts die Verbündeten in der NATO so sehr alarmieren . . . Diese zweiseitigen Verhandlungen mit der Sowjetunion, wie er sie im Sinne zu haben scheint, und bei denen es um die verschiedensten Ost-West-Probleme gehen soll, würden in den meisten westeuropäischen Ländern gerade in dem Augenblick Bedenken auslösen, in dem Nixon versucht, ihr Vertrauen zu gewinnen. Im übrigen wird es schwierig sein, politische Probleme wie die im Nahen Osten, in Vietnam und in Deutschland zu lösen, während die Fragen zur strategischen Abrüstung beantwortet werden sollen.«

(Wenige Monate später waren unsere Verbündeten in der Tat besorgt, aber gerade deshalb, weil es den Anschein hatte, daß diese Probleme getrennt behandelt werden sollten.) Am 5. April beschäftigte sich die *Washington Post* mit einem ähnlichen Thema:

»Präsident Nixon darf keine Zeit mehr vergeuden und muß so bald wie möglich die Gespräche mit den Russen über die Fernlenkwaffen beginnen. Die Schonzeit, die man einem neuen Präsidenten zubilligt, um sich zu informieren und seine Taktik festzulegen, ist vorüber. Aber die Nixon-Regierung trödelt immer noch herum . . . Wann denn eigentlich? Die Russen sind schon fast ein Jahr bereit.«

Zu dem Grundsatz der Verknüpfung politischer Fragen schrieb die gleiche Zeitung:

»Die Realität ist zu komplex und schwierig, so daß kein Präsident glauben dürfte, er könnte so viele Zielscheiben auf einmal anvisieren. Der Wert und die Dringlichkeit der Abrüstung haben mit dem Status der politischen Fragen absolut nichts zu tun.«

Darüber hinaus warne die ganze Geschichte der Ost-West-Beziehungen davor, solche Fragen miteinander zu verknüpfen. Es sei »dringlicher als je zuvor«, die Gespräche zu beginnen, schrieb *Business Week* am 22. März. »Die Nixon-Regierung verschleppt die Dinge«, schrieb H. H. Shackford von den Scripps-Howard-Zeitungen am 19. Februar. Die *New York Post* verlangte am 27. März, die Regierung solle »unverzüglich aufhören zu zögern«.

Führende Senatoren und andere bekannte Persönlichkeiten äußerten sich ähnlich, und unsere Vorgänger gaben uns nur eine Gnadenfrist von wenigen Wochen. Senator Frank Church aus Idaho ermahnte uns am 4. Februar in einer Sitzung des Senats, den »Tauben« im Kreml zu Hilfe zu kommen: »Position und Glaubwürdigkeit der Mitglieder der sowjetischen Regierung, die sich für Gespräche über die Frage der Fernlenkwaffen eingesetzt haben, werden Schaden erleiden, der sich vielleicht nicht wieder gutmachen läßt, wenn Präsident Nixon auf die Stimmen in den Vereinigten Staaten hört, die von sofortigen Gesprächen abraten.« Senator Albert Gore aus Tennessee eröffnete eine Anhörung vor seinem Unterausschuß für Abrüstung Anfang März mit der Erklärung: »Vielleicht haben wir jetzt die einmalige Gelegenheit, die bevorstehende Eskalation eines neuen Wettrüstens mit Kernwaffen anzuhalten.« Der ehemalige Verteidigungsminister Clark Clifford, der noch vor zwei Monaten ein Verteidigungsbudget mit Ausgaben für Flugabwehrraketen zur Verteidigung und mit Mehrfachsprengköpfen ausgerüstete Fernlenkgeschosse eingereicht hatte, hielt im März eine Rede und verlangte, daß die von ihm selbst vorgeschlagenen Projekte eingefroren werden sollten: »Es ist eine harte Tatsache, daß wir vielleicht nie wieder damit rechnen können, in eine so günstige Position für den Beginn von Gesprächen über das Einfrieren der strategischen Nuklearrüstung zu kommen. In einem Jahr oder in sechs Monaten könnte es die technologische Entwicklung sehr viel schwieriger machen, eine Vereinbarung über jegliche Rüstungsbeschränkung zu entwickeln und durchzusetzen als heute.«[17]

Diese Ansichten fanden auch in der Bürokratie ihren Widerhall. Diplomaten sind immer für Verhandlungen, denn Verhandlungen sind das Fleisch und Blut ihres Berufs. Die Abteilung für unsere Beziehungen zur Sowjetunion im Außenministerium verfügte über einige unserer tüchtigsten Männer im Auswärtigen Dienst, Llewellyn Thompson, Charles Bohlen und George Kennan. Sie waren auf eine Aufgabe spezialisiert, die bisher zuwenig Beachtung gefunden hatte, und hatten sich darum bemüht, das Interesse für die Beziehungen zur Sowjetunion während einer Periode lebendig zu halten, in der schon die Anerkennung der Sowjetunion (die erst 1933 erfolgte) dem Auswärtigen Dienst der Vereinigten Staaten als das Äußerste erschien. Andererseits waren sie entsetzt, als sich im Zweiten Weltkrieg die kritiklose Ablehnung alles Sowjetischen in eine ebenso kritiklose Anerkennung verwandelte, und verfaßten während dieser Zeit weitblickende Analysen über die Dynamik des sowjetischen Gesellschaftssystems. George Kennan hat die diplomatische Doktrin seiner Ära so entscheidend beeinflußt wie kein anderer Diplomat in unserer Geschichte. Vielleicht war es daher nicht zu vermeiden, daß Kennan, der ein Leben lang sich auf dieses Thema spezialisiert hatte, eine Hingabe an die Beziehungen zwischen den Vereinigten Staaten und der Sowjetunion entwickelte, die nicht ohne emotionale Komponente blieb. Diese Diplomaten hatten jahrzehntelang, als die Verbindungen praktisch abgeschnitten waren, und zwar zum Teil als Folge unserer einseitigen Politik, vor allem aber durch die Lähmung der sowjetischen Führung unter Stalin, schwer gelitten und erblickten in den periodischen Friedensoffensiven wenigstens den Beginn der Verwirklichung der Hoffnungen, die sie ein ganzes Leben gehegt hatten. Nachdem die Regierung Nixon ihre Amtsgeschäfte übernommen hatte, drängte besonders Llewellyn Thompson, der dienstälteste Berater des Außenministeriums für sowjetische Angelegenheiten, auf die rasche Annahme der sowjetischen Angebote, bevor sich das Gleichgewicht der Kräfte innerhalb des Kreml wieder verschob und die Russen zu ihrer harten Linie zurückkehrten.

Ich habe mich nicht widersetzt, als Nixon am 25. Januar bei einer Sitzung des Nationalen Sicherheitsrats darauf hinwies, daß er entschlossen sei, die Verhandlungen mit der Sowjetunion vom Weißen Haus aus zu kontrollieren. Auf die Arbeitsfähigkeit der Bürokratie hatte es keinen Einfluß, daß der Präsident bei jeder Gelegenheit betonte, er wollte sich nicht auf ein bestimmtes Datum für die Gespräche über Abrüstung festlegen, bevor er festgestellt habe, wieweit die Sowjets zur Zusammenarbeit in außenpolitischen Fragen und besonders in der Vietnam-Frage bereit seien.

Die Verfahrensweise des Nationalen Sicherheitsrats, die vermutlich meine diktatorischen Vollmachten ermöglichte, war in diesem Fall weder zu einer beständigen Annäherung noch zu einer entschiedenen Politik in der Lage. Ende des Monats forderte ich mit einer Direktive eine Studie über politische Alternativen zum »Wesen der Beziehungen zwischen den Vereinigten Staaten und der Sowjetunion im weitesten Sinne« an. Das Ergebnis war ein synthetisches Optionspapier des Außenministeriums, das in einer bald zur Standardform werdenden Art die einzige für uns in Frage kommende Möglichkeit als »begrenzte Gegnerschaft« bezeichnete. Diese lag zwischen zwei anderen Möglichkeiten, die völlig auszuschließen waren: der offenen Feindschaft und der vollkommenen Versöhnung. Die »begrenzte Gegnerschaft« war so definiert, daß jede Behörde, die diese Methode anwenden wollte, praktisch tun konnte, was sie für das Richtigste hielt. Eine der größten Schwierigkeiten bestand jedoch in der glatten Weigerung des Präsidenten, mit seinen Beratern direkt über die entscheidenden Fragen zu sprechen. Eine Konferenz, auf der dieses Problem offiziell diskutiert und erledigt wurde, fand nicht statt, weil Nixon eine direkte Konfrontation mit dem Außenminister vermeiden wollte. Statt dessen schickte Nixon am 4. Februar an Rogers, Laird und Helms einen Brief – der aber eigentlich nur an Rogers gerichtet war –, in dem er wiederum die Verknüpfungstaktik als Grundsatz der offiziellen Politik betonte:

»Ich glaube, der Ton unserer öffentlichen und privaten Äußerungen über die und gegenüber der Sowjetunion sollte ruhig, höflich und nicht polemisch sein . . .

Ich glaube, die Grundlage einer tragbaren Regelung unserer Beziehungen ist die gegenseitige Anerkennung unserer vitalen Interessen. Wir müssen anerkennen, daß die Sowjetunion Interessen hat; in der gegenwärtigen Lage können wir nichts anderes tun, als diese sowjetischen Interessen bei der Definition unserer eigenen in Rechnung zu ziehen. Wir sollten die sowjetische Führung darüber nicht im Zweifel lassen, daß wir von ihr erwarten, uns gegenüber ähnlich zu verfahren . . . In der Vergangenheit haben wir oft versucht, die Dinge in einem Anfall von Begeisterung mit den Mitteln der persönlichen Diplomatie zu erledigen. Aber der ›Geist‹, der die verschiedenen Konferenzen beherrschte, entbehrte der soliden Basis gegenseitiger Interessen, und deshalb ist auf jede Gipfelkonferenz innerhalb eines knappen Jahres eine Krise gefolgt.

Ich bin überzeugt davon, daß alle wichtigen Fragen im Grunde miteinander in Beziehung stehen. Das soll nicht bedeuten, daß wir besondere Elemente der einen oder anderen Frage oder die taktischen Schritte, die wir unternehmen wollen, künstlich miteinander verknüpfen sollten. Ich glaube aber, daß Krisen oder Konfrontationen einerseits und echte Zusammenarbeit andererseits nicht lange gleichzeitig nebeneinander aufrechterhalten werden können. Ich erkenne an, daß die vorige Regierung die Auffassung vertreten hat, wir sollten, wenn wir feststellen, daß wir in einer bestimmten Frage die gleichen Interessen vertreten wie die UdSSR, eine Vereinbarung anstreben und versuchen, die Angelegenheit so weit wie möglich gegen das Auf und Ab der Konflikte an anderer Stelle abzuschirmen. Das mag im Hinblick auf zahlreiche bilaterale und praktische Angelegenheiten, wie etwa beim Kultur- und Wissenschaftsaustausch, die richtige Methode sein. Ich glaube aber, in den entscheidenden Fragen unserer Zeit müssen wir versuchen, auf einer genügend breiten Front vorzugehen, um deutlich werden zu lassen, daß wir einen Zusammenhang zwischen politischen und militärischen Fragen sehen. Ich glaube, wir müßten den sowjetischen Führern verständlich machen, daß sie die Früchte der Zusammenarbeit auf dem einen Gebiet nicht ernten können, während sie anderswo Spannungen oder Konfrontationen auszunutzen suchen. Ein solcher Kurs birgt die Gefahr, daß die Sowjets Abrüstungsgespräche als Sicherheitsventil benutzen, um auf anderen Gebieten unnachgiebig zu bleiben.

. . . ich möchte meine Vorstellungen an einem heute unmittelbar und weite Kreise interessierenden Fall illustrieren – den in Aussicht genommenen Gesprächen über strategische Waffen. Ich glaube, unsere Entscheidung, wann und wie wir vorgehen müssen, hängt nicht ausschließlich davon ab, wie wir die rein militärischen und technischen Fragen beurteilen, obwohl diese eine Schlüsselstellung einnehmen. Diese Entscheidung sollte auch im Licht der politischen Zusammenhänge getroffen werden und besonders im Licht der zunehmenden Stabilisierung der explosiven Lage im Nahen Osten und im Licht der Pariser Gespräche [über Vietnam]. Ich glaube, ich sollte, soweit wir die Freiheit haben, das zu bestimmen, die Gespräche mit der Sowjetunion über die strategische Rüstung führen, wann es am günstigsten ist. Das könnte sogar eine Verzögerung über die Zeit hinaus bedeuten, die wir für die Prüfung der technischen Fragen brauchen. Es bedeutet sogar, daß wir, wenigstens gegenüber der Öffentlichkeit, uns die Möglichkeit offenhalten sollten, unter Umständen gar keine Gespräche zu führen.«

Dieser Brief sagte – wenn auch etwas umständlich –, was Nixon wirklich tat. Da man aber – und das mit Recht – glaubte, der Brief sei von meinem Stab und mir entworfen worden, tat man ihn mit der Bemerkung ab, er zeige nur den ungünstigen Einfluß der Berater des Präsidenten. Das Außenministerium bemühte sich eifrig darum, den Ost-West-Handel einseitig auszuweiten, uns in den Konflikt im Nahen Osten in einer Weise einzuschalten, die den Einfluß der Sowjetunion eher stärkte als schwächte, vor allem aber um einen möglichst baldigen Beginn der SALT-Gespräche. Jede Direktive des Weißen Hauses, die einen anderen Kurs vorschrieb, wurde entweder möglichst vieldeutig ausgelegt oder ganz einfach nicht beachtet. (In diesem Fall hat der persönlich an die Kabinettsminister gerichtete Brief die Bürokratie niemals erreicht.)

Trotz der offenbar ausdrücklichen und eindeutigen Erklärung des Präsidenten, er hielte die Verknüpfung verschiedener Fragen für richtig und wolle sich noch nicht auf eine unqualifizierte Eröffnung der SALT-Gespräche festlegen, sagte unser Unterhändler für Abrüstungsfragen Gerard C. Smith seinem sowjetischen Kollegen Alexei Roschtschin in Genf, der Beginn der SALT-Gespräche »braucht nicht mit irgendeiner Paketformel an die Regelung besonderer internationaler Probleme gebunden zu werden«. Am 27. März sagte Außenminister Rogers vor dem Senatsausschuß für auswärtige Angelegenheiten aus, »wir hoffen, solche Gespräche können innerhalb der nächsten Monate beginnen ... wir sind schon mit der Sowjetunion übereingekommen, diese Gespräche recht bald aufzunehmen«. Als Rogers am 7. April auf einer Pressekonferenz gefragt wurde, ob den SALT-Gesprächen irgend etwas im Wege stünde, antwortete er: »Nein, es steht ihnen nichts im Wege und sie können bald weitergehen. Wir sind eben bei den Vorbereitungen und rechnen mit dem Beginn im späten Frühjahr oder im Frühsommer.« In einem Entwurf des Außenministeriums für die Ansprache des Präsidenten vor dem Nordatlantikrat am 10. April hieß es: »Ich habe heute unseren Botschafter in Moskau angewiesen, die sowjetische Regierung davon zu unterrichten, daß wir uns freuen würden, diese Gespräche in Genf am . . . April zu beginnen . . .«, wobei es dem Präsidenten überlassen blieb, das Datum für den Beginn eines Unternehmens auszufüllen, das er noch vor fünf Wochen abgelehnt hatte. Das war ein Übertölpelungsversuch: Das Außenministerium glaubte, der Präsident sei von mir in der falschen Richtung beeinflußt worden, und versuchte jetzt, mich mit Hilfe eines Redenschreibers zu umgehen.

In jenem Frühjahr versuchte die Bürokratie täglich, die erklärte politische Linie des Präsidenten stückweise zu unterminieren, indem sie in der Öffentlichkeit die Erwartungen weckte, die Abrüstungsgespräche würden demnächst beginnen. In der *New York Times* vom 18. April hieß es, »Beamte hätten gesagt, daß Abrüstungsvereinbarungen mit der Sowjetunion ein überragendes Ziel der Außenpolitik Nixons« sind. Am 22. April zitierte die *Times* »amerikanische Diplomaten« mit Spekulationen über im Juni beginnende SALT-Gespräche. Am 4. Mai sprach Llewellyn Thompson mit Dobrynin und sagte ihm, Rogers hoffe, vor seiner Abreise am 12. Mai nach Asien mit Dobrynin über Zeit und Ort sprechen zu können. Am 8. Mai sagte Rogers Dobrynin, er erwarte, Ort, Zeit und Modalitäten unmittelbar nach seiner Rückkehr aus Asien mit ihm besprechen zu können, und meinte, die Gipfelgespräche könnten für den »Frühsommer« in Aussicht genommen werden. Am gleichen Tage suchte unser Botschafter in Moskau Jacob Beam den sowjetischen stellvertretenden Außenminister Wassili W. Kusnezow auf Anweisung Rogers' auf und wiederholte, man habe den Juni oder Juli in Aussicht genommen. Kusnezow erwiderte, das sei den Sowjets recht. Am 13. Mai schrieb Chalmers Roberts in der *Washington Post* und zitierte dabei angeblich amtliche Quellen, Rogers werde am 29. Mai mit Dobrynin zusammentreffen und ein Datum festlegen; die Sowjets hätten angeblich erneut ihre Bereitschaft erklärt. Am 14. Mai meldete UPI aus Genf, die Vereinigten Staaten seien bereit, die SALT-Gespräche Anfang Juli zu beginnen. Am 14. Mai trat die britische Regierung an das amerikanische Außenministerium heran, um zu erfahren, wie sie sich öffentlich zu den SALT-Gesprächen einstellen solle, denn sie müsse annehmen, daß diese in Kürze eröffnet würden. Andere NATO-Verbündete, die den gleichen Eindruck hatten, unternahmen ähnliche Schritte. Am 16. Mai unterrichtete Gerard Smith den Botschafter der Bundesrepublik, Rolf Pauls, über den gegenwärtigen Stand der Vorbereitungen für die SALT-Gespräche und meinte, Verhandlungen über Fernlenkgeschosse mit Mehrfachsprengköpfen (MIRV) und Flugabwehrraketen (ABM) könnten »im Laufe des Sommers« beginnen. Diese einleitenden Gespräche und der sich steigernde Druck waren nicht das Ergebnis ausgesprochener Unterschiede in den Vorstellungen des Außenministers und des

Präsidenten, sondern beruhten vielmehr auf einer Reihe taktischer Abweichungen von der politischen Linie des Weißen Hauses, wie sie sich täglich wiederholten. Ihre Absicht war es, eine Entscheidung herbeizuführen. In Wirklichkeit wurden damit Verhandlungspositionen preisgegeben, die wir in einer sorgfältig vorbereiteten Strategie ausnutzen wollten. Den Sowjets war an den SALT-Gesprächen viel gelegen; wir wollten sie daher zu Zugeständnissen in anderen Fragen wie z. B. Vietnam bewegen. Während eines kurzen Zeitraums im Frühjahr jenes ersten Jahres verschafften jedoch die sichtbaren Diskrepanzen zwischen dem Weißen Haus und dem Außenministerium der Sowjetunion die Gelegenheit zu Manövern innerhalb unserer Regierung, und dabei gelang es ihr, das amerikanische Außenministerium, die Nachrichtenmedien und den Kongreß als Druckmittel gegen das Weiße Haus zu benutzen.

Die kumulative Wirkung dieser ganzen bürokratischen Disziplinlosigkeit sowie der von den Medien und dem Kongreß ausgehende Druck bestand darin, daß wir den Versuch, die Eröffnung der SALT-Gespräche als Hebel für weitere Verhandlungen zu benutzen, aufgeben mußten. Am 11. Juni bevollmächtigten wir daher Rogers, den Sowjets mitzuteilen, daß wir bereit seien, die SALT-Gespräche zu eröffnen – nur um zu erleben, daß sich die Sowjets vier Monate lang taub stellten.

Aber es war ein Pyrrhus-Sieg für die Bürokratie. Nachdem Nixon bezüglich des Eröffnungsdatums für die Gespräche nachgegeben hatte, verlegte er auf mein Drängen hin die Leitung der Verhandlungen mehr und mehr ins Weiße Haus. Seine Neigung zur Geheimhaltung hätte ihn wahrscheinlich sowieso in diese Richtung getrieben, aber die Disziplinlosigkeit des bürokratischen Apparats beschleunigte die Entwicklung. Die sowjetischen Führer mußten bald feststellen, daß der Präsident vielleicht die Konfrontation mit seinem Außenminister scheute und sich gelegentlich taktisch zurückzog, aber nicht die Absicht hatte, von den einmal für unsere Außenpolitik gefaßten Grundsatzentschlüssen abzuweichen. Als die Sowjets begriffen hatten, daß die Entscheidungen, die nun tatsächlich durchgeführt wurden, die des Präsidenten waren, entwickelte sich ein direkter Kontakt zwischen Botschafter Dobrynin und dem Weißen Haus. Es entstand der für die amerikanisch-sowjetischen Gespräche sehr wichtige, später so bezeichnete »Kanal«.

5. *Der Kanal*

Meine Begegnung mit dem ungewöhnlichen sowjetischen Botschafter in seiner Wohnung am 14. Februar war der erste einer Reihe intimer Kontakte, die im Verlauf von acht Jahren immer wieder aufgenommen wurden. Das sehr heikle Geschäft der Beziehungen zwischen den Vereinigten Staaten und der Sowjetunion wurde im Laufe der Zeit immer mehr zwischen Dobrynin und mir ausgehandelt. Wir trafen uns fast immer im Kartenzimmer des Weißen Hauses, einem schönen Raum unweit des Diplomateneingangs, aus dessen Fenstern man auf die Rhododendronbüsche im Garten blickt, die eine weitere Aussicht versperren. Franklin D. Roosevelt hatte hier während des Zweiten Weltkriegs seine Konferenzen über die Kriegsplanung abgehalten, daher die Bezeichnung.

Dobrynin und ich begannen, über fast alle wichtigen Fragen Vorausverhandlungen zu führen, er im Namen des Politbüros, ich als Vertrauter Nixons. Wir klärten inoffiziell die Hauptziele unserer Regierungen, und wenn unsere Gespräche Hoffnungen auf besondere Vereinbarungen erweckten, wurde die Angelegenheit weiter über die üblichen diplomatischen Kanäle erörtert. Wenn man bei den offiziellen Verhandlungen in eine Sackgasse geriet, benutzten wir jedoch wieder unseren »Kanal«.

Dabei entwickelten wir gewisse Verfahren, um die Art des Stillstands der Gespräche, die nur durch eine Kraftprobe aufgehoben werden kann, zu vermeiden. Mit Erlaubnis des Präsidenten stellte ich unsere Auffassung manchmal als meine eigene dar und sagte, »ich dächte laut«. Dann trug mir Dobrynin ebenso unverbindlich die Reaktion des Kreml vor. Manchmal verlief das Gespräch in entgegengesetzter Richtung. Trotzdem sah sich keine Seite daran gehindert, eine Angelegenheit offiziell zu behandeln, weil sie von der anderen eine negative Reaktion erwarten mußte. Aber wenigstens wurden unbeabsichtigte Konfrontationen vermieden. Das war eine Methode, das Terrain zu erkunden und zu vermeiden, daß man in eine Sackgasse geriet.

Dobrynin eignete sich in bewundernswerter Weise für diese delikate Aufgabe. Heutzutage haben Botschafter als Unterhändler nur eine sehr geringe Entscheidungsfreiheit. Sie können sich telefonisch oder fernschriftlich genaue Anweisungen von ihren Regierungen geben lassen, aber diese Anweisungen können sich innerhalb einer Stunde ändern. Doch wenn Botschafter in unserer schnellebigen Zeit zu diplomatischen Briefträgern geworden sind, so können wir auf ihre politische Interpretation doch nicht verzichten – und zwar bevor eine kritische Notlage entsteht. Die Beamten zu Hause verbrauchen soviel Zeit im Umgang mit einer schwerfälligen Bürokratie, daß sie nur wenig Gefühl für die Vielfältigkeit fremder Hauptstädte und politischer Führer im Ausland entwickeln – jedenfalls erheblich weniger als zu der Zeit, da die bedeutenden Diplomaten in der ganzen Welt eine ähnliche Erziehung genossen hatten und auf der gleichen Bildungsstufe miteinander sprachen. Die Erkenntnisse des Mannes, der sich an Ort und Stelle befindet und sich dort so genau umsehen kann, daß er den Pulsschlag des politischen Lebens spürt, ohne davon so absorbiert zu werden, daß er seine Perspektive verliert, sind unersetzlich. Seine Haltung in kritischen Augenblicken, wenn die

Beurteilung von Angelegenheiten, bei denen es um Leben oder Tod geht, von seinem subtilen und raschen Begreifen des Unwägbaren abhängt, ist entscheidend.

Das ist für sowjetische Botschafter ganz besonders schwierig. Denn sie sind das Produkt einer Bürokratie, die Disziplin belohnt und eigene Initiativen hemmt; einer Gesellschaft, deren historische Tradition es ist, Ausländern zu mißtrauen; eines Volks, daß seine latente Unsicherheit hinter einer nach außen demonstrierten groben Selbstsicherheit verbirgt. Bei einigen sowjetischen Diplomaten hat man das unangenehme Gefühl, sie formulierten ihre Berichte entsprechend den vorgefaßten Meinungen der weitentfernten, aber immer wachsamen Vorgesetzten. So können sie am leichtesten den Vorwurf vermeiden, eine Situation falsch beurteilt zu haben. Natürlich halten sich die meisten sowjetischen Diplomaten starr an formale Positionen, denn wenn sie keine Initiative zeigen, kann ihnen Moskau auch niemals vorwerfen, unnötige Kompromisse geschlossen zu haben. Sie wiederholen Standardargumente, weil sie eine Herausforderung der ideologischen Orthodoxie nicht riskieren dürfen. Nur selten erläutern sie die Gründe für ihre Haltung anders als in rein formalen Begriffen, denn sie wollen zu Hause nicht den Vorwurf hören, daß sie die sowjetische Politik unzureichend begründet oder ohne Vollmacht angedeutet hätten, über die sowjetischen Positionen ließe sich verhandeln.

Dobrynin vermied solche berufsbedingten Verzerrungen, obwohl er das klassische Produkt der kommunistischen Gesellschaft war. Als eines von zwölf Kindern und erstes Mitglied seiner Familie, das eine Universität besucht hatte, war er der Nutznießer des Systems, das er so geschickt zu vertreten wußte. Er war als Elektroingenieur ausgebildet und während des Krieges dem Auswärtigen Amt zugeteilt worden. Ob er nun seine Flexibilität der Ausbildung in einem Beruf zu verdanken hatte, der nicht so sehr durch die geisttötende Ideologie belastet wurde, oder seiner natürlichen Veranlagung, er war jedenfalls einer der wenigen sowjetischen Diplomaten in meinem Bekanntenkreis, die die Psychologie der Gegenseite begreifen konnten. Er war zuvorkommend, und zwar nicht nur nach sowjetischen Maßstäben – die weiten Raum für Grobheit lassen –, sondern auch nach allen anderen Kriterien, verstand es ausgezeichnet, im Gespräch mit Amerikanern auf ihre vorgefaßten Meinungen Rücksicht zu nehmen, und weckte auch mit sehr viel Geschick das unerschöpfliche amerikanische Schuldgefühl, indem er immer wieder in aller Freundlichkeit behauptete, es sei unsere Schuld, wenn die Gespräche in eine Sackgasse geraten waren.

Ich habe nie vergessen, daß Dobrynin Mitglied des Zentralkomitees der Kommunistischen Partei der Sowjetunion war, und mir niemals vorgemacht, seine angenehmen Umfangsformen seien ein Zeichen seiner besonderen Sympathie für mich persönlich oder für den Westen. Vielmehr zweifelte ich nicht daran, daß er ebenso rücksichtslos und doppelzüngig sein konnte wie jeder andere kommunistische Führer, wenn es im Interesse seines Landes lag. Für mich war es selbstverständlich, daß sein Erfolg von der Geschicklichkeit abhing, mit der er die Politik seiner Regierung vertrat, und nicht davon, was er persönlich für richtig hielt. Aber die Tatsache, daß er an der sowjetischen politischen Linie festhielt, betrachtete ich als einen Vorteil und nicht als einen Nachteil. Denn dieser Umstand versetzte uns in die Lage, die politische Haltung seiner Vorgesetzten genau zu beurteilen, und sie stärkte seinen Einfluß zu Hause. Uns hätte es genügt, wenn er die amerikanische Szene besser gekannt hätte als viele andere. Gelegentlich äußerte er mir gegenüber seine persönlichen Ansichten zur amerikanischen Innenpolitik. Sie waren ausnahmslos intelligent und manchmal sogar klug. Wir durften daher darauf vertrauen, daß der Kreml über eine intelligente Beurteilung der Verhältnisse in unserem Lande verfügte. Ein genaues Verständnis war zwar keine Garantie dafür, daß Moskau so reagierte, wie wir es uns gewünscht hätten, aber die Wahrscheinlichkeit, daß es zu groben Fehleinschätzungen kam, war geringer.

Dobrynin neigte nicht zu kleinlichen Gaunereien, mit denen die meisten Sowjetdiplomaten gegenüber ihren Vorgesetzten ihre Wachsamkeit zu demonstrieren suchen; er begriff vielmehr, daß Zuverlässigkeit in der Außenpolitik eine wesentliche Hilfe sein kann. Feinfühlig und diszipliniert, im Umgang herzlich, aber wachsam, bewegte sich Dobrynin äußerst geschickt in der tonangebenden Gesellschaft Washingtons. Im Rahmen der Möglichkeiten eines Botschafters hat sich sein persönliches Auftreten sicherlich günstig auf die amerikanisch-sowjetischen Beziehungen ausgewirkt. Wenn es eines Tages wirklich zu einem echten Nachlassen der Spannungen und Gefahren käme, das unsere Zeit so dringend braucht, dann wird Anatoli Dobrynin einen wesentlichen Beitrag dazu geleistet haben.

Im Februar 1969 standen wir noch ganz am Anfang. Jede Seite versuchte, sich einen Eindruck von der anderen zu verschaffen. Dobrynins Ersuchen, vom Präsidenten empfangen zu werden, stellte Nixon vor ein technisches und ein konkretes Problem. Technisch wollte Nixon sicherstellen, daß er die Verhandlungen mit der Sowjetunion beherrschte; nach seinen Vorstellungen mußte deswegen Rogers ausgeschaltet werden, denn er könnte einen zu großen Eifer zeigen und später behaupten, daß die eventuell erzielten Fortschritte nur ihm zu verdanken seien. In der Sache wollte er das Tempo der Annäherung, die in der Verknüpfung mehrerer Probleme erfolgte, selbst bestimmen.

Mit Rogers suchte er auf die bei ihm übliche Weise fertig zu werden, wobei er Haldeman zum Prügelknaben machte (der die Verantwortung wieder auf mich abwälzen wollte). Haldeman sagte dem Außenminister, die beste Garantie dafür, daß wir bei den Russen keine ungerechtfertigten Erwartungen weckten, bestünde darin, daß Rogers nicht an dem Treffen teilnähme. Die Gegenwart von Rogers würde der Sache den Anschein der Dringlichkeit geben, die jedoch nicht unserer Strategie entsprach. Das wiederum könnte zu ungerechtfertigtem Optimismus führen. Rogers, der eine solche Überängstlichkeit von seinem alten Freund nicht gewohnt war, wehrte sich; ein großer Teil des Wochenendes mußte dazu aufgewendet werden, die im Grunde nicht ungerechtfertigten Vorstellungen Rogers', der sagte, daß der Außenminister an dem ersten Gespräch des neuen Präsidenten mit dem sowjetischen Botschafter teilnehmen müsse, abzuwehren.

Aber das war einer jener Punkte, in denen Nixon niemals nachgab, solange er jemanden finden konnte, der für ihn die schmutzige Arbeit tat. Rogers nahm nicht an der Besprechung teil. Um nach außen das Gesicht zu wahren, wurde der damalige Direktor für sowjetische Angelegenheiten im Außenministerium (der spätere erstklassige Botschafter in Moskau), Malcolm Toon, eingeladen. Aber auch das war völlig bedeutungslos, denn Nixon entließ Toon und mich nach der offiziellen Sitzung und sagte Dobrynin dann privat, besonders empfindliche Angelegenheiten sollte er zuerst mit mir besprechen.

Damit war der »Kanal« offiziell eingerichtet.

Vor seinem Zusammentreffen mit Dobrynin bat mich Nixon, eine Denkschrift über die Themen zu verfassen, die Dobrynin wahrscheinlich berühren würde, und zu sagen, welche Absichten er damit verfolge und welche allgemeine Haltung ich dem Präsidenten empfehlen könnte. In meiner Antwort kündigte ich an, Dobrynin werde uns wahrscheinlich versichern, die Sowjets seien bereit, in Verhandlungen einzutreten, besonders über SALT; er werde die Besorgnis darüber zum Ausdruck bringen, daß wir auf die versöhnliche Haltung der Sowjetunion seit dem 20. Januar nicht erwartungsgemäß reagiert hätten; er werde den Eindruck hinterlassen wollen, daß wir die günstige Gelegenheit nicht versäumen sollten; und er werde vorschlagen, einen direkten Kanal zwischen dem Präsidenten und den russischen Führern einzurichten. Ich empfahl dem Präsidenten für den Fall, daß Dobrynin eine Botschaft von der sowjetischen Führung überbrachte, er sollte sich gegenüber konkreten Vorschlägen interessiert zeigen, aber nicht zulassen, daß sie Sowjets die Zügel in die Hand nahmen, indem sie vage Gesprächsangebote machten, ohne zu sagen, über welche Themen verhandelt werden sollte. Wir müßten deutlich sagen, daß ein Fortschritt nur von spezifischen Vereinbarungen abhänge und nicht von persönlicher Diplomatie. Jedem Gipfeltreffen müsse eine sorgfältige Vorbereitung vorausgehen. Was die Einzelheiten beträfe, so müßten wir verständlich machen, daß eine weitere Behinderung der Zugangswege nach Berlin wegen der Frage der Wahl des Bundespräsidenten alle Hoffnungen auf Verhandlungen zunichte machen würde; daß im Nahen Osten beide Seiten ihren Einfluß für eine Mäßigung und eine flexible Diplomatie einsetzen müßten; daß wir entschlossen seien, den Krieg in Vietnam zu beenden und unsere Beziehungen zur Sowjetunion verbessert werden könnten, wenn sie dazu beitrüge, in der Frage des Vietnam-Kriegs zu einer Regelung zu kommen. Dazu formulierte ich eine etwas undeutliche Erklärung, nach der wir, wenn die Sowjets uns nicht unterstützen sollten, »es nicht ausschließen, daß andere, die an dieser Frage interessiert sind, aufgefordert werden könnten, uns zu helfen, einen Fortschritt zu erreichen . . .« Das war eine verschleierte Anspielung auf die Chinesen – die Dobrynin aber sicherlich sofort verstehen würde.

Wie immer unterstrich Nixon sorgfältig die Sätze in meiner Denkschrift, die ihm wichtig erschienen. Dazu gehörte die Passage, in der unsere Verpflichtungen im Hinblick auf die Integrität und Lebensfähigkeit Berlins betont wurden. In dem Abschnitt über den Nahen Osten und Vietnam unterstrich er fast jeden Satz, ebenso auch den Hinweis auf China.

In seinen Gesprächen mit führenden ausländischen Politikern verstand es Nixon hervorragend, sorgfältig vorbereitete Positionen zu vertreten; er konnte sich auch besser in die Psyche der Ausländer einfühlen als in die der meisten Amerikaner – vielleicht hielt er jene für weniger gefährlich. Aber das Geben und Nehmen bei solchen Verhandlungen machte ihn nervös; er haßte jede persönliche Konfrontation, die nicht sorgfältig vorbereitet war; es war ihm sehr unangenehm, im direkten Gespräch auf seinem Standpunkt beharren zu müssen. Nebensächlichkeiten machten ihn ungeduldig, er wollte sich nicht mit den langen Stockungen in dem Verhandlungsmechanismus, der gewöhnlich angewandt wird, wenn man zu einer Vereinbarung kommt, abfinden. Obwohl Nixon in Gesprächen, in denen es um klare Begriffsdefinitionen ging, ein hervorragender Diskussionspartner war, war er zu stolz, gegenüber seinen Besuchern zuzugeben, daß er sogar Notizen zu Hilfe nehmen müsse. Wie gesagt, bereitete er sich auf Konferenzen mit Diplomaten dadurch vor, daß er Gesprächsthemen, die ich ihm genannt hatte, auswendig lernte – doch um fair zu sein, muß ich sagen, daß meine Entwürfe die Ansichten ausführten, die er selbst in Gesprächen mit mir vorher geäußert hatte.

Nixons Scheu vor persönlichen Verhandlungen war keine Schwäche des Präsidenten, sondern seine Stärke. Es sind in der Geschichte der amerikanischen Außenpolitik manchmal Katastrophen ausgelöst worden, weil Präsidenten sich für gute Unterhändler gehalten haben. Als allgemeine Regel muß jedoch gelten, daß man sich in diesem Amt nicht allzu eingehend mit den Details beschäftigen darf, die bei gründlicheren Verhandlungen behandelt werden müssen. Außerdem bleiben bei einem Präsidenten, der sich zum Unterhändler macht, der Diplomatie keine Fluchtwege. Zugeständnisse sind unwiderruflich, und ihre Zurücknahme würde die eigene Ehre verletzen. Geraten Verhandlungen in eine Sackgasse, dann schadet es dem Prestige des

Amtes. Ein Fehler erfordert das Eingeständnis eines Irrtums. Und da Regierungschefs diese Karriere nicht ohne eine gute Portion Selbstbewußtsein gewählt hätten, können Verhandlungen sehr rasch dazu führen, daß beide Seiten in ihrer Haltung erstarren und es schließlich zu einer Konfrontation kommt. Hingegen erlauben es Verhandlungen auf unteren Ebenen – und verglichen mit dem Präsidenten steht sogar der Außenminister auf einer unteren Ebene – dem Regierungschef, in entscheidenden Augenblicken selbst einzugreifen. Dann lassen sich eher Korrekturen anbringen, ohne zu viel aufs Spiel zu setzen. Wenn die Regierungschefs auf der Bildfläche erscheinen, sollte man sich über den Text der Vereinbarungen schon klar sein – so ist es bei den Präsidenten, denen ich gedient habe, meist gewesen –, obwohl man diese oder jene Frage noch offenlassen kann, um die Behauptung zu rechtfertigen, erst das Eingreifen des Regierungschefs habe zur letzten Einigung geführt. Präsidenten sind natürlich für die Gesamtstrategie verantwortlich. Sie müssen die Schlüsselentscheidungen treffen; dafür werden sie zur Verantwortung gezogen, und wenn sie das tun, verdienen sie volle Anerkennung, gleichgültig, wieviel ihnen dabei geholfen worden ist. Wenn sie jedoch versuchen, in die taktische Durchführung ihrer eigenen Strategie einzugreifen, beschwören sie unter Umständen Katastrophen herauf. Nixon hat diesen Fehler niemals gemacht.

Die erste Begegnung zwischen Dobrynin und Nixon fand am 17. Februar 1969 statt. Dobrynin, der sich jetzt von der Grippe erholt hatte, kam in das ovale Zimmer, wurde dem Präsidenten vorgestellt und vertrat die Auffassungen seiner Führer etwa in der gleichen Weise wie ein paar Tage früher mir gegenüber. Er deutete die Möglichkeit eines Gipfeltreffens an und lehnte die Verknüpfung verschiedener politischer Probleme nicht ab. Im Gegenteil, er versicherte, die sowjetische Führung sei bereit, gleichzeitig über eine Reihe von Themen zu verhandeln. Er sagte, die Sowjetunion werde ihren Einfluß dafür einsetzen, eine Lösung im Nahen Osten zu finden, und erkundigte sich, ob wir bereit wären, über die Begrenzung der strategischen Rüstung zu sprechen.

Nixon erwiderte in der förmlichen Art, die er zeigte, wenn man ihn vorher mit den voraussichtlichen Gesprächsthemen vertrautgemacht hatte, daß Gipfeltreffen sorgfältig vorbereitet werden müßten. Er wies besonders darauf hin, wie wichtig es sei, daß die Supermächte überall auf der Welt Zurückhaltung übten; er sagte, es sei unbedingt notwendig, die Lage im Nahen Osten und in Vietnam zu entschärfen. Auch Abrüstungsgespräche bedürften der sorgfältigen Vorbereitung, und ein Einfrieren der Rüstung werde den Frieden nicht sichern, wenn nicht auch auf politischem Gebiet Zurückhaltung geübt würde. Er betonte die Bedeutung, die wir dem Status von Berlin beimaßen, worauf Dobrynin antwortete, die Sowjetunion werde alles tun, damit sich die Lage dort beruhige.

Es war bezeichnend für Nixons Unsicherheit in persönlichen Begegnungen, daß er mich an diesem Tag noch viermal zu sich bat, um von mir zu hören, daß er sich gut gehalten hatte. Er glaubte, es wäre eine harte Konfrontation gewesen. Ich hatte eher den Eindruck, das Gespräch hätte einen versöhnlichen Ton gehabt oder wäre wenigstens so verlaufen wie die Eröffnung eines Schachspiels. Jede Seite wollte sich mit den ersten Zügen möglichst viele Optionen offenhalten; beide Spieler wollten sich gegen unerwartete Züge des Gegners schützen. Ich konnte Nixon guten Gewissens sagen, daß er sich den Umständen entsprechend ausgezeichnet gehalten habe.

Am nächsten Morgen, dem 18. Februar, schickte ich Nixon eine Notiz mit meinen Überlegungen zu dieser ersten Begegnung. Ich war zu folgenden Schlüssen gekommen:

»Ich glaube, die Sowjets zeigen sich jetzt vor allem deshalb versöhnlich und verhandlungsbereit, besonders im Hinblick auf die Abrüstung, aber auch auf den Nahen Osten, weil sie nicht genau wissen, welche Pläne diese neue Regierung hat. Offensichtlich machen sie sich Sorgen darum, daß Sie ein neues Rüstungsprogramm einleiten könnten, das Moskau zu neuen und kostspieligen Entscheidungen zwingen würde. Sie hoffen, durch möglichst baldige Verhandlungen solchen Tendenzen in Washington wenigstens in einem gewissen Maß entgegenwirken zu können. (Ich glaube nicht, daß es im Kreml zu dieser Frage geteilte Meinungen gibt; das kann aber hinsichtlich des Inhalts einer Vereinbarung durchaus der Fall sein.) Kurz gesagt, ich glaube, Moskau will uns jetzt, da sich die Sowjets über unsere Absichten noch nicht klar sind (sie glauben, bei uns stünden sich ›gemäßigte‹ Kräfte und andere gegenüber, die ›zu Abenteuern bereit sind‹), festlegen. Man könnte argumentieren, wir dürften den günstigen Augenblick nicht verstreichen lassen, in dem sich die Sowjets für Verhandlungen interessieren, welches ihr Motiv auch sein mag, bevor Moskau wieder auf einen harten Kurs zurückschwenkt. Nach meiner Auffassung sollten wir das sowjetische Interesse ausnutzen, das, wie ich glaube, einer echten Besorgnis entspringt, und sie veranlassen, sich mit den wirklichen Ursachen der Spannungen zu beschäftigen, besonders im Nahen Osten, aber auch in Vietnam. Wenn wir von solchen Voraussetzungen ausgehen, dann müssen wir auch in Berlin festbleiben.«

Es war noch zu früh, um genau beurteilen zu können, was die Sowjets vorhatten. Dobrynin hatte sich nur insofern bereit gezeigt, eine Reihe politischer Fragen miteinander zu verknüpfen, als die sowjetischen Führer Verhandlungen auf breiter Front zustimmten; sie hatten nicht gesagt, daß Erfolge auf einem Gebiet die Voraussetzung für Fortschritte auf dem anderen sein sollten. Dobrynin hatte uns darin zugestimmt, daß der Fortschritt in Richtung auf einen Frieden in Vietnam dazu beitragen würde, unsere Beziehungen im allgemeinen zu verbessern; aber in dieser Formulierung war auch die Möglichkeit für einen Erpressungsversuch durch eine »Verknüpfung in der entgegengesetzten Richtung« enthalten. Das sowjetische Angebot, uns im Nahen Osten zu unterstützen, konnte in der Praxis bedeuten – was sich später auch als richtig erwies –, daß die Russen nur bereit waren, ihre arabischen Freunde zu unterstützen.

Es zeigte sich dann, daß wir aus der Erstarrung unserer Beziehungen zur Sowjetunion nicht vor 1971 herauskommen sollten. Der zu keinen konkreten Ergebnissen führende Meinungsaustausch im Jahr 1969 führte schließlich zu einer Reihe von Konfrontationen, die sich bis 1970 fortsetzten. Im Verlauf meiner monatlich stattfindenden Besprechungen mit Dobrynin im Jahr 1969 habe ich etwa zehnmal versucht, die Sowjets für eine Zusammenarbeit zur Beendigung des Krieges in Vietnam zu gewinnen. Dobrynin ist mir dabei jedesmal ausgewichen. Er bestritt, daß die Sowjetunion an der Fortsetzung des Krieges ein Interesse habe; er warnte mich (und rückblikkend muß ich sagen, in sehr milder Form) vor einer Eskalation; einen konkreten Vorschlag zur Beendigung des Krieges hat er jedoch nie gemacht.

Dem Präsidenten ging es nicht besser. Am 26. März schrieb Nixon an den sowjetischen Premierminister Alexei Kossygin und hielt sich dabei etwa an das, was er Dobrynin am 17. Februar gesagt hatte. (Der Generalsekretär des Zentralkomitees der Kommunistischen Partei, Leonid Breschnew, sollte bis Mitte 1971 in der Außenpolitik öffentlich noch keine besondere Rolle spielen.) Kossygin antwortete am 27. Mai und sagte kaum etwas, das sich von der bisherigen Haltung der Sowjets unterschieden hätte. Der einzige neue Gesichtspunkt in seinem Brief war, daß er – wahrscheinlich ermutigt durch die inneramerikanische Polemik über unser Konzept der Verknüpfung – dieses Konzept jetzt auch energisch und offen ablehnte. Dazu schrieb Kossygin: »Wenn man die Komplexität eines jeden dieser Probleme bedenkt, dann wird es sich kaum lohnen zu versuchen, sie irgendwie miteinander zu verknüpfen.« Wir beschlossen, über dieses Thema nicht weiter zu diskutieren und in der Praxis auch weiterhin nach unseren Vorstellungen zu verfahren.

Am 14. Mai erhielt Dobrynin eine Kopie des Manuskripts der Vietnam-Rede des Präsidenten. Ich hatte vorher mit Nixon verabredet, daß er mich während meines Gesprächs mit Dobrynin anrufen würde, um uns in das Lincoln-Zimmer zu bitten und Dobrynin zu erklären, daß er entschlossen sei, den Krieg zu beenden. Die Sowjets reagierten nicht darauf. Auch auf unseren Vorschlag, Cyrus Vance mit einer Friedensmission für Vietnam zu beauftragen, gingen sie nicht ein.* Diese starre Haltung der Sowjets war zum Teil Anlaß dafür, daß Nixon seine Reise nach Rumänien für den August festsetzte. Seine Absicht war, Moskau daran zu erinnern, daß uns in Osteuropa und gegenüber der Volksrepublik China, die seinerzeit von Rumä-

* Auf diese amerikanisch-sowjetischen Gespräche über Vietnam gehen wir im VIII. Kapitel näher ein.

nien unterstützt worden war, Alternativen zur Verfügung standen. Und im Herbst weigerten wir uns, Andrei Gromyko zu der jetzt schon fast zur Tradition gewordenen *tour d'horizon* nach Washington einzuladen, wo er im Anschluß an seinen jährlichen Besuch bei der Generalversammlung der Vereinten Nationen mit dem Präsidenten sprechen wollte. Wir gaben zu verstehen, daß der Präsident den sowjetischen Außenminister empfangen werde, wenn dieser darum bäte; aber die Sowjets weigerten sich, das zu tun.

Das Verhalten der Sowjets war 1969 so einförmig, daß wir deutlich erkennen konnten, wie sehr sie der äußeren Form gegenüber der Substanz den Vorrang gaben. Wie ich schon berichtet habe, war durch öffentliche Erklärungen auf unterer Ebene, die nicht vom Weißen Haus autorisiert waren, und Indiskretionen bekannt geworden, daß wir angeblich bereit seien, »im späten Frühjahr oder im Frühsommer« mit den SALT-Gesprächen zu beginnen. Als das Weiße Haus am 11. Juni den Sowjets offiziell erklären ließ, wir seien bereit, mit den Gesprächen zu beginnen, glaubte unsere Bürokratie, schon in wenigen Wochen oder in noch kürzerer Zeit mit einer Antwort rechnen zu können. Die sowjetische Antwort kam aber erst nach mehr als vier Monaten. Höchstwahrscheinlich wollten die Russen zuerst die Senatsdebatte über ABM abwarten und unsere Kritiker nicht daran hindern zu sagen, daß unser ABM-Programm sich mit den Rüstungskontrollverhandlungen nicht vereinbaren ließe.

Welches auch die Gründe gewesen sein mögen, Dobrynin besuchte den Präsidenten erst am 20. Oktober, um ihm mitzuteilen, daß die Sowjets bereit seien, ein Datum für die Eröffnung der SALT-Gespräche zu vereinbaren. Dobrynin ergriff die Gelegenheit, sich über den langsamen Fortschritt einer Verbesserung der Beziehungen zwischen den Vereinigten Staaten und der Sowjetunion im allgemeinen zu beschweren. Nixon antwortete, die Sowjetunion habe das Recht, ihre eigenen Entscheidungen zu treffen, aber der allgemeine Fortschritt hinge von der sowjetischen Haltung gegenüber Vietnam ab. Um das zu unterstreichen, gab ich Dobrynin am folgenden Tag den Teil des Protokolls seines Gesprächs mit dem Präsidenten, der Vietnam betraf, als Aide-mémoire. Darin hatte ich einige Stellen noch etwas schärfer herausgearbeitet, damit Moskau unseren Standpunkt besser begriff. Dobrynin hatte sich wie üblich während des Gesprächs mit Nixon keine Notizen gemacht, stellte aber trotzdem diese Abweichungen fest und fragte mich, welche Version er als den offiziellen amerikanischen Standpunkt nach Moskau weiterleiten sollte. Ich antwortete ihm, er solle das ihm von mir überreichte Schriftstück verwenden.

Auch in der Frage der europäischen Sicherheit und besonders der Berlin-Frage kamen wir nicht weiter. Die Ostdeutschen beschworen eine Minikrise herauf, indem sie aus Protest gegen die Wahl des deutschen Bundespräsidenten in Berlin den Verkehr auf den Zugangswegen nach Berlin behinderten, obwohl die vorangegangenen Präsidentschaftswahlen ohne Zwischenfall durchgeführt worden waren. Am 22. Februar, dem Vorabend seines ersten Europa-Besuchs, befahl Nixon, den Verkehr der amerikanischen Fahrzeuge nach West-Berlin zu intensivieren. Der Zwischenfall wurde bereinigt, weil Dobrynin Nixon am 17. Februar versprochen hatte, die Sowjetunion werde für eine Beruhigung der Lage sorgen. Am 5. März fanden die Wahlen im Reichstagsgebäude statt, ohne daß sich die Krise verschärfte, und die Behinderungen hörten auf. Als ich im Juli 1971 auf meiner Geheimreise mit dem chinesischen Premier Tschou En-lai zusammentraf, interpretierte er diese Ereignisse. Er sagte, die Sowjetunion habe im März 1969 die Grenzzwischenfälle mit China provoziert, um die Aufmerksamkeit von Berlin abzulenken, damit die westdeutschen Parlamentarier ungehindert nach Berlin reisen könnten. Nach Tschous Auffassung sollten die Grenzzwischenfälle den Sowjets erlauben, »ihrer Verantwortlichkeit für Berlin auszuweichen«.*

Während seiner Europa-Reise machte Präsident Nixon am 27. Februar in einer Ansprache in den Siemens-Werken in West-Berlin öffentlich den Vorschlag, in Verhandlungen über Berlin einzutreten. Nachdem er noch einmal bestätigt hatte, daß wir bereit seien, die Stadt zu verteidigen, gab er der Hoffnung Ausdruck, Berlin könnte Gegenstand von »Verhandlungen ... und der Versöhnung« anstelle von Drohungen und Zwangsmaßnahmen werden. Das Angebot, über Berlin zu sprechen, war auch in dem Brief des Präsidenten an Kossygin vom 26. März enthalten. Auf der NATO-Konferenz, die im April in Washington abgehalten wurde, drängte die Bundesrepublik die drei für Berlin verantwortlichen Alliierten – Frankreich, Großbritannien und die Vereinigten Staaten –, die Sowjets auf die Berlin-Frage anzusprechen. Die alliierten Konsultationen zu diesem Thema dauerten den ganzen Sommer an. Am 10. Juli erklärte Gromyko öffentlich die sowjetische Bereitschaft »zu einem Gedankenaustausch über die Frage, wie Komplikationen im Hinblick auf West-Berlin jetzt und in der Zukunft vermieden werden können«. Der deutsche Bundeskanzler Kurt Georg Kiesinger erkannte, welchen Vorteil ihm für die Wahlen im September eine Entspannung bringen würde, und empfahl uns dringend, auf diesen Vorschlag einzugehen. Am 7. August gaben die Westalliierten ihre Bereitschaft zu erkennen, freimütige Gespräche zu führen. Die Sowjets warteten bis in den September – oder bis kurz vor Beginn der deutschen Wahlen – und gaben dann eine ausweichende Antwort; darin stand kaum mehr, als Gromyko schon sehr unbestimmt gesagt hatte, aber außerdem wurde auf die Souveränität des ostdeut-

* Die Verschärfung der militärischen Lage an der chinesisch-sowjetischen Grenze vom März 1969 wird im VI. Kapitel behandelt.

schen Regimes hingewiesen (das bisher noch von keiner der Westmächte anerkannt worden war). Die Sowjets wichen der Frage aus, den Zugang nach Berlin zu verbessern, und schlugen statt dessen Verhandlungen über die Beschränkungen der bundesdeutschen Aktivitäten in Berlin vor.

Die sowjetische Antwort bedeutete nach meiner Ansicht »praktisch keinen konkreten Fortschritt«, von dem ich in meiner Notiz an den Präsidenten gesprochen hatte. Wieder suchten die Sowjets die atmosphärischen Vorteile auszunutzen, die mit der Eröffnung von Verhandlungen über eine andere wichtige Frage verbunden waren, ohne anzudeuten, daß sie konkrete Fortschritte machen wollten. Meine Schlußfolgerungen waren: »Sie haben offensichtlich keine Eile, und auch für uns sehe ich keinen Anlaß dafür, besonders da Drängen auf rasche Verhandlungen die Gefahr birgt, daß die Sowjets sich gezwungen fühlen könnten, ihre starre Haltung im Hinblick auf die Unterstützung der ostdeutschen ›Souveränität‹ noch einmal zum Ausdruck zu bringen.«

Die sowjetischen Führer versuchten jedoch, die Vereinigten Staaten zu bilateralen Gesprächen über Berlin zu bewegen. In seinem Brief vom 27. Mai hatte Kossygin das Angebot des Präsidenten angenommen, über dieses Thema zu sprechen, und Dobrynin überbrachte in seinem Gespräch mit Nixon am 20. Oktober den offiziellen Vorschlag. Da die Sowjets jedoch nicht bereit waren, über die Verbesserung des Zugangs nach Berlin zu sprechen, wie wir es wünschten, empfahl ich, den Vorschlag zu bilateralen Gesprächen abzulehnen. Die Sowjets würden sie nur dazu verwenden, unsere Verbündeten mißtrauisch zu machen. Ich erklärte dem Präsidenten, es wäre für uns am besten, wenn diese Frage zunächst nur vor dem regulären Viermächteforum behandelt würde.

Bei der Behandlung der Probleme im Nahen Osten verfuhren die Sowjets nach der gleichen Taktik. Wieder verlangten sie dringend die Aufnahme von Gesprächen. Als diese Gespräche, die im X. Kapitel behandelt werden sollen, begannen, stellten sich die Sowjets auf den bekannten arabischen Standpunkt, über den es, wie sie wissen mußten, keine Verhandlungen geben konnte. Monatelang sagte man uns immer wieder, die Sowjetunion könne ihren Freunden keine Zugeständnisse zumuten, bevor die Vereinigten Staaten ihre Haltung zur Grenzfrage geklärt hätten; wir taten das schließlich am 28. Oktober und erklärten uns im wesentlichen mit der Wiederherstellung der Grenzen des Jahres 1967 einverstanden. Die Sowjets ließen zwei Monate auf eine Antwort warten. Als die Antwort kam, enthielt sie jedoch kein Angebot. Die sowjetische Außenpolitik wich im Jahr 1969 einer Konkretisierung aus. Aber sobald die Sowjets zögerten, fanden sich genügend Amerikaner, die dringend nach einer Beschleunigung der Verhandlungen auf fast allen Gebieten verlangten.

6. Vorbereitung auf SALT

Anfang März 1969 wurde Botschafter Gerard C. Smith zu unserem Chefunterhändler für SALT und Leiter der Arms Control and Disarmament Agency ernannt. Zwar hatten wir häufig Meinungsverschiedenheiten gehabt, ich hielt das aber doch für eine ausgezeichnete Wahl. Der intelligente, unermüdliche und strebsame Smith war einer jener begabten Exekutivbeamten, die ihre Dienste den gewählten Regierungen zur Verfügung stellen und ihre Aufgaben mit beispielhafter Pflichttreue lösen. Wegen seiner etwas schwerfälligen Art hätte man ihn leicht unterschätzen können. Aber er kannte sich in Washington aus, und die Komplexität des bürokratischen Systems war ihm vertraut. Wenn man berücksichtigte, daß er über keine Machtbasis verfügte, dann war erstaunlich, welch starken Druck er ausüben konnte. Er verstand es, die ihm erteilten Direktiven so geschickt auszulegen, daß seine nominellen Vorgesetzten nur einen geringen Einfluß auf sein Wirken hatten, denn er brachte es fertig, Anweisungen, mit denen er nicht einverstanden war, so zu interpretieren, daß sie in der Praxis doch seinen Vorstellungen entsprachen. Im allgemeinen war er gut gelaunt und ein ehrenhafter, tüchtiger Kämpfer für eine gute Sache. Diese Sache war die Rüstungsbeschränkung. Seine Behörde sollte das Interesse für dieses Thema in unserer Regierung lebendig erhalten. Dafür sorgte er mit erstaunlicher Energie.

Ich habe schon geschildert, unter welchem Druck die Regierung stand, möglichst bald mit den SALT-Gesprächen zu beginnen, und wie die Sowjets im Gegensatz zu denjenigen, die uns ständig drängten, uns vier Monate hingehalten haben. So hatten wir glücklicherweise Zeit, uns vorzubereiten, und konnten alle Gesprächsthemen aufeinander abstimmen, bevor die Verhandlungen schließlich begannen.

Am 6. März hatte ich eine Direktive erlassen und die Ausarbeitung von Alternativen für die Verhandlungsposition der Vereinigten Staaten verlangt. Die Beamten folgten diesem Ersuchen eigentlich nur der Form nach, denn auch die Mitarbeiter auf zweiter und dritter Ebene waren fast alle von der vorigen Regierung übernommen worden. Sie entschieden sich deshalb natürlich am liebsten für die Lösung, die Johnson Kossygin vorgeschlagen hätte, wenn der von ihm so heißersehnte Gipfel in Leningrad zustande gekommen wäre. Während des ganzen Sommers 1968 hatte die Bürokratie unermüdlich gearbeitet und schließlich einen sehr detaillierten Vorschlag zustande gebracht. Ein großer Vorteil lag darin, daß die Joint Chiefs of Staff ihn akzeptiert hatten. Dieser kleine Triumph der Bürokratie verlor ein wenig von seinem Glanz, wenn man sich den Grundvorschlag etwas näher ansah: Danach sollte der Bau aller auf dem Festland stationierten und von Schiffen abzuschießenden Flugkörper eingefroren werden. 1969 hatte sich das sowjetische Arsenal an Fernlenkwaffen, die von Land aus abgeschossen werden konnten, so stark vergrößert, daß die Russen schon fast über die gleiche Zahl solcher Waffen verfügten wie wir, aber mit von U-Booten aus abzuschießenden Fernlenkraketen waren wir den Sowjets noch weit überlegen. Angesichts unserer bedeutenden Überlegenheit in bezug auf die interkontinentalen Bombenflugzeuge (die in dem Vorschlag nicht erwähnt wurden), war es demnach unwahrscheinlich, daß die Sowjets sich bereit erklären würden, den Bau strategischer Fernlenkwaffen einzufrieren.

Bei meinem Bemühen, für den Präsidenten eine größere Zahl von Alternativen zu entwickeln, stieß ich auf beträchtliche bürokratische Schwierigkeiten. Nixon interessierte sich lebhaft für die Strategie der SALT-Gespräche und die Kanäle, über die die Verhandlungen laufen sollten. Aber die Einzelheiten der verschiedenen Pläne langweilten ihn; die Auswahl der Optionen überließ er praktisch mir. Hätte die Bürokratie davon Wind bekommen, dann wäre die Disziplin in bedenklicher Weise untergraben worden. Ich setzte deshalb trotz der ungeduldigen Proteste Nixons eine Reihe von Konferenzen des Nationalen Sicherheitsrates an, auf denen dem mit glasigen Augen vor sich hin starrenden und nervösen Präsidenten die Optionen vorgetragen wurden, damit wir, unterstützt durch seine Autorität, die entsprechenden Direktiven erlassen konnten.

Um in die Beratungen mit dem Nationalen Sicherheitsrat eine gewisse Ordnung zu bringen, bat ich um die Vorlage einer Reihe von Optionen, die sowohl Lösungen auf Teilgebieten als auch Gesamtlösungen anboten. Mit welch geringem Eifer diese Aufgabe übernommen wurde, zeigte sich darin, daß alle Optionen, analytisch betrachtet, mit Ausnahme einer einzigen unsere strategische Lage so ungünstig beeinflußten, daß es besser gewesen wäre, auf jede Vereinbarung zu verzichten. Die unerwartete Verzögerung der SALT-Gespräche verschaffte uns jedoch die Möglichkeit, die ganze Angelegenheit vorher in Ordnung zu bringen. Ich lernte eine Menge aus der Arbeit einer zwischenbehördlichen Gruppe, die ich und Richardson zusammenstellten und damit beauftragten, eine systematische Analyse der strategischen Folgerungen aus einer Begrenzung der Rüstung mit MIRV* zu erstellen. Daneben sollte die Analyse sich auch mit der Durchführbarkeit solcher Rüstungsbeschränkungen und den Möglichkeiten und Risiken beschäftigen, mit denen wir zu rechnen hätten, wenn die Gegenseite versuchen sollte, die Vereinbarungen zu umgehen. Einige Wochen später beauftragte ich die gleiche Gruppe, ihre Analyse nicht nur auf die MIRV zu beschränken, sondern auf alle strategischen Waffen auszudehnen, die Gegenstand unserer Verhandlungen werden könnten. Die CIA wurde gebeten, zu beurteilen,

* MIRV sind Fernlenkgeschosse mit Mehrfachsprengköpfen, die gegen jeweils verschiedene Ziele eingesetzt werden können; es handelt sich also um eine Verbesserung der bisher üblichen Mehrfachsprengköpfe.

wieweit sich jede der vorgeschlagenen Rüstungsbegrenzungen verifizieren ließe – wie wir überprüfen konnten, daß die Vereinbarungen eingehalten wurden; wie lange die Sowjets das Abkommen umgehen konnten, bevor wir es merkten, und welche strategischen Folgen mögliche Verletzungen des Abkommens haben würden. Das Verteidigungsministerium wurde aufgefordert zu sagen, welche Gegenmaßnahmen uns zur Verfügung stünden und welche Zeit man brauchen würde, um sie wirksam werden zu lassen. Als die ersten interministeriellen Optionspapiere der Prüfungsgruppe vorgelegt wurden, sagte ich meinen Kollegen, die möglichen Kombinationen von Verhandlungspositionen müßten einen zunächst so verwirren, daß es gegenüber dem Präsidenten nicht fair sei, wenn wir verlangten, daß er sich allein darin zurechtfände. Deshalb kehrten wir an die Schreibtische zurück und versuchten es mit einer neuen Methode. Wir analysierten die möglichen Rüstungsbeschränkungen für die einzelnen Waffen und versuchten dann, sie miteinander zu kombinieren. Dabei entstanden sieben verschiedene Pakete, die nach unserer Auffassung alle unserem Sicherheitsbedürfnis entsprachen; sie sollten die Bausteine für die Konstruktion oder die Modifizierung spezifischer Vorschläge sein. Damit waren wir in der Lage, auf sowjetische Ideen flexibel zu reagieren, ohne jedesmal eine neue Position für die Vereinigten Staaten entwickeln zu müssen. Das Resultat war die umfangreichste Studie über die strategischen Konsequenzen der Rüstungsbeschränkung und die Verifizierung ihrer Durchführung, die unsere Regierung und wahrscheinlich auch andere Regierungen je unternommen haben. Unsere Verhandlungsposition würde nicht nur einen bürokratischen Kompromiß darstellen, sondern sich auch auf eine sorgfältige Analyse der Folgen und Absichten stützen.

Ein zunächst nicht beabsichtigter Vorteil dieser Studien lag auch darin, daß ich vieles daraus lernte und jetzt wußte, wie ich mir in meinen späteren Verhandlungen über SALT mit Dobrynin über den direkten Kanal ins Weiße Haus bürokratisch den Rücken decken konnte. Jetzt konnte ich sagen, welche Optionen die Zustimmung der Bürokratie fanden, und trotzdem meine Gespräche geheimhalten. Ich konnte also mit Dobrynin in dem Bewußtsein verhandeln, auf relativ sicherem Boden zu stehen. (Das schützte mich allerdings nicht gänzlich davor, daß man mir trotzdem gelegentlich in den Rükken fiel.)

Die erste offizielle Sitzung im Rahmen der SALT-Gespräche sollte am 17. November 1969 in Helsinki beginnen. Bei der Betrachtung der einzelnen Bausteine unseres Verhandlungsgebäudes mußten wir feststellen, daß es innerhalb der Regierung keinen echten Konsensus gab. Deshalb erschien es mir am klügsten, diese Sitzung zunächst nur als Fühlungnahme zu betrachten. Wir wollten der Sowjetunion keine Gelegenheit geben, propagandistisches Kapital daraus zu schlagen, und wir wollten auch keinen Fehlschlag riskieren, indem wir unannehmbare Vorschläge machten. Gerard Smith schloß sich aus anderen Gründen dieser Auffassung an; er fürchtete, die Instruktionen des Präsidenten könnten ihm nicht gefallen, und hoffte, in der ersten Sitzung die Sowjets zu Vorschlägen anregen zu können, die ihm für ein Verbot der Flugabwehrgeschosse (ABM) und ein Moratorium für die Versuche mit MIRV-Raketen am günstigsten erschienen. Wie das bei großen Bürokratien oft geschieht, entstanden aus verschiedenen Motiven Anweisungen mit dem Ergebnis, daß sich bei den Eröffnungsgesprächen ein Arbeitsprogramm entwickelte, aus dem wir erkennen konnten, welche Vorstellungen die Sowjets von dem Verhandlungsverfahren hatten. Wir wollten unsere Bereitschaft zeigen, über eine Begrenzung offensiver und defensiver Waffensysteme zu sprechen. Dabei sollte besonders betont werden, daß die Durchführung der Vereinbarungen überwacht werden mußte. Um eine übermäßige Begeisterung zu steuern, wurde die Delegation angewiesen, alle Vorschläge zu den MIRV oder zu anderen Moratorien Washington zur Entscheidung zu überlassen.

Die erste Gesprächsrunde über die Begrenzung strategischer Waffen begann planmäßig und dauerte bis zum 22. Dezember. Schon sehr bald gerieten die Verhandlungen ins Stocken, als definiert werden mußte, was eine strategische Waffe ist. Die Sowjets bezeichneten jede Waffe als »strategisch«, die das Territorium der anderen Seite erreichen konnte, und bezogen damit sowohl unsere in Westeuropa stationierten Flugzeuge als auch die Flugzeuge der Flugzeugträger in diese Kategorie ein, nicht aber ihre eigenen Mittelstrecken- und Halbmittelstrecken-Flugkörper und die große Flotte mittelschwerer Bombenflugzeuge, deren Angriffsziel Westeuropa war. Dieses Schema bot dazu noch den politischen Vorteil, daß es einen Unterschied zwischen unseren Sicherheitsbedürfnissen und denen Westeuropas machte und so das westliche Bündnis belastete. Selbstverständlich lehnten wir die sowjetische Definition ab. In ähnlicher Weise brachten die Sowjets die Frage der »Nichtverbreitung« von Kernwaffen zur Sprache, die unsere Zusammenarbeit mit unseren britischen Verbündeten in nuklearen Angelegenheiten in Frage stellte und möglicherweise sogar die mit der ganzen Verteidigungsorganisation der NATO.

Es war den Sowjets viel daran gelegen, ein Gespräch über die Waffensysteme zu führen, dem sich so viele Experten widersetzt hatten, weil es SALT-Verhandlungen unmöglich machen würde – über die ABM. Sehr zur Überraschung unserer SALT-Delegation interessierten sich die Sowjets hingegen nicht für ein Verbot der MIRV. Sie selbst brachten dieses Thema nicht zur Sprache und reagierten auch nicht darauf, als wir es taten. Im ganzen war ihr Ton präzise, nicht polemisch, geschäftsmäßig und sachlich.

Am 18. Dezember wertete ich die Ergebnisse der Gespräche in Washington in einer Denkschrift wie folgt aus:

»Bevor wir nach Helsinki gingen, haben viele Leute uns gesagt, wenn wir das nicht mit einer bestimmten Verhandlungsposition täten, würden die Sowjets das Vertrauen zu uns verlieren, oder man sagte uns, wenn wir unsere Position nicht in allen Einzelheiten festlegten, dann würden uns die Sowjets mit spektakulären eigenen Vorschlägen auf diesem Gebiet zuvorkommen.
In Wirklichkeit scheint es dazu gekommen zu sein, daß die sowjetischen Vorbereitungen etwa die gleiche Form angenommen haben wie unsere; d.h., sie haben die Probleme detailliert analysiert, und ich glaube, dieser Umstand berechtigt uns zu Hoffnungen, gleichgültig, was in der nächsten Phase der Gespräche herauskommt.«

Die SALT-Verhandlungen mit all ihren bürokratischen Zwängen haben bewirkt, daß sich die Lage jetzt nach Wunsch entwickelte. Wir hatten als Preis für den Beginn keine strategischen Projekte fallengelassen. Wir hatten keine unilateralen Zugeständnisse gemacht. Wir hatten unsere Regierung veranlaßt, sowohl die Bedeutung als auch die Komplexität des Verhandlungsgegenstandes zu erkennen. Wir hatten den Sowjets klargemacht, daß sie sich präzise ausdrücken mußten und mit Propaganda nichts erreichen würden. Wir waren aber auch gezwungen, Fortschritte zu machen. Wir wollten die Kernwaffen nicht wie ein beliebiges Waffensystem behandeln; nachdem wir uns auf den Weg begeben hatten, würden wir auch weiterhin eine Begrenzung der strategischen Rüstung verfolgen, und zwar ohne Illusionen, aber auch ohne in unseren Bemühungen nachzulassen. Dabei wollten wir besonders das Sicherheitsproblem berücksichtigen und waren überzeugt, künftige Generationen müßten erkennen, daß wir jede Gelegenheit ergriffen hätten, die Möglichkeiten des Ausbruchs eines Krieges mit Kernwaffen einzuschränken. Unsere eigene Verteidigung wollten wir nicht vernachlässigen; wir wollten es nicht riskieren, gegenüber der anderen Seite zurückzufallen; wir haben nie vergessen, daß die Zukunft der Freiheit von unserer nuklearen Kraft abhängt. Aber die nukleare Aufrüstung war etwas ganz anderes als jedes Wettrüsten, das die Geschichte bisher gekannt hatte. Hier ging es um das Leben aller Menschen. Das war eine Verpflichtung zur Rüstungskontrolle, der wir nicht ausweichen durften.

7. Ost-West-Handel

Zu den Ungereimtheiten des Kommunismus gehört es, daß es einer Ideologie, die sich auf die unausweichlichen Einflüsse ökonomischer Gegebenheiten stützt, nicht gelingt, die Bevölkerung ausreichend mit Verbrauchsgütern zu versorgen. Überall, wo die Marktwirtschaft mit dem kommunistischen System unter vergleichbaren Voraussetzungen konkurriert hat, ist das kommunistische Wirtschaftssystem geschlagen worden. Nach welchen Maßstäben man auch West- und Ostdeutschland, Österreich und die Tschechoslowakei, Süd- und Nordkorea oder Süd- und Nordvietnam vor der erzwungenen Vereinigung miteinander vergleichen will, die Marktwirtschaft erzeugt überall mehr und bessere Waren und Dienstleistungen, erfüllt mehr menschliche Bedürfnisse und schafft pluralistischere Gesellschaften als die Wirtschaft der entsprechenden kommunistisch geführten Länder. Nur auf einem Gebiet haben kommunistische Wirtschaftssysteme Erfolge zu verzeichnen: auf dem Gebiet der Anhäufung militärischen Potentials. Leider gibt es keine geschichtlich begründete Garantie dafür, daß sich eine menschlichere und den Menschen zuträglichere Lebensart durchsetzt. Wer bereit ist, jahrzehntelang Entbehrungen hinzunehmen, kann schließlich die militärische Überlegenheit erreichen; früher oder später wird sich die stärkere militärische Macht auch auf politischem Gebiet vorteilhaft auswirken. Das ist eine Herausforderung, der die demokratischen Industrienationen nicht ausweichen dürfen.

Es gibt zahlreiche Ursachen für die wirtschaftliche Unterlegenheit kommunistischer Gesellschaften. Selbst nach der Entwicklung der modernen Computer – einer aufs äußerste verfeinerten Industrie von zentraler Bedeutung, bei der die kommunistischen Wirtschaftssysteme noch unterlegen sind – können bei der Planung Engpässe und bürokratische Hindernisse auftreten. Die kommunistische Planung veranlaßt die Manager nicht, mehr zu produzieren, sondern das Produktionspotential geringer darzustellen, damit sie nicht dem Vorwurf ausgesetzt werden, ihre Quoten nicht zu erfüllen. In der kommunistischen Wirtschaft ist es üblich, knappes Material zu horten, um für die in einer Planwirtschaft unvermeidlichen Ausfälle gerüstet zu sein. Welches auch die Ursachen sein mögen, die Sowjetunion und die anderen osteuropäischen kommunistischen Staaten haben angesichts der unzureichenden Versorgung und der vielen bürokratischen Hindernisse in ihren Systemen seit Ende der 50er Jahre versucht, den Handel mit dem Westen auszudehnen, um so schneller an die modernen Technologien heranzukommen und ihr Kapital aufzustocken. Wir haben unsererseits seit Beginn des Kalten Krieges Ende der 40er Jahre entweder einseitig oder gemeinsam mit unseren Verbündeten diesen Staaten Handelsbeschränkungen auferlegt. Die amerikanischen Gesetze verboten es, den kommunistischen Ländern mit Ausnahme von Polen und Jugoslawien die Meistbegünstigungsklausel zu gewähren.

Deshalb haben beträchtliche Zollsenkungen bei späteren Handelsgesprächen nicht angewendet werden können, und es mußten für Importe die sehr hohen Zölle nach dem Hawley-Smoot-Gesetz von 1930 entrichtet werden. Der Export amerikanischer Industriegüter oder technischer Daten, mit denen das militärische und wirtschaftliche Potential der kommunistischen

Länder erhöht werden konnte, bedurfte der Sondergenehmigung – die selten erteilt wurde – nach dem Exportkontrollgesetz von 1949. Amerikanische Export-Import-Bankkredite oder Garantien für Länder, die Handel mit Nordvietnam trieben (das waren praktisch alle kommunistischen Länder), wurden nach dem sogenannten Fino-Amendment gesperrt. Alle finanziellen oder Handelstransaktionen mit Nordkorea, Nordvietnam oder Kuba und (bis 1971) China brauchten Sonderlizenzen. Der Koordinierungsausschuß für Exportkontrolle (COCOM) für die Länder der NATO und Japan stellte eine Liste der verbotenen strategischen Exportwaren zusammen, die allerdings nicht ganz so streng war wie die amerikanischen Embargovorschriften; nach dieser Liste wurde ab 1950 verfahren. Reisen in viele kommunistische Länder wurden nach amerikanischen Gesetzen eingeschränkt.

Die Regierung Nixon übernahm die Amtsgeschäfte zu einer Zeit, als fast alle diese Restriktionen in den Vereinigten Staaten heftig angegriffen wurden. Liberale Kreise betrachteten sie als archaische Reste des Kalten Krieges, die nach ihrer Auffassung liquidiert werden mußten. Am 7. Oktober 1966 hatte Präsident Johnson erklärt, man müsse von »dem engen Konzept der Koexistenz zu der breiteren Perspektive des friedlichen Engagements« übergehen. Das drückte sich in einer Reihe kleinerer Liberalisierungsmaßnahmen im Handel und im Kreditwesen aus, die Nixon im Rahmen seiner Vollmachten glaubte verantworten zu können. Diese ersten Fühler wurden am 16. Oktober von Breschnew zurückgewiesen: Die Vereinigten Staaten litten unter einer »eigenartigen und anhaltenden Illusion«, wenn sie glaubten, die Beziehungen könnten verbessert werden, solange der Vietnam-Krieg andauere. So wurde Breschnew zum Vater der Verknüpfungstheorie.

Zwei Jahre war es um diesen Fragenkomplex verhältnismäßig ruhig geblieben. Dann begannen der ehemalige Präsidentenberater Theodore Sorensen und der ehemalige Unterstaatssekretär George Ball im Frühjahr 1968 eine Kampagne, um die Beschränkungen im Ost-West-Handel aufzuheben. Im Juni und Juli 1968 wurden über diese Fragen Anhörungen im Senat abgehalten. Senator Walter Mondale legte eine Resolution vor, in der gefordert wurde, die Handelsbeschränkungen abzubauen. Die Diskussion über dieses Thema wurde 1968 nur kurze Zeit durch den sowjetischen Einmarsch in die Tschechoslowakei und die Präsidentschaftswahl verdrängt. Doch Anfang 1969, nach dem Amtsantritt Nixons, flammte sie wieder auf, denn am 30. Juli des gleichen Jahres sollte das Exportkontrollgesetz von 1949 auslaufen.

Die Anhörungen fanden von April bis Juli 1969 statt. Das einzige Thema, bei dem es Meinungsverschiedenheiten gab, war nicht die Frage, ob, sondern wieweit die bestehenden gesetzlichen Bestimmungen abgemildert werden sollten. Die *New York Times* erklärte am 3. Juni, die amerikanischen Handelsbeschränkungen schadeten uns selbst. Sie seien Teil »der Politik des Kalten Krieges« und »unvereinbar mit der Theorie der Regierung Nixon, daß es Zeit sei, aus einer Ära der Konfrontation in eine neue Ära der Verhandlungen und Zusammenarbeit« einzutreten. Damit unternahm es die Zeitung, dem Präsidenten zu sagen, welches seine politische Linie sei. Daß die Regierung offensichtlich nicht bereit war, das Exportkontrollgesetz zu liberalisieren, war nach dieser Auffassung »unerklärlich«. Das Hauptargument von Senatoren wie J. William Fulbright, Walter Mondale und Edmund Muskie bestand in der Behauptung, nun sei der Kalte Krieg vorüber und eine Verknüpfung des Handels mit der Außenpolitik verursache nur Mißtrauen und Spannungen. Mondale sagte, die Handelsbeschränkungen »halten das wirtschaftliche Wachstum in den Vereinigten Staaten, nicht aber in Osteuropa auf«. Muskie sagte, einige Waren könnten von unseren europäischen Alliierten gekauft werden. Nicholas Katzenbach, der ehemalige stellvertretende Außenminister, baute eine politische Pyramide: der Handel bedeute eine größere Auswahl für die sowjetischen Verbraucher und Manager, das sei der Anfang einer freieren Gesellschaft, und eine stärker gegliederte sowjetische Wirtschaft werde die sowjetische Ideologie untergraben und den Widerstand dagegen stärken. Die Aufrechterhaltung der Handelsbeschränkungen aus politischen Gründen wurde für uns selbst als wirtschaftlich schädlich, politisch wirkungslos und als ein Mittel bezeichnet, mit dem wir den Vertretern eines harten stalinistischen Kurses in die Hände spielten.

Meine Ansichten zu diesem Thema entsprachen meiner Gesamthaltung. Vorausgesetzt, daß die Sowjets gewisse Bedürfnisse hatten, war eine Ausdehnung des Handels ohne politischen Ausgleich ein Geschenk; wirtschaftlich konnte die Sowjetunion nur wenig für uns tun. Es erschien mir nicht unvernünftig, von den Sowjets als Gegenleistung Zurückhaltung in Krisenherden wie dem Nahen Osten, Berlin und Südostasien zu verlangen. Nixon hatte ähnliche Vorstellungen, verband sie aber mit einer besonderen Forderung. Er bot Dobrynin eine Ausweitung des Handels gegen die Unterstützung der Sowjets in der Vietnam-Frage an, zweifelte aber daran, daß die Sowjets den Köder annehmen würden. Wenn nicht, hielt er es für sinnlos, sich seine alten Wähler zu Feinden zu machen, indem er sich mit einer Liberalisierungsgesetzgebung einverstanden erklärte. Im Gegensatz zu seiner »weichen« Haltung in bezug auf Vietnam, wollte er mit seiner Einstellung zum Ost-West-Handel seine konservative Gesinnung glaubhaft machen.

Bei der Bürokratie weckte die Diskussion über den Ost-West-Handel die bekannten Vorbehalte gegen eine Verknüpfung politischer Fragen. Nur das Verteidigungsministerium unterstützte im allgemeinen die Auffassungen des Weißen Hauses. Das Außenministerium befürwortete die Liberalisierung mit der Begründung, sie werde das politische Klima verbessern; das widersprach natürlich genau den Ansichten des Weißen Hauses, daß der Handel dem politischen Fortschritt folgen müsse. Am interessantesten war die Haltung des Handelsministeriums, weil sich darin die überraschende Haltung eines großen Teils der amerikanischen Geschäftswelt spiegelte. Die führenden Leute bei Industrie und Handel bekennen sich natürlich zum Antikommunismus. Theoretisch predigen sie, man sollte bei Geschäften mit Kommunisten hart sein, und sie sind rasch bei der Hand, der Regierung vorzuwerfen, sie »mache Geschenke«. Aber wenn es um den Handel geht, dann ändert sich ihre Haltung. Während meiner Amtszeit waren die glühendsten Befürworter des Ost-West-Handels ohne Einschränkungen gerade bei den Kapitalisten zu finden, die von Lenin so sehr geschmäht werden. Sie sind überzeugte Anhänger der freien Marktwirtschaft, besonders wenn sie dadurch ein besseres Geschäft für ihre Unternehmen erzielen können. Sie lehnen eine staatliche Einmischung ab, weil sie darin den Mechanismus der Regulierungen und Restriktionen erkennen, der das einzige Mittel sei, Wirtschaftsbeziehungen politischen Zielen unterzuordnen. Wenn aber die Sowjetunion auf der Basis rein wirtschaftlicher Kriterien in unseren Markt für Kredite oder Waren eindringen kann, dann verschwinden alle Möglichkeiten, den Handel als politischen Hebel zu benutzen. Vielleicht sind Geschäftsleute außerdem besonders empfänglich für die Zuvorkommenheit, mit der sowjetische Beamte denjenigen zu schmeicheln wissen, die sie beeinflussen wollen – sie verstehen es, unter dem Einfluß des Alkohols eine kameradschaftliche Stimmung zu erzeugen, wie man sie auch bei den Zusammenkünften kapitalistischer Gewerkschaftsangehöriger finden kann.

Auf einer Sitzung des Nationalen Sicherheitsrats am 21. Mai sprachen wir über den Ost-West-Handel. Die Regierung mußte zu der im Kongreß eingebrachten Vorlage Stellung nehmen, das auslaufende Exportkontrollgesetz durch ein neues, den gegenwärtigen Erfordernissen entsprechendes Gesetz zu ersetzen. Außerdem mußte sie ihre Entscheidung zu einer Reihe besonderer Lizenzanträge treffen, bei denen es um Material für eine Eisengießerei in einer neuen sowjetischen Lastwagenfabrik, eine Ölförderanlage und den Verkauf von Mais im Wert von 15 Millionen Dollar an die Sowjetunion zu Weltmarktpreisen ging. Vor der Sitzung schickte ich Nixon eine schriftliche Information, die die Empfehlungen der einzelnen Behörden zusammen mit meinen eigenen enthielt. Ich war der Meinung, man sollte sich nicht gegen ein neues Gesetz stellen, sondern ihm zustimmen, wenn es dem Präsidenten die Vollmacht einräumte, den Handel auszudehnen, aber eventuell eben nur als Gegenleistung für politische Zugeständnisse. Ich empfahl auch, die Exportkontrolliste der Vereinigten Staaten der etwas liberaleren COCOM-Liste anzugleichen, denn wenn wir das nicht taten, waren wir gegenüber unseren Verbündeten geschäftlich im Nachteil, ohne dadurch das Verhalten der Kommunisten beeinflussen zu können. Ich setzte mich auch dafür ein, die Lizenz für den Export der Ölförderungsanlage zu erteilen, weil die lange Anlaufzeit für ihren Bau uns bis zu ihrer Fertigstellung einen Hebel in die Hand geben würde. Der Genehmigung für den Export der Gießerei und das

Maisgeschäft widersetzte ich mich.

Nixon hielt sich nicht an meine Empfehlungen. Er ärgerte sich noch immer über die Weigerung der Sowjets, uns in der Vietnam-Frage zu unterstützen, und sagte auf der Sitzung des Nationalen Sicherheitsrats: »Ich stimme der Philosophie nicht zu, daß die Ausweitung des Handels sich günstig auf die politischen Beziehungen auswirken wird. In Wirklichkeit ist das Gegenteil richtig. Bessere politische Beziehungen führen zu verbesserten Handelsbeziehungen.« Das glaubte ich auch, aber Nixon ging noch einen Schritt weiter. Er erklärte, die Regierung würde sich allen Bemühungen der Legislative widersetzen, den Handel zu liberalisieren; die einzelnen Projekte einschließlich der Ölförderungsanlagen sollten zunächst auf Eis gelegt werden. Ich wies darauf hin, daß sich alle Beteiligten darin einig seien, wir müßten unsere Liste der lizenzpflichtigen Waren bis auf Computer und andere wichtige Erzeugnisse, für die wir praktisch noch das Monopol besaßen, mit der COCOM-Liste in Einklang bringen. Damit war der Präsident einverstanden. Am 28. Mai wurde eine entsprechende Direktive erlassen. Ich sorgte dafür, daß die Direktive einen möglichst positiven Wortlaut hatte und die Möglichkeit offenließ, den Handel auszuweiten, wenn die politischen Voraussetzungen sich änderten.

Kaum waren diese Anweisungen gegeben, als die Ministerien begannen, daran herumzukritisieren. Ein Ministerium fügt sich nur dann einer Entscheidung, die ihren Auffassungen nicht entspricht, wenn die Durchführung streng überwacht wird. Andernfalls kann die Auslegung auf unterer Ebene in ihrer Unverfrorenheit atemberaubend werden. Es ist Aufgabe des Beraters des Präsidenten für Nationale Sicherheit, die Durchführung solcher Anweisungen innerhalb seines Aufgabenbereichs zu überwachen. Sehr bald hatte ich alle Hände voll zu tun. Trotz des ausdrücklichen Befehls des Präsidenten auf der Sitzung des Nationalen Sicherheitsrats vom 21. Mai, daß der Handel nicht liberalisiert werden sollte, wollte das Handelsministerium im Juli erklären, daß der Export von etwa 30 verschiedenen Waren in die Sowjetunion und nach Osteuropa nicht mehr lizenzpflichtig sei. Diese Maßnahme wurde damit begründet, daß Nixon nur die Verkündung von Gesetzen abgelehnt habe, die den Handel liberalisierten, nicht aber Handelserleichterungen durch Verwaltungsakt; das Handelsministerium glaubte daher die Vollmacht zu haben, im Rahmen der *bestehenden* Gesetzgebung eine weitgehende Liberalisierung des Ost-West-Handels vorzunehmen. Ich konnte das noch verhindern, mußte mich aber in regelmäßigen Abständen immer wieder mit ähnlichen Vorhaben beschäftigen. Im Oktober ersuchten z. B. das Außenministerium und das Handelsministerium um die Vollmacht für einen Verkauf von Computern an die Sowjetunion für ihre Nachrichtenverbindungen mit Osteuropa; der Handelsminister Maurice Stans wollte eine lange Liste mit 135 Artikeln freigeben, ohne daß wir von den Sowjets etwas dafür bekamen. Ich lehnte dieses Ersuchen in Übereinstimmung mit Nixons Entscheidung im Nationalen Sicherheitsrat ab.

Im Hinblick auf die osteuropäischen Länder waren wir jedoch etwas nachgiebiger, aber auch diesmal im Rahmen einer politischen Strategie. Für uns war der Handel eine Art Lockmittel für solche Länder, die gegenüber der Sowjetunion eine relativ unabhängige Politik trieben. Als daher die Reise des Präsidenten nach Rumänien am 28. Juni bekanntgegeben wurde, bat ich Elliot Richardson und den Ausschuß der Unterstaatssekretäre im Nationalen Sicherheitsausschuß, Handelszugeständnisse zu empfehlen, die man den Rumänen anbieten könnte. Nach dem Besuch des Präsidenten in Rumänien setzte sich das Weiße Haus aktiv für eine Belebung des Handels mit diesem Lande ein, soweit solche Schritte auf dem Verwaltungswege unternommen werden konnten. Maury Stans hatte viel Phantasie, und der wissenschaftliche Berater Lee DuBridge hatte ausgezeichnete Ideen für die technische Zusammenarbeit. Doch kaum hatten wir uns Rumänien in dieser Beziehung genähert, als die Ministerien auch schon auf die Liberalisierung des Handels mit *allen* osteuropäischen Ländern drängten. Das hätte unsere Strategie unterminiert, mit der wir Handelsbeziehungen bewußt einsetzten, um einzelne Länder zur politischen Selbständigkeit zu ermutigen. Es dauerte Monate, bis man unsere Absichten begriffen hatte.

Nach einer langen Debatte verabschiedete der Kongreß im Dezember das Exportverwaltungsgesetz von 1969, mit dem das alte Exportkontrollgesetz liberalisiert wurde und nach dem es den politischen Absichten der Vereinigten Staaten entsprach, die Ausweitung friedlicher Handelsbeziehungen mit der Sowjetunion und Osteuropa zu fördern. Aber die praktische Durchführung wurde weitgehend dem Ermessen des Präsidenten überlassen.*

Nach einiger Zeit fing Moskau an zu begreifen, daß es auf internationaler Bühne Zurückhaltung üben und für Fortschritt in wichtigen außenpolitischen Fragen sorgen müßte, wenn der Handel liberalisiert werden sollte. Schließlich kam es auch so weit, daß unsere Strategie Erfolg zeigte und wir Zugeständnisse anboten, nachdem die Sowjetunion sich auf politischem Gebiet zur Zusammenarbeit bereiterklärt hatte. Doch nun stießen wir plötzlich auf einen Meinungsumschwung. Viele Leute, die uns früher getadelt hatten, weil wir den Handel mit der sowjetischen *Außenpolitik* verknüpfen wollten, begannen jetzt, uns dafür zu kritisieren, daß wir sie nicht aggressiver mit der sowjetischen *Innenpolitik* verknüpften. Auch jetzt mußten wir uns ernsthaft mit dem fundamentalen Problem des Ost-West-Handels aus-

* Im Licht späterer Ereignisse mutet es ironisch an, daß der Präsident nicht berechtigt war, der Sowjetunion und den osteuropäischen Ländern die Meistbegünstigungsklausel zuzubilligen, obwohl man es uns, wenn wir darum gebeten hätten, sicher zugestanden hätte. Einige Jahre später, als wir um diese Vollmacht baten, hat uns das noch viel Ärger gemacht, denn die Stimmung im Kongreß war inzwischen um 180 Grad umgeschlagen.

einandersetzen: Wenn er vernünftig geplant ist, dann ergeben sich daraus Zusammenhänge, deren kumulative Wirkung die sowjetische Aggressivität dämpfen kann; er kann aber auch die sowjetische Machtposition stärken. Eine günstige Gelegenheit nicht zu ergreifen ist ebenso falsch wie das Ignorieren der Gefahr.

8. Osteuropa: Nixons Besuch in Rumänien

Die Teilung Europas in Mitteldeutschland entlang der Elbe entsprach weder der historischen Tradition noch den Wünschen und Bedürfnissen der Bevölkerung. In jedem osteuropäischen Land hatten sowjetische Truppen ein von der Mehrheit der Bevölkerung unerwünschtes Regime eingesetzt; in drei dieser Länder wurden Volksaufstände von der Roten Armee niedergeschlagen. In keinem osteuropäischen Land konnten die Kommunisten eine freie Wahl gewinnen, nicht einmal nach einer Generation totalitärer Herrschaft. Die Sowjetunion hatte den Weg der selektiven Entspannung beschritten, indem sie sich darum bemühte, zwischen unsere Verbündeten und uns einen Keil zu treiben; wir hingegen hatten den Eindruck, daß die Entspannung, wenn sie echt sein sollte, Osteuropa ebenso einschließen mußte wie Westeuropa.

Aber damit entstand ein ungewöhnlich komplexes Problem, ja eine Tragödie. 1956, als wir zusehen mußten, wie Ungarn brutal unterdrückt wurde, ertönten wie zum Hohn Fanfarenstöße zu Ehren der Befreiung, und auch 1968, als der Aufstand in Prag zerschlagen wurde, waren wir wie gelähmt. Unsere Sünde war nicht gewesen, daß wir diese Völker betrogen hatten; wir hatten vielmehr Erwartungen geweckt, die wir nicht erfüllen konnten. Die Regierung Johnson hatte eine Politik des »friedlichen Engagements« verkündet und sich darum bemüht, den Handel und die kulturellen Beziehungen zu Osteuropa zu fördern, aber außer der Verkündung einer klugen Theorie war nicht viel erreicht worden. Wir wollten eine differenziertere Politik treiben, um die osteuropäischen Länder zu ermutigen, im Rahmen ihrer Möglichkeiten unabhängiger zu handeln. Wir machten keine Versprechungen, die wir nicht halten konnten, und gaben keine Erklärungen ab, die eine Handlungsweise auslösen konnten, die zur Katastrophe führen mußte. Wir wollten diejenigen belohnen, die eine unabhängigere Außenpolitik trieben, und dort Abstand wahren, wo eine Nation freiwillig oder unfreiwillig der sowjetischen Linie sklavisch folgte. Eine differenzierte Entspannung konnte in beiden Richtungen wirken.

Als der Astronaut Frank Borman in der Tschechoslowakei begeistert empfangen wurde, schickte mir der Präsident Anfang Juni 1969 eine Notiz: »Henry, ich glaube, wir könnten unsere Moskauer Freunde ein wenig reizen, wenn wir mehr Besucher in die osteuropäischen Länder schickten. Die Menschen in diesen Ländern würden, wenn sie die Gelegenheit hätten, unsere Minister und andere mit großer Begeisterung empfangen.«

Wenige Wochen später hatte Nixon eine konkretere Idee – er meinte, er sollte selbst Osteuropa besuchen. Er schlug vor, auf seiner Reise um die Welt auch nach Rumänien zu gehen, und zwar als erster amerikanischer Präsident, der einem kommunistischen Land einen Staatsbesuch abstattete. Dafür hatte er zwei Gründe. 1967, als er kein offizielles Amt innehatte, war er von der rumänischen Führung mit großem Respekt behandelt worden, ganz im Gegensatz dazu, wie man ihn in anderen osteuropäischen Ländern behandelte. Nixon vergaß solche höflichen Gesten nicht. Ein Hauptgrund war aber, daß er die Sowjets reizen wollte, oder, wie er mir sagte: »Wenn wir diese Reise durchführen, dann werden sie aus dem Häuschen sein, weil sie fürchten werden, daß wir das chinesische Spiel spielen.«

Am 21. Juni rief ich im Auftrag Nixons den rumänischen Botschafter Corneliu Bogdan an und teilte ihm mit, der Präsident denke daran, in der zweiten Julihälfte nach der Landung von Apollo 11 im Pazifik eine Reise um die Welt zu unternehmen. Ich fragte, ob es den Rumänen passen würde, wenn der Präsident am 2. oder 3. August einen Zwischenaufenthalt in Bukarest einlegte. Innerhalb von 48 Stunden, am 23. Juni, bekamen wir die offizielle Antwort: Die rumänische Regierung freue sich über den Besuch – obwohl er die Verschiebung einer lange vorbereiteten rumänischen Parteikonferenz erfordern würde, zu der auch die sowjetische Führung eingeladen worden sei.

Einen besseren Beweis dafür, wie wichtig den Rumänen das Anknüpfen einer besonderen Beziehung zu Washington war und welche Bedeutung sie einem Präsidentenbesuch beimaßen, konnte es nicht geben.

Am 28. Juni erfolgte die dramatische Ankündigung der Reise. Zum erstenmal würde ein amerikanischer Präsident ein kommunistisches Land in Osteuropa besuchen. Auf einer Pressekonferenz erklärte ich, das sei keine »antisowjetische Geste«. Der Präsident habe »sehr angenehme Erinnerungen« an sein Zusammentreffen mit den rumänischen Führern, als sie ihn als privaten Bürger so herzlich empfangen hatten. »Die Vereinigten Staaten sind daran interessiert, mit den Ländern Osteuropas auf der Grundlage gegenseitiger Achtung Beziehungen zu unterhalten . . . Wir fühlen uns nicht verpflichtet, uns mit der Sowjetunion abzusprechen, bevor wir souveräne Länder besuchen.«

Die Öffentlichkeit war im allgemeinen so sehr von der hoffnungslos kriegerischen und antisowjetischen Haltung der Regierung Nixon überzeugt, daß man den Besuch in Rumänien sofort als ein geradezu verwegenes Unternehmen bezeichnete. Einige Beamte im Außenministerium erhoben Einwände gegen den Rumänien-Besuch (der über die Kanäle des Weißen Hauses arrangiert worden war) und meinten, er stelle eine gefährliche Provokation dar; diese Personen fürchteten, wir würden damit SALT und andere Verhandlungen gefährden. Die führenden Zeitungen teilten diese Ansicht. Man griff den Rumänien-Besuch als »Störaktion« und eine Gefahr für das Gelingen der SALT-Verhandlungen an und behauptete, er sei ein großer Fehler, der die Sowjets unnötig verärgern und die Haltung der Sowjets im Hinblick auf alle Ost-West-Fragen verhärten würde. Außerdem bedeute er die Absegnung einer »brutalen kommunistischen Diktatur« durch die Amerikaner.[18]

Auch die Sowjets reagierten, und in einer Art, die uns zeigte, daß sie die Bedeutung des Besuchs begriffen hatten. Die Teilnahme von Breschnew und Kossygin an der (verschobenen) rumänischen Parteikonferenz wurde abgesagt. Ich fragte Bogdan am 3. Juli, ob seine Regierung die Sowjets im voraus informiert habe. Er behauptete, das nicht zu wissen, und sagte, er glaube, man habe sie kurz vor der offiziellen Bekanntgabe unterrichtet. Rumänien habe diese Entscheidung selbständig getroffen.

Der Präsident traf am 2. August in Bukarest ein, und die *New York Times* schrieb: »Hunderttausende fähnchenschwenkende Rumänen bereiteten ihm den herzlichsten und freundlichsten Empfang, den er auf seiner Weltreise erlebte.« Er besichtigte einen Markt und eine Schule für Volkstanz und reihte sich schließlich mit dem rumänischen Präsidenten Nicolae Ceausescu in die Gruppe der Tänzer ein. Endlich war die *Times* überzeugt, daß der Entschluß zu dieser Reise richtig gewesen war, und brachte am 5. August einen Leitartikel, in dem es hieß, die enthusiastische Begrüßung zeige, wie beliebt die Vereinigten Staaten in Osteuropa seien; daß die Worte des Präsidenten über den Frieden, die nationale Souveränität und die friedliche Koexistenz für die Osteuropäer keine Klischees seien, die sich noch sehr genau an die Besetzung der Tschechoslowakei erinnern könnten.

Der überschwengliche Empfang, den Nixon erlebt hatte, war natürlich zum Teil von der Regierung inspiriert und befohlen worden. Aber selbst wenn er geschickt organisiert worden war, blieb er doch eine ungewöhnliche Demonstration der Unabhängigkeit Rumäniens von der Sowjetunion. Und es wäre für jede Regierung sehr schwierig, wenn nicht unmöglich gewesen, diese gefühlvolle, freudige und menschliche Atmosphäre zu schaffen, die bei der Begegnung mit diesen Menschen zu spüren war. Die ganze Zeit säumten Hunderttausende die Straßen von Bukarest und warteten darauf, einen Blick auf den Wagen des Präsidenten werfen zu können. Sie standen nicht nur an den großen Straßen, die vom Flughafen in die Stadt führten, und auch nicht nur vor dem Gästehaus, in dem der Präsident untergebracht war; sie warteten stundenlang im strömenden Regen überall dort, wo sie mit dem Erscheinen Nixons rechneten. Es war zutiefst bewegend, die Gefühle der Bevölkerung eines kommunistischen Staates zu erleben, die auf diese Weise den

Präsidenten einer Nation begrüßte, die für viele von ihnen ebenso wie im 19. Jahrhundert als Symbol der Demokratie und menschlicher Freiheit galt.

Was Nixon in seinen Ansprachen in Bukarest sagte, zeigte deutlich, mit welchen Themen sich die Politik der Vereinigten Staaten beschäftigte; mit der Bedeutung der Koexistenz, der Ablehnung der Breschnew-Doktrin und unserem Wunsch, alle Differenzen mit Hilfe konkreter Verhandlungen beizulegen:

> »Wir halten weder den Austausch von Polemiken noch eine falsche Euphorie für wertvoll. Wir streben nach einer substanziellen Entspannung und wollen nicht nur die Atmosphäre verbessern.
> Kurz gesagt, wir suchen nicht einen Frieden der Hegemonien und keine künstliche Uniformität, sondern einen Frieden, in dem die legitimen Interessen eines jeden geachtet werden und der alle schützt.«

Es wurde auch deutlich, daß die Führung in den osteuropäischen Ländern, ganz ähnlich wie unsere Verbündeten, fürchtete, die Sowjets könnten sich mit den Amerikanern auf ihre Kosten einigen. Das war nicht der Sinn unserer Politik. Dieser Besuch des Präsidenten sowie seine späteren Besuche in Jugoslawien und Polen – was noch nie dagewesen war – zeigten das am besten.

9. *Zusammenfassung*

Eine nach der Amtsübernahme Nixons eingeführte Neuerung war ein im Namen des Präsidenten verfaßter Jahresbericht über die Außenpolitik. Ich hatte diese Maßnahme während der Übergangszeit in einem Memorandum an Nixon vorgeschlagen. Der Bericht sollte einen allgemeinen Überblick über die außenpolitische Linie vermitteln, über den augenblicklichen Stand der Ereignisse informieren und eine Aufstellung der für die nächste Zukunft geplanten Maßnahmen enthalten. Er konnte unsere Bürokratie anleiten und die ausländischen Regierungen über unsere Vorstellungen unterrichten.

Diese Idee, die sich an den von Robert McNamara eingeführten Jahresbericht zur Verteidigungslage anlehnte, löste eine ganze Reihe von Schwierigkeiten aus. Zunächst wollte sich das Außenministerium das Recht auf Autorenschaft sichern, obwohl dieses Ministerium in der ganzen Geschichte der Republik nie daran gedacht hatte, einen solchen Bericht herauszugeben. Das führte zu dem inzwischen üblich gewordenen Tauziehen zwischen Rogers und mir. Wenn man sehr vorsichtig sein will, dann könnte man dazu sagen, daß wir uns bei diesem Jahresbericht beide nicht besser benommen haben als bei anderer Gelegenheit. Der Stab des Nationalen Sicherheitsrats und das Außenministerium fingen an, Entwürfe zu verfassen, versuchten aber, diese Tatsache voreinander geheimzuhalten. Meine Mitarbeiter und ich hatten den Vorteil, in der Nähe des Präsidenten zu arbeiten und seine Auffassungen viel besser zu kennen. Der Entwurf des Außenministeriums war zusätzlich belastet, weil er jede einzelne Abteilung in seiner schwerfälligen Bürokratie zufriedenzustellen suchte. Jeder Beamte verlangte die besondere Erwähnung des oder der Länder, für die er verantwortlich war. Daher besaß der Entwurf des Außenministeriums keine Durchschlagskraft und vertrat keinen besonderen Standpunkt.

Nixon löste das Problem mit Methoden, die schon typisch wurden. Er wartete, bis Rogers auf einer Afrika-Reise und daher nicht zu sprechen war, und ordnete dann an, daß sowohl der Nationale Sicherheitsrat als auch das Außenministerium Berichte veröffentlichen konnten; der Bericht des Präsidenten sollte jedoch wenigstens einen Monat vor dem des Außenministeriums erscheinen. Damit begann eine fieberhafte Tätigkeit meines Stabes, der außerdem noch meine Korrekturen am Bericht des Präsidenten und die Einwände der Bürokratie berücksichtigen mußte. Der Höhepunkt des zwischenbehördlichen Tauziehens wurde 1971 erreicht, als das Außenministerium gegen einen Satz über den Schutz gefährdeter Tierarten protestierte; unser Entwurf war literarisch anspruchsvoll formuliert und wollte zum Ausdruck bringen, daß solche Tiere ein besonders für die internationale Zusammenarbeit geeigneter Gegenstand seien, denn sie hätten keinen Respekt vor irgendwelchen Landesgrenzen und ließen sich daher durch nationale Maßnahmen nicht wirkungsvoll schützen. Das Außenministerium empfahl in seiner stets vorsichtigen Art, man sollte sagen, es handle sich dabei nur um »einige« Tierarten, die die nationalen Grenzen nicht respektieren. Ich war mit dieser Korrektur nicht einverstanden und ging das Risiko ein, vielleicht einige patriotische Vögel zu beleidigen.

Nachdem der Jahresbericht des Präsidenten zur ständigen Einrichtung geworden war, erschienen darin einige der beachtlichsten Erklärungen der Regierung zur Außenpolitik. Zu unserem Kummer ist es uns nie gelungen, unser wichtigstes Ziel damit zu erreichen und fundamentale Fragen oder eine bestimmte Philosophie bekanntzumachen. Sosehr wir uns auch bemühten, die Medien beschäftigten sich nur mit dem Abschnitt über Vietnam, suchten in dem Bericht nach sensationellen Nachrichten oder Glaubwürdigkeitslücken und ließen den Rest unbeachtet, weil er angeblich keinen Nachrichtenwert besaß. 1973 stießen wir auf ein anderes Problem. Der Bericht kam Anfang Mai heraus, nach einem Jahr, in dem in China und der Sowjetunion Gipfelgespräche geführt worden waren und wir in den Vietnam-Verhandlungen den Höhepunkt erreicht hatten. Der Zeitpunkt, den wir schon Wochen zuvor für die Veröffentlichung bestimmt hatten, kam vier Tage nach dem Rücktritt Haldemans und Ehrlichmans. Aber trotzdem erfüllten die Berichte eine nützliche Aufgabe. Sie gaben der Bürokratie eine große Leitlinie. Sie waren erstaunlich ehrlich und objektiv, und ausländische

Regierungen konnten daraus wertvolle Erkenntnisse über feine Nuancen in unseren außenpolitischen Bemühungen gewinnen. Wie ich in den folgenden Kapiteln zeigen werde, ließen sich aus den Jahresberichten oft Veränderungen in unserer Haltung gegenüber China, in der Verteidigungspolitik, in der Nahost-Politik und anderswo entnehmen.

In seinem ersten, am 18. Februar 1970 veröffentlichten Bericht erklärte der Präsident unverblümt, »unsere Beziehungen zur Sowjetunion sind bisher im allgemeinen alles andere als befriedigend«. Was Vietnam betrifft, so hätten die Sowjets »zum Schaden des Friedens die Nordvietnamesen in Paris leider nicht in günstigem Sinne beeinflußt«, sie trügen daher eine »schwere Verantwortung für die Fortführung des Krieges«, weil sie Nordvietnam mit Waffen belieferten. Zur Lage im Nahen Osten hieß es, »wir haben auf der sowjetischen Seite noch nicht jene praktische und konstruktive Flexibilität gesehen, die für einen erfolgreichen Ausgang notwendig ist«; dann wurde der Bericht noch deutlicher und erklärte, es gibt »Hinweise darauf . . ., daß die Sowjetunion in dem ganzen Gebiet eine Lage schaffen will, die eine Rivalität zwischen den Großmächten begünstigen würde«. (Das bestätigte sich bei zwei Nahost-Krisen im Jahr 1970.)

Diese Meinung spiegelte die Tatsache wider, daß die Sowjetunion 1969 relativ unbeweglich blieb. Sie bereitete sich aber fast unmerklich auf neue Vorstöße vor. Die außenpolitischen Entscheidungen eines jeden großen Staats entwickeln sich aus einem komplexen Gewebe bürokratischer, innenpolitischer und außenpolitischer Zwänge; in der Sowjetunion ist das bürokratische, die politischen Entscheidungen bestimmende Verfahren besonders umständlich. 1969 mußten sich die Sowjets auf eine neue amerikanische Regierung einstellen, und das ist für die sowjetische Führung jedesmal ein gewaltiges analytisches Problem. Dazu veränderten wir die bisher üblichen Verfahren. Wir führten auf breiter Front gleichzeitig die verschiedensten Verhandlungen, und das ist für den sowjetischen Verwaltungsvorgang vielleicht nicht nur ungewohnt gewesen, sondern überstieg zunächst auch seine Aufnahmefähigkeit. Obwohl sie über einen gewaltigen Apparat verfügen, werden die wichtigen Entscheidungen doch nur von wenigen Männern an der Spitze getroffen. Ihre Anordnungen durchlaufen dann einen sehr komplexen und schwerfälligen Dienstweg. Gewöhnlich werden die Entscheidungen sehr präzise und detailliert getroffen, und da es bei der Durchführung um das Prestige der obersten Führung geht, entschließt man sich nur sehr ungern dazu, irgendwelche Entschlüsse zu ändern. 1969 muß darüber hinaus der Konflikt mit China die Aufmerksamkeit der sowjetischen Führung besonders stark in Anspruch genommen haben. Auf schwere militärische Zusammenstöße an der chinesisch-sowjetischen Grenze im März und im Sommer folgte eine gewaltige Propagandaschlacht. Vielleicht ist es aber auch zu ernsten politischen Debatten gekommen, und später wurden Gespräche über die Grenzziehung eröffnet.

Der eigentliche Grund für die Tatenlosigkeit der Sowjets im Jahr 1969 bestand aber zweifellos darin, daß noch kein besonderer Anreiz und keine Rückschläge vorhanden waren, die zu Entscheidungen gezwungen hätten. Vielleicht waren die Sowjets einigermaßen aufrichtig, als sie behaupteten, sie wollten uns helfen, den Krieg in Vietnam zu beenden, denn sie wußten, daß er die Beziehungen zwischen den Vereinigten Staaten und der Sowjetunion belastete, aber die schwierige Entscheidung, auf ihren Verbündeten Druck auszuüben, konnte theoretisch nicht getroffen werden. Ja, solange das Risiko einer Belastung der Beziehungen zwischen den Vereinigten Staaten und der Sowjetunion hypothetisch blieb und die Vorteile einer Beilegung des Konflikts in Indochina noch nicht konkret sichtbar waren, entschied sich Moskau für die Methode des geringsten Widerstandes und schob seine Entscheidungen hinaus. Mit anderen Worten, die Sowjets sahen sich durch die Umstände nicht zum Handeln veranlaßt, sie glauben nicht, mit Nachteilen rechnen zu müssen, wenn sie unserer Bitte um Unterstützung nicht nachkamen. Wir haben seinerzeit ihre Warnungen vor einer Eskalation des Krieges ernstgenommen, aber rückblickend glaube ich, daß es ein Fehler war. Wenn ich heute die Dokumente, die ich als Quellen für dieses Buch benutze, noch einmal lese, dann fällt mir auf, wie zurückhaltend und vorsichtig die sowjetischen Erklärungen formuliert sind. Da heißt es, mit einer Eskalation ließe sich »nichts lösen«, sie »belastet die internationale Lage« und sei ganz allgemein »gefährlich«. Kein einziges Mal haben die Sowjets auch nur andeutungsweise gedroht. Einmal wies Dobrynin darauf hin, wenn wir die Bombenangriffe gegen Hanoi und Haiphong wiederaufnehmen würden, die Präsident Johnson 1968 eingestellt hatte, könnten die chinesischen Pionierbataillone, die vor ein paar Jahren zurückgezogen worden waren, wieder nach Vietnam einrücken, was den chinesischen Einfluß in Hanoi stärken würde. Ich antwortete: »Wenn Sie damit leben können, wir können es.« Daraufhin schwieg Dobrynin.

Im Rückblick wird deutlich, daß die Sowjets nur dann die Veranlassung gehabt hätten, auf ihre monomanen Satelliten in Hanoi einen Druck auszuüben, wenn wir wesentliche sowjetische Interessen konkret bedrohten. Positive Angebote hätten eine gewisse Wirkung haben können, aber wenn deren Ablehnung nicht mit Risiken verbunden war, dann hätten die Sowjets sich geweigert, etwas zu unternehmen, weil das ihrem Ansehen in der kommunistischen Welt hätte schaden können. Als es uns 1972 endlich gelang, die Unterstützung der Sowjets zu gewinnen, half eine Kombination von Druckmaßnahmen und positiven Anreizen. Aber vor der nordvietnamesischen Offensive zu Ostern 1972 waren wir nicht bereit gewesen, die innen- und außenpolitischen Konsequenzen eines solchen Vorgehens auf uns zu nehmen.

Wenn die sowjetische Führung nicht begriffen hatte, welche Nachteile sie eventuell in Kauf nehmen mußte, dann erkannte sie auch nicht, auf welche Vorteile sie unter Umständen verzichtete. Der Präsident erklärte wiederholt, daß sich die Verhandlungen im Nahen Osten beschleunigen würden, sobald das Vietnam-Problem beigelegt sei; ich stellte mich energisch hinter seine Erklärungen. Wir konnten aber die Frage, die mir Dobrynin am 14. Mai gestellt hatte, nicht präzise beantworten: »Angenommen, der Krieg sei beendet, wie wollten Sie unsere Beziehungen verbessern?« Die beste Antwort, die ich finden konnte, war, daß ein Gipfelgespräch stattfinden könnte, und das nicht genau präzisierte Versprechen, wir seien bereit, die Handelsbeziehungen auszuweiten. Im Nahen Osten standen die Interessen der Vereinigten Staaten denen Moskaus entgegen; schließlich war es das Ziel unserer Strategie, den Einfluß der Sowjetunion im Nahen Osten einzudämmen, während die Sowjets ihn verstärken oder wenigstens erhalten wollten. Auch waren wir nicht bereit, diese Interessen im Nahen Osten gegen eine Regelung in Vietnam aufzugeben.

Zweifellos hat die innenpolitische Lage in Amerika die Sowjets ermutigt, Entscheidungen hinauszuzögern. Die zunächst bestehende Befürchtung, Nixon werde eine massive Aufrüstung betreiben, wich bald der Erkenntnis, daß die Regierung angesichts des wachsenden Widerstands im Kongreß glücklich sein konnte, wenn ihr das gegenwärtige Verteidigungsbudget erhalten blieb. Neue militärische Projekte wurden leidenschaftlich angegriffen; einige konnten nur mit ganz geringer Stimmenmehrheit durchgesetzt werden; als sie jedoch genehmigt waren, wurde ihre Durchführung systematisch behindert und der Etat jährlich weiter zusammengestrichen. Es herrschte die Tendenz, »die Prioritäten neu zu ordnen«, und zwar in Richtung der ständigen Verringerung des Verteidigungsetats. Es schien auch unwahrscheinlich, daß die Verbündeten der Vereinigten Staaten einen riskanten Kurs in Vietnam unterstützen würden. So hatten die Sowjets auch hier keine Veranlassung, sehr zuvorkommend zu sein.

Wir sind Anfang 1969 im Hinblick auf die amerikanisch-sowjetischen Beziehungen vielleicht etwas zu optimistisch gewesen, haben aber schon damals durch Maßnahmen auf anderen Gebieten das Fundament für Fortschritte gelegt – und damit die Gültigkeit der Verknüpfung verschiedener außenpolitischer Probleme demonstriert. Wir haben eine Strategie entwikkelt, die im Nahen Osten eine Umkehrung der Bündnissysteme bewirkt hat. Wir begannen, uns entschlossen China anzunähern. Unser Kurs in der Vietnam-Politik führte dazu, daß wir von der Unterstützung durch die Sowjets im Verlauf von drei Jahren unabhängig wurden, und dann 1972 unser Ziel in greifbare Nähe rückte. Es gelang uns, die Beziehungen innerhalb des Bündnisses zu festigen. In dieser unruhigen und spannungsreichen Zeit konnten wir die Sowjets davon überzeugen, daß wir die Lage nüchtern betrachteten, unsere Außenpolitik ernst genommen werden konnte und wir im richtigen Augenblick den Mut haben würden, entschlossen zu handeln.

Ende 1969 schickte ich dem Präsidenten eine Analyse der sowjetischen Außenpolitik, die ich mit Unterstützung von Hal Sonnenfeldt und Bill Hyland aus meinem Stabe verfaßt hatte. Sie begann mit der Ablehnung der Vorstellung, die sowjetische Außenpolitik folge notwendigerweise einem bis ins einzelne ausgearbeiteten allgemeinen Plan:

> »Man ist immer wieder versucht, die einzelnen sowjetischen Maßnahmen einem großen Gesamtplan zuzuordnen. Es gibt feinsinnige Kreml-Experten, die behaupten, sie könnten in jedem einzelnen Schritt einen Teil einer sorgfältig orchestrierten Partitur erkennen, in der sich die Ereignisse unausweichlich auf das große Finale zubewegen.
>
> Die Erfahrung hat gezeigt, daß dies, wenn überhaupt, nur sehr selten der Fall gewesen ist. Von der Raketenkrise auf Kuba über den Arabisch-Israelischen Krieg bis zum Einmarsch in die Tschechoslowakei stellt man fest, daß die sowjetische Außenpolitik in weitem Umfang eine Politik der Improvisationen gewesen ist.«

Ich hatte den Eindruck, daß dies auch gegenwärtig der Fall sei. Der Kreml hatte mehrere Eisen im Feuer. Die Sowjets schienen jedoch auf bestimmte Situationen zu reagieren. Es gab Analytiker, die eine enge taktische Verbindung zwischen den chinesisch-sowjetischen Gesprächen und der Behandlung des SALT-Problems durch die Sowjets erblickten. Wenn die Sowjets die Vereinigten Staaten in langwierige SALT-Verhandlungen verwickelten, konnten sie den Eindruck, es gäbe ein sowjetisch-amerikanisches Einverständnis, gegen China ausspielen. Das Hauptproblem dieser Theorie war jedoch, daß die sowjetische Haltung bei den SALT-Gesprächen sich auch ohne Berücksichtigung des China-Problems erklären ließ und daß man die Schwierigkeiten bei den Gesprächen mit den Chinesen ohne weiteres auf die hier anstehenden Fragen zurückführen konnte. Die Sowjets hatten sich bei den SALT-Gesprächen vor allem deshalb nicht festgelegt, weil sie ebenso wie wir das Terrain erkunden und feststellen wollten, wie weit wir unter innenpolitischem Druck standen, Zugeständnisse zu machen oder unser Rüstungsprogramm einseitig zu beschneiden. Die Chinesen reagierten auf den militärischen Druck der Sowjetunion, indem sie ihre Fühler zu uns ausstreckten. Wenn also die Sowjets die Chinesen durch ihr Verhalten bei SALT beeindrucken wollten, dann hatten sie damit einen gewissen Erfolg, aber unter Umständen würde ihnen das, was dabei herauskam, nicht so gut gefallen; dies mag in der Tat die chinesischen Kontakte zu uns beschleunigt haben. In Europa verfolgten die Sowjets bei ihren Eröffnungsgesprächen mit der neuen Regierung Willy Brandts einen harten Kurs, anstatt einen versöhnlicheren Ton anzuschlagen und sich ihre Energie für die Verhandlungen mit China aufzusparen – sie taten es vor allem, weil ihnen in Westeuropa die offensichtliche Sehnsucht nach Entspannung die Gelegenheit zu geben schien, durch Unnachgiebigkeit billige Vorteile einzuheimsen.

Meine Analyse schloß: »Zusammenfassend darf ich sagen, in der sowjetischen Politik scheint es keinen durchgehenden roten Faden zu geben.«

Bevor dieser rote Faden entwickelt werden konnte, hatten die sowjetischen Führer ihre Fühler gleichzeitig in die verschiedensten Richtungen ausgestreckt. Erst nachdem wir 1970 und 1971 bei einigen harten Konfrontationen entschiedenen Widerstand geleistet hatten, verbesserten sich auch unsere Beziehungen.

VI. Die ersten Schritte auf dem Wege nach China

Als wir das Kommuniqué entworfen hatten, mit dem meine geheime China-Reise im Juli 1971 bekanntgegeben werden sollte, sagte Tschou Enlai, diese Erklärung werde die Welt erschüttern. Er hatte recht. Es war nicht nur eine Sensation für die Medien; über Nacht veränderte sich die Struktur der weltpolitischen Bühne. Nach zwölf bitteren Jahren der Isolation hatte ein amerikanischer Abgesandter wieder das geheimnisvolle Peking betreten, und bald sollte sein Präsident ihm folgen. Das war eine unverhoffte und erstaunliche Entwicklung, aber diesem Höhepunkt waren 30 Monate geduldiger und sorgfältiger Vorbereitungen vorausgegangen, in deren Verlauf sich beide Seiten mit äußerster Vorsicht vorantasteten und immer wieder das Gelände sondierten, damit eine Ablehnung nicht demütigend wirkte. Man hatte jeden Schritt bedacht, damit ein Bekanntwerden nervöse Verbündete nicht demoralisierte oder denen eine neue strategische Gelegenheit gab, die diesen Alliierten nicht wohlwollten.

Wir waren sogar selbst überrascht. Ursprünglich hatten wir eine Versöhnung für unmöglich gehalten. Wir waren überzeugt davon, daß die Chinesen fanatisch und feindlich gesonnen seien. Doch obwohl wir zunächst nicht erkennen konnten, wie wir die Versöhnung erreichen sollten, glaubten Nixon und ich, daß eine Öffnung gegenüber der Volksrepublik China bedeutungsvoll sei.

Die Ereignisse kamen uns zu Hilfe, aber ich zweifle daran, daß eine Wiederherstellung der Beziehungen von einem anderen Präsidenten mit der gleichen Entschiedenheit hätte in Angriff genommen werden können. Nixon hatte einen ganz außergewöhnlichen Instinkt für das weltpolitische Kräftespiel. Er interessierte sich weniger für die Taktik oder die sorgfältige Auswertung von Nuancen; wenn man zu ausführlich über die Einzelheiten der

Durchführung eines solchen Unternehmens sprach, machte ihn das nur nervös. Hatte er einmal eine politische Richtung angegeben, dann überließ er es fast immer mir, die Strategie in die Tat umzusetzen und mit der Bürokratie fertig zu werden. Doch obwohl ich unabhängig von Nixon zu der gleichen Lagebeurteilung gekommen war wie er und viele seiner Schritte geplant hatte, besaß ich nicht die politische Energie oder das bürokratische Geschick, auf eigene Verantwortung eine so fundamentale Verschiebung des Gleichgewichts in eigener Verantwortung in Angriff zu nehmen. Nixon hatte das angeborene Gefühl für den richtigen Augenblick und verfolgte unermüdlich jedes von ihm als richtig erkannte Ziel. Er stand grundsätzlich rechts; das bewahrte ihn vor dem Vorwurf, »gegenüber dem Kommunismus zu weich« zu sein. Sein Regierungsstil neigte zur Verschlossenheit und zu einsamen Entschlüssen, die eine solche Politik erforderte. Wenn ihn das System des Nationalen Sicherheitsrats, Alternativen auszuarbeiten, überhaupt interessierte, dann wegen der Erkenntnisse, die es ihm über die Auffassungen einer Bürokratie brachte, der er mißtraute, und wegen der damit verbundenen Möglichkeit, seine eigenen Ziele zu verschleiern.

Zwischen unseren Auffassungen bestand ein kaum wahrnehmbarer Unterschied. In der Öffnung gegenüber China erblickte Nixon eine etwas größere Möglichkeit als ich, die Sowjetunion möglichst bald zur Unterstützung unserer Vietnam-Politik zu bewegen; mich interessierte mehr die Wirkung dieser Politik auf die Struktur der internationalen Beziehungen. Nixon neigte zu der Annahme, eine Beendigung der Isolierung von 800 Millionen Chinesen beseitige schon an sich eine schwere Bedrohung des Friedens. Für mich verlangte ein außenpolitisch aktives China eine sehr geschickte Diplomatie, um unsere politischen Maßnahmen in die komplexen Zusammenhänge einzufügen, die sich entwickeln und alle internationalen Beziehungen verändern würden. Aber diese unterschiedlichen Auffassungen gründeten sich auf eine gemeinsame grundsätzliche Beurteilung: Wenn wir unsere Beziehungen sowohl mit der Sowjetunion als auch mit China ausbauen könnten, dann würde uns diese Dreiecksbeziehung eine große strategische Möglichkeit geben, den Frieden zu bewahren. Wir waren beide ganz unabhängig zu der gleichen Ansicht gekommen. Im Oktober 1967 hatte Nixon in einem Aufsatz in *Foreign Affairs* geschrieben:

»Auf lange Sicht können wir es uns einfach nicht leisten, China auf ewig außerhalb der Völkerfamilie zu lassen, damit es dort seinen Phantasien nachgeht, seine Haßgefühle pflegt und seine Nachbarn bedroht. Auf diesem kleinen Planeten ist es unvorstellbar, daß eine Milliarde seiner potentiell tüchtigsten Bewohner in zorniger Isolation leben. Wir könnten aber einen verhängnisvollen Fehler begehen, wenn wir bei der Verfolgung dieses auf weite Sicht gesteckten Ziels in der unmittelbaren Zukunft bewiesen, daß wir nichts aus der Geschichte gelernt haben.

Für die nächste Zeit bedeutet das eine Politik der entschlossenen Zurückhaltung, der Unnachgiebigkeit und des kreativen Drucks, mit der Peking überzeugt werden muß, daß es nur seinen Interessen dienen kann, wenn es die Grundregeln der internationalen Umgangsformen befolgt. Auf lange Sicht bedeutet es, daß China in die Völkergemeinschaft zurückgeholt wird – aber als eine große und fortschrittliche Nation, nicht als Epizentrum der Weltrevolution.«

In einem Zeitschrifteninterview vom 9. August 1968, unmittelbar nach seiner Nominierung zum Präsidentschaftskandidaten, sagte Nixon noch einmal, daß »wir China nicht vergessen dürfen. Wir müssen bemüht bleiben, mit China ins Gespräch zu kommen, ebenso wie mit der Sowjetunion . . . Wir dürfen nicht nur auf Veränderungen warten, wir müssen vielmehr versuchen, diese Veränderungen selbst herbeizuführen.«[1]

China gehörte nicht zu den wichtigsten Themen meiner Schriften. 1961 hatte ich von der Möglichkeit eines chinesisch-sowjetischen Bruchs geschrieben. Sie »darf nicht übersehen werden«, und wenn es dazu käme, »sollten wir die Situation ausnutzen«.[2] Aber wir konnten diesen Bruch nicht selbst bewirken oder unsere Politik so einrichten, als ob er zu erwarten sei. (Heute wissen wir, daß es damals bereits zu diesem Bruch gekommen war.) In meinem im Januar 1969 in *Foreign Affairs* erschienenen Aufsatz über die Vietnam-Verhandlungen, der jedoch drei Monate früher geschrieben worden war, hatte ich gesagt, daß »die sowjetische Doktrin, nach der Moskau das Recht hat, zum Schutz der innenpolitischen Strukturen in sozialistischen Ländern zu intervenieren, einen chinesisch-sowjetischen Krieg zumindest vorstellbar erscheinen läßt. Die Beschuldigungen Moskaus gegenüber Peking sind jedenfalls schwerwiegender als die gegen Prag erhobenen.« Darin erblickte ich ein potentiell ernstes Problem für Hanoi und einen Faktor, der Hanoi veranlassen könnte, einer Regelung der Vietnam-Frage zuzustimmen. Im Juli 1968, vor dem sowjetischen Einmarsch in die Tschechoslowakei, hatte ich über dieses Thema bei der Bearbeitung einer Ansprache Nelson Rockefellers, die er über die Beziehungen der Vereinigten Staaten zur Sowjetunion halten wollte, grundsätzlichere Feststellungen gemacht. Diese Rede enthielt einen Abschnitt, der unsere spätere Politik vorwegnahm: »Wir werden lernen müssen, sehr verständnisvoll mit mehreren kommunistischen Machtzentren, die miteinander konkurrieren, umzugehen. Ich würde einen Dialog mit dem kommunistischen China beginnen. In einem subtilen Dreieck von Beziehungen zwischen Washington, Peking und Moskau verbessern wir die Möglichkeiten der Verständigung mit jeder dieser Mächte, und dabei erhöht sich auch die Zahl der Alternativen, die uns im Umgang mit beiden zur Verfügung stehen.«

Diese Perspektive entsprach etwa meiner allgemeinen Auffassung von den Aufgaben und Zielen der Außenpolitik. Ich glaubte, unsere Beziehungen zu möglichen Gegnern sollten so gestaltet sein, daß wir ihnen gegenüber immer mehr Alternativen hatten als sie in ihren Beziehungen zueinander. Wenn wir unsere Diplomatie von der Schwerfälligkeit zweier Jahrzehnte befreien konnten, dann würde jede der beiden kommunistischen Supermächte ein größeres Interesse daran haben, die Beziehungen zu uns auszubauen.

Obwohl viele Sachkenner eine Wiederaufnahme der Beziehungen zu China empfahlen, teilte die breite Öffentlichkeit diese Auffassung nicht. Einige Sinologen sprachen sich für eine Verbesserung der Beziehungen um ihrer selbst willen aus und meinten, Amerika sollte dafür Konzessionen machen. Einige bekannte Professoren aus Harvard und dem Massachusetts Institute of Technology schickten Nixon in der Übergangsperiode eine Denkschrift des Inhalts, wir sollten uns China durch Initiativen annähern, wie etwa durch Aufgabe unserer Bindungen an Taiwan und die Aufnahme der Volksrepublik China in die Vereinten Nationen. Sie erwähnten aber nicht – und ich kann mich auch nicht erinnern, daß andere China-Experten das damals getan hätten – unsere geopolitischen Möglichkeiten gegenüber der Sowjetunion oder daß die Chinesen eine Veranlassung haben könnten, mit uns *ohne* amerikanische Konzessionen die Beziehungen aufzunehmen, weil *sie* das amerikanische Gegengewicht gegen die Sowjetunion brauchten. Es muß aber auch gesagt werden, daß alle Vorstellungen von einer Wiederherstellung der Beziehungen zu China, welches auch ihre Begründungen sein mochten, zu der Zeit, als die neue Regierung ihr Amt übernahm, kaum mehr waren, als nebulöse Theorien. 20 Jahre waren wir praktisch voneinander isoliert gewesen, außerdem hatte eine entschiedene ideologische Gegnerschaft bestanden, die durch den Korea-Krieg noch gesteigert wurde, in dem amerikanische und chinesische Soldaten erbittert gegeneinander kämpften. Bilaterale Gespräche hatten zwischen Konsularbeamten der Vereinigten Staaten und der Volksrepublik China 1954 in Genf begonnen; sie wurden 1955 auf Botschafterebene fortgesetzt und später nach Warschau verlegt. Am 10. September 1955 kam es zu einer Vereinbarung über die Repatriierung einiger Staatsbürger. Das war alles. Bei den 134 von 1954 bis 1968 geführten Gesprächen stellte die Vereinbarung über die Repatriierung das einzige konkrete Ergebnis dar.

Am 8. Mai 1968 verschob Peking die Warschauer Gespräche und schlug zwei Termine im November vor, um die amerikanischen Präsidentschaftswahlen abzuwarten. Radio Peking erklärte, »gegenwärtig gibt es nichts zu besprechen«. Das erste schwache Anzeichen dafür, daß sich etwas verändern könnte, zeigte sich nach den Ereignissen vom 21. August 1968, dem sowjetischen Einmarsch in der Tschechoslowakei. Während die Chinesen zur Zeit der Unruhen in Polen und Ungarn 1956 die Rolle des Vermittlers hatten übernehmen wollen, reagierten sie diesmal mit gegen die Sowjetunion gerichteten Schimpfkanonaden. Die chinesische kommunistische Parteizeitung *People's Daily* nannte den Einmarsch in die Tschechoslowakei am 17. März 1969 z. B. eine »bewaffnete Aggression und militärische Besetzung« durch die »sowjetische Clique revisionistischer Renegaten« und bezeichnete die Breschnew-Doktrin der begrenzten Souveränität als eine »durch und durch faschistische Theorie«. Nahm man sie wörtlich, dann galt die Breschnew-Doktrin ebensosehr für China wie für jedes osteuropäische Land; berücksichtigt man die unverhüllte Feindseligkeit Chinas gegenüber der sowjetischen Führung, dann sogar noch stärker.

Am 26. November 1968, drei Monate nach dem Einmarsch in die Tschechoslowakei und kurz nach den Wahlen in den Vereinigten Staaten, schlug Peking ein neues Treffen mit einem Vertreter der Vereinigten Staaten vor, das am 20. Februar 1969 in Warschau stattfinden sollte. Getreu der alten chinesischen Tradition, niemals zu zeigen, daß es notwendig sei, mit Ausländern zusammenzuarbeiten, schlug Peking einen herausfordernden Ton an und sagte, die Vereinigten Staaten sollten sich »einer Vereinbarung über die Fünf Grundsätze der friedlichen Koexistenz« anschließen, »alle ihre bewaffneten Streitkräfte aus der chinesischen Provinz Taiwan und der Straße von Taiwan zurückziehen und alle militärischen Anlagen in der Provinz Taiwan abbauen«. Zweifellos war die Sowjetunion Gegenstand der Hauptsorgen der chinesischen Außenpolitik. Die chinesisch-sowjetische Feindschaft hatte viele Wurzeln. Was als enges Bündnis begonnen hatte, war sehr bald zunehmenden Belastungen ausgesetzt, die zunächst noch kaschiert wurden. Es gab eine ideologische Meinungsverschiedenheit über den Anspruch Chinas, den Kommunismus verwirklicht zu haben, ohne durch das Stadium des Sozialismus gegangen zu sein – eine Doktrin Mao Tse-tungs, nach der Peking ideologisch eine reinere Gesellschaftsform erreicht hatte als Moskau. Es bestand aber auch eine nationale Rivalität zwischen zwei mächtigen Staaten, die einander zunehmend mißtrauten. Ende der 50er Jahre weigerte sich Chruschtschow, mit China auf dem Gebiet der Kernenergie zusammenzuarbeiten; die Chinesen rächten sich mit einer Intensivierung ihrer ideologischen Angriffe. 1959 zog die Sowjetunion ihre technischen Berater zurück und strich jede Wirtschaftshilfe. Persönliche Antipathien entwickelten sich zwischen den beiden Gruppen kommunistischer Führer, womit alle marxistisch-leninistischen Grundsätze verletzt wurden, die sich gegen den »Subjektivismus« richten. Die Chinesen gruben alte Streitfragen aus und forderten die Rückgabe weiter sibirischer Gebiete, die die Zaren in den Jahrhunderten der russischen Expansion den Chinesen angeblich fortgenommen hatten.

1969 begann der politische Konflikt bedrohliche militärische Formen anzunehmen. Bis etwa 1965/66 hatte entlang der chinesisch-sowjetischen Grenze ein ungefähres militärisches Gleichgewicht bestanden. Auf beiden Seiten waren verhältnismäßig schwache Kräfte stationiert. Gegenüber Sinkiang waren die sowjetischen Kräfte stärker; in der Mandschurei hatten die Chinesen die zahlenmäßige Überlegenheit. Die sowjetischen Streitkräfte waren allerdings qualitativ und logistisch überlegen. Grenzzwischenfälle begannen um das Jahr 1959 und häuften sich in der Folgezeit. Trotzdem erfolgte mehrere Jahre lang auf beiden Seiten kein nennenswerter militärischer Aufmarsch. Dann fingen die Sowjets Anfang 1966 an, gut ausgebildete und ausgerüstete Kampfverbände aus Osteuropa in den Fernen Osten zu verlegen. Bald tauchten auch Raketen mit atomaren Sprengköpfen auf. Was Peking aber noch größere Sorgen bereiten mußte, war, daß die Sowjetunion im Januar 1966 einen »Vertrag für Freundschaft, Zusammenarbeit und gegenseitige Hilfe« auf 20 Jahre mit der Mongolei abschloß, der es ihr erlaubte, dort Truppen zu stationieren und militärische Stützpunkte zu unterhalten. Die Zahl der sowjetischen Divisionen an der chinesischen Grenze erhöhte sich von zwölf schwachen Divisionen 1964 auf mehr als 14 modern ausgerüstete Divisionen im Jahr 1970.

Am 29. November 1968 nahm die Regierung Johnson mit dem Segen des gewählten Präsidenten Nixon das chinesische Angebot zur Wiederaufnahme der Warschauer Gespräche an. (Ich war noch nicht zum Berater Nixons ernannt worden.)

1. *Erste Signale*

Im Rückblick erscheinen alle erfolgreichen politischen Bemühungen vorausbestimmt gewesen zu sein. Die politischen Führer behaupten gern, den Erfolg vorausgesehen zu haben, und schreiben das, was gewöhnlich mit einer Serie von Improvisationen beginnt, ihrer klugen Planung zu. So war es auch mit der neuen China-Politik. Die neue Regierung hatte, ganz allgemein gesprochen, die Absicht, einen neuen Anfang zu machen. Aber um ganz offen zu sein, sie hatte keine präzise Vorstellung, wie, und sie mußte sich mit der innenpolitischen Wirklichkeit auseinandersetzen. Hier hatte Nixon seine treuen Anhänger bei der konservativen »China-Lobby«, die es Truman und Acheson nie hatte verzeihen können, daß sie angeblich Tschiang Kai-schek verraten hatten.

Die Führer in Peking hatten offensichtlich das gleiche Problem. Wahrscheinlich hat Mao Tse-tung schon kurz nach dem Einmarsch in die Tschechoslowakei beschlossen, an die Vereinigten Staaten heranzutreten. Er stand jedoch an der Spitze eines Landes, das sich erst von der Kulturrevolution erholen mußte. Mao hatte mit dieser ungewöhnlichen Erschütterung der fatalen Tendenz kommunistischer Staaten entgegentreten wollen, unverhältnismäßig große Bürokratien zu entwickeln und dadurch zu stagnieren. So verordnete er eine permanente Revolution von oben – das ist sicherlich eines der wenigen Male in der Geschichte, daß der Führer eines Landes absichtlich seine eigenen Institutionen aus erzieherischen Gründen zu Fall gebracht hat. Die Auswirkung dieses Umsturzes auf die Außenpolitik zeigte sich daran, daß China 1969 nur einen einzigen Botschafter hatte, der im Ausland wirkte (das war Huang Hua in Kairo, der spätere Botschafter bei den Vereinten Nationen, der anschließend Außenminister wurde).

Einer der ersten und wichtigsten Schritte der Regierung Nixon bestand darin, daß wir in einer bestimmten Sache *nichts* unternahmen. Die Regierung Johnson hatte den Vietnam-Krieg in erster Linie mit dem Schreckgespenst des von Peking geführten asiatischen Kommunismus gerechtfertigt. In seiner Rede an der John Hopkins University hatte Präsident Johnson am 7. April 1965 gesagt, »die Regierenden in Hanoi werden von Peiping* vorangetrieben«; die Konfrontation in Vietnam sei »Teil eines größeren Verbundes aggressiver Vorhaben«. Im gleichen Sinne betrachtete Außenminister Dean Rusk vor dem Senatsausschuß für Auswärtige Angelegenheiten am 18. Februar 1966 Peking als den Urheber der Aggression und meinte, Peking und Hanoi steckten unter einer Decke. Die Regierung Nixon dagegen hat von Anfang an nicht ein einziges Mal angedeutet, daß wir für unser Eingreifen in Vietnam ein antichinesisches Motiv gehabt hätten; denn wir stimmten der alten Analyse nicht zu, wir brauchten keine weiteren Feinde.

In den ersten Monaten gab es zahlreiche widersprüchliche Tendenzen. In seiner Ansprache bei der Amtsübernahme machte Nixon eine verschleierte Andeutung über die Bereitschaft der neuen Regierung, mit China zu sprechen: »Alle Nationen sollen wissen, daß diese Regierung alle Kommunikationsmöglichkeiten offenhalten wird. Wir streben nach einer offenen Welt – offen für Ideen, offen für den Austausch von Waren und Menschen – nach einer Welt, in der kein Volk, sei es groß oder klein, in zorniger Isolation leben soll.« Den Ausdruck »zornige Isolation« hatte er schon 1967 in seinem Aufsatz in *Foreign Affairs* verwendet. Doch die Chinesen reagierten nicht; sie ließen sich durch eine einzelne versöhnliche Andeutung nicht beeindrukken.

Einen Tag nach der Amtseinführung Nixons bezichtigte die Nachrichtenagentur Neues China den Präsidenten, die neue »Marionette« der »bürgerlichen Monopolclique« zu sein, die dafür sorgen sollte, daß »die hinterhältigen Absichten zur Fortführung der Aggression und Expansion des amerikanischen Imperialismus auf der Welt verwirklicht würden«. Die zurückhaltende Rhetorik Nixons und die Demonstrationen gegen ihn bei der Amtseinführung in Washington zeigten nur, wie die Nachrichtenagentur Neues China behauptete, daß der amerikanische Imperialismus »von Krisen erschüttert« werde und »im Todeskampf« läge. Am 27. Januar schrieb die chinesische

* Peiping war die Bezeichnung der Nationalchinesen für Peking; ihre Verwendung war für die Volksrepublik China eine Beleidigung.

Zeitung *People's Daily*, der amerikanische Imperialismus »pfeift auf dem letzten Loch«. Höhnisch hieß es weiter: »Obwohl Nixon am Ende seiner Kunst angelangt ist, hatte er die Unverfrorenheit, von der Zukunft zu sprechen . . . Ein Mann mit einem Fuß im Grabe versucht sich zu trösten, indem er vom Paradies träumt. Das sind die Illusionen und letzten Zuckungen einer sterbenden Klasse.«

Nixons Ansprache zur Amtseinführung hätte vielleicht staatsmännischer sein können, aber unter den Chinesen gab es sicher auch Journalisten, die über einen besseren Stil verfügten.

In der allerersten Zeit nach seiner Amtseinführung war Nixon jedoch wirklich etwas schizophren. Nachdem er fünf Tage im Amt war, schickte er an Rogers und mich eine Botschaft, in der er sich darüber beschwerte, daß unser Botschafter in einem europäischen Land dieses nicht daran gehindert habe zu erklären, es werde Peking anerkennen. Er sagte, der Botschafter sei eine »Katastrophe«. Zugleich beauftragte er uns, den Diplomaten sofort zu entlassen. Auf seiner ersten Pressekonferenz am 27. Januar wurde Nixon gefragt, ob er beabsichtige, die Beziehungen zum kommunistischen China zu verbessern. Er sprach ausführlich über die feindliche Einstellung Chinas und sagte zum Schluß, bei dem bevorstehenden Treffen in Warschau werde China die Gelegenheit haben zu beweisen, ob es seine Haltung geändert habe. »Bevor sich nicht auf chinesischer Seite etwas geändert hat, sehe ich jedoch keine Möglichkeit dafür, daß sich in unserer Politik etwas ändern wird.«

Das sollte andererseits aber auch heißen: Wenn China seine Haltung auch nur geringfügig änderte, würden wir darauf reagieren. Formal entsprach das im wesentlichen den Erklärungen der vorigen Regierung, stand aber auch in scharfem Kontrast zu versöhnlicheren Aussagen über die Sowjetunion, SALT und den Vertrag über die Nichtweitergabe von Kernwaffen auf der gleichen Pressekonferenz. Die mißtrauischen Chinesen müssen daraus den Eindruck gewonnen haben, daß sich nun die von ihnen gefürchtete enge Zusammenarbeit mit den Sowjets anbahnte. Sie sorgten sich aber bereits um etwas ganz anderes. Drei Tage vor dieser Pressekonferenz war der chinesische Geschäftsträger in den Niederlanden zum Westen übergelaufen und hatte in den Vereinigten Staaten um Asyl gebeten. Am 6. Februar protestierten die Chinesen. Am 18. Februar sagten sie das für den 20. Februar vorgesehene Treffen in Warschau mit der Begründung ab, die Vereinigten Staaten hätten ihren Geschäftsträger »veranlaßt, sein Land zu verraten, und er wurde von der CIA entführt«. Aber Nixon ließ sich nicht beeindrucken und behandelte auf seiner Pressekonferenz am 4. März die Frage einer chinesisch-amerikanischen Annäherung außerordentlich kühl: »Wenn wir weiter in die Zukunft blicken, könnten wir uns vorstellen, daß es zu einer Verständigung mit Rotchina kommt. Da ich die Dinge aber sehr realistisch sehe, muß ich sagen, daß ich angesichts des Abbruchs der ohnedies nicht sehr ergiebigen Gespräche in Warschau durch Rotchina glaube, wir sollten im Hinblick auf einen Durchbruch in dieser Richtung im Augenblick nicht besonders optimistisch sein.«

Aber am 1. Februar hatte Nixon mir auf einen Bericht, aus dem hervorging, daß einige osteuropäische Länder sich wegen möglicher chinesisch-amerikanischer Kontakte Sorgen machten, ein Memorandum geschickt:

»In Ihrem Bericht vom 31. Januar sind mir die interessanten Äußerungen einer (osteuropäischen) Quelle aufgefallen. Ich glaube, wir sollten uns positiv zu den Erwartungen einstellen, daß unsere Regierung ›nach Möglichkeiten sucht, normale Beziehungen zu China wiederherzustellen‹. Das sollte natürlich inoffiziell geschehen, und dabei darf auf keinen Fall der Eindruck entstehen, daß es aus unserer Richtung kommt. Aber bei den Kontakten mit Ihren Freunden, besonders aber wenn Sie Möglichkeiten haben, an die . . . Quelle heranzukommen, sollte man diese Idee auch weiter wachhalten.«

In seinem Memorandum forderte mich der Präsident natürlich nicht auf, in irgendeiner Weise den Kontakt zu den Chinesen zu suchen; er drängte mich nur, den Eindruck zu erwecken, wir suchten nach Wegen, mit China ins Gespräch zu kommen. Darüber hinaus sollte ich diesen Gedanken nicht den Freunden der Chinesen bei uns näherbringen, sondern den Vertretern osteuropäischer Länder. Mit diesem Manöver sollten die Sowjets beunruhigt werden, und es sollte sie – angesichts Nixons größter Sorge – veranlassen, uns bei der Beendigung des Vietnam-Krieges zu helfen.

Das Memorandum Nixons regte mich dazu an, eine Studie über die gegenwärtige außenpolitische Lage anfertigen zu lassen; am 5. Februar gab ich eine solche interministerielle Analyse zur China-Politik in Auftrag. Die Ministerien und Behörden sollten folgende Fragen untersuchen:

1. Der Stand der gegenwärtigen Beziehungen der Vereinigten Staaten zum kommunistischen China und zur Republik China;
2. das Wesen der Bedrohung durch die chinesischen Kommunisten und ihre Absichten in Asien;
3. die Zusammenhänge zwischen der amerikanischen Politik und der Politik anderer größerer gegenüber China interessierter Länder;
4. Alternativvorschläge zur amerikanischen Chinapolitik, ihre Kosten und Risiken.

Als Nixon am 1. März 1969 nach Paris kam, sprach er auch mit Präsident de Gaulle über China. Nixon bat de Gaulle allerdings nicht ausdrücklich um seine Unterstützung; es war vielmehr de Gaulle, der das Thema zur Sprache brachte, während Nixon sich recht skeptisch äußerte. In der für ihn charakteristischen, weit ausholenden Art sprach de Gaulle von der großen Bedeutung Chinas, eines riesigen Landes, das über gewaltige Hilfsquellen verfügte. Im Lauf der Zeit würden die Chinesen überall auf der Welt an Einfluß gewinnen; sie seien ebenso ehrgeizig wie geschickt. De Gaulle meinte, es sei unklug, sie »in ihrer eigenen Wut« zu isolieren; Kontakte könnten nur nützlich sein. Nixon antwortete, zunächst würde es dafür keine Möglichkeit geben, vor allem weil ein solcher Schritt in den anderen asiatischen Ländern beunruhigend wirken könnte; aber auf lange Sicht – etwa innerhalb der nächsten zehn Jahre – würden sich bessere Kontakte zwischen uns und China entwickeln, besonders nachdem China bei der Entwicklung von Kernwaffen Fortschritte gemacht hätte. Diese indirekte Antwort Nixons zeigte deutlich, daß er sich seine Handlungsfreiheit bewahren wollte. Das war mit der Absicht vereinbar, noch zehn Jahre zu warten, ließ aber auch die Möglichkeit offen, bei der ersten sich bietenden Gelegenheit etwas zu unternehmen. Vor allem zeigte es, daß die neue Regierung noch keinen fest umrissenen Plan hatte.

Am 14. März sprachen wir wieder über das gleiche Problem, konnten uns aber noch nicht entschließen, sofort mit China Verbindung aufzunehmen. Bei der Bekanntgabe unseres Projekts für den Bau von Flugabwehrraketen des Typs »Safeguard« äußerte sich der Präsident eher ablehnend zu einer Aktivierung der China-Politik, und zwar im gleichen Sinne wie die Regierung Johnson 1967 im Zusammenhang mit der Flugabwehrrakete »Sentinel«. Der Grund war für beide Regierungen der gleiche: Sie hielten es für richtig, sich gegen zufällige oder beabsichtigte Angriffe von kleineren Nuklearmächten zu schützen, ohne den Versuch zu unternehmen, eine massive Verteidigung gegen die Sowjetunion aufzubauen, wobei sich schwierige Probleme im Hinblick auf die Abrüstung und die Finanzierung solcher Rüstungen ergeben hätten. Nixon erklärte: »Die Bedrohung unserer Bevölkerung durch die Chinesen und die Gefahr eines zufälligen Angriffs können nicht übersehen werden. Wenn wir dieses System genehmigen, dann ist es möglich, die Verluste der Vereinigten Staaten auf ein Minimum zu reduzieren, falls die Chinesen in den 70er Jahren mit Kernwaffen angreifen sollten oder falls aus irgendeiner anderen Richtung ein zufälliger Angriff erfolgte.« Für die Chinesen wurde die Erklärung Nixons noch peinlicher durch den Hinweis, die Sowjetunion und die Vereinigten Staaten hätten ein gemeinsames Interesse daran, China in Schranken zu halten: »Ich könnte mir vorstellen, daß die Sowjetunion ihr Land ebenso ungern einer Bedrohung durch das kommunistische China aussetzt wie wir. Deshalb glaube ich, daß keines der beiden Länder auf dieses System gerne verzichten würde, besonders solange die Bedrohung durch die Chinesen fortbesteht.« Es dürfte daher niemanden überraschen, daß die Nachrichtenagentur *Neues China* am 16. März die Entscheidung über den Bau von Flugabwehrraketen angriff und behauptete, hier gäbe es ein »heimliches Einverständnis der Amerikaner mit den sowjetischen Revisionisten, um gemeinsam die nukleare Bedrohung und die nukleare Erpressung gegen die Völker der Welt, besonders aber gegen das chinesische Volk aufrechtzuerhalten«.

Im März 1969 hatte man daher den Eindruck, die chinesisch-amerikanischen Beziehungen seien durch das gleiche feindselige Nichtverstehenwollen und Mißtrauen eingefroren wie seit 20 Jahren. Man konnte glauben, die neue Regierung habe zwar die Absicht, sich gegenüber China zu öffnen, aber noch keine Strategie dafür entwickelt. Wenn Absichten und Möglichkeiten zusammentreffen, kommt es zu politischen Entscheidungen. Eine solche Möglichkeit entstand, als sowjetische und chinesische Truppen in der eisigen sibirischen Tundra an einem Fluß zusammenstießen, von dem keiner von uns bisher jemals etwas gehört hatte. Von diesem Augenblick an waren alle Zweifel behoben. Wir bereiteten uns ohne Zögern auf einen Schritt vor, der in der Weltpolitik eine entscheidende Veränderung bewirken sollte.

2. *Die Grenzzwischenfälle am Ussuri*

Im fernen Nordostasien verläuft die 6400 Kilometer lange Grenze zwischen der Sowjetunion und China über eine kurze Strecke am Ussuri. Zöge man eine gerade Linie von Wladiwostok in nordöstlicher Richtung nach Chabarowsk, dann würde diese Linie etwa dem Verlauf des Ussuri entsprechen. Etwa 400 Kilometer von Wladiwostok entfernt liegt an einer einsamen Stelle im Fluß eine winzige Insel. Bei den Russen heißt sie Damanski, bei den Chinesen Tschenpao. Die Insel ist etwa einen halben Quadratkilomter groß, bewaldet und unbewohnt und liegt dem chinesischen Flußufer etwas näher als dem russischen. Das Land auf beiden Seiten des Flusses ist sumpfig und kaum bewohnt. Außer ein paar Fischern und Holzfällern auf beiden Seiten sind die einzigen Menschen, die sich dort aufhalten, die sowjetischen und chinesischen Grenzposten, die die Flußufer auf beiden Seiten bewachen. Der Grenzverlauf bei der Insel ist niemals festgelegt worden. Die Chinesen behaupteten schon seit längerer Zeit, die Demarkationslinie verliefe in der Mitte des Flusses; damit gehörte die Insel zu China. Die Sowjets stellten sich dagegen auf den Standpunkt, die historische Grenze verlegte das ganze Flußbett des Ussuri auf die russische Seite. Bis heute hat noch niemand erklären können, weshalb jede Seite so entschieden auf einer unbewohnten Insel in einem unfruchtbaren und fast menschenleeren Gebiet besteht. Nach russischen Presseberichten haben 300 chinesische Soldaten am Morgen des 2. März 1969 auf der Insel eine russische Grenzstreife überfallen und sie mit Maschinengewehren beschossen. Bei dem sich nun entwickelnden Gefecht sind angeblich 23 russische Soldaten gefallen und 14 verwundet worden. Die Russen schickten Verstärkung, die bei ihrem Eintreffen ebenfalls angegriffen wurde. Daraufhin räumten beide Seiten die Insel.[3]

Die Sowjets veröffentlichten sofort groß aufgemachte Berichte über den Zwischenfall in der Presse. Das war an sich schon ungewöhnlich. Bisher hatte noch keines der beiden Länder über einen bewaffneten Zwischenfall berichtet oder gemeldet, daß Verluste eingetreten waren. Es wurden Protestnoten ausgetauscht, und China und die Sowjetunion beschuldigten sich gegenseitig. Die Chinesen behaupteten, sowjetische Truppen hätten seit 1967 16mal chinesisches Territorium auf der Insel Tschenpao verletzt, allein achtmal im Januar und Februar 1969. Sie sprachen von zahlreichen sowjetischen Grenzverletzungen auf anderen Inseln im Ussuri, deren Besitz ebenfalls umstritten war, und sprachen von der Belästigung chinesischer Fischer, Grenzpolizisten und Bewohner dieses Gebiets. Etwa 10 000 chinesische Demonstranten versammelten sich am 3. März vor der sowjetischen Botschaft in Peking, und 100 000 sowjetische Demonstranten griffen am 7. März die chinesische Botschaft in Moskau an, schlugen Fensterscheiben ein und bewarfen das Haus mit Tintenfässern. Während der folgenden vier Tage kam es zu Demonstrationen in 18 anderen sowjetischen Städten. Der *Rote Stern*, die Zeitung des sowjetischen Verteidigungsministeriums, meldete am 8. März, sowjetische Truppen im Fernen Osten seien in Alarmbereitschaft versetzt worden. Auf einer Pressekonferenz im sowjetischen Außenministerium wurden Fotos von sowjetischen Soldaten gezeigt, die angeblich von den Chinesen getötet und verstümmelt worden waren, und das sowjetische Fernsehen brachte eine Sondersendung über die Grenzzwischenfälle. In den chinesischen Zeitungen vom 4. März hieß es: »Nieder mit den neuen Zaren!« Radio Peking berichtete, mehr als 400 Millionen Menschen (die Hälfte der Bevölkerung des Landes) hätten in ganz China an Demonstrationen teilgenommen.

In Washington waren wir noch zu sehr mit Vietnam beschäftigt, um sofort auf die Ereignisse zu reagieren, deren Ursprung wir kaum verstanden und deren Bedeutung sich erst nach einigen Wochen zeigte. Während ich mich theoretisch dafür aussprach, eine Dreiecksbeziehung herzustellen, hatten sowohl Nixon als auch ich noch immer den Eindruck, die Volksrepublik China habe sich hier aggressiver verhalten als die Sowjetunion. Wir hielten es für wahrscheinlicher, daß Peking die Zwischenfälle provoziert hatte.

Ironischerweise war es die schwerfällige sowjetische Diplomatie, die uns auf den Gedanken brachte, daß sich hier neue Möglichkeiten eröffneten. Am 11. März sprach Botschafter Dobrynin erregt mit mir über den Zwischenfall am Ussuri. Ich hatte nicht einmal danach gefragt. Aber er wollte mir unbedingt einen grausigen Bericht über die Greueltaten geben, die angeblich von den Chinesen begangen worden waren, und bestand darauf, mir die Lage detailliert zu erläutern. Als ich versuchte, das Thema zu wechseln, und sagte, das sei ein chinesisch-sowjetisches Problem, erklärte Dobrynin leidenschaftlich, China sei jedermanns Problem. Ich hörte ihm höflich zu, dachte mir meinen Teil, enthielt mich aber jeder Stellungnahme. Noch am gleichen Abend berichtete ich dem Präsidenten von meinem Gespräch. Nixon war fasziniert und meinte, unerwartete Ereignisse könnten manchmal große Wirkungen haben. Ich sagte, daß sich unsere strategische Lage jetzt erheblich verbessert haben könnte. Nixon stimmte mir zu und meinte, diese Vorfälle hätten die Chinesen wahrscheinlich ziemlich erschüttert.

Am Morgen des 15. März kam es zu einem zweiten Grenzzwischenfall auf der Insel Damanski/Tschenpao. Anders als am 2. März hatten sich diesmal beide Seiten darauf vorbereitet. Das Gefecht dauerte länger, und die Verluste waren höher. Die Sowjets hatten ihre Grenzstreifen verstärkt, und ein Spähtrupp hatte sich in der Nacht zum 14. auf der Insel eingerichtet, wahrscheinlich, um einen Hinterhalt zu legen. Es kam zu einem heftigen Gefecht, das etwa neun Stunden dauerte. Dabei kamen Panzer, gepanzerte Aufklärungsfahrzeuge, Artillerie- und Panzerabwehrraketen zum Einsatz. Beide Seiten behaupteten, gesiegt zu haben (obwohl die Chinesen sich augenscheinlich auf der Insel durchsetzen und sie halten konnten).[4]

Wie es zu diesen Zwischenfällen gekommen ist – wer wen provoziert hat –, wird sich wahrscheinlich niemals genau feststellen lassen. Aber die Behauptung der Chinesen, sie hätten auf eine ganze Reihe sowjetischer Vorstöße reagiert, war nicht ganz unglaubhaft. Schließlich lassen es unterlegene Streitkräfte im allgemeinen nicht darauf ankommen, geschlagen zu werden, indem sie, ohne provoziert zu werden, angreifen. Wie schon gesagt, behauptete Tschou En-lai zwei Jahre später, die Sowjets hätten die Zwischenfälle bewußt provoziert, um die Aufmerksamkeit der Weltöffentlichkeit davon abzulenken, daß es ihnen nicht gelungen war, die Wahl des deutschen Bundespräsidenten in West-Berlin zu verhindern. Welches auch die wirkliche Ursache gewesen sein mag, kommunistische Diplomaten sorgten dafür, daß wir diese Zusammenstöße nicht unbeachtet ließen. Mitte März erreichten uns Berichte, nach denen die Sowjets in Budapest die Mitgliedsstaaten des Warschauer Pakts zu veranlassen suchten, China als den Angreifer bei den Zwischenfällen am Ussuri zu verurteilen. Sie verlangten außerdem von jedem Verbündeten innerhalb des Warschauer Pakts, »symbolische militärische Verbände« an die chinesisch-sowjetische Grenze zu schicken. Die Rumänen gingen auf keinen dieser Vorschläge ein.

Bei der ersten privaten Zusammenkunft unserer neuen Unterhändler in Paris mit den Nordvietnamesen am 22. März erklärte Xuan Thuy ganz überraschend und von sich aus, die Vereinigten Staaten hätten nichts zu gewinnen, wenn sie versuchen wollten, die Meinungsverschiedenheiten zwischen der Sowjetunion und China für sich auszunutzen. Er erklärte, die Vietnamesen würden selbst für sich sorgen. Die Vereinigten Staaten hatten weder in Washington noch in Paris irgendwelche Andeutungen in dieser Richtung gemacht (obwohl ich in einem Artikel in *Foreign Affairs* darüber Spekulationen angestellt hatte). Aber Xuan Thuy behauptete, Moskau und Peking hätten Nordvietnam jahrelang unterstützt, obwohl zwischen beiden Ländern schon fast seit zehn Jahren Meinungsverschiedenheiten bestünden; er zweifle nicht daran, daß sie dies auch weiterhin tun würden.

Am 28. März ordnete ich in einer Direktive, mit der eine Studie über die Handelsbeschränkungen mit kommunistischen Ländern angefordert wurde, die nochmalige Überprüfung unseres Handelsembargos gegenüber den »asiatischen kommunistischen Ländern« an.

Am 3. April kam Dobrynin auf seine Vorwürfe zurück. Er hatte einen Pressebericht darüber gelesen, daß ich eine Überprüfung unserer Chinapolitik angeordnet hatte (dabei handelte es sich wahrscheinlich um meine Direktive vom 5. Februar). Er wollte mehr darüber erfahren. Obwohl wir noch nicht mit den Chinesen gesprochen hatten, antwortete ich ausweichend und ließ erkennen, es sei unsere Sache, ob wir die Beziehungen zu China wieder herstellten oder nicht. Dobrynin meinte, es wäre immer noch Zeit für die beiden Supermächte, den Ablauf der Ereignisse zu bestimmen, aber bald würden wir vielleicht nicht mehr dazu in der Lage sein. Er fügte hinzu, in der Sowjetunion habe man den Eindruck, daß Taiwan ein unabhängiger Staat werden könnte. Ich bemühte mich nach besten Kräften, Dobrynin im unklaren zu lassen, und ging auf das von ihm angeschnittene Thema nicht ein.

Am 22. April überreichte unser Botschafter in Moskau, Jacob Beam, dem sowjetischen Premierminister Kossygin einen Brief des Präsidenten Nixon zu einem weiten Themenkreis im Rahmen der amerikanisch-sowjetischen Beziehungen. Darin wurde China absichtlich *nicht* erwähnt. Wir hatten jedoch Beam angewiesen zu sagen, wir hätten nicht die Absicht, aus den chinesisch-sowjetischen Schwierigkeiten Kapital zu schlagen – das bedeutete natürlich, daß wir es tun konnten, wenn es uns gefiel. Die Sowjets nahmen den Köder. Am 27. Mai bat Außenminister Gromyko Botschafter Beam, uns die Antwort Kossygins zu überbringen. Gromyko sagte ihm, die Sowjetunion werde auch *unsere* Schwierigkeiten mit China nicht für sich ausnutzen, die amerikanisch-sowjetischen Beziehungen sollten sich generell auf »langfristige Überlegungen« stützen.

Die von uns in Aussicht genommene Dreiecksbeziehung war zwar noch lange nicht hergestellt, warf aber ihre Schatten voraus.

Inzwischen war auch China nicht untätig geblieben. Am 1. April legte der sehr bald darauf zum Erben Maos ernannte Lin Piao dem 9. Nationalkongreß der Chinesischen Kommunistischen Partei seinen politischen Bericht vor:

»Wir dürfen unter keinen Umständen in unserer revolutionären Wachsamkeit nachlassen, weil wir gesiegt haben. Und wir dürfen auf keinen Fall die Gefahren des amerikanischen Imperialismus und des sowjetischen Revisionismus übersehen, die zu einem Angriffskrieg großen Ausmaßes führen können ... Der Vorsitzende Mao hat vor langer Zeit gesagt, wir würden nicht angreifen, ohne selbst angegriffen zu werden; wenn wir angegriffen werden, dann werden wir natürlich einen Gegenangriff führen. Wenn sie unbedingt kämpfen wollen, dann werden wir es auch tun und bis zur Entscheidung kämpfen. Die chinesische Revolution hat auf dem Schlachtfeld gesiegt.«

Trotz ihrer Aggressivität hatte die Rede interessante, ja sehr beachtenswerte Untertöne. Sie betonte, China werde nicht angreifen, wenn es nicht selbst angegriffen würde. Das bedeutete, wir brauchten nicht mit einer chinesischen Intervention in Indochina zu rechnen. Es wurde behauptet, die Sowjetunion und die Vereinigten Staaten bedrohten die Volksrepublik in gleicher Weise. Damit wurde eine der Voraussetzungen für die Dreiecksdiplomatie geschaffen, daß nämlich die Vereinigten Staaten nicht der Hauptfeind der Chinesen waren.

Am 29. April schickte ich dem Präsidenten einen zusammenfassenden Bericht über den chinesischen Parteikongreß. Der Kongreß schien gezeigt zu haben, daß in China noch immer um innenpolitische, wirtschaftliche und sozialpolitische Probleme gerungen wurde und der Kampf um die politische Macht noch nicht beendet war. Auch im Bereich der Außenpolitik schien China noch keine klare Linie gefunden zu haben. Ich hatte aber den Eindruck, daß sich die Chinesen mehr mit der sowjetischen als der amerikanischen Gefahr beschäftigten. In meinem Bericht an Nixon sagte ich:

»Eine politische Richtung wurde nicht festgelegt ... Lin Piao bestätigte noch einmal die Absicht, den Klassenkampf in Südostasien, Indien und Israel zu unterstützen, aber ohne dieses Thema besonders hervorzuheben.

Die gegen die Vereinigten Staaten gerichteten Verunglimpfungen waren Formsache. Lin Piao erwähnte, daß sich die Chinesen geweigert hätten, auf das dringende Ersuchen der Sowjets mit ihnen über Grenzfragen zu sprechen, er deutete aber an, daß China sich die Möglichkeit von Gesprächen über Grenzprobleme offenhielte ...

Aus den öffentlichen Erklärungen ließ sich nicht erkennen, daß die Chinesen mit einem baldigen Krieg gegen die Vereinigten Staaten oder die Sowjetunion rechneten.

Vietnam wurde nur nebenbei erwähnt, und die Chinesen haben sich während der jüngsten Spannungen nicht hinter Nordkorea gestellt.*

... Der Kongreß hat für keine einzige Regierung freundliche Worte gefunden, sondern nur für eine Partei, die albanischen Kommunisten.

* Das bezog sich auf den Abschuß eines amerikanischen Aufklärungsflugzeugs vom Typ EC-121 über Nordkorea. Siehe IX. Kapitel.

Moralistische Starrheit gegenüber anderen Kommunisten in Verbindung mit dem erklärten Wunsch, den Sturz nichtkommunistischer Regierungen in den Nachbarländern zu erleben, kann offensichtlich nur zu der Feindschaft beider führen.«

Welches auch die langfristige Bedeutung meiner Analyse gewesen sein mag, daß ich darin Maos fortgesetzten Kampf um die Erneuerung der Erziehungspolitik erwähnte, veranlaßte Nixon festzustellen, daß er und sein bisheriger Erzfeind gleiche Ziele verfolgten. Er schrieb an den Rand: »HK: (auch) Mao kämpft gegen das Establishment im Erziehungswesen!«

Noch während des Parteikongresses in Peking flammten die Kämpfe an der chinesisch-sowjetischen Grenze am 16. und 17. April wieder auf – diesmal 4000 Kilometer weiter westlich zwischen Sinkiang und Kasachstan. Weitere Zwischenfälle ereigneten sich dort am 25. April und am 2. Mai. Am 26. April machte die Sowjetunion China öffentlich den Vorschlag, die Sitzungen des gemeinsamen Ausschusses für die Schiffahrt auf Grenzflüssen, die seit 1967 unterbrochen waren, wieder aufzunehmen. Am 8. Mai berichtete die sowjetische Presse über Manöver sowjetischer Streitkräfte in der Nähe der chinesischen Grenze. Am 9. Mai wurden China, die Vereinigten Staaten und die Bundesrepublik Deutschland im Tagesbefehl des sowjetischen Verteidigungsministers Andrei Gretschko zum 24. Jahrestag des Sieges nach dem Zweiten Weltkrieg als die größten Feinde der UdSSR bezeichnet.

Die Chinesen fühlten sich offenbar unter Druck gesetzt und akzeptierten am 11. Mai den sowjetischen Vorschlag zur Wiederaufnahme der Gespräche über die Schiffahrt auf den Grenzflüssen. Aber am 12., 15., 25. und 28. Mai wurde am Amur weitergekämpft, und am 20. Mai und am 10. Juni kam es zu Zwischenfällen an der Grenze von Sinkiang. Die Feindseligkeiten in Sinkiang zeigten nach meiner Auffassung deutlich, wer der Angreifer war. Zunächst hatte ich wie die meisten die Auffassung vertreten, China sei militanter als die Sowjetunion. Als ich mir jedoch die Karte genauer ansah und feststellte, daß die Zwischenfälle an der Grenze von Sinkiang nur wenige Kilometer von einem sowjetischen Eisenbahnknotenpunkt stattfanden, aber mehrere hundert Kilometer von jedem chinesischen Eisenbahnknotenpunkt entfernt, wurde mir klar, daß die chinesischen Heerführer sich für einen Angriff keine so ungünstige Stelle ausgesucht hätten. Von nun an sah ich das Problem in einem ganz anderen Licht. Aber wenn die Sowjetunion der Angreifer war, ergab sich für uns nicht nur eine Gelegenheit, sondern auch eine Schwierigkeit. Das Problem bestand darin, daß ein Einmarsch starker sowjetischer Kräfte in China nicht nur das geopolitische, sondern auch das psychologische Gleichgewicht in der Welt verändern konnte; damit würden nicht wieder rückgängig zu machende und in ihren Folgen nicht abzusehende Ereignisse in Gang gesetzt werden. Es war aber nicht leicht, sich einer solchen Aggression zuungunsten eines Landes zu widersetzen, mit dem wir weder diplomatische Beziehungen unterhielten noch auf irgendeiner Ebene sinnvolle Gespräche führten.

Es eröffnete sich insofern eine günstige Gelegenheit, als China jetzt vielleicht bereit war, wieder auf der diplomatischen Bühne aufzutreten und dazu seine bisherige feindselige Einstellung gegenüber den Vereinigten Staaten zu modifizieren. Dann würden sich auch viele unserer asiatischen Freunde nicht mehr so sehr von China bedroht fühlen müssen. Zugleich konnte sich die Lage in Europa entspannen, wenn sich die Sowjetunion intensiver um die Vorgänge an ihrer langen asiatischen Grenze kümmern mußte. Damit sich aber solche Möglichkeiten deutlicher abzeichneten, mußten wir irgendwie mit den chinesischen Führern ins Gespräch kommen. Gingen wir dabei zu rasch oder in zu auffallender Weise vor – bevor die Kulturrevolution vollständig beendet war –, konnten die Chinesen unsere Annäherungsversuche zurückweisen. Wenn wir jedoch zu lange zögerten, nährten wir unter Umständen die Befürchtungen Chinas über ein heimliches Einverständnis zwischen der Sowjetunion und den Vereinigten Staaten. Das wiederum konnte die Chinesen veranlassen, sich mit Moskau auf die bestmögliche Art zu einigen. Was nun die Sowjetunion betraf, so glaubten wir, China könnte dazu beitragen, daß sich die Sowjets eine gewisse Zurückhaltung auferlegten. Wir mußten aber darauf bedacht sein, nicht zu stürmisch vorzugehen, um die Sowjets nicht zu einem Präventivangriff gegen China zu provozieren. In den Vereinigten Staaten mußten wir ein Denkschema überwinden, nach dem die Volksrepublik entweder als unversöhnlicher Feind oder nur als ein Land betrachtet wurde, das ausschließlich im Zusammenhang mit Taiwan eine Bedeutung besaß.

In diesem Stadium kam es mir vor allem darauf an, dafür zu sorgen, daß in unserer Regierung die richtigen Fragen gestellt wurden. Auf meine Direktive vom 5. Februar hin war ein von allen Ministerien erarbeitetes Papier über China verfaßt worden, das auf einer Sitzung der Prüfungsgruppe des Nationalen Sicherheitsrats am 15. Mai diskutiert wurde. In der Studie wurden die bisher zwischen China und den Vereinigten Staaten bestehenden bilateralen Probleme eingehend behandelt: Taiwan, die Aufnahme Chinas in die Vereinten Nationen, Handel und Verkehr und verschiedene Aspekte der Abrüstung; dazu erwähnte die Studie unsere einander zuwiderlaufenden Interessen in Asien. Alle diese Fragen wurden behandelt, als schwebten sie im luftleeren Raum. Die weltpolitischen Auswirkungen der Spannungen zwischen China und der Sowjetunion und unsere Möglichkeiten infolge einer Herstellung von Dreiecksbeziehungen wurden nicht erwähnt. Ich rügte, daß man sich zu sehr mit der chinesischen Ideologie und angeblichen Militanz beschäftigt hatte. Nach meiner Ansicht hätten wir das Thema anders behandeln sollen. In dem Papier wurde die Auffassung vertreten, die amerikanische Politik habe das psychologische Ziel, die chinesische Führung zu einem Sinneswandel zu veranlassen, der die Chinesen von der Militanz zur Versöhnung führte. Dabei beachtete man jedoch nicht die Rolle Chinas im Rahmen des Gleichgewichts der Kräfte. Eine Nation mit einer Bevölkerung von 800 Millionen, die von schwächeren Staaten umgeben war, blieb ein geopolitisches Problem, gleichgültig, welche Regierung sie hatte. Es fragte sich, welche unserer Probleme mit China durch seine Größe und Lage und welche durch seine Führung verursacht wurden. Was erwarteten wir von China und wie konnten wir in vernünftiger Weise seine Entscheidungen beeinflussen? Wie beurteilten wir die Entwicklung der chinesisch-sowjetischen Beziehungen? Wie weit konnten wir sie beeinflussen und welcher Seite sollten wir den Vorzug geben? Ich stellte auch die Auffassung der meisten Kreml-Experten in Frage, jeder Versuch, unsere Beziehungen zu China zu verbessern, werde den Beziehungen zur Sowjetunion schaden. Aus der Geschichte kann man lernen, daß es meist günstiger ist, sich der schwächeren von zwei einander feindlich gegenüberstehenden Mächten anzuschließen, weil das die stärkere zur Zurückhaltung veranlaßt.

Am 8. Juni nahmen die Sowjets ihre diplomatische Offensive wieder auf. In einer Rede vor der internationalen Konferenz kommunistischer Parteien in Moskau wandte sich Breschnew gegen Mao und brachte das Konzept eines »Systems der kollektiven Sicherheit in Asien« zur Sprache. Er ging dabei nicht in die Einzelheiten, aber ein solches »System« konnte sich nur gegen China richten. Ende Juni bemühten sich sowjetische Botschafter gemeinsam darum, den Regierungen, bei denen sie akkreditiert waren, die chinesische Politik zu »erläutern«, und versuchten, mehrere westeuropäische Länder von einer Anerkennung Pekings abzubringen. Die Sowjetunion bemühte sich darüber hinaus, ihre Kontakte zu nichtkommunistischen asiatischen Nationen zu verbessern; sie streckte sogar ihre Fühler nach Taiwan aus. In einem Feldzug mit dem Ziel, jeden chinesischen Versuch, sich aus der Isolation zu befreien, zum Scheitern zu bringen, wiesen sowjetische Diplomaten darauf hin, daß die Sowjetunion bereit sei, eine weitere Belastung ihrer Beziehungen zu den Vereinigten Staaten zu vermeiden, um China besser isolieren zu können. Über alle diese Anzeichen verfaßte ich einen Bericht für den Präsidenten:

»Ich glaube, das ist ein überzeugender Beweis dafür, daß sich die sowjetische Führung immer intensiver mit dem China-Problem befassen muß ... Wenigstens läßt es vermuten, daß die Sowjets im Rahmen ihrer Ost-West-Beziehungen flexibler werden könnten ... Die sowjetischen Besorgnisse könnten schließlich einen Punkt erreicht haben, an dem wir sie zu unserem Vorteil nutzen können, wenn sie tatsächlich versuchen, sich unserer Neutralität – wenn nicht sogar unserer aktiven Kooperation – bei ihrer Eindämmungspolitik gegenüber China zu versichern.«

Der Präsident versah meine Denkschrift mit begeisterten Randbemerkungen wie: »Das ist unser Ziel.« Er meinte, wir sollten alle Länder, die von den Sowjets aufgefordert würden, keine Beziehungen zu Peking aufzunehmen, »vorsichtig dazu ermutigen«, es doch zu tun (damit wandte er sich dramatisch von der Haltung ab, die er gegenüber unserem Botschafter in einem europäischen Land fünf Tage nach seiner Amtseinführung eingenommen hatte).

Nun verdoppelten wir unsere Bemühungen, Verbindungen mit Peking aufzunehmen. Am 26. Juni schrieb mir der Präsident, wir sollten Senator Mike Mansfield, der sich schon lange für China interessierte, dazu anregen, sich ein Visum zum Besuch Chinas zu beschaffen. Ich ging noch einen Schritt weiter und empfahl Bryce Harlow, der damals für die Verbindung zwischen dem Kongreß und dem Weißen Haus verantwortlich war, Mansfield zu bitten, seine Initiative öffentlich bekanntzugeben. Es war aber eine noch deutlichere Geste notwendig. Die Zeit war gekommen, unser Handelsembargo gegen China zu modifizieren. Dabei kam es weniger auf konkrete Veränderungen als auf die sehr große symbolische Bedeutung dieses Schrittes an. Welche Sorgen wir uns damals um diese Maßnahme gemacht haben, zeigt deutlich, welchen weiten Weg wir inzwischen zurückgelegt haben. Die Entscheidung folgte auf eine zusammenfassende Untersuchung der Handelsrestriktionen, die am 28. März angeordnet worden waren. Wir beschlossen, den Handel mit China als Sonderfall anzusehen. Am 26. Juni unterschrieb ich eine Direktive an die Ministerien, in der es hieß: »Der Präsident hat beschlossen, auf breiter außenpolitischer Basis gewisse gegenüber China bestehende Handelsbeschränkungen zu modifizieren.« Der aus den stellvertretenden Ministern bestehende Ausschuß des Nationalen Sicherheitsrats unter dem Vorsitz des tüchtigen Elliot Richardson wurde aufgefordert, detaillierte Empfehlungen auszuarbeiten, um diese Entscheidung des Präsidenten zu verwirklichen.

Zuerst nahm man an, die Durchführung müsse so lange aufgeschoben werden, bis der Kongreß die neue Fassung des Gesetzes zur Überwachung des Exports genehmigt hätte, womit erst im September zu rechnen war. Aber Richardson und ich erkannten sehr bald, daß, wenn wir bis dahin warteten, wir von den Ereignissen in Asien überholt werden könnten, die augenscheinlich einem Höhepunkt zustrebten. Ich wies Nixon darauf hin, daß der Inhalt der Direktive vom 26. Juni sicherlich bekannt werden und eine innenpolitische Debatte auslösen würde, und dann könnte die von uns beabsichtigte Wirkung in Peking verpuffen. Schließlich gab es auch noch das Problem der Beziehungen zwischen den Vereinigten Staaten und der Sowjetunion. Wir rechneten jeden Augenblick mit der Bekanntgabe einer Wiederaufnahme der SALT-Gespräche; wenn wir das mit einem Abbau der Handelsbeschränkungen gegenüber China koppelten, könnten die Befürworter der

Verbesserung unserer Beziehungen zur Sowjetunion uns vorwerfen, es sei ein gezielter Schlag gegen die Sowjets, und wir wären dann dafür verantwortlich, wenn die SALT-Gespräche ins Stocken gerieten. Wenn die Entscheidung andererseits nach der Rückkehr des Präsidenten von seiner Reise nach Rumänien bekanntgegeben würde (das mit China befreundet war), dann würde man diese Reise als einen »Affront gegenüber der Sowjetunion« bezeichnen.

Richardson und ich einigten uns schließlich auf drei Empfehlungen:

1. Amerikanische Touristen sollten die Erlaubnis erhalten, chinesische Waren, die nicht zum Wiederverkauf bestimmt waren, im Wert von 100 Dollar einzuführen;
2. die Reisebeschränkungen für Besucher der Volksrepublik China sollten aufgehoben werden, und
3. Getreidelieferungen an China sollten wieder erlaubt sein.

Der Präsident erklärte sich mit den ersten beiden Vorschlägen einverstanden, verweigerte aber auf Empfehlung konservativer Senatoren dem dritten die Zustimmung. Wir wollten diese Entscheidung gerade bekanntgeben, als es zu einem jener trivialen unvorhersehbaren Ereignisse kam, die die besten Pläne durcheinanderbringen können. Am 17. Juli war eine Yacht mit zwei amerikanischen Staatsangehörigen an Bord vor Hongkong gekentert. Das Rettungsboot trieb in chinesische Gewässer ab und wurde von den Chinesen aufgebracht. Richardson und ich beschlossen, die Bekanntgabe um einige Tage zu verschieben, um abzuwarten, ob die Chinesen den Zwischenfall für einen antiamerikanischen Propagandafeldzug ausnützen würden. Aber Peking schwieg. Am 21. Juli 1969, kurz vor dem Aufbruch des Präsidenten zu seinem Flug um die Welt, gab das Außenministerium eine gedämpfte, sachliche Erklärung ab, nach der die Handels- und Reisebeschränkungen gegenüber der Volksrepublik China erleichtert (aber nicht aufgehoben) wurden. In der Erklärung wurden keine Gegenleistungen verlangt; die Chinesen konnten davon Kenntnis nehmen, ohne offiziell darauf zu reagieren. Am 26. Juli ließen die Chinesen die beiden Besatzungsmitglieder der amerikanischen Yacht frei. Tschou En-lai wußte offenbar auch, welche Schritte man unternehmen konnte, ohne Gegenleistungen erwarten zu müssen. Peking hatte uns verstanden.

Inzwischen befand sich Nixon schon auf der Weltreise, auf der er überall dort, wo er einen Zwischenaufenthalt einlegte, eine Visitenkarte für die Chinesen hinterlassen wollte. Er begann sofort von unserer Bereitschaft zu sprechen, Gespräche mit Peking zu beginnen. Den führenden Politikern in Indonesien und Thailand sagte er, wir hätten mit dem sowjetischen Vorschlag, eine Organisation für die kollektive Sicherheit in Asien zu errichten, nichts zu tun. Das war für die Chinesen eine indirekte Ermutigung, zugleich aber auch eine an die Sowjetunion gerichtete Warnung, die besagte, wir würden uns einer Ausweitung ihres Einflusses in Südostasien widersetzen. Dem thailändischen Premierminister sagte der Präsident: »Ein stillschweigendes Einverständnis (mit der Sowjetunion) kommt nicht in Frage.«

Mit dem pakistanischen Premierminister Yahya Khan und Nicolae Ceausescu, dem rumänischen Regierungschef, sprach Nixon offener, weil er wußte, daß beide freundschaftliche Beziehungen zu China unterhielten. Am 1. August sagte Nixon dem Präsidenten Yahya in Lahore, nach seiner Ansicht – die die Mitglieder seiner Regierung und viele Amerikaner nicht vollständig teilten – könne Asien nicht »vorankommen«, wenn eine so große Nation wie China isoliert bliebe. (Nixon schien zu glauben, es fördere sein Ansehen bei den ausländischen Politikern, wenn er ihnen zu verstehen gäbe, daß er gegen den Rat seiner Untergebenen handelte – ja sogar, wenn bekannt war, daß sie sich gegen seine Maßnahmen stellen würden. Was diese Männer, die an mehr hierarchisch geordnete Verhältnisse gewöhnt waren, von solchen Geständnissen wirklich hielten, werden wir erst erfahren, wenn sie ihre Memoiren geschrieben haben.) Nixon wies besonders darauf hin, daß die Vereinigten Staaten sich nicht an Unternehmungen beteiligen würden, die darauf zielten, die Chinesen zu isolieren. Er bat Yahya, seine Ansichten den Chinesen auf höchster Ebene zu übermitteln. Noch am gleichen Tage ließ mich Yahya Khan im staatlichen Gästehaus in Lahore von Luftmarschall Ali Khan, der erst kürzlich China besucht hatte, genauer informieren. Der Marschall glaubte, die innenpolitischen Unruhen in China näherten sich ihrem Ende, und China werde bald versuchen, auch die außenpolitische Isolierung zu beenden, die es sich selbst auferlegt hatte. Die chinesischen Führer beschrieb er ganz anders, als man sie sich im allgemeinen bei uns vorstellte; sie seien durchaus nicht die irrationalen, fanatischen Verfechter einer Ideologie. Er hielt sie für diszipliniert, pragmatisch und zuverlässig, wenn sie einmal ihr Wort gegeben hatten.

Nixon blieb noch am 2. und 3. August in Bukarest und erörterte während dieses Aufenthalts sein wichtigstes Thema mit dem Präsidenten Ceausescu. Wieder lehnte er entschieden das asiatische Sicherheitssystem mit der Begründung ab, daß die Sowjetunion einen Fehler begehen würde, wenn sie in Asien eine gegen China gerichtete Kabale zustande bringen wollte. Nixon sagte, in 25 Jahren werde es eine Milliarde Chinesen geben. Wenn sie isoliert blieben, dann könnte dieses Volk eine explosive Kraft entfalten. Unsere Politik sei, mit der Sowjetunion ebenso wie mit China gute Beziehungen zu unterhalten. Er hoffe, Rumänien werde sich einverstanden erklären, eine Vermittlerrolle zwischen uns und den Chinesen zu übernehmen. Ceausescu erklärte sich bereit, den Chinesen unsere Auffassungen vorzutragen und uns mitzuteilen, wie die Chinesen darauf reagierten.

Im Gegensatz zu unseren Erwartungen zeigte sich, daß der rumänische Kanal eine Einbahnstraße war. Wir hatten geglaubt, es werde den Chinesen lieb sein, mit uns über kommunistische Vermittler zu verhandeln. Dazu waren sie aber zu vorsichtig und fürchteten vielleicht, daß selbst ein so auf seine Unabhängigkeit bedachtes Land wie Rumänien vor einer sowjetischen Durchdringung nicht sicher sei.

Nach Washington zurückgekehrt, bat ich den pakistanischen Botschafter Agha Hilaly zu mir, um mit Hilfe der Pakistaner einen sicheren Kanal einzurichten. Hilaly war ein tüchtiger Berufsdiplomat, stammte aus einer alten pakistanischen Familie und war schon lange im öffentlichen Dienst tätig. Sein Bruder war damals Botschafter in China und übernahm später die Leitung des pakistanischen Außenministeriums. In den 50er Jahren war Hilalys Schwester – eine der ersten Verfechterinnen der Frauenrechte in einer für solche Ideen wenig empfänglichen Gesellschaft – meine Studentin in Harvard gewesen. Hilaly war ein sehr pflichtbewußter und diskreter Mann. Ich bat ihn, Präsident Yahya noch einmal zu sagen, wir hielten es für richtig, daß die Botschaft Nixons den Chinesen nur auf höchster Ebene überbracht würde. Bis dahin könnte Pakistan unsere Grundhaltung vorsichtig überall dort andeuten, wo sich eine natürliche Gelegenheit dafür ergab. Außerdem sagte ich, der Kontakt zwischen Hilaly und mir sollte nach dem Wunsch Nixons die einzige vertrauliche Verbindung für jede weitere Erörterung dieses Themas bleiben. Hilaly meinte, Yahya werde wahrscheinlich die Auffassungen Nixons erst in einem persönlichen Gespräch mit Tschou En-lai zur Sprache bringen, der in nächster Zeit zu einem Besuch in Pakistan erwartet wurde.

Am 8. August hielt Außenminister Rogers in Canberra eine längere Rede, in der er sagte, wir hätten den Wunsch, unsere Beziehungen zu China zu verbessern:

> »Natürlich wissen wir, daß die chinesische Republik auf Taiwan und das kommunistische China auf dem Festland Tatsachen sind. Wir wissen auch, daß das chinesische Festland für ganz Asien und den pazifischen Raum eine sehr wichtige Rolle spielen wird – aber gewiß nicht, solange seine Führer eine so sehr nach innen gerichtete Weltanschauung vertreten ...
>
> Das ist einer der Gründe, weshalb wir versucht haben, mit China ins Gespräch zu kommen. Erst vor wenigen Tagen haben wir unsere Bestimmungen über den Einkauf chinesischer Waren durch amerikanische Touristen und die Reisegenehmigungen nach China liberalisiert. Unsere Absicht ist es gewesen, Störfaktoren in unseren Beziehungen zu beseitigen und die Menschen auf dem chinesischen Festland daran zu erinnern, daß es eine historische Freundschaft zwischen beiden Völkern gibt ...«

Bis Ende August hatten wir also unsere Fühler zu China durch einseitige Maßnahmen, Vermittler und öffentliche Erklärungen ausgestreckt. Das alles war im Verlauf einer Reihe von Ad-hoc-Entscheidungen geschehen. Eine offizielle Beratung über die China-Politik auf Kabinettsebene hatte es nicht gegeben. Der Nationale Sicherheitsrat hielt zu diesem Thema erst im August eine Sitzung ab. Vor dieser Sitzung überreichte ich dem Präsidenten meine Analyse der verschiedenen innerhalb der Regierung vertretenen Auffassungen darüber, wie wir unsere Beziehungen zu China im Lichte der Beziehungen zur Sowjetunion gestalten sollten.

»Nach einer Auffassung (die wir die ›slawophile‹ nennen könnten) waren die Sowjets im Hinblick auf ein geheimes Einverständnis zwischen den Vereinigten Staaten und China so mißtrauisch, daß jeder Versuch, die Beziehungen mit China zu verbessern, eine Zusammenarbeit zwischen der Sowjetunion und Amerika unmöglich machen würde. Wer diese Ansicht vertrat, glaubte, wir sollten den Beziehungen zur Sowjetunion den Vorrang geben und aus diesem Grund alle weiteren Kontakte mit Peking vermeiden. Andere stellten sich gewissermaßen auf einen ›realpolitischen‹ Standpunkt und meinten, man könnte die Sowjets zu Zugeständnissen bewegen, weil diese fürchteten, wir würden andernfalls die Beziehungen zu Peking wieder aufnehmen. Die Vertreter dieser Haltung empfahlen, die Kontakte mit China zu intensivieren, um damit ein Druckmittel gegen die Sowjetunion in der Hand zu haben. Eine dritte sinophile Gruppe meinte, unsere Beziehungen zur Sowjetunion sollten auf die Gestaltung unserer Chinapolitik keinen besonderen Einfluß haben. Unbedeutende Schritte, mit denen wir die Nervosität der Sowjets steigerten, könnten nützlich sein, aber grundsätzliche Veränderungen in den Beziehungen zwischen den Vereinigten Staaten und China sollten von anderen Überlegungen geleitet werden. Wie wohl nicht anders zu erwarten, stellte ich mich auf die Seite der Realpolitiker.«

Als diese Fragen auf einer Sitzung des Nationalen Sicherheitsrats am 14. August 1969 diskutiert wurden, fielen zwar keine wichtigen Entscheidungen, aber der Präsident überraschte seine Kabinettskollegen mit seiner revolutionären These (der ich entschieden zustimmte), daß die Sowjetunion aggressiver sei als China und es nicht in unserem Interesse läge, daß China in einem chinesisch-sowjetischen Krieg »zerschlagen« würde. Es war ein bedeutender Augenblick in der amerikanischen Außenpolitik, als ein Präsident erklärte, wir hätten ein strategisches Interesse am Überleben eines großen kommunistischen Landes, das lange Zeit unser Feind gewesen war und mit dem wir gegenwärtig keine Kontakte unterhielten. Nixon dachte an die Möglichkeit eines chinesisch-sowjetischen Krieges, weil uns die zunehmenden Spannungen an der Grenze schwere Sorgen machten. Sie bestärkten uns auch in der Überzeugung, daß eine Kontaktaufnahme jetzt dringend notwendig wurde.

3. Kriegsgerüchte

Am 8. August, dem gleichen Tage, an dem Rogers seine Ansprache in Canberra hielt, beendeten die Sowjetunion und die Volksrepublik China die Gespräche, die sie seit Juni in Chabarowsk geführt hatten, und unterzeichneten ein Protokoll über die verbesserten Möglichkeiten für die Schiffahrt auf den Grenzflüssen. Doch weit davon entfernt, die Lage zu entspannen, schien dieses Ereignis sie nur noch zu verschärfen. Wenige Tage später brachen neue blutige Kämpfe an der Grenze zwischen Sinkiang und Kasachstan aus. Die *Prawda* sprach am 14. August von Vorbereitungen für die Zivilverteidigung in Kasachstan; am 15. August beschuldigte die Nachrichtenagentur *Neues China* die UdSSR, sie rüste zum Krieg, und ermahnte das chinesische Volk, das gleiche zu tun.

Die Anzeichen für weitere Spannungen vervielfältigten sich. Am 18. August saß ein höherer Beamter des Außenministeriums und Spezialist für sowjetische Angelegenheiten, William Stearman, mit einem Angehörigen der sowjetischen Botschaft beim Lunch, als der Russe ganz unvermittelt fragte, wie die Vereinigten Staaten auf einen sowjetischen Angriff gegen chinesische nukleare Einrichtungen reagieren würden. Ich nahm dieses Gespräch so ernst, daß ich die Washingtoner Aktionsgruppe für besondere Angelegenheiten (WSAG) am 25. August in San Clemente versammelte. Das war der Unterausschuß des Nationalen Sicherheitsrats für Sonderplanungen und Krisenmanagement. Ich bat die Mitglieder dieses Unterausschusses, Alternativpläne für das amerikanische Verhalten im Fall eines chinesisch-sowjetischen Krieges zu entwerfen. Als sich die Denkschrift der WSAG als unzureichend erwies, stellte ich aus meinem Stab eine Gruppe zusammen, die versuchen sollte, die Lage gründlicher zu analysieren. Wie dann in Kapitel XVIII gezeigt wird, lag Anfang 1970 ein ausgezeichneter Entwurf vor, der ganz kühl unsere Möglichkeiten analysierte, wie wir entweder einen Krieg verhindern oder seinen Ausgang beeinflussen könnten. Die Überzeugung des Präsidenten, die er auf der Sitzung des Nationalen Sicherheitsrats am 14. August zum Ausdruck gebracht hatte, wir könnten nicht zulassen, daß China »zerschlagen« würde, war keine hypothetische Frage mehr. Wenn es zu der verheerenden Katastrophe kam, würden Nixon und ich damit konfrontiert werden, ohne bei den anderen Regierungsmitgliedern – und vielleicht im Lande – viel Unterstützung für das zu finden, was wir als strategische Notwendigkeit ansahen, nämlich China beizustehen.

Der chinesisch-sowjetische Propagandakrieg intensivierte sich Ende August merklich. Am 28. August warnte die *Prawda* China vor weiteren bewaffneten Provokationen und appellierte an die übrige Welt, die chinesische Gefahr zu erkennen, bevor es zu spät sei. Die *Prawda* fügte drohend hinzu, »kein Kontinent würde verschont bleiben, wenn unter den gegenwärtigen

Voraussetzungen, bei dem heutigen Stand der Technik, der Verfügbarkeit tödlicher Waffen und der modernen Möglichkeiten, sie auch einzusetzen, ein Krieg ausbräche«. Am gleichen Tage gab das Zentralkomitee der Chinesischen Kommunistischen Partei eine öffentliche Anordnung heraus und ermahnte die Bevölkerung noch einmal, sich auf einen Krieg vorzubereiten. Dazu gehörte auch der beschleunigte Ausbau von unterirdischen Schutzräumen in den großen Städten. Ende August bemerkten wir, daß die sowjetischen Luftstreitkräfte im Fernen Osten bereitgestellt waren. Ein solcher Schritt, bei dem alle Flugzeuge gleichzeitig in höchste Alarmbereitschaft versetzt werden, ist oft das Zeichen eines möglichen Angriffs, zumindest bedeutet er eine brutale Warnung im Rahmen eines aufs höchste gesteigerten Nervenkrieges. Der Alarmzustand dieser Luftstreitkräfte dauerte noch während des ganzen September an.

Am 30. Jahrestag des Beginns des Zweiten Weltkriegs äußerten sich zwei prominente sowjetische Generäle säbelrasselnd mit scharfen Worten gegen Peking. In der *Iswestija*, dem Organ der sowjetischen Regierung, erinnerte der sowjetische Chef des Stabes und erste stellvertretende Verteidigungsminister Marschall Matwei Sacharow, an die große sowjetische Offensive, bei der die aus sieben Millionen Mann bestehende japanische Armee in 25 Tagen vernichtet worden war. General S. P. Iwanow, der Kommandeur der Militärakademie des höheren Generalstabs, äußerte sich in einem Artikel in der Zeitung *Roter Stern* am 2. September zum gleichen Thema.

Nun wollten auch wir nicht länger schweigen, sondern deutlich machen, daß uns die sowjetischen Drohungen nicht gleichgültig waren. Am 27. August hatte der Direktor der CIA, Richard Helms, bei einem Essen für eine Gruppe außenpolitischer Korrespondenten gesprochen und gesagt, die Sowjetunion scheine sich mit ihren kommunistischen Brüdern in Europa über die Möglichkeiten eines sowjetischen Präventivschlags gegen chinesische nukleare Einrichtungen zu beraten.[5] Am 5. September sagte Unterstaatssekretär Elliot Richardson in New York vor einer Versammlung der American Political Science Association:

> »Was das kommunistische China betrifft, so liegt eine Verbesserung unserer Beziehungen auf längere Sicht in unserem eigenen nationalen Interesse. Wir wollen die zwischen der Sowjetunion und der Volksrepublik China bestehende Feindseligkeit nicht zu unserem Vorteil auszunutzen versuchen. Ideologische Meinungsverschiedenheiten zwischen den beiden kommunistischen Riesen sind nicht unsere Sache. Wir würden jedoch zutiefst besorgt sein, wenn sich die Eskalation dieser Streitigkeiten zur massiven Verletzung des internationalen Friedens und der Sicherheit ausweitete.«

Für die Vereinigten Staaten war es ein geradezu revolutionärer Schritt, in dieser Weise öffentlich von der Bedrohung eines Landes Kenntnis zu nehmen, das uns 20 Jahre feindlich gegenübergestanden hatte und mit dem seit dem Amtsantritt der neuen Regierung keinerlei Gespräche geführt worden waren.

Zunächst spürten wir keine Reaktion auf unsere Haltung. Am 10. September bemerkte ein Mitglied der sowjetischen Mission bei den Vereinten Nationen nebenher im Gespräch mit einem amerikanischen Delegierten, daß die Sowjets den Chinesen militärisch weit überlegen seien und, wenn die gegenwärtige Feindseligkeit der Chinesen anhielte, eine militärische Konfrontation unvermeidlich werden könnte. Am gleichen Tag beschuldigte die sowjetische Nachrichtenagentur *TASS* die Chinesen, sie hätten die sowjetische Grenze 488mal bewußt verletzt und in der Zeit von Juni bis Mitte August 1969 bewaffnete Zwischenfälle provoziert, an denen 2500 chinesische Soldaten beteiligt gewesen seien.

Als kurzes Zwischenspiel fand am 11. September ein dramatisches Treffen zwischen den beiden Premierministern Kossygin und Tschou En-lai statt. Kossygin und Tschou waren getrennt nach Hanoi gekommen, um an den Beisetzungsfeierlichkeiten für Ho Tschi Minh teilzunehmen. Die Spannungen zwischen beiden Ländern zeigten sich darin, daß Kossygin über Indien nach Hanoi flog, anstatt die kürzere Route über China zu nehmen, und daß er Hanoi vor dem Eintreffen von Tschou wieder verließ. Die sowjetische Nachrichtenagentur *TASS* meldete, er sei nach Moskau abgereist. Auf dem Flug kam er bis nach Duschanbe in Sowjetisch-Zentralasien, als das Flugzeug plötzlich den Kurs änderte, um nach Peking weiterzufliegen, und damit einen weiten Umweg machte. Seine kurze Begegnung mit Tschou auf dem Flughafen von Peking war das erste Gipfeltreffen zwischen Vertretern beider Länder in viereinhalb Jahren.

Es ist ein verbreiteter Mythos, daß Politiker in hohen Stellen sofort von wichtigen Ereignissen unterrichtet werden. Bei uns gehen solche Informationen leider auf einem sehr komplizierten bürokratischen Dienstweg nach oben, oder sie müssen von einem erläuternden Memorandum begleitet werden, das den Empfänger ins Bild setzen soll. Es geschieht nicht selten – für die emotionale Stabilität des Sicherheitsberaters viel zu oft –, daß sogar der Präsident wichtige Ereignisse erst aus den Tageszeitungen erfährt. Das war auch bei dem Treffen zwischen Kossygin und Tschou En-lai der Fall. Zu meinem Entsetzen las der Präsident im *Washington Star* davon, bevor ich ihm meine Analyse schicken konnte. Er rief mich zu sich und fragte mich nach meiner Meinung. Ich sagte ihm, mein erster Eindruck sei, die gemeinsame Erklärung klinge recht kühl. Es fehlte das sonst bei diesen Gelegenheiten verwendete Standardadjektiv »brüderlich«, und das ließ darauf schließen, daß eine tiefe Kluft bestand. Ich sagte außerdem, es wäre möglich, daß die Chinesen Kossygin gebeten hatten, einen Zwischenaufenthalt einzulegen, weil sie glaubten, es läge im chinesischen Interesse, »die Atmosphäre abzukühlen«. Der Präsident fragte, ob das eine Entspannung zwischen China und der Sowjetunion bedeute. Ich glaubte das nicht, sondern hatte den Eindruck, beide Seiten wollten ihre Position festlegen, um dann in die nächste Runde des Konflikts zu gehen. Es ließ sich auch nicht sagen, welches der Anlaß dieses Treffens gewesen war. Da das Flugzeug Kossygins so plötzlich seinen Kurs geändert hatte, konnte man annehmen, daß der Besuch auf eine Einladung der Chinesen in letzter Minute erfolgt war. Andererseits war es auch möglich, daß die Initiative von den Sowjets ausgegangen war, denn Kossygin war auf dem Flugplatz sehr kühl empfangen worden, hatte ihn nicht verlassen dürfen, und die Sowjets hatten das Treffen zuerst bekanntgegeben. Ob es sich hier um einen Annäherungsversuch der Chinesen oder um eine letzte sowjetische Warnung an Peking gehandelt hatte: es war klar, daß die chinesisch-sowjetischen Beziehungen einen kritischen Punkt erreicht hatten.

Am 16. September erschien in der Zeitung *London Evening News* ein Artikel, dessen Inhalt meine Analyse zu bestätigen schien. Der sowjetische »freie Journalist« Victor Louis, der nach unserer Ansicht für die sowjetische Regierung sprach, war dafür bekannt, daß er Versuchsballons steigen ließ. Nun schrieb er, »marxistische Theoretiker« diskutierten die Möglichkeit eines chinesisch-sowjetischen Krieges, und sagte, wenn es zu diesem Kriege käme, »würde die Welt erst etwas davon erfahren, wenn er vorüber ist«. Louis sprach von der Möglichkeit eines Angriffs der sowjetischen Luftstreitkräfte gegen die chinesische Kernwaffenversuchsanlage bei Lop Nor in Sinkiang. Er behauptete, ein antimaoistischer geheimer Radiosender in China lasse erkennen, daß es dort antimaoistische Kräfte gäbe, und es sei »durchaus möglich«, daß aus ihnen ein Führer hervorginge, der andere sozialistische Länder um »brüderliche Hilfe« bitten würde. Louis meinte, »die Ereignisse der vergangenen Jahre haben bestätigt, daß die Sowjetunion die Auffassung vertritt, sozialistische Länder hätten das Recht, sich im eigenen Interesse oder im Interesse anderer, die bedroht werden, in die inneren Angelegenheiten anderer sozialistischer Länder einzumischen.«

Wir konnten einen sowjetischen Angriff gegen China nicht ignorieren. Er hätte das Gleichgewicht der Kräfte weltweit verschoben und überall den Eindruck erweckt, man müßte mit einer absoluten Vorherrschaft der Sowjets rechnen. Aber eine direkte amerikanische Herausforderung wäre bei uns nicht von der öffentlichen Meinung unterstützt worden und konnte unter Umständen eine Entwicklung beschleunigen, die wir gerade vermeiden wollten.

Am 29. September informierte ich den Präsidenten genau über die sowjetischen Manöver während der vergangenen Monate und empfahl dringend, darauf zu reagieren:

»Ich mache mir Sorgen um unsere Reaktion auf diese Versuchsballons. Vielleicht haben die Sowjets noch keine klare Vorstellung von ihrer künftigen China-Politik, dann spielt unsere Reaktion in ihren Kalkulationen eine wesentliche Rolle. Zweitens könnten die Sowjets uns dazu benutzen wollen, in China und der übrigen Welt den Eindruck zu erwecken, wir seien im geheimen konsultiert worden und würden uns ihre militärischen Aktionen mit Gleichmut ansehen ... Ich glaube, wir sollten klar zum Ausdruck bringen, daß wir bei dieser Taktik nicht mitspielen ...«

Bevor der Präsident meinen Empfehlungen folgen konnte, gab die Nachrichtenagentur *Neues China* am 7. Oktober plötzlich bekannt, China habe sich bereiterklärt, mit der Sowjetunion auf der Ebene der stellvertretenden Außenminister neue Grenzverhandlungen aufzunehmen. In einer in versöhnlichem Ton gehaltenen Erklärung bestätigte China seinen Wunsch, die Angelegenheit friedlich beizulegen, und bestritt, vom zaristischen Rußland im 19. Jahrhundert annektierte Gebiete zurückgefordert zu haben. Am folgenden Tag veröffentlichte China einen Fünf-Punkte-Vorschlag, in dem der Abzug der Truppen auf beiden Seiten aus dem umstrittenen Gebiet gefordert wurde. Am 20. Oktober wurden die Grenzverhandlungen in China wieder aufgenommen. Verhandlungspartner waren der stellvertretende Außenminister Wassili W. Kusnezow und Tschiao Kuan-hua.

Ich hatte den Eindruck, daß China in diesem Nervenkrieg nachgegeben hatte, und schrieb dem Präsidenten, die Veränderung in der Haltung Chinas sei zwei Faktoren zuzuschreiben: der wachsenden Besorgnis hinsichtlich eines sowjetischen Angriffs und vielleicht der Tatsache, daß die pragmatischere Gruppe innerhalb der chinesischen Regierungsspitze, die von Tschou En-lai vertreten wurde, jetzt wieder die Außenpolitik in die Hand genommen habe. Ich glaubte aber nicht an einen fundamentalen Wandel – die hinter diesen Ereignissen stehenden Spannungen ließen sich durch Vereinbarungen über Verfahrensfragen nicht aus dem Wege räumen – und schlug vor, mit Elliot Richardson über mögliche neue Schritte der Vereinigten Staaten gegenüber China zu sprechen. Nixon erklärte sich damit einverstanden.

Es überraschte uns nicht, daß es jetzt auf dem pakistanischen Kanal lebendig wurde. Am 10. Oktober besuchte mich Luftmarschall Sher Ali Khan, mit dem ich schon in Lahore gesprochen hatte, in meinem Büro im Weißen Haus. Er berichtete, Yahya habe den Chinesen mitgeteilt, daß wir bereit seien, unsere Beziehungen zu China zu verbessern, er glaube jedoch, er brauche weitere Einzelheiten für ein Gespräch mit Tschou En-lai bei dessen demnächst zu erwartendem Besuch in Pakistan. Ich sagte Sher Ali, Elliot Richardson und ich hätten erst vor ein paar Tagen über eine Möglichkeit gesprochen. Seit Ausbruch des Korea-Krieges im Jahr 1950 patrouillierten zwei amerikanische Zerstörer in der Straße von Taiwan, um zu demonstrieren, daß wir zur Verteidigung der Republik China bereit seien. Diese Zerstörer gehörten jedoch nicht zu den für die Verteidigung der Insel bereitgestellten

Kräften, sondern sie erfüllten nur eine symbolische Aufgabe. Richardson und ich hatten die Erlaubnis des Präsidenten erwirkt, diese ständige Patrouille zurückzuziehen. Unsere Verpflichtung, Taiwan zu verteidigen, wollten wir dadurch zum Ausdruck bringen, daß wir monatlich 15 andere amerikanische Kriegsschiffe einzeln in diese Gewässer schickten. Nun könnte Präsident Yahya diese Entscheidung vertraulich dem Botschafter des kommunistischen China mitteilen. Es müsse jedoch sichergestellt sein, daß Peking unsere Maßnahme nicht mißverstand. Grundsätzlich blieben unsere Verpflichtungen, Taiwan zu verteidigen, bestehen. Der Abzug der Zerstörer sei nur eine Geste und habe den Zweck, einen Störfaktor zu beseitigen. Ich sagte Sher Ali, ich würde mich mit Botschafter Hilaly in Verbindung setzen, sobald der Präsident sich entschieden hätte, den Chinesen Konkreteres mitzuteilen. Dann verfaßte ich einen Bericht für Nixon, der folgende Randbemerkung anfügte: »K – auch Handelsmöglichkeiten eröffnen.« Da Sher Ali Washington verlassen hatte und ich den Eindruck des Übereifers vermeiden wollte, beschloß ich, diesen Punkt erst in der nächsten Runde zur Sprache zu bringen.

Am 20. Oktober warnte Botschafter Dobrynin in einem Gespräch mit Nixon, in dem er die Bereitschaft der Sowjetunion zu erkennen gab, die SALT-Gespräche zu beginnen, offiziell vor jedem Versuch, aus den Spannungen zwischen China und der Sowjetunion zu profitieren. Nixon sagte ihm, unsere China-Politik richte sich nicht gegen die Sowjetunion. Zugleich hätten die Vereinigten Staaten aber ebensowenig die Absicht, auf die Dauer mit der Volksrepublik China oder mit der Sowjetunion verfeindet zu bleiben. Wir wollten daher den Handel, den Austausch von Personen und schließlich den Ausbau diplomatischer Beziehungen fördern. Nach diesem Gespräch gab ich Nixon meine Stellungnahme:

> »Wieder bringen die Sowjets ihr Mißtrauen zum Ausdruck, wir versuchten mit China zu flirten, um sie unter Druck zu setzen. Sie warnen uns ›im voraus‹, jede derartige Idee könnte dazu führen, daß wir uns schwer verrechneten, und werde einer Verbesserung der Beziehungen zwischen den Vereinigten Staaten und der Sowjetunion im Wege stehen. Sie haben zu diesem Punkt schon Stellung genommen, und ich glaube, es hat keinen Sinn, den Sowjets noch weitere Versicherungen zu geben. Wir sollten uns aber von dem in der China-Politik eingeschlagenen Kurs nicht abbringen lassen.«

Das taten wir auch nicht. Um uns zu vergewissern, daß man uns verstanden hatte, ließ ich am 26. November ein vom Außenministerium vorgeschlagenes zusätzliches Signal geben, durch das die Entscheidung, die in der Straße von Taiwan patrouillierenden Zerstörer zurückzuziehen, auf Umwegen Vertretern der Volksrepublik China in Hongkong zur Kenntnis gebracht werden sollte.

Damit begann ein ausgeklügeltes Menuett zwischen uns und den Chinesen, das so arrangiert war, daß beide Seiten jederzeit behaupten konnten, sie hätten keine Kontakte aufgenommen, und bei dem keine Seite die Verantwortung für eine Initiative übernehmen mußte, die die bestehenden beiderseitigen Beziehungen gefährdete. Von November 1969 bis Juni 1970 haben Vertreter der Vereinigten Staaten im Ausland mit im diplomatischen Dienst stehenden Chinesen wenigstens zehnmal Gespräche geführt – im scharfen Gegensatz zu der bisher geübten Praxis, bei der die Chinesen sofort die Kontakte abbrachen, wenn sie erkannten, daß sie es mit Amerikanern zu tun hatten. Bei wenigstens vier Gelegenheiten ergriffen chinesische Beamte die Initiative für die Kontaktaufnahme. Dann gingen die Kontakte über das gesellschaftliche Geplänkel hinaus. Im Dezember 1969 erfuhr unser stellvertretender Generalkonsul in Hongkong durch einen zuverlässigen Vermittler von den »privaten« Ansichten eines Beamten der kommunistischen chinesischen Volksrepublik, der gesagt hatte, es werde Jahre dauern, alle Meinungsverschiedenheiten zwischen den Vereinigten Staaten und der Volksrepublik auszuräumen, aber man könnte noch vor 1973 die geeignete Form für die Wiederaufnahme der Beziehungen finden.

Wir versuchten, auf unsere Weise die Initiative zu ergreifen. Am 9. September, als die Kriegsangst ihren Höhepunkt erreicht hatte, stattete unser Botschafter in Polen, Walter Stoessel, dem Präsidenten einen Höflichkeitsbesuch ab. Ich kannte Stoessel seit 1959 aus Harvard, wo er im Center for International Affairs mitgearbeitet hatte, und hielt ihn für einen unserer besten Beamten im Auswärtigen Dienst. Er war ein kluger und disziplinierter Diplomat. Während wir auf Nixon warteten, schlug ich Stoessel vor, bei der nächsten gesellschaftlichen Veranstaltung den Botschafter der Volksrepublik China anzusprechen und ihm zu sagen, wir seien bereit, in ernsthafte Gespräche einzutreten.*

Drei Monate lang geschah nichts. Dann erkannte Stoessel den chinesischen Geschäftsträger Lei Yang auf einer jugoslawischen Modenschau im Warschauer Kulturpalast. Als Stoessel auf ihn zuging, zog sich Lei Yang zurück und ging eine Treppe hinunter. Stoessel folgte ihm und übermittelte ihm unsere Botschaft durch den polnisch sprechenden Dolmetscher des Chinesen. Um den Chinesen klarzumachen, daß dies nicht auf Stoessels persönliche Initiative geschehen war, ließen wir den Pressesprecher des Außenministeriums bei der nächsten Pressekonferenz erklären, Stoessel und Lei hätten ein paar Worte gewechselt. Viele Jahre später erzählte mir Tschou En-lai, der würdige chinesische Geschäftsträger hätte fast einen Herzanfall erlitten, denn er habe für einen solchen Fall keinerlei Anweisungen gehabt.

* Wie sich dann herausstellte, war dieser Botschafter der Kulturrevolution zum Opfer gefallen. Der ranghöchste Beamte in Warschau war der vorläufige Geschäftsträger.

Er sei vor Stoessel geflohen, weil er nicht gewußt habe, wie er reagieren sollte. Aber Tschou En-lai wußte es. Am 6. Dezember entließ die Volksrepublik zwei weitere Amerikaner, die sie seit dem 16. Februar festgehalten hatte, nachdem ihre Yacht vor der Provinz Kwang-tung in chinesische Gewässer geraten war.*

Am 11. Dezember 1969 wurde Botschafter Stoessel zu unserem Erstaunen in die chinesische Botschaft eingeladen. Das war die erste Einladung eines Amerikaners seit der Machtergreifung der Kommunisten in China. Stoessel antwortete, er sei gerne bereit, diskret durch die Hintertür zu kommen. Man sagte ihm aber, solche Vorsichtsmaßnahmen seien nicht notwendig; der Haupteingang stünde ihm selbstverständlich offen (wahrscheinlich sollte der sowjetische Geheimdienst den Besuch Stoessels auf jeden Fall mitbekommen). Stoessel benutzte auch wirklich den Haupteingang; bei seiner Begegnung mit dem chinesischen Botschafter herrschte, wie der Sprecher unseres Außenministeriums, Robert McCloskey, am folgenden Tage erklärte, eine herzliche Atmosphäre. Stoessel schlug die Wiederaufnahme der Warschauer Gespräche vor; über andere Themen wurde nicht gesprochen. Man vereinbarte noch für den gleichen Monat ein neues Treffen.

Dieser von Stoessel aufgenommene Kontakt war die erste offizielle Beteiligung unseres Auswärtigen Dienstes an unserer neuen China-Diplomatie. Unterstaatssekretär Elliot Richardson, der stellvertretende Außenminister Marshall Green, ihre Stäbe und Mitarbeiter der höheren Ebene hatten zu verschiedenen Studien innerhalb der Struktur des Nationalen Sicherheitsrats wertvolle Beiträge geleistet und mit Sachkenntnis die verschiedenen Möglichkeiten für eine Lockerung der Handelsbeschränkungen ausgearbeitet. Aber das Außenministerium hatte offiziell mit der Gestaltung der Gesamtstrategie nichts zu tun gehabt und war auch an den diplomatischen Schritten nicht beteiligt gewesen. Doch jetzt wurde seine Bürokratie aktiv, denn sie sieht ihre Hauptaufgabe nicht in Analysen, sondern in der Teilnahme an Verhandlungen. Die Beamten haben zwar erlebt, wie zahlreiche Denkschriften verfaßt wurden, sind aber nicht geneigt, über Planungspapiere zu diskutieren. Doch wenn es um Anweisungen für Botschafter geht, kämpfen sie, als ginge es um Leben oder Tod. Sie glauben, die Außenpolitik ließe sich am wirksamsten durch Depeschen beeinflussen. Da bei den meisten Verhandlungen nur wenig Zeit für die Reaktion auf neue Entwicklungen bleibt, gelingt es dem Beamten im Auswärtigen Dienst meist, sich Außenseiter wie etwa den Präsidenten oder sogar den Außenminister vom Leibe zu halten.

Die in Warschau aufgenommenen Gespräche lösten nun alle latenten Reflexe des Beamtenapparats im Außenministerium aus. Als erste ließ sich

* Das war ein neuer Zwischenfall und hatte mit der oben erwähnten Episode im Juli nichts zu tun.

eine Gruppe vernehmen, die auf die Beziehungen zwischen den Vereinigten Staaten und der Sowjetunion spezialisiert war. Überzeugt davon, daß die nuklearen Supermächte den Schlüssel zu Krieg und Frieden in der Hand hielten, wollten sie diese Beziehungen nach Möglichkeit keinen Risiken aussetzen; in der Wiederaufnahme der Beziehungen zu China erblickten sie keinen besonderen Vorteil, der solche Risiken aufwiegen könnte. Im Gegenteil, eine Dreiecksbeziehung würde es vielmehr nach ihrer Meinung unmöglich machen, innerhalb ihres Amtsbereichs den Gang der Entwicklungen vorauszusehen. Das Argument, bessere Beziehungen zu China könnten auch die Beziehungen zur Sowjetunion verbessern helfen, wurde von diesen Leuten als absurd oder tollkühn angesehen.* Der intellektuelle Führer dieser Beamtenschaft war der hochbegabte und tüchtige ehemalige Botschafter in der Sowjetunion Llewellyn Thompson, der bedeutendste Fachmann des Außenministeriums für sowjetische Angelegenheiten. Schon im Juni waren er und sein ebenso verdienter Kollege Charles (Chip) Bohlen auf eigene Initiative an Nixon herangetreten, als sie hörten, wir hätten vor, die Beschränkungen im Handel mit China zu lockern. Mutig warnten sie den Präsidenten vor jedem Versuch, China gegen die Sowjetunion zu »mißbrauchen«. Das könnte nur schlimme Folgen für die Beziehungen zwischen den Vereinigten Staaten und der Sowjetunion und für den Weltfrieden haben. Natürlich hatten wir nicht vor, die Volksrepublik gegen die Sowjetunion zu »mißbrauchen«; wir wollten vielmehr beide veranlassen, ihre Beziehungen zu uns zu verbessern.

Nixon reagierte in der für ihn typischen Weise. Er sagte, daß er sich über ihren Besuch freue, aber sobald sie das Zimmer verlassen hatten, machte er sich über den, wie er es nannte, unverbesserlichen Schwachsinn des Auswärtigen Dienstes lustig.

Als Llewellyn Thompson von der bevorstehenden Wiederaufnahme der Warschauer Gespräche erfuhr, schlug er vor, wir sollten Dobrynin über alle unsere Kontakte auf dem laufenden halten. Rogers überbrachte mir diesen Vorschlag mit dem Argument, er sei zwar nicht dafür, wolle aber dem Präsidenten »Gelegenheit geben, darüber nachzudenken«. Ich wandte mich ent-

* Das drückte sich in einer Denkschrift des Außenministeriums aus, die der Prüfungsgruppe des Nationalen Sicherheitsrats im September vorgelegt wurde:
»Die sowjetische Toleranz gegenüber den Ouvertüren der Vereinigten Staaten für Peking wird vielleicht beträchtlich sein – aber diese Ouvertüren werden die Beziehungen zwischen den Vereinigten Staaten und der Sowjetunion dennoch wesentlich belasten. Sollte sich wirklich eine erhebliche Verbesserung in den chinesisch-amerikanischen Beziehungen bewirken lassen, dann könnten die Sowjets darüber hinaus sowohl innenpolitisch als auch außenpolitisch auf eine härtere Linie einschwenken. Es ist unmöglich vorauszusehen, an welchem Punkt die Vorteile einer Verbesserung der chinesisch-amerikanischen Beziehungen eine Verhärtung in den Beziehungen zwischen den Vereinigten Staaten und der Sowjetunion ausgleichen können. Die Tatsache, daß ein solcher Punkt wirklich existiert, mahnt zur Vorsicht bei jedem Schritt, den wir tun, um unsere Beziehungen zu China zu verbessern ...«

schieden dagegen. Da die Sowjetunion uns nichts über ihre Kontakte mit den Chinesen oder irgendeiner anderen Regierung sagte, gab es nach meiner Ansicht keinen Grund, so etwas ohne Gegenleistung zu tun. Es hatte auch keinen Sinn, den Russen Gelegenheit zu geben, in Peking durchsickern zu lassen, daß sie Bescheid wüßten, denn das würde von Anfang an das Mißtrauen der Chinesen steigern. Nixon gab mir recht. Am 12. Dezember teilte ich Rogers mit: »Der Präsident . . . hat verlangt, daß wir Dobrynin unter gar keinen Umständen etwas über die Gespräche oder ihren Inhalt sagen. Wenn Dobrynin Fragen stellt, sollten wir ganz ruhig antworten, es handle sich um Angelegenheiten beiderseitigen Interesses, aber um nichts, was darüber hinausginge. Es kommt dem Präsidenten sehr darauf an, daß Behörden der unteren Ebene bei inoffiziellen Gesprächen die gleiche Haltung einnehmen und nicht darüber hinausgehen.«

Zu unserem Pech begann jetzt noch ein weiteres Zahnrad in der Maschinerie unserer Bürokratie Überstunden zu machen. Im Außenministerium gibt es ein ausgezeichnet funktionierendes System der Nachrichtenverbreitung. Die verschiedenen Ämter des Ministeriums und ausländische Regierungen werden in diesem Rahmen mehr oder weniger automatisch von wichtigen Ereignissen in Kenntnis gesetzt. Dafür gibt es die verschiedensten Motive. Es soll dafür gesorgt werden, daß wichtige Mitarbeiter auf Angelegenheiten aufmerksam gemacht werden, die sie im Rahmen ihrer Tätigkeit wissen müssen. Sie sollen das Gefühl haben, an wichtigen Entscheidungen mitzuarbeiten. Nervöse Verbündete sollen beruhigt werden. Und manchmal soll – in einem Bereich, wo Wissen Macht bedeutet – das Gefühl geweckt werden, man sei verpflichtet, gewisse Informationen mit anderen zu teilen. Die Schwierigkeit liegt darin, daß diese an sich richtigen Kriterien allzuoft kurzsichtigen Überlegungen, der Eitelkeit oder dem bürokratischen Prestige geopfert werden und die Informationsweitergabe so routinemäßig betrieben wird, daß es höheren Beamten schwerfällt, an irgendeiner Stelle einen Riegel vorzuschieben. Nach wenigen Tagen stellte sich heraus, daß das Außenministerium Berichte über das Warschauer Treffen an unsere Botschaften in Tokio, Taipeh und Moskau und an unser Generalkonsulat in Hongkong geschickt hatte. Die Regierungen Großbritanniens, Australiens, Kanadas, Frankreichs, Italiens und Neuseelands waren entweder vor oder nach dem Treffen Stoessels mit dem chinesischen Geschäftsträger in Warschau informiert worden. Zwar hatten wir jedermann gewarnt, dieses Ereignis öffentlich zu kommentieren, aber die Bekanntgabe einer so heiklen Nachricht hatte selbstverständlich Auswirkungen in der ganzen diplomatischen Welt. Als ich dem Präsidenten sagte, was geschehen sei, seufzte er: »Wir werden das Kind noch umbringen, bevor es geboren ist.« Die Schwierigkeit, die gewaltige bürokratische Kommunikationsmaschinerie zu überwachen, war der Hauptgrund dafür, daß die China-Diplomatie von nun an fast ausschließlich vom Weißen Hause aus geleitet wurde.

Am 19. Dezember ergriffen wir wieder die Initiative. Wir gaben im *Federal Register* eine weitere Lockerung der Handelsbeschränkungen bekannt. Die Höchstsumme von 100 Dollar für den Wert der von Touristen eingekauften Waren wurde aufgehoben; ausländische Tochtergesellschaften amerikanischer Firmen durften geschäftliche Beziehungen zur Volksrepublik China anknüpfen; schließlich übernahm die Regierung die Verantwortung über den Nachweis, welche Waren in China hergestellt seien, was den Import von Kunstgegenständen erleichterte.

Plötzlich wurde es auf allen Kanälen lebendig. Am 18. Dezember hatte mich der rumänische erste stellvertretende Außenminister Gheorghe Macovescu aufgesucht und mir mitgeteilt, wie die Chinesen auf das Gespräch Nixons mit Ceausescu reagiert hätten. Die Chinesen hätten höflich zugehört und gesagt, sie interessierten sich für die Aufnahme normaler Beziehungen zum Westen. Besondere Mitteilungen hätten sie nicht zu machen. Damit schien die Volksrepublik China zweierlei sagen zu wollen. Sie war bereit für eine Kontaktaufnahme, aber nicht unbedingt über den rumänischen Kanal. Zwei Tage später überbrachte Botschafter Agha Hilaly die neuesten Nachrichten vom pakistanischen Kanal. Er hatte bedeutend mehr zu sagen. Hilaly las mir aus einem handgeschriebenen Brief vor – so wurden alle Botschaften über den pakistanischen Kanal überbracht, und zwar aus Sicherheitsgründen; dort hieß es, daß Yahya dem chinesischen Botschafter mitgeteilt habe, wir hätten ein grundsätzliches Interesse an der Verbesserung der Beziehungen und hätten daher beschlossen, zwei Zerstörer aus der Straße von Taiwan zurückzuziehen. Der chinesische Botschafter hatte zunächst sehr kühl reagiert und die Motive der Vereinigten Staaten angezweifelt, aber nach ein paar Tagen – offensichtlich hatte er inzwischen aus Peking Anweisungen erhalten – war er mit einer versöhnlicheren Antwort zurückgekehrt. Darin brachte er den Dank Pekings für die Bemühungen Pakistans in dieser Sache zum Ausdruck. Die Entlassung der beiden amerikanischen Segler durch die Chinesen am 6. Dezember war, wie Hilaly sagte, eine Reaktion auf unsere Ouvertüre gewesen.

Der Präsident hielt die Dinge mit einem ausführlichen Brief an Yahya über die Beziehungen der Vereinigten Staaten zu Pakistan im Fluß. Zum China-Problem schrieb Nixon: »Sie wissen, daß ich an dem Versuch interessiert bin, einen inhaltsreicheren Dialog mit den chinesischen Führern herzustellen. Das ist bestenfalls ein langsamer Prozeß, wir dürfen aber unsere Bemühungen nicht aufgeben.« Als ich Hilaly diesen Brief am 23. Dezember übergab, hatte er bereits eine andere Botschaft für uns. Yahya unterrichtete uns jetzt von seinem »Eindruck« (in der Diplomatensprache eine nicht näher auf eine bestimmte Person zu beziehende Mitteilung eines hohen chinesischen Beamten), daß die Chinesen bereit seien, die Warschauer Gespräche ohne Vorbedingungen wieder aufzunehmen. Es war klar, daß die Chinesen den pakistanischen Kanal für sehr wertvoll hielten, denn Pakistan befand sich im Hinblick auf die chinesisch-sowjetischen Beziehungen in einer weniger schwierigen Lage als Rumänien.

4. *Dreieckspolitik*

Ende 1969 entwickelten sich die Beziehungen der Vereinigten Staaten zur kommunistischen Welt allmählich zu einem Dreieck. Wir betrachteten unsere Öffnung gegenüber China nicht als unbedingt antisowjetisch. Unser Ziel war, unsere Außenpolitik von jeder Sentimentalität zu befreien. Es gab für uns keinen Grund, unsere Kontakte zu den großen kommunistischen Ländern auf die Sowjetunion zu beschränken. Wir bewegten uns nicht deshalb auf China zu, weil wir jetzt anerkannten, daß wir Ende der 40er Jahre eine falsche China-Politik betrieben hatten und das nun gutmachen müßten, sondern weil wir das Gleichgewicht der Kräfte global beeinflussen wollten. Diese Politik sollte auch nicht ein heimliches Einverständnis herbeiführen, das sich gegen die Sowjetunion richtete, sondern sie sollte uns in eine Lage versetzen, in der wir das Kräftegleichgewicht in konstruktiver Weise beeinflussen konnten – und jede kommunistische Macht Gelegenheit hatte, bessere Beziehungen zu uns zu entwickeln. Ein solches Gleichgewicht konnte die Stabilität unter den Großmächten für die 70er und 80er Jahre sicherstellen und vielleicht sogar zur Zusammenarbeit führen.

Am 18. Dezember versuchte ich auf einer Pressekonferenz zum Jahresende im Ostzimmer, unsere allgemeine Haltung gegenüber *beiden* großen kommunistischen Ländern zu skizzieren: »Wir haben immer deutlich gesagt, daß wir keine dauernden Feinde haben und andere Länder einschließlich der kommunistischen Länder und besonders Länder wie das kommunistische China nach ihrem Verhalten und nicht nach ihrer im Inneren wirksamen Ideologie beurteilen werden.« Ich sprach anerkennend von dem sachlichen Stil, der sich in unseren Beziehungen mit der Sowjetunion entwickelt hatte, und davon, daß die tendenziöse Propaganda aufgehört habe, die den bisherigen Gedankenaustausch gekennzeichnet hatte. Wir seien bereit für ernsthafte Verhandlungen und würden uns sorgfältig darauf vorbereiten. Wir bestünden jedoch auf Gegenseitigkeit. Wir seien bereit zu einem Gipfeltreffen mit den sowjetischen Führern, würden es aber vorziehen, wenn dabei konkrete Fortschritte gemacht werden könnten. Das Gipfeltreffen dürfe nicht nur um seiner selbst willen stattfinden.

Meine Ausführungen über China waren mehr philosophisch, denn um diese Beziehungen anzuknüpfen, mußten wir noch einen viel weiteren Weg gehen:

»Die Chinesen sind offensichtlich ein großes Volk. Sie haben von allen bestehenden Kulturen die älteste ungebrochene Regierungstradition; und zweitens darf man 800 Millionen Menschen, 25 Prozent der Bewohner dieser Erde, nicht einfach ignorieren. Sie werden das Zusammenleben der Völker beeinflussen, welche Absichten wir auch haben mögen und zu welcher Politik wir uns auch bekennen. Sie sind eine Realität. Und ihre Politik wird zum Guten oder zum Bösen die Möglichkeiten für Frieden und Fortschritt mitbestimmen; und zwar ganz unabhängig davon, was wir tun.

Wenn es zutrifft, daß das große Problem unmittelbar nach dem Zweiten Weltkrieg darin bestand, ein Chaos zu vermeiden, und wenn es zutrifft, daß das große Problem der nächsten 20 Jahre darin liegen wird, einen dauerhafteren Frieden zu gewährleisten, dann erscheint es uns unmöglich, einen Frieden zu bewirken, der mehr ist als nur die Vermeidung von Krisen, wenn wir diese 800 Millionen Menschen einfach ignorieren.

Auch überschätzen wir nicht, was wir durch einseitige Maßnahmen ihnen gegenüber tun können. Sie werden ihre Entscheidungen auf der Grundlage dessen treffen, was ihnen notwendig erscheint, und auf der Grundlage ihrer Ideologie. Aber soweit ihr Verhalten von dem unseren beeinflußt werden kann, sind wir bereit, in einen Dialog mit ihnen einzutreten.«

Am 22. Dezember führte ich ein privates Gespräch mit Dobrynin, in dem wir die Ereignisse des vergangenen Jahres Revue passieren ließen. Ich war so sehr davon überzeugt, daß er China zur Sprache bringen würde, daß ich meine Reaktion dem Präsidenten zur Genehmigung vorlegte. Er war einverstanden. Ich schrieb:

»Ich werde wiederholen, daß – wir nicht davon ausgehen dürfen, die permanente Feindschaft sei ein eisernes Gesetz für die amerikanisch-chinesischen Beziehungen; – unsere Politik sich nicht gegen die UdSSR richtet; – wir in den chinesisch-sowjetischen Auseinandersetzungen nicht Partei ergreifen werden.«

Ich wurde nicht enttäuscht. Dobrynin kam wieder auf China zu sprechen, fragte nach unseren Absichten und wie die Chinesen reagiert hätten. Ich wich seiner Frage aus und gab ihm die vorbereitete Erklärung.

Ende 1969 zeigte sich deutlich, daß auch China die strategische Entscheidung getroffen hatte, die Beziehungen zu uns wieder aufzunehmen, und zwar sogar während es sich in einer häufig unterbrochenen Gesprächsrunde mit der Sowjetunion über die Grenzfragen befand. Anfang 1970 stimmten die Chinesen einem weiteren inoffiziellen Treffen zu, bei dem Stoessel die offizielle Wiederaufnahme der Warschauer Gespräche auf Botschafterebene vorschlagen sollte. Das Treffen sollte am 8. Januar in der amerikanischen

Botschaft stattfinden. Die Vorbereitungen dazu führten zu einem weiteren kleinen Disput mit dem Außenministerium. Dem Präsidenten und mir kam es darauf an, den Chinesen bei dieser Gelegenheit zu sagen, daß wir nicht bereit seien, gemeinsam mit den Sowjets in Asien oder anderswo ein Kondominium zu errichten. Wir wollten den Chinesen jetzt direkt sagen, was sie bisher nur durch Dritte erfahren hatten. Außerdem bestand die Gefahr, daß wir die Glaubwürdigkeit unserer privaten Kanäle erschütterten, wenn amerikanische Diplomaten nicht bestätigten, was der Präsident und ich wiederholt durch Vermittler gesagt hatten.

Der stellvertretende Außenminister für Ostasien und den Pazifik, Marshall Green, war anderer Meinung und sagte, wir sollten bei einer Zusammenkunft, deren Thema Verfahrensfragen seien, nicht auf die Substanz zu sprechen kommen. Für diesen Widerstand gab es zweifellos tiefere Gründe: Ärger über das Eingreifen des Weißen Hauses; das Gefühl unter Ostasien-Spezialisten, daß die Einführung eines geopolitischen Gesichtspunkts, der etwas mit der Sowjetunion zu tun hatte, bedeutungslos war, und vielleicht die vorsichtige Haltung gegenüber einer Annäherung an China bei Fachleuten, die es gewohnt waren, China als eine starke Bedrohung anzusehen, oder die peinliche Erinnerungen daran hatten, daß man ihnen in der McCarthy-Ära wegen zu gewagter Schritte gegenüber dem kommunistischen China Vorwürfe gemacht hatte.

Jedenfalls verlief das Warschauer Treffen am 8. Januar außerordentlich günstig. Der chinesische Geschäftsträger kam in bester Laune in die amerikanische Botschaft und fuhr dort in einem Wagen mit der chinesischen Flagge vor. Verfahrensfragen wurden gütlich geregelt. Man vereinbarte, die offiziellen und regulären Warschauer Treffen auf Botschafterebene wieder aufzunehmen. Die Botschaft des amerikanischen Präsidenten über die Ablehnung eines Kondominiums der Sowjetunion und der Vereinigten Staaten in Asien wurde übermittelt. Beide Seiten vermieden jede Polemik (obwohl die chinesische Presse immer noch von der »Schändlichkeit« der Regierung Nixon sprach). Die Chinesen erklärten sich damit einverstanden, daß die Treffen abwechselnd in beiden Botschaften abgehalten werden sollten. Die nächste Zusammenkunft wurde auf den 20. Januar in der chinesischen Botschaft festgesetzt. Lei Yang schlug vor, die Botschaftertreffen öffentlich bekanntzugeben.

So sollten also die Volksrepublik und die Vereinigten Staaten auf den Tag genau ein Jahr nach der Amtseinführung des Präsidenten zum erstenmal nach mehr als zwei Jahren wieder ihre Gespräche zu konkreten Themen aufnehmen, die sich jedoch wesentlich von den 134 bisherigen Begegnungen unterschieden. Wir hatten diese Gespräche monatelang sorgfältig vorbereitet, zunächst durch indirekte Botschaften, die aber zunehmend deutlicher wurden und unsere Bereitschaft zum Ausdruck brachten, unsere Beziehungen grundsätzlich zu verändern. Wir hatten noch einen langen Weg vor uns, befanden uns aber wenigstens schon auf dem Anmarsch zu einem Gebirge, das zu überschreiten weitere 18 Monate in Anspruch nehmen würde.

Es war ein ungewöhnlich hoffnungsvoller Augenblick. Über die Vorteile einer Dreiecksdiplomatie hinaus gab es noch zwei andere Gründe. Einer davon war Vietnam. Eine Öffnung gegenüber China konnte vielleicht dazu beitragen, die furchtbaren Leiden dieses Krieges zu beenden. Xuan Thuys Ausbruch vom 22. März hatte deutlich gezeigt, wie empfindlich Hanoi auf die Eskalation der Streitigkeiten zwischen seinen beiden Hauptverbündeten reagierte. Der chinesisch-sowjetische Konflikt komplizierte die Lage Nordvietnams; dafür gab es (neben anderen) den einfachen praktischen Grund, daß ein großer Teil der militärischen Hilfe aus der Sowjetunion auf dem Schienenweg über China kam und daher ein Minimum an chinesisch-sowjetischer Zusammenarbeit erforderlich war. Vielleicht spürte Hanoi auch, daß uns dieser Streit mehr Verhandlungsspielraum geben würde, wie das auch 1972 geschah. Auch jede Initiative, die dazu beitrug, unsere innenpolitischen Schwierigkeiten abzubauen, beraubte Hanoi eines seiner wichtigsten Aktivposten.

Die Auswirkungen unserer China-Initiative auf die Innenpolitik Amerikas waren jedoch noch viel tiefgreifender. Zu den Qualen des Vietnam-Krieges kam augenscheinlich auch die Verzweiflung darüber, daß es keine Möglichkeit mehr zu geben schien, eine kreative Außenpolitik zu betreiben, was eine leidenschaftliche Ablehnung jeder amerikanischen Einmischung in die Angelegenheiten anderer Länder und in manchen Kreisen einen schleichenden Selbsthaß zur Folge hatte. Die dramatische Beendigung der Entfremdung mit diesem so großen Volk würde, in menschlicher Beziehung sowie im Hinblick auf den Weltfrieden, wie ein frischer Wind wirken und uns daran erinnern, was Amerika als führende Nation in der Welt leisten konnte. Daß wir fähig waren, das inmitten eines uns selbst spaltenden Krieges zu tun, würde uns und anderen Ländern beweisen, daß wir in der Weltpolitik immer noch eine bedeutende Rolle spielten und kühn und geschickt unsere Ziele verfolgen und für das Wohlergehen aller sorgen konnten, die sich auf uns verließen.

VII. *Verteidigungspolitik und Strategie*

1. *Verteidigung und strategisches Gleichgewicht*

Im Verlauf der Geschichte hat der politische Einfluß der Nationen etwa ihrer militärischen Stärke entsprochen. Der moralische Wert und das Ansehen ihrer Institutionen mochten bei den einzelnen Staaten zwar verschieden gewesen sein, die diplomatische Geschicklichkeit konnte die militärische Stärke wohl steigern, aber nie ersetzen. Letzten Endes hat Schwäche jederzeit Aggression herausgefordert, und Machtlosigkeit hat den Verzicht auf jede Politik zur Folge. Auch kleinere Länder haben in kurzen Perioden in der Weltpolitik eine wichtige Rolle gespielt, aber nur, wenn sie innerhalb des sicheren Rahmens eines internationalen Gleichgewichts handelten. Das Gleichgewicht der Kräfte, ein Begriff, der in den politischen Schriften vieler Amerikaner belächelt und verspottet – und nur selten ohne das herabsetzende Adjektiv »überholt« verwendet – wurde, ist in Wirklichkeit die Voraussetzung für den Frieden gewesen. Das Abwägen der Machtverhältnisse ist natürlich erst der Beginn der Politik; es kann nicht ihr einziger Zweck sein. Es bleibt aber eine Tatsache, daß das Risiko bei der Verfolgung selbst der höchsten Ziele ohne Stärke zu groß ist und das Land, das diese Ziele verfolgt, sich dem Diktat anderer beugen muß.

Es ist den Amerikanern schwergefallen, diese Lektion zu lernen. Durch zwei Ozeane geschützt, waren wir mehr als 100 Jahre lang davon überzeugt, wir hätten es nicht nötig, uns mit strategischen Fragen zu beschäftigen. Als einzige Großmacht haben wir uns eingebildet, uns allein dank der Reinheit unserer Motive durchsetzen zu können, und wir haben geglaubt, unser Einfluß auf das Weltgeschehen habe mit unserer physischen Kraft irgendwie nichts zu tun. Wir haben dazu geneigt, zwischen Isolation und plötzlicher Einmischung hin und her zu schwanken, und beide Haltungen haben wir moralisch zu begründen versucht. Selbst unseren militärischen Bemühungen hat etwas Abstraktes angehaftet, denn wir haben uns dabei mehr mit der Logistik als mit der Geopolitik beschäftigt. In unseren Kriegen haben wir unsere Gegner gewöhnlich mehr durch das Gewicht unserer materiellen Überlegenheit als durch die Kühnheit der Operationen oder die strategische Genialität unserer Ideen besiegt.

Ende der 60er Jahre sahen wir uns wieder versucht, uns zurückzuziehen. Die Enttäuschungen eines Kriegs ohne letzte Entscheidung haben dazu geführt, daß einige von uns unsere Schwierigkeiten der Tatsache zuschrieben, wir hätten uns überall auf der Welt zu stark engagiert. Die Kritik, die ursprünglich nur gegen den Vietnam-Krieg gerichtet war, galt bald dem gesamten Spektrum unserer militärischen Programme und Verpflichtungen.

Die informierte öffentliche Meinung, die nach dem Kriege eine Generation lang die vernünftige Beteiligung der Vereinigten Staaten an internationalen Problemen ermöglicht hatte, schien sich jetzt scharf gegen eine solche Beteiligung zu wenden.

Damit drohten unsere Nation und andere freie Völker in eine gefährliche Lage zu geraten. Die politische Stabilität Europas und Japans und das künftige Schicksal der Entwicklungsländer in Lateinamerika, Afrika und Asien würden davon abhängen, ob die Vereinigten Staaten über die ihren Zielen entsprechenden Kräfte verfügten und für fähig gehalten wurden, ihre und die Interessen ihrer Freunde zu verteidigen. Wenn der Krieg in Vietnam unsere Bereitschaft untergraben hatte, die Sicherheit freier Völker mit militärischen Kräften zu garantieren, dann befanden sich ungezählte Millionen in großer Gefahr.

Leider waren unsere innenpolitischen Spannungen am akutesten in einem Augenblick, als die Technologie im Zusammenspiel mit früheren bewußt getroffenen Entscheidungen das Wesen des strategischen Gleichgewichts veränderte. Während der ganzen Nachkriegsperiode verfügte die Sowjetunion dank ihrer konventionellen Landstreitkräfte über eine enorme Überlegenheit. Aber das militärische Potential der Sowjets wurde durch zwei wichtige Faktoren eingeschränkt. Die Reichweite der Sowjets war relativ kurz; ihr militärischer Wirkungsbereich beschränkte sich auf die an die Sowjetunion grenzenden Gebiete, und die amerikanische Überlegenheit an strategischen Kernwaffen war gewaltig. Die Sowjetunion konnte ihre lokale Überlegenheit nicht zur Wirkung bringen, weil sie die Überlegenheit der Vereinigten Staaten auf dem Gebiet der Kernwaffen fürchten mußte. Das war der Hauptgrund, weshalb die Sowjetunion trotz ihrer gelegentlichen Drohungen ihre riesigen konventionellen Streitkräfte gegen Verbündete der Vereinigten Staaten niemals eingesetzt hat. Es ist eine der Ironien unserer Zeit, daß die Rote Armee seit 1945 mit stärkeren Kräften nur gegen *Verbündete* der Sowjetunion eingesetzt wurde (1953 in Ost-Berlin, 1956 in Ungarn, 1968 in der Tschechoslowakei und 1969 an der chinesischen Grenze).

Aber Ende der 60er Jahre begann sich die militärische Kapazität auf dem Gebiet der strategischen Kernwaffen dem Ausgleich zu nähern. Das sollte alle Voraussetzungen unserer Nachkriegsstrategie verändern. Leider wurden ausgerechnet in dem Augenblick, als unsere Diskussion über nationale Fragen sich auf die Folgerung aus dieser neuen Lage hätte konzentrieren sollen, unsere Verteidigungsvorhaben stärker angezweifelt als je zuvor. Man bezeichnete sie als übertrieben, machte der politischen Führung den Vorwurf des unverantwortlichen Leichtsinns und kritisierte die Rüstungsprojekte, weil sie angeblich zu Krisen und Konflikten beitrugen.

Die in den 60er Jahren amtierenden amerikanischen Regierungen haben sich bewußt dazu entschlossen, die von ihnen als unvermeidlich angesehene

Parität in strategischen Waffen zu akzeptieren; indem sie sie akzeptierten, haben sie sie aber auch beschleunigt. In den 60er Jahren haben die Vereinigten Staaten freiwillig den Bau der auf dem Boden stationierten ICBM (der Interkontinentalen ballistischen Flugkörper) und den Bau der auf See stationierten SLBM (der von U-Booten abgeschossenen ballistischen Raketen) eingestellt. Es gab bei uns keine Projekte, zusätzlich strategische Bombenflugzeuge zu bauen. Man beschloß, einen strategischen Verband aus 1054 auf dem Boden stationierten ICBM, 656 SLBM und von etwa 400 Bombern des Typs B-52 zu unterhalten. Wir haben diese Höchstgrenze zu einer Zeit festgesetzt, in der wir den strategischen Streitkräften der Sowjetunion zahlenmäßig weit überlegen waren. Aber diese Höchstgrenze wurde sogar dann nicht verändert, als deutlich wurde, daß die Sowjetunion, zum Teil als Reaktion auf ihre Demütigung bei der Raketenkrise in Kuba im Jahr 1962, gewaltige Anstrengungen unternommen hatte, um ihre militärische Stärke über das Erforderliche hinaus zu vergrößern.

Die amerikanische Volksmeinung betrachtet die Kuba-Krise als einen großen amerikanischen Sieg. Das ist auch ganz richtig. Aber die amerikanische und die sowjetische Regierung haben diametral entgegengesetzte Schlüsse daraus gezogen. In der amerikanischen Politik führte sie zu Abrüstung und Entspannung, was sich deutlich in den Verträgen zum Verbot von Kernwaffentests und der Verbreitung von Kernwaffen zeigte, besonders aber auch in dem Entschluß, den Bau von Flugkörpern einzustellen, sobald wir über eine vorher festgesetzte Zahl verfügten. Im Gegensatz dazu war in der Sowjetunion die Demütigung Chruschtschows in Kuba eine der Ursachen für seinen zwei Jahre später erfolgten Sturz. Die sowjetische Reaktion auf die Erfahrung in Kuba zeigte sich ganz deutlich in einer beißenden Bemerkung Wassili W. Kusnezows gegenüber John McCloy, als diese beiden erfahrenen sowjetischen und amerikanischen Diplomaten Ende 1962 über die Einzelheiten des Abzugs sowjetischer Waffen aus Kuba verhandelten: »Das werdet ihr Amerikaner uns niemals wieder antun können!«[1] Die Sowjetunion machte sich nun entschlossen und systematisch an ein langfristiges Programm, ihr militärisches Potential auf *allen* Gebieten zu verstärken – bei Flugkörpern und Bombern, Panzern, Unterseebooten und Jagdflugzeugen –, und zwar, was die technologische Qualität und die Reichweite dieser Waffen betraf. Die Kuba-Krise von 1962 war daher ein historischer Wendepunkt – aber aus anderen Gründen als einige Amerikaner in ihrer Selbstzufriedenheit glaubten.

1965, drei Jahre nach der Konfrontation auf Kuba, bestand das strategische Arsenal der Sowjets aus etwa 220 ICBM und mehr als 100 SLBM. 1968 war es auf fast 860 ICBM und mehr als 120 SLBM angewachsen. 1971 hatten uns die Sowjets eingeholt – und sie bauten weiter. Wie sich herausstellte, haben wir ihre Kapazität immer wieder zu niedrig angesetzt. Der brillante

Analytiker Albert Wohlstetter hat überzeugend dargestellt, daß die in den 60er Jahren so beliebte Vorstellung, das Pentagon übertreibe die sowjetischen Rüstungsanstrengungen, um mehr Mittel zugewiesen zu bekommen, das genaue Gegenteil der Wahrheit gewesen ist. Die amerikanischen Planer haben in den 50er und 60er Jahren die sowjetische Aufrüstung ständig *unterschätzt*.[2] Die sowjetischen Rüstungsprogramme lagen immer am oberen Rand unserer Schätzungen – nicht da, wo wir die Kapazität als »höchstwahrscheinlich« bezeichneten, sondern wo wir sagten, »im ungünstigsten Fall«. Anstatt dort stehenzubleiben, wo sie mit uns gleichgezogen hatten, wie manche es erwarteten, bauten die Sowjets weiter – bis sie 1972 durch die SALT-Vereinbarungen veranlaßt wurden, den Weiterbau einzustellen, aber dann wendeten sie sich energisch der qualitativen Verbesserung ihrer Waffen zu.

Die Amerikaner reagierten während der Amtsperiode Präsident Johnsons in zweifacher Weise auf die sowjetische Aufrüstung. Man beschloß, ein Flugkörperabwehrsystem (ABM) zu bauen, aber es wurde der Regierung Johnson von einem erregten Kongreß aufgezwungen, und die Ausführung blieb Nixon überlassen. Was nun die Offensivwaffen betrifft, so beschlossen unsere Vorgänger – anstatt zahlenmäßig mit den sowjetischen Fernlenkwaffen gleichzuziehen, Mehrfachsprengköpfe (MIRV) zu entwickeln, um die Offensivkraft jedes einzelnen vorhandenen Flugkörpers zu verstärken. Die ersten Flugversuche der amerikanischen MIRV fanden 1968 statt.

Unsere Vorgänger hatten sich auch entschieden, unsere strategischen Streitkräfte mit leichten, aber außerordentlich treffsicheren Flugkörpern auszurüsten, den Minuteman ICBM und den Poseidon SLBM. (Die Sowjets hatten das Gegenteil getan. Ihre Hauptwaffen bestanden aus Flugkörpern, die viel größer waren als unsere und daher eine bedeutend schwerere Nutzlast mitnehmen konnten. Mit der Verbesserung der sowjetischen Technologie mußte sich ihre Überlegenheit, die sich bis jetzt in der Zahl und Tragkraft ausdrückte, nun durch eine verbesserte Treffgenauigkeit noch erhöhen.) Die Entscheidungen der Regierung Johnson bestimmten daher sowohl die Größe als auch die Zahl der Flugkörper, die uns während unserer Amtsperiode zur Verfügung standen. Die Gründe dafür sind, daß die Entwicklung der meisten modernen Waffen von der Planung bis zur Produktion durchschnittlich sechs Jahre dauert und daß sich der Kongreß bis zur Beendigung des Vietnam-Krieges weigerte, neue Rüstungsprogramme zu genehmigen. Daher konnten wir vor Mitte der 70er Jahre nicht die Entscheidung treffen, neue Waffen zu produzieren. Und die Opposition im Kongreß drohte, auch diese Entwicklung noch weiter hinauszuschieben.

So verwandelte sich also die überwältigende Überlegenheit, deren wir uns noch in den 40er und 50er Jahren erfreut hatten, zunächst in einen Ausgleich der militärischen Kräfte und schließlich in die Verwundbarkeit unserer am

Boden stationierten strategischen Waffen. Die größere Tragkraft und die drohende zahlenmäßige Überlegenheit der sowjetischen Flugkörper konnten eine Zeitlang durch unsere technologische Überlegenheit ausgeglichen werden. Man glaubte, wir seien in der Entwicklung von MIRV-Raketen den Sowjets wenigstens fünf Jahre voraus; die Treffgenauigkeit unserer Flugkörper war immer noch größer, ein entscheidender Faktor in der Vorausberechnung des Erfolgs einer hypothetischen Konfrontation mit Kernwaffen. Unsere Fähigkeit, ein annäherndes strategisches Gleichgewicht zu halten, war noch nicht gefährdet – vorausgesetzt, wir nutzten unsere technologische Überlegenheit voll aus. Wir konnten das ABM-System einsetzen, um unsere Städte oder unsere Raketenbasen zu schützen. Wir konnten auch die Vorarbeiten zum Bau eines moderneren Bombenflugzeugs beschleunigen (der später so bezeichneten B-1), eines neuen U-Boots und einer von U-Booten abzuschießenden Rakete (Trident) sowie einer neuen ICBM (MX). Damit wären wir 1978 in einer starken Position gewesen, vorausgesetzt, alle Projekte, die Anfang der 70er Jahre in Angriff genommen worden waren, liefen weiter. Wir haben alle diese Schritte unternommen, aber jeder einzelne wurde sowohl im Kongreß als auch in den Medien angegriffen. Unser strategisches Dilemma lag nicht darin, daß unsere strategischen Streitkräfte ohne diese neuen Waffensysteme immer verwundbarer werden würden; mit ihnen veränderten sich auch die Erfordernisse unserer Sicherheit auf lange Sicht.

Denn sogar wenn wir mit den Sowjets gleichzogen oder ihnen leicht überlegen waren, sah sich jede neue Regierung einer bisher nicht dagewesenen Herausforderung gegenüber. Die zur Zeit unserer Überlegenheit entstandene Verteidigungsstrategie mußte im grellen Licht der neuen Realitäten überdacht werden. Bald würde ein großer Krieg mit Kernwaffen den Vereinigten Staaten Verluste beibringen können, die mehrere zehn Millionen Opfer forderten. Dann existierte ein Gleichgewicht der Zerstörungskraft; und selbst wenn wir eine Zeitlang in der Lage wären, unserem Gegner noch höhere Verluste beizubringen, würde sich unsere Abneigung, Kernwaffen einzusetzen, in dramatischer Weise steigern. Die Verpflichtung Amerikas, zur Verteidigung seiner Bündnispartner einen Weltkrieg zu riskieren, mußte an Glaubwürdigkeit verlieren. Damit erhoben sich kritische Fragen: Wie konnten wir im Schatten der immer stärker werdenden konventionellen Streitkräfte und des immer größer werdenden nuklearen Arsenals der Sowjetunion die Unabhängigkeit und das Selbstvertrauen unserer Verbündeten aufrechterhalten? Welches sollte unsere Strategie für die Verwendung nuklearer Streitkräfte sein? Wenn ein Weltkrieg mit thermonuklearen Waffen zu gefährlich wurde, wäre es dann noch denkbar, Kernwaffen in begrenztem Ausmaß einzusetzen?

Bestenfalls waren solche Fragen schwierig zu beantworten. Ende der 60er und Anfang der 70er Jahre war es kaum möglich, strategische Probleme ruhig und vernünftig zu analysieren. Aus der leidenschaftlichen Kritik des Vietnam-Krieges wurde ein Angriff gegen unser ganzes Verteidigungsestablishment; manche Leute erblickten sogar in einem Angriff gegen das Verteidigungsbudget ein Mittel, das Ende des Krieges in Südostasien zu erzwingen. Die »Neuordnung nationaler Prioritäten«, die Verlagerung des Gewichts von Rüstungsprojekten auf innenpolitische Programme war das mit größter Lautstärke vorgebrachte Schlagwort jener Zeit; es war ein Signal für erhebliche Abstriche im Verteidigungsbudget. Intellektuelle, die sich in der Amtszeit Eisenhowers über seine Syntax und seinen Führungsstil lustig gemacht hatten, taten jetzt so, als seien seine Warnungen aus dem Jahr 1961, der sogenannte militärisch-industrielle Komplex dürfe keinen unverhältnismäßig großen Einfluß auf das amerikanische Leben haben, eine Offenbarung gewesen. Die Rüstung – und besonders unsere – wurde als Ursache und nicht als Symptom von Spannungen angesehen, denn man behauptete, unsere Rüstungsvorhaben lösten eine Reaktion der Sowjets aus, nicht aber umgekehrt. Die Erklärung der amerikanischen Regierung, die sowjetische Aufrüstung stelle uns vor ein schwieriges Verteidigungsproblem, wurde lächerlich gemacht und als ein übliches Erzeugnis des »Propagandaapparats des Pentagon« hingestellt,[3] mit dem das Verteidigungsministerium alljährlich die Budgetentscheidungen des Kongresses zu beeinflussen suchte. Man widersprach der klaren Erkenntnis, daß das strategische Wettrüsten sich von allem unterschied, was bisher auf diesem Gebiet geschehen sei, und behauptete, *jede* neue Ausgabe für strategische Waffen sei absurd, weil es schon genug Waffen gäbe, mit denen man die ganze Menschheit mehrmals vernichten könnte. Die zu dieser Zeit herrschende Stimmung zeigte sich deutlich auf einer im März 1969 in Washington stattfindenden Konferenz, an der zehn Senatoren und fast 40 Kongreßabgeordnete beider Parteien teilnahmen, um über »das Rüstungsbudget und die nationalen Prioritäten« zu beraten. Außerdem beteiligten sich bekannte Gelehrte, Wissenschaftler, ehemalige Regierungsbeamte und Mitglieder beider Häuser des Kongresses. In dem Abschlußbericht mit dem Titel *American Militarism 1970* hieß es, »es besteht die Gefahr, daß unser Land zu einem nationalen Sicherheitsstaat wird«.[4] Die 80 aus beiden Parteien bestehenden Mitglieder des »Kongresses für Frieden durch Recht« veröffentlichten im Juli einen Bericht, der sechs größere Waffenprogramme einschließlich des ABM angriff. Die *New York Times* bezeichnete diesen Bericht als einen Versuch, »die Debatte über die Flugabwehrraketen in einen Angriff auf breiter Front gegen die Verteidigungsausgaben zu verwandeln«.[5] Hier wurden alle militärischen Bereiche scharf attackiert – Rüstungsprojekte, der Etat und die strategischen Doktrinen. Eine ganzseitige Anzeige, die sich gegen den Bau von Flugabwehrraketen richtete, trug die sarkastische Überschrift: »Von denselben Leuten, die euch Vietnam beschert haben: das Flugkörperabwehrsystem.«[6]

Am häufigsten wurde behauptet, die wichtigste »Lehre«, die man aus Vietnam ziehen müsse, sei, daß die Vereinigten Staaten sich weniger in Übersee engagieren dürften. Man erweckte den Eindruck, unsere Truppenstationierungen im Ausland verhinderten nicht Aggressionen, sondern ermutigten dazu. Man behauptete, wenn wir die amerikanischen Truppen von Übersee abzögen, würde die Gefahr eines Weltkriegs vermindert, und dann ließen sich auch die Rüstungsausgaben senken. Geringere Rüstungsetats würden die Regierung zwingen, weniger Verpflichtungen im Ausland einzugehen. Ein weiterer Vorteil läge darin, daß man die frei werdenden Mittel für die soziale Wohlfahrt im Inland verwenden könnte.

Die neue Theorie, nach der Kürzungen des Verteidigungsbudgets die Sicherheit erhöhten, wurde Ende 1968 von zwei ehemaligen Beamten der Regierungen Kennedy/Johnson vertreten. Es waren der ehemalige stellvertretende Berater für Nationale Sicherheit unter John Kennedy und spätere Leiter des angesehenen Instituts für fortgeschrittene Studien in Princeton, Carl Kaysen, und der Direktor des Budgetbüros von Johnson, Charles L. Schultze.[7] Kaysen schrieb:

»Die neuen politischen und technischen Realitäten beweisen, daß es unmöglich ist, die Sicherheit in erster Linie durch eine verstärkte Aufrüstung zu gewährleisten, und wie wichtig es ist, politische Faktoren sowie Einrichtungen und Vereinbarungen für die Rüstungskontrolle zu berücksichtigen. Wenn wir in den folgenden fünf Jahren diese Faktoren stärker beachten, werden wir bessere Aussichten haben, unsere Sicherheit zu erhöhen – das heißt, wenn unsere Streitkräfte und das Rüstungsbudget gegenüber dem heutigen Stand um ein Drittel herabgesetzt werden, dann wird das Risiko einer Gefährdung der Vereinigten Staaten und ihrer vitalen Interessen geringer sein. Unsere Sicherheit wird besser gewährleistet sein, als wenn wir der bisherigen politischen Linie in einer radikal veränderten Lage folgten. Ganz einfach gesagt, der Kurs der Abrüstung, des Abbaus unserer Truppenstationierungen im Ausland und der Rüstungskontrolle ist nicht nur billiger, als wenn wir uns weiterhin am Rüstungswettlauf und der militärischen Konfrontation beteiligen, er ist auch sicherer.«

Schultze meinte, nach Beendigung des Vietnam-Krieges werde es möglich sein, das Verteidigungsbudget jährlich um 20 bis 22 Milliarden Dollar zu kürzen. Er sorgte sich aber darum, daß diese »Friedensdividende« durch die bereits angelaufene Beschaffung neuer und stärkerer Waffensysteme aufgebraucht werden könnte. Er empfahl daher dringend äußerste Wachsamkeit bei der Genehmigung neuer Projekte. Kaysen behauptete, und Schultze stimmte ihm zu, über die sogenannte Friedensdividende hinaus könnten jährlich 15 bis 16 Milliarden Dollar gespart werden, wenn wir bei den SALT-Gesprächen vorankämen und unsere konventionellen Streitkräfte auf ein bescheideneres Maß reduzierten, eine Entwicklung, die eintreten würde, wenn wir uns weniger stark im Ausland engagierten.

Diese Kritiker kamen also angesichts des zu erwartenden nuklearen Gleichgewichts zu dem erstaunlichen Schluß, wir sollten unsere *konventionellen* Streitkräfte reduzieren, die den gegnerischen ohnedies schon weit unterlegen waren. Im Ende des Vietnam-Krieges sahen sie nicht die Gelegenheit, die lange vernachlässigten Lücken wieder aufzufüllen, sondern glaubten, jetzt könnte unser Verteidigungsbudget gekürzt werden. Solche Kürzungen waren natürlich nur gerechtfertigt, wenn sich die Gefahren verringert hatten oder die vorhandenen Streitkräfte für unsere Verteidigung ausreichten. Im Januar 1970 nahmen drei Harvard-Professoren zu diesen Fragen Stellung:

»Es steht nicht fest, ob (konventionelle) Streitkräfte dazu beitragen, größere nicht-nukleare Konflikte zu vermeiden, oder ob solche Konflikte die Bereitstellung konventioneller Streitkräfte rechtfertigen. Nur militärische Planer, deren Beruf es mit sich bringt, daß sie an die schlimmsten Möglichkeiten denken, glauben heute noch an die Wahrscheinlichkeit eines plötzlichen sowjetischen Vormarsches über die Norddeutsche Tiefebene, einen Überraschungsangriff der Roten Armee gegen die Mittelmeerflanke der NATO oder sogar eine vorher nicht angekündigte Aktion des kommunistischen China gegen Burma oder Thailand. Es ist ebenso unklar, welche Rolle amerikanische, nicht mit Kernwaffen ausgerüstete Streitkräfte in den begrenzten kriegerischen Auseinandersetzungen spielen können, mit denen wir in der Tat zu rechnen haben.«[8]

Der Artikel beschäftigte sich nicht mit der Frage, ob die Wahrscheinlichkeit eines sowjetischen Angriffs mit konventionellen Streitkräften irgendwie von der Stärke der gegnerischen Streitkräfte beeinflußt würde; er setzte einfach voraus, da es bisher zu keiner Aggression gekommen sei, werde es auch in Zukunft keinen Angriff geben, und wir unterhielten unsere Streitkräfte, obwohl dies nicht notwendig sei.

Es gehört natürlich zum Wesen der Abschreckung, daß man nie beweisen kann, was eine Aggression verhindert hat. War es unsere Entschlossenheit zur Verteidigung? Oder hatte unser Gegner niemals die Absicht gehabt anzugreifen? Paradoxerweise ist es so, daß die Argumente der Befürworter einer Abrüstung in dem Maß zuzutreffen scheinen, in dem die eigene militärische Rüstung die Aggression verhindert. Die drei Professoren behaupteten, schwächere konventionelle Streitkräfte erlaubten Streichungen am Rüstungsbudget in Höhe von 30 Milliarden Dollar. Damit würde das Verteidigungsbudget um 17 Milliarden Dollar unter den vom Pentagon als Minimum empfohlenen Rüstungsausgaben liegen und um 10 Milliarden Dollar niedriger sein, als Präsident Nixon in seinem ersten Vorschlag für das Rüstungsbudget vorgesehen hatte.

Die gleichen Argumente wurden im Kongreß aufgenommen, was natürlich größere Bedeutung hatte. Der Führer der Kongreßmehrheit, Senator Mike Mansfield, erklärte im April 1969, er werde sich für die Streichung von mindestens 5 Milliarden Dollar aus dem ersten Vorschlag der Regierung Nixon für das Verteidigungsbudget in Höhe von 77,6 Milliarden Dollar einsetzen (der ohnedies schon etwas niedriger lag als das von der vorigen Regierung vorgeschlagene Budget). Mansfield erwähnte dabei 15 verschiedene Rüstungsprojekte. So kritisierte er einen Vorschlag der Marine für den Bau einer Flotte schneller Versorgungsschiffe und sagte, er sei »typisch für die Taktik mancher Leute, die einen Fuß in die Tür setzen und denen man daher mit äußerster Vorsicht begegnen muß«.[9] Im Mai meldete die *New York Times*, »eine ständig wachsende Zahl von Kongreßabgeordneten sucht, angeregt von dem durch den Vietnam-Krieg entstandenen antimilitärischen Klima, nach einer Möglichkeit, die ständig steigenden Rüstungsausgaben zu kürzen«. Angehörige beider Parteien bemühten sich darum, »die militärischen Ausgaben in den Griff zu bekommen«; zu ihnen gehörten auch Republikaner wie Senator Mark Hatfield aus Oregon und John Sherman Cooper aus Kentucky. Die *Times* zitierte den jungen republikanischen Senator William A. Saxbe aus Ohio: »Wir kommen in den Senat in der Annahme, Nixon sei wegen des Krieges gewählt worden – daß der Krieg die Laufbahn Johnsons zerstört hat und er auch die Laufbahn dieses Präsidenten zerstören wird, wenn er sich nicht entsprechend verhält. Wir alle, die wir zu dieser Gruppe gehören, glauben gewählt worden zu sein, weil die Öffentlichkeit diese Haltung einnimmt. Ich hoffe wirklich, daß wir den Bau der ABM verhindern und, wenn wir das getan haben, gegen den ganzen Komplex vorgehen können.«[10]

Am 3. Juni ging der Kongreß an zwei Fronten vor. Der von Senator William Proxmire geleitete Wirtschaftsausschuß begann mit einer acht Tage dauernden Reihe von Anhörungen zu der Möglichkeit, das Verteidigungsbudget zu kürzen. Charles Schultze eröffnete, obwohl er als Budgetdirektor die Rüstungsbudgets der vorigen Regierungen entworfen hatte, die Anhörungen mit dem Vorschlag, der Kongreß solle einen neuen Ausschuß einsetzen, um den Lagebericht des Verteidigungsministeriums zu prüfen und wesentliche Streichungen vorzunehmen. (Ein Stockwerk höher im Bürogebäude des Senats prüfte der Senatsausschuß für die Streitkräfte die Kostenüberschreitung von anderthalb Milliarden Dollar beim Bau des großen Transportflugzeugs vom Typ C-5A, der Maschine, die 1973 während des Krieges im Nahen Osten eine so entscheidende Rolle spielen sollte.)

Der hier ausgeübte Druck wirkte sich natürlich auch in der Bürokratie aus. Am 17. Juni berichtete ich dem Präsidenten von einer stark vertretenen Meinung in der Abteilung für Rüstungskontrolle und Abrüstung im Außenministerium, ja sogar unter Angehörigen der CIA, die besagte, daß

> »strategische Initiativen oder die Bestätigung der amerikanischen Entschlossenheit, die strategische Stärke zu bewahren, schließlich unsere Verbündeten enttäuschen und ihnen Sorgen bereiten würden. Denn sie fürchten, es könnte zu einer Beschleunigung des Wettrüstens und damit zu einer Verschlechterung der Ost-West-Beziehungen kommen, weil die Sowjets auf einen härteren Kurs einschwenken könnten. Man scheint außerdem zu glauben, daß die strategischen Entscheidungen der Sowjets sehr stark von unseren Entscheidungen beeinflußt werden, und jede Maßnahme der Vereinigten Staaten eine entsprechende sowjetische Reaktion auslöst.«

Diese Auffassungen kommentierte ich in einer an Nixon gerichteten Niederschrift wie folgt:

> »Ich glaube, diese Tatsachen rechtfertigen weder die Entschiedenheit, mit der diese Ansichten vertreten werden, noch das Fehlen deutlich abweichender Meinungen. Nach meiner Ansicht ist es ebenso plausibel, daß die Europäer andererseits erleichtert wären, wenn die Vereinigten Staaten ihre strategischen Entschlüsse klar zum Ausdruck brächten, und daß die sowjetische Führung, die mit sehr realen wirtschaftlichen Problemen fertig werden muß, eher mehr als weniger daran interessiert sein sollte, nach einer Möglichkeit der Verlangsamung des Wettrüstens zu suchen.«

Von Anfang an war Nixon entschlossen, sich diesen Tendenzen entgegenzustellen, denn er glaubte, das amerikanische Machtpotential sei nicht nur moralisch vertretbar, sondern auch für das Überleben der freien Länder entscheidend wichtig. Aber in dem gegenwärtigen Klima war die Stärkung unserer Verteidigungskraft schwierig. Nicht nur die Methoden der Kriegführung, sondern auch der Lebensnerv unserer nationalen Sicherheit wurden bedroht.

Für mich selbst entstanden durch diese Debatte erhebliche Spannungen in den Beziehungen zu alten Freunden und ehemaligen Kollegen, mit denen ich im Rahmen von Abrüstungsausschüssen und Studiengruppen mehr als zehn Jahre zusammengearbeitet hatte. Ich war mit ihnen der Auffassung, daß die Kernwaffen dem Wettrüsten eine einmalige neue Dimension verliehen. Allerdings stützten meine aus der Geschichte gewonnenen Erkenntnisse nicht ihre Auffassung, daß jedes Wettrüsten zu Spannungen führt; in der Geschichte ist ein Wettrüsten viel häufiger eine Reaktion auf politische Konflikte und Mißtrauen gewesen als die Ursache von Spannungen. Aber auch ich mußte zugeben, daß unsere Zeit – eine Periode revolutionärer Veränderungen – insbesondere durch die hohe Einsatzbereitschaft strategischer Waffen und ihre Zerstörungskraft gekennzeichnet war. Die gleichzeitig sehr verwundbaren und außerordentlich wirkungsvollen strategischen Streitkräfte konnten in einer Krise eine Seite in die Versuchung führen, zuerst zuzuschlagen, besonders, wenn diese Seite fürchtete, sie könnte sonst nicht mehr in der Lage sein, den ersten Schlag zu kontern.

Wie viele andere Akademiker war ich ein Verfechter der bewußten Stabilisierung des Wettrüstens. Ich glaubte auch, daß die führenden Politiker in den großen Nationen die Pflicht hatten, sich von vereinfachenden Vorstellungen zu lösen, nach denen nur die militärische Stärke die Sicherheit garantiert, Vorstellungen, die noch aus einer Zeit stammten, in der Fehlbeurteilungen weniger katastrophale Konsequenzen hatten. Nach meiner Ansicht lag es im Interesse beider Seiten, die Verwundbarkeit ihrer Vergeltungsstreitkräfte zu verringern, nach Möglichkeit durch Vereinbarungen über gegenseitige Zurückhaltung und, wenn notwendig, durch einseitige Maßnahmen. Ich glaubte jedoch, es sei noch wichtiger, daß eine demokratische Gesellschaft nie gegen die Gefahren des nuklearen Zeitalters ankämpfen könnte, wenn die Bevölkerung nicht davon überzeugt war, daß ihre Führer vernünftig und nüchtern auf die bisher noch nie dagewesene Existenz von Massenvernichtungswaffen reagierten. Angesichts der Dynamik des sowjetischen Systems glaubte ich, militärische Herausforderungen seien möglich, ja vielleicht wahrscheinlich. Ich wünschte, die Vereinigten Staaten und ihre Verbündeten sollten in dieser Lage von der öffentlichen Meinung unterstützt werden. Aus dem Vietnam-Krieg hatten wir die Lehre ziehen können, daß entschlossene Gegenmaßnahmen, die natürlich Opfer verlangten, durch innenpolitische Spaltungen stets unterminiert werden konnten, wenn unsere Bevölkerung glaubte, ihre Regierung suche oder provoziere unnötige Konfrontationen.

Von meinen Freunden und ehemaligen Kollegen unterschied ich mich jedoch in meiner Analyse der sowjetischen Motivation. Ich glaubte nicht, daß eine einseitige Rüstungsbeschränkung auf unserer Seite eine vergleichbare Reaktion im Kreml zur Folge haben würde. Da die sowjetischen Führer glaubten, sich nur durch »objektive Faktoren« leiten lassen zu dürfen, würden sie solche Schritte wahrscheinlich weniger als versöhnliche Geste betrachten, sondern als Schwäche auslegen, deren Ursachen in innenpolitischen oder wirtschaftlichen Zwängen lagen. Nach der Kuba-Krise hatte die Sowjetunion auf allen militärischen Sektoren eine massive Aufrüstung begonnen. Ein amerikanischer Verzicht auf Fortschritte in der Rüstung würde die sowjetischen Tendenzen, jedes Vakuum auszufüllen, verstärken; die Sowjetunion würde eine Stabilisierung des Wettrüstens nur akzeptieren, wenn sie davon überzeugt war, daß wir eine sowjetische Überlegenheit niemals zulassen würden. Es lag in unserem Interesse, der Sowjetunion zu demonstrieren, daß sie angesichts der Unzulänglichkeit ihrer Hilfsquellen ein Wettrüsten niemals gewinnen könnte, daß wir nicht tatenlos zusehen würden, wie sich das Gleichgewicht der Kräfte zu unseren Ungunsten verschob, und daß wir, dazu herausgefordert, ganz einfach stärker rüsten würden als sie.

Ich stimmte auch nicht der militärischen Analyse zu, die von den Kritikern unseres Verteidigungsprogramms angestellt wurde. Militärische Überlegenheit hatte im Nuklearzeitalter einen anderen Stellenwert; wir konnten nicht stehenbleiben, während unsere Gegner fieberhaft aufrüsteten. Eine wachsende Überlegenheit gegenüber uns über Jahrzehnte hinweg machte unsere Beteuerungen, daß wir unsere Verbündeten verteidigen würden, völlig unglaubwürdig; diese Lage konnte im äußersten Fall nur einen Angriff gegen die Vereinigten Staaten herausfordern.

Auch wenn ein Versuch, die Vereinigten Staaten anzugreifen, für die Sowjetunion immer ein ungeheures Risiko bedeutete, mußte ein strategisches Ungleichgewicht geopolitische Konsequenzen haben. Denn es unterstrich unsere bereits bekannte Unterlegenheit bei den für die Regionalverteidigung einzusetzenden Streitkräften und würde die Länder an der sowjetischen Peripherie immer stärker in Versuchung führen, ihre Sicherheit durch direkte Verhandlungen mit der Sowjetunion zu suchen. Wir waren aber nicht nur durch den direkten militärischen Druck der Sowjets bedroht. In einer Zeit revolutionärer Veränderungen waren viele Krisen vorstellbar, die zunächst von keiner Seite angestrebt wurden; die Risikobereitschaft der Sowjetunion mußte wachsen, wenn sich das strategische Gleichgewicht zu unseren Ungunsten verschob.

Das schadete der Moral jener Länder, die sich bisher auf unseren Schutz verlassen hatten, ob es nun unsere Verbündeten oder im formalen Sinn nicht mit uns verbündete Staaten waren.

Ich befürwortete deshalb eine neue Gesamtstrategie und eine Stärkung der konventionellen Verteidigungskapazität, auch wenn ich empfahl, daß wir uns energisch für neue Abrüstungsverhandlungen einsetzen sollten. Im Lauf der Zeit wurden meine Auffassungen jedoch sowohl von Konservativen als auch von Liberalen heftig angegriffen. Die ersteren lehnten jede Rüstungskontrolle ab, die letzteren stellten sich entschieden gegen die Aufrüstung. In diesem Sinne beeinflußte die 1969 um das militärische Gleichgewicht geführte Debatte unsere Entscheidungen über das Waffenbeschaffungsprogramm und die SALT-Verhandlung während der ganzen Amtsperiode der Regierung Nixon.

Im Mittelpunkt dieser Debatte standen zwei neue Waffensysteme: das ABM-Programm und die Verwendung von Mehrfachsprengköpfen in unseren Fernlenkgeschossen. Die neue Regierung hatte beide Projekte von ihrer Vorgängerin übernommen. Aber der Sieg Nixons hatte das innenpolitische

Gleichgewicht verändert; die demokratischen Kritiker der Rüstungsprogramme, die geschwiegen hatten, solange ihre Partei im Amt war, konnten sich jetzt äußern. Bald wurden ihre Reihen durch Beamte derselben Johnson-Regierung verstärkt, die diese Programme entworfen hatten, aber jetzt eifrig darauf bedacht waren, sich den in ihrer Partei vertretenen Tendenzen wieder anzuschließen. Obwohl Nixon das von Johnson vorgelegte Verteidigungsbudget um 1,1 Milliarden Dollar gekürzt hatte, wurde er sofort von einem Chor demokratischer Kritiker heftig beschimpft. Sogar einige Republikaner, die glaubten, die gegen das Militär gerichtete Stimmung entspräche der vorherrschenden öffentlichen Meinung, schlossen sich ihnen an.

3. Flugabwehrraketen (ABM)

Die Flugabwehrraketen waren seit 1964 umstritten, als deutlich wurde, daß die Sowjetunion ein Flugkörperabwehrsystem um Moskau herum aufgebaut hatte, weil sie augenscheinlich hoffte, die sowjetische Hauptstadt damit vor einem Angriff mit Fernlenkwaffen schützen zu können. Verteidigungsminister Robert McNamara hatte dem ständigen Drängen des Kongresses recht widerwillig nachgegeben und 1967 schließlich das Programm für den Bau der Flugabwehrrakete »Sentinel« in die Wege geleitet. Er sah sich zwischen den Doktrinen der Rüstungskontrolle und dem innenpolitischen Druck wie zwischen den Zwängen der Verteidigungspolitik und den Empfehlungen, Zurückhaltung zu üben, hin und her gerissen. So entschloß er sich zu einem Kompromiß. Er lehnte das Konzept einer Verteidigung der Vereinigten Staaten gegen einen massiven sowjetischen Angriff mit einer ausreichenden ABM-Ausrüstung ab. Ein solches System hätte zu hohe Kosten verursacht. Es gab aber auch eine Theorie, nach der die Sowjets diese Beschränkung als einen Schritt deuten könnten, die Kapazität für einen Präventivschlag auszubauen. (Ein Land, das sich mit einer ausreichenden Zahl von ABM verteidigen konnte, käme vielleicht auf den Gedanken, es könnte den ersten Schlag führen und den schon dadurch geschwächten Gegenschlag mit seinen ABM abwehren.) Die Regierung Johnson ging aber noch weiter und behauptete sogar, die Flugabwehrrakete »Sentinel« sei für die Abwehr eines sowjetischen Angriffs gegen die Vereinigten Staaten *völlig* nutzlos. 1967 war das »Sentinel-Programm« nicht mit einer sowjetischen Bedrohung, sondern vor allem damit gerechtfertigt worden, daß es gegen die Fernlenkwaffen der Chinesen eingesetzt werden sollte, die bis Mitte der 70er Jahre entwickelt werden könnten. Als Verteidigungsminister wies Clark Clifford in seinem letzten Bericht an den Kongreß im Januar 1968 ausdrücklich darauf hin, daß die Abwehr im Rahmen des strategischen Gleichgewichts zweitrangig sei: »Wir sind immer noch davon überzeugt, ... daß wir auch weiterhin bei der

Zuteilung der verfügbaren Mittel dem Ausbau unserer strategischen Streitkräfte die Priorität einräumen müssen, das heißt, dem Ausbau unserer Kapazität, ›um den Gegner zu vernichten‹.«

Zur Zeit der Amtsübernahme durch Nixon hatte sich das innenpolitische Klima seit Mitte der 60er Jahre entscheidend verändert, als der Kongreß praktisch McNamara dazu gezwungen hatte, Mittel für das ABM-Programm zur Verfügung zu stellen. Jetzt wuchs im Kongreß ebenso wie bei Akademikern und Wissenschaftlern der Widerstand gegen den Bau von Flugabwehrraketen. Instinktiv sträubte sich Nixon dagegen, einseitig auf ein Waffenbauprogramm zu verzichten – ganz besonders aber auf eines, das sein Vorgänger genehmigt hatte. Ich teilte seine Ansicht, denn ich hielt es für äußerst gefährlich, ein Vorhaben gerade auf einem Gebiet aufzugeben, auf dem wir traditionsgemäß überlegen waren – durch unsere fortgeschrittene Technologie –, ohne von den Sowjets etwas dafür zu bekommen.

Doch um der öffentlichen Kritik die Spitze abzubrechen, forderte Nixon am 6. Februar seinen stellvertretenden Verteidigungsminister, David Pakkard, auf, ein interministerielles Gutachten über den Wert des ABM-Programms anfertigen zu lassen. Wie er mir sagte, wollte er damit den Eindruck erwecken, daß wir die Angelegenheit noch einmal genau überprüfen wollten. Es stellte sich jedoch heraus, daß wir uns verrechnet hatten. Wie in der Vietnam-Frage ließ sich die Opposition der Kritiker nicht dadurch abschwächen, daß man ihr auf halbem Wege entgegenkam, sondern es reizte nur ihren Appetit. Es bestärkte sie in dem Glauben, die gleichen politischen Zwänge, die die Überprüfung veranlaßt hatten, könnten die Regierung auch dazu führen, das ganze ABM-Programm aufzugeben. So rechnete es die *New York Times* zum Beispiel dem Präsidenten nicht zum Verdienst an, diese Untersuchung angeordnet zu haben, sondern führte sie auf den vom Kongreß ausgeübten Druck zurück – was nicht ganz falsch war. Die *Times* meinte, der nächste Schritt müsse darin bestehen, alle militärischen Vorhaben zu überprüfen: »Der vom Kongreß ausgeübte Druck, der die Regierung Nixon veranlaßt hat, den Einsatz des Flugabwehrraketensystems Sentinel aufzugeben, signalisiert eine neue vernünftige Neigung auf Capitol Hill, das ganze Rüstungsprogramm in Frage zu stellen, wie Präsident Eisenhower schon vor acht Jahren empfohlen hat.« Weiter hieß es: »Nun, da die Regierung gezwungen worden ist, das ABM-System erneut zu überprüfen, gibt es ermutigende Zeichen für weitere ähnliche Fragen auf Capitol Hill.«[11]

Am 16. Februar sagte der einflußreiche Vorsitzende des Kongreßausschusses für Atomenergie, der Abgeordnete Chet Holifield, er werde sich jeder Raketenabwehr gegen China und der Errichtung jeder Abschußbasis für Flugabwehrraketen widersetzen, die in der Nähe seines Hauses in Kalifornien gebaut werden sollte. Damit entfiel jede Grundlage für das ABM-Programm. Am 19. Februar nahm Senator Edward Kennedy den Vorwurf auf, die Überprüfung des ABM-Programms durch das Verteidigungsministerium hätte in erster Linie den Zweck gehabt, Kritiker zu besänftigen. Am 26. Februar sagte Hubert Humphrey in einer Rede an der University of Minnesota, wir sollten die Einrichtung des ABM-Systems einstellen und »so rasch wie möglich in Verhandlungen mit der Sowjetunion über den Abbau offensiver und defensiver strategischer Systeme eintreten«. Am 6. März eröffnete der Unterausschuß für Abrüstung unter der Leitung von Senator Albert Gore Anhörungen zur Frage der strategischen und außenpolitischen Bedeutung eines ABM-Systems. Fast ausnahmslos stellten sich die Zeugen gegen ein Verteidigungssystem mit ABM.

Für diese Ablehnung gab es die verschiedensten, leidenschaftlich vorgetragenen und nicht immer folgerichtigen Begründungen. Sechs bekannte Wissenschaftler – Hans Bethe, Herbert York, George Kistiakowsky, James R. Killian, Wolfgang Panofsky und George Rathjens – sagten im März aus, das ABM-System sei nicht zuverlässig; es sei technologisch zu komplex und daher nicht zielsicher genug. Ein zweites Gegenargument bestand darin, daß, auch wenn die Flugabwehrgeschosse wie vorgesehen funktionierten, die Sowjets die verschiedensten Gegenmaßnahmen treffen könnten. In seiner Begeisterung für diese Argumentation erläuterte Professor Bethe während einer öffentlichen Sitzung die wissenschaftlichen Methoden zur Abwehr unseres ABM-Systems, damit unsere Gegner nur keine Möglichkeit übersahen.

Andererseits betrachtete man das angeblich unwirksame, unzuverlässige und leicht zu schlagende ABM-System als eine Bedrohung, weil es ein Wettrüsten auslösen könnte und man dadurch den Abschreckungseffekt strategischer Waffen schwächen würde. Man behauptete, die Anwendung von ABM könnte dazu führen, daß wir zunächst einen sowjetischen Angriff und dessen Wirkung abwarteten. Die bessere Strategie bestünde jedoch darin, die Sowjetunion im Glauben zu lassen, wir würden unsere strategischen Angriffswaffen sofort starten, wenn wir durch einen beginnenden sowjetischen Angriff alarmiert worden seien: »Wenn ich an der Stelle der Russen wäre«, sagte Senator Frank Church vor dem Unterausschuß des Senators Gore, »und wüßte, daß die Amerikaner auf einen ersten Schlag gegen die Vereinigten Staaten sofort mit Minuteman-Raketen reagieren würden, würde ich mich viel weniger leicht zu einem solchen Angriff entschließen, als wenn die Vereinigten Staaten sich auf ein Abwehrsystem verließen, das ich als Russe für wenig wirksam hielt. Mit anderen Worten, mir scheint, das Abwehrsystem, von dem Sie reden, . . . könnte die Russen sogar dazu verführen, einen ersten Schlag zu wagen.« Der Senator erläuterte nicht, weshalb er sich sicherer fühlen würde, wenn die Vereinigten Staaten sich nur durch eine sofortige Reaktion innerhalb der 15 Minuten, die für eine

Vorwarnung zur Verfügung standen, schützen könnten, mit einer Strategie, die noch dazu nur anzuwenden war, wenn der Präsident den militärischen Befehlshabern die Vollmacht gab, auf den ersten Alarm hin selbständig zu reagieren – einen Alarm, der sich später als blinder Alarm erweisen konnte.

Andere behaupteten, wir gründeten unsere Ansicht, daß der Einsatz der ABM erforderlich sei, auf übertriebene Einschätzungen der Wirksamkeit des sowjetischen ABM-Systems um Moskau herum. Diese Kritiker räumten jedoch ein, daß es in diesem Fall gleichgültig sei, ob die Sowjets ein wirksames ABM-System gehabt hätten oder nicht. Ein amerikanisches Bauprogramm für Flugabwehrraketen würde, aus welchem Grunde wir es auch verwirklichten, eine neue Runde im Wettrüsten einleiten, die die Aussichten auf Gespräche über die Beschränkung der strategischen Rüstung bedrohen müßte. Dabei wurde nicht gesagt, weshalb eine amerikanische Flugabwehrrakete, die erst nach vielen Jahren fertig sein würde, die Aussichten auf eine Begrenzung der strategischen Rüstung gefährde, aber ein schon vorhandenes sowjetisches ABM-System bei Moskau nicht.

Schließlich wurde das ABM-Programm ebenso wie viele andere militärische Vorhaben als Verschwendung von Staatsgeldern angegriffen, die somit wichtigeren innenpolitischen Aufgaben entzogen wurden. In Wirklichkeit haben wir für unsere strategischen Streitkräfte immer nur einen geringen Bruchteil des Verteidigungsbudgets in Anspruch genommen, den größten Teil jedoch für die konventionellen Streitkräfte und Personalkosten. Im Steuerjahr 1970 betrugen die Ausgaben für die strategischen Streitkräfte etwa ein Neuntel der gesamten Verteidigungsausgaben. Aber natürlich wurde ein neues Programm wie das für den Bau der ABM sofort angegriffen. In der Senatsdebatte über die Flugabwehrraketen erklärte Senator Muskie:

> »Die verhängnisvolle Kette – Anwachsen der Städte und Landflucht, Verarmung und soziale Zerrüttung, Verschwendung von Bodenschätzen und Umweltbelastung – wird nicht von einer Regierung unterbrochen werden, die gegenüber diesen Problemen gleichgültig ist, und auch nicht von privater Seite, wo man nichts unternimmt – oder nur daran denkt, den nächsten Rüstungsauftrag zu bekommen.«

Senator Mondale vertrat eine ähnliche Auffassung:

> »Dieses sehr gefährdete Gleichgewicht der Abschreckung wird durch den Einsatz des . . . Safeguard- . . . Systems noch stärker bedroht. Diese Bedrohung entsteht durch Ungewißheiten – die Ungewißheit, ob ein Flugabwehrsystem wirkungsvoll ist . . . die Ungewißheit, die durch die unvermeidliche Einführung von Offensivwaffen entsteht, die die Wirksamkeit einer Verteidigung mit ABM ausschalten sollen, . . . die Ungewißheit im Hinblick auf unsere Absichten, wenn die Entwicklung von mehr Waffen die Entschlossenheit verrät, mehr Geld für Rüstung auszugeben als für friedliche Bedürfnisse im eigenen Land.«

Anfang 1969 unterstützte Senator Edward Kennedy die Herausgabe eines Buches, das ein ganzes Arsenal innen- und außenpolitischer, wirtschaftlicher, militärischer und technischer Argumente gegen ein amerikanisches Flugabwehrsystem enthielt.[12]

Das war die Atmosphäre, in der die Nixon-Regierung das Gutachten über ABM anfertigen ließ. David Packard stellte seine Studie Ende Februar fertig. Er empfahl die Fortführung des von der Regierung Johnson 1967 begonnenen »Sentinel-Programms« in einer etwas modifizierten Form. Dann schlug er zunächst vor, die Radarschirme der ABM nicht nur nach Norden zu richten, woher ein Angriff mit Fernraketen zu erwarten war, sondern auch gegen die See, denn Fernlenkraketen könnten auch von Unterseebooten aus abgeschossen werden. Zweitens empfahl Packard, eine größere Zahl von ABM-Flugabwehrraketen einzusetzen, um unsere Abschußbasen für die Interkontinentalraketen vom Typ Minuteman zu schützen. Drittens sagte er, es sei dringend notwendig, die Zahl der für die Verteidigung der Großstädte eingesetzten Abwehrraketen etwas zu verringern. Die Gründe für die ersten beiden Empfehlungen waren rein militärisch: Die Verteidigung rund um die Vereinigten Staaten sollte vor einem unbeabsichtigten Angriff aus beliebiger Richtung oder vor einem schwachen (das war ein Euphemismus für einen chinesischen Überfall) beabsichtigten Angriff schützen. Sie gab uns auch die Möglichkeit, die Verteidigung gegen die Sowjetunion zu verstärken, wenn die SALT-Verhandlungen fehlschlagen sollten. Der Schutz der Abschußbasen für Minuteman erschwerte der Sowjetunion den ersten Schlag. Der Abzug eines Teils der Verteidigungsanlagen für die Zivilbevölkerung war jedoch eine rein politische Entscheidung; sie sollte die Befürworter der Abrüstung, die glaubten, ein starker Ausbau der Verteidigungsanlagen für unsere Zivilbevölkerung könnte von den Sowjets als Bedrohung aufgefaßt werden, beruhigen. Unser Dilemma lag darin, daß wir dem Kongreß ein ABM-Programm augenscheinlich nur verkaufen konnten, wenn wir die militärische Schlagkraft gegen unseren Hauptgegner verringerten.

Ich stimmte der Empfehlung zu, das ABM-System auszubauen. Nach meiner Auffassung gab es dafür sowohl entscheidende militärische als auch außenpolitische Gründe. Die sowjetischen Führer und Militärtheoretiker haben den akademischen Vorstellungen des Westens, eine Verwundbarkeit sei wünschenswert oder die ABM-Waffen stellten eine Bedrohung und eine Gefahr für die Stabilisierung der Lage dar, niemals zugestimmt. Wie Premierminister Kossygin auf einer Pressekonferenz in London im Februar 1967 erklärte, ist ein Raketenabwehrsystem »nicht dazu bestimmt, Menschen zu töten, sondern es soll Menschenleben retten«. Und in Glassboro hatte er Präsident Johnson gesagt, der Verzicht auf *Verteidigungswaffen* sei das Absurdeste, was er je gehört habe. Darüber hinaus konnten die Sowjets, die von der amerikanischen Technologie eine hohe Meinung hatten, ein wirksames amerikanisches ABM-Programm nur als Ankündigung einer künftigen amerikanischen Überlegenheit auf einem Gebiet ansehen, das sie für wichtig hielten.

Es war daher nicht nur wünschenswert, auf einem technologischen Gebiet Fortschritte zu machen, auf dem sich die Sowjetunion aktiv betätigte; vielmehr konnte das Angebot, unsere Flugabwehrsysteme zu begrenzen, die Sowjets auch entscheidend in der Richtung auf ein SALT-Abkommen beeinflussen. Die Entwicklung unserer neuesten offensiven Flugkörper würde jedoch erst nach Jahren abgeschlossen sein, und wenn man die gegenwärtig im Kongreß herrschende Stimmung berücksichtigte, mußte man damit rechnen, daß das Parlament diesem Vorhaben niemals zustimmen würde. In der unmittelbaren Zukunft würden wir nicht in der Lage sein, der alarmierenden Vermehrung der sowjetischen Offensivflugkörper etwas entgegenzustellen, wenn wir nicht ein Abwehrsystem aufbauten und das MIRV-Programm vorantrieben (den Bau von strategischen Interkontinentalflugkörpern mit Mehrfachsprengköpfen). Wenn diese beiden Programme beschnitten wurden – wie es so viele Abgeordnete im Kongreß verlangten –, dann hätten die Vereinigten Staaten zu einer Zeit, da die Sowjets 200 bis 300 neue Flugkörper im Jahr bauten, keine strategischen Alternativen – auf die Dauer eine unerträgliche Lage. Unsere Überlegungen erwiesen sich als richtig. Wenn es uns gelang, die Sowjetunion im Austausch für unsere Bereitschaft, den Bau der ABM zu beschränken, zu einer Begrenzung ihrer Offensivkräfte zu bewegen, dann erreichten wir damit den entscheidenden Interessenausgleich, der drei Jahre später die ersten SALT-Vereinbarungen ermöglichen sollte. Ich hatte auch noch andere Gründe, mich für den begrenzten Einsatz der ABM auszusprechen. Es erschien mir höchst verantwortungslos, die Möglichkeit eines unbeabsichtigten Angriffs auszuschließen oder nicht daran denken zu wollen, daß andere Länder Kernwaffen entwickeln könnten. China war das erste Land gewesen, und andere würden folgen. Ohne eine entsprechende Abwehr konnte ein unbeabsichtigt ausgelöster Abschuß gewaltigen Schaden anrichten. Selbst ein kleines Land, das über eine geringe Kernwaffenkapazität verfügte, konnte die Vereinigten Staaten erpressen. Nach meiner Auffassung hatte es keinen moralischen oder politischen Wert, wenn wir unsere Bevölkerung zu Geiseln machten.

Nixon stand vor einer sehr schwierigen Entscheidung; bevor er sie traf, wollte er seine Kabinettskollegen konsultieren. Laird war entschieden dafür, das Programm nach unseren Vorstellungen zu verwirklichen. Rogers hatte gewisse Zweifel; er rief mich ein paarmal an und sagte, einige seiner Mitarbeiter im Außenministerium hielten es für richtiger, wenn wir unser ABM-Programm auf Forschung und Entwicklung beschränkten und noch nicht in die Produktion gingen, betonte aber, daß er diese Auffassung nicht unbedingt teile. Ich fragte Dave Packard, ob es möglich sei, so vorzugehen.

Packard antwortete, in diesem Fall sei das Programm zum Scheitern verurteilt. Wenn wir jetzt nachgaben – und das würden wir tun, wenn wir Rogers' Vorschlag folgten –, dann würde der Kongreß die Produktion der ABM-Waffen im nächsten Jahr wahrscheinlich nicht mehr unterstützen. Die dafür sprechenden Argumente würden nicht überzeugender sein als jetzt und unsere Gegner wären, nachdem sie uns gezwungen hatten, die Sache um ein Jahr zu verschieben, in einer stärkeren Position. Außerdem würde eine einjährige Pause die praktische Verwirklichung des Programms um zwei bis drei Jahre verzögern. Wenn wir die Produktionsstätten jetzt schließen würden, dann brauchten wir ein weiteres Jahr, um die Produktion wieder in Gang zu bringen. Die Entscheidung, den Bau der Waffe zu verschieben, bedeutete deshalb, daß die Vereinigten Staaten während des größten Teils der 70er Jahre über keine Raketenabwehrsysteme verfügen würden, ohne zu wissen, ob sich die Sowjetunion irgendwelche Beschränkungen auferlegte.

Am 14. März gab Nixon seinen Entschluß bekannt, die ABM weiterzubauen. Nach dem Programm Nixons sollte es zwölf Abschußbasen zur Verteidigung bestimmter Räume geben. Vier davon sollten zum Schutz der Minuteman-Basen eingerichtet werden. Dazu waren insgesamt 19 Radarstationen und mehrere 100 Abfangraketen vorgesehen. Die Anlagen sollten bis 1973 fertiggestellt sein. Um zu zeigen, daß eine neue Taktik angewendet wurde, erhielt das Johnson-System »Sentinel« den neuen Namen »Safeguard«. Es unterschied sich von Sentinel in erster Linie dadurch, daß das ganze Gebiet der Vereinigten Staaten mit Radar überwacht wurde, um rascher auf einen sowjetischen Angriff reagieren zu können, und konzentrierte sich auch mehr auf die Verteidigung der Abschußbasen für die Interkontinentalraketen. In seiner Erklärung fügte Nixon hinzu:

»Ich habe von der Auffassung Kenntnis genommen, daß es eine Vereinbarung mit der Sowjetunion über (die Begrenzung) der strategischen Rüstung komplizieren könnte, wenn wir mit dem Bau amerikanischer Flugabwehrraketen beginnen würden.

Ich glaube nicht, daß diese Auffassung sich durch die jüngsten Entwicklungen stützen läßt. Das sowjetische Interesse für strategische Gespräche wurde durch die Entscheidung der vorigen Regierung, das ABM-System Sentinel einzurichten, nicht geringer – es wurde vielmehr kurz darauf offiziell bestätigt. Ich glaube, die Modifizierungen, die wir in dem vorigen Programm vorgenommen haben, werden die Sowjetunion noch weniger veranlassen, unsere Verteidigungsanstrengungen als ein Hindernis für Gespräche anzusehen. Darüber hinaus möchte ich betonen, daß die Vereinigten Staaten bei allen Gesprächen über Rüstungsbegrenzungen mit der Sowjetunion durchaus bereit sein werden, über Begrenzungen bei den defensiven und den offensiven Waffensystemen zu reden.«

Diese Erklärung löste eine leidenschaftlich geführte, lange Diskussion aus, die vom März bis in den August hinein andauerte. Am 6. August billigte der Senat – wie in einem spannenden Fortsetzungsroman – die Freigabe von Geldmitteln für das ABM-Programm mit nur einer Stimme Mehrheit.

Aber noch gaben unsere Gegner nicht auf. In den folgenden Jahren gelang es ihnen, die dafür zur Verfügung gestellten Mittel so weit zu kürzen, bis das »Safeguard-Programm« von 1969 mit zwölf Abschußbasen 1972 auf drei Abschußbasen zusammengeschrumpft war. Das SALT-Abkommen von 1972 begrenzte die ABM-Basen auf zwei für jedes Land; eine für die Verteidigung der nationalen Kommandobehörde und die andere für eine ICBM-Abschußbasis. 1974 unterzeichneten die Vereinigten Staaten und die Sowjetunion ein Zusatzabkommen, nach dem jede Seite nur noch eine Basis unterhalten durfte (entweder zum Schutz einer ICBM-Basis oder der nationalen Kommandobehörde). Durch die starre Haltung des Kongresses und die Demoralisierung der Bürokratie kam es 1975 zu dem einseitigen Beschluß der Vereinigten Staaten, auch noch die eine Basis aufzugeben, zu deren Unterhalt wir nach dem Vertrag ermächtigt waren. Doch inzwischen hatte das ABM-Programm wenigstens insofern einen Zweck erreicht, als es das SALT-Abkommen von 1972 ermöglichte und die Sowjets daran hinderte, ihre strategischen Offensivkräfte zahlenmäßig weiter auszubauen. Trotzdem habe ich es immer für einen Fehler gehalten, daß wir 1975 auf unsere letzte Basis verzichteten, obwohl ich meine Einwilligung dazu gab.

4. Mit mehreren Sprengkörpern versehene Fernlenkgeschosse (MIRV)

Das MIRV-Problem war die Kehrseite des ABM-Problems. Die MIRV waren zur Zeit der Regierung Johnson entwickelt worden, um dem Einsatz einer ABM-Abwehr der Sowjets zu begegnen, indem sie mit einer größeren Zahl eindringender Sprengköpfe ausgestattet wurden, und zwar ohne die Anzahl unserer Trägerraketen zu vergrößern, was nach unserer Meinung destabilisierend wirken würde. Wir glaubten, wenn wir auf die sowjetische Aufrüstung mit einer Vermehrung unserer Trägerraketen reagieren würden, werde das Wettrüsten angeheizt werden; wenn wir jedoch nur die Anzahl der Sprengköpfe auf jeder Trägerrakete erhöhten, könnten wir unsere Vergeltungskapazität erhöhen, ohne dieses Risiko eingehen zu müssen. Wenn die Sowjets ihr ABM-System ausbauten, dann könnten unsere Trägerraketen mit Mehrfachsprengköpfen diese Abwehr schlagen. Selbst wenn nur eine kleine Zahl unserer Trägerraketen einen Überraschungsangriff überlebte, dann konnten sie bei einer Vergeltung mit ihren Mehrfachsprengköpfen dem Angreifer höhere Verluste beibringen, als er hinzunehmen gewillt war. Diese Argumentation war jedoch nicht ganz logisch, weil die mit Mehrfachsprengköpfen ausgerüsteten Flugkörper für den Angreifer einen erheblichen Vorteil boten. Selbst wenn das Kräfteverhältnis ausgeglichen war und jede Seite zum Beispiel 1000 Trägerraketen mit jeweils drei Sprengköpfen besaß, konnte der Angreifer zunächst 3000 Sprengköpfe gegen 1000 Ziele abschießen und hatte dadurch eine relativ große Aussicht auf Erfolg. Weshalb die Vermehrung der Sprengköpfe stabilisierend wirken sollte, die Vermehrung der Trägerraketen aber nicht, war nicht ersichtlich und wurde auch nicht erläutert. Man berücksichtigte auch nicht unsere Lage für den Fall, daß die Sowjets Mehrfachsprengköpfe entwickelten, wobei die Zahl der Trägerraketen und ihre Verwundbarkeit wieder ausschlaggebend sein würden.

Um das MIRV-Programm kam es nicht zu einer so erregten innenpolitischen Debatte wie um ABM. Das lag unter anderem daran, daß die Mittel für MIRV schon von der Regierung Johnson bereitgestellt worden waren und die Versuche bereits im August 1968 begonnen hatten. Der Geist der MIRV war sozusagen schon aus der Flasche. Aber eine neue und letzte Produktionsrunde für MIRV sollte im Mai beginnen. Darauf konzentrierten die Gegner der Aufrüstung jetzt ihr Feuer, besonders nach der Entscheidung Nixons zum Bau der ABM vom 14. März. Sie folgten dabei der schon fast zum Ritual gewordenen Strategie der Gegner neuer Waffensysteme und behaupteten, das neue System sei überflüssig und habe zugleich eine destabilisierende Wirkung. Denn wir verfügten bereits über ein völlig ausreichendes Waffensystem dieser Art, andererseits aber verhinderten wir durch den Bau des neuen Systems die Entwicklung eines unter Umständen viel besseren nach etwa zehn Jahren. Vor allem aber wurde behauptet, unsere Programme forderten die Sowjets heraus, das gleiche zu tun. Wenn wir Zurückhaltung übten, dann werde es auch unser Gegner tun. (Im Fall von ABM verlangte man von uns sogar, Zurückhaltung zu üben, obwohl unser Gegner das nicht getan hatte.) Das war schon das Argument der Gegner der Wasserstoffbombe gewesen; jetzt bezog es sich auf das MIRV-System. In beiden Fällen waren die Sowjets bereits weit vorangekommen, während in Amerika noch leidenschaftlich darüber diskutiert wurde.

Im Juni machte Senator Clifford Case den Vorschlag, das Bewilligungsgesetz zu erweitern, so daß die Versuche mit MIRV beendet werden mußten. Als dieser Antrag vom Bewilligungsausschuß abgelehnt wurde, drohte Case, den Antrag vor dem Parlament einzubringen. Am 17. Juni brachte Senator Edward Brooke einen Antrag für ein Moratorium zum MIRV-Programm ein. 40 andere Senatoren schlossen sich dem Antrag an, und Brooke sagte mir, daß mindestens zehn weitere dafür stimmen würden. Am 15. Juni empfahl Senator Thomas Eagleton dem Präsidenten dringend, die Entwicklung der MIRV einzustellen. Im Repräsentantenhaus legte der Abgeordnete

Jonathan Bingham eine Resolution vor, mit der das Moratorium gefordert wurde. Mehr als 100 seiner Kollegen schlossen sich ihm an. Am 16. Juni empfahl der Vorsitzende der republikanischen Fraktion im Repräsentantenhaus, John Anderson, die Versuche mit MIRV für die Dauer der Abrüstungsgespräche einzustellen. Am 9. Oktober gab ein außenpolitischer Unterausschuß des Kongresses einen Bericht heraus, in dem der Präsident aufgefordert wurde, bei den SALT-Verhandlungen dem Einfrieren der Versuche mit MIRV eine »hohe Priorität« zu geben.

Die ganze Kampagne zielte darauf ab, daß die Vereinigten Staaten einseitig die Erprobung der MIRV aufgeben sollten, um damit die Sowjets zu veranlassen, das gleiche zu tun. In einem Leitartikel der *New York Times* hieß es am 12. Juni: »Eine Möglichkeit, Herrn Kossygin zu einer Einstellung der Versuche mit MIRV zu begegnen, wäre, die Einstellung der amerikanischen MIRV-Versuche anzubieten – oder sie sogar einzustellen und zu erklären, wir würden sie nicht wieder aufnehmen, solange die Sowjetunion ihre Mehrfachsprengköpfe nicht erprobte.« Am 20. Juni schrieb die *New York Times:* »Keine Entscheidung, die Richard Nixon als Präsident zu treffen hat, wird wahrscheinlich größere Auswirkungen haben als die, vor der er in den nächsten Tagen im Hinblick auf die Vorschläge zur Einstellung der Erprobung der MIRV im Fluge steht. Weitere Versuche, auch wenn sie nur wenige Wochen dauern sollten, drohen die Welt an einen Punkt zu bringen, von dem es kein Zurück mehr gibt, in eine kostspielige und gefährliche neue Runde des Wettrüstens mit Fernlenkgeschossen.«

Einige Experten im Weißen Haus, deren besonderes Gebiet die Beziehungen des Präsidenten zum Kongreß war, empfahlen uns dringend, dem Moratorium zu den MIRV-Versuchen zuzustimmen, um die Haltung des Parlaments gegenüber ABM günstig zu beeinflussen. Ich zweifelte an der Richtigkeit dieses Rats und schrieb am 23. Mai an den Präsidenten, die Beendigung der MIRV-Versuche »könnte dazu führen, daß wir unter Druck gesetzt werden, die Projekte für Minuteman III und Poseidon einzustellen (die Trägerraketen für MIRV) . . ., was das strategische Programm der Vereinigten Staaten noch mehr durcheinanderbringen würde.« Da es die Hauptaufgabe der Mehrfachsprengköpfe war, die ABM-Abwehr zu durchdringen, ließ sich die Logik, mit der die Senatoren, die ein MIRV-Moratorium verlangten, gleichzeitig aber »Safeguard« empfahlen, nicht durchschauen.

Senator Brooke drängte auch weiterhin auf die Annahme seines Vorschlags. In einem erregten Gespräch mit mir sagte Brooke am 23. Mai, wenn die Versuche zu Ende geführt würden, dann wäre »der Geist« wirklich »aus der Flasche«. Die ganze Angelegenheit sei eine Sache des »Gewissens«. Hier schaltete sich auch die akademische Welt ein. Viele meiner alten Freunde auf den Universitäten schrieben mir und drängten mich, die Versuche mit Mehrfachsprengköpfen einzustellen.

Man verlangte von uns zwei Maßnahmen, die beide weitreichende Folgen gehabt hätten. Erstens sollten wir unser ABM-Programm aufgeben, und zwar ohne Gegenleistungen von seiten der Sowjets. Zweitens sollten wir den Einsatz unserer Mehrfachsprengköpfe in einer einseitigen Geste verschieben – kurz gesagt, wir sollten sowohl auf die Abwehr von Fernlenkgeschossen als auch auf die Möglichkeit verzichten, den Gegner zu schlagen, obwohl die Sowjetunion beide Systeme bereits einsetzte. Das alles wurde empfohlen zu einer Zeit, da das Arsenal sowjetischer Fernlenkwaffen alljährlich um 200 bis 300 Trägerraketen zunahm. Wenn die Sowjets weiterbauten, während wir unsere Projekte aufgaben, was sollte sie dann veranlassen, über Vereinbarungen zu Rüstungsbeschränkungen zu verhandeln? Unsere einseitige Zurückhaltung konnte die Sowjets nur veranlassen, die Verhandlungen immer weiter hinauszuschieben, um das Gleichgewicht so weit wie möglich zu ihren Gunsten zu verschieben, während wir uns selbst lähmten. Die gleichzeitige Aufgabe der ABM- und MIRV-Projekte verschlechterte nicht nur die Aussichten auf ein SALT-Abkommen, sondern garantierte wahrscheinlich die strategische Überlegenheit der Sowjets für das nächste Jahrzehnt.

Als nun die SALT-Gespräche im November anliefen, zeigten sich die Sowjets im Gegensatz zu den düsteren Voraussagen der Befürworter der Abrüstung an Verhandlungen an ABM sehr interessiert, andererseits aber bekundeten sie nur ein begrenztes Interesse für den *Einsatz* der MIRV und wollten von einem Versuchsverbot nichts wissen, denn dann hätten sie uns technisch nicht einholen können. Weder unser ABM-Programm noch die Versuche mit MIRV erschwerten die SALT-Gespräche. Im Gegenteil, sie beschleunigten sie.

5. Der Angriff auf das Verteidigungsbudget

Der Angriff gegen ABM und MIRV erweiterte sich 1969 jedoch bald zu einem Angriff gegen das ganze Verteidigungsbudget. Nixon legte am 2. Februar 1970 sein erstes volles Budget vor und versuchte die Gegenargumente der Opposition dadurch vorwegzunehmen, daß er sehr überzeugend von der Notwendigkeit sprach, die nationalen Prioritäten neu zu ordnen. In seiner Botschaft an die Nation und in seinem Budgetbericht schlug er vor, die Familienhilfe, die Subventionen für Nahrungsmittel, die Maßnahmen gegen Luft- und Wasserverschmutzung und die Verbesserung des Transportsystems mit höheren Ausgaben zu unterstützen. Sein Verteidigungsbudget in Höhe von 73,5 Milliarden Dollar lag um mehr als 5 Milliarden Dollar niedriger als die Verteidigungsausgaben im vergangenen Jahr. Zum erstenmal seit 20 Jahren hatte hier ein Präsident Verteidigungsausgaben vorgeschlagen, die niedriger lagen als die für »menschliche Bedürfnisse« vorgesehenen Summen. 37 Prozent gingen an die Streitkräfte, und 41 Prozent sollten für soziale und Wohlfahrtsmaßnahmen ausgegeben werden. (Im Jahr zuvor – als man sich im wesentlichen auf das Budget von Johnson gestützt hatte – wurden 44 Prozent für die Verteidigung und 34 Prozent für soziale und Wohlfahrtsvorhaben ausgegeben.) Damit hatte Richard Nixon die Neuordnung der Prioritäten durchgesetzt, die seine Kritiker seit Jahren leidenschaftlich gefordert hatten.

Ich war über diese Tendenz nicht besonders glücklich, denn obwohl überall gesagt wurde, man habe nur den Rahm abgeschöpft, war ich überzeugt, daß die Verringerung der Schlagkraft unserer Streitkräfte folgen würde. Der militärische Ausgleich würde sich deshalb sowohl bei den strategischen als auch bei den konventionellen Streitkräften in der falschen Richtung verschieben. Am 14. Januar 1970 besprach ich die Sache mit John Ehrlichman, der als Sachbearbeiter innenpolitischer Vorhaben natürlich seine Prioritäten verteidigen mußte. Ehrlichman sagte, »jedermann« wisse, daß die Verteidigungsausgaben zu hoch seien. Ich antwortete – und ich konnte damals nicht wissen, wie richtig das war –, man werde das auch 1973 nicht »wissen« (als es im Nahen Osten zu der schweren Krise kam). Obwohl Haldeman meinte, Nixon sei des Tauziehens um das Budget überdrüssig, vertrat ich noch am gleichen Tage in einem Gespräch mit dem Präsidenten meine Auffassung: »Das Schlimme ist, daß Sie in zwei bis drei Jahren vor einer Situation stehen könnten, wo Ihnen gerade die für einen dringenden Notfall erforderlichen Kräfte nicht mehr zur Verfügung stehen.«

Nixon zeigte Verständnis, glaubte aber, wenn er sich nicht zu gewissen Abstrichen entschlösse, würden seine Kritiker die Sache in die Hand nehmen und das ganze Rüstungsprogramm zunichte machen. Er hatte tatsächlich allen Grund zur Sorge. Aber seine Abstriche am Budget ließen die Kritiker, denen sie viel zu gering waren, nicht verstummen. Angeblich unterhielten wir noch viel zu starke konventionelle Streitkräfte, was sich mit der Guam-Doktrin des Präsidenten nicht vereinbaren ließe. Außerdem behauptete man, das Budget für die strategischen Streitkräfte könne noch weiter zusammengestrichen werden, ohne daß diese etwas von ihrer abschreckenden Wirkung verlören. In dem Budget von 1971 waren Langzeitprogramme enthalten, die die Budgets der kommenden Jahre, wie man sagte, nur aufblähen würden. Dabei handelte es sich um Flugzeugträger, taktische Luftstreitkräfte und kostspielige neue strategische Waffen. Die *New York Times* beklagte am 17. Januar 1970, daß Nixons angeblich auf das Notwendigste zugeschnittenes Verteidigungsbudget nur die Abstriche zeigte, die man als Folge der Beruhigung der Operationen in Vietnam habe erwarten dürfen; sie zeigten »keine fundamentale Verlagerung der Strategie; viel weniger aber eine Neuordnung der Prioritäten«. James Reston schrieb am 18. Januar, das Verteidigungsbudget könne gefahrlos bis auf 58 oder 63 Milliarden Dollar gesenkt werden. Dabei berief er sich auf den ehemaligen Verteidigungsminister McNamara und seinen Stellvertreter Roswell Gilpatric. Der ehemalige Analytiker der Luftstreitkräfte, A. Ernest Fitzgerald, der entlassen worden war, weil er die Kostenüberschreitungen beim Bau der C-5A öffentlich gerügt hatte, und heute gewisse Gruppen von Aufrüstungsgegnern vertrat, sagte am 27. Januar, aus dem Verteidigungsbudget sollten 20 Milliarden Dollar gestrichen werden, davon 5 Milliarden Dollar aus den Mitteln für Beschaffung und Entwicklung. Zwei Tage später hieß es in einem ausführlichen Leitartikel der *New York Times*, es sei möglich, über die vorgesehenen 5 Milliarden Dollar hinaus weitere 8 Milliarden Dollar zu streichen, und zwar 2 Milliarden als Folge des Moratoriums für ABM und MIRV sowie 1,5 Milliarden Dollar als Folge des beschleunigten Rückzuges aus Vietnam, schließlich 4 Milliarden Dollar durch einen Abbau der konventionellen Streitkräfte.

Die Auffassung des Kongresses spiegelte die Ansichten wider, die sich in den Leitartikeln der Zeitungen ausdrückten. Auf einer Konferenz des politischen Ausschusses der Demokratischen Partei über nationale Prioritäten im Februar beschuldigte Hubert Humphrey Nixon, er wolle Milliarden von Dollars für militärische Zwecke ausgeben, und zwar auf Kosten der Erfordernisse auf dem Gebiet der Gesundheitsfürsorge und der Erziehung. Der gleichen Gruppe von Senatoren sagte Edward Kennedy, es gäbe noch andere Gebiete, auf denen Einsparungen gemacht werden könnten. Dazu gehörten auch das Projekt des B-1-Bombers, das »Safeguard«-ABM-Programm und die amerikanischen konventionellen Streitkräfte in Europa:

> »Wir dürfen die Fehler der 50er und 60er Jahre nicht wiederholen, als wir auf die vom Kalten Krieg ausgelösten Befürchtungen zu stark reagierten und damit zu einer Beschleunigung des Wettrüstens beitrugen ...
> Da das Budget des Bundes auf vielen Gebieten so stark beschnitten wird, sollten auch alle militärischen Ausgaben genauestens überprüft werden ... Ich glaube, ich habe gezeigt, daß die Budgetvorschläge des Präsidenten für das Verteidigungsministerium nicht unanfechtbar sind. Wenn weitere wesentliche Abstriche gemacht werden, dann steht das nicht im Widerspruch zu einer Steigerung der nationalen Sicherheit.«[13]

Am 2. Mai erklärte eine aus zwölf Senatoren beider Parteien bestehende Gruppe, sie habe einen Plan für eine rigorose Überprüfung des Verteidigungsbudgets mit dem Ziel, »die relativen Prioritäten zwischen der militärischen Sicherheit und den zivilen Bedürfnissen neu zu ordnen«. Die Senatoren fügten hinzu: »Wir glauben, das Ergebnis einer solchen Überprüfung wird sowohl eine allgemeine Senkung der Ausgaben als auch eine große, wenn nicht sogar noch größere reale Sicherheit für die Vereinigten Staaten zur Folge haben.« Eine Gruppe liberaler Abgeordneter und Senatoren gab Ende Juni einen inoffiziellen Bericht heraus, in dem weitere Streichungen in Höhe von 4,65 Milliarden Dollar empfohlen wurden, die aus dem Versuchs- und Einsatzprogramm der MIRV und aus dem Beschaffungsprogramm für den F-14-Jäger, den F-111-Bomber und das ABM-Programm »Safeguard« genommen werden sollten.

Als im Dezember 1970 schließlich über die Verteidigungsausgaben abgestimmt wurde, beschloß der Kongreß, zusätzliche 2,1 Milliarden Dollar zu streichen, obwohl Nixon bereits 5 Milliarden Dollar gestrichen hatte. Damit lag das Verteidigungsbudget gegenüber dem vergangenen Jahr um mehr als 7 Milliarden Dollar niedriger. Aber selbst das zeigte noch nicht das ganze Ausmaß der antimilitärischen Stimmung, der Ablehnung der Verteidigungsausgaben, die Wahrscheinlichkeit, daß es bei jedem neuen Rüstungsvorschlag zu erbitterten Kämpfen kommen würde, und die daraus resultierende Unsicherheit für die Verteidigungsplanung und unsere langfristige Sicherheit am Ende der 60er Jahre.

Die heftigsten Angriffe wurden allerdings abgewiesen. Der Bau der ABM wurde genehmigt; die MIRV-Versuche gingen weiter; es gelang uns sogar, die Mittel für den B-1 und den Trident zu bekommen, wenn auch nur allmählich; bei den Truppenstationierungen in Übersee kam es zu keinen drastischen Abstrichen. Aber zu einer Zeit, da die sowjetische Aufrüstung eine Überprüfung der strategischen Konzeption und der verfügbaren Streitkräfte dringend erforderlich machte, verbrauchten sich die Energien der Exekutive in einem Rückzugsgefecht, um das notwendigste Arsenal zu bewahren. Die Planer im Pentagon waren gezwungen, sich auf die Erhaltung der bestehenden Struktur der Streitkräfte zu konzentrieren, anstatt sie den veränderten Bedingungen anzupassen.

Die Kürzungen wären wahrscheinlich noch viel schlimmer ausgefallen, hätte Nixon nicht versucht, durch Abstriche am Verteidigungsbudget selbst auf die Stimmung in der Öffentlichkeit zu reagieren, und hätten wir nicht allmählich unsere Truppen aus Asien zurückgezogen. Genau werden wir das nie wissen. Später habe ich mir überlegt, ob es nicht klüger gewesen wäre, in dieser Frage härter zu bleiben. Vielleicht hätte es 1969 eine große allgemeine Diskussion über unsere Haltung zur Landesverteidigung geben müssen. Was schließlich bewilligt wurde, besänftigte die Kritiker nicht und hat vielleicht sogar diejenigen demoralisiert, die eine starke Verteidigung unterstützten; ebenso wie bei der Vietnam-Kontroverse bestand auch hier die Gefahr, daß die Regierung isoliert wurde, weil sie sich den Argumenten der Kritiker zu fügen schien, denen sie in Wirklichkeit nicht zustimmte, und damit die Debatte in die falsche Richtung lenkte. Andererseits begegneten lautstarke Reden des Präsidenten über die Bedeutung der Landesverteidigung, wie etwa im Juni 1969 an der Akademie der Luftstreitkräfte, in den

Medien und im Kongreß einer so großen Ablehnung, daß man sogar versuchte, Nixon lächerlich zu machen. Im Kongreß ging es jetzt nicht mehr darum, ob das Verteidigungsbudget beschnitten werden sollte, sondern nur noch darum, wie hoch die Kürzungen sein müßten. Die Verfechter unserer Verteidigungspolitik im Kongreß und im Lande gingen nicht auf die Barrikaden. In der antimilitärischen Orgie, die durch Vietnam ausgelöst worden war, wäre es mit Sicherheit vergeblich gewesen, sich gegen die überwältigende Mehrheit im Kongreß zu stellen, die von zivilen Prioritäten sprach. Damit hätte man nur Salz in die Wunden gestreut, die durch den Vietnam-Krieg aufgerissen worden waren.

Schließlich gelang es Nixon und Laird doch, unsere Verteidigungskraft und die Struktur unserer Streitkräfte während der unruhigen Jahre und trotz der Streichungen und Konflikte zu bewahren. Die Regierung Nixon leitete wichtige neue Programme ein – die B-1, die Trident und die »Cruise Missile« – und legte ein Fundament, auf dem weitergebaut werden konnte, als sich die Stimmung im Kongreß in der zweiten Hälfte der 70er Jahre änderte.

6. Die strategische Doktrin

Während dieser unruhigen Zeiten haben es meine Mitarbeiter und ich – mit der energischen Unterstützung des Präsidenten – unternommen, unsere militärische Doktrin zu überprüfen. Wir wollten uns damit rechtzeitig in die Lage versetzen, unsere militärischen Vorhaben nach überlegten Kriterien zu planen und zu verteidigen und unsere Strategie den neuen Realitäten anpassen und versuchen, der öffentlichen Debatte die Emotionen zu nehmen.

Zunächst ging es darum, die Strategie für einen allgemeinen Krieg mit Kernwaffen neu zu definieren. Nach der Doktrin von der »gesicherten Zerstörung«, von der sich frühere Regierungen haben leiten lassen, schreckten wir die Sowjets durch Offensivkräfte, die ein bestimmtes Maß an Verlusten bei der Zivilbevölkerung und Schäden bei der Industrie anrichten konnten, von einem Angriff ab.*

Die Strategie richtete sich nicht auf die Zerstörung der gegnerischen Raketen oder Bombenflugzeuge; denn dann hätten wir die Struktur unserer Streitkräfte derjenigen des Gegners anpassen müssen, und gerade das wollten die Verfechter der »gesicherten Zerstörung« vermeiden. Sie zogen es vor, einen absoluten Maßstab für die Zerstörung zu setzen, und zwar nach

* 1965 definierte man den Begriff »gesicherte Zerstörung« im Pentagon als die Fähigkeit, ein Viertel bis ein Drittel der sowjetischen Bevölkerung und zwei Drittel der sowjetischen Industrie zu vernichten; 1968 senkte man diese Zahlen auf ein Fünftel bis ein Viertel der sowjetischen Bevölkerung und die Hälfte der sowjetischen Industrie.

wirtschaftlichen Gesichtspunkten (die Systemanalyse war schließlich eine wirtschaftliche Technik), was uns davon befreite, uns jeweils dem wachsenden sowjetischen Potential anzupassen. Die Zahl der Kernwaffen, die man für sehr starke Zerstörungen brauchte, stand fest und war nicht sehr groß.

Es war eigentlich erstaunlich, daß die Doktrin von der »gesicherten Zerstörung«, deren Strategie die unmenschlichste war, ausgerechnet von den liberalen Verfechtern der Rüstungskontrolle vertreten wurde, die sich angeblich nur von humanitären Überlegungen leiten ließen. Sie behaupteten, daß die Wahrscheinlichkeit eines Krieges um so geringer sein würde, je fürchterlicher die Folgen werden müßten. Wenn man dagegen die Auswirkungen eines Krieges in Grenzen halten könnte, dann sei das Risiko eines Kriegsausbruchs größer. Aus diesem Grunde war es die Absicht der Vereinigten Staaten und der Sowjetunion, ihre strategischen Waffen mehr gegen die Bevölkerung auf der anderen Seite als gegen die Raketenabschußbasen zu richten. Wenn die einzige Möglichkeit in der Vernichtung der Bevölkerung lag, dann würde keine Seite sich dazu entschließen, Kernwaffen einzusetzen. Was im Falle von Fehlberechnungen geschehen würde, überließ man der Zukunft. Wie wir Verbündete unter diesen Umständen verteidigen würden, wurde nicht analysiert.

Das von dieser Doktrin nicht aufzulösende Dilemma war ein psychologisches. Die Drohung mit dem Selbstmord beider Seiten war, besonders wenn es um das Überleben der Nation ging, ein geeignetes Abschreckungsmittel; aber kein Präsident konnte eine solche Drohung glaubwürdig machen, wenn er nicht eine ganz irrationale Außenpolitik trieb – und das war im Rahmen unseres politischen Systems ausgeschlossen, das von uns Entschlüsse verlangt, deren Auswirkungen sich vorausberechnen lassen und die zugleich eine gewisse Mäßigung zeigen. Und wenn die Abschreckung versagte und der Präsident schließlich vor der Entscheidung stand, einen Gegenschlag zu führen, wer sollte dann die moralische Verantwortung für eine Strategie übernehmen, die eine Massenvernichtung der Zivilbevölkerung zur Folge hätte? Wie konnten die Vereinigten Staaten ihre Verbündeten zusammenhalten, wenn die Glaubwürdigkeit ihrer Strategie unterhöhlt war? Wie sollten wir mit den sowjetischen konventionellen Streitkräften fertig werden, wenn die Sowjets annahmen, wir meinten es wirklich ernst, wenn wir sagten, es sei das Hauptziel unserer Strategie, die Zivilbevölkerung auszurotten.

Ging man noch einen Schritt weiter, dann führte die Doktrin von der »gesicherten Zerstörung« zu dem Schluß, die Verwundbarkeit unserer Zivilbevölkerung sei ein Aktivposten in dieser Schreckensbilanz, der die Sowjetunion beruhigen würde und dafür garantierte, daß sie sich in einer Krise Zurückhaltung auferlegte. Zum erstenmal in der Geschichte erblickte ein großes Land einen Vorteil darin, seine *eigene* Verwundbarkeit zu erhöhen.

»Gesicherte Zerstörung« war einer jener theoretischen Begriffe, die in einem Hochschulseminar sehr eindrucksvoll klingen, sich aber in der Praxis als vollkommen ungeeignet erweisen und zur Katastrophe führen, wenn man sie wirklich anwenden will.

Ich machte mir auch Sorgen darum, daß mit der Erreichung des strategischen Gleichgewichts zwischen den Vereinigten Staaten und der Sowjetunion strategische Streitkräfte auch eingesetzt werden könnten, ohne die Absicht, den Gegner total zu vernichten. Im Juni 1969 wies ich den Präsidenten auf das Dilemma hin, vor dem er stehen werde, wenn es zu einem begrenzten Angriff der Sowjets mit Kernwaffen käme, und empfahl ihm, das Pentagon anzuweisen, es solle eine Strategie für den Fall entwickeln, in dem es nicht zum totalen Krieg mit Kernwaffen käme. Der Präsident war einverstanden und erließ die entsprechenden Anweisungen. Aber unser militärisches Establishment läßt sich nicht einmal vom Weißen Hause gern in seine strategischen Konzepte hineinreden. Als ich mein Amt übernahm, sagte mir der ehemalige Verteidigungsminister Robert McNamara, er habe sich sieben Jahre darum bemüht, dem Präsidenten mehr Entscheidungsmöglichkeiten zu verschaffen. Schließlich habe er angesichts der bürokratischen Opposition aufgegeben und sich entschlossen, zu improvisieren. Nun wollte ich es besser machen, es gelang mir aber nur zum Teil. Meine Mitarbeiter machten sich nur ungern an diese Aufgabe, denn eine größere Auswahl an Entscheidungsmöglichkeiten erforderte die Aufstellung neuer Verbände, und das komplizierte die Budgetentscheidungen. Die Chefs der Teilstreitkräfte waren mit diesen Vorstellungen nicht einverstanden, denn sie verhandeln über die Einsatzmöglichkeiten der ihnen unterstellten Verbände lieber mit ihren militärischen Kollegen als mit zivilen Fachleuten, die, wie die Erfahrung zeigt, die militärischen Verbände eher schwächen als stärken. Da unsere militärischen Operationen von kombinierten Stäben geplant werden, die nicht den militärischen Teilstreitkräften unterstellt sind, sind die Chefs des Stabes bei den Teilstreitkräften in erster Linie Leiter von Beschaffungsämtern und weniger von Organisationen, die für die strategische Planung verantwortlich sind. Sie mißtrauen jeder Doktrin, die ihre Entscheidungen über die Ausrüstung beeinflussen könnte. So wurde zum Beispiel eine Anfrage des Präsidenten aus dem Jahr 1969 zum Schiffsbauprogramm während der acht Jahre, die ich mein Amt in Washington innehatte, nicht beantwortet. Die Reaktionen dieser Dienststellen hielten sich stets an der Grenze der Insubordination, aber mit ihren Stellungnahmen ließ sich praktisch nichts anfangen. Obwohl wir in regelmäßigem halbjährlichen Abstand an die Beantwortung unserer Anfrage erinnerten, war die Sache noch immer nicht erledigt, als ich mein Amt verließ. Die gleiche Haltung nahmen auch die anderen Teilstreitkräfte ein.

Bei der Entwicklung einer detaillierteren Strategie für einen Nuklearkrieg ohne jede Beschränkung kamen wir etwas besser voran; das lag zum Teil daran, daß das Weiße Haus energischer auf die Beantwortung seiner Fragen drängte. Die Joint Chiefs arbeiteten in dem Bewußtsein zusammen, daß die Doktrin von der »gesicherten Zerstörung« unausweichlich zu politischen Entscheidungen führen mußte, die den Ausbau unserer strategischen Streitkräfte vernachlässigen und sie im Lauf der Zeit verringern würden. Wir entwickelten deshalb 1969 neue Kriterien für eine »Strategie der ausreichenden Schlagkraft«, die unsere strategischen Planungen nicht nur auf die Vernichtung der Zivilbevölkerung, sondern auch auf die Bekämpfung militärischer Ziele ausrichtete. Diese Kriterien boten einen besseren Rahmen, für langfristige Planung und Modernisierung unserer Streitkräfte zu planen, und versetzten uns in die Lage, den vom Kongreß geforderten Streichungen mit logischen Begründungen und nicht nur mit Reflexreaktionen zu begegnen; sie gaben uns wenigstens die theoretisch bessere Möglichkeit, Streitkräfte für andere Aufgaben vorzusehen als für die Massenvernichtung der Zivilbevölkerung.

Sehr viel schwieriger war es, diese theoretischen Begriffe in Operationspläne umzusetzen. Die Planungen begannen sofort, wurden aber erst während der Amtszeit des Verteidigungsministers James R. Schlesinger (1973–1975) abgeschlossen. Dabei eröffneten sich neue Alternativen im Hinblick auf die Auswahl der bekämpfbaren Ziele. Leider wurde diese Entwicklung durch den technologischen Fortschritt überholt. Jetzt mußte man selbst bei einem minimalen Einsatz von strategischen Kernwaffen mit doppelt so hohen Verlusten rechnen. Verteidigungsminister Harold Brown hat diese Bemühungen in der Regierung Carter fortgesetzt. Bis heute ist es die schwierigste Aufgabe geblieben, eine vernünftigere Nuklearstrategie zu entwickeln, die es erlaubt, wenigstens einen Teil des zivilisierten Lebens zu erhalten, aber das erfordert eine wesentliche Umstrukturierung unseres militärischen Establishments. Wenn das Problem nicht gelöst wird, dann wird unsere Strategie und unsere Außenpolitik früher oder später gelähmt werden.

7. Taktische Kernwaffen

Ein ähnliches Problem bestand im Hinblick auf die taktischen Kernwaffen. Wenn die Tendenz bestand, daß zwischen den strategischen Streitkräften der Vereinigten Staaten und der Sowjetunion ein Ausgleich geschaffen wurde und zugleich unsere konventionellen Streitkräfte denen der Sowjetunion unterlegen waren, hätte man einen größeren Wert auf den Ausbau der mit taktischen Kernwaffen ausgerüsteten Verbände legen sollen. Das war auch tatsächlich das Ziel der von der NATO empfohlenen Strategie der »flexiblen

Reaktion«. Unsere Regierung konnte sich aber für dieses Konzept nicht begeistern. Die Zivilbeamten in unserem Außenministerium und dem Pentagon, besonders die Systemanalytiker, bemühten sich darum, eine »Feuerschneise« zwischen konventionellen und Kernwaffensystemen zu errichten und die Entscheidung, Kernwaffen jeder Art einzusetzen, so lange wie möglich hinauszuschieben. Sie zögerten daher, taktische Kernwaffen zu entwikkeln und einzusetzen, die nach ihrer Ansicht darauf zielen würden, alle Unterscheidungen zwischen konventioneller und Kernstrategie zu verwischen.

Ein Abschnitt in einer Studie über die militärischen Optionen der NATO nahm ganz deutlich diese Haltung ein. Danach war der Einsatz von Kernwaffen jeder Art im Rahmen der NATO nutzlos, obwohl wir dort bereits über einen Vorrat von mehreren 1000 solcher Waffen verfügten: »Die Hauptaufgabe unserer nuklearen Streitkräfte in Europa«, so argumentierte die Studie, »besteht darin, die Sowjets zu veranlassen, für den Fall einer Aggression mit höheren Verlusten zu rechnen und ihre Berechnungen mit einem größeren Unsicherheitsfaktor zu belasten.« Die Studie schloß: »Mit Kernwaffen ausgerüstete Streitkräfte beeinflussen die Wahrscheinlichkeit oder die Form einer Aggression nicht unbedingt entscheidend.«

Für ein Land, das den Frieden in Europa länger als 20 Jahre aufrechterhalten hatte, indem es sich auf seine nukleare Überlegenheit verließ, war diese Feststellung erstaunlich. Es wurde dabei auch nicht deutlich gesagt, wieso Waffensysteme, deren Vorhandensein keinen entscheidenden Einfluß auf die Entschlüsse des Gegners ausübte, die Berechnungen eines potentiellen Angreifers beeinflussen sollten. Wenn man sowohl auf strategische als auch auf taktische Nuklearstreitkräfte verzichtete, dann forderte man damit die Niederlage heraus, denn keines der zur NATO gehörenden Länder – einschließlich der Vereinigten Staaten – war zur massiven Aufstellung konventioneller Streitkräfte bereit, die die einzige Alternative darstellten.

Die Angelegenheit komplizierte sich noch mehr dadurch, daß die amerikanischen zivilen Systemanalytiker allen Ernstes die Verwendung von Kernwaffen als unwirksam bezeichneten und behaupteten, ihr Vorhandensein erhöhe in gefährlicher Weise das Risiko der Eskalation, während unsere Verbündeten einen Kurs verfolgten, der in krassem Widerspruch zu der in Washington vorherrschenden Theorie stand. Sie empfahlen den garantierten baldigen Einsatz taktischer Kernwaffen, nicht aber auf ihrem eigenen Territorium. Natürlich mußte es jetzt bei den innerhalb der nuklearen Planungsgruppe der NATO seit 1968 geführten Gesprächen zu ernsten Meinungsverschiedenheiten kommen.

Diese Gruppe war vom Verteidigungsminister McNamara eingesetzt worden, damit unsere Verbündeten an den nuklearen Entscheidungen beteiligt werden konnten, ohne selbst über Kernwaffen zu verfügen.* Der damalige britische Verteidigungsminister Denis Healey hatte während des Besuchs Nixons in London im Februar 1969 die Auffassung seiner Regierung erläutert. Healey war der Ansicht, die konventionellen Streitkräfte der NATO könnten einem sowjetischen Angriff nur wenige Tage standhalten. Deshalb sei der baldige Einsatz von Kernwaffen unbedingt erforderlich. Healey wies besonders eindringlich darauf hin, wie wichtig es sei, daß die Sowjets begriffen, der Westen werde es bei einer Eskalation lieber zum Einsatz strategischer Kernwaffen kommen lassen als kapitulieren. Andererseits sollte sich die NATO darum bemühen, die Zerstörung so niedrig wie möglich zu halten. Die nukleare Planungsgruppe bemühte sich darum, dieses Rätsel zu lösen. Ihre »Lösung« sah die Verwendung einer sehr geringen Zahl taktischer Waffen vor, um den Gegner zu warnen und ihm begreiflich zu machen, daß die Lage außer Kontrolle gerate.

Die von der Bundesrepublik unterstützten Vorstellungen Großbritanniens wurden später »demonstrative Verwendung« von Kernwaffen genannt. Dabei sollte eine Kernwaffe an einer möglichst abgelegenen Stelle – etwa über dem Mittelmeer – eingesetzt werden, und es sollten keine hohen Verluste entstehen, trotzdem sollte dann klar sein, daß drastischere Maßnahmen ergriffen würden, wenn der Gegner die erste Warnung nicht beachtete. Mir hat dieses Konzept niemals gefallen. Ich glaubte, die Sowjetunion würde Westeuropa nicht angreifen, ohne mit dem Einsatz von Kernwaffen zu rechnen. Eine Reaktion, die militärisch unwirksam blieb, war eher Zeichen einer zögernden Haltung als unserer Entschlossenheit. Damit würde der Gegner zur Verstärkung seines Angriffs herausgefordert, nicht aber veranlaßt werden, ihn einzustellen. Wenn Kernwaffen eingesetzt werden sollten, dann brauchten wir ein Konzept, das den gegnerischen Angriff mit konventionellen Streitkräften zum Stehen brachte. Aber eine zögernde oder unwirksame Reaktion schloß das Risiko ein, daß wir schließlich entweder kapitulieren oder einen totalen Vernichtungskrieg auslösen mußten.

Doch was war ein »wirksamer« Gegenschlag? Angesichts der politischen Unmöglichkeit, ausreichend starke konventionelle Streitkräfte aufzustellen, erblickten die Europäer in den Kernwaffen das wirksamste Abschreckungsmittel. Sie fürchteten aber ihre Verwendung auf eigenem Territorium; was für uns ein »beschränkter Einsatz« war, konnte für sie eine Katastrophe bedeuten. Unsere Alliierten wollten – und das unterstrich das Dilemma der taktischen Kernwaffen – die Vereinigten Staaten zum baldigen Einsatz *strategischer* Kernwaffen veranlassen, was einen mit Kernwaffen ausgetragenen

* Die nukleare Planungsgruppe NPG setzte sich aus vier ständigen und drei jeweils nach 18 Monaten abzulösenden Mitgliedern zusammen. Die ständigen Mitglieder waren die Vereinigten Staaten, Großbritannien, die Bundesrepublik und Italien. (Frankreich, das im Einsatz von Kernwaffen unabhängig bleiben wollte, weigerte sich, an diesen Planungen teilzunehmen.)

Krieg zwischen den Vereinigten Staaten und der Sowjetunion über ihre Köpfe hinweg bedeutet hätte. Gerade eine solche Vorstellung erschien jedoch den amerikanischen Planern unannehmbar. Nach unseren damaligen und heutigen Vorstellungen durften unsere strategischen Kernwaffen erst eingesetzt werden, wenn sich Europa auf keine andere Weise mehr verteidigen ließ. Wir mußten aber auch andere Alternativen entwickeln, um die Glaubwürdigkeit der Abschreckung zu vergrößern und den flexiblen Einsatz unseres militärischen Potentials zu ermöglichen, falls die Abschreckung versagte.

1969 wurde ein vorübergehender Kompromiß gefunden, der die Meinungsverschiedenheiten zunächst auszuräumen schien. Die nukleare Planungsgruppe ließ die Möglichkeit der demonstrativen und operativen Verwendung taktischer Kernwaffen offen. Mit anderen Worten, man wich einer Entscheidung aus. Laird hatte recht, als er dem Präsidenten berichtete: »Das Langzeitproblem der verschiedenen strategischen Auffassungen der Amerikaner und Europäer bleibt bestehen.«

8. Anderthalb Kriege

Zwar wurde die Frage nach dem richtigen Einsatz der Kernwaffen nicht beantwortet – und konnte vielleicht auch nicht beantwortet werden –, aber in einer Hinsicht wurde unsere strategische Doktrin 1969 doch den gegebenen Verhältnissen angepaßt. Das sollte für unsere Außenpolitik weitreichende Konsequenzen haben. Was als ganz esoterische Diskussion über unsere Militärstrategie begann, wurde zu einem der deutlichsten an die Volksrepublik China gerichteten Signale, das darauf hinweisen sollte, daß wir es mit unseren Bemühungen um die Verbesserung der Beziehungen zu China ernst meinten.

Bei der Amtsübernahme der Regierung Nixon galt für die konventionellen Streitkräfte noch die Strategie der »zweieinhalb Kriege«. Danach benötigten die Vereinigten Staaten Streitkräfte, die folgenden Aufgaben gewachsen waren: Erstens mußten sie in der Lage sein, Westeuropa 90 Tage gegen einen sowjetischen Angriff zu verteidigen. Zweitens mußten sie Südostasien oder Korea mit allen verfügbaren Kräften wirksam gegen einen chinesischen Angriff verteidigen können. Drittens mußten noch Kräfte an anderer Stelle zum Einsatz in Reserve gehalten werden können, z. B. für den Nahen Osten. Unsere strategische Planung ging jedoch von Voraussetzungen aus, die durch die politischen Realitäten widerlegt wurden; daß wir nämlich einem kommunistischen Monolithen gegenüberstanden und daß bei einem allgemeinen Krieg die Sowjetunion und das kommunistische China gleichzeitig einen Angriff gegen unsere vitalen Interessen führen würden. Wir haben uns allerdings nie dazu entschlossen, die für diese ehrgeizige Strategie erforderlichen konventionellen Streitkräfte aufzustellen. Nach militärischen Begriffen war die Strategie des zweieinhalbfachen Krieges ein Sandkastenspiel, das nur auf dem Papier stattfand, wobei gewisse Divisionen für einen Einsatz in Europa und andere für eine Verwendung in Asien vorgesehen waren. Die Folgen dieser Strategie waren in erster Linie psychologischer Natur. Sie verband in unseren Vorstellungen die Bedrohung durch die Sowjets und die Chinesen so unauflöslich miteinander, daß jede Analyse eines möglichen Einsatzes von Kernwaffen von der Voraussetzung ausging, die Sowjetunion und China seien ein einziges, zusammenhängendes Zielgebiet. Politisch hinderte es uns daran, die sich entwickelnde Spaltung zwischen den kommunistischen Giganten zu begreifen und zu erkennen, welche Möglichkeiten sich daraus für die Vereinigten Staaten ergaben.

Eine meiner ersten Initiativen als Sicherheitsberater bestand darin, die Voraussetzungen für das Konzept der zweieinhalb Kriege überprüfen zu lassen. Eine interministerielle Studiengruppe erarbeitete fünf Alternativen, die mein Stab und ich auf drei reduzierten. Jede Alternativstrategie wurde daraufhin analysiert, unter welchen Voraussetzungen sie anzuwenden war und welche Mittel dafür aufgebracht werden mußten. Die Strategie der NATO wurde dabei für jede hypothetische Lage auf die Stategie in Asien abgestimmt. Diese Kombinationen wurden dann in Beziehung zu den voraussichtlichen Kosten gesetzt, so daß der Präsident entscheiden konnte, welches Risiko er einging, wenn er auf eine bestimmte strategische Alternative zugunsten eines innenpolitischen Vorhabens verzichten wollte. Die drei Alternativen waren folgende:

Nach der ersten Strategie sollten ausreichende konventionelle Streitkräfte bereitgestellt werden, die fürs erste Westeuropa 90 Tage gegen einen starken sowjetischen Angriff verteidigen und gleichzeitig (logistisch und mit begrenzten amerikanischen Gefechtsverbänden) einen asiatischen Verbündeten unterstützen konnten, der unmittelbar von einem chinesischen Angriff mit starken Kräften bedroht war.

Nach der zweiten strategischen Konzeption müßten Streitkräfte unterhalten werden, die entweder genügten, die NATO im Falle eines sowjetischen Angriffs zunächst zu verteidigen oder einen chinesischen Angriff abzuwehren, der sich mit allen verfügbaren Kräften gegen Korea oder Südostasien richtete. Mit anderen Worten, in diesem Fall würden wir nicht die notwendigen Streitkräfte unterhalten, um in Europa und Asien gleichzeitig einem starken gegnerischen Angriff widerstehen zu können.

Das dritte strategische Konzept (das im wesentlichen unserer Strategie vor Beginn des Vietnam-Krieges entsprach) sah die Bereitstellung amerikanischer Streitkräfte zur Abwehr des ersten Vorstoßes sowjetischer Kräfte gegen die NATO *und* eine Verteidigung von Korea oder Südostasien gegen einen chinesischen Angriff mit allen verfügbaren Kräften vor. Diese amerikanischen Streitkräfte würden einem starken Angriff der Warschauer-Pakt-Staaten und der Chinesen *gleichzeitig* begegnen können.

Am 2. Oktober 1969 schrieb ich an den Präsidenten und faßte dabei diese Optionen und die daraus zu ziehenden militärischen und budgetären Folgerungen zusammen. Die Auffassungen der Ministerien gingen auseinander. Ich berichtete objektiv darüber, aber dort, wo die Meinungen auseinandergingen, hatte der Präsident schon immer von mir verlangt, meine Empfehlungen zu geben. Ich empfahl ihm, der zweiten strategischen Konzeption zuzustimmen: »Ich glaube, ein gleichzeitiger Angriff der Warschauer-Pakt-Staaten in Europa und der Chinesen in Asien mit konventionellen Streitkräften ist unwahrscheinlich. Jedenfalls glaube ich nicht, daß man einem solchen gleichzeitigen Angriff mit Landstreitkräften begegnen könnte oder sollte.«

Nixon nahm meine Empfehlung an. Das war eine der wichtigen Entscheidungen während seiner Amtszeit als Präsident. Vor allem entsprach hier die Doktrin unserem tatsächlichen Potential. Die Streitkräfte, die für einen zweieinhalbfachen Krieg erforderlich waren, hatten uns zu keiner Zeit zur Verfügung gestanden; eine Lücke zwischen unserer erklärten und tatsächlichen Politik mußte potentielle Aggressoren verwirren und schwere Risiken heraufführen, wenn wir eine solche Strategie in die Tat umsetzen wollten. Es war unrealistisch zu glauben, daß die Chinesen und die Sowjets gleichzeitig gegen uns vorgehen würden. Kam es aber *wirklich* zu einem gemeinsamen Angriff Chinas und der Sowjetunion, dann war das ganze Gleichgewicht der Kräfte global bedroht; wenn wir so tun wollten, als beschränkten wir unter solchen Voraussetzungen unsere Reaktion auf die konventionelle Kriegführung in zwei weit voneinander entfernten Gebieten, dann würden sich die Gefahren für uns vervielfachen.

Die politischen Folgerungen waren noch entscheidender. Wir mußten uns von der Zwangsvorstellung trennen, daß wir es mit einem kommunistischen Monolithen zu tun hätten. Wenn wir die Ziele der Sowjets und der Chinesen miteinander verknüpften, dann schufen wir Voraussetzungen, die die Flexibilität unserer Außenpolitik einengten, und beachteten dabei nicht den deutlich erkennbaren Antagonismus zwischen den beiden großen kommunistischen Mächten. Die Reorientierung unserer Strategie war jedoch für die Volksrepublik China ein Zeichen. Wir hatten erkannt, daß sie andere Ziele hatte als die Sowjetunion und daß unsere Militärpolitik China nicht als wesentliche Bedrohung ansah. Obwohl Peking auf die Veränderung unserer strategischen Doktrin nicht reagiert hat, kann man sich nicht vorstellen, daß die Chinesen, für die geopolitische Fragen eine sehr große Bedeutung hatten und die alle an der Öffentlichkeit gemachten Äußerungen der Amerikaner sorgfältig registrierten, diese Veränderung nicht bemerkt hätten. Unsere neuen strategischen Vorstellungen zeigten sich nämlich nicht nur in unserer militärischen Planung für den nuklearen und den konventionellen Krieg; um keinen Zweifel an unseren Absichten zu lassen, entschlossen wir uns sogar dazu, unsere Überlegungen im ersten außenpolitischen Bericht des Präsidenten vor dem Kongreß am 18. Februar 1970 zu erläutern, und zwar entsprechend der eben dargestellten Analyse. Die entscheidenden Sätze lauteten:

»In dem Bemühen, Doktrin und Kapazität miteinander in Einklang zu bringen, haben wir uns zu der Strategie des ›anderthalbfachen Krieges‹ entschlossen, wie man sie am besten bezeichnen könnte. Damit werden wir in Friedenszeiten ausreichende konventionelle Streitkräfte unterhalten, um einen kommunistischen Angriff mit starken Kräften *entweder* in Europa *oder* in Asien abzuwehren und um unsere Verbündeten gegen nicht von China geführte Angriffe in Asien zu unterstützen und Konfrontationen anderswo zu begegnen [Hervorhebungen durch den Verfasser].

Zu diesem strategischen Konzept haben uns die folgenden Überlegungen geführt:

Die nukleare Kapazität unserer strategischen und auf den einzelnen Kriegsschauplätzen unterhaltenen nuklearen Streitkräfte soll als Abschreckung gegen einen mit allen Kräften geführten sowjetischen Angriff auf Europa oder gegen einen chinesischen Angriff auf unsere asiatischen Verbündeten dienen.

Mit einem koordinierten, an zwei Fronten geführten Angriff auf unsere Verbündeten durch Rußland und China ist kaum zu rechnen, weil dies das Risiko eines Nuklearkrieges bedeuten würde und eine chinesisch-sowjetische Zusammenarbeit unwahrscheinlich ist . . .«

Darüber hinaus erklärte der Präsident in dem Bericht, daß wahrscheinlich Westeuropa und nicht Asien am meisten bedroht sei. Kurz gesagt, wir sorgten uns mehr um eine von der Sowjetunion ausgehende Gefahr als um eine chinesische Aggression.

Damit hatten wir China ein wichtiges Signal gegeben. Wir glaubten nicht mehr, daß ein Konflikt mit der Sowjetunion automatisch eine Beteiligung der Volksrepublik China einschlösse. Wir würden unsere beiden Gegner nach dem uns gegenüber gezeigten Verhalten behandeln, nicht nach ihrer Ideologie; wir erkannten öffentlich ihre Differenzen an und erklärten, daß wir nicht an ihre Kooperation glaubten. Jetzt hatten die Chinesen die Möglichkeit, auf uns zuzukommen.

Die neue Strategie bestimmte die Stärke der geplanten Streitkräfte. Im Gegensatz zu den 60er Jahren wurden unsere Anforderungen an die Stärke unserer Streitkräfte diesmal erfüllt. Jetzt mußten unsere Absichten nur noch auf die Sorgen unserer Verbündeten und Freunde, besonders in Asien, abgestimmt werden.

Im Gegensatz zu einigen Kritikern zu Hause betrachteten diese bedrohten Länder unseren Rückzug aus Vietnam als unwiderruflich und fürchteten, die Vereinigten Staaten könnten damit *alle* ihre Verantwortlichkeiten in diesem Gebiet aufgeben und auf *alle* ihre Interessen dort verzichten. Nicht mit uns verbündete Länder überlegten sich, ob wir jetzt unsere Sicherheitsbedürfnisse im pazifischen Raum nur noch nach rein juristischen Maßstäben definieren und auf die Länder beschränken würden, denen wir durch schriftliche Verträge verpflichtet waren. Wo blieben dann strategisch so wichtige Länder wie Indien oder Indonesien? Und die Länder, denen wir uns schriftlich verpflichtet hatten, überlegten sich, wie wir diese Vereinbarungen auslegen würden.

Angesichts der Angriffe unserer Gegner im eigenen Lande gegen ein zu starkes amerikanisches Engagement und der Versuche, sogar unsere Verpflichtungen gegenüber der NATO einzuschränken, waren das keine naiven oder trivialen Fragen. Wenn man den Eindruck hatte, die Vereinigten Staaten verzichteten jetzt auf ihre bisherige Rolle in Asien, mußte man mit dramatischen Veränderungen in der außenpolitischen und vielleicht sogar der innenpolitischen Entwicklung der wichtigsten Länder rechnen. Andererseits hatte es keinen Sinn, von einer Doktrin der gemeinsamen Verteidigung zu sprechen, die in Amerika selbst keine Zustimmung fand.

Im Rahmen der Vorbereitung für Nixons Asien-Reise im Sommer 1969 haben Nixon und ich oft über dieses Problem gesprochen. Wir waren zu dem Schluß gekommen, daß wir zwischen den drei folgenden Gefahren für unsere Sicherheit unterscheiden müßten: innerer Subversion, einem Angriff von außen durch ein benachbartes asiatisches Land und einer Aggression durch eine Nuklearmacht (was nur die Sowjetunion oder die Volksrepublik China sein konnte). Gegenüber der äußersten Bedrohung mußten wir deutlich aussprechen, daß sich unsere entschiedene Haltung gegenüber aggressiven Plänen jeder größeren Macht in Asien nicht verändert hatte. Am unteren Ende des Spektrums mußten wir vermeiden, in Bürgerkriege hineingezogen zu werden. Für die dazwischenliegende Grauzone gab es keine simple Formel. Ursprünglich hatten wir vorgehabt, im Sommer für den Präsidenten eine Rede zu diesem Thema vorzubereiten. In einer für das Weiße Haus am 18. Juli verfaßten Denkschrift skizzierte ich die Philosophie der Regierung für ein Asien nach Vietnam:

»Wenn in den Vereinigten Staaten über die Art unserer Verpflichtungen gesprochen wird, dann geht es dabei häufig um die völkerrechtliche Seite dieser Frage. Aber im tieferen Sinn und soweit sich der Präsident damit befassen muß, sind die Beziehungen der Vereinigten Staaten zu anderen Ländern zwar teilweise von den völkerrechtlichen Beziehungen abhängig, letzten Endes aber doch davon, welche Vorstellung die Vereinigten Staaten von ihrer Rolle in der Welt und von der Bedeutung der Länder haben, die diese im gesamten Rahmen der Sicherheit und des allgemeinen Fortschritts spielen.

Wie gesagt, wollen wir darüber sprechen, wie diese Länder sich ihre Zukunft vorstellen, denn wenn man in das nächste Jahrzehnt schaut, dann zeigt sich deutlich, daß die Zukunft Asiens, Südostasiens, das wir besuchen werden, nicht nur von den Vorschriften Washingtons abhängen wird, sondern auch von der Dynamik, der Kreativität und der Zusammenarbeit in diesem Gebiet.

Wir werden auch weiterhin bereit sein, daran teilzunehmen, aber wir können nicht alle Ideen und nicht alle Hilfsmittel liefern. Die Initiative muß vermehrt aus diesen Gebieten selbst kommen. Daher ist es wichtig, daß wir uns über ihre Zukunft Gedanken machen.«

Ich war sehr überrascht, als Nixon dieses Thema bei einem, wie ich glaubte, ganz inoffiziellen Gespräch mit der Presse am 25. Juli in einem Offizierskasino auf Guam aufnahm. Wir waren auf dem Weg zu den Philippinen, hatten einen langen Tag hinter uns, im Verlauf von ein paar Stunden einige Zeitzonen überquert und waren zur Johnston-Insel geflogen, um die Landung der Männer mitzuerleben, die als erste Menschen auf dem Mond gewesen waren. Das veranlaßte Nixon zu sagen, wir seien Zeugen der bedeutendsten Woche in der Geschichte der Welt seit der Schöpfung gewesen – womit er die Geistlichen in der Gruppe etwas erstaunte. Bis heute glaube ich nicht, daß Nixon die Absicht hatte, in Guam eine wichtige politische Erklärung abzugeben; denn ursprünglich hatte er nur einige Bemerkungen über den Zeitsprung machen wollen, der durch das Überqueren der internationalen Datumsgrenze besteht. Daß Nixon nicht vorhatte, eine offizielle Erklärung abzugeben, zeigt sich daran, daß diese Bemerkungen gewissermaßen nebenbei gemacht wurden.[14] Aber vielleicht ist Nixon durch eine plötzliche Hochstimmung dazu angeregt worden, sehr wirkungsvoll und beredt von seinen Asien betreffenden Sorgen zu sprechen und zu sagen, wie er sich die amerikanische Politik in diesem Raum vorstellte.

Nixon glaubte zu erkennen, daß die militärischen Gefahren in Asien von einem großen Land, dem kommunistischen China, und zwei relativ kleinen Ländern, Nordkorea und Nordvietnam, ausgingen. Aber er sagte auch, »wir müssen eine solche Politik vermeiden, die asiatische Länder so abhängig von uns macht, daß wir in Konflikte wie in Vietnam hineingezogen werden«.

Natürlich drängten die Korrespondenten ihn, sich eingehender zu äußern. Nixon antwortete:

»Ich glaube, die Zeit ist gekommen, in der die Vereinigten Staaten für unsere Beziehungen zu allen unseren asiatischen Freunden zwei Punkte besonders herausstellen sollten: Erstens, wir werden unseren vertraglichen Verpflichtungen nachkommen, zum Beispiel gegenüber Thailand im Rahmen der Seato; aber zweitens, soweit es sich um Probleme der inneren Sicherheit handelt, soweit es sich um Probleme der militärischen Verteidigung handelt – nicht um eine Bedrohung durch eine Großmacht mit Kernwaffen –, werden die Vereinigten Staaten dafür eintreten und haben das Recht zu erwarten, daß dieses Problem in zunehmendem Maße von den asiatischen Nationen selbst gelöst wird, die auch die Verantwortung dafür übernehmen müssen.«

Zu der Frage, was zu tun sei, wenn die Aggression weder einer mit Kernwaffen ausgerüsteten Großmacht noch subversiven Kräften im Inneren entsprang, meinte Nixon, dazu bedürfte es eines asiatischen kollektiven Sicherheitssystems, das man in fünf bis zehn Jahren errichten könnte:

»Soweit es sich um die Bedrohung von anderer Seite als von einer Nuklearmacht handelt, ist das ein Ziel, das die freien asiatischen Nationen, die unabhängigen asiatischen Nationen, verfolgen können und das die Vereinigten Staaten unterstützen sollten.«

Der sich daraus ergebenden Frage, was wir in der Zwischenzeit tun würden, bevor ein solches Sicherheitssystem eingerichtet sei, wich er aus.

Nixon hatte den Journalisten mehr Material als beabsichtigt in die Hände gegeben. Diese Äußerungen, die der Präsident im Rahmen eines inoffiziellen Gesprächs nur eingestreut hatte, waren eine Sensation; er wurde überall in Asien darauf angesprochen. Zunächst war Nixon von der Wirkung seiner Worte ziemlich überrascht, entwickelte aber diese Ideen sehr bald zu einer Doktrin, die seinen Namen trug – wir wendeten in der Tat Zeit und Mühe auf, damit die erste Bezeichnung »Guam-Doktrin« im journalistischen Sprachgebrauch durch eine anspruchsvollere ersetzt wurde, die den Urheber dieser Theorie und nicht den Ort, an dem sie zuerst formuliert worden war, bezeichnete. Nixon präzisierte seine inoffiziell gemachten Bemerkungen schließlich in seiner Vietnam-Rede am 3. November 1969 und in seinem Bericht über die Außenpolitik am 18. Februar 1970 in drei Hauptpunkten:

»Die Vereinigten Staaten werden alle vertraglich festgelegten Vereinbarungen einhalten.

Wenn eine Nuklearmacht die Freiheit einer mit uns verbündeten Nation bedroht oder einer Nation, deren Überleben wir als lebenswichtig für unsere Sicherheit und die Sicherheit der ganzen Region betrachten, dann werden wir einen Schutzschild zur Verfügung stellen.

Bei anderen Arten der Aggression werden wir, wenn wir darum gebeten werden und es erforderlich ist, militärische und wirtschaftliche Hilfe gewähren. Wir werden aber von der angegriffenen Nation erwarten, daß in erster Linie sie die Verantwortung übernimmt und die für ihre Verteidigung erforderlichen Truppen zur Verfügung stellt.«

In einer Beziehung hatte die Nixon-Doktrin weniger zu bedeuten, als man zunächst annehmen konnte. Wenn wir bereit waren, unsere vertraglichen Verpflichtungen zu erfüllen, dann galt das für Japan, Südkorea, die Philippinen, Taiwan, Thailand und Südvietnam. Wenn wir uns jetzt verpflichteten, auch die nicht mit uns verbündeten Länder gegen den Angriff von Nuklearmächten zu schützen, dann betraf das Länder wie Indonesien, Indien oder Malaysia für den hypothetischen Fall, daß sie von China angegriffen wurden. Was die Nixon-Doktrin ausschloß, war eine automatische amerikanische Teilnahme an Kriegen zwischen anderen asiatischen Mächten, auch wenn wir in diesem Fall militärische und wirtschaftliche Unterstützung anbieten konnten. Daß wir uns nicht mehr an Bürgerkriegen beteiligen sollten, entsprach 1969 der allgemein vertretenen Auffassung.

Andererseits gab eine formelle Erklärung über den amerikanischen Standpunkt Freund und Feind zum erstenmal eindeutige Kriterien an die Hand. Die amerikanische Öffentlichkeit erhielt eine klare Antwort auf die Vorwürfe, wir engagierten uns zu sehr in Übersee, und auch diejenigen, die eine stärkere Zurückhaltung forderten, mußten Umfang und Bedeutung der Erklärung Nixons ernstnehmen. Die asiatischen Nationen, die wegen eines amerikanischen Rückzugs Bedenken hatten, konnten sich nach der Erklärung von Guam, wenn sie sie richtig verstanden hatten, beruhigter fühlen.

Eine ironische Konsequenz war, daß Angehörige unserer Regierung und andere, die eine noch stärkere Zurückhaltung verlangten, die Nixon-Doktrin jetzt gegen den Präsidenten auszulegen begannen. Es konnte einen fast zur Verzweiflung bringen, wenn man bei der Diskussion über Kambodscha zum Beispiel hörte, daß eine amerikanische Hilfe durch eine Doktrin verhindert würde, die den Namen des Mannes trug, der eifrig darum bemüht war, einem bedrohten Land zu helfen und diese Unvereinbarkeit nicht sah.

So konnten wir mitten in einer lebhaften innenpolitischen Verteidigungsdebatte eine Basis halten, auf der sich später, wenn sich die Stimmung im Kongreß und in der Öffentlichkeit ändern sollte, eine neue Strategie aufbauen ließ. Wir entwickelten eine militärische Strategie, die unserer Kapazität gegenüber den deutlicher erkennbaren Gefahren entsprach. Passend dazu entstand eine Doktrin für die Sicherung des pazifischen Raumes, mit der wir unsere Verbündeten und Freunde beruhigen konnten. Ich halte die Bewahrung unserer militärischen Stärke für eine der bedeutendsten Leistungen Nixons in seiner ersten Amtsperiode. Ohne sie wären alle Bemühungen um Entspannung fehlgeschlagen. Denn das Maßhalten ist nur bei denen eine Tugend, die auch andere Entscheidungsmöglichkeiten haben.

VIII. Das Ringen um Vietnam

Auch heute kann ich noch nicht über Vietnam schreiben, ohne Schmerz und Trauer zu empfinden.

Zu Beginn unserer Amtsperiode kämpfte über eine halbe Million Amerikaner in einem Krieg, der 16000 Kilometer von der Heimat entfernt ausgefochten wurde. Einem Plan unserer Vorgänger folgend nahm ihre Zahl immer noch zu. Für einen Abzug dieser Truppen waren keine Vorbereitungen getroffen. 31000 amerikanische Soldaten waren in Vietnam gefallen. Was unsere Ziele zunächst auch gewesen sein mögen, 1969 waren unsere Glaubwürdigkeit im Ausland, unsere Zuverlässigkeit im Hinblick auf die von uns übernommenen Verpflichtungen und unsere innere Stabilität durch ein Ringen in einem Land gefährdet, das vom nordamerikanischen Kontinent so weit entfernt war, wie es auf dieser Erde nur möglich ist. Unser Eingreifen hatte zunächst in aller Offenheit und mit der fast geschlossenen Zustimmung des Kongresses, der Öffentlichkeit und der Medien begonnen.[1] Aber 1969 war unser Land durch Proteste und Ängste, die manchmal gewalttätige und häßliche Formen annahmen, innerlich zerrissen. Das Einverständnis, auf das sich eine demokratische Gesellschaft stützen muß, war zerbrochen. Keine Regierung kann ihre Aufgaben erfüllen, wenn ihr nicht ein Minimum an Vertrauen entgegengebracht wird. Dieses Vertrauen schwand angesichts der Härte unserer Maßnahmen und der Heftigkeit der Kontroverse im Inneren zusehends dahin.

Psychologen oder Soziologen werden vielleicht eines Tages erklären können, was dieses ferne, einfarbige, sich mit seinen grünen Bergen und Feldern aus der tiefblauen See erhebende Land seit Jahrtausenden zu einem Magneten für Fremde gemacht hat, die dort nach Erfolg und Ruhm gesucht haben, aber nur bitter enttäuscht wurden; die glaubten, in diesen Reisfeldern und Dschungeln ein Ideal verwirklichen zu müssen, um sich dann, aller Illusionen beraubt, wieder zurückzuziehen. Was hat dieses Volk zu so heroischen Kämpfen und zu einer solchen Monomanie inspiriert, daß Außenseiter immer wieder hier nach der Lösung eines Rätsels gesucht haben, um dann mit unglaublicher Wildheit von einem Volk hinausgetrieben zu werden, das nicht nur alle Anstrengungen der Fremden scheitern ließ, sondern auch sein eigenes inneres Gleichgewicht aufs Spiel setzte?

Unsere Vorgänger hatten diesen Kampf in dem naiven Glauben begonnen, der grausame Bürgerkrieg könnte die Entscheidung eines weltweiten Problems bringen. In einem vier Jahre dauernden Ringen war es ihnen nicht gelungen, eine Strategie zu entwickeln, mit der sie siegen konnten – und soweit sich das beurteilen läßt, gab es auch keine solche Strategie. Sie hatten sich stark genug engagiert, um die amerikanische Macht und Glaubwürdigkeit zu demonstrieren, aber nicht stark genug, um das Ringen zu einem Abschluß zu bringen. Im letzten Jahr der Amtszeit Präsident Johnsons hatten die Kommunisten im ganzen Land eine massive Offensive begonnen. Nur wenige Fachleute, die sich mit diesem Thema beschäftigt haben, zweifeln heute daran, daß die Kommunisten dabei eine gewaltige Niederlage erlitten haben. Aber Umfang und Opfer dieser gewaltigen Anstrengung haben einen psychologischen Sieg daraus gemacht. Unter dem Eindruck der Tet-Offensive haben wir unsere Bombenangriffe gegen Nordvietnam zunächst eingeschränkt und dann ganz eingestellt, ohne etwas dafür zu bekommen als die Eröffnung von Verhandlungen – die ein unversöhnlicher Gegner sofort in die Sackgasse führte. Die öffentliche Unterstützung wurde einem Krieg versagt, den wir nicht gewinnen konnten, der sich augenscheinlich aber auch nicht beenden ließ.

Die Opposition in unserem eigenen Lande wuchs. Sie wurde von den verschiedensten Bevölkerungskreisen getragen; von aufrichtigen Pazifisten, die es nicht ertragen konnten, daß ihr Land Tausende von Kilometern von der Heimat entfernt an einem furchtbaren Morden beteiligt war; von Pragmatikern, die sich keinen lohnenden Ausgang des Unternehmens vorstellen konnten; von Isolationisten, die das Engagement Amerikas in Übersee beenden wollten, und von Idealisten, für die sich unsere Wertvorstellungen und die Schrecken eines Krieges nicht vereinbaren ließen. Denn diese Schrecken wurden über den Fernsehschirm zum erstenmal buchstäblich in die Wohnungen der amerikanischen Bürger gebracht. Und diese Gruppen wurden von einer kleinen Minderheit aufgehetzt, die eine in den 60er Jahren angestaute Wut durch obszöne und gewalttätige Schocktaktiken ausdrückten. Darin spiegelte sich der Haß, den sie für Amerika, sein »System« und seine »Verderbtheit« empfanden. Es war der Einfluß dieser Gruppen, der zu dem schlimmen Chaos auf dem demokratischen Parteikonvent 1968, den Gewalttätigkeiten auf den Universitäten und der Verwirrung und Demoralisierung jener einflußreichen Gruppen führte, die nach dem Kriege die bedeutenden Initiativen der amerikanischen Außenpolitik durchgesetzt hatten.

Richard Nixon trat das Erbe dieses Hexenkessels an. Von allen Bewerbern ist er vielleicht der am wenigsten geeignete gewesen, eine Versöhnung mit den verantwortlichen Mitgliedern der Opposition herbeizuführen. Da er sich selbst als Zielscheibe einer liberalen Verschwörung betrachtete, die ihn vernichten wollte, war es ihm nicht möglich, in der vom Vietnam-Krieg verursachten Unruhe etwas anderes zu sehen als eine Fortführung des schon seit langer Zeit gegen seine politische Existenz geführten Angriffs. Zwar hatte er für die Ängste der überzeugten Kriegsgegner mehr Verständnis, als sie ahnten, es fehlten ihm aber das Selbstvertrauen und das geistige Format, sich direkt an sie zu wenden. Er stimmte ihrer Behauptung zu, wir befänden uns in einem tödlichen innenpolitischen Ringen, das er im Verlauf der Zeit selbst beschleunigte und an dessen Bitterkeit er sich gewöhnte.

Gerechterweise müssen wir jedoch anerkennen, daß ihm kaum jemand geholfen hat. Schließlich war Hubert Humphrey, dessen ganzes Leben ein Bemühen um Verständigung gewesen war, bei seiner Bewerbung um das Präsidentenamt nicht besser behandelt worden. Und nachdem Nixon Präsident geworden war, verhielten sich diejenigen, die uns in den Vietnam-Krieg verwickelt hatten, zunächst neutral. Dann gingen sie in die Opposition und machten Nixon für einen Krieg verantwortlich, den er geerbt hatte, und griffen ihn an, weil er die Lösungen nicht gefunden habe, die sie weder empfohlen noch durchgeführt hatten, als sie selbst im Amt waren.

Die Regierung Nixon hatte ihr Amt in dem festen Entschluß angetreten, unsere Beteiligung am Vietnam-Krieg zu beenden. Doch sehr bald hatte sie es mit den gleichen Realitäten zu tun, mit denen auch ihre Vorgänger nicht fertig geworden waren. Fast eine Generation waren Sicherheit und Fortschritt der freien Völker von ihrem Vertrauen zu Amerika abhängig gewesen. Wir konnten uns daher nicht einfach aus einem Unternehmen davonstehlen, das zwei amerikanische Regierungen, fünf verbündete Länder und 31 000 Gefallene getragen hatten, als schalteten wir nur einen anderen Fernsehkanal ein. Viele drängten uns, wir sollten uns »ein Beispiel an de Gaulle nehmen«; sie übersahen dabei, daß sogar de Gaulle vier Jahre gebraucht hatte, um sein Land aus dem Algerien-Konflikt herauszuziehen. Auch er hatte es für wichtig gehalten, daß Frankreich nach all diesen Opfern und Mühen seinen inneren Zusammenhalt bewahrte und nicht sein internationales Ansehen verlor. Bei der Beendigung des Algerien-Konflikts fand er für Frankreich eine politische Lösung, ohne einen Zusammenbruch zu riskieren, und erreichte eine nationale Entscheidung anstelle einer regellosen Flucht. Für die Vereinigten Staaten war es noch wichtiger, den Krieg auf diese Weise zu beenden. Als führende Nation in demokratischen Bündnissystemen durften wir nicht vergessen, daß die Sicherheit zahlreicher Länder und von Millionen Menschen von unserer Bereitschaft abhing, unseren Verbündeten die Treue zu halten, natürlich aber auch von unserem Selbstvertrauen. Kein ernstzunehmender Politiker konnte es sich erlauben, das »Prestige«, die »Ehre« oder die »Glaubwürdigkeit« seines Landes aufs Spiel zu setzen. Ich hielt und halte es immer noch für zutiefst unmoralisch und unseren Bemühungen, ein neues und letztlich friedlicheres Modell internationaler Beziehungen zu schaffen, abträglich, wenn eine Großmacht ein kleines Land der Tyrannei überantwortet, um so ihre eigenen innenpolitischen Schwierigkeiten hinauszuschieben. Wir konnten das Atlantische Bündnis nicht mit neuem Leben erfüllen, wenn die Regierungen der verbündeten Staaten an unserem Durchhaltevermögen zweifelten. Nach einer Kapitulation in einem größeren Krieg würden wir die Sowjetunion nicht davon überzeugen können, daß gegenseitige Zurückhaltung notwendig sei. Eine Öffnung gegenüber China würde uns vielleicht nicht gelingen, wenn wir unseren Wert als Gegengewicht zu verlieren schienen; ein Zusammenbruch unseres Widerstandes mußte zeigen, daß wir die Sicherheit in Asien nicht garantieren konnten. Der Erfolg unserer außenpolitischen Bemühungen im Nahen Osten würde davon abhängen, daß wir unsere Verbündeten von unserer Zuverlässigkeit und deren Gegner davon überzeugten, daß wir uns durch militärischen Druck nicht beeindrucken oder erpressen ließen. Selbstverständlich wollte das amerikanische Volk den Krieg beenden, aber bei jeder Wahl, wie etwa bei der Wahl Nixons (und an den für Wallace abgegebenen Stimmen), ließ sich deutlich erkennen, daß die Amerikaner die außenpolitischen Ziele ihres Landes für ehrenhaft hielten und Amerika nicht gedemütigt sehen wollten. Die neue Regierung mußte die Sorgen der Kriegsgegner respektieren, aber auch den Schmerz der Familien, deren Söhne gelitten hatten und für ihr Land gestorben waren; diese Opfer sollten nicht umsonst gewesen sein.

Die Ehre Amerikas und die Verantwortung, die unser Land zu tragen hatte, waren für mich keine leeren Phrasen. Diese Begriffe bedeuteten mir sehr viel. Ich war in Deutschland in der Stadt Fürth in Bayern geboren, sechs Monate vor Hitlers Putsch in München, der Hauptstadt Bayerns. Als ich neun Jahre alt war, kam Hitler an die Macht. Nürnberg, die Nachbarstadt von Fürth, das mit Nürnberg physisch und psychologisch ähnlich verbunden war wie Brooklyn mit New York, war bekannt für seine starken nationalsozialistischen Strömungen, die großen nationalsozialistischen Parteitage und die berüchtigten Rassengesetze. Bevor wir nach Amerika auswanderten, hatten meine Eltern und ich schwer unter Verfolgung und Diskriminierung zu leiden. Mein Vater verlor seinen Posten als Lehrer, für den er ein Leben lang gearbeitet hatte. Jugendfreunde wandten sich von meinen Eltern ab. Ich war gezwungen, eine besondere Schule zu besuchen. Jeder Gang auf die Straße wurde zum Abenteuer, denn meine deutschen Altersgenossen durften sich an jüdischen Kindern vergreifen, ohne daß die Polizei dagegen einschritt.

In dieser Zeit wurde Amerika für mich ein Land mit bewundernswerten Eigenschaften. In meiner Jugend war es ein Traum, ein unvorstellbares Land, wo Toleranz eine Selbstverständlichkeit war und die persönliche Freiheit garantiert wurde. Auch als ich später feststellen mußte, daß Amerika große Probleme hatte, konnte ich nie vergessen, welche Sehnsucht die Opfer der Verfolgung, meine Familie und ich in jenen grausamen und entwürdigenden Jahren nach diesem Land empfunden hatten. Und ich werde nie vergessen, welche Erregung mich ergriff, als ich zum erstenmal durch die Straßen New Yorks ging. Als ich einige Jungen sah, wollte ich auf die andere Straßenseite gehen, um nicht verprügelt zu werden. Dann erinnerte ich mich plötzlich, wo ich war.

Ich habe deshalb immer ein besonderes Gefühl dafür, was Amerika bedeutet und was hier geborene Bürger vielleicht als selbstverständlich ansehen. Ich konnte den Selbsthaß nicht mitempfinden, der jede Unvollkommenheit zum Anlaß nahm, einen wertvollen Versuch, dessen Bedeutung für die übrige Welt ein Stück meines Lebens war, herabzuwürdigen. Ich war unendlich dankbar dafür, die Gelegenheit zu haben, dieser Gesellschaft dienen zu können. Zwar erkannte ich deren Schwächen, betrachtete sie aber doch aus einer ganz anderen Perspektive; für mich konnten sie die Größe, den Idealismus, die Menschlichkeit und die Verwirklichung menschlicher Hoffnungen, die in diesem Land erkennbar waren, nicht verdunkeln.

Die aus der Vietnam-Debatte entstandene innere Zerrissenheit schmerzte mich deshalb zutiefst. Mit vielen Entscheidungen, die die ausweglose Lage in Indochina herbeigeführt hatten, war ich nicht einverstanden; ich hatte aber das Gefühl, daß ich mit meiner Ernennung zu einem hohen Staatsamt die Verantwortung übernommen hatte, alles zu tun, um den Krieg so zu beenden, wie es die Selbstachtung der Amerikaner verlangte und wie es dem guten Willen der Männer und Frauen entsprach, die an die Stärke und die großen Aufgaben Amerikas glaubten. Es war für mich außerordentlich wichtig, daß Amerika nicht gedemütigt und nicht in seinen Grundfesten erschüttert wurde, sondern daß selbst die Mitglieder der Protestbewegung nach unserem Verlassen Vietnams erkennen konnten, Amerika habe seine Wahl mit Würde und Selbstachtung getroffen. Ironischerweise ist es angesichts des später gegen mich erhobenen Vorwurfs, ich huldigte einem »historischen Pessimismus«, gerade die Frage unseres Selbstvertrauens und Glaubens an die eigene Zukunft gewesen, die für mich bei der Beendigung des Vietnam-Krieges am wichtigsten war.

Ich glaubte an die moralische Sendung des Landes, das ich mir zum neuen Vaterland gewählt hatte. Als einziges freies Land war Amerika stark genug, der Welt Sicherheit vor den Kräften der Tyrannei zu gewährleisten. Nur Amerika verfügte über die Macht und die moralische Integrität, andere Völker, die um ihre Identität, um Fortschritt und Würde rangen, zu inspirieren. In den 30er Jahren, als die Demokratien vor ihrer schwersten Bewährungsprobe standen, wartete Amerika darauf, Europa zu retten. Aber niemand würde Amerika retten, wenn wir nicht mehr bereit waren, unsere internationalen Verpflichtungen zu erfüllen, oder wenn wir dem Selbsthaß unterlagen.

Anders als der größte Teil meiner Altersgenossen hatte ich die Brüchigkeit der modernen Gesellschaft am eigenen Leibe erfahren. Ich hatte erlebt, wie leicht alle gesellschaftlichen Bindungen zerreißen und daß Extremismus, Verzweiflung und Brutalität alle Grundwerte aushöhlen können. Ein Volk darf den Glauben an sich selbst nicht verlieren; wer sich über die Unvollkommenheiten seiner Gesellschaft beklagt oder sie zum Vorwand für eine nihilistische Orgie nimmt, endet gewöhnlich in der Zerstörung aller sozialen und moralischen Bindungen; schließlich vervielfacht sich das Leiden nach einem solch rücksichtslosen Angriff gegen alles, woran man bisher geglaubt hat.

Ich habe den Krieg in Vietnam niemals als ungeheuerliche, verbrecherische Verschwörung ansehen können, wie dies in gewissen Kreisen üblich war. Nach meiner Auffassung war der Eintritt in den Krieg nicht das Ergebnis einer militaristischen Psychose, sondern eines naiven Idealismus, der alle Krankheiten der Welt heilen wollte und glaubte, der gute Wille Amerikas sei dafür stark genug. Ich war in meiner Eigenschaft als Professor in Vietnam gewesen und habe dort nicht nur häßliche Amerikaner gesehen – obwohl es auch sie wie in allen Kriegen gegeben hat –, sondern von ihrer Aufgabe überzeugte junge Männer, die trotz der Zerrissenheit ihrer Heimat täglich dem Tod ins Auge sahen; ich erinnere mich an viele idealistische Amerikaner, die unter den schwierigsten Voraussetzungen daran arbeiteten, einem verängstigten und verwirrten Volk eine vernünftige Regierung, Gesundheit und Entwicklungsmöglichkeiten zu geben. Ich war der Überzeugung, das Land habe auch ihren Opfern etwas zu verdanken und nicht nur dem lautstarken Protest der Kriegsgegner. Es gab Kritiker, für die Vietnam so etwas wie ein moralisches Theaterstück war, in dem die Bösen bestraft werden müssen, bevor der Schlußvorhang fällt, und in dem jeder Versuch, die Selbstachtung zu bewahren, die Bösen rechtfertigte. Ich aber betrachtete den Krieg als echte Tragödie – niemand hatte ein Monopol auf Schmerzen und Qual.

Ich betrachtete es als meine Aufgabe, meinem neuen Vaterland dabei zu helfen, die Wunden zu heilen, sich seinen Glauben zu bewahren und es damit in die Lage zu versetzen, wieder an die kommende große Aufgabe des Aufbaus zu gehen.

1. Ich gerate in die Gefahr, im Sumpf steckenzubleiben

Ich wurde erst ganz allmählich mit dem Vietnam-Problem, das mich zunehmend ernüchterte, konfrontiert. Ähnlich ist es auch unserer Regierung ergangen, die das Problem zunächst simplifizierte, um dann in ein Abenteuer zu geraten, dessen Preis schließlich in keinem Verhältnis mehr zu einem vorstellbaren Gewinn stand. Auch ich verlor schrittweise alle Illusionen.

Anfang der 60er Jahre hatte ich mich besonders intensiv mit Vietnam beschäftigt. Europa, strategische Fragen und Abrüstung waren mein akademisches Spezialgebiet. Soweit ich überhaupt eine Meinung hatte, entsprach sie den Auffassungen der meisten Amerikaner, in diesem Krieg ginge es darum, daß Nordvietnam Südvietnam militärisch erobern wollte. Das glaubte ich auch weiterhin. Anfang der 60er Jahre hatte ich nicht an die Möglichkeit gedacht, daß Amerika Kampftruppen nach Vietnam schicken könnte. Wie ich in Kapitel VI gezeigt habe, glaubte die Regierung Johnson, daß Peking die nordvietnamesische Aggression geplant habe und leitete. Die Regierung Kennedy, die die ersten 16000 Militärberater nach Vietnam geschickt hatte, war von dem Phänomen des Guerilla-Krieges fasziniert, neigte allerdings zu der Auffassung, eine im Januar 1961 von Nikita Chruschtschow gehaltene Rede, in der er zu »nationalen Befreiungskriegen« aufgerufen hatte, habe zu diesem Krieg geführt.

Als die Regierung Kennedy die 16000 Berater nach Vietnam schickte, fragte ich den damaligen Direktor des politischen Planungsstabes im Außenministerium, Walt Rostow, weshalb er glaube, diese Kräfte würden ausreichen, obwohl es den Franzosen mit ein paar 100000 Mann nicht gelungen sei, ihr Ziel zu erreichen. Rostow speiste mich mit ein paar kurzen Worten ab, wie dies Beamte zu tun pflegen, wenn sie sich mit Dilettanten unterhalten, die sich um ihre eigenen Angelegenheiten kümmern sollten. Als wollte er einem Analphabeten die ersten Buchstaben erklären, sagte er, die Franzosen verstünden nichts vom Guerilla-Krieg und seien nicht so beweglich wie die amerikanischen Streitkräfte. Ich bin damals der Sache nicht weiter nachgegangen, denn Vietnam interessierte mich noch nicht besonders.

Erst im November 1963 stellte ich mich entschieden gegen eine politische Maßnahme der Regierung, und zwar in einer Angelegenheit, die die Zustimmung einer breiten Öffentlichkeit gefunden hatte. Ich war entsetzt darüber, daß die Vereinigten Staaten offensichtlich am Sturz des südvietnamesischen Präsidenten Ngo Dinh Diem, der schließlich zu seiner Ermordung führte, direkt beteiligt waren. Diese Torheit führte uns auf einen nicht voraussehbaren Kurs und unterminierte zugleich das politische Fundament für diesen Kurs; in dem nun folgenden Putsch verlor das Land fast seine gesamte Zivilverwaltung. Die Tatsache, daß wir uns am Sturz einer befreundeten Regierung beteiligt hatten, mußte das Vertrauen der anderen Verbündeten in Südostasien erschüttern. Ich bestritt die Gültigkeit der Voraussetzungen, die uns zu diesem Schritt veranlaßt hatten. Ngo Dinh Diem hatte gestürzt werden müssen, behaupteten seine Gegner, zu denen auch sehr viele Journalisten in Saigon gehörten, weil der Krieg gegen die Kommunisten nicht energisch genug weitergeführt und auch nicht die Unterstützung der Bevölkerung finden würde, solange Diem im Amt war. Seinem Bruder wurde vorgeworfen, er habe auf einen Kompromiß mit den Kommunisten hingearbeitet – und damit genau das getan, was viele derselben Kritiker sieben Jahre später selbst verlangen sollten. Und nun wollten sie Diems Nachfolger Nguyen Van Thieu stürzen, weil er sich weigerte, ihrem Wunsch nachzukommen. Da es jedoch bei diesem Kriege um die Legitimität der nichtkommunistischen Regierung in Südvietnam ging, war der Sturz gerade dieser Regierung eine ganz neue Methode, den Krieg zu gewinnen. Die angeblichen militärischen Vorteile konnten den Verlust an politischem Ansehen nicht aufwiegen. Der Regierung, die wir an die Macht gebracht hatten, würden wir nun noch stärker moralisch verpflichtet sein. Wir wissen heute, daß Hanoi zu den gleichen Schlußfolgerungen gekommen ist. Wohl unterstützte es aktiv den Guerilla-Krieg, setzte aber seine regulären Streitkräfte erst nach dem Sturz von Diem ein. Ich war gerade damit beschäftigt, in diesem Sinne einen Aufsatz zu schreiben, in dem ich eine drastische Verschlechterung der Lage in Vietnam voraussagte, als Präsident Kennedy ermordet wurde. Daraufhin hielt ich es für geschmacklos, meinen Aufsatz zu veröffentlichen.

1964 empfahl ich Gouverneur Rockefeller dringend, in seinen Reden beim Wahlkampf um die Präsidentschaftskandidatur energisch über das Vietnam-Problem zu sprechen. Weder er noch ich hatten eine deutliche Vorstellung von der geeigneten Strategie, und keiner von uns hätte es für denkbar gehalten, amerikanische Kampftruppen nach Vietnam zu schicken. Aber 1966 gehörte ich zu der schweigenden Mehrheit, die damit einverstanden war, daß die Regierung Johnson Kampftruppen zur Abwehr der direkten Beteiligung Hanois einsetzte.

Anfang August 1965, als mich mein alter Freund Henry Cabot Lodge, der damals Botschafter in Saigon war, aufforderte, als sein Berater nach Vietnam zu kommen, hörte ich auf, nur noch Beobachter zu sein. Ich bereiste Vietnam zunächst zwei Wochen im Oktober und November 1965, ging dann im Juli 1966 wieder für etwa zehn Tage dorthin – das letzte Mal auf Bitten von Averell Harriman. Lodge gab mir freie Hand, mich mit jedem Thema zu beschäftigen, das mich interessierte. Dazu stellte er mir alle Einrichtungen seiner Botschaft zur Verfügung.

Bald erkannte ich, daß wir in einen Krieg verwickelt waren, von dem wir weder wußten, wie wir ihn gewinnen, noch wie wir ihn beenden sollten. Da der Gegner über Schlupfwinkel in Laos und Kambodscha verfügte, ließ sich das klassische Kriegsziel nicht erreichen – die Vernichtung der gegnerischen Streitkräfte. In Nordvietnam führten wir einen Bombenkrieg mit so starken Kräften, daß sich die öffentliche Meinung der ganzen Welt gegen uns richtete, der aber doch nicht ausreichte, um die Entscheidung herbeizuführen. Deshalb war unser Gegner in der Lage, das Tempo der militärischen Operation sowie das Ausmaß der Verluste beider Seiten zu bestimmen. Und die amerikanischen Verluste wurden zum entscheidenden Faktor, der die öffentliche Meinung in den Vereinigten Staaten weitgehend beeinflußte.

Ich kam zu der Überzeugung, daß militärische »Siege« in einem Bürgerkrieg bedeutungslos wären, wenn sie keine politische Realität erzeugten, die auch nach unserem endgültigen Rückzug Bestand hatte. Zu Verhandlungen konnte es jedoch nur kommen, wenn Hanoi erkannte, daß sein politischer Einfluß auf die Bevölkerung immer geringer wurde, je länger der Krieg dauerte. Das war für uns eine gewaltige Aufgabe. Die Nordvietnamesen und der Viet Kong, die in einem ihnen vertrauten Gelände kämpften, brauchten nur durchzuhalten und stark genug zu bleiben, um die nach einem amerikanischen Abzug erschöpfte Bevölkerung beherrschen zu können. Wir aber standen vor einer viel komplexeren Aufgabe; wir mußten einen Krieg führen und gleichzeitig die Südvietnamesen so weit stärken, daß sie auch ohne uns überleben konnten – mit anderen Worten, wir mußten uns entbehrlich machen. Eine der Grundregeln des Guerilla-Krieges besteht darin, daß der Guerilla gewinnt, wenn er nicht verliert; die regulären Truppen hingegen verlieren einen Krieg, wenn sie ihn nicht gewinnen. Wir führten einen regulären Krieg gegen einen Feind, der sich nicht stellen wollte; unser Gegner führte einen politischen Krieg gegen eine Bevölkerung, die bleiben mußte, wo sie war. Von Anfang an bezweifelte ich, daß unsere Planer das begriffen hatten. Im Oktober 1965 legte ich auf dem Wege nach Vietnam in unserem pazifischen Hauptquartier auf Hawaii einen Zwischenaufenthalt ein. Nachdem ich mich über die Lage in Vietnam hatte orientieren lassen, schrieb ich in mein Tagebuch:

»Mich beeindruckte die Tatsache, daß mir niemand wirklich erklären konnte, wie der Krieg in Vietnam auch unter den günstigsten Voraussetzungen beendet werden sollte ... Ich glaube, wir haben noch nicht einmal angefangen, das Grundproblem, das psychologischer Natur ist, zu lösen. Mir scheint, der Viet Kong und die Nordvietnamesen müssen sich sagen, daß es, obwohl ihre Hoffnungen auf einen Sieg in diesem Jahr (wegen der amerikanischen Intervention) enttäuscht wurden, die Möglichkeit gibt, ja sogar die Wahrscheinlichkeit, uns zu erschöpfen, wenn sie den Krieg lange genug hinziehen. Wie kann man ein Volk davon überzeugen, daß man bereit sei, auf unbestimmte Zeit 16000 Kilometer von der Heimat entfernt gegen einen Gegner in dessen eigenem Lande zu kämpfen? ... Wenn wir bei unseren Operationen im Pazifik keinen Erfolg haben, dann wird es nicht daran liegen, daß wir auf technischem Gebiet versagt haben, sondern daß es zu schwierig gewesen ist, politische und militärische Ziele in einer Lage aufeinander abzustimmen, auf die dieses ungeheuer komplexe militärische Establishment nicht zugeschnitten ist.«

Mir schien, daß die regulären nordvietnamesischen Verbände, die das Hauptziel unserer militärischen Operationen waren, die Rolle der Capa des Matadors spielten; sie reizten unsere Streitkräfte, in politisch unbedeutende Gebiete vorzustoßen, während die Infrastruktur des Viet Kong das Ansehen der südvietnamesischen Regierung in dichtbesiedelten Gebieten unterminierte. Nachdem ich eine vietnamesische Provinz besucht hatte, schrieb ich am 21. Oktober 1965 in mein Tagebuch:

»Offensichtlich werden hier zwei voneinander getrennte Kriege geführt: Erstens ist es ein Krieg, der sich in den Statistiken der Armee über die Sicherheit der militärischen Verbände widerspiegelt, und zweitens ist es ein Krieg, der sich auf die Bevölkerung auswirkt. Die beiden Kriterien sind nicht aufeinander abgestimmt. Für die Armee ist eine Straße befahrbar, wenn sie diese Straße im Konvoi benutzt. Für den Dorfbewohner ist eine Straße offen, wenn er sie benutzen kann, ohne eine Steuer dafür zu bezahlen. Für die Armee ist ein Dorf sicher, wenn sie dort Truppen stationieren kann. Für die Bevölkerung ist ein Dorf sicher, wenn es nicht nur gegen Angriffe regulärer Truppen, sondern auch gegen die Terroranschläge des Viet Kong geschützt ist.«

Da wir keine Erfolge zu verzeichnen hatten, trat an die Stelle der Analyse die Selbsttäuschung. Als ich im Oktober 1965 die Provinz Vinh Long besuchte, fragte ich den Provinzchef, ein wie großer Prozentsatz seiner Provinz befriedet sei. Er erklärte stolz: 80 Prozent. Als ich im Juli 1966 wieder in Vietnam war, besuchte ich absichtlich die gleichen Provinzen, um festzustellen, was sich verändert hatte. In Vinh Long sagte mir derselbe Provinzchef, es seien seit meinem letzten Besuch gewaltige Fortschritte erzielt worden. Als ich ihn fragte, ein wie großer Teil der Provinz jetzt befriedet sei, antwortete er stolz: 70 Prozent!

In einem Brief an Henry Cabot Lodge vom 3. Dezember 1965 faßte ich die Eindrücke, die ich bei meinem ersten Besuch gewonnen hatte, wie folgt zusammen:

»Alles wird von einem sozialen oder vielleicht sogar philosophischen Problem überschattet: Die Vietnamesen haben ein starkes Gefühl dafür, ein besonderes Volk zu sein, aber sie haben kaum ein Nationalbewußtsein. Unsere größte Herausforderung liegt darin herauszufinden, wie man eine Nation aufbauen kann, wenn die Gesellschaft innerlich zerrissen ist und sich im Bürgerkrieg befindet. Alle jungen Länder haben vor dem Problem gestanden, einen politischen Zusammenhang schaffen zu müssen; keines hat dies angesichts so überwältigender Schwierigkeiten tun müssen wie Vietnam.«

Nach meinem zweiten Besuch in Vietnam schrieb ich am 18. August 1966 wieder einen Brief an Lodge: »Wenn ich ganz offen sein soll, dann muß ich sagen, daß ich in den Provinzen keine wesentlichen Veränderungen feststellen konnte ...« Der Versuch amerikanischer Beamter, die Sicherheit auf dem Lande zu beurteilen, war der Versuch, Unwägbares zu quantifizieren. Vielleicht lag es an der Unerfahrenheit unserer Berater in den Provinzen (die immer nur kurze Zeit im Lande blieben; sie mußten abreisen, sobald sie die notwendigen Erfahrungen gemacht hatten), daß es unseren Bemühungen an politischem Verständnis fehlte. So bezeichnete man zum Beispiel vielleicht bestimmte Gebiete als befriedet, weil der Viet Kong es für richtiger gehalten hatte, die Landwirtschaft nicht anzutasten, da er sich selbst daraus versorgen wollte und hier Steuern eintrieb. Ich machte ein paar Empfehlungen: Die Botschaft sollte versuchen, sich ein zutreffenderes Bild von der Sicherheitslage zu verschaffen, die örtlichen Verwaltungen sollten gestärkt werden und man sollte klarere Prioritäten setzen. Außerdem brauchten wir dringend eine Strategie für die Verhandlungen, die von der Regierung angeblich so dringend gewünscht wurden; denn Verhandlungen würden der Beginn und nicht das Ende unserer Schwierigkeiten sein. Außerdem hatte ich bereits gewisse Erfahrungen im Umgang mit Nordvietnamesen.

In der Zeit von Juli bis Oktober 1967 hatte mich die Regierung Johnson gebeten, bei dem Versuch, Verhandlungen einzuleiten, die Rolle eines Vermittlers zu übernehmen. Ich überbrachte zwei mir bekannten französischen Intellektuellen bestimmte Botschaften. Einer von ihnen hatte sich in den 40er Jahren mit Ho Tschi Minh befreundet und ihn in seinem Hause aufgenommen, als Ho zu Verhandlungen mit den Franzosen nach Paris gekommen war. Nun hatte ich die Vollmacht, meinen Freunden eine Reise nach Vietnam vorzuschlagen, wo sie den Nordvietnamesen die Bedingungen für einen amerikanischen Bombenstopp als Vorspiel für Verhandlungen überbringen sollten. Sie folgten meinem Vorschlag und trafen sich mit Ho Tschi Minh. Mehrere Monate reiste ich in gewissen Abständen nach Paris, um unsere Vorschläge an die Nordvietnamesen zu übermitteln und ihre Antworten in Empfang zu nehmen. Diese Bemühungen führten schließlich zu nichts Konkretem, wenn sie auch ein Schritt in die Richtung auf die Vereinbarungen waren, die ein Jahr später zur Einstellung der Bombardierung und der Eröffnung der Friedensgespräche führten.

Nachdem diese Verhandlungen Ende 1968 endlich begonnen hatten, veröffentlichte ich meine Lagebeurteilung in einem Artikel in *Foreign Affairs.*[2] Ich hatte diesen Aufsatz vor meiner Ernennung zum Sicherheitsberater geschrieben, er wurde aber erst anschließend veröffentlicht. Er brachte meine wichtigsten Folgerungen zum Ausdruck:

»... daß wir mit unserer Militärstrategie nicht siegen konnten;

... daß unsere militärischen Operationen auf klar definierte Verhandlungsziele abgestimmt sein sollten;

... daß die südvietnamesische Regierung nur überleben konnte, wenn sie ein politisches Programm entwickelte, dem die nichtkommunistischen Südvietnamesen zustimmten;

... daß die Vereinigten Staaten den Südvietnamesen in zunehmendem Maß die Verantwortung für die Kriegführung übertragen müßten und

... daß wir, wenn Hanoi sich in den Verhandlungen ›uneinsichtig zeigt und der Krieg weitergeht, versuchen sollten, möglichst viele unserer Kriegsziele einseitig zu erreichen‹,

... daß wir uns in unseren Verhandlungen auf militärische Fragen wie die

Feuereinstellung konzentrieren und die Verteilung der politischen Macht den vietnamesischen Parteien überlassen sollten.«

In manchen Punkten stimmte ich mit den Kritikern auf beiden Seiten unseres politischen Spektrums überein. Durch die Art ihrer Kriegführung hatte die Regierung Johnson jede Aussicht auf einen konventionellen militärischen Sieg verspielt; sie hatte im Hinblick auf unsere Truppenstärke eine Höchstgrenze akzeptiert und der Einstellung der Bombenangriffe zugestimmt. Eine mit unserer Ehre zu vereinbarende Lösung hing nun von unserer Fähigkeit ab, Hanoi einen Kompromiß politisch schmackhaft zu machen – was unmöglich sein würde, wenn wir unsere militärische Lage nicht für eine dauerhafte politische Struktur ausnutzen konnten. Zur Stärkung unserer Verhandlungsposition brauchten wir außerdem die Unterstützung durch die öffentliche Meinung in der Heimat, denn nur dann konnten wir Hanoi begreiflich machen, daß es nichts zu gewinnen hätte, wenn es die Verhandlungen weiter hinauszöge. Es würde die Aufgabe jeder neuen Regierung sein, alle diese Voraussetzungen in der Hand zu behalten, solange der Abzug der Amerikaner dauerte.

Im Januar 1969 erfüllte mich der Krieg zwar mit tiefer Sorge, aber in mancher Beziehung teilte ich nicht die Auffassungen der Kritiker. Ich war gegen jeden bedingungslosen Rückzug. Denn 1969 war die Frage, ob der Ausgang des Konflikts für uns und die von uns abhängigen Länder von Bedeutung war, durch die mehr als eine halbe Million amerikanischen Soldaten, die 70000 verbündeten Soldaten und die 31000 Gefallenen entschieden. Ich stimmte den Kritikern auch darin nicht zu, wenn viele behaupteten, der Friede hinge allein von *unserem* guten Willen ab. Für die harten Männer in Hanoi, die ihr ganzes Leben gekämpft hatten, war ein Kompromiß keine moralische Kategorie. Vor dem Hintergrund des Epos der vietnamesischen Geschichte – einer Geschichte der Kriege gegen Chinesen, Franzosen, Japaner und jetzt gegen uns – hatten sie ihren unbestreitbaren Heroismus durch einen Traum vom Sieg lebendig erhalten; sie würden sich nur auf einen Kompromiß einlassen, wenn sie ihn nach ihren Berechnungen für notwendig hielten. Zu einem Verhandlungsfrieden konnte es nur nach einer genauen Abwägung der Risiken auf beiden Seiten kommen, nicht aber nach einem Gefühlsausbruch. In dieser Beurteilung unterschied ich mich von vielen, die der Protestbewegung angehörten – auch wenn ich mich ihrer Meinung anschließen mußte, daß der Krieg an unseren nationalen Kräften zehrte und beendet werden mußte.

2. *Was wir vorfanden*

Es ist eine zweifelhafte Leistung vieler unserer Kritiker, zu denen auch zahlreiche Angehörige der Regierungen gehörten, die für unser Eingreifen in Vietnam verantwortlich gewesen sind, die Maßnahmen der Regierung Nixon in den Mittelpunkt der Vietnam-Diskussion zu stellen, als sei es Nixon gewesen, der Amerika in den Vietnam-Krieg geführt hatte. Man darf nicht vergessen, daß am 20. Januar 1969, als Nixon sein Amt übernahm, mehr als eine halbe Million amerikanische Soldaten in Vietnam stand; allerdings nahm ihre Zahl immer noch zu und erreichte schließlich 549 500, die Höchstzahl, die die vorige Regierung im April 1968 festgesetzt hatte. (Im April 1969 war die bis dahin höchste Truppenstärke von 543 000 Mann erreicht.) Im Rechnungsjahr 1969 betrugen die Kriegskosten für Vietnam 30 Milliarden Dollar.* In der zweiten Hälfte des Jahres 1968 waren *wöchentlich* im Durchschnitt 200 amerikanische Soldaten gefallen; im ganzen Jahr 1968 fielen 14 592 Amerikaner. Am 20. Januar waren in Vietnam seit 1961 mehr als 31 000 amerikanische Soldaten gefallen; die südvietnamesischen Verluste lagen knapp unter 90 000.

Die Kämpfe hatten sich offensichtlich festgefahren. Die Tet-Offensive von 1968 war von uns entscheidend abgewehrt worden, aber der Schock, den sie bei der amerikanischen Öffentlichkeit auslöste, die jetzt den Krieg nicht mehr unterstützen wollte, führte zur Einstellung der Bombenangriffe und setzte die amerikanische Regierung noch stärker unter Druck, unsere Truppen aus Vietnam abzuziehen. Unsere südvietnamesischen Verbündeten verfügten über reguläre Streitkräfte von 826 000 Mann, die sie gegenüber dem vergangenen Jahr, als es nur 743 000 Mann gewesen waren, erheblich verstärkt hatten. Sie waren jetzt auch viel besser bewaffnet und ausgerüstet, standen aber vor einer fast unlösbaren Aufgabe. Sie mußten eine fast 1000 Kilometer lange, unwegsame Grenze schützen und zugleich für die Sicherheit der Bevölkerung sorgen. Und obwohl die Kader des Viet Kong bei der Tet-Offensive dezimiert worden waren, glich die nordvietnamesische reguläre Armee die Verluste aus. An den Gefechtshandlungen beteiligten sich jetzt nur noch nordvietnamesische reguläre Truppen – was den Mythos vom »Volkskrieg« widerlegte.

Innenpolitisch hatte man den Eindruck, daß sich die Lage in Südvietnam im Vergleich zu den Verhältnissen in den vergangenen vier Jahren wesentlich stabilisiert hatte. Nguyen Van Thieu, der aus Nordvietnam stammte, war 1967 zum Präsidenten gewählt worden; zu seiner Regierung gehörte

* Davon waren 24 Milliarden Dollar »Zusatzkosten« des Krieges, das heißt Kriegskosten abzüglich der Unterhaltskosten für die beteiligten Streitkräfte, die auch angefallen wären, wenn der Krieg nicht stattgefunden hätte.

eine ganze Reihe von Südvietnamesen und angesehenen Nationalisten wie etwa der Premierminister Tran Van Huong. Aber unsere Botschaft in Saigon schätzte, daß es in 80 Prozent der kleinen Dörfer eine kommunistische Infrastruktur gab. Man glaubte, etwa 65 Prozent der Gesamtbevölkerung und 81 Prozent der ländlichen Bevölkerung stünden unter kommunistischem Einfluß, auch wenn sie in manchen Fällen den Kommunisten nur in Form von Reis und anderen Landesprodukten Steuern zahlten. Mit anderen Worten, die Lage auf dem Lande hatte sich seit meinem letzten Besuch im Oktober 1966 nicht wesentlich verändert.

Die Strategie des Gegners bestand darin, die Bevölkerung möglichst zu verunsichern, ohne dabei ein bestimmtes Gelände zu halten, das die Amerikaner mit starken Kräften angreifen konnten, was zu einer regelrechten Schlacht geführt hätte. Statt dessen unternahmen die Nordvietnamesen überall in Südvietnam sporadische Angriffe. Starke Verbände griffen die Stellungen der Amerikaner an, um ihnen Verluste beizubringen; Guerilla-Operationen sollten unseren Befriedungsaktionen entgegenwirken; zugleich bemühte man sich die ganze Zeit darum, die kommunistische politische Infrastruktur zur Vorbereitung einer späteren Machtübernahme zu stärken.

Im zweiten Halbjahr 1968 hatte General Creighton (»Abe«) Abrams General William Westmoreland als amerikanischen Befehlshaber in Vietnam abgelöst. Abrams war unter George Patton Panzerkommandeur gewesen und hatte das Panzerbataillon geführt, das in der großen Kesselschlacht Bastogne befreit hatte. Abrams verfolgte in Vietnam eine neue Strategie. Er gab die mit starken Kräften geführten Offensivoperationen gegen die kommunistischen Hauptstreitkräfte auf und konzentrierte sich auf den Schutz der Bevölkerung. Er setzte tief gestaffelte amerikanische Verbände zur Verteidigung der großen Städte ein und verlegte zwei amerikanische Divisionen aus dem Norden des Landes in den dichter bevölkerten Süden. Das war eine der günstigen Auswirkungen des Bombenstopps, den Präsident Johnson am 1. November 1968 erlassen hatte. Die Nordvietnamesen hatten sich damals verpflichtet, nicht in die entmilitarisierte Zone einzudringen und auch die größeren Städte nicht anzugreifen.

Zu dem Bombenstopp war es im wesentlichen aus zwei Gründen gekommen. Die Kriegsgegner hatten sich zum Teil gegen die Bombardierungen gewandt, weil sie zu kostspielig seien, zum Teil, weil die Vereinigten Staaten diesen Schritt einseitig unternehmen konnten (was bei den übrigen Kampfhandlungen nicht möglich war), und zum Teil, weil Hanoi geschickt erklärt hatte, eine Beendigung der Bombenangriffe werde sofort zu Verhandlungen führen und als Folge der Verhandlungen sei eine rasche Beendigung des Krieges zu erwarten. Am 31. März 1968 erklärte daraufhin Präsident Johnson, er werde sich nicht mehr um das Präsidentenamt bewerben, und verpflichtete sich gleichzeitig, die Bombenangriffe jenseits des 20. Breitengrads einzustellen. Nun begannen die Pariser Verhandlungen zwischen den Vereinigten Staaten und der Volksrepublik Vietnam*. Doch sie beschränkten sich auf Verfahrensfragen über den Beginn der Friedensgespräche. Am 1. November 1968 erklärte sich Präsident Johnson bereit, die Bombenangriffe gegen Nordvietnam vollkommen einzustellen, obwohl die Bombardierung des durch Laos führenden Versorgungsweges für die Nordvietnamesen (des sogenannten Ho-Tschi-Minh-Pfades) und die Aufklärungsflüge weitergingen. Es bestand ein stillschweigendes »Einverständnis«, daß große Städte wie Saigon, Danang und Huè »nicht wahllos mit Bomben angegriffen werden sollten«; daß man innerhalb der entmilitarisierten Zone auf den Einsatz von Artillerie, Raketen und Granaten verzichten wollte; daß Truppenbewegungen aus der entmilitarisierten Zone durch diese Zone und innerhalb dieses Gebiets nicht stattfinden und keine Truppenmassierungen in der Nähe der entmilitarisierten Zone stattfinden sollten, »die von der anderen Seite als Bedrohung aufgefaßt werden konnten«. Hanoi hatte diesen Bedingungen niemals ausdrücklich zugestimmt, sondern sich nur »stillschweigend« damit einverstanden erklärt, nachdem der sowjetische Premierminister Alexei Kossygin Präsident Johnson in einem Brief vom 28. Oktober 1968 versichert hatte, daß »Zweifel im Hinblick auf die Haltung der vietnamesischen Seite unbegründet« seien. Der amerikanische Chefunterhändler Averell Harriman sagte den Nordvietnamesen am 4. November in Paris, willkürliche Angriffe gegen die großen Städte »würden eine Lage schaffen, in der sich ernste Gespräche nicht führen ließen, so daß auch die Einstellung (der Bombenangriffe) nicht aufrechterhalten werden könnte«.

Wie sich später zeigte, fingen ernsthafte Gespräche nicht so rasch an, wie Hanoi es uns hatte glauben machen wollen. Wie ich schon in Kapitel II berichtet habe, kam es zu einem drei Monate dauernden Gezänk um die Form des Verhandlungstisches, in dem es eigentlich um den Status der subversiv in Vietnam für Hanoi arbeitenden Nationalen Befreiungsfront (NLF) ging. Das Tauziehen um Verfahrensfragen ging am 16. Januar 1969 zu Ende, vier Tage bevor die Regierung Nixon die Amtsgeschäfte übernahm. Am Tag der Amtseinführung Nixons hatte noch keine einzige Sitzung stattgefunden, in der man über ein konkretes Problem verhandelt hätte.

Als wir unsere Ämter übernahmen, brauchten wir zunächst eine zuverlässige Lagebeurteilung. Unsere Bestrebungen, eine zusammenhängende Strategie zu entwickeln, stießen sofort auf große Schwierigkeiten, weil es uns an konkreten Daten fehlte; nun mußten wir versuchen, die hier eingerissene Praxis durch das zu ergänzen, was wir auf normalem Wege über die Verhältnisse in Vietnam erfahren hatten. Auf der ersten Sitzung des Natio-

* Volksrepublik Vietnam war die offizielle Bezeichnung für Nordvietnam.

nalen Sicherheitsrats am 21. Januar wurde das Vietnam-Problem kurz gestreift und auf einer Sitzung am 25. Januar ausführlicher behandelt. Aber unser Team war noch zu neu, und die Berufsbeamten waren demoralisiert. Bei der Erläuterung der Lage konnte niemand, nicht einmal die Militärs, dem Präsidenten die Vorstellungen vermitteln, die er sich unbedingt von den Verhältnissen in Vietnam machen wollte. Seit Jahren beklagten sich die Militärs darüber, daß sie von der zivilen Führung an der Leine gehalten würden. Aber als Nixon sie jetzt bat, eine neue Strategie zu entwickeln, fiel ihnen nichts anderes ein, als die Wiederaufnahme der Bombardierung Nordvietnams zu empfehlen. Die einzige neue Anweisung, die Nixon zu diesem Zeitpunkt gab, war der Befehl, die ständigen Kontroversen mit Saigon einzustellen; er hatte nicht die Absicht, die politische Struktur in Südvietnam auszuhöhlen und damit Hanoi einen Gefallen zu tun.

Unser Informationshunger regte die erste Direktive der neuen Regierung an, die eine Studie über die Lage in Vietnam in Auftrag gab. Die Denkschrift des Nationalen Sicherheitsrats, mit der das geschah (NSSM 1), trug den Titel »Lage in Vietnam«. Darin wurden die Ministerien und Behörden aufgefordert, die in einer langen sechsseitigen Liste enthaltenen 28 Hauptfragen und 50 Nebenfragen zu beantworten. Das sollte jede einzelne Behörde für sich tun, damit alle Meinungsverschiedenheiten deutlich sichtbar wurden und wir uns besonders mit den Fragen beschäftigen konnten, in denen die Meinungen auseinandergingen. Das NSSM 1 verlangte die Erläuterung von Ereignissen (zum Beispiel: »Warum ist die Volksrepublik Vietnam in Paris? Warum haben Verbände der nordvietnamesischen Armee im letzten Sommer und Herbst Südvietnam verlassen?«). Die Denkschrift fragte nach politischen Faktoren, die die Verhandlungen beeinflußten, nach der militärischen Kapazität des Gegners, nach der Kapazität der Südvietnamesen, nach dem Stand der Sicherheit auf dem flachen Lande, nach der innenpolitischen Szene in Saigon und nach der militärischen Stärke und den Operationen der Vereinigten Staaten. In jedem Fall stellten wir auch die Frage: »Welches sind die Beweismittel?« oder »Wie weit sind unsere Erkenntnisse gesichert?«

Leider zeigen Fragen auch manchmal, durch welche Unwissenheit sie angeregt worden sind, anstatt eine ausreichende Beantwortung zu ermöglichen. Die beantworteten Fragebögen kamen im Februar; mein Stab analysierte ihren Inhalt in einer 40 Seiten starken Denkschrift, die am 14. März an die Mitglieder der Prüfungsgruppe des Nationalen Sicherheitsrats weitergegeben wurde.[3] Vielleicht war es nicht überraschend, festzustellen, daß die Bürokratie in ihrer Auffassung ganz ähnlich gespalten war wie das übrige Land. Es gab eine relativ optimistische Betrachtungsweise bei Leuten wie Ellsworth Bunker, unserem Botschafter in Saigon, der die Joint Chiefs of Staff, General Abrams und unser Befehlshaber im Pazifik, Admiral John McCain, folgten. Diese Gruppe glaubte, die Nordvietnamesen hätten den

Friedensgesprächen in Paris zugestimmt, weil sie miltärisch schwach seien; in Paris seien wirkliche Fortschritte erzielt worden, und das werde andauern; im allgemeinen sei »die Tendenz günstig«. Die Zivilisten im Pentagon, die CIA und in etwas geringerem Ausmaß auch das Außenministerium vertraten die gegenteilige Ansicht. Sie erkannten zwar an, daß sich die Kapazität der Südvietnamesen erhöht habe, glaubten aber, daß »damit im wesentlichen nur ein toter Punkt erreicht worden ist«. Man meinte, die Befriedung sei »übertrieben und anfällig«, man mache »unzureichende politische Fortschritte«, der Feind handele weder in Paris noch im Kampfgebiet aus Schwäche und »in Vietnam ist nur eine Kompromißlösung denkbar«.

Man stimmte darin überein, daß der Viet Kong und die Nordvietnamesen militärisch häufiger die Initiative ergriffen als wir und damit die Höhe der Verluste auf beiden Seiten bestimmten; daß der Gegner seine Absichten nicht geändert habe und daß Hanoi »einen im wesentlichen von Moskau und Peking unabhängigen Kurs verfolgt«. Es gab jedoch beunruhigend große Meinungsverschiedenheiten innerhalb der Nachrichtendienste über so elementare Tatsachen wie Stärke und Aufmarsch der gegnerischen Kräfte und die Bedeutung Kambodschas, besonders des Hafens von Sihanoukville als Versorgungsbasis. Die Antworten ließen deutlich erkennen, daß schon bezüglich der Tatsachen keine Übereinstimmung bestand, geschweige denn der politischen Linie, die wir verfolgen sollten.

Bevor wir unsere interne Diskussion beenden, ja bevor wir sie durchführen konnten, kam Hanoi am 22. Februar 1969 unseren Analysen zuvor, indem es in ganz Südvietnam zur Offensive antrat.

3. *Nordvietnamesische Angriffe und die Bombardierung Kambodschas*

1968 hatten Vereinbarungen mit den Nordvietnamesen zu einer Einstellung der Bombenangriffe geführt, und wir hatten damit gerechnet, daß die Nordvietnamesen weder größere Städte noch über die entmilitarisierte Zone hinweg angreifen würden. Aber bei unserer Amtsübernahme ließ das vermehrte Einsickern feindlicher Kräfte vermuten, daß eine neue Offensive bevorstand.

Die einzige Gegenmaßnahme, an die wir für einen solchen Notfall denken konnten, war die Wiederaufnahme der Bombenangriffe gegen den Norden. Am 24. November 1968 hatte der Verteidigungsminister Clark Clifford im Fernsehen erklärt: »Wenn sie uns irgendwann zeigen, daß sie es nicht ernst meinen und unser Vertrauen mißbrauchen wollen, dann zweifle ich nicht daran, daß der Präsident zu unserem früheren Konzept zurückkehren wird, und das bedeutet, wir werden den Feind unter Druck setzen und, wenn es notwendig ist, auch die Bombenangriffe wiederaufnehmen.« Bei einer Konferenz im Weißen Hause stellte sich Averell Harriman am 4. Dezember 1968 auf den gleichen Standpunkt. Der Vorsitzende der Joint Chiefs, General Earle Wheeler, folgte nur der Doktrin seiner Vorgänger, als er Nixon auf einer Sitzung des Nationalen Sicherheitsrats am 25. Januar 1969 sagte, in Vietnam werde »mit Ausnahme der Bombenangriffe gegen den Norden« alles getan, was möglich sei.

Doch niemand in der neuen Regierung konnte anders als mit Abscheu an eine Wiederaufnahme der Bombenangriffe gegen den Norden denken. Wir befanden uns noch in der Flitterwochenstimmung. Nixon hatte sich bis dahin noch niemals der Zustimmung der Medien erfreut, und wir alle fürchteten den Sturm der Empörung, den eine Wiederaufnahme der Bombenangriffe auslösen mußte – auch wenn sie die unmittelbare Folge des Bruchs der Vereinbarungen, die zu der Einstellung der Bombardierungen geführt hatten, durch die Nordvietnamesen war. Im ersten Monat der Amtszeit des neuen Präsidenten hatten wir trotz allem die Hoffnung noch nicht aufgegeben, das amerikanische Volk für ein einheitliches Programm gewinnen zu können, um den Krieg in ehrenhafter Weise zu beenden.

Leider war es sehr schwierig, Alternativen für die Bombardierung des Nordens zu finden. Am 30. Januar traf ich im Pentagon mit Laird und Wheeler zusammen, um festzustellen, wie wir auf eine eventuelle feindliche Offensive in Südvietnam reagieren sollten. Wheeler erklärte noch einmal, die amerikanischen Streitkräfte in Südvietnam seien voll im Einsatz; die einzigen erfolgversprechenden Gegenmaßnahmen wären Operationen in der entmilitarisierten Zone oder die Wiederaufnahme der Bombardierungen des Nordens. Laird gefiel der letztere Vorschlag nicht; er wies daher ausdrücklich darauf hin, daß der Bombenstopp in der Öffentlichkeit die Erwartung genährt habe, der Krieg würde bald beendet werden. Auch ich war gegen eine Wiederaufnahme der Bombardierungen und wollte Verhandlungen eine Chance geben.

Am 1. Februar schickte mir Nixon ein kurzes Schreiben: »Mir gefällt es nicht, daß ich in praktisch jedem Nachrichtenbericht, den ich sehe, hören muß, wir erwarteten eine kommunistische Initiative in Südvietnam. Ich glaube, wenn es zu einer Initiative kommen muß, dann sollten wir sie ergreifen und nicht sie.« Als ich die Joint Chiefs um Ratschläge bat, bekam ich nur die jetzt schon übliche Antwort. Man sprach von verschiedenen Möglichkeiten, nordvietnamesische Ziele aus der Luft oder vom Meer her anzugreifen, und Laird und ich zögerten ebenso wie bisher, diesen Empfehlungen zuzustimmen.

Dann kam man auf den Gedanken, die nordvietnamesischen Schlupfwinkel in Kambodscha zu bombardieren, und zwar aus genau den entgegengesetzten Gründen als zunächst angenommen; wir wollten den Krieg nicht ausweiten, sondern damit die Bombardierung Nordvietnams vermeiden und außerdem einen grundlosen Angriff verhindern, der pro Woche das Leben 400 amerikanischer Soldaten kostete.

Revisionisten haben gelegentlich sehr intensiv behauptet, daß die Nixon-Regierung angeblich den »neutralen« Status eines »friedlichen« Landes verletzt habe. Diese Vorwürfe übersehen, daß es sich um ein Gebiet handelte, das sich praktisch nicht mehr als kambodschanisch bezeichnen ließ. Seit vier Jahren operierten vier nordvietnamesische Divisionen, von Militärbasen entlang der südvietnamesischen Grenze logistisch unterstützt, auf kambodschanischem Boden. 1978 erklärten die kommunistischen Sieger in Kambodscha, in den Jahren 1969–1970 hätten 300000 ungebetene nordvietnamesische »Gäste« im Nordosten Kambodschas gestanden, was unsere Schätzungen bei weitem übertraf.[4] Die kambodschanischen Beamten hatten diese Gebiete verlassen müssen, in denen fast keine Kambodschaner mehr lebten.* Sie wurden vollständig von den Nordvietnamesen kontrolliert. Aus diesen Bereitstellungsräumen trugen die nordvietnamesischen Truppen ihre Angriffe gegen Südvietnam vor, brachten uns Verluste bei, zerstörten Einrichtungen der Regierung und zogen sich dann wieder in den Schutz eines offiziell neutralen Landes zurück. Man muß ein geschickter Advokat sein – sollte aber nicht vorgeben, die Lage beurteilen zu können –, wenn man behaupten will, die Vereinigten Staaten hätten hier die Neutralität eines friedlichen Landes verletzt, wenn wir mit Zustimmung der Kambodschaner und zur Verteidigung unserer Soldaten Bombenangriffe gegen Gebiete führten, in denen die Kambodschaner seit Jahren keine Verwaltung mehr unterhielten und die entweder nur sehr dünn oder gar nicht von Kambodschanern besiedelt waren. Denn diese Gebiete waren in Verletzung der Neutralität Kambodschas von einem Feind besetzt, der aus diesen Bereitstellungsräumen seine Agriffe führte und jede Woche Hunderte von Amerikanern und Südvietnamesen tötete.

Der erste Vorschlag kam von General Wheeler. Als Laird am 30. Januar Zweifel daran geäußert hatte, daß eine Wiederaufnahme der Bombardierung des Nordens politisch vertretbar sei, schlug Wheeler alternative Angriffe gegen einen Komplex von Nachschubbasen vor, die die Nordvietnamesen illegal auf der anderen Seite der Grenze in Kambodscha eingerichtet hatten. Am 9. Februar schickte General Abrams aus Saigon ein Telegramm an General Wheeler und meldete, aus den Aussagen eines Deserteurs und aus Luftaufnahmen ließe sich erkennen, daß das kommunistische Hauptquartier für

* Die kommunistischen Deserteure, von denen wir die genaue geograpische Lage der nordvietnamesischen Befehlsstellen erfuhren, berichteten, daß Kambodschaner das Gebiet, in dem diese Befehlsstellen lagen, nicht betreten durften. General Abrams meldete dem Präsidenten diese Aufklärungsergebnisse im Februar und versicherte dabei, das Angriffsziel läge mindestens einen Kilometer von dem nächsten kambodschanischen Dorf entfernt.

ganz Südvietnam dicht hinter der Grenze auf kambodschanischem Boden läge. (Als Neuling war ich von solchen offenbar sehr definitiven Aufklärungsergebnissen stärker beeindruckt als später. Wie sich später herausstellte und die kommunistischen Führer acht Jahre später auch bestätigten, war die Information des Deserteurs in diesem Punkt genau.) Abrams erbat die Vollmacht, dieses Hauptquartier mit Bombenflugzeugen vom Typ B-52 anzugreifen. Botschafter Bunker war mit dieser Maßnahme einverstanden, wie er in einem zweiten Telegramm über die Kanäle des Außenministeriums mitteilte.

Diese Empfehlungen fielen auf fruchtbaren Boden. In der Übergangsperiode hatte mir der gewählte Präsident am 8. Januar 1969 das Folgende geschrieben: »Wenn wir die Vietnam-Frage untersuchen, dann verlange ich einen genauen Bericht darüber, was der Gegner in Kambodscha hat und was wir tun, um den Aufbau dort zu zerstören – wenn wir überhaupt etwas unternehmen. Ich glaube, einer der wichtigsten Tagesordnungspunkte nach unserer Amtsübernahme wird es wahrscheinlich sein müssen, die Politik gegenüber Kambodscha entscheidend zu ändern.« General Goodpaster legte mir den Entwurf einer Antwort zur Unterschrift vor, die genaue Angaben über die nordvietnamesischen Basen an der kambodschanischen Grenze enthielt. Er meldete, »unsere Truppenführung in Südvietnam ist davon überzeugt, daß die Masse des Nachschubs, der nach Kambodscha geht, über Sihanoukville geleitet wird . . . Was wir hier unternehmen, ist sehr wenig . . . Die Feldtruppe hat schon mehrfach darum ersucht, nach Kambodscha vorstoßen zu dürfen, um dort vorbeugende Operationen durchzuführen oder feindliche Kräfte zu verfolgen, die uns angegriffen haben. Solche Ersuchen sind bisher alle abgelehnt oder noch nicht entschieden worden, ohne daß etwas geschieht.«

Die Bedeutung von Sihanoukville war eine der umstrittensten Fragen in der NSSM-1-Studie. Das militärische Hauptquartier der Vereinigten Staaten in Saigon war überzeugt, daß von Oktober 1967 bis September 1968 einige 10000 Tonnen Waffen über Sihanoukville hereingekommen waren. Die CIA und das Außenministerium bestritten das. Sie glaubten, die Versorgung über den Ho-Tschi-Minh-Pfad durch Laos sei mehr als ausreichend, um die Bedürfnisse *aller* kommunistischen Kräfte in Südvietnam zu befriedigen.

Bei dieser Debatte der Fachleute ging es natürlich darum, ob die Ausweichbasen in Kambodscha so wichtig waren, daß man sie angreifen sollte. Wie nur allzu häufig, folgten die Schätzungen der Nachrichtendienste mehr den politischen Auffassungen der Ministerien, als daß sie sie zum Handeln anregten. Die Befürworter eines Angriffs gegen die Basen in Kambodscha wiesen auf die große Bedeutung Sihanoukvilles hin; die Gegner spielten sie herunter. (Als amerikanische und südvietnamesische Streitkräfte im April

1970 bis zu diesen Basen vorstießen, ließ sich aus Dokumenten in den kommunistischen Vorratslagern ersehen, daß die Materialtransporte durch Kambodscha noch viel umfangreicher gewesen waren als die höchsten Schätzungen der Militärs.)

Welche Meinungsverschiedenheiten es auch über die Versorgung der kommunistischen Truppen über Sihanoukville oder den Ho-Tschi-Minh-Pfad gegeben haben mag, niemand bestritt, daß die amerikanischen und südvietnamesischen Streitkräfte durch die nordvietnamesischen Basen in Kambodscha bedroht wurden. Am 18. Februar bekam ich den Besuch von zwei Männern aus Saigon, die mich, Laird, den stellvertretenden Verteidigungsminister Packard, General Wheeler und Lairds militärischen Assitenten, Colonel Robert E. Pursley, über die Lage in Vietnam unterrichteten. Ich sagte dem Präsidenten, General Abrams sei davon überzeugt, daß in der von den Nordvietnamesen besetzten Kriegszone keine kambodschanischen Zivilisten lebten. Trotzdem riet ich davon ab, die Bereitstellungsräume in Kambodscha ohne Provokation zu bombardieren, und erklärte, wir sollten die Möglichkeit für Verhandlungen offenlassen und versuchen, für unsere Politik die Unterstützung der Öffentlichkeit zu gewinnen. Ich meinte, wir könnten Ende März noch einmal über die Lage sprechen. Das war die typische bürokratische Art, Zeit zu gewinnen, wenn man diejenigen nicht verletzen wollte, deren Antrag abgewiesen war. Nixon billigte meine Empfehlung am 22. Februar, einen Tag vor seiner Abreise nach Europa.

An dem Tage, als Nixon sich entschlossen hatte, Aktionen gegen kampffreie Gebiete aufzuschieben, zwangen uns die Nordvietnamesen, unsere vagen Pläne aufzugeben und angesichts einer Krise zu handeln. Nach wochenlangen Vorbereitungen, die bereits vor dem Amtsantritt der neuen Regierung begonnen hatten, ließ Hanoi im ganzen Lande zur Offensive antreten. Während der Kampfhandlungen der ersten Woche fielen 453 amerikanische Soldaten, in der zweiten Woche waren es 336, in der dritten 351; die Verluste der Südvietnamesen waren viel höher und lagen im Durchschnitt bei mehr als 500 wöchentlich. Das war ein in höchstem Maße zynisches Vorgehen. Unsere neue Delegation unter der Leitung von Henry Cabot Lodge hatte in Paris noch keine konkreten Verhandlungen geführt. Die neue Regierung hätte ihr auch noch keine Richtlinien geben können. Ob nun zufällig oder absichtlich, die Angriffe begannen einen Tag vor der beabsichtigten Reise des Präsidenten nach Übersee; damit wurde unsere Reaktion unmöglich gemacht, und das bedeutete für den neuen Präsidenten eine Demütigung. Es geschah, obwohl Nixon in der Übergangsperiode die Verbindung zu den Nordvietnamesen aufgenommen hatte (wie wir weiter unten sehen werden). Dabei hatte er gesagt, er wolle den Krieg auf der Grundlage der Selbstachtung und Ehre aller Beteiligten beenden. Ohne den Versuch zu machen, die Aufrichtigkeit dieser Erklärung auf die Probe zu stellen, begann Hanoi die Offensive, die hohe amerikanische Verluste forderte. In einem Bericht an den Präsidenten wies ich darauf hin, daß die Nordvietnamesen »den amerikanischen und südvietnamesischen Streitkräften relativ hohe Verluste haben beibringen können, ohne ihre Hauptkräfte einzusetzen«.

Als Nixon sich im Ovalen Zimmer über die militärische Lage nach Beginn der feindlichen Angriffe orientieren ließ, lagen vor ihm aus losen Blättern bestehende Stöße von Orientierungspapieren, die mein Stab und das Außenministerium über jedes Land, das er besuchen wollte, zusammengestellt hatten. (Später verwendete Nixon das Ovale Zimmer meist nur noch zu offiziellen Anlässen; gewöhnlich arbeitete er lieber in seinem inoffiziellen Büro im Exekutivbürogebäude.) Nixon blätterte die Papiere durch, um den Inhalt möglichst auswendig zu lernen, und beschwerte sich darüber, daß es so anstrengend sei. Er war sehr erregt und hätte am liebsten sehr heftig auf das zynische Manöver Nordvietnams reagiert. Jahrelang hatte er seinen Vorgängern vorgeworfen, sie reagierten zu schwächlich auf das Verhalten der Kommunisten. Jetzt kam es ihm jedoch darauf an, daß seine erste Auslandsreise als Präsident ein Erfolg wurde. Ein amerikanischer Gegenschlag hätte in Europa zu heftigen Reaktionen führen können; andererseits würde es unseren Gegner vielleicht ermutigen, wenn wir nichts unternahmen. Der Präsident fand nicht sofort einen Ausweg aus diesem Dilemma. Die einzige Reaktion des Weißen Hauses am Tag des Beginns der Offensive war, daß ich den sowjetischen Botschafter Dobrynin telefonisch anrief. Ich sagte ihm, der Präsident wolle Moskau zu verstehen geben, daß wir zurückschlagen würden, wenn die Nordvietnamesen die Offensive fortsetzten. Aber am folgenden Tag, dem 23. Februar, faßte Nixon auf dem Flug von Washington nach Brüssel einen Entschluß: Er befahl die Bombardierung der Gebiete Kambodschas, in denen die Nordvietnamesen Zuflucht suchten. Ich fand, daß eine so wichtige Entscheidung nicht ohne weiteres per Funkspruch vom Flugzeug des Präsidenten aus nach Washington und Saigon weitergegeben werden dürfte, ohne daß vorher die zuständigen Beamten konsultiert worden waren, und bevor wir uns genau überlegt hatten, mit welchen Folgen wir zu rechnen hatten. Ich empfahl Nixon deshalb, den Befehl zur Ausführung dieser Anordnung um 48 Stunden zu verschieben und Oberst Alexander Haig, meinem militärischen Berater in Washington, ein Blitztelegramm zu schicken und ihn mit einem Experten des Verteidigungsministeriums nach Brüssel zu rufen. Ich wollte mit ihm noch einmal die militärischen Operationen durchsprechen und einen diplomatischen Plan entwickeln.

Haig, Haldeman (der Nixon vertrat, denn der Präsident konnte an dieser Besprechung nicht teilnehmen, weil das zu großes Aufsehen erregt hätte), der Planungsoffizier aus dem Pentagon und ich trafen uns am Morgen des

24. Februar auf dem Brüsseler Flughafen in *Air Force One* kurz vor der Ansprache des Präsidenten im NATO-Hauptquartier. Das Flugzeug, das Nixon benutzte, war nach Angaben Johnsons gebaut worden. Unmittelbar hinter dem Aufenthaltsraum für den Präsidenten befand sich ein Konferenzraum mit einem großen Sessel vor einem nierenförmigen Tisch; an Sessel und Tisch waren Knöpfe angebracht, mit denen sich beide bewegen ließen. Der Sessel konnte in verschiedene Positionen gebracht werden, der Tisch ließ sich hydraulisch heben und senken. Drückte man den falschen Knopf, dann wurde der Tisch plötzlich immer niedriger und klemmte einen im Stuhl fest; die Situation konnte kritisch werden, wenn sich gleichzeitig der Sessel hob. In dieser bedrohlichen Situation arbeiteten wir die Richtlinien für die Bombardierung der feindlichen Zufluchtsräume aus. Die Bombenangriffe sollten nur innerhalb eines acht Kilometer breiten Streifens hinter der Grenze durchgeführt werden. Wir würden die Angriffe nicht ankündigen, uns aber zu ihnen bekennen, wenn Kambodscha protestieren sollte, und den Kambodschanern eine Bezahlung für eventuelle Schäden anbieten, die der Zivilbevölkerung entstehen sollten. In der kurzen Zeit, die uns zur Verfügung stand, entwickelten wir einen militärischen und einen diplomatischen Zeitplan sowie Richtlinien für die Unterrichtung der Presse. Haig und der Experte aus dem Pentagon flogen sofort wieder nach Washington ab, um Laird zu unterrichten. Nixon verfaßte später in London einen etwas mysteriösen Bericht über seine Vorstellungen an Rogers, der jedoch keine Einzelheiten enthielt.

Noch am gleichen Tage telegraphierte Laird aus Washington seine Vorbehalte. Er glaubte, es würde unmöglich sein, die Bombardierung geheimzuhalten und schwierig, der Presse diesen Entschluß verständlich zu machen, und das Einverständnis der öffentlichen Meinung könne nicht garantiert werden. Er drängte darauf, die Aktion so lange zu verschieben, bis deutlich erkennbar sei, daß die Nordvietnamesen uns provoziert hätten. Dieses Verhalten war symptomatisch für die damals herrschende Unsicherheit. Man fürchtete, die schlafende Bestie des öffentlichen Protests zu wecken. Rückblickend mutet es erstaunlich an, wie sehr wir uns auf die rechtliche Frage konzentriert haben, ob die Vereinbarung verletzt worden sei, und nicht auf die 400 amerikanischen Gefallenen, die wir jede Woche verloren und mit denen Hanoi unseren Willen zu brechen suchte, bevor wir uns zu etwas entschließen konnten. Noch erstaunlicher ist, daß wir die ganze Zeit nie daran gedacht haben, die Bombenangriffe gegen Nordvietnam wiederaufzunehmen. Die Einstellung der Bombenangriffe, mit der wir das Ende des Krieges hatten beschleunigen wollen, war zum Selbstzweck geworden.

Was die Bombardierung von Kambodscha betraf, war ich der gleichen Ansicht wie Laird, aber nicht aus den gleichen Gründen. Ich glaubte, wenn wir auf diesen zynischen Schritt der Nordvietnamesen nicht reagierten, könnten sich unsere Hoffnungen auf Erfolg der Verhandlungen zerschlagen, denn Hanoi konnte darin nur ein Zeichen der Hilflosigkeit Nixons angesichts des innenpolitischen Drucks sehen. Wahrscheinlich würde es weitere militärische Maßnahmen herausfordern, und Nordvietnam würde versuchen, Nixon ebenso in die Zwickmühle zu bringen wie Johnson. Was mir jedoch Sorgen bereitete, war der von Hanoi gewählte Zeitpunkt. Ich hielt es nicht für klug, eine militärische Operation zu beginnen, solange sich der Präsident auf seiner Europa-Reise befand, denn jetzt wäre er nicht in der Lage, sich gegen feindliche Demonstrationen zu wehren und sich mit seinem Kabinett abzusprechen. Auch hätte es mir nicht gefallen, wenn wir bei jeder Pressekonferenz in Europa auf Vietnam angesprochen worden wären oder in privaten Gesprächen den verbündeten Regierungen unsere Maßnahmen hätten erklären müssen, denn sie hatten es nicht immer leicht, die Unterstützung unserer Vietnam-Politik mit der öffentlichen Meinung in ihren Ländern in Einklang zu bringen. Ich sagte das auch dem Präsidenten. Bei unserem Aufenthalt in Bonn am nächsten Tage gab Nixon daher seinen Plan auf.

Das sogenannte Mini-Tet zeigte deutlich, in einer wie schwierigen innenpolitischen Lage wir uns befanden. Die feindliche Offensive war sicherlich schon monatelang vorausgeplant worden. Sie begann, als wir kaum vier Wochen im Amt waren und bevor der Feind wissen konnte, was wir beabsichtigten – denn wir wußten es selbst noch nicht. Aber die *New York Times* warf der neuen Regierung am 9. März vor, sie habe Hanoi mit der Erklärung provoziert, sie wolle die Alternativen für einen Krieg prüfen, an dem Expeditionsstreitkräfte in einer Stärke von mehr als 500000 Mann beteiligt seien: »Es ist bedauerlich, daß sich die Pariser Gespräche auf dem toten Gleis befinden, während Botschafter Lodge auf eine Anweisung des Weißen Hauses wartet, neue Friedensvorschläge zu machen oder private Gespräche zu führen, durch die allein Fortschritte zu erreichen sein dürften. Alles ist ins Stokken geraten, während die Nixon-Regierung die militärische und außenpolitische Lage überdenkt.« Die gleiche Meinung hörten wir bald auch im Kongreß. In der Öffentlichkeit zeigte sich Nixon zurückhaltend, aber in privaten Gesprächen war er offener. Am 4. März erklärte er auf einer Pressekonferenz:

> »Wir sind nicht überstürzt vorgegangen, aber daß wir Geduld und Gelassenheit gezeigt haben, darf nicht als Schwäche gedeutet werden. Wir werden weitere Verletzungen einer Vereinbarung nicht hinnehmen. Aber mehr als das, wir werden auch keine Angriffe dulden, die zu einer Zeit, in der wir ehrlich bemüht sind, am Konferenztisch in Paris den Frieden zu erreichen, unseren Soldaten höhere Verluste beibringen. Wenn das so weitergeht, werden die Angriffe entsprechend beantwortet werden.«

Am 4. März übergab ich dem Präsidenten kommentarlos ein Memorandum Lairds, der sich gegen den Vorschlag der Joint Chiefs of Staff aussprach, Nordvietnam anzugreifen. Laird war alles andere als eine »Taube«; normalerweise war er eher aggressiv. Ein militärischer Sieg wäre ihm lieber gewesen. Aber er verfolgte auch sehr aufmerksam die Stimmung in der Öffentlichkeit und im Kongreß. Er war ein einfühlsamer Politiker und hatte es als solcher gelernt, daß, wer auf die Barrikaden geht, seine politische Zukunft verspielen kann. Dieses Opfer wollte er nicht bringen. Er lavierte deshalb sehr vorsichtig zwischen seiner Überzeugung, man müsse militärisch reagieren, und seinem politischen Instinkt, der zur Vorsicht riet, hin und her. Er stellte sich gegen eine Bombardierung Nordvietnams, empfahl jedoch entschieden die Angriffe gegen die Zufluchtsräume in Kambodscha. (Nur in bezug auf die Politik der staatlichen Beziehungen war er anderer Meinung; er dachte aus praktischen Gründen an die Möglichkeit, die Bombardierung geheimzuhalten, nicht aus moralischen.) Der Präsident ließ sich von ähnlichen Gedanken leiten und befahl schließlich den Beginn der Bombenangriffe gegen Kambodscha für den 9. März. Am 7. März riet Rogers von dieser Maßnahme ab, weil er die privaten Gespräche in Paris nicht belasten wollte.

Nixon nahm seinen Befehl zum zweitenmal zurück. Mit jeder neuen Entscheidung und ihrer Zurücknahme wurde er ungehaltener und ungeduldiger. Ebenso wie Laird sagte er immer wieder, er wolle Nordvietnam nicht angreifen, aber doch »irgend etwas« unternehmen. Am 14. Mai wurde Nixon auf einer Pressekonferenz gefragt, ob ihm nicht die Geduld ausginge. Er antwortete:

> »Mich haben die Berichte, die ich heute morgen in den Zeitungen gelesen habe und nach denen unsere Verluste in der vergangenen Woche von 400 auf 300 Gefallene zurückgegangen sind, nicht getröstet. Diese Verluste sind immer noch viel zu hoch. Wie wir darauf reagieren sollen, muß nach den Auswirkungen beurteilt werden, die unsere Maßnahmen auf die Pariser Gespräche haben könnten. Ich will nur wiederholen, was ich schon gesagt habe ... Wir haben den Gegner gewarnt. Ich werde ihn nicht wieder warnen. Und wenn wir zu der Überzeugung kommen, daß die Verluste zu hoch sind, dann wird etwas geschehen.«

Am folgenden Tag beschossen die Nordvietnamesen Saigon mit fünf Raketen. Das war eine weitere Eskalation und eine Verletzung der Vereinbarungen. In den ersten beiden Märzwochen hatte der Gegner in 32 Fällen größere südvietnamesische Städte angegriffen. Am gleichen Tage, als die Raketen auf Saigon niedergingen, rief mich der Präsident um 15.35 Uhr telefonisch an. Er befahl, die feindlichen Zufluchtsräume in Kambodscha sofort mit Bombenflugzeugen vom Typ B-52 anzugreifen. Nach vier enttäuschenden Monaten stand der Entschluß des Präsidenten endlich fest: »Das Außenministerium darf erst unterrichtet werden, wenn der Befehl nicht mehr zurückgenommen werden kann . . . Der Befehl ist unwiderruflich.« (»Unwiderruflich« war ein Lieblingsausdruck von Nixon, aber wer ihn kannte, wußte, daß er seine Unsicherheit anzeigte; dadurch wurden natürlich Bitten, ihn umzustimmen, viel eher ermutigt als unterdrückt.)

Ich sagte dem Präsidenten, eine solche Entscheidung sollte nicht getroffen werden, bevor er seinen ranghöchsten Mitarbeitern nicht die Gelegenheit gegeben habe, ihre Meinung zu äußern – wenn auch nur, um sich selbst zu schützen, falls die Öffentlichkeit mit Empörung reagierte. Damit würden wir keine Zeit verlieren. Die Angriffe müßten ohnedies sorgfältig vorbereitet werden, und das würde mindestens 24 Stunden dauern. So wurde für den nächsten Tag eine Sitzung im Ovalen Zimmer anberaumt. Zur Vorbereitung dieser Sitzung verfaßte ich für den Präsidenten ein Memorandum, in dem ich die für und gegen diesen Schritt sprechenden Gründe aufführte. Die Risiken reichten von einem formalen Protest der Kambodschaner bis zu einer heftigen sowjetischen Reaktion, von einem heftigen Widerstand Kambodschas bis zu einer mit starken Kräften durchgeführten Vergeltungsmaßnahme der Nordvietnamesen – obwohl man sich kaum vorstellen konnte, daß Hanoi seine Anstrengungen nach allem, was es bisher schon tat, noch weiter steigern würde. Schließlich mußten wir auch noch damit rechnen, daß die Kritik in den Vereinigten Staaten sich verschärfte und es zu Antikriegsdemonstrationen kam. Ich empfahl, unsere Delegation in Paris sollte versuchen, am Tag des Bombenangriffs ein privates Gespräch mit den Nordvietnamesen zu arrangieren, um darauf hinzuweisen, daß wir einer Lösung auf dem Verhandlungswege den Vorzug gaben; und ich empfahl dem Präsidenten dringend, seinen Kabinettskollegen zu sagen, der in Aussicht genommene Bombenangriff dürfe *kein* Präzedenzfall werden. Das, woran ich in meinem Memorandum nicht gedacht hatte (und niemand von uns hat das vorausgesehen), geschah: Es erfolgte keinerlei Reaktion – weder aus Hanoi noch aus Phnom Penh, Moskau oder Peking.

Zu der Sitzung am Sonntagnachmittag, den 16. März, versammelten sich Rogers, Laird, Wheeler und ich im Ovalen Zimmer. Zum erstenmal seit seinem Amtsantritt mußte Nixon in einer internationalen Krise eine konkrete Entscheidung treffen. Es war auch das erste Mal, daß seine Kabinettskollegen in einer Angelegenheit, die er bereits entschieden hatte, anderer Ansicht waren als der Präsident. Seine Taktik sollte sich später als für Nixon typisch erweisen. Andererseits hatte er seinen Entschluß gefaßt und wollte ihn nicht mehr ändern. Er hatte mich sogar angewiesen, dem Verteidigungsministerium 24 Stunden vor der Sitzung einen entsprechenden Befehl zu übermitteln. Er hielt es aber auch für notwendig, so zu tun, als ließe sich sein Entschluß noch zurücknehmen. Das führte zu stundenlangen Diskussionen, die ihm so unangenehm waren und die seine Neigung stärkten, weitere Gespräche mit Andersdenkenden zu vermeiden.

Die Sitzung im Ovalen Zimmer verlief erwartungsgemäß. Laird und Wheeler waren entschieden für die Angriffe. Rogers erhob Einwände, aber nicht aus außenpolitischen, sondern aus innenpolitischen Erwägungen. Die Neutralität Kambodschas erwähnte er nicht; wir setzten (richtig) voraus, daß wir das Recht hätten, gegen die Verletzung der Neutralität Kambodschas durch Nordvietnam etwas zu unternehmen, weil Kambodscha nicht bereit oder nicht in der Lage war, seine Neutralität zu verteidigen.[5] Rogers fürchtete, wir könnten gerade jetzt, da sich die Lage etwas beruhigt hatte, im Kongreß in die Zwickmühle geraten. Während der mehrstündigen Diskussion ließ sich Nixon von Laird und Wheeler überzeugen, er müsse tun, was er bereits befohlen habe. Ich äußerte mich nicht, da ich meine Gedanken schon vorher in einem Memorandum dargelegt hatte. Am Schluß erklärte sich Rogers mit einem Bombenangriff gegen die Basis einverstanden, wo wir das kommunistische Hauptquartier vermuteten. Die folgenden Überlegungen sind sehr lehrreich: Einen Monat nach Beginn einer nichtprovozierten nordvietnamesischen Offensive, in deren Verlauf mehr als 1000 Amerikaner gefallen waren, erfolgte nach wochenlangen Diskussionen ein einziger amerikanischer Vergeltungsangriff innerhalb eines fünf Kilometer breiten Geländestreifens an der kambodschanischen Grenze gegen ein Gebiet, das Nordvietnam seit mehr als vier Jahren besetzt hielt. Und das sollte sich in der öffentlichen Meinung als ein Akt willkürlicher »Gesetzlosigkeit« festsetzen.

Nach der Sitzung wollten die Joint Chiefs außerdem auch vietnamesische Truppenkonzentrationen angreifen, die die entmilitarisierte Zone verletzt hatten. Laird und ich waren jedoch beide der Überzeugung, daß es wichtiger sei, Rogers' Zustimmung zu behalten; das Ersuchen wurde nicht genehmigt.

Die Angriffe mit den B-52-Maschinen wurden am 18. März gegen die nordvietnamesische Basis 353 geführt, die innerhalb eines fünf Kilometer breiten Streifens jenseits der kambodschanischen Grenze lag.

Zur Bezeichnung dieses Unternehmens griff das Pentagon in seinen schier unerschöpflichen Vorrat an Decknamen und fand darin das Wort »Breakfast« (»Frühstück«) – einen ebenso nichtssagenden wie geschmacklosen Ausdruck.

Wenn bei einem Luftangriff Munitions- oder Kraftstofflager getroffen werden, dann kommt es immer zu Sekundärdetonationen; sie sind der fast sichere Beweis dafür, daß der Angriff den gewünschten Erfolg gehabt hat. Die an dem ersten Angriff des Unternehmens »Breakfast« vom 18. März beteiligten Besatzungen meldeten »insgesamt 73 Sekundärdetonationen im Zielgebiet, die im Durchschnitt fünfmal stärker waren als die typischen Detonationen dieser Art«.

Ursprünglich sollte die Basis 353 nur einmal angegriffen werden. Im April 1969 befahl Nixon einen zweiten Angriff, weil weder Hanoi noch Phnom Penh auf den ersten reagiert hatten, dann aber auch, weil der Erfolg unsere Erwartungen übertroffen hatte, vor allem jedoch wegen eines Ereignisses in Nordkorea. Nixon hatte auf den Abschuß eines unbewaffneten amerikanischen Aufklärungsflugzeugs mit einem Bombenangriff gegen Nordkorea reagieren wollen. (Er hatte Johnson scharf dafür kritisiert, daß der ehemalige Präsident auf das Aufbringen des elektronischen Schiffes *Pueblo* nicht energischer reagiert hatte.) Nixon hatte zunächst auf diese Maßnahme verzichtet, weil sich Rogers und Laird entschieden dagegen aussprachen. Aber wie immer, wenn er bei einem derartigen Entschluß auf Widerspruch stieß, sah sich Nixon nach einem anderen Ort um, wo er seine Entschlossenheit demonstrieren konnte. Er fürchtete nichts mehr, als für weich zu gelten; außerdem hatte er gute außenpolitische Gründe, in Hanoi nicht den Eindruck zu erwecken, er sei gelähmt.

Schließlich befahl Nixon Angriffe gegen eine Reihe anderer Basen in Kambodscha, die alle unbevölkert waren und innerhalb des acht Kilometer breiten Grenzstreifens lagen. Der Schlag gegen die Basis 350 erhielt den Decknamen »Dessert«; die Basis 351 war »Snack«, die Basis 740 war »Supper«, die Basis 609 war »Lunch« und die Basis 352 »Dinner«. Von dem Gedanken ausgehend, daß jedes lohnende Unternehmen es wert sei, wiederholt zu werden, wurden alle diese Operationen unter der Bezeichnung »Menu« zusammengefaßt. Von April bis Anfang August 1969 wurden die Angriffe fortgesetzt und vom Weißen Haus jeweils besonders genehmigt. Später wurde eine generelle Genehmigung erteilt, und unsere Luftstreitkräfte setzten die Angriffe in regelmäßigen Abständen fort. Die Karte im Anhang widerlegt den Vorwurf, »das neutrale Kambodscha« sei »massiven Bombenangriffen« ausgesetzt gewesen. So klagten zwölf Mitglieder des Rechtsausschusses des Kongresses 1974, als sie gegen Nixon ein Verfahren zur Amtsenthebung einleiten wollten, weil er seine Anordnungen vor dem Kongreß geheimgehalten habe und sich daher »empörender und unglaublicher verhalten hat als irgendein Präsident in einem Kriege während der ganzen amerikanischen Geschichte«, wie es der Abgeordnete Robert Drinan behauptete.[6] Weder Kambodscha noch Nordvietnam haben je den Vorwurf erhoben, es habe bei der kambodschanischen Zivilbevölkerung Verluste gegeben. Die Statistiken über den Tonnengehalt der während dieser Überfälle abgeworfenen Bomben, die oft als Beispiel einer barbarischen Regierung angeführt werden, übergehen aus Bequemlichkeit diese auffallende Tatsache, oder daß sich die Angriffe auf einen nur wenige Meilen breiten Streifen entlang der Grenze beschränkten. Die Angriffe gingen bis zum Mai 1970 weiter, als die Luftstreitkräfte begannen, amerikanische und südvietnamesische Operationen am Boden gegen die nordvietnamesischen

Basen zu unterstützen.

Der Präsident erhielt in regelmäßigen Abständen Berichte über die Erfolge des Unternehmens »Menu«. Im November 1969 schrieb er an den Rand eines dieser Berichte »fortfahren«. Im Dezember 1969 und im Februar 1970 bat er um die Vorlage einer Beurteilung des militärischen Werts dieser Unternehmungen. Laird meldete jedesmal, General Abrams und Botschafter Bunker seien (wie er schon einmal gemeldet habe) davon überzeugt, »Menu« sei eine der »wirksamsten Operationen des ganzen Krieges« gewesen. General Abrams glaubte, das Unternehmen »Menu« habe, indem es den feindlichen Nachschub unterbrach, das Nachlassen einiger feindlicher Offensiven und die Verringerung der gegnerischen Bedrohung im ganzen Gebiet von Saigon zur Folge gehabt. Laird stimmte der Ansicht der Joint Chiefs und General Abrams' zu, daß diese Angriffe »wirksam gewesen sind und ohne erhebliche Risiken fortgeführt werden können«.

Zunächst hatte man die Absicht gehabt, auf eine Reaktion Kambodschas oder Nordvietnams, mit der man sicher rechnete, das Unternehmen »Breakfast« zuzugeben. Die CIA sagte zum Beispiel in Memoranden vom 20. Februar und 6. März voraus, Hanoi werde »sicher« oder »fast sicher« mit dem Vorwurf, Amerika habe den Konflikt ausgeweitet, Propaganda zu machen versuchen. Das Verteidigungsminis rium hegte Zweifel, daß man die Angriffe geheimhalten könne; ich hatte, diesen Sachverhalt betreffend, keine eigene Meinung. In einem Gespräch mit Nixon sagte ich am 8. März: »Packard und ich glauben beide, wenn wir es tun und unser Schweigen nichts nützt, dann müssen wir deutlich erklären, was wir getan haben.« Der Präsident war der gleichen Ansicht. Für den Fall eines kambodschanischen Protests wurde eine formelle Bestätigung vorbereitet mit dem Angebot, für den Schaden aufzukommen, und einer internationalen Untersuchung.

Durch unsere anfängliche Zurückhaltung wollten wir vermeiden, die Nordvietnamesen, Prinz Sihanouk von Kambodscha, die Sowjets und die Chinesen zu öffentlichen Reaktionen zu zwingen, an denen ihnen unter Umständen nichts gelegen war. Hätten die Vereinigten Staaten von sich aus eine Erklärung abgegeben, dann hätte Hanoi offiziell reagieren müssen; vielleicht mit einem militärischen Gegenschlag oder mit dem Abbruch der Friedensgespräche. Sihanouk hätte sich gezwungen gesehen, öffentlich Stellung zu nehmen und dabei die Partei von Hanoi zu ergreifen, wo er doch ängstlich darum bemüht war, sich mit Seiltänzertricks neutral zu halten. Auch die Sowjetunion und China hätten sich äußern müssen, während wir gerade dabei waren, die diplomatischen Dreiecksbeziehungen herzustellen.

Aber Hanoi protestierte *nicht*. Vielmehr ging die nordvietnamesische Delegation in Paris auf den Vorschlag von Lodge ein, am 22. März – 72 Stunden nach unserer Anfrage – private Gespräche mit uns aufzunehmen. Und Sihanouk verzichtete nicht nur auf einen Protest; er behandelte die Bombenangriffe als eine Angelegenheit, die ihn nichts anging, denn sie erfolgten in ausschließlich von nordvietnamesischen Truppen besetzten Gebieten, die außerhalb seines Einflußbereichs lagen, und trafen keine Kambodschaner, so daß er von diesen Vorgängen gar keine Kenntnis zu haben brauchte.

Unsere Beziehungen zu Kambodscha besserten sich sogar während der Zeit der Bombenangriffe ganz erheblich. Sihanouks subtiler und geschickter Balanceakt zwischen innen- und außenpolitischen Zwängen hatte schon seit zehn Jahren die Bewunderung der Öffentlichkeit erregt. Als einem in der Erbfolge stehenden Fürsten war es Norodom Sihanouk gelungen, die Bevölkerung so weit auf seine Seite zu bringen, daß seine Stellung unangreifbar schien. Er hatte die Unabhängigkeit seines Landes bewahrt und sich unentbehrlich gemacht. Dazu hatte er geschickt manövrieren müssen. Nach den Laos-Vereinbarungen von 1962 hatte er angenommen, die ihm verhaßten Kommunisten würden in Indochina wahrscheinlich die Oberhand gewinnen. Er stellte sich daher auf diese Realität ein und fügte sich dem Wunsch der Nordvietnamesen, auf dem Territorium seines Landes Basen zu errichten. 1965 fand er einen Vorwand, die diplomatischen Beziehungen zu uns abzubrechen. Er arbeitete aber nur ungern mit den Kommunisten zusammen; denn Hanoi stellte sich hinter die Khmer Rouge (die kambodschanischen Kommunisten), die schon lange vor dem Eingreifen Amerikas in Kambodscha ihre Guerilla-Tätigkeit aufgenommen hatten. Kommunistische Führer wurden von Sihanouk in Abwesenheit zum Tode verurteilt. Aus all diesen Gründen stellte ich mich entschieden hinter den Vorschlag, den Rogers dem Präsidenten im Februar 1969 machte und der besagte, wir sollten an Sihanouk herantreten und versuchen, die Beziehungen zu ihm zu verbessern.* Unsere Annäherungsversuche wurden freundlich aufgenommen, und wir besetzten unsere Botschaft in Phnom Penh mit einem Geschäftsträger.

Daß Sihanouk die Bombenangriffe hinnahm, hätte uns nicht überraschen dürfen. Schon am 10. Januar 1968 zur Zeit der Regierung Johnson hatte er dem Beauftragten des Präsidenten, Chester Bowles, gesagt:

> »Wir wollen keine Vietnamesen in Kambodscha . . . Wir wären sehr froh, wenn Sie unser Problem lösten. Wir haben nichts gegen eine unmittelbare Verfolgung in unbewohnte Gebiete. Sie würden uns von dem Viet

* Interessanterweise stellten sich das Verteidigungsministerium und die Joint Chiefs of Staff gegen solche diplomatischen Annäherungsversuche, denn sie fürchteten, damit würde ihnen die Möglichkeit genommen, nordvietnamesische Basen auf kambodschanischem Territorium anzugreifen. Das Verteidigungsministerium schickte mir eine Denkschrift, in der es vor solchen diplomatischen Schritten warnte, »die jede Ausweitung der gegenwärtigen Handlungsfreiheit zum Schutz unserer Streitkräfte in Südvietnam einengen oder unmöglich machen würden«. Die Denkschrift war von dem damaligen stellvertretenden Verteidigungsminister für Angelegenheiten der internationalen Sicherheit, Paul Warnke, unterschrieben.

Kong befreien. Für mich zählt nur Kambodscha. Ich möchte, daß Sie den Viet Kong zum Verlassen Kambodschas zwingen. In unbewohnten Gebieten, wo es keine Kambodschaner gibt – in solchen Fällen würde ich die Augen schließen.«

Am 13. Mai 1969, fast zwei Monate nach Beginn der Bombenangriffe, gab Sihanouk eine Pressekonferenz, auf der er die Bombenangriffe fast bestätigte, aber entschieden bestritt, daß Zivilisten ums Leben gekommen seien. Praktisch forderte er uns auf, unsere Angriffe fortzusetzen:

»Ich habe nicht gegen die Bombardierungen der Lager des Viet Kong protestiert, weil ich nichts von diesen Bombenangriffen gehört habe, und ich wußte nicht Bescheid, weil es in bestimmten Gebieten Kambodschas keine Kambodschaner gibt.

Kambodscha protestiert nur gegen die Vernichtung kambodschanischen Eigentums und des Lebens von Kambodschanern. Ich kann nur sagen, daß ich nicht protestieren kann, wenn ich nicht unterrichtet werde. Aber ich werde protestieren, wenn Leben und Besitz der Khmer (Kambodschaner) vernichtet werden.

Hier haben wir es – den ersten Bericht über mehrere Bombenangriffe mit B-52. Aber ich bin noch nicht davon unterrichtet worden, weil ich keine Häuser, keine Landsleute verloren habe; nichts, nichts. Niemand ist in den Bombenhagel geraten – niemand, keine Kambodschaner.

Das möchte ich Ihnen sagen, meine Herren. Wenn irgendein Büffel oder ein Kambodschaner getötet wird, dann werde ich sofort davon unterrichtet werden. Aber das ist eine Angelegenheit zwischen den Amerikanern und dem Viet Kong – Viet Minh ohne irgendwelche Khmer-Zeugen. Es hat keine Khmer-Zeugen gegeben, wie sollte ich also protestieren? Aber das bedeutet nicht – und ich betone es –, daß ich eine Verletzung (unserer Neutralität) von irgendeiner Seite dulden werde. Bitte nehmen Sie davon Kenntnis.«

Am 22. August 1969 äußerte sich Sihanouk gegenüber Senator Mansfield im gleichen Sinne.* In dem Telegramm über dieses Gespräch hieß es:

»In seinem Land hat es keine kambodschanischen Proteste gegen Bombenangriffe gegeben, wenn sie sich nur gegen den VK und nicht gegen kambodschanische Dörfer oder deren Bewohner richteten. Er erklärte, er sei über die Bombenangriffe der Vereinigten Staaten gegen unbewohnte Gebiete Kambodschas vor allem durch die amerikanische Presse und Zeitschriften unterrichtet worden. Er verlangte entschieden, daß bei diesen Aktionen das Leben von Kambodschanern nicht gefährdet werden dürfe.«

* Senator Mansfield kannte das »Menu«-Programm nicht und nahm sicher an, Sihanouk rede von versehentlichen Bombenabwürfen.

Am 31. Juli 1969, nachdem die Bombenangriffe gegen nordvietnamesische Basen in Kambodscha schon viereinhalb Monate durchgeführt wurden, lud Sihanouk Präsident Nixon herzlich ein, nach Kambodscha zu kommen, um damit die Verbesserung der Beziehungen zwischen den Vereinigten Staaten und Kambodscha zu demonstrieren. Die Beziehungen besserten sich auch weiter bis zum unerwarteten Sturz Sihanouks.

Niemand zweifelte an der Rechtmäßigkeit von Angriffen auf Gebiete mit militärischen Stützpunkten, die dazu dienten, amerikanische und befreundete Streitkräfte zu töten. Jeder Einfluß Kambodschas war aus diesem Gebiet verdrängt worden und nicht einmal ein Büffel war – nach Sihanouks eigenen Worten – getötet worden. Wir hielten es nicht für sinnvoll, etwas bekanntzugeben, das Kambodscha unterstützte und Nordvietnam akzeptierte, und schwiegen, weil wir verhindern wollten, daß aus dieser Angelegenheit eine internationale Krise entstand, die unsere Außenpolitik und unsere Kriegführung behindert hätte. Die Nordvietnamesen hatten den Krieg schon vor vier Jahren auf kambodschanisches Gebiet getragen und diese Gebiete besetzt. Nach dem 22. Februar hatten sich die Kampfhandlungen durch nordvietnamesische Angriffe gegen die größeren Städte innerhalb Vietnams, die unsere Vereinbarungen von 1968 verletzten, verstärkt. Wenn wir nun die Basen in einem Gebiet bombardierten, aus dem die nordvietnamesischen Soldaten alle Kambodschaner vertrieben hatten, um besser amerikanische Soldaten töten zu können – und zwar 400 in der Woche –, dann war das die mindeste Abwehrreaktion, die sich in vollem Einklang mit dem internationalen Gesetz befand. Die amerikanische Öffentlichkeit hätte unser Vorgehen sicher unterstützt. Es wurde jedoch geheimgehalten, weil eine öffentliche Bekanntgabe ein schwerer Schlag gegen die kambodschanische Regierung gewesen wäre, die sich vielleicht gezwungen gesehen hätte, uns zur Einstellung dieser Operationen aufzufordern; Nordvietnam hätte sich unter Umständen noch zu Gegenmaßnahmen entschlossen (denn wie hätten die Nordvietnamesen auf eine Reaktion verzichten können, nachdem wir es zugegeben hatten?). Die Nordvietnamesen schwiegen, weil sie nicht öffentlich zugeben wollten, daß sie sich widerrechtlich auf kambodschanischem Boden befanden. Mit unseren Bombenangriffen haben wir das Leben vieler Amerikaner und Südvietnamesen gerettet.

Deshalb waren Nixon und ich so erbost, als diese Nachricht durchsickerte und von der Presse aufgenommen wurde. Berichte über die Angriffe von Bombenflugzeugen des Typs B-52 oder andere Luftangriffe gegen nordvietnamesische Basen in Kambodscha erschienen in der *New York Times* (26. März, 27. April) und der *Washington Post* (27. April); am 9. Mai veröffentlichte die *New York Times* einen detaillierten Bericht von William Beecher; ein zweiter Artikel erschien am 16. Mai im *Wall Street Journal*. Am 18. Mai brachte die *Washington Post* einen weitverbreiteten Bericht von *UPI*, den

News Week am 2. Juni abdruckte.

Der Präsident war ebenso wie ich davon überzeugt, daß die Veröffentlichung militärischer Geheimnisse durch die Presse das Leben amerikanischer Soldaten unnötig gefährdete; deshalb beriet er mit dem Justizminister und dem Direktor des FBI Maßnahmen, das zu unterbinden. J. Edgar Hoover empfahl das Abhören von Telefon- und Telegrafenleitungen, eine Maßnahme, die auch unsere Vorgänger in ähnlichen Fällen ergriffen hatten (gelegentlich auch dort, wo es sich kaum rechtfertigen ließ). Der Justizminister bestätigte die Legalität eines solchen Vorgehens. Nixon ordnete an, in drei Kategorien von Fällen Abhörvorrichtungen zu verwenden: bei Beamten, aus deren Akten hervorging, daß sie ein Sicherheitsrisiko darstellten; bei Beamten, die Zugang zu geheimen durchgesickerten Informationen hatten, und bei Personen, deren Namen im Verlauf von Untersuchungen auftauchten, die zu den beiden ersten Kategorien durchgeführt wurden. Nach diesen Kriterien richtete das FBI bei 13 Beamten und vier Journalisten Abhörvorrichtungen ein, die jeweils nur wenige Wochen, manchmal aber auch einige Monate eingeschaltet blieben. (Meine Dienststelle wußte von dieser Maßnahme nichts.) Es trifft nicht zu, daß sich höhere Beamte stundenlang damit beschäftigt haben, ausführliche Niederschriften von Privatgesprächen zu lesen. Das FBI fertigte lediglich kurze Zusammenfassungen (in den meisten Fällen etwa eine Schreibmaschinenseite) von Gesprächen an, in denen es um außenpolitische oder militärische Themen ging, die vertraulich behandelt werden sollten.

Im allgemeinen war das FBI mißtrauischer als das Weiße Haus; bis zum Mai 1971 ist nur in einem einzigen Fall etwas unternommen worden. Nixon befahl zu diesem Zeitpunkt, daß das FBI die Berichte nicht mehr an mein Büro schicken sollte; sie gingen anschließend nur noch an Haldeman, der sie schon die ganze Zeit bekommen hatte. Ich werde mich im nächsten Band damit beschäftigen, welche moralischen Fragen das Abhören aus Gründen der nationalen Sicherheit aufwirft. Dann werde ich auch auf die politischen Methoden der Nixon-Regierung im allgemeinen eingehen. Hier möchte ich nur feststellen, daß ich mich nur widerwillig mit Methoden einverstanden erklärt habe, an deren Rechtmäßigkeit ich nicht zweifelte und von denen uns gesagt wurde, sie entsprächen unter den gegebenen Verhältnissen der üblichen Praxis und seien von früheren Regierungen energischer und rücksichtsloser angewendet worden. Die Absicht, die auch ich entschieden unterstützte, war, bestimmte Persönlichkeiten (die nie entdeckt worden sind) daran zu hindern, das Leben amerikanischer und südvietnamesischer Soldaten zu gefährden, indem sie ihnen anvertraute militärische Informationen preisgaben, um die Politik zu untergraben, zu der wir uns nach gewissenhafter Prüfung entschieden hatten und die nach unserer Auffassung im nationalen Interesse lag und rechtlich zu vertreten war. Ich glaube heute, daß die seither erlassenen einschränkenden Bestimmungen im Hinblick auf den Einsatz von Abhörvorrichtungen im Interesse der nationalen Sicherheit einem noch fundamentaleren nationalen Interesse dienen – aber deshalb halte ich diejenigen, die das in sie gesetzte Vertrauen mißbraucht, die Politik der Vereinigten Staaten zu sabotieren versucht und das Leben amerikanischer Soldaten gefährdet haben, nicht für weniger unmoralisch.

Aber es war, wie ich heute glaube, doch falsch, mit den führenden Politikern im Kongreß nicht freimütiger umgegangen zu sein. Wohl haben Präsident Nixon und ich am 11. Juni 1969 die Senatoren John Stennis und Richard Russell, die Vorsitzenden des Senatsausschusses für die Streitkräfte und des Bewilligungsausschusses, ausführlich unterrichtet. Auch der Führer der Minderheit im Senat, Everett Dirksen, wurde informiert. Ebenso unterrichteten wir die Abgeordneten Mendel Rivers und Leslie Arends, den Vorsitzenden und ranghöchsten Angehörigen der Minderheit im Kongreßausschuß für die Streitkräfte, sowie den Minderheitsführer Gerald Ford. Laird informierte Mitglieder beider Häuser, die in der Wehrmacht und den Verwendungsausschüssen Schlüsselpositionen einnahmen; und keiner erhob die Forderung, daß der gesamte Kongreß zu Rate gezogen werden sollte. Denn das war die damals übliche Methode, den Kongreß über vertrauliche militärische Operationen zu informieren. Auch die Methoden zur Unterrichtung des Kongresses haben sich seither geändert, und das ist zweifellos viel besser.

Es trifft auch nicht zu, daß die Nordvietnamesen durch die Bombenangriffe aus ihren Basen vertrieben wurden und der Krieg damit tiefer nach Kambodscha hineingetragen worden ist. Wenn die nordvietnamesischen Truppen die Basen verlassen haben, dann haben sie sich nach Vietnam zurückgezogen und nicht nach Kambodscha – jedenfalls bis Sihanouk ein Jahr später überraschend gestürzt wurde. Dann sind die nordvietnamesischen Streitkräfte in Kambodscha eingedrungen, haben Städte und militärische Stellungen besetzt und wollten damit Phnom Penh isolieren und die Nachfolger Sihanouks stürzen, wie ich dies in einem späteren Kapitel schildern werde.* Daß sich der Krieg durch die neue nordvietnamesische Aggression ausweitete, war zwar schmerzlich und tragisch, aber kein Geheimnis. Die amerikanische Öffentlichkeit war davon unterrichtet, der Kongreß hat darüber debattiert, und die Presse hat ausführlich darüber berichtet. Unsere Luftangriffe folgten damals den strengen Regeln, die wir für solche Unternehmen festgelegt hatten. Sie wurden von unserem Botschafter in Phnom Penh beobachtet, und die Angriffsräume wurden vorher aus der Luft foto-

* Sihanouk hat am 25. April 1979 in einem Gespräch mit mir vor Zeugen bestritten, daß unsere Bombenangriffe die Nordvietnamesen veranlaßt hätten, weiter nach Westen zu gehen. Freundlich lächelnd erklärte er, unsere Bombenangriffe »haben sie nicht beeindruckt« (s. XII. Kapitel).

grafiert, um möglichst keine Gebiete anzugreifen, in denen kambodschanische Zivilisten lebten. Die »geheimen« Bombenangriffe richteten sich gegen kleine, meist unbewohnte und nur von den Nordvietnamesen besetzte Gebiete.

Das Bild einer kriegerischen, blutgierigen Regierung, die ihre Gegner täuschen will, war eine Karikatur der Tatsache, daß die Menschen verängstigt waren, sich vor der Kapitulation auf dem Schlachtfeld ebenso fürchteten wie vor einer Eskalation der Kämpfe und sich lieber für einen mittleren Kurs entschieden, der zwischen einer Bombardierung Nordvietnams und dem Hinnehmen einer empörend unehrenhaften und blutigen Offensive lag. Die Angriffe gegen die feindlichen Basen in Kambodscha wurden erst nach einigem Zögern befohlen, als Ultima ratio, als Mindestreaktion, als wir vor einer nicht provozierten Offensive standen, die jede Woche 400 amerikanische Gefallene forderte. Wir griffen Militärbasen an, in deren Nähe es keine Zivilbevölkerung gab und die höchstens acht Kilometer von der Grenze entfernt lagen. Wir wären bereit gewesen, im Fall eines diplomatischen Protests die Bombenangriffe anzuerkennen und zu verteidigen. Einen Protest gab es jedoch nicht; Kambodscha machte keine Einwände, ebensowenig Nordvietnam, die Sowjets oder die Chinesen. Wenn wir unser Unternehmen nun geheimhielten, dann, um den Feind unter Druck zu setzen, ohne Kambodscha in eine noch schwierigere Lage zu bringen, ohne die internationalen Spannungen im allgemeinen zu vergrößern und ohne das Fallen aller Schranken zu beschleunigen. Die Entscheidung wurde zögernd getroffen, von einer Regierung, die die Bombardierungen des Nordens nur widerwillig wiederaufnahm und entschlossen war, über eine Beendigung des Krieges zu verhandeln, aber zugleich überzeugt, daß die gleichgültige Hinnahme einer kommunistischen Offensive, bei der Tausende von Amerikanern getötet wurden, alle Aussichten auf einen Kompromiß unterminieren und sogar noch größere Verluste kosten würde.

4. Diplomatische Bemühungen um eine Friedensregelung

Einer der zahlreichen Widersprüche im Zusammenhang mit Vietnam war die rasche Eskalation der öffentlichen Diskussion. Die Kriegsgegner drängten die Regierung, die Vorbedingungen für den Frieden auszuhandeln; man empfahl bestimmte Zugeständnisse, weil sie für den Frieden notwendig seien – bis die Regierung ihnen zugestimmt hatte, denn dann bezeichnete der Gegner sie als unzureichend. Das Programm der »Tauben« war ständig im Fluß. (Hanoi hat sich gewöhnlich nicht für die Kompromißvorschläge dieser Tauben interessiert; es nutzte sie aus, um die innenpolitische Unterstützung der Regierung auszuhöhlen, machte sie jedoch nie zur Verhandlungsgrundlage; aber das war ein anderes Problem, über das wir später sprechen müssen.)

Ein guter Maßstab ist die Haltung der »Tauben« während des Präsidentschaftswahlkampfes 1968. Die Regierung Nixon (oder wenigstens ich) setzte große Hoffnungen darauf, das Land zu einigen, weil wir bereit waren, in die Verhandlungen auch zahlreiche 1968 von den »Tauben« vertretene Vorschläge einzubringen. Das erwies sich als eine naive Illusion.

Anfang 1968 hatte zum Beispiel Senator Robert Kennedy einen Vorschlag für einen »ehrenhaften Verhandlungsfrieden« gemacht, der sich mit unseren Vorstellungen durchaus vereinbaren ließ:

»Einstellung der Bombenangriffe gegen Nordvietnam;
eine internationale Überwachung (durch die Vereinten Nationen, die Internationale Kontrollkommission oder eine andere internationale Organisation) ›großer‹ Truppenversammlungen oder Materialbereitstellungen;
Abbau amerikanischer ›Such- und Vernichtungsunternehmen‹ und Übergang zur Verteidigung dichtbesiedelter Gebiete;
Hinzuziehung aller an dem Konflikt beteiligten Parteien einschließlich der Nationalen Befreiungsfront (NLF);
international garantierte freie Wahlen, um es den Südvietnamesen zu ermöglichen, sich für eine eigene Regierung zu entscheiden;
eine Vereinbarung mit unseren Gegnern darüber, daß keine Seite während der Dauer der Verhandlungen Truppen ins gegnerische Gebiet einschleuste oder die eigenen Kräfte verstärkte.«[7]

Nach der Ermordung Robert Kennedys stellten sich die drei führenden Kriegsgegner der Demokratischen Partei – George McGovern, Eugene McCarthy und Edward Kennedy – auf dem demokratischen Parteikonvent von 1968 gemeinsam hinter folgendes Programm:

»Bedingungslose Einstellung aller Bombenangriffe gegen Nordvietnam;
Verhandlungen über einen schrittweise durchzuführenden *beiderseitigen* Abzug amerikanischer und *nordvietnamesischer* Kräfte aus Südvietnam;
Ermutigung Südvietnams, über eine politische Versöhnung mit der Nationalen Befreiungsfront zu verhandeln, mit dem Ziel . . . in Südvietnam eine Regierung auf ›breiter Basis‹ zu bilden und
Einschränkung amerikanischer Offensivoperationen in Südvietnam, ›um damit den baldigen Abzug einer größeren Zahl unserer Verbände zu ermöglichen‹.«

Dieser Vorschlag erlitt auf dem demokratischen Parteikonvent eine Abstimmungsniederlage, weil er als zu weich angesehen wurde. Die Mehrheit der demokratischen Delegierten neigte mehr der Ansicht der »Falken« zu und verlangte den beiderseitigen Abzug aller auf fremdem Boden stationierter

Truppen einschließlich derer in Vietnam, die Einstellung der Bombenangriffe, »wenn diese Maßnahme nicht das Leben unserer Soldaten im Felde gefährdete«, und freie Wahlen unter internationaler Aufsicht. Das republikanische Wahlprogramm, an dessen Gestaltung ich mich beteiligt hatte[8], lehnte ausdrücklich einen »Frieden um jeden Preis« oder eine »getarnte Kapitulation« ab. Es unterstützte aber »ein positives Programm, das allen Beteiligten die gleiche und gerechte Chance für eine Beilegung des Konflikts« bot. Die Republikaner kritisierten die Demokraten, weil sie keinen Friedensplan hätten, und versprachen, eine republikanische Regierung werde »aufrichtig und energisch Friedensverhandlungen anstreben«. Außerdem setzten sich die Republikaner für eine »fortschreitende Entamerikanisierung des Krieges« ein, sie stellten sich hinter die Interessen unserer Soldaten und hinter eine Strategie, die sich auf die Sicherheit der Bevölkerung und die Stärkung Südvietnams konzentrierte.

Im August 1969 hatten wir alle Bedingungen, die die »Tauben« unter den Demokraten 1968 auf ihr Programm geschrieben hatten, entweder angeboten oder einseitig erfüllt. (Dieses Programm war auf dem demokratischen Parteikonvent in Chicago *abgelehnt* worden.) Wir hatten unsere Versprechungen auf die republikanischen Forderungen ausgedehnt, in der Erwartung, daß wir durch einen Beweis unserer Flexibilität die Mäßigung in Hanoi und die Einigkeit zu Hause fördern könnten. In unserer Naivität hatten wir uns in beiden Erwartungen getäuscht. Hanoi verlangte nach einem Sieg und nicht nach einem Kompromiß. Seine Weigerung, auf irgendeinen Handel einzugehen, wurde von vielen Kritikern als endgültig angesehen. Zugleich ließen sich jedoch einige jetzt zurückgetretene Beamte der vorigen Regierung nicht davon abhalten, den Druck der Öffentlichkeit durch eigene Vorschläge zu verstärken, obwohl sie daran beteiligt gewesen waren, uns in diesen Krieg zu führen, und obwohl es in ihren Akten keine Friedensvorschläge gab. Verteidigungsminister Clark Clifford hatte am 10. Dezember 1968 erklärt: »Lassen Sie es mich wiederholen, daß es gegenwärtig keinen Plan für irgendeine Verringerung unserer Truppenstärken in Vietnam gibt.« Das hinderte ihn nicht daran, sechs Monate nach seinem Rücktritt aus dem Amt von der neuen Regierung die Verkündung des totalen Abzugs aller amerikanischen Truppen aus Vietnam zu verlangen. Der einzige amerikanische Verhandlungsvorschlag war die sogenannte Manila-Formel vom 24. Oktober 1966, nach der »alliierte Kräfte . . . nach eingehenden Konsultationen abgezogen werden sollen, wenn die andere Seite ihre Kräfte nach Norden abzieht, die Infiltration beendet und damit die Anwendung von Gewalt aufhört. Diese Kräfte sollen sobald wie möglich abgezogen werden, und zwar nicht später als sechs Monate, nachdem die obengenannten Bedingungen erfüllt sind.« Die südvietnamesische Regierung bot in einem »Programm der nationalen Versöhnung an, ihre Türen den Vietnamesen zu öffnen, die durch

Täuschung oder Zwang dazu geführt worden sind, sich auf die Seite des Viet Kong zu stellen«. Die amerikanischen Unterhändler Averell Harriman und Cyrus Vance gaben den Nordvietnamesen am 15. September 1968 in Paris zu verstehen, daß die Manila-Formel in Wirklichkeit einen *beiderseitigen* Truppenabzug bedeutete, der gleichzeitig beginnen sollte, aber unter der Voraussetzung, daß ein Teil der amerikanischen Streitkräfte noch sechs Monate im Lande bleiben würde, nachdem alle Nordvietnamesen es verlassen hätten.

In der Übergangsperiode erkundigte ich mich nach der privaten Ansicht von Harriman und Vance für eine mögliche Strategie bei den Verhandlungen. Ihre Auffassungen unterschieden sich nicht wesentlich von der offiziellen Haltung der Regierung Johnson.

Averell Harriman beendete seine letzte Mission in einer glänzenden Laufbahn als Diplomat. Ich hatte ihn kennengelernt, als er in der ersten Regierung Kennedy stellvertretender Außenminister für ostasiatische Angelegenheiten gewesen war. Der im Dienst ergraute Veteran erfüllte mit erstaunlicher Entschlossenheit die Pflichten eines Amtes, das zu übernehmen weniger bedeutende Männer als unter ihrer Würde abgelehnt hätten. Er gehörte einer Generation an, die den Staatsdienst als eine Gelegenheit sahen, ihrem Land zu dienen, und denen es nicht darauf ankam, sich selbst Vorteile zu verschaffen. Mit etwas mehr als 40 Jahren war er vor dem Ersten Weltkrieg in die Dienste seiner Regierung getreten und hatte sich seither mit nichts anderem mehr beschäftigt. Harriman war der Typ des amerikanischen Patriziers. Mit unerschütterlicher Entschlossenheit verfolgte er ein einmal ins Auge gefaßtes Ziel. Manchmal machte er einen etwas grillenhaften Eindruck und verstand es, seine Schwerhörigkeit geschickt zu seinem Vorteil auszunutzen. So tat er bei langen Sitzungen manchmal so, als verstünde er nicht, was gesagt wurde, bis irgendeine Bemerkung ihn aufhorchen ließ. Dann konnte er ungewöhnlich scharf oder anregend sein. Das hing davon ab, ob ihm die gehörte Äußerung gefiel oder nicht. Die Art, wie er manchmal dasaß, als sei er eingeschlummert, um dann plötzlich den Kiefer zuschnappen zu lassen, hatte ihm – nicht umsonst – den Spitznamen »das Krokodil« eingetragen.

Seine Hingabe, Intensität, Erfahrung und Klugheit mußten jeden beeindrucken, der ihn kennenlernte. Harriman war der letzte aktive Staatsmann, der noch persönlich mit den großen Führern im Zweiten Weltkrieg, Churchill, Roosevelt und Stalin, verhandelt hatte. Seine Ausdauer verdankte er zum Teil seiner Vitalität, aber in tieferem Sinne war diese Vitalität Ausdruck eines lebendigen und jugendlichen Intellekts. Er übernahm keine Aufgabe, an die er nicht wirklich glaubte, und neigte dazu, aus jeder diplomatischen Mission einen persönlichen Kreuzzug zu machen. Wenn er niemals ein hohes Staatsamt bekleidet hat, wozu er mit Sicherheit befähigt gewesen wäre, dann lag das zum Teil daran, daß weniger charakterstarke Männer sich von ihm eingeschüchtert fühlten, aber auch an seiner Neigung, sich jedesmal für die Aufgabe, die gerade vor ihm lag, mit seiner ganzen Persönlichkeit einzusetzen, so daß er manchmal die größeren Zusammenhänge unbeachtet ließ.

In den ersten Stadien des Vietnam-Konflikts hatte Harriman die Überzeugung gewonnen, eine militärische Lösung sei unmöglich, denn er glaubte, die für einen Sieg notwendigen militärischen Maßnahmen könnten die Chinesen zum Eingreifen veranlassen. Später wurde er zu einem unermüdlichen Befürworter von Verhandlungen. Er verstand es, sich in der Bürokratie durchzusetzen, und scheute sich nicht, mit seinem Charme und dem Prestige seines Reichtums ein Netz gesellschaftlicher Beziehungen zu spinnen, um etwas zu erreichen. Auch die Presse wußte er geschickt zu benutzen.

Als ich in der Übergangsperiode mit ihm sprach, war er der älteste noch aktive Staatsdiener der Nation. Er stand kurz vor der Abreise nach Paris, wo die Gespräche konkret zu werden schienen, und ich kam zum erstenmal in sein Büro. Im Lauf der Jahre hatte es zwischen uns manchmal Meinungsverschiedenheiten gegeben. Sie haben an meiner Bewunderung und Zuneigung ebensowenig etwas ändern können wie an seiner Höflichkeit und Hilfsbereitschaft. Ich habe Nixons tiefes Mißtrauen gegenüber dem »östlichen Establishment« immer bedauert, und die Tatsache, daß Harriman einer anderen Partei angehörte, machte es unmöglich, ihn in eine der Regierungen aufzunehmen, denen ich gedient habe. Während meiner Amtszeit habe ich mich jedoch regelmäßig privat mit ihm getroffen, und diese Beziehungen waren für mich ein großer Gewinn.

Am 7. Januar 1969 legte uns Harriman eine von der Regierung Johnson nicht »freigegebene« Denkschrift vor, in der er erläuterte, welches nach seiner Auffassung unsere Ziele sein sollten. Wir sollten verlangen, daß *alle* Nordvietnamesen Südvietnam räumten, und zwar nicht nur die regulären Verbände der Armee und die Kader, sondern auch die nordvietnamesischen Ersatzmannschaften bei den Guerilla-Einheiten des Viet Kong. Für den Fall, daß sich bei den Gesprächen Fortschritte erzielen ließen, empfahl er eine Deeskalation der militärischen Operationen. Er setzte sich aber entschieden für die Manila-Formel ein: »Einige amerikanische Verbände werden vielleicht noch recht lange in Vietnam bleiben müssen, bis wir uns davon überzeugt haben, daß alle Nordvietnamesen abgezogen sind«. In politischer Hinsicht war Harriman ebenso fest, in diesem Fall gegenüber Saigon. Er befürwortete eine »zweigleisige« Methode (die ich im Januar 1969 in einem Artikel in *Foreign Affairs* empfohlen hatte). Dabei sollten die militärischen Fragen zwischen den Vereinigten Staaten und Hanoi geregelt und die innenpolitischen Fragen den vietnamesischen Parteien überlassen werden. Mit einiger Schärfe fügte er hinzu, »die Vereinigten Staaten haben nicht die

Verpflichtung, die gegenwärtige Regierung im Amt zu halten«. Harrimans Stellvertreter, Cyrus Vance, vertrat in einem Memorandum, das er mir am 31. Dezember 1968 schickte, den gleichen Standpunkt.

Unsere beiden ranghöchsten Unterhändler, die sich sehr bald an der Antikriegsdebatte beteiligen sollten, wiesen also, als sie ihr Amt verließen, ausdrücklich auf die Bedeutung des *beiderseitigen* Abzugs hin. Dabei sollten die letzten amerikanischen Truppen noch sechs Monate im Lande bleiben, um sicherzustellen, daß die Nordvietnamesen den Vereinbarungen folgten. Es sollten freie Wahlen stattfinden, und die innenpolitischen Fragen sollten allein von den vietnamesischen Parteien geregelt werden. Beide waren davon überzeugt, daß eine amerikanische Resttruppe auf unbestimmte Zeit bleiben mußte. Keiner von beiden befürwortete die einseitige Räumung Vietnams durch amerikanische Truppen oder deutete dies auch nur an und sprach auch nicht von einer Koalitionsregierung oder einer bedingungslosen Feuereinstellung, die ein Jahr später zu einem der Hauptthemen in der Vietnam-Debatte wurde, an der auch sie sich beteiligten.

Der andere Partner in diesem Disput war Hanoi. In der Unschuld und ersten Begeisterung über den neuerworbenen Einfluß empfahl ich Nixon schon vor der Amtseinführung, seine guten Vorsätze möglichst sofort in die Tat umzusetzen. Ich sagte ihm, er sollte doch durch den ehemaligen französischen Chefdelegierten in Hanoi, meinen Freund Jean Sainteny, der sich ins Privatleben zurückgezogen hatte, privat den Kontakt mit Hanoi aufnehmen. Am 20. Dezember 1968 schickten wir den Nordvietnamesen eine Botschaft und erklärten darin unsere Bereitschaft zu ernsthaften Verhandlungen:

»1. Die Regierung Nixon ist bereit, in ernste Gespräche einzutreten.
2. Diese Gespräche sollen auf der Grundlage der Selbstachtung und des Ehrgefühls aller Beteiligten geführt werden.
3. Die Regierung Nixon ist bereit, einer ehrenhaften Lösung zuzustimmen, aber zu nichts anderem.
4. Wenn Hanoi es wünscht, wäre die Regierung Nixon bereit, zuerst über die endgültigen Ziele zu sprechen.
5. Wenn Hanoi uns vor dem 20. Januar seine allgemeinen Vorstellungen übermitteln will, dann werden wir sie in konstruktivem Sinne prüfen und streng vertraulich behandeln.«

Die Antwort der Nordvietnamesen vom 31. Dezember 1968 beschäftigte sich weniger mit Ehre oder Selbstachtung. Sie enthielt zwei brutale Grundforderungen: den totalen Abzug *aller* amerikanischen Streitkräfte und die Ablösung der von Hanoi so bezeichneten »Thieu-Ky-Huong-Clique«; so nannte Hanoi die Führung in Saigon, mit der die Nordvietnamesen angeblich verhandelten. Hanoi wiederholte ganz einfach die offiziellen Forderungen des Zentralkomitees der Nationalen Befreiungsfront (Viet Kong) vom 3. November 1968, zwei Tage nach Einstellung der Bombenangriffe durch

Johnson. Die Einstellung der Bombenangriffe hatte Hanoi nicht, wie so viele erwartet hatten, zu Gegenleistungen bewogen, sondern die Nordvietnamesen ermutigt, politische Höchstforderungen zu stellen und zunächst den Sturz der Regierung zu verlangen, die wir unterstützten.

Damit lernte die Regierung Nixon sofort den aufreizenden politischen Stil der Nordvietnamesen kennen. Es ist kaum denkbar, daß es zwei Gesellschaften gibt, die so wenig einander verstehen können wie die vietnamesische und die amerikanische. Auf der einen Seite hatten die vietnamesische Geschichte und die kommunistische Ideologie ein fast morbides Mißtrauen und eine leidenschaftliche, wilde Selbstgerechtigkeit erzeugt. Diese Haltung komplizierte sich durch eine aus der französischen Kolonialzeit übernommene cartesianische Logik. Die aus diesen Komponenten entstandene doktrinäre Verhandlungstechnik konnte einen zum Wahnsinn treiben. Jeder nordvietnamesische Vorschlag wurde als die einzige logische Wahrheit vorgetragen, und jede Forderung wurde im Imperativ erhoben (die Vereinigten Staaten »müssen«). 1971 waren wir so weit gekommen, daß wir es schon für einen großen Fortschritt hielten, wenn die Nordvietnamesen nicht »müssen«, sondern »sollten« sagten. Andererseits waren die Amerikaner von der Durchschlagskraft des guten Willens und der Bedeutung des Kompromisses überzeugt – Qualitäten, die überzeugte Leninisten, die sich als die Verkünder einer unausweichlichen Zukunft, der absoluten Wahrheit und der überlegenen Moral betrachteten, nur verachten konnten.

Im Lauf ihrer ganzen Geschichte war das Schicksal der Nordvietnamesen von ihrer subtilen Geschicklichkeit bei der Behandlung physisch überlegener Ausländer abhängig gewesen; der Anschein der Schwäche mußte um jeden Preis vermieden werden, und einzuräumen, daß ein Kompromiß auch nur möglich sei, war für sie das Zugeständnis, die andere Seite könnte doch irgendwie recht haben, was schon an sich völlig unannehmbar war. Deshalb führten die Vietnamesen ihre Verhandlungen indirekt und nach amerikanischen Maßstäben verschlagen und auf Umwegen. Die Vereinigten Staaten waren ein großes Land geworden, weil es hier gelungen war, Männer und Frauen aus verschiedenen Kulturen und Glaubensrichtungen zu assimilieren; deshalb hatte sich bei uns eine Ethik der Toleranz entwickelt. Wir hatten nur wenig Erfahrung mit unüberbrückbaren Schismen, und wenn wir Konflikte beilegen wollten, dann suchten wir nach Lösungen, die irgendwo zwischen zwei einander entgegengesetzten Positionen lagen. Doch für die Vietnamesen bedeutete dies, daß wir es mit unseren Vorschlägen nicht ernst meinten, sondern eine frivole Haltung einnahmen. Sie hatten nicht 40 Jahre gekämpft, um jetzt auf einen Kompromiß einzugehen. Die Verhandlungsmethoden der Vietnamesen waren undurchsichtig, sie wollten sich dabei möglichst viele Alternativen offenlassen und unsere innenpolitische Position unterminieren. Wir blieben sachlich und darum bemüht, Formeln zu finden, mit denen sich das Unvereinbare schließlich doch vereinbaren ließ. Hanoi betrachtete das entweder als einen Trick, dem man sich widersetzen mußte, oder als eine Schwäche, die ausgenutzt werden konnte.

Das fundamentale Problem lag aber noch tiefer. Die Nordvietnamesen glaubten, sie stünden in einem Kampf um Leben oder Tod, und Verhandlungen waren nur ein Teil, eine Form dieses Kampfes. Die Pariser Gespräche hatten für sie nicht das Ziel, eine Friedensregelung zu finden, sondern waren ein Instrument der politischen Kriegführung. Sie waren eine Waffe, um uns psychologisch zu erschöpfen, einen Keil zwischen uns und unsere südvietnamesischen Verbündeten zu treiben und um unsere öffentliche Meinung zu spalten, indem immer wieder Andeutungen für mögliche Lösungen gemacht wurden, die nur deshalb nicht verwirklicht werden konnten, weil unsere Regierung zu töricht oder zu starrköpfig war. Die Nordvietnamesen wollten es auf jeden Fall vermeiden, daß sich die öffentliche Meinung in Amerika bei diesen Verhandlungen hinter uns stellte; sie waren nicht zum Kompromiß bereit, weil jeder Anschein eines »Fortschritts« unsere Standfestigkeit erhöhen konnte. Sie bevorzugten geheime Gespräche, weil sie ihnen ermöglichten, das Terrain zu erkunden, ohne daß der Eindruck entstand, die Verhandlungen seien vorangekommen. Wenn sie sich in irgendeiner Frage entschieden, dann, um damit in den Vereinigten Staaten eine möglichst große Wirkung zu erzielen. Die Bombenangriffe wurden kurz vor den Wahlen 1968 eingestellt, um beide Präsidentschaftskandidaten darauf zu verpflichten; man einigte sich über die Form des Verhandlungstisches kurz vor der Amtseinführung Nixons, damit die neue Regierung nicht schon in den ersten Tagen einen »Erfolg« verbuchen konnte. Während des ganzen Krieges haben wir immer wieder mit Verwunderung festgestellt, wie vernünftig die Nordvietnamesen mit Besuchern umgingen, besonders wenn es sich um Gegner der Regierung handelte. Diese Gäste wurden außergewöhnlich zuvorkommend behandelt und mit geschickten, interessanten und etwas rätselhaften Formulierungen traktiert, die die verschiedensten Auslegungen zuließen, aber nicht so klar interpretiert werden konnten, wie es sich diese Besucher vorstellten. Alle diese Zusicherungen lösten sich, wenn wir sie näher untersuchten, in Luft auf.

Als die Nordvietnamesen mit ihren außenpolitischen Bemühungen um die Einstellung der Bombenangriffe Erfolg hatten, sahen sie sich in ihrer Überzeugung bestätigt, daß Verhandlungen eine Form der psychologischen Kriegführung seien. Sie waren, ohne provoziert worden zu sein, in Südvietnam, Laos und Kambodscha einmarschiert; sie hatten die Genfer Vereinbarungen von 1962 über Laos, an denen auch wir beteiligt waren, flagrant verletzt. Als sich aber die Vereinigten Staaten darum bemühten, internationale Vereinbarungen einzuhalten und die Freiheit der mit ihnen verbündeten Völker zu wahren, hatte Hanoi die Beendigung der Bombenangriffe als Vorausbedingung der Teilnahme Nordvietnams an Friedensverhandlungen verlangt und auch erreicht.

Bei den Verhandlungen wäre es die beste Strategie gewesen, wenn wir ein sehr großzügiges Angebot formuliert und dann auf dessen Annahme bestanden hätten, ohne weitere Zugeständnisse zu machen, bevor uns die andere Seite entgegenkam. Doch sobald wir eine feste Haltung einnahmen, wurden wir innenpolitischem und bürokratischem Druck ausgesetzt, was Hanoi veranlaßte, seine starre Haltung nicht aufzugeben. Andererseits hätten wir auch ein paar persönliche Gesten in Richtung auf eine Deeskalation und einen Abzug machen können, um unseren guten Willen zu zeigen und uns dann zu weigern, mehr zu tun, bevor Hanoi sich konzessionsbereit zeigte. Auch das wurde durch unsere innenpolitische Situation unmöglich gemacht. Hanoi stellte jeden Schritt in Richtung auf die Deeskalation oder den Abzug als Beweis dafür hin, daß seine Auffassungen richtig seien, und bezeichnete dann alles, was wir unternommen hatten, als unzureichend. »Zureichend« waren nur die nordvietnamesischen Maximalforderungen. Wir verbrauchten unsere Energie vor allem bei den Verhandlungen im eigenen Kreis.

Die Pariser Gespräche verliefen sehr bald nach einem ganz bestimmten Schema. Im Konferenzzimmer benahmen sich die Nordvietnamesen wie strenge Lehrer, die einem ungezogenen Schüler Vorwürfe machen; der Schüler erhielt für seine Antworten auf Fragen Noten und durfte an der Formulierung dieser Fragen nicht teilnehmen, deren Inhalt ausschließlich von den Lehrern festgelegt wurde. Außerhalb des Konferenzzimmers erzeugten die Nordvietnamesen den Eindruck, die Verhandlungen glichen einem Kriminalroman. Sie äußerten vage Vermutungen, deren Bedeutung wir enträtseln mußten. Wenn uns das nicht gelang, ging der Krieg weiter, und man beschuldigte uns, »eine Gelegenheit versäumt zu haben«. Viele unserer Kritiker beteiligten sich an diesem Spiel. In der öffentlichen Diskussion wurde es aber nicht in Frage gestellt. Kaum jemand fragte, weshalb Hanoi nicht einen vernünftigen Vorschlag machte, sondern so indirekt und unklar verhandelte. Als die Vietnamesen im Oktober 1972 endlich bereit waren, ein Abkommen zu unterzeichnen, zeigte es sich, daß sie durchaus fähig waren, zu verhandeln und durchaus ebensogut konkrete Vorschläge machen konnten, wie sie früher ihre Absichten verschleiert hatten, und daß sie nun so ungeduldig waren voranzukommen, wie sie sich vorher als Meister der Verzögerungstaktik erwiesen hatten.

Die führenden Männer der neuen Regierung standen zwischen dem Hammer der Antikriegsstimmung und dem Amboß von Hanoi, und so überraschte es nicht, daß sich bei ihnen wesentliche Unterschiede in der Haltung und in den Erwartungen zeigten. Es dauerte länger als ein halbes Jahr, bis wir uns auf eine Verhandlungsstrategie geeinigt hatten. Dabei war der

Präsident am skeptischsten. Er glaubte nicht, daß bei den Verhandlungen etwas herauskommen könnte, bevor sich die militärische Lage nicht fundamental geändert hatte. Nach seiner Ansicht würde Hanoi nur einem Kompromiß zustimmen, wenn es keine andere Wahl hatte. Im allgemeinen war er dafür, möglichst starken Druck anzuwenden, und nicht daran interessiert weiterzuverhandeln, bevor wir militärische Fortschritte gemacht hatten.

Rogers vertrat den gegenteiligen Standpunkt. Er hatte seine Erfahrungen vor allem in der Innenpolitik gemacht und keine festen Vorstellungen von der Außenpolitik. Ihm kam es in erster Linie darauf an, innenpolitische Kontroversen zu vermeiden und sich nicht Starrheit vorwerfen lassen zu müssen. Viele Angehörige des Außenministeriums teilten die Meinungen der führenden Zeitungen und die Auffassungen der den »Tauben« zuzurechnenden Kongreßabgeordneten, und zwar zum Teil aus Überzeugung, zum Teil aber auch aus Furcht. Deshalb wurden wir mit Vorschlägen aus dem Außenministerium überschüttet, die sich in der Hauptsache mit Verhandlungspositionen beschäftigten, die als eventuell von der Gegenseite akzeptabel bezeichnet worden waren. (Wie wir später sehen werden, täuschten sie sich dabei in den meisten Fällen.) Rogers legte solche Vorschläge oft unter dem Vorbehalt vor, er selbst empfehle sie nicht, es sei denn, wir seien bereit, in Paris darüber zu sprechen. Lagen diese Vorschläge aber einmal auf dem Tisch, dann hatten wir sie als legitim anerkannt und standen sehr bald vor der Entscheidung, wie weit wir nachgeben sollten.

Die Haltung Lairds war komplexer. Er zweifelte am Wert der Verhandlungen ebenso wie an der Möglichkeit eines militärischen Sieges. Innenpolitisch war er klug und geschickt. Seine Hauptsorge war es, die Vereinigten Staaten aus Vietnam herauszubekommen, bevor wir innenpolitisch zuviel Boden verloren hatten. Aber er wollte das erreichen, ohne daß es in Südvietnam zum Zusammenbruch kam. Aus diesem Grund stellte er sich hinter das Vietnamisierungs-Programm. Für die Verhandlungen empfahl er eine harte Linie; der Truppenabzug sollte nach seiner Ansicht so rasch wie möglich vollzogen werden. Er hatte sich davon überzeugt, daß eine Vietnamisierung möglich sei; deshalb hatte sie bei ihm den Vorrang.

Ich setzte große Hoffnungen auf die Verhandlungen – wie sich später gezeigt hat, waren diese Hoffnungen etwas übertrieben – und glaubte sogar, sie könnten innerhalb eines Jahres mit einigem Erfolg zu Ende gebracht werden. Ich habe viel dazu beigetragen, die Verhandlungen in Gang zu halten. Ich werde noch erläutern, weshalb ich nicht viel von der Vietnamisierung hielt; ich glaubte nicht, daß wir noch Zeit hatten, zu siegen – wenn es diese Möglichkeit je gegeben hatte, dann hatten sie unsere Vorgänger vertan. Wenn wir aber auf diplomatischem Wege Erfolg haben wollten, dann mußten wir unsere Verhandlungsposition ausbauen. Wir brauchten eine Strategie, die Hanoi eine Fortführung des Krieges weniger attraktiv erscheinen ließ als der Abschluß von Friedensverhandlungen. Ich entschied mich für die zweigleisige Verhandlungsstrategie, die Harriman und Vance in der Übergangsperiode empfohlen hatten und die das Thema meines Artikels in *Foreign Affairs* gewesen war. Im großen und ganzen unterstützte Nixon diesen Vorschlag.

Die Frage stellte sich aber nicht ganz in dieser Weise. Wir diskutierten vielmehr mehrere Monate über die von unseren Vorgängern übernommene Politik des beiderseitigen Truppenabzugs nach der Manila-Formel. Damals gab es noch Meinungsverschiedenheiten darüber, ob unser Abzug *nach* dem der Nordvietnamesen erfolgen sollte oder gleichzeitig. Diese Diskussion war absurd; erstens weil Hanoi nicht die Absicht hatte, seine Streitkräfte abzuziehen, und zweitens, weil jeder wußte, daß wir mit dem Truppenabzug schon nach wenigen Monaten beginnen würden. Drittens rangen wir monatelang um die Frage, wie stark die Kräfte sein sollten, die wir nach dem *beiderseitigen* Abzug in Vietnam zurückließen. Alle amerikanischen Stellen waren der Auffassung, daß ein relativ starker Verband in Vietnam bleiben müsse, etwa 100000 Mann Stütztruppen. (Harriman und Vance hatten in ihrer Denkschrift während der Übergangsperiode die gleiche Ansicht vertreten.) Das Verteidigungsministerium wollte auch Kampftruppen in Vietnam zurücklassen. Aber diese Frage wurde bald durch die Ereignisse selbst und durch die leidenschaftliche Erregung in Amerika überholt.

Bei der dritten Streitfrage ging es um die Deeskalation der Operationen auf dem Schlachtfeld. Unsere Verhandlungsdelegation in Paris nahm (wie sich herausstellte, war das falsch) an, daß Hanoi dieses Problem zur Sprache bringen würde, und war überzeugt, daß wir dazu Stellung nehmen müßten. Das Außenministerium und unsere Delegation in Paris meinten, wir sollten über die Verringerung des Einsatzes von Bombenflugzeugen des Typs B-52, von amerikanischen Offensivoperationen und der Verwendung der Artillerie für Störfeuer sprechen. Sowohl unsere Befehlshaber in Saigon als auch die Joint Chiefs of Staff machten energische Einwände und behaupteten, damit würden wir die militärische Initiative dem Feind überlassen und es ihm ermöglichen, seine Verbände in den dichtbesiedelten Gebieten aufzufüllen. Auch dieser Verhandlungsgegenstand erwies sich als ungeeignet, denn Hanoi zeigte nicht das geringste Interesse für eine Deeskalation, da wir sie ja schon einseitig praktizierten.

Die Nordvietnamesen waren weniger an der Einstellung der Kämpfe interessiert; sie wollten nur den Krieg gewinnen.

Der Hartnäckigkeit Hanois hatten wir nur den Schwung einer ideenreichen Bürokratie entgegenzusetzen, die in diesem Stadium so undiszipliniert war, daß wir keine Verhandlungsstrategie entwickeln konnten. Amerikanische Unterhändler wollen Erfolg haben, gleichgültig, welcher Regierung sie dienen oder um welche Fragen es geht. Sie überschütten Washington mit

Vorschlägen, um die betreffende Verhandlung aus der Erstarrung herauszubringen; unermüdlich entwickeln sie neue Initiativen. Wenn das zunächst auch kaum spürbar ist, so neigen sie doch dazu, hinter die Vorschläge der anderen Seite einen gewissen Druck zu setzen. Da sie Kompromißbereitschaft für eine so wichtige und gute Sache halten – mindestens aber den Anschein der Kompromißbereitschaft –, werden sie unruhig, wenn sich die Verhandlungen festfahren. Da die Entscheidungen in Washington zu 50 Prozent das Ergebnis von Konfrontationen sind, fällt es unseren Unterhändlern leicht, weitreichende Konzessionen zu empfehlen, denn sie glauben zu wissen, daß diejenigen, die eine entgegengesetzte Ansicht vertreten, sich ebenso energisch gegen diese Konzessionen stellen werden. Der Präsident muß dann einen Kompromiß zwischen den beiden einander widersprechenden Auffassungen finden, und zwar ohne eine Strategie zu entwickeln. Wenn er diesen Vorgang nicht im einzelnen beeinflussen will, geht er das Risiko ein, daß jeder Beteiligte für sich den von ihm bevorzugten Kurs verfolgt.

So war es auch bei den Verhandlungen in Paris. Im Februar und Anfang März drängte unsere Pariser Delegation ständig darauf, mit den Nordvietnamesen über eine ganze Reihe von Kompromißvorschlägen private Gespräche zu führen. Als es am 22. März endlich zu der ersten konkreten privaten Sitzung kam, wurde nicht etwa verhandelt, sondern die Nordvietnamesen forderten den bedingungslosen Abzug aller amerikanischen Streitkräfte und die Ablösung der Regierung Thieu-Ky-Huong.*

Anstatt die Lage ruhig zu beurteilen, legten die Ministerien unermüdlich weitere Kompromißvorschläge auf den Tisch.

Zum erstenmal wich Rogers von unserem Ziel ab. In einem Gespräch mit dem sowjetischen Botschafter Dobrynin am 8. März wich Rogers von sich aus von der bisher verfolgten zweigleisigen Strategie ab, mit der wir militärische und innenpolitische Fragen voneinander getrennt hatten. Rogers sagte Dobrynin, wir seien bereit, gleichzeitig über innenpolitische und militärische Fragen zu sprechen. Entgegen der Entscheidung des Präsidenten, keine Privatgespräche zu führen, solange Saigon mit Artillerie beschossen wurde, schlug Rogers sofortige inoffizielle Gespräche mit Hanoi vor. Im Gegensatz zum Präsidenten deutete er an, daß auch Saigon und die Nationale Befreiungsfront an diesen inoffiziellen Gesprächen beteiligt werden sollte. Er forderte dabei nicht einmal die Beendigung der Angriffe gegen dichtbe-

* Das einzige bemerkenswerte Ereignis auf der ersten inoffiziellen und schon in Kapitel VI erwähnten Sitzung war der ungerechtfertigte und unerwartete Gefühlsausbruch des nordvietnamesischen Unterhändlers Xuan Thuy gegenüber Lodge, als der Nordvietnamese sagte, die Vereinigten Staaten dürften nicht damit rechnen, daß der chinesisch-sowjetische Bruch uns helfen würde, den Krieg in Vietnam zu beenden. Allerdings muß ich sagen, daß wir damit auf eine Möglichkeit aufmerksam gemacht wurden, deren wir uns noch nicht ganz bewußt waren.

siedelte Gebiete als Voraussetzung. Kein Wunder, daß Dobrynin antwortete, was er hier gehört habe, sei ein wesentlicher Wandel in unserer Haltung.

Ich war verzweifelt. Nach meiner Ansicht hatte Rogers wesentliche Elemente unserer Position aufgegeben, ohne das geringste dafür zu erhalten, und zwar ganz sinnlos; er verschleuderte wertvolles Kapital, um nur einen Tag in die Schlagzeilen zu kommen – für den Fall, daß die Gespräche wirklich aufgenommen wurden.

Nixon ging mit mehr Überlegung vor. Nichts wäre verkehrter als die bei vielen herrschende Vorstellung, Nixon sei ein diktatorischer Präsident gewesen, der seine verschüchterten Untergebenen herumkommandierte. Nixon haßte es, direkte Befehle zu geben – besonders Leuten, die anderer Ansicht waren als er. Nur selten ergriff er irgendwelche erzieherischen Maßnahmen und nie widersprach er einem Mitglied seines Kabinetts, wenn er ihm gegenüberstand. Wenn er auf Aufsässigkeit stieß, versuchte er an sein Ziel zu kommen, ohne daß es der Betreffende merkte. Vielleicht erreichte Nixon damit, was er wollte; für die Disziplin und den Zusammenhalt innerhalb der Regierung aber war es schlecht. Sehr häufig stellten Außenseiter Uneinigkeit fest, die sie ausnutzen konnten. Mit der Zeit führten diese Tendenzen zu einer brüchigen Regierung, deren Angehörige in Krisenzeiten fast alle nur noch an sich selbst dachten. In dem Gefühl der Isolation, das dadurch bei Nixon entstand, und in dem Mangel an Zusammenhalt bei seinen Mitarbeitern lagen zum Teil die Wurzeln von Watergate.

Das gleiche galt für die Reaktion Nixons auf die Mißgriffe Rogers'. Er versuchte nicht, dem Außenminister seine Strategie noch einmal zu erläutern oder eine Sitzung seiner Ratgeber einzuberufen, um seinen Kurs durchzusetzen. Vielmehr schickte er mich am 11. März zu Dobrynin, dem ich sagen sollte, der sowjetische Eindruck, die Haltung der Vereinigten Staaten hätte sich verändert, sei »verfrüht«. Am 14. März erklärte ich Rogers vorsichtig, dem Präsidenten ginge es vor allem darum, zunächst zweiseitige inoffizielle Gespräche mit Hanoi einzuleiten, bevor wir Saigon und die Nationale Befreiungsfront hinzuzögen. Rogers antwortete einfach, er sei an dem Beginn der Gespräche außerordentlich interessiert.

Dann folgte Laird mit einem einseitigen Schritt auf militärischem Gebiet. Nach einer Reihe von Sitzungen zu diesem Thema erließ Nixon am 1. April eine Direktive, in der er jeden Vorschlag zur Deeskalation untersagte, der nicht im Rahmen des beiderseitigen und gleichzeitigen Truppenabzuges gemacht würde. Noch am selben Tage gab das Pentagon öffentlich bekannt, wir würden, beginnend am 30. Juni, die Feindflüge mit B-52 um 10% verringern, und zwar aus Kostengründen. Als ich mich beschwerte, erklärte Laird freundlich, ihm stünden für diese Angriffe über den 30. Juni hinaus keine Mittel mehr zur Verfügung, und er habe sie drei Monate über den

Zeitpunkt hinaus fortgesetzt, den sein Vorgänger schon festgelegt hätte. Weder der Präsident noch ich hatten etwas von diesem Plan gewußt, und wir waren auch nicht von der bevorstehenden Erklärung des Verteidigungsministeriums in Kenntnis gesetzt worden.

Ich hatte keine feste Vorstellung davon, wie viele Feindflüge mit B-52-Bombern den militärischen Erfordernissen entsprachen, wollte aber wenigstens ein paar wichtige Verhandlungspositionen in der Hand behalten. Wenn wir mit einer Deeskalation der Kampfhandlungen begannen, dann im Rahmen der Verhandlungen; die denkbar ungeeignetste Methode war, aus Kostengründen einseitige Zugeständnisse zu machen. Da der Präsident nicht bereit war, sich persönlich mit dem Verteidigungsminister auszusprechen, handelte ich mit Laird eine recht zweideutige Presseerklärung aus: »Es ist die Politik der Vereinigten Staaten, daß der Abbau militärischer Operationen durch den stufenweisen beiderseitigen Abzug auf fremdem Territorium stationierter Streitkräfte herbeigeführt werden muß. Die im Militärbudget geplanten Zahlen werden auf der Grundlage periodischer Überprüfungen mit dieser Politik in Einklang gebracht.«

Aber der Schaden ließ sich nicht mehr gutmachen. Ein Journalist sagte mir, er betrachte die Verringerung der Einsätze mit B-52 als Signal für Hanoi und Saigon, denn »so etwas tut man nicht aus Kostengründen«. Er meinte, Hanoi könne das nur als einen Schritt auf den Truppenabzug hin deuten und auch Saigon könne es nur als eine Warnung auslegen, die ihm sagen sollte, es gäbe für den Einsatz von Streitkräften der Vereinigten Staaten eine bestimmte Grenze. Mit beiden Behauptungen hatte er recht, auch wenn wir das nicht mit so viel Überlegung geplant hatten. Schließlich machten wir aus der Not eine Tugend. Botschafter Lodge wurde angewiesen, die Verringerung der Einsätze mit B-52-Bombern bei den Pariser Friedensgesprächen offiziell zu erwähnen. Der Präsident sprach davon in seiner Rede am 3. November. Die unsentimentalen Politiker in Hanoi haben diese Zugeständnisse weder damals noch später anerkannt. Sie bezahlten keine Geschenke, die sie schon in der Tasche hatten.

Wir waren mit unserer Politik ständig in der Gefahr, uns zwischen zwei Stühle zu setzen. Wir riskierten unsere Verhandlungsposition gegenüber Hanoi durch eine Reihe von Konzessionen, auf die die Gegenseite nicht reagierte. Zu Hause versuchten wir die Kritiker zu besänftigen, entmutigten dabei aber diejenigen um so mehr, die bereit waren, eine Strategie für den zu erwartenden Sieg zu unterstützen, und jetzt nicht verstehen konnten, daß wir für etwas so schwer Faßbares wie einen ehrenhaften Abzug noch weitere Opfer bringen konnten. Wir erlangten aber auch nicht die Zustimmung derjenigen, die aus dem Krieg eine moralische Lektion über die Unvollkommenheiten Amerikas machen wollten, und zwar auch dann nicht, als wir weit über das hinausgingen, für das sie vor neun Monaten demonstriert hatten.

Aus all diesen Gründen war ich zu der Überzeugung gekommen, daß die Zeit gegen uns arbeitete und wir die Sache möglichst rasch zum Abschluß bringen sollten. Ich versuchte durch ein komplexes Manöver die Sowjetunion zu beteiligen und empfahl Cyrus Vance als den für diese Mission idealen Mann.

Ich hatte Vance kennengelernt, als er in der Regierung Johnson stellvertretender Verteidigungsminister gewesen war. Der überlegte, unaufdringliche und ehrenhafte Mann erschien mir als das Ideal des New Yorker Firmenanwalts, der pflichtbewußt seine Aufgaben erfüllte und seine Mandanten klug beriet. Hinter seiner Selbstbeherrschung glaubte ich eine gewisse Leidenschaft zu entdecken, die mit den in seinen Kreisen verbreiteten fortschrittlichen Auffassungen durchaus im Einklang stand. Als Mitglied der amerikanischen Verhandlungsdelegation in Paris war er ein ebenso leidenschaftlicher Verfechter eines Verhandlungsfriedens wie sein Vorgesetzter Harriman. Nach meiner Ernennung zum Berater für Nationale Sicherheit empfahl ich Vance für den Posten eines stellvertretenden Außenministers. Rogers war damit einverstanden, und wir trafen uns mit Vance im Hause von Rogers in Bethesda, Maryland. Vance konnte sich noch nicht sofort entscheiden, lehnte den Vorschlag aber auch nicht ab. Bei einem zweiten längeren Gespräch erklärte ich ihm, der gewählte Präsident interessiere sich sehr für seine Dienste, und es sei für Amerika sehr wichtig, wenn er der Regierung seine Erfahrungen zur Verfügung stellen wollte. Sein ehemaliger Vorgesetzter Robert McNamara drängte Vance ebenso, den Vorschlag anzunehmen. Aber Vance lehnte ab und erklärte, nachdem er acht Jahre ununterbrochen im Dienste der Regierung gestanden habe, wolle er ins Privatleben zurückkehren. Als Vance seinen Posten als stellvertretender Leiter der amerikanischen Delegation bei den Friedensgesprächen in Paris am 19. Februar 1969 verließ, dankte ihm Nixon mit einem herzlichen Telegramm. Ich bewunderte den analytischen Verstand und die Urteilsfähigkeit von Vance; menschlich war er mir besonders sympathisch.

Die Mission, für die ich ihn ins Auge gefaßt hatte, war ihm auf den Leib geschrieben. Er sollte die Sowjetunion bewegen, uns bei der raschen Beendigung des Vietnam-Krieges zu helfen.

In allen Gesprächen mit Dobrynin hatte ich darauf hingewiesen, daß die Voraussetzung für eine grundsätzliche Verbesserung der Beziehungen zwischen den Vereinigten Staaten und der Sowjetunion eine Zusammenarbeit bei der Beendigung des Krieges sei. Dobrynin war einer Antwort jedesmal ausgewichen und hatte behauptet, die Sowjetunion habe in Hanoi nur einen sehr geringen Einfluß. Darauf verzögerten wir alle Verhandlungen, an denen die Sowjetunion interessiert war – über die Begrenzung strategischer

Waffen, den Nahen Osten und die Ausweitung der Handelsbeziehungen. Doch zu Vietnam hatten wir den Sowjets bisher noch keine umfassenden Vorschläge gemacht.

Ich traf mich am 18. März mit Cyrus Vance, um ihn zu fragen, ob er generell bereit sei, im Auftrag der amerikanischen Regierung nach Moskau zu reisen. Die Mission enthielt die Absicht, die Eröffnung von SALT-Gesprächen mit einer endgültigen Regelung für Vietnam zu verknüpfen. Vance sollte nach Moskau geschickt werden, um die SALT-Verhandlungen zu eröffnen, sich aber auf der gleichen Reise geheim mit einem ranghöheren Vertreter Nordvietnams zu treffen. Vance würde bevollmächtigt werden, auf *beiden* Gebieten rasch voranzukommen und sie zugleich miteinander zu verknüpfen. (Ich sagte Vance aber nicht, daß ich Nixon empfehlen würde, für den Fall, daß seine Mission fehlschlug, mit Hanoi die Entscheidung auf dem Schlachtfeld zu suchen.) Am folgenden Tag stellte mir Vance eine Reihe sehr vernünftiger Fragen: Wie sollten die beiden Verhandlungen in Moskau zueinander in Beziehung gebracht werden? Wie war es möglich, Zeit zu gewinnen, um beide Aufträge befriedigend zu erfüllen? Wie konnte man seine Gespräche über Vietnam vor den Leuten geheimhalten, die für SALT verantwortlich waren?

Am 3. April machte ich dem Präsidenten den offiziellen Vorschlag, Vance nach Moskau zu schicken. Ich wies darauf hin, in welches Dilemma wir bei den Pariser Gesprächen geraten waren. Wir mußten die amerikanische Öffentlichkeit davon überzeugen, daß wir den Krieg beenden wollten, und Hanoi klarmachen, daß wir es nicht so eilig hätten, sondern abwarten könnten. Wir mußten auch weiterhin einen so starken militärischen Druck auf die Nordvietnamesen ausüben, daß Hanoi die Verhandlungen nicht zu einem zweiten Pan Mun Dschon machen konnte, durften aber nicht so provozierend vorgehen, daß wir schließlich gezwungen wurden, bis zur Entscheidung zu kämpfen. Alle Mitglieder unserer Regierung mußten diszipliniert genug sein, um an der Öffentlichkeit mit einer Stimme zu sprechen. Die Beziehungen zu Saigon mußten so eng sein, daß Hanoi nicht damit rechnete, die Verhandlungen zur Demoralisierung der südvietnamesischen Regierung ausnutzen zu können. Ich zweifelte an unserer Fähigkeit, diesen Bedingungen gerecht zu werden. Ich glaubte, die Lücken im Budget und die kurz bevorstehenden Rückzugsbewegungen würden unsere militärischen Operationen so stark behindern, daß wir nicht mehr mit einem Entgegenkommen Hanois rechnen könnten. Der Delegation in Paris fehlte es an Disziplin; die innere Zerrissenheit Amerikas erschwerte jede zusammenhängende Politik oder zwang zu einem Schwanken zwischen extremen Positionen. Mit der Zeit würden wir in Versuchung geraten, unsere Enttäuschung an Saigon auszulassen. Eine baldige Beendigung des Krieges lag in unserem Interesse, denn die eben beschriebenen Tendenzen würden zu einer

Lage führen, in der unsere Stellung bei Erfüllung der heutigen Minimalforderungen stärker sein würde als bei der Erfüllung der Maximalforderungen nach einem Jahr. Doch Hanoi würde nichts unternehmen, wenn es nicht unter Druck gesetzt wurde. Deshalb konnte es entscheidend werden, die Sowjetunion zur Mitarbeit zu bewegen.
Aus all diesen Gründen wollte ich mit Dobrynin sprechen und ihm sagen, die Beziehungen zwischen der Sowjetunion und den Vereinigten Staaten seien an einem Scheideweg angelangt. Der Präsident sei bereit, die sowjetisch-amerikanischen Beziehungen auf eine breitere Basis zu stellen. Der Vietnam-Krieg sei jedoch ein wesentliches Hindernis. Um aus der Sackgasse herauszukommen, sei Nixon bereit, eine aus hochrangigen Vertretern bestehende Delegation unter der Führung von Cyrus Vance nach Moskau zu schicken, bevollmächtigt, sofort auf eine grundsätzliche Beschränkung strategischer Waffen einzugehen. Vance würde auch die Vollmacht haben, sich in Moskau mit einem Unterhändler aus Nordvietnam zu treffen und mit ihm über eine Beilegung der militärischen *und politischen* Fragen in Indochina zu verhandeln. (Da Rogers die zweigleisige Strategie schon aufgegeben hatte, hielt ich es für das beste, ein politisches Programm zu entwickeln, das Saigon das Überleben ermöglichte.) Militärisch würden wir die Feuereinstellung und den beiderseitigen Truppenabzug vorschlagen. Auf politischer Ebene würden wir Garantien dafür anbieten, daß die Nationale Befreiungsfront, wenn sie auf weitere Gewaltanwendung verzichtete, am politischen Leben des Landes teilnehmen könnte, ohne mit Vergeltungsmaßnahmen rechnen zu müssen. Das würde mit einer Vereinbarung über die Errichtung eines getrennten und unabhängigen Südvietnam für die folgenden fünf Jahre gekoppelt sein, nach deren Ablauf man über eine Vereinigung des Landes verhandeln sollte. Der Präsident würde diesen Bemühungen sechs Wochen Zeit geben. Wenn die Mission von Vance ein positives Ergebnis zeitigte, würde der Präsident »weitere Treffen auf höherer Ebene« ins Auge fassen (d.h. unter Umständen ein Gipfeltreffen).

Ich sagte dem Präsidenten und schlug auch vor, wir sollten es Dobrynin andeuten, daß dieses Vorgehen nur gebilligt werden dürfe, wenn der Präsident bereit sei, im Falle eines Fehlschlagens »sehr viel härtere Maßnahmen zu ergreifen«.

Die Friedensbedingungen in meinem Memorandum an Nixon gingen weit über alles hinaus, was bisher im Rahmen unserer Regierung oder von den meisten »Tauben« in dieser Hinsicht gesagt worden war. So gingen wir zum Beispiel auch weiter als das sogenannte »Tauben«-Programm, das noch vor acht Monaten auf dem demokratischen Parteikonvent eine Abstimmungsniederlage erlitten hatte. Dazu gehörte eine Feuereinstellung, der sich das Pentagon leidenschaftlich widersetzt hatte. Die Vorschläge akzeptierten einen vollständigen Abzug (ohne daß irgendwelche amerikanischen Truppen in Vietnam zurückbleiben sollten) und erklärten sich damit einverstanden, daß die Nationale Befreiungsfront nach dem Friedensschluß in Saigon am politischen Leben teilnahm. Wir wußten damals noch zu wenig von Hanoi, um zu verstehen, daß seine Führer sich nur für den Sieg, nicht aber für eine Feuereinstellung, für die politische Kontrolle, nicht aber für eine Teilnahme an freien Wahlen interessierten.

Als ich mit dem Präsidenten am Morgen des 5. April in Key Biskayne sprach, zweifelte er daran, daß die Mission von Vance Erfolg haben könnte. Er war aber damit einverstanden, daß wir einen diplomatischen Vorstoß wagten. Am 12. April 1969 schickte ich dem Präsidenten – um die Sache zur Entscheidung zu bringen – ein Memorandum, in dem ich die Punkte noch einmal zusammenfaßte, die ich bei einem für den 14. April verabredeten Treffen mit Dobrynin zur Sprache bringen wollte. Nixon genehmigte meine Vorschläge und machte an den Rand des Schriftstücks ein paar handschriftliche Notizen, mit denen er den Verhandlungsspielraum von sechs Wochen auf zwei Monate ausdehnte; außerdem wollte er den Vorschlag, die wirtschaftliche Zusammenarbeit mit der Sowjetunion zu intensivieren, deutlicher zum Ausdruck bringen, als ich es in meinem Entwurf getan hatte.

Bei dem Gespräch wendete ich eine Taktik an, deren ich mich später noch häufiger bedienen sollte. Ich ließ Dobrynin den Entwurf mit den Randbemerkungen des Präsidenten lesen. Das hatte den Vorteil, Mißverständnisse zu vermeiden, und zeigte ihm außerdem, daß ich bevollmächtigt war, für den Präsidenten zu sprechen. Dobrynin machte sich ausführliche Notizen und hielt dann und wann inne, um sich etwas erklären zu lassen. Am Schluß fragte er, ob wir die Beendigung des Vietnam-Krieges zur Vorbedingung für weitere Fortschritte im Nahen Osten, die Verbesserung der Wirtschaftsbeziehungen und die Vereinbarung über die Beschränkung der strategischen Rüstung machten. Ich sagte, wir seien bereit, die Gespräche fortzusetzen, sie würden jedoch rascher vorankommen, wenn das Hindernis Vietnam aus dem Wege geräumt sei. Wenn keine Einigung erzielt werden könnte, dann müßten wir unter Umständen Maßnahmen ergreifen, die eine »komplizierte Lage« schaffen würden. Wortreich versicherte mir Dobrynin, Moskau wünsche auf jeden Fall mit uns im Gespräch zu bleiben, was auch in Vietnam geschehen möge. Er meinte, China versuche eine Konfrontation zwischen der Sowjetunion und den Vereinigten Staaten herbeizuführen. Eine Eskalation des Krieges in Vietnam, so fügte er hinzu, könne nur den Interessen Chinas dienen. Ich sagte, wenn das so sei, hätten die Sowjetunion und wir die gemeinsame Verpflichtung, die Angelegenheiten nicht weiter zu komplizieren. Zum Abschied sagte mir Dobrynin, dies sei ein »sehr wichtiges« Gespräch gewesen.

Moskau hat unsere Vorschläge aber niemals beantwortet – es kam keine Ablehnung, keine Einladung und nicht einmal eine vertröstende Bestätigung. Im Juni teilte mir Dobrynin nebenher mit, unser Vorschlag sei an Hanoi weitergeleitet worden, dort aber auf keinen positiven Widerhall gestoßen. Erst acht Monate später hörte ich von Dobrynin etwas über die Mission von Cyrus Vance, als er mir am 22. Dezember im Verlauf eines Gesprächs über die allgemeine weltpolitische Lage sagte, Moskau habe versucht, Vance bei seinen Bemühungen zu helfen. Hanoi habe sich jedoch geweigert, an einem Gespräch teilzunehmen, wenn sich die Vereinigten Staaten nicht vorher mit einer Koalitionsregierung einverstanden erklärten. Um uns nicht eine negative Antwort geben zu müssen, habe der Kreml es vorgezogen zu schweigen. Ich antwortete kühl, man hätte uns doch zumindest eine Bestätigung geben können.

Bis heute weiß ich nicht, ob Moskau unseren Vorschlag wirklich an Hanoi weitergegeben und nach Erhalt einer negativen Antwort beschlossen hat, seine Unfähigkeit zu vermitteln nicht zuzugeben, oder glaubte, es riskiere damit irgendwelche amerikanischen Gegenmaßnahmen. Es ist aber auch möglich, daß Moskau unseren Vorschlag nicht weitergeleitet hat, weil der Gewinn zu abstrakt und das Risiko einer sowjetischen Einmischung im Fall eines Fehlschlags zu groß gewesen wäre. Ich neige aber eher zu der ersten Erklärung. Bedenkt man, wie fanatisch Hanoi auf seiner Unabhängigkeit bestand und wie geschickt die Nordvietnamesen zwischen Moskau und Peking hin- und hermanövrierten, dann war es zu riskant, entscheidende Verhandlungen in Moskau zu führen. Peking hätte etwas dagegen einwenden können; Moskau hätte andererseits die Gelegenheit benutzen können, sich unserem Manöver anzuschließen und uns in Indochina Zugeständnisse zu machen, um die Beziehungen zwischen den Supermächten zu stärken. Moskau kann auch nicht sehr viel daran gelegen haben, bei Verhandlungen den Gastgeber zu spielen, für deren Ergebnisse beide Seiten es unter Umständen verantwortlich machen würden, ohne daß die Sowjets den Verlauf dieser Verhandlungen entscheidend beeinflussen konnten. Wir haben 1971 einen ähnlichen Vorschlag gemacht, und diesmal sollte ich der Unterhändler sein. Auch dieser Vorschlag wurde – wahrscheinlich aus den gleichen Gründen – abgelehnt. Da wir die Nordvietnamesen weder politisch noch militärisch unter Druck setzen konnten, liefen die Vietnam-Verhandlungen weiter schleppend dahin.

6. Rückkehr zur Tretmühle

Am 8. Mai auf der 16. Plenarsitzung in Paris legten die Kommunisten mit einer großartigen Gebärde ein Zehn-Punkte-Friedensprogramm auf den Tisch. Es war in der uns inzwischen vertrauten Form eines Ultimatums abgefaßt. Die zehn Punkte führten auf, was die Vereinigten Staaten tun »müßten«, um den Krieg zu beenden. Sie forderten den vollständigen, bedingungslosen und einseitigen Abzug der amerikanischen Truppen, die Auflösung der südvietnamesischen Regierung und amerikanische Reparationen für die Kriegsschäden. Sie schlugen vor, die südvietnamesische Regierung sollte durch eine Koalitionsregierung abgelöst werden, in der alle »sozialen Schichten und politischen Tendenzen in Südvietnam vertreten sind, die sich für Frieden, Unabhängigkeit und Neutralität einsetzen«.

Der Vorschlag für eine Koalitionsregierung klang nicht unvernünftig; viele Amerikaner, die die Verhältnisse nicht kannten, sahen darin die einfache Forderung der Kommunisten, an der Regierung in Saigon beteiligt zu werden. Als wir jedoch angefangen hatten, die Bedeutung dieser Forderungen zu klären, stellten wir fest, daß sich die Kommunisten das Recht vorbehielten zu sagen, wer sich für »Frieden, Unabhängigkeit und Neutralität« einsetzte. Der konkrete Inhalt der zehn Punkte war, daß wir, nachdem wir die Regierung von Südvietnam abgesetzt und die Bevölkerung durch unseren totalen und bedingungslosen Abzug demoralisiert hatten, uns mit den Kommunisten zusammensetzen sollten, um die verbliebenen nichtkommunistischen Elemente in eine Struktur zu zwingen, der die Nationale Befreiungsfront und alle Gruppen angehörten, die die Kommunisten als akzeptabel bezeichneten. Und diese neue Koalitionsregierung sollte nur eine Zwischenlösung sein; die endgültige politische Struktur Südvietnams sollte zwischen ihr und der Nationalen Befreiungsfront, hinter der die nordvietnamesische Armee stand, ausgehandelt werden. So sah also die kommunistische Definition einer »gerechten« politischen Lösung aus.* Natürlich wurde, als die Kommunisten die Macht in Saigon ergriffen, keine Koalitionsregierung gebildet; sogar die Nationale Befreiungsfront wurde nicht an der Macht beteiligt. Alle Schlüsselpositionen im heutigen Süden befinden sich in den Händen von Nordvietnamesen.

Der Vorschlag war einseitig in seinem Inhalt und unverschämt in seinem Ton. Aber die bloße Existenz eines kommunistischen Friedensplans, so ungewöhnlich er auch aussehen mochte, veranlaßte den Kongreß, die Medien und die öffentliche Meinung, uns unter Druck zu setzen und zu verlangen, wir dürften diese »Gelegenheit« nicht ungenutzt verstreichen lassen, sondern wir müßten jetzt ganz klar Stellung nehmen. Ende April hatte ich dem Präsidenten vorgeschlagen, eine Rede zum amerikanischen Friedensplan zu halten. Am 25. April machte ich den Präsidenten auf eine Bemerkung von Xuan Thuy aufmerksam: »Wenn die Regierung Nixon ein großes Friedensprogramm hat, wie sie es uns glauben machen will, warum veröffentlicht sie dann dieses Programm nicht?«

* Im Juli 1971 ging ich mit Le Duc Tho eine Liste von Politikern in Saigon durch, lauter bekannte Oppositionsführer, um zu prüfen, wer als Verfechter des Friedens, der Unabhängigkeit und der Neutralität angesehen werden könnte. Nicht einer von ihnen bestand die Prüfung.

Aber der Präsident zögerte. Er wollte noch etwas länger auf eine Antwort Moskaus zur Vance-Mission warten. Außerdem hatte ihn auch die Haltung seines Außenministers unsicher gemacht. Er war überzeugt, wenn das Außenministerium den Entwurf seiner Rede zu sehen bekam, werde es den Inhalt entweder durchsickern lassen oder so viele mit seiner Strategie unvereinbare Zusätze vorschlagen, daß er, wenn er sie ablehnte, als Vertreter eines harten Kurses angesehen werden würde. Wie üblich fand Nixon eine Lösung, die ebenso wirkungsvoll wie verschlagen war. Er wartete, bis Rogers am 12. Mai nach Südostasien abgereist war, und befahl mir noch am gleichen Tage, innerhalb von 48 Stunden unter meiner Leitung eine Präsidentenrede formulieren zu lassen.

Am 14. Mai trat Nixon im Fernsehen auf und erläuterte zum erstenmal seine Vietnam-Politik, die bisher ergriffenen Maßnahmen und einen konkreten neuen Verhandlungsvorschlag. Er gab einen Rückblick über seine Tätigkeit während der ersten vier Monate seiner Amtszeit: die Abwehr der feindlichen Offensive, die Verbesserung unserer Beziehungen mit der Regierung in Saigon, die Stärkung der südvietnamesischen Streitkräfte und vor allem die Entwicklung einer schlüssigen Verhandlungsposition.

Er schlug ein 8-Punkte-Programm vor, das gegenüber dem der Regierung Johnson einen gewissen Fortschritt in der amerikanischen Verhandlungsposition brachte. Im einzelnen trennte er sich von der Manila-Formel, nach der Hanoi seine Truppen sechs Monate vor uns abziehen sollte, und empfahl den gleichzeitigen Truppenabzug auf beiden Seiten. Dabei hatten die Nordvietnamesen die Möglichkeit, den Abzug de facto zu vollziehen (nach einer »inoffiziellen Vereinbarung«), ohne daß Hanoi ihn ausdrücklich bestätigen mußte.* Die Vereinigten Staaten erklärten sich mit der Teilnahme der Nationalen Befreiungsfront am politischen Leben Südvietnams einverstanden. Sie setzten sich für freie Wahlen unter internationaler Aufsicht ein und verpflichteten sich, ihren Ausgang zu akzeptieren. Der Präsident machte das Angebot, einen genauen Zeitplan für den Abzug vorzulegen, und erklärte sich mit einem Waffenstillstand unter internationaler Aufsicht einverstanden. Kurz gesagt, die Rede vom 14. Mai bot die Gelegenheit, alle Möglichkeiten eines fairen politischen Wettbewerbs auszuschöpfen. Die einzige Vorbedingung, die hier nicht erfüllt wurde, war das kommunistische *sine qua non:* der bedingungslose Abzug der amerikanischen Streitkräfte und die Einsetzung einer von den Kommunisten beherrschten Regierung unter Mithilfe der Vereinigten Staaten.

Die relativ milde Reaktion des nordvietnamesischen Unterhändlers Xuan

* Meinen Mitarbeitern im Weißen Haus sagte ich vor der Rede: »Es ist uns gleichgültig, ob sie anerkennen, daß ihre Streitkräfte dort stehen, solange sie dafür sorgen, daß diese Truppen abziehen und wir diesen Abzug überwachen können, damit wir sicher sind, daß es in Südvietnam keine nordvietnamesischen Streitkräfte mehr gibt.«

Thuy weckte zunächst einige Hoffnungen, denn er hatte vorsichtig geäußert, zwischen den 10 Punkten der Nationalen Befreiungsfront und den acht Punkten aus der Rede des Präsidenten vom 14. Mai gäbe es einige »übereinstimmende Ansätze«. Aber in den offiziellen Verhandlungen weigerte er sich entschieden, über diese Punkte zu sprechen; sehr bald kehrten die Sitzungen zu sterilen Wiederholungen der Standardpositionen Nordvietnams zurück. Die Verhandlungen kamen nicht aus ihrer Erstarrung heraus, und unsere Bemühungen, das Eis zu brechen, scheiterten.

7. Der Beginn des Truppenabzugs

Nach der Rede vom 14. Mai mit unseren Kompromißvorschlägen für die Verhandlungen begannen wir mit dem einseitigen Abzug amerikanischer Truppen. Wir hatten in einer der weniger glücklichen Phasen unserer Außenpolitik in diesem Jahrhundert die allgemeine Verpflichtung geerbt, den Krieg zu »entamerikanisieren«. Die Regierung Johnson hatte sich darum bemüht, die südvietnamesische Armee zu stärken, aber einen Plan für einen amerikanischen Truppenabzug hatte es nicht gegeben. Verteidigungsminister Clark Clifford hatte am 29. September 1968 gesagt: »Die Gefechtstätigkeit ist so stark, daß wir unsere Truppen verstärken und sie nicht abziehen.« Auf einer Pressekonferenz am 10. Dezember 1968 wiederholte Clifford, es gäbe keine Pläne für eine Verringerung unserer in Vietnam stationierten Truppen. In unserer Unschuld glaubten wir, der Abzug amerikanischer Truppen werde uns die Unterstützung der Öffentlichkeit sichern, und die noch in Vietnam zurückbleibenden amerikanischen Verbände könnten mit ihrer Schlagkraft Hanoi dazu bewegen, in ernsthafte Verhandlungen einzutreten. Wenn wir zugleich die südvietnamesische Armee genügend stärkten, wäre es unter Umständen möglich, auch die restlichen amerikanischen Truppen abzuziehen und unsere Beteiligung an diesem Krieg zu beenden, *ohne* darüber eine Vereinbarung mit Hanoi getroffen zu haben.

Aus diesen beiden Gründen war Nixon für einen Truppenabzug. Auf einer Pressekonferenz am 14. März hatte er dafür drei Voraussetzungen genannt: die Fähigkeit der Südvietnamesen, sich ohne die Unterstützung durch amerikanische Truppen zu verteidigen, Fortschritte bei den Pariser Gesprächen und gleichbleibende Feindtätigkeit. Die Strategie Nixons in den vorangegangenen Monaten war es gewesen, den Feind nach Möglichkeit zu schwächen, die Modernisierung der Streitkräfte Saigons voranzutreiben und dann mit dem Abzug zu beginnen. Er glaubte, das würde sich günstig auf die öffentliche Meinung auswirken.

Auf einer Sitzung des Nationalen Sicherheitsrats hatte General Wheeler am 25. Januar 1969 gesagt, er glaube, Präsident Thieu werde wahrscheinlich mit dem Abzug schwächerer amerikanischer Verbände einverstanden sein, der Nixon innenpolitisch helfen und den Eindruck erwecken würde, daß Südvietnam Selbstvertrauen habe. Rogers glaubte, wir könnten mit dem Abzug von 50000 amerikanischen Soldaten die Stimmung zu Hause auf längere Zeit günstig für uns beeinflussen. Laird und Nixon äußerten sich nicht zu dieser Frage. Thieu erklärte am 6. Februar ganz zuversichtlich vor der Öffentlichkeit, 1969 könnten stärkere amerikanische Verbände Vietnam verlassen. Der damalige Stellvertreter von General Abrams, General Goodpaster, nahm am 28. März an einer Sitzung des Nationalen Sicherheitsrats teil und berichtete, die Kampfkraft der Südvietnamesen sei bereits wesentlich gestärkt; er meinte, die »Entamerikanisierung« des Krieges stünde kurz bevor, wir hätten aber noch nicht den »entscheidenden« Punkt erreicht. Nun meldete sich auch Laird zu Wort: »Ich bin einverstanden, aber nicht mit Ihrem Ausdruck ›Entamerikanisierung‹. Was wir brauchen, ist der Begriff ›Vietnamisierung‹, denn wir müssen die Dinge betonen, auf die es ankommt.«

Der Präsident war beeindruckt. »Das ist ganz richtig, Mel«, sagte er. So entstand der Begriff »Vietnamisierung«.

Am 10. April gab ich eine Direktive heraus, in der die Ministerien und Behörden aufgefordert wurden, einen Zeitplan für die Vietnamisierung des Krieges auszuarbeiten. Nixon war zu der Ansicht gekommen, nach seiner Rede vom 14. Mai sei die Zeit dafür reif. Ebenso wie er sich in seiner Erklärung vom 14. Mai nicht von Rogers hatte hineinreden lassen wollen, versuchte er jetzt auch Laird bei dem Truppenabzug zuvorzukommen.

Für den 8. Juni wurde ein Treffen mit dem südvietnamesischen Präsidenten Thieu vorgesehen, um sich seiner Unterstützung zu versichern. Es sollte auf der Midway-Insel im Pazifik stattfinden, weil man fürchtete, ein Besuch von Thieu in den Vereinigten Staaten könnte Unruhen auslösen. Hawaii kam nicht in Frage, weil Lyndon Johnson sich dort mit den vietnamesischen Führern getroffen hatte. Es war bezeichnend dafür, in welchen Sumpf der Vietnam-Krieg unser Gesellschaftssystem gerissen hatte, daß ein Treffen zwischen dem Präsidenten und dem Führer eines Landes, für das mehr als 30000 Amerikaner gestorben waren, mitten im Pazifik auf einer unbewohnten Insel stattfinden mußte.

Auf dem Wege nach Midway hielt Nixon am Nachmittag des 7. Juni in Honolulu eine Besprechung mit Rogers, Laird, General Wheeler, Botschafter Lodge und mir in dem Konferenzzimmer des Kahala-Hilton-Hotels ab, aus dessen Fenstern man einen Blick auf den Pazifik hatte. Auch Botschafter Bunker, General Abrams und Admiral McCain waren zugegen. Hier sollten die endgültigen Entscheidungen über die Strategie des Truppenabzugs fallen. Natürlich gingen die Militärs nur schweren Herzens an diese Aufgabe. Tief im Innern wußten sie, daß sie das Gegenteil dessen vorbereiteten, wofür sie gekämpft hatten. Wie man die Dinge auch darstellte, ein Sieg war nicht mehr möglich, und selbst ein ehrenhafter Abschluß des Krieges war problematisch. Wenn der Abzug einmal eingeleitet war, dann würde er sich wahrscheinlich nicht mehr rückgängig machen lassen. Von nun an würden wir uns in einem Wettrennen zwischen dem Absinken unserer militärischen Schlagkraft und der Steigerung der Kampffähigkeit südvietnamesischer Streitkräfte befinden – und der Ausgang dieses Wettrennens war bestenfalls ungewiß.

Im Gegensatz zu den üblichen Vorstellungen kommt es nur sehr selten vor, daß das Militär sich gegen seinen Oberbefehlshaber stellt, nicht einmal inoffiziell. Wenn die Militärs es nur einigermaßen rechtfertigen können, überwinden sie ihre Vorbehalte und stellen sich hinter den Entschluß eines Präsidenten. Es war schmerzlich zu sehen, wie General Abrams, der typische Truppenführer, ganz offensichtlich unglücklich war, aber doch dem Abzug von Kampfverbänden mit 25 000 Mann zustimmte. Er wußte, daß er in diesem Fall dazu verurteilt war, Rückzugsgefechte zu führen, daß seine Aufgabe als Befehlshaber sich zunehmend auf logistische Fragen beschränken würde und nicht mehr der Erfolg in der Schlacht war. Er konnte jetzt nicht mehr den Sieg erringen, der uns auch bei voller Truppenstärke versagt geblieben war, da unsere Streitkräfte stetig weiter zusammenschmolzen. Jetzt blieb ihm nichts anderes mehr übrig, als den Präsidenten Thieu vor diese Aufgabe zu stellen.

Das Treffen auf der Midway-Insel hätte in keiner surrealistischeren Umgebung stattfinden können. Für sieben Stunden wurde das knapp zwei Quadratmeilen große Atoll von dem Gefolge des Präsidenten in Besitz genommen, das aus mehr als 500 Beamten, Männern des Sicherheitsdienstes, Nachrichtenleuten, Journalisten und unzähligen andern bestand, die sich für unentbehrlich hielten, in Wirklichkeit aber ganz überflüssig waren. Der Hangar auf dem Flugplatz war frisch gestrichen. Man hatte das Haus des Flugplatzkommandanten, wo der Präsident mit Thieu zusammentreffen sollte, neu möbliert und angestrichen. Dadurch war dieser Marineoffizier der einzige unbestrittene Nutznießer des Treffens auf der Midway-Insel. Die für die wichtigsten Persönlichkeiten benötigten Wagen waren eingeflogen worden, ebenso alles, was für das vom Präsidenten gegebene Essen benötigt wurde. Mit starren Augen wurde dies alles von den Möwen beobachtet, die auf dieser Insel geboren und ungewöhnlich groß sind, weil sie seit Generationen vom Innenministerium geschützt wurden. Niemand hat bis heute entdecken können, welches geheimnisvolle Band die seltsamen Vögel an diese traurige Insel fesselt. Sie kreisen majestätisch und müssen erst längere Zeit laufen, bevor sie sich in die Luft erheben können. Auf Midway, der einzigen Insel, die zu bewohnen sie sich herabgelassen haben, hocken sie hochmütig auf den Straßen, verursachen zu ihrem Vergnügen Verkehrsstockungen und sind glücklich zu wissen, daß das Innenministerium jeden streng bestraft, der dem nur allzu menschlichen Impuls nachgibt, sie sanft mit der Fußspitze anzustoßen.

Die Lage von Thieu auf Midway war weniger beneidenswert als die der Möwen. Es gab schon seit Tagen Berichte (die von einigen Mitgliedern unserer Regierung nicht bestritten wurden), nach denen Präsident Nixon den Beginn des Abzugs der Streitkräfte der Vereinigten Staaten bekanntgeben würde und dies wiederum als Aufforderung an Thieu anzusehen sei, er solle sein Haus in Ordnung bringen. Damit meinten seine Kritiker im allgemeinen die baldige Errichtung einer Demokratie nach westlichem Muster, wenn nicht sogar die Bildung einer Koalitionsregierung. Wie die demokratischen Freiheiten in einem Land sichergestellt werden sollten, das von 300000 feindlichen Soldaten und Guerillas überrannt wurde, wußten diese Kritiker kaum zu sagen. Man erwartete von Thieu, er sollte innerhalb von wenigen Monaten und mitten in einem Bürgerkrieg leisten, was kein anderer politischer Führer in Südostasien in Jahrzehnten des Friedens geleistet hatte. Man verlangte von ihm, gleichzeitig einen Krieg zu gewinnen, seine Verteidigungsstruktur dem Abzug eines starken amerikanischen militärischen Apparats anzupassen und demokratische Einrichtungen in einem Lande zu errichten, das seit einer Generation keinen Frieden mehr kannte und in seiner ganzen Geschichte noch keine Demokratie erlebt hatte. Seine Legitimation als Führer einer Nation sollte er durch Reformen nachweisen, eingeführt unter dem Druck der Großmächte, mit deren Zustimmung sein Vorgänger gestürzt worden war, wodurch das Land seiner gesamten Zivilverwaltung beraubt wurde.

Es war eine bewegende Szene, als Nguyen Van Thieu, für dessen Land 36000 Amerikaner gestorben waren, der aber seinen Fuß nicht auf den Boden des mächtigen Verbündeten setzen durfte, elastisch die Stufen der Gangway einer gecharterten Pan-American-Maschine herunterkam. Mir tat er leid. Es war nicht seine Schuld, daß er im Brennpunkt der innenpolitischen Spannungen Amerikas stand; schließlich war er der Vertreter von Millionen Südvietnamesen, die nicht von der nordvietnamesischen Armee überrannt werden wollten; er gehörte einem andern Kulturkreis an als wir, in dem andere Wertmaßstäbe galten. Aber alle Vietnamesen haben eine angeborene Würde, vielleicht das Erzeugnis der grausamen und blutigen Geschichte ihres schönen Landes. Die Vietnamesen haben sich nicht »mit ihrem Schicksal abgefunden«, wie der westliche Mythos über die Asiaten es behauptet; sie haben jahrhundertelang gekämpft, gegen äußere Feinde und gegeneinander, um das Schicksal der Nation zu bestimmen. So schwierig und sogar unbequem sie sein können, sie haben überlebt, weil sie sich stolz weigerten, sich vor einem Feind oder einem Verbündeten zu beugen.

Es wurden zwei Sitzungen abgehalten. Die entscheidende fand in dem renovierten Haus des örtlichen Befehlshabers statt. An ihr nahmen Nixon und ich, Thieu und sein persönlicher Berater teil. Im Offizierskasino kamen Fachleute zusammen, die sich unter dem Vorsitz der beiden Außenminister vor allem mit wirtschaftlichen Fragen beschäftigten. (Es war das gleiche Schema, dem Nixon bei fast allen Begegnungen mit ausländischen Regierungschefs folgte.) Thieu kam nicht in der Haltung eines Bittstellers, sondern trat sicher auf und bat um keine Vergünstigungen. Wir hatten uns Sorgen darum gemacht, daß es nach der Bekanntgabe des Truppenabzugs zu peinlichen Szenen kommen möchte. Thieu kam uns jedoch zuvor und machte selbst diesen Vorschlag. Wir schlugen vor, mit Hanoi Kontakte auf Präsidentenebene aufzunehmen. Thieu war damit unter der Voraussetzung einverstanden, daß er über den Inhalt aller politischen Gespräche unterrichtet wurde. Wegen des Zeitunterschiedes von fünf Stunden bis zur amerikanischen Ostküste mußten die Medien ihre Meldungen möglichst bald absetzen, deshalb kamen die Präsidenten nach anderthalb Stunden vor das Haus, und Präsident Nixon gab den Abzug der ersten amerikanischen Verbände bekannt.

Nixon war bester Laune. Für ihn war diese Erklärung ein politischer Triumph. Er glaubte damit genug Zeit gewonnen zu haben, um unsere Strategie weiterzuentwickeln. Seine Ratgeber und auch ich teilten diese Ansicht. Doch wir hatten uns in doppelter Hinsicht geirrt. Ja, wir hatten eine schicksalsschwere Trennungslinie überschritten. Nach dem Abzug waren die Familien, deren Söhne sich immer noch in Lebensgefahr befanden, noch verzweifelter als vorher. Und auch die Kritiker schwiegen nicht. Ihre Mehrheit glaubte, es sei ihrem Druck zu verdanken, daß die erste Entscheidung für den Abzug gefallen war und ein verstärkter Druck die ganze Sache noch beschleunigen würde; und es machte ihnen nichts aus – ja es gab sogar einige, die sich gefreut hätten –, wenn der beschleunigte Abzug einen Zusammenbruch herbeiführte.

Im gleichen Juni veröffentlichte der ehemalige Verteidigungsminister Clifford, der noch vor sechs Monaten behauptet hatte, es gäbe keinen amerikanischen Plan für einen Truppenabzug, einen Artikel in *Foreign Affairs*, in dem er großartig den einseitigen Abzug von 100000 Mann bis zum Ende des Jahres 1969 empfahl und sagte, alle anderen Kampftruppen sollten Vietnam bis Ende 1970 verlassen; nur Nachschubeinheiten und das Personal der dort stationierten Luftstreitkräfte sollten im Lande bleiben.[9]

Präsident Nixon, der nie zurückstehen wollte, wenn er glaubte, daß ein Diskussionspartner recht habe, erwiderte auf einer Pressekonferenz übermütig, er hoffe Cliffords Erwartungen mit seinem Zeitplan zu übertreffen. Obwohl wir uns nach Kräften darum bemühten, die Bemerkung des Präsidenten zu »interpretieren«, war der Schaden nicht wiedergutzumachen. Unsere Forderung, beide Seiten sollten ihre Truppen gleichzeitig abziehen, hatte jetzt praktisch jede Glaubwürdigkeit verloren. Denn es hatte sich in Amerika, im Ausland und besonders in Vietnam deutlich gezeigt, daß unser Enschluß, unsere Truppen einseitig abzuziehen, nicht mehr rückgängig gemacht werden konnte. Der letzte Rest unserer Flexibilität ging verloren, als das Verteidigungsministerium begann, sein Budget auf der Basis der vorgesehenen Truppenverminderungen aufzustellen; von nun an hätte eine Unterbrechung des Truppenabzugs eine Finanzlücke zur Folge gehabt, die sich auf die Beschaffung von neuen Waffen auswirken mußte.

Die Nordvietnamesen ihrerseits interessierten sich nicht für Symbole, sondern nur für die Realität. Sie analysierten den Abzug kühl und erkannten, daß sich daraus für uns auf der einen Seite psychologische Vorteile ergaben, auf der anderen Seite unsere militärische Schlagkraft mit der Schwächung der amerikanischen Streitkräfte nachlassen mußte. Hanoi versuchte nun unter allen Umständen zu erreichen, daß wir möglichst starke Verbände innerhalb möglichst kurzer Zeit abzogen. Und je rascher unser Abzug vonstatten ging, desto wahrscheinlicher wurde der Zusammenbruch der Südvietnamesen. Deshalb beschwerten sich die Nordvietnamesen ständig und behaupteten, unsere Maßnahmen, für die sie keine Gegenleistungen erbrachten, seien nur ein »Tröpfeln«, oder sie seien sich nicht »ganz klar« über unsere eigentlichen Absichten; von ihrem Standpunkt, daß unsere einseitigen Maßnahmen ihnen keinerlei Verpflichtungen auferlegten, sind sie nicht einen Augenblick abgewichen. Ein Jahr später verlangten sie sogar, wir sollten uns auf einen bestimmten Termin für die Beendigung des vollständigen Abzuges aus Vietnam festlegen.

Diese Realitäten beherrschten unsere Überlegungen. Laird hatte fünf alternative Zeitpläne für den Truppenabzug im Jahr 1969 vorbereitet. Es sollten mindestens 50000, höchstens aber 100000 Mann sein. Dazwischen gab es die verschiedensten Möglichkeiten, wobei sich die abzutransportierenden Soldaten jeweils aus anderen Verbänden zusammensetzten. Rogers war für den Abzug von 85000 Mann; Laird, der wußte, was die Joint Chiefs of Staff für richtig hielten, vertrat offiziell die Meinung, es sollten 50000 sein, gab aber privat zu verstehen, es würde ihm nichts ausmachen, wenn es mehr sein sollten. Was den Zeitplan betraf, so sollte nach den Vorstellungen von Laird der Abzug innerhalb von 18 bis 42 Monaten erfolgen, und bis zum Abzug der nordvietnamesischen Streitkräfte sollten noch 260000 bis 306000 amerikanische Soldaten in Vietnam bleiben. In einer Denkschrift, die Laird am 2. Juni dem Präsidenten vorlegte, sprach er von einem »durchführbaren« Zeitplan von 42 Monaten. Danach hätte der Abzug bis 1972 gedauert, und es wären 260000 Mann in Vietnam geblieben. Dabei erklärte er ausdrücklich, wenn die Nordvietnamesen nicht das gleiche täten, werde ein rascher Abzug sich sehr ungünstig auf das Befriedungsprogramm auswirken, die Schlagkraft erheblich geschwächt werden, und man müßte in diesem Fall mit einem Zusammenbruch Südvietnams rechnen.

In der Bürokratie entwickelten sich sofort zwei Tendenzen. Da man die Durchführung des Vietnamisierungsplans in erster Linie dem Pentagon zum Verdienst anrechnete (und natürlich auch Nixon), konnte sich das Außenministerium seinen Anteil an dem Ruhm, den Krieg beendet zu haben, nur sichern, wenn es seine politischen Anstrengungen verdoppelte. Dadurch wurde eine ganze Flut drängender Telegramme an den unglücklichen Thieu ausgelöst, um die politischen und wirtschaftlichen Reformen zu beschleunigen. Es wurde auch sofort eine entscheidende Landreform eingeführt. Daß wir ihn jedoch so sehr dazu gedrängt haben, hat seine Stellung wahrscheinlich geschwächt, denn nun sah es so aus, als habe er die recht umfangreichen Reformen nicht aus eigener Initiative und wachsendem Selbstbewußtsein, sondern nur auf Druck der Amerikaner hin durchgeführt. Am 11. Juli bot Thieu freie Wahlen an, an denen sich die Kommunisten beteiligen konnten und die von einem gemischten vietnamesischen Wahlausschuß überwacht werden sollten, dem auch Kommunisten und eine Gruppe internationaler Beobachter angehörten. Auf einer Pressekonferenz am 2. Juli gab Außenminister Rogers einige Einzelheiten dazu bekannt, was Thieu übelnahm und ihn veranlaßte, uns den Entwurf für sein neues Programm später zu schicken als verabredet.

Diese Fragen sollten auf einer Konferenz des Präsidenten mit seinen Beratern am 7. Juli auf der Yacht des Präsidenten, *Sequoia*, besprochen werden. An dieser Konferenz nahmen Rogers, Laird, Wheeler, Justizminister Mitchell, der stellvertretende Direktor der CIA, General Robert Cushman, und ich teil. Das Hauptgesprächsthema war jedoch das auffallende Nachlassen der Kampftätigkeit. Lag es daran, daß Hanoi erschöpft war, war es die Folge einer neuen Verhandlungsstrategie oder ein Versuch der Nordvietnamesen, durch ein stillschweigendes Übereinkommen zur Deeskalation zu kommen? In der geistigen Verwirrung, die damals herrschte, und angesichts der Erleichterung, die wir empfanden, als die Verlustzahlen sanken und der innenpolitische Druck nachließ, weil es an der Front ruhiger geworden war, fragte niemand, ob das nicht daran läge, daß unsere Strategie Erfolg zeigte und wir sie deshalb weiter verfolgen sollten. Statt dessen einigten wir uns darauf, positiv auf dieses Zeichen zu reagieren und den militärischen Druck zu verringern. General Abrams sollte angewiesen werden, die Gefechtsführung entscheidend zu verändern. Nach den bestehenden Grundsatzbefehlen für die amerikanischen Streitkräfte in Südostasien, die noch aus der Zeit der Regierung Johnson stammten, hatten unsere Truppen das ehrgeizige Ziel zu verfolgen, den Feind zu »schlagen« und seinen Rückzug nach Nordvietnam zu »erzwingen«. In dem neuen, am 15. August wirksam werdenden Grundsatzbefehl hieß es, unsere Hauptaufgabe sei es, die Südvietnamesen mit allen Kräften bei der Stärkung ihrer Truppen zu unterstützen, ihnen bei der

Befriedung zu helfen und die Versorgung des Gegners zu behindern. Doch im letzten Augenblick änderte der Präsident seine Meinung und wollte den Befehl zurücknehmen. Aber Laird hatte ihn schon hinausgehen lassen, und deshalb trat er auch in Kraft. Ich kann nicht sagen, ob diese neuen Anordnungen – deren Inhalt bald durchsickerte – Entscheidendes bewirkt haben. Angesichts unseres Truppenabzugs ging deutlich daraus hervor, was unsere Truppen in Vietnam noch leisten konnten, gleichgültig, welches unsere Absichten waren. Am 30. Juli legte Nixon auf seiner Weltreise überraschend einen Zwischenaufenthalt in Saigon ein. Er tat es gegen den Rat des Geheimdienstes, und aus Sicherheitsgründen wurde der Besuch erst im allerletzten Augenblick bekanntgegeben. Vom Flughafen flog Nixon im Hubschrauber zum Präsidentenpalast. Die Maschine stieg sofort senkrecht in die Höhe, um nicht von Heckenschützen getroffen zu werden, und fiel dann fast wie ein Stein zwischen den Bäumen, die das Haus von Thieu umgaben, auf den Boden. Ich habe nie erfahren, wie oft die Piloten dieses Manöver geprobt hatten und ob es nicht viel gefährlicher war als das Feuer der Heckenschützen. Nixon sagte Thieu, ein weiterer Truppenabzug sei erforderlich, wenn wir nicht die Unterstützung der amerikanischen Öffentlichkeit verlieren wollten. Außerdem sei es wichtig, den Eindruck zu erwecken, daß wir einem bestimmten Zeitplan folgten und aus eigener Initiative handelten. Nun stand fest, daß wir Vietnam verlassen würden, nach Möglichkeit im Rahmen von Verhandlungen, aber wenn nötig auf eigene Initiative hin.

8. Ein geheimes Treffen mit Xuan Thuy

Im Juni unternahm ich einen weiteren Versuch, durch meinen alten Freund Jean Sainteny, den ehemaligen französischen Chefunterhändler in Hanoi, mit den Nordvietnamesen ins Gespräch zu kommen.

Saintenys Frau, Claude, hatte als Studentin im Sommer 1953 an dem internationalen Seminar teilgenommen, das ich in Harvard für begabte junge Ausländer hielt. Sie war Schriftstellerin und Historikerin, ebenso schön wie intelligent. Nachdem sie Sainteny geheiratet hatte, besuchte ich sie und ihren Mann gelegentlich in ihrer Wohnung an der Rue de Rivoli an den Tuilerien. Sainteny war ein eleganter, hochintelligenter Mann, der mir in den Jahren, als es zwischen den Vereinigten Staaten und Hanoi noch keine Kontakte gab, zum erstenmal einen Eindruck von der vietnamesischen Mentalität vermittelt hatte. Er hatte mir ausführlich von seinen Erfahrungen in Hanoi erzählt und mir gesagt, wie er über unser Eingreifen in Vietnam dachte. Wie viele Franzosen, die in Indochina gedient hatten, hielt er unser Unternehmen für hoffnungslos – eine Haltung, die von seinem französischen Nationalismus nicht ganz unbeeinflußt war. Wie konnte Amerika glauben, dort Erfolg zu haben, wo Frankreich gescheitert war? Wie viele seiner Landsleute verstand er, wie wichtig es für Amerika und andere freie Völker war, einen ehrenhaften Ausweg zu finden. Ich zweifelte nicht daran, daß er seiner Regierung über unsere Kontakte berichten würde. Das war jedoch erst in zweiter Linie wichtig, denn den Franzosen konnte es kaum etwas nützen; es würde ihre Neugier befriedigen, aber keine politischen Auswirkungen haben. Ich hielt Sainteny für einen ehrenhaften und zuverlässigen Mann, der ausführte, was er sich vorgenommen hatte. Auch die Nordvietnamesen vertrauten ihm. Mehr kann man von einem Unterhändler nicht verlangen.

Ich schlug daher dem Präsidenten am 24. Juni vor, wir sollten Sainteny nach Amerika einladen, um eine neue Initiative vorzubereiten: »Angesichts der gegenwärtigen Stimmung in Hanoi beurteile ich die Lage so, daß neue Ouvertüren wahrscheinlich nichts Besonderes bewirken werden. Ich glaube aber, wir sollten doch wieder die Initiative ergreifen, um nachweisen zu können, daß wir nicht untätig geblieben sind, und weil wir bei den Pariser Verhandlungen nicht weiterkommen.« Sainteny wurde am 15. Juli vom Präsidenten im Ovalen Zimmer empfangen. Da niemand wußte, daß er sich in den Vereinigten Staaten aufhielt, mußte ich die Rolle des Dolmetschers übernehmen. Da ich die französische Sprache nicht sehr gut beherrsche, gab es gewisse Verständigungsschwierigkeiten. Sainteny sagte, er sei bereit, in unserem Auftrag nach Hanoi zu gehen und eine Botschaft zu überbringen. Als Alternative schlug er vor, ich sollte mich mit Le Duc Tho treffen, der im nordvietnamesischen Politbüro eine Schlüsselposition einnahm, gelegentlich Paris besuchte und an inoffiziellen Gesprächen mit Harriman teilgenommen hatte.

Wir entschieden uns für die erste Möglichkeit, entwarfen einen privaten Brief Nixons an Ho Tschi Minh und baten Sainteny, ihn in Hanoi persönlich zu übergeben. In dem Brief betonten wir unser starkes Interesse an Frieden und erklärten uns bereit, über unsere und Hanois Pläne zu sprechen. Der Brief schloß:

> »Die Zeit ist gekommen, am Konferenztisch eine baldige Beendigung dieses tragischen Krieges herbeizuführen. Sie werden feststellen, daß wir uns bereitwillig und vorurteilsfrei mit Ihnen darum bemühen wollen, dem tapferen vietnamesischen Volk die Segnungen des Friedens zu bringen. Lassen Sie es zu einer geschichtlichen Tatsache werden, daß sich beide Seiten in diesem kritischen Augenblick dem Frieden und nicht dem Konflikt und dem Kriege zugewendet haben.«[10]

Aber die Nordvietnamesen ließen sich zu nichts bewegen; sie weigerten sich sogar, Sainteny ein Visum auszustellen. Der Brief wurde dem Vertreter Hanois in Paris, Mai Van Bo, übergeben. Da wir entschlossen waren, einen Durchbruch zu versuchen, baten wir daraufhin Sainteny, ein Treffen zwischen mir und dem nordvietnamesischen Unterhändler zu arrangieren.

Ende Juli begleitete ich den Präsidenten auf seiner Reise um die Welt, die mit der Landung von *Apollo 11* begann und uns dann nach Südostasien, Indien, Pakistan und Rumänien führte. Ich machte einen Abstecher nach Paris und Brüssel, während der Präsident nach Hause flog. Die geheime Zusammenkunft war für den 4. August in der Wohnung von Sainteny verabredet. Da Le Duc Tho Paris verlassen hatte, sollte mein Gesprächspartner Xuan Thuy, der Bevollmächtigte Hanois bei den Plenarsitzungen der Pariser Gespräche, sein. Wie ich später feststellen mußte, war er die Garantie dafür, daß ich nichts anderes hören sollte als die üblichen Formulierungen, die wir schon zur Genüge aus den Plenarsitzungen kannten. Xuan Thuy war kein aktiver Politiker, sondern nur ein Funktionär. Er vertrat das Außenministerium und nicht die Kommunistische Partei und war von Hanoi nach Paris geschickt worden, um auf den öffentlichen Sitzungen die offizielle Linie zu vertreten. Der kleine Mann mit einem Buddha-Gesicht und scharfem Verstand, der unaufhörlich lächelte, auch wenn er die unglaublichsten Dinge sagte, hatte keine Verhandlungsvollmacht. Seine Aufgabe war die psychologische Kriegführung. Sobald Hanoi an ernsthaften Gesprächen interessiert war, würde der »Sonderberater« der nordvietnamesischen Delegation in Paris, Le Duc Tho, aus Nordvietnam erscheinen. Auch ihn konnte man beim besten Willen nicht als flexibel bezeichnen, doch wenigstens hatte er gewisse Vollmachten, und schließlich hat er die Verhandlungen auch abgeschlossen.

Offiziell war ich nach Paris gekommen, um Präsident Georges Pompidou und Premierminister Jacques Chaban-Delmas über Präsident Nixons Weltreise zu unterrichten. Am späten Nachmittag des 4. August verließ ich die amerikanische Botschaft mit meinem persönlichen Assistenten Anthony Lake und unserem Militärattaché in Paris, General Vernon Walters, angeblich, um mir die Stadt anzusehen, und ging zur Wohnung von Sainteny an der in der Nähe gelegenen Rue de Rivoli. Journalisten befanden sich damals nicht in meiner Begleitung, deshalb war es nicht besonders schwierig, unbeobachtet in Saintenys Wohnung zu kommen. Ich hatte General Walters mitgenommen, weil er ein hervorragender Dolmetscher ist und sowohl Nixon als auch ich ihm uneingeschränktes Vertrauen entgegenbrachten. (Er organisierte alle meine Reisen zu den ersten Verhandlungen nach Paris sowie einige Kontakte, die ich dort mit den Chinesen aufnahm, und hat sich dabei als zuverlässiger, phantasievoller und diskreter Mitarbeiter bewährt.) Walters beherrschte neun Sprachen. Seine Geschicklichkeit als Dolmetscher war phänomenal. Er hatte auch ein großes schauspielerisches Talent und verstand es, nicht nur die Worte, sondern auch den Ton und die Haltung des Gesprächspartners zu vermitteln. Sein Einfühlungsvermögen garantierte, daß seine Übersetzungen das Original höchstens verbesserten, aber es verwirrte meine Gesprächspartner, daß Walters sich keine Notizen machen mußte, weil er ein so gutes Gedächtnis hatte. Die Begegnung mit Xuan Thuy dauerte dreieinhalb Stunden, weil unser Gespräch doppelt übersetzt werden mußte. Ich sprach Englisch, Walters übersetzte meine Worte ins Französische und dann übersetzte Xuan Thuys Dolmetscher sie ins Vietnamesische. Wenn Xuan Thuy sprach, übersetzte sein Dolmetscher gleich aus dem Vietnamesischen ins Englische.

Ich sah der Zusammenkunft mit einiger Spannung und Nervosität entgegen. Das sollten die ersten Verhandlungen sein, die ich verantwortlich zu führen hatte. Außerdem war es mein erstes Zusammentreffen mit den schwer faßbaren Nordvietnamesen, die ich im Auftrag Präsident Johnsons einen ganzen Sommer vergeblich verfolgt hatte. Ich hatte den Glauben noch nicht aufgegeben, man könnte rascher vorankommen, wenn wir sie von unserer Aufrichtigkeit überzeugten. Meine Mitarbeiter und ich kamen eine halbe Stunde vor der verabredeten Zeit in Saintenys Wohnung. Der Hausherr führte uns in sein Wohnzimmer und zeigte uns, wo die Erfrischungen standen. Er hatte aus Vietnam einige wertvolle Kunstgegenstände mitgebracht. »Ich hoffe, wenn Sie in Streit geraten, werden Sie sich nicht mit den Tonfiguren bewerfen«, sagte Sainteny trocken und entschuldigte sich.

Xuan Thuy und Mai Van Po erschienen pünktlich auf die Minute. Wir setzten uns auf zwei einander gegenüberstehende Sofas, die Amerikaner mit dem Rücken zur Rue de Rivoli, so daß die Vietnamesen den Blick auf die Tuillerien hatten. Wie bei allen späteren Zusammenkünften war ich von ihrer würdigen Haltung und ruhigen Selbstsicherheit beeindruckt. Das also waren die Männer, die Gewalt und Guerilla-Krieg zu ihrem Beruf gemacht hatten. Sie hatten nur selten Kontakt mit der Außenwelt aufgenommen, und dann auch nur, wenn es in ihrem Kampf ums Überleben unbedingt notwendig gewesen war. Doch als sie dem Vertreter des mächtigsten Staates auf dieser Erde begegneten, waren sie feinfühlig, diszipliniert und unendlich geduldig. Mit einer einzigen Ausnahme – nach dem raschen Erfolg der Frühjahrsoffensive 1972 wurden sie unverschämt – waren sie immer höflich. Nie zeigten sie, daß sie es eilig hatten, und ließen sich nicht von uns verwirren. Die politische Kriegführung war ihr Spezialgebiet. Sie waren entschlossen, das Tempo der Verhandlungen zu bestimmen, und ließen sich nicht durch Freundlichkeiten beeinflussen oder durch Ungeduld vorantreiben. Amerikanische Zugeständnisse quittierten sie, als seien sie eine Selbstverständlichkeit, und verpflichteten sich in keinem Fall zu irgendwelchen Gegenleistungen. Kompromisse betrachteten sie als ein Zeichen der Schwäche. Sie interessierte nur, was nach ihrer Auffassung im Interesse Hanois lag. Niemals deuteten sie den geringsten Zweifel an der Richtigkeit ihres eigenen Standpunkts an. Sogar sich selbst gegenüber konnten sie nicht zugeben, daß wir sie durch unsere Argumente umgestimmt oder auch nur beeinflußt hätten. Ihr Ziel war es, in Südvietnam die Macht an sich zu reißen, und sie konnten nur einer Lösung zustimmen, bei der ihre Gegner wenigstens so demoralisiert wurden, daß es ihnen leichtfallen würde, sie in der nächsten Runde zu vernichten. Ihr Streben nach dem totalen Sieg gaben sie erst auf, als der Zusammenbruch ihrer Offensive im Osten sie 1972 vollständig erschöpft hatte.

Nachdem wir ein paar freundliche Worte ausgetauscht hatten – vor allem über meine vergeblichen Bemühungen, 1967 mit Mai Van Bo zusammenzutreffen –, wandte ich mich dem eigentlichen Zweck unserer Begegnung zu und sagte, daß ich den Mut und die Entbehrungen des vietnamesischen Volkes respektiere; die Vereinigten Staaten seien aufrichtig an einer Lösung interessiert, die sich mit der Selbstachtung beider Seiten vereinbaren ließe. Immerhin dauerten die Verhandlungen, die nach der Einstellung der Bombenangriffe begonnen hätten, am 1. November ein Jahr. Seither hätten die Vereinigten Staaten eine Reihe von wichtigen Schritten unternommen, auf die keine Gegenleistungen erfolgt seien: Wir hätten unsere Streitkräfte nicht mehr verstärkt; wir hätten den einseitigen Abzug von 25000 Mann angekündigt und den Abzug weiterer Truppen zugesagt. Wir hätten angeboten, den Ausgang international überwachter freier Wahlen anzuerkennen, an denen sich die NLF beteiligen könne. Darauf sei keine Reaktion erfolgt. Ich sagte, ich sei nach Paris gekommen, um von höchster Stelle den sehr ernstgemeinten Vorschlag zu überbringen, wir sollten große Anstrengungen unternehmen, den Konflikt ein Jahr nach Beginn der Verhandlungen beizulegen – das heißt bis zum 1. November. Wir seien bereit, über die zehn Punkte der NLF zu sprechen, könnten uns aber nicht der Auffassung anschließen, daß sie in Stein gehauene, unverrückbare Gesetze seien, über die nicht mehr verhandelt werden könne.

Auf die Dauer war es unerträglich für uns, bei jedem Treffen wie Schuljungen geprüft zu werden, ob sie das richtige Verständnis für die offizielle Haltung Hanois hätten.

Ich machte den Vorschlag, die Verhandlungen zu intensivieren und mich darum zu bemühen, Gemeinsamkeiten zwischen den zehn Punkten der Nationalen Befreiungsfront und Nixons 8-Punkte-Programm vom 14. Mai zu finden. Im einzelnen wies ich darauf hin, daß die Vereinigten Staaten bereit seien, ihre Streitkräfte im Rahmen eines Programms des beiderseitigen Truppenabzugs vollständig abzuziehen. Außerdem waren wir bereit, dem Ergebnis jeder in Freiheit erfolgten politischen Entwicklung zuzustimmen. Wir hatten Verständnis dafür, daß man von keiner Seite erwarten konnte, daß sie am Konferenztisch etwas aufgab, das sie schon auf dem Schlachtfeld nicht aufgegeben hatte. Wir glaubten, bei einem gerechten Vorgehen müsse das bestehende politische und militärische Gleichgewicht berücksichtigt werden. Da wir nicht die Auflösung kommunistischer Organisationen verlangten, durfte man uns auch nicht zumuten, die nichtkommunistischen politischen Gruppierungen aufzulösen. Die Verhandlungen konnten nur erfolgreich sein, wenn jede Seite anerkannte, daß die Gegenseite nicht besiegt werden konnte, ohne es zu merken. Im Namen des Präsidenten schlug ich vor, einen besonderen Kanal für laufende Kontakte einzurichten. Wenn es zu ernsthaften Verhandlungen käme, sei der Präsident bereit, die militärischen Operationen so führen zu lassen, daß eine Vereinbarung erleichtert würde. Wenn jedoch bis zum 1. November kein Fortschritt erzielt worden sei, würden die Vereinigten Staaten folgenschwere Schritte ergreifen müssen.*

Xuan Thuy hörte mir unbewegt zu und ließ nicht einmal erkennen, daß er eine Veränderung im amerikanischen Standpunkt wahrgenommen habe. Dabei hatte ich den bisher umfassendsten amerikanischen Friedensplan vorgelegt. Ich war weit über das hinausgegangen, was die »Tauben« in der Washingtoner Bürokratie damals empfahlen, denn nun bot ich den vollständigen Abzug aller amerikanischen Truppen an und verlangte nicht mehr, daß noch ein Restverband in Vietnam zurückbleiben müßte. Ich hatte die Deeskalation der militärischen Operation vorgeschlagen. Wie es bei dem Nordvietnamesen üblich war, bat er um eine nähere Erläuterung bestimmter Fragen, besonders im Hinblick auf das Verfahren intensivierter Verhandlungen, und ging dann zu einem langen Monolog über. Zuerst schilderte er langatmig das jahrhundertelange Ringen Vietnams um Unabhängigkeit. Im Laufe der folgenden vier Jahre sollte ich diese Geschichte immer wieder zu hören bekommen. Sie wurde zum Ritual wie ein Tischgebet – nur daß es viel länger dauerte. Das heroische Epos, in dem die Vietnamesen alle Fremden besiegten, war eindrucksvoll, ja sogar bewegend, obwohl diese Litanei in ihrer ständigen Wiederholung meine Selbstbeherrschung auf eine schwere Probe stellte.

Nach etwa 45 Minuten wandte sich Xuan Thuy endlich konkreteren Dingen zu und bestritt, daß die zehn Punkte, wie ich es gesagt hätte, die zehn Gebote seien; sie seien jedoch die einzige »logische und realistische Basis für die Beendigung des Krieges« – eine Unterscheidung, die mein weniger subtiles westliches Gehirn nicht begreifen konnte.

Nach Xuan Thuys Auffassung gab es zwei Probleme, das militärische und das politische. Die militärische Lösung sei der vollständige Abzug der Vereinigten Staaten und dessen, was die Nordvietnamesen als die Streitkräfte unserer »Satelliten« bezeichneten (von verbündeten Ländern zur Verfügung gestellte Truppen). Zu diesem Thema seien die Vereinigten Staaten sehr we-

* Nixon vertrat den gleichen Standpunkt gegenüber verschiedenen Regierungen, die er auf seiner Weltreise besuchte, und gegenüber verschiedenen Regierungschefs, die Washington besuchten, in der Erwartung, daß diese Warnungen irgendwie auch Hanoi erreichten. Das geschah. Wir hatten aber noch keine Pläne, um die Drohung wahrzumachen, für den Fall, daß kein Fortschritt erzielt werden sollte.

nig präzise gewesen, sagte er – was bedeutete, daß wir für den Abzug dieser Verbände keinen genauen Zeitplan festgelegt hatten. Die politische Lösung erfordere die Entfernung Thieus, Kys und Huongs (des Präsidenten, des Vizepräsidenten und des Premierministers unseres Verbündeten) und die Bildung einer Koalitionsregierung, der die kommunistische provisorische Revolutionsregierung und die Reste der Saigoner Regierung angehören sollten, solange sie sich für »Frieden, Unabhängigkeit und Neutralität« einsetzten.* Die beiden Fragenkomplexe, die militärischen und die politischen, seien miteinander verknüpft, sagte Xuan Thuy; der eine könne ohne den anderen nicht gelöst werden. Mit anderen Worten, nicht einmal der einseitige amerikanische Truppenabzug werde den Krieg beendigen oder die Entlassung unserer Kriegsgefangenen bewirken.

Damit bestand Hanoi auch weiter darauf, daß die Vereinigten Staaten eine neue Regierung unter solchen Bedingungen einsetzten, nach denen die nichtkommunistische Seite durch den Abzug der amerikanischen Streitkräfte ohnmächtig gemacht und durch die Absetzung ihrer Führer demoralisiert wurde. Sollten die Vereinigten Staaten es wagen abzuziehen, ohne diesen politischen Umsturz zu bewirken, würde der Krieg weitergehen, und unsere Gefangenen müßten im nordvietnamesischen Gewahrsam bleiben. Im Lauf der Jahre wichen wir schrittweise immer weiter zurück, vom beiderseitigen bis zum einseitigen Truppenabzug, vom Verbleib amerikanischer Restverbände bis zur vollständigen Räumung Südvietnams. Aber Hanoi beharrte auf seinem Standpunkt. Wir würden weder den Frieden erreichen noch unsere Gefangenen zurückbekommen, bevor wir nicht bewirkt hatten, was Hanoi sich anscheinend schon seit langem nicht mehr zutraute: den Sturz der mit uns verbündeten Regierung.

Wir waren nicht bereit, für die Kommunisten zu tun, was sie nicht selbst tun konnten, denn wir hielten ein solches Verhalten für unehrenhaft und waren überzeugt, es werde das internationale Ansehen Amerikas noch lange belasten. Unsere Weigerung, eine verbündete Regierung zu stürzen, blieb die einzige und entscheidende Frage, an der alle Verhandlungen bis zum 8. Oktober 1972 scheiterten, als Hanoi diese Forderung zurückzog.

Zwar hatten Xuan Thuy und ich kaum mehr erreicht, als daß wir die Positionen beider Regierungen in einer weniger aggressiven Art formuliert hatten, aber wir kamen doch darin überein, daß jede Seite mit der anderen jederzeit Kontakt aufnehmen konnte und ein neues Zusammentreffen stattfinden sollte. Xuan Thuy gab mir zu verstehen, daß Hanoi keinen Wert auf Vermittler aus anderen Ländern legte, und bat uns, einen Amerikaner zu bestimmen, der über den zwischen uns eingerichteten Nachrichtenkanal

* Die »provisorische Revolutionsregierung« (PRG) war nach dem Juni 1969 die Bezeichnung für die Nationale Befreiungsfront.

Mitteilungen empfangen und weitergeben könnte. Ich bestimmte General Walters für diese Aufgabe. Ein zusammenfassender Bericht über das Verhandlungsergebnis ging an Botschafter Bunker nach Saigon, der Präsident Thieu unterrichten sollte. Der südvietnamesische Präsident hatte sich bei dem Treffen mit Nixon auf der Insel Midway mit solchen Geheimgesprächen einverstanden erklärt und war von Anfang an über den Verlauf meiner Geheimverhandlungen unterrichtet worden. Solange sich Botschafter Lodge in Paris aufhielt, informierte ich seinen Stellvertreter Philip Habib.

Der neu eingerichtete Kanal wurde 1969 nicht mehr in Anspruch genommen. Zwei Tage später griffen die Kommunisten Cam Ranh Bay an. Dieses Unternehmen muß schon längere Zeit vor meinem Treffen mit Xuan Thuy vorbereitet worden sein. Aber am 11. August griffen kommunistische Streitkräfte mehr als 100 große und kleine Städte und Militärbasen in ganz Südvietnam an, und damit war die Zeit der relativen Waffenruhe plötzlich beendet. Auch bei der nachsichtigsten Interpretation mußte man zu dem Schluß kommen, daß Hanoi nicht an Gesten, Verhandlungen, guten Willen oder Gegenseitigkeit glaubte.

9. Eine neue Beurteilung der Lage

Die neuen vietnamesischen Angriffsoperationen veranlaßten Nixon, am 23. August aus dem Weißen Haus in San Clemente zu erklären, er werde die Entscheidung über den nächsten Truppenabzug erst nach seiner Rückkehr nach Washington treffen. Die Nordvietnamesen reagierten in Paris ungewöhnlich vorsichtig und anscheinend unsicher auf diese Erklärung. Die offensichtliche Verzögerung bei unserem einseitigen Truppenabzug habe Hanoi eine Atempause gegeben – damit deutete er seinen Respekt vor den amerikanischen Streitkräften an und sagte uns, was hätte geschehen können, wenn uns unsere innenpolitische Lage eine größere Festigkeit erlaubt hätte. Diese Flexibilität besaßen wir aber nicht. Obwohl sich Nixons Entscheidung genau an zwei der drei Voraussetzungen hielt, an die er den Truppenabzug im März geknüpft und die er häufig wiederholt hatte (Feindtätigkeit, Fortschritt in Paris und Stärkung der südvietnamesischen Streitkräfte), reagierten der Kongreß und die Medien mit Empörung auf die Entscheidung des Präsidenten.

Am 25. August beantwortete Ho Tschi Minh den Brief Nixons vom 15. Juli. (Die Antwort erreichte Washington am 30. August, drei Tage vor dem Tode Ho Tschi Minhs.) In seinem Brief erwiderte das nordvietnamesische Staatsoberhaupt nicht die von Nixon verwendete Begrüßungsformel »Dear Mr. President«, sondern wiederholte nur die offizielle Haltung Nordvietnams in anmaßender Form:

»Unsere vietnamesischen Menschen sind dem Frieden, einem echten Frieden in Unabhängigkeit und echter Freiheit, zutiefst verpflichtet. Sie sind entschlossen, bis zur endgültigen Entscheidung zu kämpfen und fürchten nicht die Opfer und Schwierigkeiten, die ihnen aus der Verteidigung ihres Landes und ihrer geheiligten nationalen Rechte entstehen. Die Gesamtlösung in den zehn Punkten der Nationalen Befreiungsfront von Südvietnam und der provisorischen Revolutionsregierung in der Republik von Südvietnam ist eine logische und vernünftige Basis für die Beilegung des Vietnam-Problems. Sie hat die Sympathie und die Unterstützung der Völker der Welt verdient.

In Ihrem Brief haben Sie den Wunsch zum Ausdruck gebracht, sich für einen gerechten Frieden einzusetzen. Dazu müssen die Vereinigten Staaten den Aggressionskrieg aufgeben, ihre Truppen aus Südvietnam abziehen und das Recht der Bevölkerung des Südens und der Vietnamesischen Nation respektieren, ohne einen Einfluß von außen über sich selbst zu bestimmen. Das ist die korrekte Art, das Vietnam-Problem zu lösen . . .«

Welches auch die Gründe für die Antwort Ho Tschi Minhs gewesen sein mögen – ob er sich von einer echten oder nur von einer gespielten Empörung leiten ließ –, wieder wurde klar, daß Hanoi sich nur mit einem Sieg zufriedengeben würde. Es rechnete damit, daß die Vereinigten Staaten die Nerven verloren; es würde nicht den Anschein eines »Fortschritts« bei den Verhandlungen zulassen, mit dem wir die öffentliche Meinung auf unsere Seite bringen könnten. Eine sehr natürliche Reaktion wäre es gewesen, wenn wir den Truppenabzug beendet hätten. Er hatte jedoch inzwischen seine eigene Dynamik entwickelt. Die Heimkehr der Soldaten wurde für bestimmte Zeitabschnitte im voraus angekündigt; dabei war es unvermeidlich, daß sich der Druck in der öffentlichen Meinung und in der Bürokratie verstärkte, wenn sich eine solche Periode ihrem Ende näherte. Das Wiederaufleben der kriegerischen Haltung Hanois am 23. August war der letzte Anlaß, der Nixon dazu bewog, den Truppenabzug zu unterbrechen.

Am 12. September hielt der Nationale Sicherheitsrat eine Sitzung ab, um über die nächste Truppenrückführung zu sprechen. Zu einer Debatte kam es nicht mehr. Am 16. September erklärte der Präsident, er habe beschlossen, die Truppenstärke in Vietnam bis zum 15. Dezember um weitere 40500 Mann zu senken. Insgesamt war die Truppenstärke bis jetzt um 65500 Mann verringert worden. Das waren 15000 Mann mehr, als Rogers bei Jahresbeginn für notwendig gehalten hatte, um die Öffentlichkeit davon zu überzeugen, daß es uns mit der Beendigung des Krieges ernst war. Nach der Erklärung vom 16. September ließ sich der Truppenabzug nicht mehr rückgängig machen; von nun an ließ es der Präsident nicht wieder zu, daß eine Phase des Abzugs verging, ohne daß bekanntgegeben wurde, wie viele Soldaten in der nächsten Phase in die Heimat zurückkehren würden. Hanoi stand kurz davor, sein zweites Ziel ohne Gegenleistungen erreicht zu haben. Die Einstellung der Bombenangriffe führte jetzt zum einseitigen Truppenabzug. Wir hatten einen weiten Weg zurückgelegt. Wir hatten uns mit dem totalen Truppenabzug einverstanden erklärt, hatten angefangen, Vietnam einseitig zu räumen und die Kampfhandlungen eingeschränkt, und das alles, ohne daß die Gegenseite das geringste Entgegenkommen gezeigt hätte.

Unser politischer Kurs begann mir ernste Sorgen zu machen. Auf der Sitzung des Nationalen Sicherheitsrats zur Vietnam-Frage am 12. September beteiligte ich mich kaum an der Diskussion, rief aber am Schluß aus: »Wir brauchen einen Plan zur Beendigung des Krieges, nicht nur zum Abzug unserer Truppen. Das ist es, woran die Leute denken.« Zwei Tage vor der Sitzung hatte ich dem Präsidenten eine persönliche Denkschrift zugehen lassen, in der meine tiefe Sorge zum Ausdruck kam, und hatte darin die bisherigen Voraussetzungen für unsere Vietnam-Politik in Frage gestellt. Die schrittweise Räumung Südvietnams würde auf die Öffentlichkeit wirken wie »gesalzene Erdnüsse«. Je mehr Truppen wir abzogen, um so höhere Forderungen würden gestellt werden, und das müßte schließlich vielleicht schon innerhalb eines Jahres dazu führen, daß man von uns den totalen einseitigen Abzug verlangte. Ich sagte, unsere Militärstrategie könne gegen die Aushöhlung der öffentlichen Meinung nicht schnell genug wirken, und sagte voraus – leider hatte ich damit recht –, daß Hanoi wahrscheinlich warten würde, bis wir den größten Teil unserer Streitkräfte abgezogen hatten, um dann mit starken Kräften anzugreifen. Kurz gesagt, ich glaubte nicht, daß wir mit unserer Politik Erfolg haben würden. Meine Denkschrift vom 10. September ist in den Anmerkungen (S. 553) im Wortlaut abgedruckt.[11]

Auf diese Denkschrift folgte am nächsten Tag eine zweite, in der ich die uns nach meiner Meinung offenstehenden Alternativen erläuterte und noch einmal davor warnte, eine Strategie zu verfolgen, die sich allein auf die Vietnamisierung gründete, da sie keinen Erfolg verspräche. Ein Ausschnitt aus dieser Denkschrift ist auch im Anhang wiedergegeben.[12]

Ich hätte einem Kurs den Vorzug gegeben, dessen Kernpunkte in der Mission von Vance enthalten waren: Wir sollten das umfassendste und großzügigste Angebot machen, das wir uns leisten konnten, ohne eine mit uns verbündete Regierung stürzen zu müssen, wobei eine freie politische Entscheidung für Südvietnam gesichert sein mußte. Wenn dieser Vorschlag abgelehnt wurde, sollten wir die Räumung Südvietnams unterbrechen, den Zugang zu Nordvietnam durch die Vernichtung seiner Häfen blockieren und vielleicht seine Eisenbahnverbindungen nach China bombardieren. Unser Ziel würde dabei sein, durch Verhandlungen rasch zu einem Kompromiß zu kommen. Wo wir für die Vance-Mission einen detaillierten Friedensvorschlag ausgearbeitet hatten, versammelte ich eine Gruppe zuverlässiger

Mitglieder meines Stabes im September und Oktober im Lagezimmer des Weißen Hauses, um die militärische Seite des Unternehmens zu analysieren. Mit unserer gegenwärtigen Strategie gingen wir auf einem schmalen Grat, sagte ich meinem Stab, und räumten Südvietnam zu rasch, um Hanoi von unserer Entschlossenheit zum Handeln zu überzeugen, aber zu langsam, um die amerikanische Öffentlichkeit zufriedenzustellen. Sollte der Präsident das Vertrauen zu dieser Politik verlieren und nicht bereit sein zu kapitulieren, wie konnte er dann einen raschen Abschluß erzwingen? Ich ersuchte um einen militärischen Plan, der auf die Schlagkraft der feindlichen Truppen die stärkste Wirkung haben müßte. Außerdem verlangte ich eine Beurteilung der außenpolitischen Konsequenzen und die Ausarbeitung eines Plans für die abschließenden Verhandlungen. Der Deckname für diese Planungsarbeit war »Duck Hook«. Weshalb er gewählt wurde, weiß ich heute beim besten Willen nicht mehr. Hal Sonnenfeldt und John Holdridge verfaßten Analysen über die wahrscheinlichen Reaktionen der Sowjets und Chinesen auf eine beträchtliche Eskalation der Kampfhandlungen. Dazu wurden völkerrechtliche und außenpolitische Lagebeurteilungen vorbereitet. Roger Morris, Tony Lake* und Peter Rodman arbeiteten an einem Entwurf für eine Rede Nixons, der zum Teil am 3. November verwendet wurde. Die Joint Chiefs of Staff entwarfen einen Plan für die Verminung nordvietnamesischer Häfen und die Zerstörung von 29 militärisch und wirtschaftlich wichtigen Zielen in einem vier Tage dauernden Luftangriff. Es waren auch periodische Angriffe von 48 bis 72 Stunden Dauer vorgesehen, wenn Hanoi weiterhin ernsthaften Verhandlungen ausweichen sollte. Für den Beginn dieser Maßnahmen war der 1. November 1969 geplant, der erste Jahrestag der Vereinbarungen über die Einstellung der Bombenangriffe, nach denen uns »sofortige und ergiebige« Verhandlungen zugesagt worden waren.

Unsere Planungen gingen nur stockend voran. Als das Bild allmählich Gestalt annahm, erkannte ich, daß wir nicht mit »entscheidenden« militärischen Maßnahmen rechnen konnten, da es unserer Regierung an Übereinstimmung fehlte, um einen so gewagten und riskanten Kurs zu verfolgen. Am 17. Oktober empfahl ich dem Präsidenten, seine Überlegungen zu den verschiedenen Alternativen zu verschieben, bis er beurteilen könnte, wie viele Truppen Nordvietnam in diesem Jahr noch in den Süden einschleusen würde.** Meine Zweifel im Hinblick auf die Vietnamisierung waren geblie-

* Morris und Lake schieden später aus, angeblich wegen des Unternehmens gegen Kambodscha 1970; aber im Herbst 1969 hatten sie keine moralischen Skrupel wegen der viel härteren Alternative, die wir damals ins Auge faßten.

** In Wirklichkeit wichen wir damit der Entscheidung aus. Die in dem Duck-Hook-Plan empfohlene Strategie hätte mit dem Einschleusen nordvietnamesischer Truppen nichts zu tun haben dürfen – nach meiner Schätzung würden die Nordvietnamesen wahrscheinlich keine weiteren Truppen mehr in den Süden schicken, bevor wir nicht sehr viel stärkere Verbände abgezogen hatten. Der Plan hätte vor allem mit dem Fortschritt bei den Verhandlungen verknüpft werden müssen.

ben. Darin spiegelte sich das unlösbare Dilemma, gleichzeitig mit der nordvietnamesischen Armee und den Kritikern in Amerika fertig werden zu müssen, die zum großen Teil leidenschaftliche Einwände gegen das Konzept einer zusammenhängenden Strategie erhoben. Am 30. Oktober verfaßte ich wieder eine an den Präsidenten persönlich gerichtete Denkschrift über meine Zweifel an den Voraussetzungen unserer Politik.

»Wir haben es erlebt, daß so viele vietnamesische Projekte versagten, nachdem wir sie lautstark verkündet haben, daß ich es für richtig halte, Ihnen in gedrängter Form meine Ansichten über die Voraussetzungen für die Vietnamisierung vorzulegen. Um zu glauben, daß dieser Weg gangbar ist, müssen wir eine ganze Reihe von Faktoren als für uns günstig ansehen und annehmen, daß Hanoi solche Voraussetzungen akzeptiert.

Die amerikanische Beurteilung der Erfolgschancen einer Vietnamisierung – und andererseits die Beurteilung Hanois der Erfolgschancen der nordvietnamesischen Strategie – muß sich auf die folgenden Gesichtspunkte stützen:

Wie stark wächst die Opposition der Öffentlichkeit in den Vereinigten Staaten gegen die Fortführung der Kämpfe in jeder Form? (Unsere Erfahrungen zeigen, daß dieses Wachstum durch die Vietnamisierung nicht wesentlich verlangsamt werden wird.)

Inwieweit ist die amerikanische Regierung fähig, bei der Durchführung dieser Politik Disziplin zu bewahren? (Bei dem zunehmenden Druck aus der Öffentlichkeit kann es auch zu erheblichen Meinungsverschiedenheiten innerhalb der Regierung und vermehrten Indiskretionen gegenüber der Presse usw. kommen.)

Wie weit sind die südvietnamesische Regierung und die südvietnamesische Armee in der Lage, die abgezogenen amerikanischen Truppen zu ersetzen – sowohl physisch als auch psychologisch? (Hier gibt es keine schlüssigen Beweise. Allein diese Tatsache und unsere Erfahrungen zeigen, daß wir nicht optimistisch sein dürfen.)

In welchem Maß beeinflussen die gegenwärtigen Verluste der Nordvietnamesen die spätere Kampfkraft Hanois – d.h. die Verluste an militärischen Kadern innerhalb der politischen Infrastruktur usw.? (Auch hier lassen sich keine definitiven Schlüsse ziehen. Die meisten Berichte haben sich mit der Sicherheit der amerikanischen Streitkräfte beschäftigt – sie wird auf die Dauer die politische Kraft des Gegners nicht aushöhlen können.)

Wie weit wird die Regierung von Südvietnam in der Lage sein, aus dem gegenwärtigen Fortschritt in der Befriedung einen soliden politischen Gewinn zu erzielen? (Auch hier behandeln die Berichte über Fortschritte vor allem die Erhöhung der Sicherheit hinter dem amerikanischen Schutzschild.)

Damit gründet sich unsere Vietnamisierungspolitik auf eine Reihe optimistischer Annahmen, die nicht zutreffen können – obwohl niemand auf der Basis der gegenwärtig vorliegenden Analysen eine sichere Aussage machen kann.«

Meine Denkschriften wurden allmählich immer unrealistischer. Die einzigen wirklichen Alternativen gegenüber der Vietnamisierung waren der sofortige Abzug oder die Eskalation, wie sie bei der Vance-Mission oder in dem Duck-Hook-Plan vorgesehen waren. 1969 empfahlen nicht einmal die schärfsten Kritiker in der amerikanischen Öffentlichkeit den sofortigen Truppenabzug. Damit hätten wir unseren Verbündeten glatt verraten, seinen Sturz herbeigeführt und ihm keine Chance zum Überleben gegeben. Das Vertrauen zu den Vereinigten Staaten wäre in Asien und besonders in Japan schwer erschüttert worden; während der ganzen Zeit hat uns nicht ein einziger europäischer Staatsmann gesagt, wir sollten den Krieg, den wir von unseren Vorgängern übernommen hatten, bedingungslos abbrechen. Ich glaube auch nicht, daß wir mit unseren Annäherungsversuchen an China nach einer solchen Demütigung Erfolg gehabt hätten. China rückte uns schließlich mit ganz kleinen Schritten näher, um ein Gegengewicht gegen die wachsende sowjetische Bedrohung an seinen Grenzen zu schaffen. Es war nicht einmal logistisch möglich, 500000 Mann sofort abzuziehen; das Pentagon schätzte, um die Truppen, die in vier Jahren nach Vietnam gegangen waren, wieder zurückzubringen, würde man mindestens 12 bis 18 Monate brauchen. Sie würden mitten in der Auflösung und Panik herausgezogen werden müssen, die der Zusammenbruch unserer Front mit Sicherheit erzeugen mußte; die jetzt fast eine Million Mann starke südvietnamesische Armee könnte sich außerdem gegen den Verbündeten wenden, der sie so verraten hatte. Für diese Maßnahme gab es außerdem fast keine Unterstützung in der amerikanischen Öffentlichkeit; jede Befragung der Öffentlichkeit zeigte, daß eine überwältigende Mehrheit die einseitige Räumung Südvietnams ablehnte. Die Meinungen in der Öffentlichkeit waren ebenso geteilt wie bei den Planern der Regierung. Sie wollte, daß wir Vietnam verließen, fürchtete aber eine militärische Niederlage. Vor allem aber hatte Hanoi wiederholt erklärt, der Krieg könne durch unseren einseitigen Abzug nicht beendet werden und auch unsere Gefangenen würden nicht entlassen. Man sagte uns die ganze Zeit, wir müßten, wenn wir das Land verließen, die mit uns verbündete Regierung stürzen und eine von Kommunisten beherrschte Koalitionsregierung einsetzen.

1970 begannen unsere Kritiker uns zu drängen, einen endgültigen Termin für den Abzug zu nennen, was sie zu Anfang nicht getan hatten. Das bedeutete entweder eine Variation der Vietnamisierung, oder es kam einer Kapitulation gleich. Wenn dieser Termin willkürlich, d.h. zu früh angesetzt wurde, dann mußte alles zusammenbrechen, und seine Bekanntgabe wäre das Rezept für die Kapitulation gewesen. Entsprach der Termin unseren Plänen für die Vietnamisierung, dann lag der einzige Unterschied darin, daß er öffentlich bekanntgegeben wurde. Hier ging es um die taktische Frage, ob die Bekanntgabe die Beendigung des Krieges fördern oder behindern würde. Wir glaubten auf jeden Fall, daß die öffentliche Bekanntgabe Hanoi den letzten Anreiz nehmen würde, weiter zu verhandeln. Die Nordvietnamesen würden in diesem Fall einfach warten. Und wie wollten wir den amerikanischen Familien erklären, weshalb das Leben ihrer Söhne noch riskiert werden mußte, wenn es einen festen Zeitplan für die Räumung Südvietnams gab? Man darf nicht vergessen, daß die meisten verantwortlichen Kritiker, zu denen auch Clark Clifford gehörte, zunächst nur verlangt hatten, daß bis Ende 1970 die Kampftruppen herausgezogen werden müßten, wir aber noch beträchtliche andere militärische Kräfte im Lande lassen sollten. Unser Zeitplan wich davon nur um genau vier Monate ab.

Oft verlangte man auch von uns, wir sollten Saigon im Hinblick auf unsere Verhandlungsposition kein »Vetorecht« einräumen; allgemeiner gesagt, es war ein Angriff gegen die angeblichen Hemmnisse, die uns die südvietnamesische Regierung auferlegte. Es wäre absurd zu leugnen, daß die Regierung, auf deren Territorium unsere Streitkräfte stationiert waren, einen gewissen Einfluß auf unsere Politik hatte. Ihr Selbstvertrauen, ihre Legitimität und Lebensfähigkeit gehörten schließlich zu den entscheidenden Problemen dieses Krieges; hätten wir diese Regierung Zwängen ausgesetzt, die über ihre Kraft gingen, dann hätten wir uns den Bedingungen der Nordvietnamesen gebeugt. Aber unser Einfluß auf Saigon war viel stärker als umgekehrt. Fraglos hat die Saigoner Regierung auf unser Drängen hin ungewöhnliche Anstrengungen unternommen, ihre Basis zu erweitern und der politischen Konkurrenz mit den Kommunisten zuzustimmen. Es wurde ein bedeutendes Programm zur Landreform in Angriff genommen. Man ging an die Schaffung eines Wahlausschusses, in dem auch die Kommunisten vertreten sein sollten. Die Politik der Saigoner Regierung war pluralistischer und beweglicher, als ihre amerikanischen Kritiker zugeben wollten – und nach menschlichen Maßstäben viel besser als der eisige Totalitarismus Nordvietnams, der die eigentliche Alternative war.

Das Problem der inneren Sicherheit war für die südvietnamesische Regierung keine billige Ausrede für autokratisches Verhalten, sondern es bestand in der Realität des organisierten Terrorismus in den großen Städten und in den fast täglich vorkommenden Morden und Entführungen auf dem Lande.* Die Unabhängigkeit und das politische Gewicht der südvietnamesischen

* Die Mordanschläge und Entführungen richteten sich gegen die besten und nicht gegen die schlechtesten Beamten Saigons. Zu ihnen gehörten auch die Lehrer, da sie dafür sorgten, daß die Regierung in Saigon von der Öffentlichkeit unterstützt wurde.

Militärbefehlshaber und ihre Neigung, sich als große Kriegsherren aufzuspielen, waren auch für die persönliche Autorität Thieus eine Herausforderung, von der verfassungsmäßigen Regierung ganz zu schweigen. Aber hier waren die Vereinigten Staaten auch nicht ganz schuldlos, denn erst nach dem Sturz Ngo Dinh Diems 1963 mit der darauf folgenden massiven Reinigung in der zivilen Verwaltung wurden die folgenden Regierungen so abhängig vom Militär. Die politischen Praktiken eines blühenden Landes mit einer langen freiheitlichen Tradition ließen sich in einem unterentwickelten Land, das vom Bürgerkrieg erschüttert war, natürlich nicht anwenden; auch Präsident Lincoln hat sie im Bürgerkrieg bei uns nicht angewendet. Die Angriffe gegen Thieu waren sehr oft keine Verteidigung konkreter Reformen, sondern ein Alibi für unser Versagen.

In Wirklichkeit gab es für unsere Aufgabe Vietnams und die Auflösung der Regierung in Saigon nur eine Alternative, und das war die Eskalation der Vietnamisierung. Schließlich lehnten wir die militärische Alternative ab, weil wir glaubten, die Öffentlichkeit werde uns für die notwendige Dauer der Operationen ihre Unterstützung versagen, weil der Ausgang zweifelhaft war und weil Saigon nach einem militärischen Erfolg unter Umständen immer noch nicht bereit gewesen wäre, selbst die Verantwortung zu übernehmen. Ich habe diese Lösung in der Tat nie anders als mit halbem Herzen erwogen, vor allem weil ich ebenso wie die anderen Mitglieder der Regierung nicht nur den Krieg beenden wollte, sondern weil ich das Kriegsende geradezu verzweifelt herbeisehnte. Was die amerikanische Regierung von ihren gemäßigten Kritikern unterschied, war nicht eine Philosophie, sondern eine Nuance. Wir arbeiteten auf den Truppenabzug hin; unser Wunsch, die Flexibilität zu bewahren und die damit begründete Ablehnung der öffentlichen Bekanntgabe eines endgültigen Termins, lag in unserer schwachen Hoffnung begründet, Hanoi könnte sich eines Tages doch noch zu Verhandlungen bereit finden und einen gewissen Preis dafür bezahlen, daß wir die totale Räumung Südvietnams beschleunigten.

10. Die nie zufriedenzustellenden »Tauben«

Die öffentliche Meinung hatte für feine Nuancen kaum ein Gefühl, denn der Krieg hatte Kräfte in Bewegung gesetzt, die die Gefühle und Probleme weit über die Substanz der Debatte hinausführten.

Am 12. Januar 1969, eine Woche vor der Amtseinführung, hatte der angesehene außenpolitische Korrespondent der *Washington Post*, Chalmers Roberts, mit großem Verständnis Nixons Dilemma dargestellt:

»Vermutlich werden das Land und der Kongreß dem Präsidenten sechs Monate Zeit geben, einen Weg zu finden, auf dem wir uns auf ehrenhafte

Weise aus dem Krieg in Vietnam zurückziehen können. Aber sehr wahrscheinlich werden sechs Monate oder die beschränkte Frist, die die Öffentlichkeit ihm zugestehen mag, nicht genügen . . .

Präsident Nixon ist gebunden, nicht so sehr durch seine eigenen Worte wie durch die Stimmung im Lande, den Kurs der Regierung Johnson fortzusetzen . . .

Der Wahlfeldzug hat sehr deutlich gezeigt, daß die große Mehrheit der Amerikaner aus Vietnam heraus will, aber auf eine Art, die den Verlust von bisher mehr als 31 000 amerikanischen Gefallenen nicht zum Gespött macht.

Diese Kombination von Auffassungen engt die Bewegungsfreiheit Nixons sowohl im Hinblick auf die Termine als auch auf die Substanz ein . . .«

Das war richtig. Während die Monate des Jahres 1969 verstrichen, wurden wir mit öffentlichen Protesten, Demonstrationen und sich steigernden Forderungen in den Medien und im Kongreß nach einseitigen Konzessionen bei den Verhandlungen konfrontiert. Sie alle hatten nur ein Thema: Der Friede wurde nicht von Hanoi verhindert, sondern von der eigenen Regierung, der dieser Friede nicht wichtig genug war.

Künftige Generationen werden es vielleicht schwer haben, sich vorzustellen, was wirklich geschehen ist, und es wird ihnen auch nicht leichtfallen, die Überlegungen zu verstehen, die der Vietnam-Krieg ausgelöst hat. Am 2. Juli 1969 vernichteten gegen den Krieg eingestellte Frauen in New York die Personalakten von Wehrpflichtigen. Mitglieder der Vereinigung »Frauen für den Frieden« flogen zur Universität Toronto, um sich dort mit drei Frauen zu treffen, die den Viet Kong vertraten. Die Bürgermeister von zwei Städten reichten ein Gesuch beim Präsidenten ein, in dem sie darum baten, ihre Söhne nicht nach Vietnam zu schicken. Am 15. Juli veranstalteten Demonstranten eine gespielte Invasion von Fort Lewis. Jede Woche fanden Demonstrationen vor dem Pentagon statt, die so reizende Gesten ausführten, wie das Hinterlassen von blutigen Fußspuren. Am 14. August suchten zwölf junge in Honolulu stationierte Soldaten Asyl in einer Kirche, um ihre »tiefe Abneigung gegen alle Ungerechtigkeit, die im amerikanischen Militärsystem liegt«, zu demonstrieren. Eine Gruppe, die sich »Business Executives for Vietnam Peace« nannte, kam am 28. August ins Weiße Haus, um der Regierung zu erklären, die »Flitterwochen sind vorüber«. Als Nixon im August an der Westküste war, kam es vor seinem Besitz in San Clemente zu mehreren Demonstrationen. Am 3. September demonstrierten mehr als 225 Psychologen vor dem Weißen Haus und protestierten gegen den Vietnam-Krieg, »die größte Verrücktheit unserer Zeit«. Kriegsgegner verlasen bei öffentlichen Versammlungen die Gefallenenlisten und ließen sie in den *Kongreßbericht* aufnehmen – was zur Lieblingsbeschäftigung einiger ehemaliger Mitglieder der Regierungen Johnson und Kennedy wurde. Sie hätten sicherlich etwas Besseres tun können, als zu behaupten, ihre Nachfolger seien gegenüber den Opfern und den Gefallenen dieses Krieges gleichgültig. Im August kündeten die Führer der Protestbewegung eine Serie monatlicher Demonstrationen an, die am 15. Oktober beginnen sollten, um die Regierung unter Druck zu setzen. Das war das sogenannte Moratorium. Das alles wurde an auffallender Stelle und im allgemeinen zustimmend von den Medien berichtet. Nur sehr wenige Kriegsgegner haben sich an Hanoi gewendet und etwas mehr Flexibilität verlangt oder waren bereit zuzugeben, daß es vorstellbar sei, ihre eigene Regierung könnte es ernst meinen.

Als der Sommer zu Ende ging, die Studenten auf die Universität zurückkehrten und die neue Sitzungsperiode des Parlaments begann, vermehrten sich die Proteste. Der Tod von Ho Tschi Minh am 3. September war angeblich eine neue Möglichkeit, die in Stockung geratenen Verhandlungen in Paris wieder in Gang zu bringen, obwohl alle Anzeichen auf das Gegenteil hindeuteten. Es wurde lautstark gefordert, wir sollten zu Ehren des Mannes, der uns so viel Kummer bereitet hatte, eine Feuerpause einlegen und hoffen, daß aus dieser Feuerpause ein Dauerzustand würde, als könnten wir Hanoi unmerklich in einen Waffenstillstand gleiten lassen, den es immer wieder abgelehnt hatte. Wir haben wirklich am Tag der Beisetzung von Ho Tschi Minh eine Feuerpause eingelegt, aber unsere Gegner haben nicht darauf reagiert.

Als der Sommer zu Ende ging, veröffentlichte Chalmers Roberts in der Ausgabe der *Washington Post* vom 5. September eine kluge Analyse. Er sagte voraus, daß die leidenschaftliche Ablehnung des Krieges sich eben erst aufzuheizen beginne:

»Nixon hat (dadurch, daß er sich in San Clemente aufhält) nicht erklären müssen, was er im Hinblick auf den Krieg zu tun gedenkt. Während der Kongreß im Urlaub ist und die Studenten an die Strände gefahren sind . . ., haben sich die Kriegsgegner nicht versammeln und bemerkbar machen können.

Doch das wird sich alles ändern. Nixon wird am nächsten Dienstag ins Weiße Haus zurückgekehrt sein, und dann wird auch der letzte Nachzügler unter den Abgeordneten seinen Platz im Kongreß einnehmen. In ein paar Tagen . . . werden die Studenten wieder die Universitäten bevölkern . . . Der Tod Ho Tschi Minhs verlangt neue Initiativen von Nixon, und Hos Mann in Paris, Xuan Thuy, schien am Dienstag andeuten zu wollen, daß ein massiver amerikanischer Truppenabzug die Pariser Gespräche über den toten Punkt bringen könnte.

Beide Ereignisse werden wahrscheinlich das gefundene Fressen für die amerikanischen ›Tauben‹ sein . . . Der lange Sommer ist vorüber, und neue Kräfte regen sich in der öffentlichen Meinung Amerikas. Bald wird der Präsident mehr sagen und wahrscheinlich auch mehr tun müssen, wenn er die Unterstützung der Öffentlichkeit wünscht ...«

Die Voraussagen von Roberts erwiesen sich als nur allzu richtig. Am 3. September beklagte sich Senator Edmund Muskie von Maine darüber, daß Präsident Nixons Plan zur Beendigung des Krieges »sehr widersprüchlich« sei; er bezweifelte auch, ob Nixon wirklich einen Verhandlungsfrieden anstrebte oder einen militärischen Sieg. (Der Begriff »Sieg« wurde zu einem Schlagwort.) Am 5. September machten die Senatoren John Sherman Cooper und Gaylord Nelson den Vorschlag, der Präsident solle die »Gelegenheit«, die sich durch den Tod Ho Tschi Minhs ergeben habe, ausnutzen, um neue Initiativen zur Beendigung des Krieges vorzuschlagen; sie sagten allerdings nicht, wie, oder worin die Gelegenheit bestand. Am 6. September machte der Führer der Mehrheit im Senat, Senator Mike Mansfield, den gleichen Vorschlag. Am 18. September, zwei Tage, nachdem der Präsident die Rückführung von weiteren 40500 Soldaten bekanntgegeben hatte, griff Senator Edward Kennedy die Vietnam-Politik des Präsidenten an und bezeichnete die Regierung in Saigon als das Haupthindernis für den Friedensschluß. Am 21. September verlangte Cyrus Vance einen »Waffenstillstand mit Feuereinstellung« und schlug eine »föderative oder konföderative Leopardenfell-Lösung« vor[13] (obwohl wir Dobrynin einen Waffenstillstand als Teil der Vorschläge von Vance schon einmal vorgeschlagen hatten und Hanoi kein Interesse daran zeigte). Am 25. September rief der Kongreßabgeordnete Allard Lowenstein aus New York aus, daß er die Öffentlichkeit mobilisieren wolle, um den Präsidenten loszuwerden, wie das schon einmal mit Johnson geschehen war. Am gleichen Tage erklärte Senator Charles Goodell aus New York, er werde eine Vorlage im Senat einbringen, nach der alle amerikanischen Truppen bis Ende 1970 Vietnam räumen müßten.

Als der Termin des Moratoriums, der 15. Oktober, näherrückte, wurden die Kritiker im Kongreß in beiden Parteien deutlicher. Am 2. Oktober forderte Senator Mansfield den Präsidenten auf, eine Feuereinstellung und einen Waffenstillstand vorzuschlagen. Senator Eugene McCarthy erklärte am gleichen Tage, er unterstütze Goodells Vorschlag. Am 3. Oktober forderte Senator Charles Percy die Regierung auf, alle alliierten offensiven Operationen einzustellen, solange der Gegner die Situation nicht ausnutze. Das war die gleiche Formel, mit der die Diskussion über die Einstellung der Bombenangriffe begonnen hatte. Vom 24. September bis zum 15. Oktober wurden im Kongreß elf Antikriegsresolutionen eingebracht. Zu ihnen gehörte auch Senator Goodells Resolution, die Mittel für amerikanische Kampftruppen ab September 1970 zu kürzen, dazu das von den Senatoren Mark Hatfield und Frank Church eingebrachte Gesetz für den sofortigen Abzug aller amerikanischen Streitkräfte aus Vietnam und die Resolution der Senatoren Jakob Javits und Claiborne Bell für den Abzug der Kampftruppen bis Ende 1970 und die Aufhebung der Tonkin-Resolution von 1964, aufgrund derer Präsident Johnson die ersten amerikanischen Kampftruppen nach Vietnam geschickt hatte. Die öffentlichen Erklärungen bekannter Persönlichkeiten mehrten sich. Am 9. Oktober forderte der Präsident der Universität Yale, Kingman Brewster, den bedingungslosen Abzug aus Vietnam. Am 10. Oktober schrieben 79 Präsidenten privater Colleges und Universitäten an Präsident Nixon und verlangten die Aufstellung eines festen Zeitplans für den Truppenabzug. Am 13. Oktober veröffentlichte Whitney Young von der National Urban League eine scharfe Erklärung, in der er den Krieg als »moralischen und geistigen Ausverkauf« bezeichnete und behauptete, er verschärfe die Rassengegensätze in der Heimat. Am 14. Oktober heizte der nordvietnamesische Premierminister Pham Van Dong die innenpolitische Debatte in Amerika an, indem er einen offenen Brief an amerikanische Kriegsgegner schrieb, das Moratorium lobte und ihren »Kampf« als edles Bemühen des legitimen und dringenden Verlangens des amerikanischen Volks . . . des vietnamesischen Volks und der fortschrittlichen Bewohner der Vereinigten Staaten gegen die amerikanische Aggression bezeichnete, der »sicherlich seine Krönung in einem totalen Sieg finden wird«.

Am 15. Oktober fanden aus Anlaß des Moratoriums im ganzen Lande Demonstrationen statt. In New Yorks Bankenviertel versammelten sich um die Mittagszeit 20000 Menschen und hörten eine Ansprache Bill Moyers', eines ehemaligen Beraters und Pressesekretärs Präsident Johnsons, in der Nixon aufgefordert wurde, auf die Antikriegsstimmung im Lande zu reagieren. 30000 Menschen versammelten sich auf dem New Haven Green. 50000 Menschen strömten vor dem Washington-Monument in Sichtweite des Weißen Hauses zusammen. Die Demonstration vor dem Washington-Denkmal begann mit einem Protestmarsch durch die Stadt, an dem mehrere 1000 kerzentragende Menschen teilnahmen. An der George-Washington-Universität sprach Dr. Benjamin Spock vor einer Massenversammlung und behauptete, Präsident Nixon, eine »beschränkte Persönlichkeit«, sei unfähig, den Krieg zu beenden. Die größte Demonstration fand in Boston statt, wo sich 100000 Menschen im Common versammelten. Tausende drängten sich auf den Straßen in der Nähe. Es wurden mehrere Ansprachen gehalten, darunter auch von Senator George McGovern, während ein Flugzeug das Friedenssymbol an den Himmel malte. Wenn die Redner ihre Ansprachen beendet hatten, rief die Menge in Sprechchören: »Frieden jetzt, Frieden jetzt!« Alle diese Demonstrationen brachten die Überzeugung zum Ausdruck, daß nur die amerikanische Regierung den Frieden verhindere; daß für einen ehrenhaften Frieden kein Programm notwendig sei – ein Konzept, das man jetzt lächerlich zu machen suchte –, sondern nur die Erkenntnis, daß man den Krieg verdammen müsse.

Die Nachrichtenmagazine *Time* und *News Week* brachten seitenlange

Berichte und Fotos von den Demonstrationen in den Großstädten und Universitäten. *Time* interpretierte den Inhalt des Moratoriums an Präsident Nixon wie folgt:

»Wie nun lautete die Botschaft des Tages M an Richard Nixon? Viele Teilnehmer forderten den sofortigen und totalen Abzug aller amerikanischen Streitkräfte aus Vietnam. Aber das Moratorium hat vom Präsidenten durchaus nicht diese Lösung verlangt – obwohl es augenscheinlich an Ansehen und Beliebtheit gewonnen hat. Der Tag M hat aber Richard Nixon unmißverständlich zu verstehen gegeben, daß er mehr tun muß, um den Krieg zu beenden, und daß er es schneller tun muß. Wenn er nicht rascher vorankommt, dann wird er große Schwierigkeiten haben, die Unterstützung der Öffentlichkeit in der Heimat noch für die zwei oder drei Jahre zu finden, die er nach seiner Ansicht braucht, um die Vereinigten Staaten aus dem Vietnam-Konflikt auf ehrenhafte Weise und so herauszulösen, daß amerikanische Interessen und unser Einfluß in der Welt gewahrt bleiben.«

Auch wenn inzwischen zehn Jahre vergangen sind, wird man unwillkürlich von einem wehmütigen Gefühl ergriffen, wenn man daran denkt, wie sich eine Nation mitten im Kriege selbst zerfleischt hat. Im Oktober hatte die Regierung den Abzug von 50000 Soldaten, die Herabsetzung der Feindflüge mit B-52-Bombern um 20%, der taktischen Einsätze der Luftstreitkräfte um 25% und einen Tagesbefehl General Abrams bekanntgegeben, nach dem alle Offensivoperationen praktisch einzustellen waren. Die vorige Regierung hatte 500000 Amerikaner nach Vietnam geschickt und keine anderen Verhandlungsvorschläge gehabt, als daß wir sechs Monate nach dem Abzug der Nordvietnamesen Südvietnam verlassen würden. Nach diesem Abzug sollten aber noch starke amerikanische Streitkräfte in Südvietnam stationiert bleiben. Man empfand jedoch kein Bedauern darüber, daß man einen neuen Präsidenten ständig quälte und herabsetzte, der angeboten hatte, die amerikanischen Truppen innerhalb von 12 Monaten nach einem Vertragsabschluß abzuziehen, freie Wahlen abhalten zu lassen, an denen sich die Nationale Befreiungsfront beteiligen durfte, und einen gemischten Wahlausschuß einzusetzen, in dem auch die Nationale Befreiungsfront vertreten war und der sogar einen Waffenstillstand vorgeschlagen hatte.

Angesichts dieser innenpolitischen Schwierigkeiten erhob sich die grundsätzliche Frage nach der Verantwortlichkeit der Führung gegenüber der Öffentlichkeit in einer Demokratie. Glücklich ist der politische Führer, dessen Vorstellungen von dem, was im nationalen Interesse liegt, mit denen der Öffentlichkeit übereinstimmen. Doch was ist seine Pflicht, wenn diese Auffassungen auseinandergehen? Bei einer oberflächlichen Auffassung von Demokratie wäre ein solcher Führer zur Passivität verurteilt; er müßte die öffentliche Meinung nur so registrieren, wie er sie versteht. Damit bewiese er aber, daß er nicht die Qualitäten hätte, die die Öffentlichkeit von denen verlangen muß, denen sie die Leitung der Politik ihres Landes anvertraut. Politische Führer sind nicht nur für öffentliche Meinungsbefragungen verantwortlich, sondern vor allem für die Folgen ihres Handelns. Sie werden für Katastrophen zur Verantwortung gezogen, auch wenn die Entscheidung, die die Katastrophe zur Folge gehabt hat, zur Zeit, als sie getroffen wurde, die Zustimmung der Öffentlichkeit gefunden hat. 1938 erfreute sich Chamberlain nach dem Münchner Abkommen großer Beliebtheit, und Churchill galt als unbequemer Schwarzseher; 18 Monate später war Chamberlain erledigt, weil sich zeigte, daß das Münchner Abkommen wertlos war. Der Vietnam-Krieg hat uns vor ein noch komplexeres Problem gestellt. Zu Recht oder zu Unrecht – ich bin noch heute davon überzeugt, daß wir recht gehabt haben – glaubten wir, eine Kapitulation oder Maßnahmen, die einer Kapitulation gleichkamen, würden auf die Dauer die Glaubwürdigkeit Amerikas erschüttern und die Instabilität der gesamten Weltlage fördern. Unsere Gegner äußerten sich lautstark, manchmal sogar gewalttätig; zu ihnen gehörte eine große Minderheit der Intellektuellen, die eine Erziehung im College genossen hatten; diese Opposition beherrschte die Medien und machte vollen Gebrauch davon. Aber nach unserer Ansicht hatte sie unrecht. Wir konnten unsere Überzeugung nicht aufgeben, und zwar um so weniger, als die Mehrheit des amerikanischen Volkes unsere Haltung zu teilen schien. Und keine einzige Befragung des Meinungsforschungsinstituts Gallup hat 1969 gezeigt, daß weniger als 44% der Bevölkerung die Kriegführung des Präsidenten unterstützten. (Die Gegner seiner Politik machten 26% aus.) Auf der Höhe der Massendemonstrationen im Oktober wurde der Präsident von 58% der Gesamtbevölkerung unterstützt, und nur 32% waren gegen ihn.

Wenn wir bei den Verhandlungen vorankommen wollten, dann mußten wir Hanoi davon überzeugen, daß es eine bestimmte Grenze gab, über die wir nicht hinausgehen konnten. Wir brauchten ein Programm, für das wir auch mit öffentlicher Unterstützung rechnen konnten. Aber im Lauf der Jahre forderten alle Zugeständnisse, die wir machten, neue Zugeständnisse heraus. Angesichts der Haltung der Medien und der Opposition im Kongreß bekamen wir keinen festen Boden unter die Füße.

Eine Kritik an Hanoi gab es praktisch nicht. Wenn sich die Verhandlungen festfuhren, dann wurde das der Kurzsichtigkeit der Amerikaner zugeschrieben, wenn nicht sogar dem bösen Willen unserer Regierung; man tat so, als stünde es allein in unserer Macht, den Krieg zu beenden, und als würden wir es aufgrund psychologischer Verirrungen vorsätzlich unterlassen. Man erweckte den Eindruck, irgendein magisches Zugeständnis stünde zwischen uns und einer Lösung, die vor allem durch die Starrheit der Vereinigten Staaten verhindert würde, wenn nicht sogar durch moralische Mängel.

Der ganze Fragenkomplex wurde so behandelt, daß es für uns verletzend war und die Öffentlichkeit täuschte; man fragte nur noch, wer für und wer gegen den Krieg sei, wem die Bombardierung gefiel und wem nicht. Eine bemerkenswerte Ausnahme blieb die *Washington Post*. Nixon hielt diese Zeitung zwar immer noch für einen unversöhnlichen Gegner, aber in Wirklichkeit hat sie viel Verständnis gezeigt. Am 12. Oktober hieß es in einem Leitartikel:

»Die Tragödie liegt darin, daß es zu spät ist – daß es vor drei oder vier Jahren in oder außerhalb der Regierung keine Gruppe gegeben hat, die die Aufgabe der ›Vigilantes‹ übernehmen konnte, um ein Vietnam-Moratorium zustande zu bringen. Denn was den Ereignissen vom Mittwoch ihre Bedeutung verleiht, ist nicht die Tatsache, daß es dazu gekommen ist. Die Schwierigkeiten werden sich erst zeigen, wenn man sie interpretiert und aus dem leidenschaftlichen Protest die praktische und sinnvolle Nutzanwendung ziehen muß ...

Auch die besorgtesten Menschen können mit ihren Gebeten, Protesten und Lehren dem Präsidenten kaum einen praktischen Rat geben; der laute Ruf, den Krieg zu beenden, ist, auch wenn er aus tiefstem Herzen kommt, keine Strategie ...

Man kann es fast nicht glauben, daß der Präsident, wenn man ihn nach seinem Handeln und danach beurteilt, was vernünftigerweise in seinem Interesse liegen müsse, nicht auch zu dieser Mehrheit gehört (zu den Leuten, die den Krieg beenden wollen).«

Aber die allgemeine Haltung der Medien war besser zu erkennen, wenn man die redaktionellen Spalten der *New York Times* las. Im Oktober 1969 beauftragte ich meinen Mitarbeiter Peter Rodman, festzustellen, wie sich die Haltung des redaktionellen Teils der *Times* im Laufe der Zeit entwickelt hatte. Dabei war es nicht meine Absicht, die *Times* in gehässiger Weise mit anderen Zeitungen zu vergleichen; sie gehörte zu unseren rücksichtsvolleren Kritikern und glaubte, vernünftige Kompromißvorschläge zu machen und nicht nur unsere Kapitulation zu verlangen. Betrachtet man aber diese Vorschläge, erkennt man deutlich, womit wir es zu tun hatten.

Die *New York Times* hat 1969 regelmäßig amerikanische Konzessionen gefordert, wenn die andere Seite versöhnungsbereit zu sein schien, um, wie erklärt wurde, die Gelegenheit für den Frieden zu ergreifen.[14] Sie verlangte aber auch Konzessionen, wenn die andere Seite den militärischen Druck verstärkte; in diesem Fall, weil die kommunistische Eskalation bewiesen habe, daß wir mit militärischen Maßnahmen den Frieden nicht herbeiführen könnten.[15] Das wiederholte Verlangen nach amerikanischen Konzessionen ohne Rücksicht auf die Reaktion Hanois führte die *Times* zu einer Serie ständig weitergehender Vorschläge. 1968 empfahl die *Times* den gleichzeitigen Abzug amerikanischer und nordvietnamesischer Truppen, doch wurde daraus schließlich eine Empfehlung, die Vereinigten Staaten sollten diese Entwicklung mit einem symbolischen Abzug beginnen. Dann wurde gefordert, die amerikanischen Truppen ohne Gegenleistung Hanois abzuziehen, und endlich auf einen festen und praktisch bedingungslosen Zeitplan für die vollständige Evakuierung amerikanischer Streitkräfte gedrängt.[16] Was nun den Umfang der amerikanischen Absetzbewegungen betrifft, verlangte die *Times* zuerst, die Vereinigten Staaten sollten nur mit der Verringerung ihrer Streitkräfte »beginnen«; ein Leitartikel im Mai behauptete, eine Verringerung amerikanischer Streitkräfte um 50000 bis 100000 Mann sei »erheblich«. Als Nixon im Juni auf der Insel Midway das Truppenabzugsprogramm bekanntgab, begrüßte die *Times* zunächst diesen »Schritt in Richtung auf ein Disengagement«. Aber im September schrieb die Zeitung unzufrieden, der Abzug von 60000 Mann sei »zaghaft«, »nur symbolisch«, »falle nicht ins Gewicht« oder sei »unzureichend«.[17]

Auf politischem Gebiet steigerten sich die Empfehlungen in gleicher Weise. Im Mai 1969 empfahl die *Times* einen »Koalitionswahlausschuß« zur Überwachung freier Wahlen in Südvietnam. Aber schon weniger als vier Wochen später – einen Monat, bevor Saigon anbot, einen solchen gemeinsamen Ausschuß zu bilden – wurde die Forderung erweitert, und die *Times* verlangte eine Vereinbarung »über die künftige Regierung von Südvietnam«, und zwar eine »Übergangskoalition«.[18] Was nun die militärische Taktik betraf, so begann die *Times* im April 1969 damit zu fordern, daß künftig die Zahl der Unternehmen eingeschränkt werden sollte, bei denen amerikanische Verbände in feindliches Gebiet vorstießen, um dort den Gegner aufzusuchen und zu vernichten. Am 25. Juli berichtete die Zeitung, daß dies demnächst geschehen werde. Zwei Wochen später verlangte die *Times* nach einem Waffenstillstand.[19] Aber auch das war noch nicht genug. Nixon bot den Waffenstillstand am 7. Oktober 1970 an. Hanoi lehnte das Angebot ab. Aber die *Times* fuhr mit ihrer Kritik fort.

Jede dieser ständig weitergehenden Konzessionen wurde als Schlüssel zum Frieden dargestellt und als einzige Möglichkeit, den Beginn der Verhandlungen zu erreichen.[20] Wenn das Zugeständnis gemacht war, wurde es kurz gelobt und natürlich wurde auch Hanoi aufgefordert, darauf zu reagieren.[21] Wenn Hanoi die Vorschläge jedoch unbeachtet ließ, wurde die Regierung nicht zur Standhaftigkeit aufgefordert, sondern man verlangte weitere amerikanische Konzessionen[22] mit der Begründung, daß die Vereinigten Staaten[23] oder Saigon[24] für den Mangel an Fortschritt verantwortlich zu machen seien. Die Bedeutung der bisher gemachten Zugeständnisse wurde heruntergespielt,[25] oder man behauptete, Hanoi habe Gegenleistungen erbracht[26]. In anderen Fällen behauptete man, die Vereinigten Staaten hätten eine zu harte Haltung eingenommen.[27] Das ständige Verlangen nach immer weiteren amerikanischen Konzessionen wurde regelmäßig damit begründet, daß die Vereinigten Staaten eine besondere Verpflichtung hätten, der anderen Seite ihren guten Willen zu beweisen, und nicht nach einem militärischen Sieg streben dürften.[28] Bei der anderen Seite stieß man auf keine derartige Verpflichtung. Diese Entwicklung in den Auffassungen einer Zeitung war kein Einzelfall. Es war vielmehr ein typisches Beispiel dafür, wie unsere Kritiker sich nie für längere Zeit zufriedenstellen ließen, *auch wenn wir auf ihre Vorschläge eingingen.*

Im Kongreß wiederholte sich das gleiche Spiel. So erklärte zum Beispiel Senator William Fulbright nach der Rede des Präsidenten vom 14. Mai, Nixon hätte zwar mehr Entgegenkommen zeigen können, aber er werfe es »dem Präsidenten nicht vor, daß er nicht weitergegangen ist«. Jedoch am 22. Juni sagte der Senator – obwohl seither der einseitige Abzug von 25000 amerikanischen Soldaten angekündigt worden war –, er sei enttäuscht und werde die Anhörungen des außenpolitischen Senatsausschusses über Vietnam wiedereröffnen.[29] Im gleichen Sinne reagierte Senator Mike Mansfield auf die Rede vom 14. Mai und sagte, er sei »beeindruckt« und »hier scheint weiter Raum für ein gegenseitiges Geben und Nehmen vorhanden zu sein«. Drei Wochen später griff er die Regierung an, weil ihre Militärstrategie ihm keinen »Hinweis darauf gab, daß der Krieg zum Abschluß gebracht werden könnte«.[30]

Die Führer der Antikriegsbewegung legten sich keinerlei Zurückhaltung auf, sondern griffen jeden, den sie für schuldig hielten, unbarmherzig an. Walt Rostow wurde nicht wieder zum Professor am Massachusetts Institute of Technology ernannt; nachdem er acht Jahre ein hohes Regierungsamt innegehabt hatte, besaß er augenscheinlich nicht mehr die Qualifikation eines Lehrers an dieser angesehenen Einrichtung. Als William Bundy zum Herausgeber der Zeitschrift *Foreign Affairs* ernannt wurde, erhob sich ein regelrechtes Protestgeheul. Nachdem Dean Rusk acht Jahre selbstlos und tüchtig den Posten des Außenministers bekleidet hatte, konnte er monatelang keine Stelle finden, bis seine Alma Mater, die Universität von Georgia, ihn zum Professor ernannte und ihm eine Halbtagssekretärin zur Verfügung stellte. Der freundliche und persönlich so liebenswerte Hubert Humphrey wurde so scheußlich behandelt, daß ihm noch nach Jahren beim Gedanken daran die Tränen kamen. Auch nach einem weiteren Jahrzehnt ist diese Unversöhnlichkeit geblieben. 1979 protestierten 24 Professoren der New York University gegen die Aufnahme von McGeorge Bundy in das Kollegium mit der Begründung, er habe sich an einem Krieg beteiligt, der den Tatbestand des »Völkermordes« erfüllte. Ein Drittel des Professorenkollegiums an der Universität von Chicago protestierte im gleichen Monat aus den gleichen Gründen gegen die Verleihung einer Auszeichnung an Robert McNamara. Aber niemand hat dabei daran gedacht, welchen Völkermord Indochina nach dem Sieg der Kommunisten erleben mußte, den zu verhindern sich diese

Männer bemüht haben. Die Möglichkeit, daß ernstzunehmende Persönlichkeiten vor mehr als zehn Jahren sich vielleicht geirrt, aber ehrenhafte Ziele verfolgt haben könnten, ist von diesen Leuten nicht in Erwägung gezogen worden. Die »Tauben« haben sich als ganz besonders heimtückische Vögel erwiesen.

Besonders bezeichnend war nach meiner Ansicht Robert McNamaras Schicksal, den Johnson als Verteidigungsminister entlassen hatte und der dann die Leitung der Weltbank übernahm. Ich hatte McNamara 1961 kennengelernt, nachdem Präsident Kennedy ihn zum Verteidigungsminister ernannt hatte. Er erschien mir hochintelligent, dynamisch und selbstsicher. Ich begrüßte seine Bemühungen, unseren Verteidigungsplan auf eine analytischere Basis zu stellen, fand jedoch, daß er die quantitativen Aspekte der Verteidigungspolitik zu stark betonte; da er die schwer faßbaren psychologischen und politischen Komponenten vernachlässigte und glaubte, künftige Entwicklungen rational vorausberechnen zu können, was eine Illusion gewesen ist, hat er unsere Verbündeten unnötigen Zwängen ausgesetzt. Seine eifrigen jungen Mitarbeiter versteckten ihre moralischen Überzeugungen hinter einer augenscheinlich objektiven analytischen Methode, die die Tatsache verschleierte, daß ihre Fragen allzu oft die Antworten vorwegnahmen und daß diese Antworten zu einer langanhaltenden Stagnation in der Entwicklung unserer militärischen Technologie führten.

Doch trotzdem hat McNamara als Verteidigungsminister Wesentliches geleistet. Es war schon lange notwendig gewesen, in unsere Verteidigungspolitik ein System zu bringen. Auch wenn ich mit einigen seiner Lösungen nicht einverstanden war, glaubte ich doch, er habe die richtigen Fragen gestellt. Obwohl er ein ausgezeichneter Verteidigungsminister war, fehlte ihm die Eignung für die praktische Kriegführung. Die Methoden, mit denen es ihm recht gut gelang, dieses so schwierig zu handhabende Ministerium in den Griff zu bekommen, eigneten sich weniger für die Beherrschung eines Konflikts, dessen Ausgang auch von so vielen politischen und psychologischen Faktoren abhängig war. Er konnte zugleich zu hart und zu zweideutig, hinsichtlich der Entscheidungen auf dem Schlachtfeld zu engstirnig, aber andererseits auch allzu leicht bereit sein, sich mit dem Anschein zufriedenzugeben. Aber vor allem war McNamara nicht mit dem Herzen bei seiner Aufgabe. Er hatte das gewaltige militärische Potential unserer Nation für menschliche Ziele einsetzen wollen; es fehlte ihm die Standhaftigkeit, einen endlos andauernden Krieg durchzuhalten; er litt an einem tiefen Schuldgefühl, weil er der Entscheidung zugestimmt hatte, die diesen Krieg unvermeidlich und seinen Ausgang ungewiß machte. Als ich 1965 von meiner ersten Vietnam-Reise zurückkehrte, war er das ranghöchste Mitglied der Regierung Johnson, das mich empfing. Ich stellte fest, daß ihn die Ausweglosigkeit dieses Krieges quälte; er war zwischen seinen Zweifeln und seinem

Pflichtgefühl hin- und hergerissen, zwischen den Erkenntnissen seines analytischen Verstandes und seinen moralischen Verpflichtungen. Er wußte, daß er mit einer dramatischen Geste des Protests manchen alten Freund zurückgewinnen konnte, er hielt es aber für falsch, seine Meinung zu sagen, da er sich zum Teil selbst für die Entwicklung der Dinge verantwortlich hielt und glaubte, er könnte sich im Rahmen seines Amtes besser durchsetzen als außerhalb.

In dieser Hinsicht gab McNamara schließlich das typische Beispiel für eine Realität größeren Umfanges. Die gleiche Ambivalenz wirkte sich auf die Kriegführung jener Regierung aus, zwang sie zum Zögern und veranlaßte sie, zwischen Gewaltanwendung und Rückzug hin- und herzuschwanken. McNamara hat sich von Anfang an für einen Verhandlungsfrieden und nicht für ein Diktat eingesetzt, ja, er hat ernsthaft darum gerungen. Seine Tür stand denen offen, die sich um die verzweifelte Lage Amerikas Sorgen machten. Bei den Beratungen der Regierung hat er die Suche nach außenpolitischen Initiativen energischer und folgerichtiger unterstützt als die Behörden, deren Aufgabe es eigentlich war, Lösungen zu finden. 1967 hatte vor allem er den Anstoß gegeben, über zwei französische Vermittler eine Einstellung der Bombenangriffe auszuhandeln. Das Unternehmen lag ihm so sehr am Herzen, daß er mich nach jedem Kontakt mit den Nordvietnamesen telefonisch verständigte, wobei er einen so durchsichtigen Decknamen benutzte, daß sich die Geheimdienste, die uns zuhörten, wahrscheinlich keine zehn Sekunden täuschen ließen. Bald nachdem sich unsere Bemühungen zerschlagen hatten, zwang Johnson ihn zum Rücktritt mit der Begründung – die nicht ganz falsch war –, seine Zweifel hätten es McNamara unmöglich gemacht, seinen Posten richtig auszufüllen – und das geschah im gleichen Augenblick, da die Öffentlichkeit den Verteidigungsminister leidenschaftlich beschuldigte, ein Kriegstreiber zu sein. Er konnte sich öffentlich nicht zeigen, ohne damit zu rechnen, in der häßlichsten Form belästigt zu werden.

Nach seinem Rücktritt hat McNamara die für ihn charakteristische Würde gezeigt. Seit 1969 hat er keine Gelegenheit verpaßt, mir einen Kurs nahezulegen, für den sich auch diejenigen erwärmt hätten, die ihn mit Schmutz bewarfen. Obwohl man ihn in den Universitäten täglich angegriffen und in der Presse als Kriegshetzer karikiert hatte, war er sich immer zu deutlich der schweren Verantwortung bewußt gewesen, die jeder tragen muß, der politische Entscheidungen fällt, und hat auch seine eigene Verantwortung zu ernst genommen, um den gleichen Weg zu gehen wie einige seiner früheren Kollegen, die unserer Regierung die Schuld an einem Kriege zuzuschieben suchten, den wir nicht begonnen hatten, um auf diese Weise ihre persönliche Lage zu erleichtern. Er litt schwer darunter, zeigte es aber niemals. In dieser Atmosphäre gab es keine Gesprächsmöglichkeiten mehr zwischen einer

Regierung, die den Krieg geerbt hatte und versuchte, ihn auf jede nur mögliche Weise zu beenden, und jenen Elementen, die früher geglaubt hatten, einen Anspruch auf das Präsidentenamt und ein Mitspracherecht bei den internationalen Aufgaben der Vereinigten Staaten zu haben. Die Ursachen lagen zum Teil bei der Demoralisierung der Führungsgruppe, die in der Nachkriegsperiode die entscheidenden Initiativen unterstützt hatte. Der Krieg in Indochina war der Höhepunkt der Enttäuschungen eines Jahrzehnts, das mit dem Trompetenstoß eines aufblühenden Idealismus begonnen und mit politischen Morden, rassischen und sozialen Spaltungen und einer radikalisierten Innenpolitik geendet hatte. Unsere Schwierigkeiten waren zum großen Teil das Erzeugnis liberaler Doktrinen im Sinne reformistischer Interventionen mit akademischen Theorien, deren Forderungen sich stufenweise steigerten. Als sich diese hochfliegenden Hoffnungen nicht erfüllten, zerbrach das Selbstvertrauen, ohne das jedes Establishment ins Schwanken gerät. Die politischen Führer, die unsere Außenpolitik inspiriert hatten, waren besonders entsetzt über die Leidenschaft der Studenten. Diese jungen Männer und Frauen aus dem gehobenen Mittelstand – es waren schließlich ihre eigenen Kinder – griffen nicht nur unsere Politik an, sondern auch den Lebensstil und bisher für sakrosankt gehaltene Werte. Von einem Schuldgefühl angetrieben, das die moderne Psychiatrie förderte, symbolisierte diese Vorstadtgesellschaft der oberen Mittelschicht mit ihrem als schick geltenden radikalen Vokabular das Ende einer Ära, in der man an den Wert des materiellen Fortschritts geglaubt hatte. Ironischerweise verwandelte die Unsicherheit der älteren Generation die normalen Probleme einer heranreifenden Jugend in einen institutionalisierten Zorn und ein nationales Trauma.

Es gab auch noch andere Ursachen, die in der Struktur der amerikanischen Innenpolitik lagen. 1968 stolperten sowohl Lyndon Johnson als auch Hubert Humphrey über den Vietnam-Krieg, und zwar nicht, weil sich das ganze Land gegen den Krieg gestellt hatte (die Wähler von Wallace und des republikanischen Präsidentschaftskandidaten, die in der Mehrheit waren, befürworteten entweder die Intervention in Indochina oder hatten dazu keine Meinung), sondern weil ihre Machtbasis, die Demokratische Partei, durch den Krieg gespalten war. Nachdem die Demokraten aus dem Weißen Haus vertrieben worden waren, fiel es ihnen leicht, sich in der Vietnam-Frage geschlossen gegen einen republikanischen Präsidenten zu stellen, der den Krieg abgelehnt, aber sich widerwillig hinter Johnson und Humphrey hatte stellen müssen. Sie war jetzt nicht mehr an die Parteidisziplin gebunden. Auf republikanischer Seite gelang es Präsident Richard Nixon, die republikanische Rechte mit dem Gedanken an einen Abzug aus Vietnam und einen unentschiedenen Ausgang des Krieges zu versöhnen, für den die Konservativen einen demokratischen Präsidenten wahrscheinlich angegriffen hätten. Die zunehmend lauter werdenden Proteste fanden daher kein konservatives

Gegengewicht. Indem Nixon die Rechte zum Schweigen brachte, nahm er der Protestbewegung alle Fesseln; der Schwerpunkt der amerikanischen Innenpolitik neigte sich deshalb entschieden auf die Seite der Kriegsgegner, obwohl die Öffentlichkeit ihre Überzeugung nicht geändert hatte.

Die neue Regierung Nixon stand grundsätzlich vor einer ähnlichen Situation wie de Gaulle in Algerien. Der Rückzug mußte als politischer Entschluß und nicht als Zusammenbruch dargestellt werden. Für die Vereinigten Staaten war dies um so wichtiger, als von ihnen die Stabilität so vieler anderer Länder abhing. Aber de Gaulle hatte mit seiner Opposition Glück gehabt; sie kam von denen, die den Sieg verlangten und glaubten, er mache zu viele Zugeständnisse. So gewann er gegenüber den algerischen Rebellen einen gewissen Handlungsspielraum; diese mußten einsehen, daß die Alternative, die sie gegenüber de Gaulle hatten, noch schlimmer war. Von uns kam die Opposition aus den Reihen derer, die einen noch rascheren Truppenabzug verlangten, auch wenn sie keine amerikanische Niederlage wollten, und so untergruben sie unsere Verhandlungsposition. Unsere Feinde wollten aus unserer Niederlage Vorteile ziehen. Obwohl nun jede Meinungsumfrage zeigte, daß die Mehrheit der amerikanischen Öffentlichkeit eine ehrenhafte Lösung verlangte und jede Kapitulation ablehnte, eine Haltung, die Nixon bei zahlreichen Gelegenheiten geschickt auszunutzen wußte, bewegte sich die amerikanische Politik immer rascher auf einseitige Konzessionen zu. Es war keine geringe Leistung, daß es der Regierung Nixon gelang, diese turbulenten Kräfte im Zaum zu halten, während sie eine selbstbewußte Politik des geordneten Disengagements verfolgte. Daß es gelang, vier Jahre die Initiative in der Hand zu behalten, zu einer Kompromißlösung zu kommen und das Gleichgewicht der militärischen Kräfte in Vietnam aufrechtzuerhalten, so gefährdet es auch gewesen sein mag, war eine gewaltige politische Leistung.

Es ist jedoch unbestreitbar, daß es dabei rauher zugegangen ist, als notwendig gewesen wäre. Die erregte Stimmung im Lande traf Nixon an seinem empfindlichsten Nerv. Er hatte Initiativen ergriffen, durch die er den politischen Kurs seines Vorgängers um 180 Grad herumschwenkte; er hatte Truppen abgezogen und für eine Deeskalation der Kampfhandlungen gesorgt – und alle diese Maßnahmen waren ihm von einem Establishment abgerungen worden, dem er mißtraute und das er beneidete. Und nun wurde das nicht anerkannt, sondern man kritisierte ihn, weil er auf dem Wege, auf dem diese Leute nicht einmal den ersten Schritt gewagt hatten, nicht schnell genug voranging. Hier konnte man den Eindruck gewinnen, daß er nicht nur einer politischen Opposition gegenüberstand, sondern der gleichen liberalen Verschwörung, die seit dem Fall von Alger Hiss versucht hatte, ihn zu vernichten. Alle seine alten Feinde in der Presse und im Establishment hatten sich wieder gegen ihn vereinigt; sie wären sogar fast bereit gewesen, die militärische Niederlage ihres Landes hinzunehmen, um in der Vendetta einer Generation zu siegen. Und für die Unruhe in der Jugend, besonders unter den Studenten, hatte Nixon nicht das geringste Verständnis. Nachdem er sich mit eigener Kraft durch das College und die Universität emporgearbeitet hatte, war er der Ansicht, diese jungen Leute sollten dankbar dafür sein, daß ihnen die Gelegenheit zum Studium geboten wurde. Er überschätzte die Bedeutung der Akademikerkreise der sogenannten Efeu-Liga. Als im Frühjahr 1969 in Harvard Unruhen ausbrachen, sagte er zu mir, vielleicht sei das eine gute Sache, denn die größte Universität im Lande werde sicher mit dieser Herausforderung fertig werden und allen anderen ein Beispiel geben. Er schien ehrlich überrascht, als ich ihm sagte, daß in Harvard, wie ich es kennengelernt hatte, schon nach drei Tagen niemand mehr wissen werde, wer was getan hatte – und das war dann auch wirklich so. Wenn er an seine eigene Jugend zurückdachte, dann konnte er in der Empörung der nach seiner Auffassung privilegierten jungen Leute nichts anderes erkennen als eine Indoktrinierung durch ihm persönlich feindliche, finstere Einflüsse. Er hatte kein Gefühl für die metaphysische Verzweiflung derer, die vor sich ein Leben in materiellem Überfluß sahen, das aber in einer geistigen Wüste geführt werden mußte. Wenn er sich in einem politischen Kampf ums Überleben befand und nicht in einer außenpolitischen Auseinandersetzung, dann hielt er sich für berechtigt, die Methoden anzuwenden, die ihn dorthin gebracht hatten, wo er jetzt stand. In Fragen der internationalen Beziehungen spürte Nixon die feinsten Nuancen; die Taktiken des Ausgleichs und des Kompromisses waren ihm vertraut. In innenpolitischen Auseinandersetzungen war er ein guter Kämpfer; ohne zu zögern nutzte er seine Vollmachten als Präsident aus, und er hat niemals aufgehört zu glauben, daß seine Vorgänger das auch getan hätten – und damit hatte er nicht unrecht.

Aber in unserer nationalen Bedrängnis waren es nicht die richtigen Taktiken. Es mußten Brücken gebaut werden, und dazu mußte er als Inhaber der Exekutivgewalt im Lande und einziger vom ganzen Lande gewählter Beamter den ersten Schritt tun. Aber gerade das war Nixon unmöglich. Er war zu unsicher und in seltsamer Weise zu verwundbar. In der Praxis respektierte er sogar die Vertreter der Protestbewegung, obwohl er das nie in Worte fassen konnte, denn er akzeptierte ihr Friedensprogramm. Vielleicht war gerade das die Ironie des Schicksals, daß ihr Programm von dem Mann in die Tat umgesetzt wurde, der für sie seit Jahrzehnten die Verkörperung des Bösen gewesen war, und vielleicht hat gerade das einige seiner Kritiker so besonders verbittert.

Ohne Frage war geistige Großzügigkeit nicht Nixons Tugend; er hat es niemals fertiggebracht, seine Vorbehalte und Komplexe zu überwinden. Andererseits haben seine Kritiker auch niemals Verständnis dafür gezeigt, eine wie schwere Aufgabe er von seinen Vorgängern übernommen hatte. Es lag eine bedrückende Dumpfheit in der Bitterkeit, mit der sich beide Seiten betrachteten; Nixon glaubte an eine Verschwörung der Liberalen, und die Kritiker waren überzeugt, die Regierung Nixon sei entschlossen, den Krieg um seiner selbst willen in die Länge zu ziehen. Beide hatten unrecht, und in der Praxis behinderten sie sich gegenseitig, während sie einander verdächtigten.

Ich war mit der Vietnam-Politik des Präsidenten einverstanden, hatte sie sogar zum großen Teil selbst entworfen. Wenn ich etwas an ihm zu kritisieren hatte, dann seine Neigung, unangenehme Entscheidungen vor sich herzuschieben. Aber nach meiner Überzeugung gingen die innenpolitischen Probleme Amerikas viel tiefer als der Kampf um die politische Macht, der im Namen einer Auseinandersetzung um die Friedensbedingungen für Vietnam ausgetragen wurde. Bei einer Lagebesprechung im Jahr 1970 sagte ich:

> »Wenn man sich in der Welt umsähe, dann wird man zu dem Schluß kommen, daß die Unruhen nicht in erster Linie oder jedenfalls nicht ausschließlich auf die Ursachen zurückzuführen sind, denen man sie zuschreibt. Es gibt Studentenunruhen in Berlin, wo die Studenten an der Verwaltung der Universität beteiligt werden, und es gibt Studentenunruhen in Paris, wo das nicht der Fall ist. Es gibt Studentenunruhen in Oxford, wo die Studenten von Tutoren unterrichtet werden, und es gibt Studentenunruhen in Rom, wo die Vorlesungen in riesigen Hörsälen abgehalten werden. Es gibt Unruhen in unserem Lande, und die Ursachen sind angeblich Vietnam, die Rassenfrage und die Slums, und es gibt Unruhen in Holland, das kein Vietnam, kein Rassenproblem und keine Slums kennt. Mit anderen Worten, wir haben es mit einem an unsere Zeit gebundenen Gesellschaftsproblem zu tun, und es geht darum, dem Leben einer Generation einen Sinn zu geben, einer jüngeren Generation in Staaten, die zunehmend von Bürokratien und von der Technologie beherrscht werden.«

Aus diesen Gründen nahm ich gegenüber der Protestbewegung eine andere Haltung ein als Nixon. Er erblickte Feinde, die besiegt werden mußten; ich sah Studenten und Kollegen, mit denen ich Meinungsverschiedenheiten hatte, aber deren Idealismus für unsere Zukunft unentbehrlich war; ich suchte Brücken zu ihnen zu bauen. Ich verstand die Sorgen der nichtradikalen Mitglieder der Protestbewegung; menschlich fühlte ich mich vielen von ihnen sehr nah. Obwohl ich überzeugt war, daß ihre politischen Methoden falsch und ihre starre Selbstgerechtigkeit für unsere Stellung in der Welt und den Frieden im Innern äußerst gefährlich waren, versuchte ich einen ernsthaften Dialog zwischen der Regierung und ihren Kritikern zu unterhalten. Im November 1969 bat mich Nixon um meine Stellungnahme zu einer Denkschrift, die er von seinem damaligen Berater Pat Moynihan bekommen hatte. Ich schilderte bei dieser Gelegenheit eine Szene aus einem Fußballspiel der Mannschaften von Harvard und Princeton, bei dem die versammelten Studenten – die nach Pat mindestens 10 Milliarden Dollar wert waren – in Beifallsrufe ausbrachen, als die Mannschaft der Universität von Harvard auf das Spielfeld kam, und in herabwürdigender Weise zu schreien anfingen, als das »verweichlichte Corps der intellektuellen Snobs aus Harvard« vorgestellt wurde. Pat sagte, zwar habe Nixon recht, wenn er sich den Versuchen widersetzte, Politik auf der Straße zu machen, er dürfe aber die jungen Leute nicht herausfordern – weil sie bei ihren Eltern einen großen Einfluß hätten. Nixon hatte einige Randbemerkungen gemacht, aus denen hervorging, daß er daran zweifelte, die »Harvard-Typen« für sich gewinnen zu können; er war im übrigen davon überzeugt, daß er finanziell und politisch vor allem vom amerikanischen Süden, Mittleren Westen und Kalifornien unterstützt würde und daß man dort gegen das Geschrei aus Harvard gefeit sei. Er hatte aber doch einen Satz in der Denkschrift von Moynihan unterstrichen, in dem dieser von der »unglaublichen Wirkung der Lächerlichkeit« sprach. Die von mir am 15. November 1969 formulierte Antwort habe ich mir sehr gründlich überlegt. Es folgen einige längere Auszüge:

Wer sind diese Leute?

Es ist eine sehr gemischte Gruppe – nach der gesellschaftlichen Herkunft, den politischen Vorstellungen und im Hinblick auf die Fähigkeit, uns zu nützen oder zu schaden. Von den jungen Leuten, die für das Moratorium auf die Straße gegangen sind, stammen einige sicher aus wohlhabenden Kreisen und stehen daher politisch ganz woanders als ihre Eltern. Aber die Väter vieler haben das College als ehemalige Soldaten und Nutznießer der Veteranengesetzgebung Ende der 40er Jahre besucht und dann ihre Stimme Stevenson gegeben. Viele dieser Marschierer gehören wahrscheinlich der ersten Generation einer vorwiegend demokratischen Vorstadtbevölkerung an, die ein College besucht hat. Und wenn Tom Wecker für sich und seine Kollegen spricht, wenn er behauptet, »das sind unsere Kinder«, da unten auf der Straße, dann sind es auch die Nachkommen traditionell demokratisch gesonnener akademisch gebildeter Eltern und Großeltern . . .

Warum marschieren sie?

Sie haben ganz verschiedene Motive. Im weiteren Sinne sind die meisten von ihnen Opfer unseres Wohlstandes. Sie haben Zeit genug gehabt, sich

selbst zu bemitleiden, und eine Erziehung genossen, die sie dazu befähigt, dieses Mitleid in einer modischen Form der Kritik an dem »System« zum Ausdruck zu bringen. Aber auf die psychologischen Ursachen kommt es wahrscheinlich weniger an. Verwirrung, Empörung oder Heilslehren haben die jugendliche Energie jeder Generation in Anspruch genommen. Die Gruppe, von der Pat spricht, zeichnet sich durch die Breite ihres politischen Bewußtseins und ihrer Aktivität aus. Sie rekrutiert sich schließlich aus der größten Zahl junger Menschen in der Geschichte, die eine gute schulische Ausbildung genossen haben.
Und in dem Ausmaß, in dem sie politisch bewußt leben, sind viele einfach deswegen grundsätzlich gegen das Establishment, weil das nicht nur die natürliche Neigung jugendlicher Verselbständigung ist, sondern weil diese Tendenz auch sehr deutlich in der zeitgenössischen akademischen Literatur zum Ausdruck kommt. Die moderne amerikanische Soziologie, Psychologie, Politische Wissenschaft usw. haben (wie das auch ganz richtig ist) die Fehler unserer Gesellschaft in ein grelles Licht gerückt. So ist auch ein Teil unserer besten modernen Literatur ungeheuer gesellschaftskritisch. Das alles muß in einem Lande auf fruchtbaren Boden fallen – und eine umfassendere Wirkung haben als je zuvor –, in dem 8 Millionen junge Menschen auf das College gehen.
Die praktischen Folgen sind sehr verschieden.
Eine kleine Minderheit sucht (wie sie es immer getan hat) Zuflucht in sinnlosem Radikalismus.
Ich glaube aber, daß die überwältigende Mehrheit dieser jungen Leute im ganzen Lande im Hinblick auf ihre spätere politische Haltung erstaunlich offen bleibt. Viele von ihnen sind intelligent und bereit nachzudenken. Sie sind bestrebt, Unrecht wiedergutzumachen und werden sich wieder finden. Sie wollen am gesellschaftlichen Leben teilnehmen und warten ungeduldig auf greifbare Resultate. Sie warten gespannt auf die Beantwortung ihrer Fragen und sind mißtrauisch gegenüber Argumenten für einen allmählichen (realistischen) Fortschritt (vom Frieden in Vietnam bis zur Aufhebung der Rassendiskriminierung), weil sie dahinter eine finstere Verschwörung gegen ihre Ziele vermuten.

Ihre politische Wirkung

Sie werden gefährlich, weil sie nicht nur als Wähler durch ihre Stimmen wirken, sondern auch politisch ungeheuer aktiv werden können. Dabei müssen sie einen starken Einfluß auf ihre Altersgenossen und auch auf ihre Eltern haben. Dafür gibt es viele Beweise im Rahmen des McCarthy-Phänomens.

Vietnam ist nur ein Symptom. Wenn dieses Problem gelöst sein wird, dann wird ein anderes an seine Stelle treten, denn sie kämpfen gegen das Establishment mit der gleichen Leidenschaft wie gegen jeden anderen vermeintlichen Übelstand.

Was kann man unternehmen?

Ich stimme Moynihan zu, wenn er sagt, daß man nur das Gegenteil bewirkt, wenn man diese Gruppe frontal angreift. Das will nicht heißen, daß man mit militanten Leuten sanft umgehen soll. Hier wird eine starke und energische Führung gebraucht, und zwar sowohl in psychologischer als auch in politischer Hinsicht.
Vieles spricht dafür, daß man diese potentiellen Kräfte einfach dadurch neutralisieren sollte, daß man eine Kollision vermeidet. Das bedeutet keinesfalls Nachgiebigkeit. Es bedeutet, daß die Regierung die verantwortliche Mehrheit dieser jungen Leute ernst nehmen sollte. Man sollte sich auf den Standpunkt stellen, daß ihre Argumentation falsch sein kann, man darf aber nicht an der Echtheit und Aufrichtigkeit ihrer Sorgen zweifeln.

Läßt sich hier etwas gewinnen?

Wenn man diese jungen Leute nicht neutralisieren will, dann könnte es mit der Zeit möglich sein, einige von ihnen auf unsere Seite zu bringen. Die alten Streitigkeiten zwischen Demokraten und Republikanern aus den 40er und 50er Jahren sind dieser Generation junger Amerikaner gleichgültig.
Sie haben mit vielen von ihnen etwas gemeinsam – die Überzeugung, daß die Struktur des Liberalismus des New Deal von Grund auf überholt werden muß. Sie teilen auch die Sorge, daß Amerika in der Welt eine ausgeglichenere und zurückhaltendere Rolle spielen sollte. Ja, Sie befassen sich in der Innen- und Außenpolitik gerade mit den Problemen, die diese jungen Menschen angefaßt sehen wollen.
Wenn Sie es mit den neuen Methoden in Ihrer Regierung ernst meinen und vernünftig vorgehen, dann werden Sie vielleicht einige dieser jungen Menschen bekehren können, die heute für uns verloren zu sein scheinen.

Ob Nixon tatsächlich alle diese Auffassungen vertrat, die ich ihm unterstellte, oder ob ich – wie ein guter Höfling – versuchte, sein Verhalten dadurch zu beeinflussen, daß ich ihm ein Wunschbild von sich selbst aufmalte, ich verwandte jedenfalls eine Menge Zeit und Mühe darauf, den Kriegsgegnern gerecht zu werden. Haldeman war dagegen, daß ich mich mit solchen Gruppen traf, denn er hielt es im günstigsten Fall für Zeitverschwendung und im schlimmsten schien es ihm, als gewährte ich unversöhnlichen Gegnern moralische Unterstützung. Außerdem gab ich jedesmal nach einer Rede des Präsidenten über Vietnam Erklärungen vor der Presse ab und reiste mit dem Präsidenten 1970 durch das Land. Dabei sprach ich mit Redakteuren, Zeitungsverlegern und Rundfunkjournalisten. Mein ständiges Thema war, daß der Krieg mit politischen Mitteln beendet werden müsse, und nicht als Reaktion auf Demonstrationen. Als ich im Oktober 1969 mit einer Gruppe von Geschäftsleuten zusammentraf, versuchte ich ihnen klarzumachen, daß »eine Kapitulation das Phänomen der Demonstrationen nicht beenden würde. Sollte die Konfrontation auf der Straße diese Frage entscheiden, dann könnte dadurch der Stil der amerikanischen Innenpolitik drastisch verändert werden. Einige der Führer sind die gleichen Leute, die in Chicago mit Forderungen auf die Straße gegangen sind, die sich längst erfüllt haben. Hier geht es um die Autorität des Präsidentenamtes – nicht um irgendeinen besonderen Präsidenten.«

Das Paradox lag darin, daß die Regierung und ihre Kritiker einander dadurch lähmen konnten, daß sie so taten, als könne keiner von ihnen erreichen, was beide anstrebten: eine möglichst rasche, durch Verhandlungen herbeigeführte Beendigung des Krieges in Vietnam. Während der ganzen Zeit stand Hanoi abseits und beobachtete kühl, wie Amerika nicht mit seinem Gegner, sondern mit sich selbst verhandelte.

11. Das Ringen um eine Strategie

Wir waren auf dem Wege, Vietnam zu verlassen, und versuchten dabei einen Kurs zwischen der Kapitulation und der scheinbar auf unabsehbare Zeit festgefahrenen Lage, die wir von unseren Vorgängern übernommen hatten, zu steuern. Ob wir Erfolg hatten, würde von unserer Fähigkeit abhängen, eine Reihe komplizierter diplomatischer, militärischer und politischer Maßnahmen anzuwenden, während wir mit einer Öffentlichkeit konfrontiert waren, die sich nicht beruhigen ließ und ungeduldig protestierte.

Nixon versuchte durch die verschiedensten Maßnahmen im Rahmen unserer Verhandlungen, die Deeskalation zu bewirken und darüber hinaus unsere innenpolitische Lage in den Griff zu bekommen. Am 19. September verkündeten Nixon und Laird – der im Kongreß einen Antrag eingebracht hatte, nach dem die Verpflichtung zum Wehrdienst mittels eines Lossystems erfolgen sollte – auf einer Pressekonferenz im Weißen Haus, daß der Abzug von 60000 Mann aus Vietnam uns jetzt in die Lage versetzt hätte, die Verpflichtungen zum Wehrdienst für November und Dezember auszusetzen. Die für den Oktober vorgesehenen Einberufungen würden über das ganze letzte Viertel des Jahres verteilt werden. Das Verteidigungsministerium begann die Einberufung auf 19jährige einzuschränken; am 26. November unterzeichnete der Präsident ein Gesetz über die Einführung der Einberufung zum Wehrdienst durch das Los.

Im August begannen die Bemühungen um die Freilassung amerikanischer Kriegsgefangener in Nordvietnam. Wir forderten Nordvietnam auf, sich an die Bestimmungen der Genfer Konvention zu halten und Inspektionen durch das Internationale Rote Kreuz zuzulassen. Es folgten energische amerikanische Erklärungen bei den Pariser Friedensgesprächen und auf der internationalen Rot-Kreuz-Konferenz im September 1969. 40 Senatoren unterzeichneten am 13. August eine Erklärung, in der das brutale Verhalten der Nordvietnamesen gegenüber amerikanischen Kriegsgefangenen verurteilt wurde. 200 Kongreßabgeordnete unterschrieben im September eine ähnliche Erklärung. Die Regierung Johnson hatte sich aus Furcht vor Repressalien gescheut, sich zu intensiv mit diesem Problem zu beschäftigen. Das Vorgehen der Regierung Nixon wirkte sich günstig auf die Behandlung der amerikanischen Kriegsgefangenen aus. Am Anfang fand es die Unterstützung der Öffentlichkeit Amerikas, aber später hat man uns Vorwürfe gemacht, als die Kriegsgefangenenfrage in die Argumentation um den einseitigen Truppenabzug und die Entmachtung der südvietnamesischen Regierung einbezogen wurde.

Aber wie immer versuchte Nixon alles auf eine Karte zu setzen; und wie so oft begann er mit einem Manöver, das den Eindruck erweckte, er habe Gewaltiges vor, obwohl er keinen definitiven Plan hatte. Kurz gesagt, er bluffte. Ich habe schon erwähnt, daß Nixon in einer Reihe von Gesprächen mit ausländischen Regierungschefs Ende 1969 den Eindruck erweckt hatte, der Jahrestag der Einstellung der Bombenangriffe am 1. November sei eine Art Stichtag. Auf seiner Weltreise deutete er recht unverhohlen an, daß seine Geduld zu Ende ginge und er energische Schritte unternehmen würde, wenn bis zum 1. November in Paris keine Fortschritte erzielt worden seien. Soweit ich es beurteilen konnte, hatte Nixon nur sehr unklare Vorstellungen von dem, was er tun wollte. (Eine Vorausplanung durch seinen Mitarbeiterstab hat es jedenfalls nicht gegeben; Duck Hook entwickelte sich als Ausführung einer Drohung, die vorher schon ausgesprochen worden war.) Von dem Stichtag hörte ich zum erstenmal, als Nixon ihn im August 1969 gegenüber Yahya Khan erwähnte. Und da Nixon niemals irgendwelche Angehörige des Außenministeriums zu seinen Besprechungen mit ausländischen Regierungschefs hinzuzog (und auch den Außenminister nur in den seltensten Fällen), wußte niemand in unserer Regierung, daß eine Drohung ausgesprochen worden war.

Obwohl Nixon diesen Stichtag immer wieder erwähnte, schienen seine Maßnahmen den Drohungen zu widersprechen, wenn er z. B. erklärte, weitere Truppen aus Vietnam abziehen zu wollen. Ende September vertraute er mir an, er dächte daran, den entscheidenden »harten« Schritt noch vor dem 15. Oktober zu tun, um nicht den Eindruck zu erwecken, er sei durch die Moratoriumsdemonstrationen ausgelöst worden. Ich riet ihm davon ab, denn es könnte unsere Gegner verwirren, wenn er seinen Stichtag nicht einhielt. Er hat seine Drohungen nicht in die Tat umgesetzt; vielleicht wollte er sich dadurch nur selbst überzeugen – vielleicht auch die Historiker –, daß er der energische Führer war, der nur von seinen schwächeren Kollegen an der Ausführung seiner Pläne gehindert wurde.

Am 27. September besuchte mich Dobrynin, um sich danach zu erkundigen, ob sich ein Treffen zwischen dem amerikanischen Präsidenten und dem sowjetischen Außenminister Andrei Gromyko arrangieren ließe, wenn letzterer zu einem Besuch der Generalversammlung der Vereinten Nationen in die Vereinigten Staaten kam. Während unseres Gesprächs rief mich Nixon – wir hatten das vorher verabredet – in meinem Büro an und bat mich, Dobrynin zu sagen, Vietnam sei das kritische Problem in den Beziehungen zwischen den Vereinigten Staaten und der Sowjetunion und »der Zug sei abgefahren« (ein Lieblingsausdruck Nixons, den er z. B. 1968 bei den Vorwahlen in Oregon verwendet hatte, um unschlüssige Delegierte zu einer Entscheidung zu zwingen). Ich übermittelte Nixons Auffassung und fügte hinzu, jetzt müsse Hanoi den nächsten Schritt machen.

Am 6. Oktober traf sich Nixon mit Rogers und untersagte jede neue diplomatische Initiative gegenüber Vietnam, bevor Hanoi nicht irgendwie reagiert hatte; jetzt erwähnte er auch zum erstenmal den 1. November als Stichtag, bis zu dem er warten wolle. Rogers nahm die Drohung ernst; wie er mir am 8. Oktober sagte, war er überzeugt, der Präsident werde am 1. November wirklich etwas unternehmen. Rogers wußte allerdings ebensowenig wie ich, was das sein sollte. Am 8. Oktober schlug ich Nixon vor, für den 1. November eine öffentliche Erklärung anzukündigen. Dadurch könnten wir in Hanoi und Moskau das Gefühl aufrechterhalten oder sogar verstärken, an dem Stichtag werde Entscheidendes geschehen, und könnten unter Umständen unerwartete nordvietnamesische Zugeständnisse erreichen. Am 13. Oktober gab das Weiße Haus bekannt, der Präsident werde am 3. November eine wichtige Rede über die Vietnam-Politik halten. Die Rede wurde auf diesen Tag festgesetzt, weil am 2. November der Gouverneur von New Jersey gewählt werden sollte, und Nixon wollte es vermeiden, daß die Kriegsgegner sich bei der Wahl gegen den republikanischen Kandidaten stellten – der dann auch als erster Republikaner seit 16 Jahren Gouverneur von New Jersey wurde. Es war eine gewagte Entscheidung, die Präsidentenrede schon so lange vorher anzukündigen, denn dadurch erhöhten wir die

Unsicherheit und ermutigten seine Gegner, bis dahin Druckmittel einzusetzen, um seine Entscheidungen zu beeinflussen.

In der Zwischenzeit versuchte Nixon, sowjetische Unterstützung zu gewinnen. Am 20. Oktober traf er sich mit Dobrynin, der eben von einer seiner häufigen Konsultationen aus Moskau zurückgekehrt war. Nixon wies ihn darauf hin, daß die Bombenangriffe gegen Nordvietnam jetzt seit einem Jahre eingestellt worden seien; wenn nicht bald Fortschritte gemacht würden, dann werde Amerika selbständig Maßnahmen ergreifen, um den Krieg zu beenden. Wenn aber die Sowjetunion uns bei dem Bemühen, zu einem ehrenhaften Abschluß des Vietnam-Krieges zu kommen, unterstützen würde, dann werde die amerikanische Regierung »etwas Dramatisches unternehmen«, um die Beziehungen zwischen den Vereinigten Staaten und der Sowjetunion zu verbessern. Dobrynin war nicht darauf vorbereitet, für Nordvietnam irgendwelche Angebote zu machen, aber er sprach von gewissen sowjetischen Zugeständnissen. Nach Monaten des Einanderabtastens hatten wir den Sowjets im Juni zu verstehen gegeben, daß wir bereit seien, sofort in Gespräche über die strategische Rüstung einzutreten. Bezeichnenderweise wichen die Sowjets, nachdem sie monatelang ihr Interesse an solchen Gesprächen betont hatten, einer definitiven Antwort aus. Am 20. Oktober teilte Dobrynin uns mit, die Sowjetunion sei einverstanden, die Gespräche Mitte November zu beginnen.

Das war ein kluger Schachzug. Der Kreml wußte, daß einige Angehörige unserer Regierung darauf drängten, in die SALT-Verhandlungen einzutreten, und daß Nixon ein solches Angebot nicht ablehnen konnte. In der daraus entstandenen hoffnungsvollen Stimmung müßte mit jeder Eskalation des Vietnam-Krieges der Eindruck erweckt werden, daß ein entscheidender Abbau der Spannungen gefährdet wurde; so wären wir neben den innenpolitischen Zwängen, die erst vor ein paar Tagen durch das Moratorium dramatisiert worden waren, in unserer Handlungsfreiheit weiter eingeschränkt. Kurz gesagt, auch die Sowjets wendeten gegen uns eine Koppelungstaktik an. Ihre Berechnungen erwiesen sich als richtig. Obwohl das Weiße Haus eine Antwort auf die Anfrage wegen der SALT-Gespräche auf die Zeit nach der Rede vom 3. November verschieben wollte, verlangte Rogers, wir sollten unser Einverständnis schon am 25. Oktober erklären. Nixon stimmte nur widerwillig zu, weil er fürchtete, andernfalls werde die Nachricht in der folgenden Woche ohnedies durchsickern.

Wie üblich scheute sich Nixon davor, seinem alten Freund Auge in Auge gegenüberzutreten, kompensierte aber seine Hemmungen dadurch, daß er die Drohungen gegenüber der Sowjetunion verschärfte. Er sagte mir sofort, ich sollte Dobrynin mitteilen, der Präsident ließe sich in der Vietnam-Frage nicht mehr beeinflussen. Wenn man für Nixon arbeitete, mußte man die erteilten Befehle voneinander unterscheiden und ihm, wenn sie unausführbar oder gefährlich waren, die Möglichkeit geben, sie zu widerrufen. In diesem Fall war das so. Ich wußte, daß Nixon am 1. November nichts unternehmen wollte. Es mußte unserer Glaubwürdigkeit schaden, eine böse Drohung auszusprechen, der keine Taten folgten. Deshalb wartete ich, ob Nixon auf das Thema zurückkommen würde. Er tat es nicht.

Nixon zog sich vielleicht nach Camp David zurück, um an seiner Rede zu arbeiten, die er am 3. November halten wollte. Den Mittelteil hatten mein Stab und ich ausgearbeitet, aber Nixon verfaßte den Anfang und das Ende, schrieb seinen Entwurf in einen der ihn überallhin begleitenden gelben Notizblöcke und fügte an manchen Stellen rhetorische Feinheiten ein. Die Rede wurde zu einem der erfolgreichsten öffentlichen Auftritte Nixons. Gegen die Empfehlungen aller Kabinettsmitglieder zog er eine klare Linie und machte gegenüber der Protestbewegung keine Zugeständnisse. Ich war mit dieser Haltung einverstanden. Er trug seinen Fall dem Volk vor, um Spielraum zu gewinnen, damit er einen »ehrenhaften Frieden« schließen konnte. Die Rede hatte eine Schockwirkung, denn der Präsident nahm keine Rücksicht auf die Protestbewegung, die Nordvietnamesen und die Erwartungen der Öffentlichkeit; an unserer Verhandlungsposition änderte sich nichts, und es wurde auch kein neuer Truppenabzug angekündigt. Der Präsident appellierte an die »große schweigende Mehrheit« der Amerikaner, die Politik ihres obersten Befehlshabers zu unterstützen. Zum erstenmal wurde hier klar gesagt, was der Präsident meinte, wenn er von einem »Plan zur Beendigung des Krieges« sprach – die zweigleisige Strategie der Vietnamisierung und der Verhandlungen. Mit der Vietnamisierung bot sich die Aussicht eines ehrenhaften Disengagements, das nicht von der Gnade und Zusammenarbeit der anderen Seite abhängig war.

Ich hatte dem Präsidenten geraten, den Einsatz von Kampftruppen in Vietnam, den seine Vorgänger veranlaßt hatten, nicht zu verteidigen, sondern nur seine Strategie darzustellen, die zur Beendigung des Krieges führen sollte. Er war damit nicht einverstanden und sagte mir – und heute glaube ich, daß es klug gewesen ist –, daß die amerikanische Öffentlichkeit die Opfer für einen Krieg, der keinen Sinn gehabt habe, nicht hinnehmen werde. Trotz ihres scharfen Tons deutete die Rede aber doch subtile Veränderungen in unserer Verhandlungsposition an. Während in der Rede vom 14. Mai noch der Vorschlag enthalten war, »die Masse« unserer Truppen innerhalb eines Jahres abzuziehen und gewisse Kräfte in Vietnam zurückzulassen, die dafür sorgen sollten, daß die Vereinbarungen eingehalten wurden, erklärte sich Nixon in der Rede vom 3. November damit einverstanden, Vietnam vollständig zu räumen, wenn es zu einer Vereinbarung über einen beiderseitigen Truppenabzug käme. Damit bestätigte er öffentlich unsere inoffiziellen Zusagen an Xuan Thuy. In der Rede vom 14. Mai hatte er von einer »kontrollierten Feuereinstellung« gesprochen, was die Möglichkeit örtlicher und allgemeiner Vereinbarungen einschloß. Am 3. November sprach er nur mehr von einer »Feuereinstellung«. In einer Presseverlautbarung erklärte ich, daß wir flexibel sein würden. Ich erklärte, wir seien bereit, entweder an den einzelnen Frontabschnitten oder allgemein über die Einstellung der Feindseligkeiten zu verhandeln. Aber wie Nixon erklärte, ging es hier nicht um das Detail, sondern um einen Grundsatz: »Hanoi hat sich sogar geweigert, über unsere Vorschläge zu sprechen. Sie (die Nordvietnamesen) verlangen von uns die bedingungslose Annahme ihrer Forderungen, daß wir nämlich sofort und bedingungslos alle amerikanischen Streitkräfte abziehen und beim Verlassen Vietnams die südvietnamesische Regierung stürzen.«

Dann nannte Nixon die einzelnen Schritte, die beim Abzug der amerikanischen Truppen, der Einstellung der Luftoperationen und der Ausbildung der südvietnamesischen Armee zu ergreifen seien. Er betonte, bei einer Vietnamisierung sei vorgesehen, daß »alle amerikanischen Bodenkampftruppen herausgezogen und nach einem genau geregelten Zeitplan von südvietnamesischen Kräften abgelöst werden«. Wie ich ihm vorgeschlagen hatte, berichtete Nixon jetzt von der Geheimkorrespondenz mit Nordvietnam vor seiner Amtseinführung, von den wiederholten Gesprächen mit der Sowjetunion zur Beschleunigung der Verhandlungen und dem geheimen Briefwechsel mit Ho Tschi Minh im Juli und August, dessen Texte vom Weißen Haus veröffentlicht wurden. Mein Geheimtreffen mit Xuan Thuy erwähnte er nicht, sagte aber ganz freimütig, »bis auf die Einigung über die Form des Verhandlungstisches hatten wir keinerlei Fortschritte erzielt«.

Zum Hauptproblem sagte er folgendes:

»Vor ein paar Wochen habe ich in San Francisco Demonstranten gesehen, die Plakate mit folgender Inschrift trugen: ›Verliert in Vietnam, bringt die Jungs nach Hause.‹

Nun, eine der Stärken unserer freien Gesellschaft liegt darin, daß jeder Amerikaner das Recht hat, zu diesem Schluß zu kommen und diese Ansicht zu vertreten. Aber als Präsident der Vereinigten Staaten würde ich meinen Amtseid verletzen, wenn ich es zuließe, daß die Politik in diesem Lande von der Minderheit diktiert wird, die diese Auffassung vertritt und versucht, sie mit Straßendemonstrationen der Nation aufzuzwingen.

Seit fast 200 Jahren ist die Politik dieser Nation nach unserer Verfassung von den führenden Politikern im Kongreß und dem Weißen Hause gemacht worden, die vom ganzen Volk gewählt worden sind. Wenn eine lautstarke Minderheit, so glühend sie ihre Sache auch vertreten mag, sich gegenüber der Vernunft und dem Willen der Mehrheit durchsetzen kann, dann hat diese Nation als freie Gesellschaft keine Zukunft mehr . . .«

Die Reaktion auf diese Rede war gewaltig. Unmittelbar nach ihrem Ende war die Telefonvermittlung im Weißen Haus durch die zahlreichen Anrufe der

Gratulanten blockiert. Zehntausende zustimmender Telegramme trafen ein und nahmen den im allgemeinen kritischen Leitartikeln und Fernsehkommentaren ihre Bedeutung. Zweifellos hatte auch der unermüdliche Haldeman die allgemeine Begeisterung dadurch angeregt, daß er die politischen Freunde des Präsidenten im ganzen Lande aufforderte, Telegramme zu schicken. Aber die Reaktion ging doch weit über das hinaus, was die genialen Manager der öffentlichen Meinung im Weißen Hause hätten leisten können. Nixon hatte mit seiner Rede einen empfindlichen Nerv berührt. Die Meinungsumfragen zeigten eine Zunahme der Stimmen, die die Politik des Präsidenten unterstützten. Das amerikanische Volk mochte kriegsmüde sein, aber es war nicht bereit, eine Niederlage hinzunehmen.

Nixon war begeistert. Zwar behauptete er, die Sympathie der Öffentlichkeit sei ihm gleichgültig, aber er genoß die wenigen Augenblicke, in denen er sich ihres Beifalls erfreuen durfte, von ganzem Herzen. Die Glückwunschtelegramme stapelten sich im Ovalen Zimmer in solcher Menge, daß er dort nicht mehr arbeiten konnte, aber er weigerte sich tagelang, sie wegräumen zu lassen.

Nachdem deutlich geworden war, wohin die öffentliche Meinung tendierte, ließ der organisierte Druck etwas nach, so daß die Regierung zum erstenmal seit Januar etwas mehr Handlungsspielraum hatte.

Doch wir brauchten mehr als das, um die harten und entschlossenen politischen Führer in Hanoi auszumanövrieren und längeren Atem zu zeigen als sie. 1969 hatten die Nordvietnamesen auch bei der großzügigsten Auslegung ihrer Haltung nicht das geringste Interesse gezeigt, bei den Verhandlungen Fortschritte zu machen. Sie weigerten sich, auf irgendwelche Kompromißvorschläge einzugehen oder auch nur darüber zu sprechen – weder über freie Wahlen noch über gemischte Wahlausschüsse oder Feuereinstellung. Der einseitige Abzug von Truppen und Flugzeugen wirkte sich nicht auf die Verhandlungsatmosphäre aus, und auch das Nachlassen der Kampfhandlungen beschleunigte nicht die Pariser Gespräche. Hanoi war entschlossen, unseren Einfluß auf die amerikanische Innenpolitik zu brechen, und um das zu erreichen, mußte jede Hoffnung auf Fortschritt bei den Verhandlungen im Keim erstickt werden. Die Nordvietnamesen waren die letzten überzeugten Leninisten auf der Welt und als solche hatten sie nicht die Absicht, die Macht mit irgend jemandem zu teilen.

Rückblickend muß ich sagen, daß ich mit meinen Vorschlägen für die Vance-Mission im April und meiner Kritik an der Vietnamisierung im September und Oktober höchstwahrscheinlich recht gehabt habe. Die Zeit war nicht auf unserer Seite, und schrittweise Konzessionen förderten eher Verzögerungen als Kompromisse. Es wäre daher besser gewesen, den denkbar großzügigsten Vorschlag zu machen und, wenn er abgelehnt wurde, zu versuchen, ihn militärisch durchzusetzen. Auf keine andere Weise hätten wir die Sowjets zur Zusammenarbeit bewegen können, denn ohne Krise hatten sie keine Veranlassung, konkrete Schritte zu unternehmen. (Erst als es schließlich 1972 zu einer Krise kam, entschlossen sich die Sowjets bis zu einem gewissen Grad zur Zusammenarbeit.) Hätten wir alle Zugeständnisse, zu denen wir uns im Laufe von drei Kriegsjahren schrittweise entschlossen, in einem einzigen dramatischen Augenblick auf einmal gemacht und wären die militärischen Aktionen, die im Verlauf einer ständigen Verringerung unserer Streitkräfte in den Jahren 1970, 1971 und 1972 in Kambodscha, Laos und Nordvietnam unternommen wurden (auch ohne den letzten Einsatz von Bombenflugzeugen), alle schon Anfang 1970 erfolgt, dann hätte der Krieg dadurch ganz erheblich abgekürzt werden können – obwohl es heute aus diesem Abstand schwer zu sagen ist, ob Saigon bereit gewesen wäre, die Belastung auf sich zu nehmen, nach unserem Abzug auf sich selbst gestellt zu sein. Aber angesichts der innenpolitischen Zerrissenheit und der Meinungsunterschiede in der Regierung habe ich nicht für die Verwirklichung meiner theoretischen Analyse gekämpft, sondern schloß mich der allgemeinen Ansicht an, daß unter Berücksichtigung aller Umstände die Vietnamisierung den internationalen, militärischen und innenpolitischen Erfordernissen noch am meisten entgegenkam.

Nachdem wir einmal damit begonnen hatten, konnten wir diesen Prozeß nicht mehr aufhalten. Ich wußte, daß er lange dauern und schmerzlich sein würde – die damit verbundenen Gefahren hatte ich dem Präsidenten wiederholt zu bedenken gegeben –, und daß der Versuch schließlich fehlschlagen konnte. Ich glaubte auch, die Vietnamisierung sei besser als die von unseren Kritikern zu Hause vorgeschlagenen Alternativen.

So endete das Jahr mit zwei Überlegungen, und von der Richtigkeit einer dieser Überlegungen hing der Ausgang des Krieges ab. In seinem ersten außenpolitischen Bericht an den Kongreß faßte der Präsident am 18. Februar 1970 unsere Vietnam-Politik ganz nüchtern zusammen. Selten war die Erklärung eines Präsidenten so freimütig gewesen, hatte so offen von seinen Zweifeln gesprochen und so viele Fragen aufgeworfen:

> »Seit unserem Eingreifen in Vietnam ist immer wieder davon gesprochen worden, daß wir Erfolg gehabt hätten – und diese Auffassung hat sich oft als zu optimistisch erwiesen. Wie sorgfältig wir auch geplant haben mögen und wie sehr wir auch mit dem Gelingen dieser Pläne gerechnet haben, wir sind uns zweier Grundtatsachen bewußt:
> Wir können nicht versuchen, einen Feind zu täuschen, der weiß, was wirklich geschieht.
> Auch dürfen wir uns nicht selbst täuschen. Das amerikanische Volk muß die ganze Wahrheit wissen. Wir können es uns nicht leisten, das Vertrauen in unsere Urteilskraft und unsere Führungsqualitäten zu verlieren.«

Der Bericht räumte ein, daß es noch ungelöste Probleme gab, und bot Maßstäbe, nach denen der Fortschritt künftig beurteilt werden könnte. Wir gaben zu, daß die Regierung noch nicht alle Antworten auf die durch den Krieg entstandenen Fragen wisse – über die Absichten des Feindes, die Erfolgsaussichten der Vietnamisierung und die Haltung des vietnamesischen Volkes:

»Welches ist die Kapazität des Feindes zur Fortführung seiner Operationen? Könnte es ihm gelingen, unsere Absichten zu vereiteln?

Wie weit haben sich die Kapazitäten der Verbündeten tatsächlich verbessert? Entwickeln besonders die Vietnamesen eine leistungsfähige Führung, bauen sie ihre Logistik aus, entwickeln sie ihr taktisches Verständnis und begreifen sie die Bedürfnisse ihres eigenen Volkes, die befriedigt werden müssen, um den Erfolg auf die Dauer zu sichern?

Welche Alternativstrategien stehen dem Gegner angesichts weiterer Erfolge der Verbündeten zur Verfügung? Wenn er sich dafür entscheidet, den Krieg hinauszuziehen, ohne die Kampftätigkeit zu erhöhen, könnte er den Abzug der amerikanischen Truppen in aller Ruhe abwarten, um dann mit neuer Kraft die Initiative zu ergreifen und die südvietnamesischen Streitkräfte zu schlagen?

Aber am wichtigsten ist die Frage nach der Haltung des vietnamesischen Volkes, für dessen Entscheidungsfreiheit wir kämpfen. Wird es wirklich nicht vom Viet Kong beeinflußt oder ist es gegenüber beiden Seiten gleichgültig?

Kann man aus der Haltung der Vietnamesen entnehmen, daß die Befriedung auf die Dauer Erfolg haben wird?«

Das war kein Fanfarenstoß, der eine innenpolitische Konfrontation herausforderte oder zu einem militärischen Sieg aufrief; es waren die nüchternen Überlegungen und Analysen eines Führers, der durch ein Jahrzehnt der Enttäuschungen vorsichtig geworden war, dem es darauf ankam, seine Politik auf die Realität zu gründen, und der bereit war, auf einen vernünftigen Kompromiß einzugehen.

Da jedoch die politischen Führer in Hanoi entschlossen waren zu siegen, beurteilten sie 1969 die Lage ganz anders als wir; sie zweifelten nicht am Ausgang des Krieges und sprachen nicht von Kompromissen. Hanois Ziel war das Monopol der politischen Macht, wie es in einem Dokument der kommunistischen, militärischen und politischen Führung über politische Grundsätze zum Ausdruck kam, das Ende 1969 in unsere Hände fiel. Es war die Resolution Nr. 9 des Zentralen Organisationsbüros für Südvietnam (COSVN), des Hauptquartiers der nordvietnamesischen Kommunistischen Partei im Süden. Dieses Dokument enthielt die Leitlinien für die im Felde stehenden Kader und betrachtete die amerikanischen Zugeständnisse nicht als ein Bemühen um einen Kompromiß, sondern als Anzeichen des Scheiterns unserer Politik:

»*Ihre ›begrenzte Kriegsstrategie‹ ist gescheitert.* Sie stehen vor einer sehr ernsten strategischen Krise und *haben sich gezwungen gesehen, den Krieg Schritt für Schritt zu deeskalieren und eine Politik der Entamerikanisierung des Krieges zu verfolgen,* die mit dem Abzug von 25000 amerikanischen Soldaten begonnen hat, wobei sie hoffen, sich aus dem Aggressionskrieg in unserem Land herausziehen zu können . . .
Nach dem großen Sieg im Frühjahrsfeldzug (von 1969) haben unsere Armee und unser Volk eine neue große Offensive auf militärischem, politischem und außenpolitischem Gebiet begonnen: Wir sind zur *Sommeroffensive* angetreten, während wir auf der Pariser Konferenz die Zehn-Punkte-Friedenslösung vorgelegt und den Nationalen Kongreß der Volksvertreter einberufen haben, der die *Provisorische Revolutionsregierung* gewählt hat. So haben wir der Regierung Nixon, die bereits durch unsere wirksamen Angriffe im Frühjahrsfeldzug 1969 geschlagen worden ist, weitere schwere Schläge beigebracht. Wegen dieser neuen Niederlagen auf dem Schlachtfeld und am Konferenztisch wird Nixon vom Volk der Vereinigten Staaten und von der Welt heftig angegriffen, die ein Ende des Aggressionskrieges in Viet-Nam fordern . . . Die Tatsache, daß Nixon sich gezwungen sah, ein 8-Punkte-Programm vorzulegen, sich auf der Midway-Insel mit Thieu zu treffen und mit dem Abzug von 25000 Soldaten zu beginnen, zeigt die Verstocktheit und Arglist des amerikanischen Imperialismus; andererseits sehen wir daraus, daß die *kritische und ausweglose Situation, in der sich die Regierung Nixon befindet, eine neue Dimension annimmt.* Das ist eine neue *Gelegenheit,* die uns dazu aufruft, auf allen Operationsgebieten größere Anstrengungen zu unternehmen, um einen großen Sieg zu gewinnen.«

Nach der Auffassung des COSVN war es 1969 das strategische Ziel der Nordvietnamesen, möglichst viele amerikanische Soldaten zu töten, um die innenpolitischen Spannungen in den Vereinigten Staaten zu erhöhen und die südvietnamesische Armee sowie den Befriedungsvorgang zu schwächen und auf dieser Basis die Vereinigten Staaten zur Annahme einer »Koalitionsregierung, die auf die Wiedervereinigung Vietnams hinarbeitet«, zu zwingen:

»a) *Greift die amerikanischen Truppen mit wilder Entschlossenheit an,* bringt ihnen sehr schwere Verluste bei, bereitet ihnen überall immer größere Schwierigkeiten . . .

b) *Führt starke Schläge gegen die Marionettenarmee, vernichtet die störrischsten Elemente der Marionettenarmee und Regierung, und zerschlagt die verbleibenden Elemente . . .*

c) *Bemüht Euch darum, unsere militärischen und politischen Kräfte aufzubauen und sie zunehmend offensiv wirkungsvoller einzusetzen.*

d) Zerstört und schwächt auch weiterhin die Marionettenregierung auf allen Ebenen; *insbesondere bringt den Befriedungsplan des Feindes zum Scheitern; vernichtet den größten Teil der Marionettenregierung ... und stärkt die Rolle der Provisorischen Revolutionsregierung.*

e) Auf dieser Basis *zerschlagt den amerikanischen Aggressionswillen; zwingt sie zur Aufgabe ihrer Absicht, den Krieg in einer starken Stellung zu beenden, und zwingt sie zu einer raschen Beendigung des Krieges und zum Abzug ihrer Truppen,* während die Marionettenarmee und -regierung noch zu schwach sind, um die Verantwortung von den Amerikanern zu übernehmen; *zwingt die Amerikaner zur Annahme einer politischen Lösung* und zur Anerkennung eines unabhängigen, demokratischen, friedlichen und neutralen Südviet-Nam mit einer nationalen, demokratischen Koalitionsregierung, die auf die Wiedervereinigung Viet-Nams hinarbeitet.«

(Kursiv gesetzte Abschnitte sind auch im Original hervorgehoben.)

Die Nordvietnamesen waren sich ihrer Sache ganz sicher; unsere Pflicht war es, ihnen diese Sicherheit zu nehmen. Ich selbst beteiligte mich schweren Herzens und mit tiefer Sorge an der Durchführung unserer sehr komplexen Politik mit all ihren Widersprüchen. Aber es gab keine annehmbare Alternative. Wir waren verpflichtet, unser Ziel in einer Weise zu verfolgen, die uns die besten Erfolgschancen gab – denn eine Niederlage würde sich nicht nur auf unser Schicksal auswirken; die Zukunft anderer Völker hing davon ab, daß sie auch weiterhin Amerika vertrauen konnten. Wir würden weiterkämpfen müssen – wenn auch widerwillig –, bis Hanoi seine Meinung über seine eigenen Aussichten geändert hatte. Und wenn wir an diesem Kurs festhielten, dann würde Hanoi vielleicht eines Tages um eine Ruhepause, wenn nicht sogar um Frieden bitten. Bis dahin würden wir uns abweichenden Meinungen stellen müssen, denn man würde uns für eine Katastrophe verantwortlich machen, auch wenn sie das Ergebnis eines übermächtigen innenpolitischen Drucks wäre. Wir hielten es für unsere schmerzliche Pflicht, den Kampf gegen einen unversöhnlichen Gegner so lange fortzuführen, bis wir eine faire Lösung erreicht hatten, die mit unseren Wertvorstellungen, unseren internationalen Verantwortlichkeiten und den Überzeugungen der Mehrheit des amerikanischen Volkes in Einklang zu bringen war.

IX. Erste Bewährungsproben in Asien

Vietnam hatte uns dazu verleitet, von einem Zipfel eines riesigen Kontinents besessen zu sein, während dieser Kontinent in größerem Maßstab im Weltgeschehen immer mehr Bedeutung erlangte.

Die Sicherheitsinteressen aller großen Weltmächte treffen in Asien und besonders in Nordostasien zusammen. China ist das Kernland des Kontinents. Der fernöstliche Teil der Sowjetunion erstreckt sich über den ganzen nördlichen Teil des asiatischen Festlands. Die japanischen Inseln überspannen 3200 Kilometer des Ozeans vor diesem Festland. Amerika ist im gesamten pazifischen Raum präsent. Westeuropa hat wichtige Wirtschaftsverbindungen zu Asien und spürt indirekt die Auswirkungen jeder Störung des Gleichgewichts in diesem Raum.

Asien beherbergt mehr als die Hälfte der Weltbevölkerung sowie der Bodenschätze. Während der vergangenen drei Jahrzehnte hat die asiatisch-pazifische Wirtschaft ein rapideres Wachstum erlebt als die jeder anderen Region. In diesem Raum haben wir alle unsere Kriege nach 1945 ausgefochten. Hier haben die Vereinigten Staaten ihre umfangreichsten und am raschesten wachsenden Handelsbeziehungen in Übersee. Der Einfluß Amerikas und des Westens hat in den vergangenen 100 Jahren in einem großen Teil Asiens wesentliche Veränderungen bewirkt. Seit der Zeit der Transzendentalisten aus Neu-England bis heute haben die asiatische Kultur und asiatische Ideen dem geistigen Leben Amerikas starke Impulse gegeben und damit die Universalität menschlichen Lebens bewiesen.

Anfang 1969 wurden wir mit der ersten größeren Krise in Asien auf die Probe gestellt und erhielten ein Lob, das wir nicht verdient hatten. Ein zweiter Test im gleichen Gebiet, bei dem wir Umsicht und staatsmännische Klugheit bewiesen, ging unbemerkt vorüber. Diese widersprüchlichen Ereignisse zu Beginn der Amtszeit der neuen Regierung wurden durch den kaltblütigen Abschuß eines unbewaffneten amerikanischen Flugzeugs vom Typ EC-121 und die Rückkehr von Okinawa unter japanische Souveränität ausgelöst. In Okinawa legten wir das Fundament für laufend enger werdende Beziehungen, die manche Erschütterungen überstanden haben und zu einem entscheidenden Element der amerikanischen Außenpolitik geworden sind. Über unser langjähriges Bündnis mit den ungewöhnlichen Japanern – in dessen Rahmen es auch an Enttäuschungen und Fehlschlägen, besonders auf wirtschaftlichem Gebiet, nicht gefehlt hat – werde ich weiter unten in diesem Kapitel noch sprechen. Zunächst muß ich mich aber mit der EC-121 beschäftigen. Aus diesem Zwischenfall haben wir manches für die noch vor uns liegenden ernsteren Krisen gelernt.

1. Der Abschuß

Am 14. April 1969, 17 Uhr östlicher Standardzeit, startete ein amerikanisches Marineflugzeug vom Typ EC-121 der Flottenaufklärungsstaffel 1 (eine unbewaffnete, viermotorige, mit Propellern angetriebene Constellation) auf dem Militärflugplatz Atsugi in Japan zu einem Aufklärungsflug über dem Japanischen Meer. Diese Flüge waren für uns wichtig, weil sie uns einen Eindruck von feindlichen Truppenbewegungen und Bereitstellungen vermittelten. Ihre Bedeutung lag darin, daß sie uns vor Überraschungsangriffen warnen konnten – besonders in Korea. Das Flugzeug führte 30 Angehörige der Marine und einen Marineinfanteristen als Besatzung sowie sechs Tonnen Ausrüstung mit. Es hatte den Auftrag, von Atsugi bis zu einem Punkt der Halbinsel Musu an der nordkoreanischen Küste zu fliegen, dort ein paarmal auf einem elliptischen Kurs etwa 120 Meilen lang parallel zur Küste von Nordkorea zu kreisen und dann auf dem Militärflugplatz Osan in der Republik Korea zu landen. Die Standardinstruktionen für diese Aufklärungsflüge sahen vor, daß die Flugzeuge sich der nordkoreanischen Küste nicht weiter als bis auf 40 nautische Meilen nähern sollten, damit sie sich jederzeit über internationalen Gewässern befanden.[1] Nordkorea beanspruchte für sich die Zwölf-Meilen-Zone. Am 14. April hatte der Kommandant des Flugzeugs vom Oberbefehlshaber der Pazifischen Flotte den Auftrag erhalten, einen noch größeren Abstand von der nordkoreanischen Küste zu halten und sich ihr nicht weiter als bis auf 50 nautische Meilen zu nähern.

Wie später festgestellt wurde, wich die Maschine – die die ganze Zeit von unseren Radargeräten überwacht wurde – etwas von dem vorgeschriebenen Kurs ab, wahrscheinlich, um ein elektronisches Signal besser aufnehmen zu können. Es kam aber zu keinem Zeitpunkt näher als 48 Meilen an die Küste heran. Als es darauf aufmerksam gemacht wurde, daß es angegriffen werden könnte – dreimal innerhalb von zehn Minuten –, bestätigte es die Instruktion, den Flug abzubrechen, änderte den Kurs und flog noch weiter in Richtung auf die internationalen Gewässer hinaus. Etwa 90 Meilen südostwärts von Tschongjin in Nordkorea verschwand das Flugzeug um 23.50 Uhr östlicher Standardzeit von unseren Radarschirmen. Die EC-121 war von nordkoreanischen MIG-Flugzeugen über der Japanischen See angegriffen und abgeschossen worden. Es stürzte etwa 90 nautische Meilen vor der Küste in die See. Überlebende wurden nicht gefunden. Damit geriet die Regierung Nixon in ihre erste größere Krise.

Kein neugewählter Präsident kann wissen, was das Team seiner Mitarbeiter wert ist, bevor er mit einer solchen Notsituation konfrontiert wird. Hier kommt es darauf an, rasch und unter Druck sehr riskante Entscheidungen zu fällen. Unter normalen Voraussetzungen läßt sich niemals klar sagen, ob die ranghöheren Ratgeber ihre eigene Überzeugung zum Ausdruck bringen oder nur sagen, was der allgemeinen Auffassung der Beamten in ihrem Amtsbereich entspricht. Es ist immer leichter, auf Nummer Sicher zu gehen. Man kann sich auf diese Weise ohne weiteres den Ruf der Mäßigung oder politischen Klugheit erwerben, denn Erfolg oder Mißerfolg stellt sich erst nach einiger Zeit ein, wenn Ursache und Wirkung sich nur noch schwer feststellen lassen. Aber in einer Krise stehen die Männer und die Politik, die sie machen, plötzlich im Scheinwerferlicht. Hier sieht man plötzlich, wem es nur um seinen Ruf zu tun ist, und wer bereit ist, Verantwortung zu übernehmen. Ein Präsident kann sich fast glücklich schätzen, wenn er schon gleich zu Beginn seiner Amtszeit mit einer Krise konfrontiert wird. Damit bekommt er Gelegenheit, die richtige Auswahl seiner Mitarbeiter zu überprüfen und die ungeeigneten loszuwerden.

Man kann nicht behaupten, daß die neue Regierung Nixon diese Probe glänzend bestanden hätte. Das Entscheidende war hier nicht, daß der falsche Entschluß gefaßt wurde, obwohl ich glaube, daß das geschehen ist. Das Schlimme war vor allem, daß unsere Überlegungen banal oder irrelevant gewesen sind; wir haben uns kaum mit dem Kernproblem beschäftigt. Der Nationale Sicherheitsrat wurde zu einem Instrument, das Alternativen ausarbeitete, ohne Perspektiven oder ein Gefühl für die richtige Richtung zu vermitteln.

Alle Hauptbeteiligten waren von dem Vorgang der Beschlußfassung so fasziniert, daß sie seinen Hauptzweck übersahen, nämlich die einzelnen Maßnahmen in eine Prioritätenliste einzuordnen. Wie viele neue Regierungen sorgten sie sich mehr darum, die Vorwürfe zu vermeiden, die sie gegen ihre Vorgänger erhoben hatten, als zu entscheiden, was hier geschehen mußte. In solchen Fällen eine ähnliche Taktik zu verfolgen wie im Wahlkampf, ist einer der schwersten – und am leichtesten zu begehenden – Fehler einer neuen Regierung, die häufig glaubt, sie werde danach beurteilt werden, inwiefern sie sich von ihrer Vorgängerin unterscheidet. Nach dem ersten Jahr ihrer Amtszeit vergißt eine Regierung meist die lautstarken Wahlversprechen. Eine neue Regierung bewährt sich nicht dank eines guten Gedächtnisses, sondern durch ihre Fähigkeit, mit Herausforderungen fertig zu werden. Sie begeht keinen Fehler, wenn sie die gleichen Methoden anwendet wie ihre Vorgängerin. Sie wird kein Lob ernten, wenn sie mit ihrem eigenen Regierungsstil versagt. Nixon war überzeugt, Präsident Johnson habe unter dem »Lagezimmer-Syndrom« gelitten, was heißen sollte, er habe die melodramatische Vorstellung gehabt, die Welt ließe sich in einer Krise von diesem im Keller des Weißen Hauses gelegenen Zimmer aus regieren. Ironischerweise fiel Nixon selbst, obwohl er sich darüber lustig machte, diesem Syndrom zum Opfer.

Das Lagezimmer entspricht nicht dem, was man sich im allgemeinen darunter vorstellt. Es ist ein sehr kleines, unbequemes, fensterloses Zimmer mit niedriger Decke, das nur deswegen zweckmäßig ist, weil es unmittelbar neben dem Raum liegt, wo die Fernschreiber und andere Kommunikationsmittel untergebracht sind, die das Weiße Haus mit den Botschaften in der ganzen Welt verbinden. Seinen Namen hat es der Illusion eines früheren Präsidenten zu verdanken, der glaubte, man könnte durch an den Wänden hängende Karten über die jeweilige internationale Lage auf dem laufenden gehalten werden. Zu meiner Zeit entsprachen die Karten weder der jeweiligen Lage, noch waren sie überhaupt sichtbar; an ihrer Stelle hingen Vorhänge an den Wänden, um das enge und ungemütliche Zimmer etwas menschlicher zu machen. Nixon hatte insofern recht, als Johnson den Eindruck erwecken wollte, er verbrächte viel Zeit mit der Planung bestimmter Bombenangriffe, aber schließlich wurde Nixon das Opfer seiner eigenen Kritik. Da er sich so abfällig über das Lagezimmer-Syndrom geäußert hatte, versammelten er und seine Mitarbeiter ihre Ratgeber nur ungern dort (oder irgendwo anders), wenn irgendwelche Schwierigkeiten auftauchten. Er wollte sich nicht mit taktischen Fragen beschäftigen oder Schlachten planen. Alles sollte kühl und objektiv überlegt werden.

So geschah es auch, als die EC-121 abgeschossen worden war. Er setzte den für das Krisenmanagement vorgesehenen Apparat äußerst behutsam in Gang und beobachtete uns mit gespannter Aufmerksamkeit in jeder einzelnen Phase, um sich zu vergewissern, daß wir nichts Unüberlegtes taten. Es ist nur leider so, daß die Zeitlupe ebensowenig wie zu große Eile dafür bürgt, daß man die Lage richtig beurteilt. Am frühen Morgen des 15. April um 0.50 Uhr wurde das Lagezimmer davon unterrichtet, daß die EC-121 von zwei nordkoreanischen Flugzeugen angegriffen worden sei. Mein militärischer Assistent, Oberst Alexander Haig, wurde um 1.07 Uhr benachrichtigt. Drei Minuten später sagte er mir, ein Flugzeug sei abgeschossen worden, der Vorfall aber noch nicht bestätigt. Ich bat ihn, alle Nachrichten zu sammeln und mich sofort wieder anzurufen, wenn der Zwischenfall bestätigt sei. Ich wollte den Präsidenten nicht wecken, bevor er nicht eine Entscheidung zu treffen hatte. Um 1.50 Uhr rief Haig den militärischen Adjutanten Lairds, Robert Pursley, an. Auch Pursley wollte Laird nicht wecken, bevor der Abschuß bestätigt war.

Um 2.17 Uhr meldete Radio Pyongyang, Nordkorea habe ein amerikanisches Aufklärungsflugzeug abgeschossen, als es in den koreanischen Luftraum eingedrungen sei. Das war eine unverschämte Lüge, denn das Flugzeug, das die ganze Zeit von unseren Radargeräten überwacht worden war, hatte sich zu keiner Zeit der koreanischen Küste näher befunden als 48 Meilen und war 90 Meilen von ihr entfernt abgeschossen worden. Aber aus für mich völlig unerfindlichen Gründen beschloß man, die Rundfunkmeldung nicht zu beachten. Da wir immer noch keine endgültige Bestätigung für den Abschuß hatten, galt er um 7.20 Uhr, als ich Nixon davon unterrichtete, als »unbestätigt«. Niemand hat jemals erklärt, weshalb Nordkorea den Abschuß eines amerikanischen Flugzeuges melden sollte, wenn das nicht auch wirklich geschehen war.

Es war so, als habe jemand auf einen Knopf mit dem Etikett »Krisenmanagement« gedrückt und darauf die Antwort bekommen: »Mach dir nichts daraus.« Nun ließ Nixon seinen vielgepriesenen Apparat des Nationalen Sicherheitsrats auf langsamen Touren anlaufen; auf diese Weise ließen sich die verschiedenen Alternativen ausarbeiten, und wenn man sich nicht zum Handeln entschließen wollte, konnte man so auch wertvolle Zeit verschwenden. Eine Sitzung der Prüfungsgruppe des Nationalen Sicherheitsrats wurde für den auf den Abschuß folgenden Nachmittag einberufen, um Alternativen für eine Sitzung des ganzen Nationalen Sicherheitsrats auszuarbeiten, die am nächsten Tag, den 16. April, um 10 Uhr stattfinden sollte. Nixon selbst sagte nicht, an welche Maßnahmen er dachte. Er wollte zunächst die Vorschläge abwarten. Das war nicht das richtige Verfahren und zeigte in der Tat an, daß Nixon keine Lust zu Vergeltungsmaßnahmen hatte. Zwar ist es nicht falsch, an Alternativen zu denken, aber wenn ein unbewaffnetes amerikanisches Flugzeug weit vor der Küste abgeschossen wird, dann erweckt man mit einer solchen Verschleppung den Eindruck, man wolle schließlich gar nichts unternehmen. Hier mußte festgestellt werden, was die Herausforderung zu bedeuten hatte und welche Konsequenzen die amerikanische Politik daraus ziehen mußte. Nur in diesem Zusammenhang hatten irgendwelche Alternativen einen Sinn. Aber wir wurden auch noch durch andere Faktoren behindert. Nixon hatte schon lange vor Ausbruch dieser Krise für den 18. April eine Pressekonferenz angesetzt. Bei solchen Gelegenheiten war er so stark mit seinen Befürchtungen und Erwartungen beschäftigt, daß ihm für andere Überlegungen keine Energie mehr blieb.

Ich glaubte, unsere Reaktion auf den nichtprovozierten Abschuß eines unbewaffneten Flugzeugs über internationalen Gewässern durch Nordkorea würde von vielen befreundeten Nationen – besonders in Asien – als Herausforderung der Entschlußkraft der neuen Regierung gewertet werden. Nach meiner Ansicht hätten wir uns zu irgendeinem Vergeltungsakt entschließen sollen, mir war nur nicht ganz klar, zu welchem. Meine Mitarbeiter hatten am ersten Tag recht extreme Vorstellungen. Sogar Morton Halperin – der sich später lautstark gegen die angeblich kriegerischen Tendenzen der Regierung stellte – empfahl einen sofortigen Luftangriff. Aber nach dem Zeitplan des Nationalen Sicherheitsrats würde es mindestens 24 Stunden dauern, bis irgendwelche militärischen Kräfte einsatzbereit waren. Doch auch diese Überlegung stellte sich als falsch heraus. Die sofortige Alarmierung militärischer Kräfte hätte Nordkorea mindestens gezeigt, daß wir diesen Vorfall ernst nahmen. Wir hätten die Nordkoreaner vielleicht zu einer Geste des Nachgebens oder der Wiedergutmachung veranlassen können – wie zum Beispiel auch, als die Nordkoreaner 1976 zwei amerikanische Offiziere an der Demarkationslinie totprügelten.

Da für solche Fälle keine klaren Richtlinien gegeben waren, entwickelte jede Behörde einen eigenen Lösungsvorschlag, der mehr oder weniger den besonderen Interessen dieser Behörde entsprach. Mein Stab entwickelte

Alternativen, die von einem scharfen diplomatischen Protest in Panmunjon bis zum Aufbringen nordkoreanischer Schiffe auf hoher See und den verschiedensten militärischen Maßnahmen reichten, wie etwa die Verminung des Hafens von Won San oder die Beschießung oder Bombardierung eines Flugplatzes. Doch für alle solche Vorhaben fehlte es uns an den geeigneten Streitkräften oder einem besonderen Operationsplan, und wir wußten auch nicht, was wir von Nordkorea verlangen sollten. Die Beratungen erschöpften sich deshalb in rein theoretischen Überlegungen.

Im Außenministerium war man damit beschäftigt, eine von den Nordkoreanern beantragte Sitzung der Waffenstillstandskommission für den 18. April vorzubereiten. Nun mußte entschieden werden, ob wir daran teilnehmen und was wir gegebenenfalls sagen wollten oder ob wir auf einer Verschiebung dieser Sitzung bestehen sollten. Das Außenministerium schickte uns eine Denkschrift, in der es Bedenken gegen einen militärischen Vergeltungsschlag äußerte. Es sprach dabei nicht von einer spezifischen Form dieser militärischen Vergeltungsaktion, sondern erwähnte nur, daß das Aufbringen eines koreanischen Schiffes auf hoher See völkerrechtlich nicht zu rechtfertigen wäre.

Das Verteidigungsministerium ergriff eine völlig unverständliche Maßnahme. Anscheinend ohne ein anderes Ministerium oder das Weiße Haus zu verständigen, ließ es alle Aufklärungsflüge in der Nähe der sowjetischen und chinesischen Grenze, im Mittelmeerraum und über Kuba einstellen. Wir erfuhren davon erst, als Nixon am 17. April lautstark befahl, unsere Aufklärungsflüge über Korea sollten von Jagdflugzeugen begleitet werden, nur um festzustellen, daß keine Begleitjäger zur Verfügung standen. Laird hatte sicher recht, wenn er meinte, die Zahl dieser Flüge habe sich im Laufe der Jahre vermehrt, ohne daß ihr militärischer Wert regelmäßig überprüft worden sei. Eine solche Überprüfung war längst fällig. Meine Sorge war, daß die Einstellung jeder Aufklärung als Reaktion auf einen Abschuß den Eindruck der Unsicherheit auf unserer Seite erwecken könnte. Jedenfalls ließ sich daraus nicht entnehmen, daß die amerikanische Regierung entschlossen war, ihre Rechte gegen eine brutale Herausforderung zu verteidigen.

Den 15. April verbrachte man zum größten Teil damit, Maßnahmen zu planen, die schließlich doch nicht durchgeführt wurden. Alle Beteiligten schienen sich allmählich darauf einigen zu wollen, ein nordkoreanisches Schiff aufzubringen. Aber zunächst wollten wir ein Rechtsgutachten einholen. Diese Gutachten kamen zu unterschiedlichen Schlüssen, aber schließlich erwiesen sich alle Überlegungen als nutzlos, denn wir stellten fest, daß sich keine nordkoreanischen Schiffe auf See befanden und seit dem Aufbringen der *Pueblo* auch nicht befunden hatten. Damit erwies sich auch eine weitere glänzende Idee als Schlag ins Wasser, daß wir nämlich ein nordkoreanisches Kriegsschiff von einem Unterseeboot torpedieren lassen wollten. Gerüchteweise verlautete, daß irgendwo ein nordkoreanisches Schiff unter holländischer Flagge gesichtet worden sei. Nixon wollte dieses Schiff aufbringen lassen, und unsere Rechtsexperten waren fast den ganzen Tag mit diesem schwierigen Problem beschäftigt. Aber das Schiff ließ sich nicht auffinden. Wahrscheinlich hat es gar nicht existiert.

Als die Sitzung des Nationalen Sicherheitsrats am 16. April eröffnet wurde, standen wir vor einer völlig ungeklärten Lage. Über das Grundproblem wurde gar nicht gesprochen; ob nämlich die Tatsache, daß wir auf den Abschuß eines unbewaffneten Aufklärungsflugzeugs über internationalen Gewässern nicht reagiert hatten, den Eindruck der Unentschlossenheit erwecken und unsere Feinde in Hanoi und anderswo ermutigen könnte. Natürlich kam hier auch die Neigung jeder neuen Regierung zum Ausdruck, nicht schon in der ersten Zeit nach der Amtsübernahme zuviel zu riskieren; damals sonnten wir uns noch in dem angenehmen Gefühl, für die Mäßigung und Zurückhaltung, die wir im Vergleich zu unseren Vorgängern zeigten, von der Öffentlichkeit gelobt und anerkannt worden zu sein. Außerdem fürchteten wir natürlich, auf zwei Kriegsschauplätzen in einen Krieg verwikkelt zu werden. Laird wies darauf hin, daß wir in Vietnam mit Sicherheit Rückschläge erleiden würden, wenn wir jetzt als Folge einer Vergeltungsmaßnahme in eine Konfrontation mit Nordkorea gerieten. Viele dieser Überlegungen wurden in unseren Beratungen nicht deutlich ausgesprochen, sondern ließen sich nur zwischen den Zeilen erkennen. Zwar sprachen wir über alle möglichen militärischen Maßnahmen, aber keine einzige wurde wirklich ernsthaft in Erwägung gezogen. Die Schwierigkeit lag darin, daß alles, was wir ohne Risiko unternehmen konnten, der Schwere der Provokation nicht gerecht wurde, während Maßnahmen, die dieser Provokation entsprachen, uns zu riskant erschienen, weil wir glaubten, sie könnten einen Zweifrontenkrieg auslösen.

Erst viel später haben wir gelernt, daß in Krisensituationen Kühnheit die größte Sicherheit gewährt. Ein Zögern ermutigt den Gegner zum Durchhalten, ja, er wird vielleicht sogar zu weiteren Provokationen angeregt. Rückblickend kann man deutlich erkennen, daß wir die Kapazität Nordkoreas für einen Gegenschlag weit überschätzt haben. Da ich selbst erst so kurze Zeit der Regierung angehörte, legte ich nur die verschiedenen Alternativen vor und machte selbst keine Empfehlungen. Nixon kam auf der Sitzung des Nationalen Sicherheitsrates zu keinem Entschluß. Er brachte einen großen Teil des Tages damit zu, sich nach dem holländisch/koreanischen Schiff zu erkundigen. Dieses Schiff erschien ihm als ein Geschenk des Himmels, das es ihm erlauben würde, riskante militärische Aktionen zu vermeiden, sich aber auch nicht der Passivität schuldig zu machen, die er im Zusammenhang mit dem *Pueblo*-Zwischenfall so leidenschaftlich kritisiert hatte.

Am 17. April traf Nixon zwei Entscheidungen. Er erklärte sich mit der zweiten von mehreren dem Nationalen Sicherheitsrat vorgelegten Alternativen einverstanden; der Wiederaufnahme der Luftaufklärung unter dem Schutz bewaffneter Jagdflugzeuge. Und er ließ zwei Flugzeugträger in die Japanische See auslaufen, um gegebenenfalls Vergeltungsangriffe zu führen. Die Flugzeugträger wurden benutzt, weil eine Verwendung der in Japan stationierten taktischen Luftstreitkräfte komplizierte Konsultationen mit der japanischen Regierung erforderlich gemacht hätte, die sicherlich durchgesickert wären und öffentliche Proteste ausgelöst hätten. Vielleicht hätten sie sogar die Gespräche über einen Sicherheitsvertrag mit Japan belastet. Eine Verwendung von Bombenflugzeugen des Typs B-52 von Guam aus wäre eine Überreaktion gewesen. An die in Südkorea stationierten Luftstreitkräfte hatte niemand denken wollen. Sicher tröstete sich jeder unbewußt bei dem Gedanken, daß die Flugzeugträger drei Tage brauchen würden, um die Position zu erreichen, aus der sie ihre Maschinen starten lassen konnten. Die »Falken« konnten sich sagen, wir hätten etwas unternommen; die »Tauben« konnten sich damit trösten, daß wir noch ein gewisses Zeitpolster hatten. Mit jedem Tag, der verging, würden die Hemmungen gegenüber einem Vergeltungsangriff stärker werden, und zwar um so mehr, als wir – wie ich heute glaube, haben wir damit einen Fehler gemacht – nichts von den Nordkoreanern verlangten, was als Ausgleich hätte angesehen werden können und was uns auch im Falle einer Weigerung dazu berechtigt hätte, Vergeltungsmaßnahmen zu treffen. Unser Protest in Panmunjom war sehr milde gewesen; das Außenministerium hatte uns gedrängt, im Ton zurückhaltend zu sein; Rogers hatte sich auch dagegen ausgesprochen, bestimmte Forderungen zu erheben. Unsere politischen und militärischen Maßnahmen klafften auseinander. In diesem Zusammenhang war die Verlegung der Flugzeugträger eigentlich eine Zeitverschwendung; sie sah hart aus, bedeutete aber in Wirklichkeit, daß wir nichts unternehmen würden.

Am 17. April versammelte ich für das Krisenmanagement auf mittlerer Ebene eine aus Vertretern des Außen- und Verteidigungsministeriums, der CIA und der Joint Chiefs of Staff bestehende Gruppe, bei der ich den Vorsitz führte. Das war der Kern der späteren Washington Special Actions Group (WSAG), die bei allen künftigen Krisen zusammengerufen wurde. Wir hatten für diese Gruppe bisher noch keine besonderen Direktiven ausgearbeitet, deshalb verlief die erste Sitzung recht planlos. Niemand wollte sich dazu entschließen, Gewalt anzuwenden. Das Gespräch blieb theoretisch, und wir entwickelten keinen konkreten Operationsplan.

Als Nixon am 18. April auf einer Pressekonferenz bekanntgab, daß wir die bewaffneten Aufklärungsflüge wiederaufnehmen würden, sah man darin die offizielle Reaktion der Regierung auf den Flugzeugabschuß. Das war sogar die Meinung in Regierungskreisen. Alex Johnson glaubte, es habe jetzt keinen Sinn mehr, die Beratungen über eine mögliche militärische Reaktion fortzusetzen. Ich war anderer Meinung. Ich wußte, daß Nixon, nachdem er die Pressekonferenz hinter sich gebracht hatte, jetzt alle mit diesem Vorfall in Zusammenhang stehenden Fragen eingehender behandeln würde.

Am späten Vormittag des 18. April – unmittelbar nach der Pressekonferenz – besprachen Nixon und ich noch einmal die Lage. Ich sagte ihm, wenn wir keine Wiedergutmachung verlangten oder keine Vergeltungsmaßnahmen ergriffen, würde er später wahrscheinlich noch entschiedener handeln müssen. Es gebe jedoch drei Bedingungen, über die Nixon sich vergewissern müßte. Erstens müßte unser Vorgehen ein bestimmtes Gewicht haben; zweitens müßten wir bereit sein, daran festzuhalten, wenn Nordkorea darauf reagierte (einen längeren Krieg mit Bodentruppen konnten wir allerdings nicht führen); drittens könne er keine Gewalt anwenden, wenn die Regierung nicht geschlossen hinter ihm stünde. Ich glaubte, Nordkorea habe nicht die Absicht, die Konfrontation zu eskalieren, obwohl der Präsident sich auf diese Möglichkeit einrichten sollte, und schlug vor, Rogers, Laird und Helms einzeln nach ihren Auffassungen zu fragen, um die Gefahr zu vermeiden, daß sie auf einer Sitzung des Nationalen Sicherheitsrats Ansichten vortrugen, von denen sie glaubten, sie entsprächen denen des Präsidenten. Nixon stimmte mir zu, zum Teil, weil er nach einer Pressekonferenz gewöhnlich so erschöpft war, daß er noch tagelang Streß zu vermeiden suchte.

Rogers, Laird und Helms lehnten einen gegen Nordkorea gerichteten militärischen Vergeltungsakt ab; Rogers, weil er eine negative Reaktion der öffentlichen Meinung fürchtete; Laird, weil er glaubte, das könnte unseren Bemühungen in Vietnam schaden und der Kongreß würde uns seine Unterstützung versagen; und Helms, weil er mit all diesen Möglichkeiten rechnete. Noch am 18. April unterrichtete ich Nixon von den Auffassungen seiner Mitarbeiter. Ich sagte ihm, nach meiner Meinung dürfe er es zu Beginn seiner Amtsperiode nicht darauf ankommen lassen, daß es in der Regierung wegen einer so wichtigen Frage zu Meinungsverschiedenheiten käme. Nixon und ich waren im Vertragszimmer des Wohngebäudes zusammengekommen. Ich hatte nicht den Eindruck, daß der Präsident wirklich einen Vergeltungsangriff führen wollte. Dazu hatte er zu lange gezögert und hatte das auch im privaten Gespräch nicht verlangt. Außerdem hatte er auch noch nicht mit den unabsehbaren Manövern begonnen, mit denen er jede Opposition zu überspielen versuchte, wenn er sich zu etwas entschlossen hatte. Nun, da er sich selbst ein Alibi nachweisen konnte, schimpfte er auf seine Ratgeber. Wütend erklärte er, er werde Rogers und Laird bei der nächsten Gelegenheit entlassen und sie nie wieder in einer Krise um Rat fragen. Er befahl neue Bombenangriffe im Rahmen des geheimgehaltenen Unternehmens »Menu« gegen die Zufluchtsräume in Kambodscha, damit Hanoi nicht auf den Gedanken komme, es mangele uns an Entschlußfreudigkeit. Aber eine gegen Nordkorea gerichtete militärische Reaktion lehnte er ab. Am

Morgen des 19. April unterrichtete ich die interministerielle Gruppe von diesem Entschluß.

Trotzdem befahl Nixon, daß die Flugzeugträger als Demonstration der Stärke in das Japanische Meer auslaufen sollten. Das war eine Drohung, die mit einer verständlichen Forderung der Gegenseite nach einem Vergeltungsschlag nichts zu tun hatte und deshalb leicht als bloße Drohgebärde ausgelegt werden konnte. In unserer Unerfahrenheit hatten wir Nordkorea nicht einmal aufgefordert, den Schaden in irgendeiner Weise wiedergutzumachen. Es gab also für die Nordkoreaner keine Bedingung, die sie hätten erfüllen müssen und daher auch keine Möglichkeit, das Problem zu lösen. Die Flugzeugträger blieben einige Tage auf ihrem Kurs und wurden dabei von einer Flottille japanischer Schiffe und Kleinluftschiffe verfolgt, von denen aus das Ereignis für das Fernsehen aufgenommen wurde.

Was geschehen wäre, wenn die Angelegenheit ernstere Formen angenommen hätte, kann man nur vermuten; höchstwahrscheinlich wären einige Berühmtheiten des japanischen Fernsehens zu Schaden gekommen. Nachdem wir jedoch unsere Bürokratie von dem Vorhaben unterrichtet hatten, sickerte sehr bald durch, daß es keine Vergeltungsmaßnahmen geben werde. Der Kampfverband 71 – wie er inzwischen genannt wurde – kreuzte bis zum 23. April friedlich im Japanischen Meer und löste einen milden inoffiziellen sowjetischen Protest aus, den wir scharf erwiderten. Bis zum Ende des Monats hatte sich die Krise gelöst, und es war nichts mehr von ihr zu spüren. Weder war Nordkorea für den groben Übergriff zur Rechenschaft gezogen worden, noch war sonst irgend etwas Bemerkenswertes geschehen, außer daß Nixon das Gefühl hatte, eine ernste Probe nicht bestanden zu haben (das gleiche mußte ich auch mir selbst sagen).

Wir mußten uns aber noch mit den Folgen der fast unverständlichen Entscheidung Lairds auseinandersetzen, zunächst jede weitere Aufklärungstätigkeit aufzugeben. (Erst am 22. April bekam das Weiße Haus eine Denkschrift vom Pentagon, aus der hervorging, in welchem Ausmaß die militärischen Operationen von diesem Entschluß betroffen waren, und zwar nicht nur im koreanischen Raum, sondern auch über China, der Sowjetunion, Kuba und im Mittelmeerraum.) Der Befehl des Präsidenten, den Aufklärungsflugzeugen einen bewaffneten Geleitschutz mitzugeben, führte zu einer weiteren Verzögerung, da die geeigneten Jagdflugzeuge erst versammelt werden mußten. Auf tägliche Nachfragen erhielten wir ausweichende Antworten. Meine Besorgnis wuchs nicht so sehr, weil ich jeden Aufklärungsflug für entscheidend wichtig hielt, sondern weil dies ein Präzedenzfall war und ich befürchten mußte, daß jeder Abschuß eines einzelnen Flugzeugs den Zusammenbruch unseres weltweiten Aufklärungssystems bedeuten konnte. Die Versuchung, nach solchen Erfahrungen weitere Zwischenfälle zu provozieren, schien mir überwältigend. Erst am 8. Mai, nach einem Stillstand von fast vier Wochen, wurde angeordnet, die normale Aufklärungstätigkeit wiederaufzunehmen.

Der Zwischenfall mit der EC-121 war in erster Linie nicht deshalb von Bedeutung, weil wir uns entschlossen hatten, nichts zu unternehmen – die Entscheidung stand auf Messers Schneide, und wahrscheinlich hätte sie anders ausfallen müssen, doch vernünftige Männer konnten hier durchaus unterschiedlicher Meinung sein. Es hatten sich jedoch erhebliche Mängel in dem System gezeigt, nach dem bei uns Entscheidungen getroffen wurden. Wir hatten die Lage nicht nach strategischen Gesichtspunkten beurteilt, sondern uns mit technischen Problemen herumgeschlagen. Die Führung im Weißen Haus hatte sich als zu schwach erwiesen. Wir hatten keinen entscheidenden politischen Schritt getan; unsere militärischen Entscheidungen fanden im luftleeren Raum statt. Um Krisen zu begegnen, müssen die betroffenen Ministerien und Behörden wissen, welche Absichten der Präsident hat. Sie müssen auf dem laufenden gehalten werden, damit dafür gesorgt werden kann, daß die diplomatischen und militärischen Maßnahmen ineinandergreifen. In diesem Fall hatte es uns sowohl an dem dafür notwendigen Apparat als auch an einer Konzeption gefehlt. Wir hatten keine Forderungen gestellt, die Nordkorea annehmen oder ablehnen konnte. Wir hatten keine Streitkräfte bereitgestellt, die sofort eine glaubwürdige Bedrohung darstellten. Das war erst geschehen, als solch eine Maßnahme als fast irrelevant abgetan werden konnte. Unsere Maßnahmen waren schlecht aufeinander abgestimmt worden, und der Präsident hatte keinen einzigen entscheidenden Entschluß gefaßt. Aber der EC-121-Zwischenfall war in einer Weise doch ein Segen für uns. Er veranlaßte uns, unsere Verfahren erheblich zu straffen. Bei künftigen Krisen hatten wir die Situation fest in der Hand, und alle Maßnahmen wurden von zentraler Stelle geleitet. Zu diesem Zweck richteten wir die Washington Special Actions Group ein. Später gelang es uns, viel energischer und zweckmäßiger vorzugehen. Nixons Unzufriedenheit mit Rogers und Laird war unberechtigt. Sie hatten offen ihre ehrliche Meinung geäußert. Die Ereignisse bestätigten Nixon jedoch in seiner Neigung zu einsamen Entschlüssen. Bei künftigen Krisen wußte er, was er wollte, und erreichte sein Ziel, auch wenn er dazu häufig die Zuflucht zu undurchsichtigen Manövern nehmen mußte.

Im ganzen bin ich der Ansicht, daß das Krisenmanagement beim EC-121-Zwischenfall schwach, unentschlossen und schlecht organisiert war – obwohl wir damals für unser Verhalten von mancher Seite gelobt wurden. Ich glaube, daß wir in spürbarer Weise dafür bezahlt haben, denn wir haben Freunde enttäuscht und Gegner ermutigt. Zum Glück geschah das alles zu Beginn der Amtszeit Nixons und im Rahmen eines relativ peripheren Problems. Was wir daraus gelernt haben, hat uns in späteren Krisen genützt.

2. *Japan*

Japan und die Vereinigten Staaten waren mehr als 20 Jahre miteinander verbündet; die Hauptstützen unserer Politik im pazifischen Raum sind zweifellos unsere Freundschaft, Partnerschaft und die gegenseitigen guten Beziehungen, die uns mit dieser außergewöhnlichen Nation verbinden. Zwei Völker könnten kaum verschiedener sein als die pragmatischen, sachlichen, rechtlich gesonnenen, prosaischen Amerikaner und die komplexen, subtilen Japaner, die in Andeutungen reden und das, was sie meinen, eher durch eine indirekte, fast ästhetische Empfindsamkeit zum Ausdruck bringen als durch Worte.

Japan und die Vereinigten Staaten kennen einander seit 125 Jahren. Unsere Beziehungen haben eine unglaubliche Vielfalt von Stadien durchgemacht; von der Neugier zur Konkurrenz, zum Konflikt, zur militärischen Besetzung, Versöhnung, zum Bündnis und schließlich zur gegenseitigen Abhängigkeit. Wir Amerikaner sind von unserem Ursprung her heterogen und ständig darum bemüht auszudrücken, was uns verbindet. Andererseits ist Japan ein ungewöhnlich homogenes Land mit einem starken inneren Zusammenhalt. Für die Amerikaner sind Verträge und Gesetze die wichtigsten Garanten des sozialen Friedens. Für die Japaner sind juristische und formale Regeln für die Erhaltung der gesellschaftlichen Harmonie weniger wichtig als die Qualität der menschlichen Beziehungen und unausgesprochene Verhaltensmuster, die eine Übereinstimmung oder gegenseitige Verpflichtung zum Ausdruck bringen.

Die Vereinigten Staaten verfügen über ein weites Land und sind mit einem riesigen Vorrat an Rohstoffen gesegnet; der Überfluß ist etwas Selbstverständliches. Japan ist eine große Industriemacht, aber sein Wohlstand ist erst neueren Datums und – wegen der Abhängigkeit seiner Industrie vom Import der Nahrungsmittel, der Energie, der Rohstoffe und von den ausländischen Märkten – verwundbarer.

Die Klischeevorstellung, nach der es eigenartig erscheint, daß zwei so verschiedene Nationen zusammengekommen sind, ist – wie die meisten Klischees – im Grunde richtig. Aber sie trifft auch auf die Beziehungen Japans zu jedem anderen Land zu. Denn die Leistungen Japans – und gelegentlich auch sein Versagen – sind aus einer Gesellschaft gewachsen, deren Strukturen, Gewohnheiten und Formen der Entscheidungsprozesse so einzigartig sind, daß sie Japan von allen anderen Kulturen unterscheiden. Ein weiteres Paradox liegt darin, daß die Japaner Methoden und Techniken der Ausländer übernommen haben, um ihre eigene Kraft und Wesensart besser zu bewahren.

Als Inselkette vor der Küste Chinas mit nebelverhüllten Bergspitzen, die aus einer bewegten See aufsteigen, mit fruchtbaren grünenden Tälern, die den Fleiß ihrer Bewohner mit reichen Ernten belohnen, aber mit wenigen anderen natürlichen Rohstoffen gesegnet, blüht Japan als ein Triumph der Disziplin, des Glaubens und der Hingabe. Nur die Tüchtigsten können sich in einer so feindlichen Umwelt durchsetzen. Stark von der chinesischen Kultur beeinflußt, dann aber ihre Selbständigkeit gewinnend, haben die Japaner im Laufe von Jahrhunderten einen so eigenen Stil entwickelt, daß er zur Rechtfertigung ihrer Existenz und der Abwehr aller Einflüsse von außen wurde, zur national motivierenden Kraft und sogar zur Waffe. Japan glich nun eher einer Familie als einer Nation, die weniger von Gesetzen beherrscht wurde (die nur die an der Oberfläche liegenden Phänomene regeln und vor den gröbsten Verstößen schützen sollen) als von innig miteinander verwobenen Vorstellungen, nach denen jeder Japaner seine besondere Aufgabe im Leben hat. Die feudalen Wertbegriffe und Verpflichtungen, die in anderen Ländern nur für eine kleine Oberschicht galten, durchdrangen hier die ganze Gesellschaft. Auf diesen dicht besiedelten Inseln begriffen Männer und Frauen, daß das Überleben von Disziplin und Zusammenarbeit abhängt, also davon, daß jede Konfrontation vermieden wird. Die ausgesuchte japanische Form der Verständigung beruht auf dem Prinzip, niemals einen Vorschlag zu machen, der abgelehnt werden kann; die feinsten Schattierungen in der Bedeutung werden so ausgedrückt, daß sie einen Rückzug ohne Gesichtsverlust erlauben und zugleich jeden Gesprächspartner zwingen, den Standpunkt des anderen zu berücksichtigen. Worte sind selbst in der feinen Ausgewogenheit ihrer Bedeutung nur ein kleiner Teil in diesem delikaten Kommunikationsprozeß. Jede Geste hat eine symbolische Bedeutung – von den Verbeugungen bei der Begrüßung, die in ihren feinen Abstufungen eine Hierarchie andeuten, bis zur kunstvollen Anordnung der Blumen auf dem Tisch.

Aber natürlich gibt es in der eng verwobenen, schwer durchschaubaren japanischen Gesellschaftsstruktur auch Schattenseiten. Der einzelne Japaner hat ein ausgesprochenes Selbstbewußtsein, was im Umgang der Japaner miteinander Zurückhaltung und Hilfsbereitschaft bewirkt; aber außerhalb von Japan können die gleichen Leute die Orientierung verlieren und sogar wild und grausam werden, wenn die Kriterien für ihr Verhalten in der Gegenüberstellung einer fremden und augenscheinlich barbarischen Umwelt nicht mehr gegeben sind.

Es ist erstaunlich, daß die Achtung der Japaner vor der Vergangenheit und ihr Gefühl für ihre kulturelle Einzigartigkeit nicht zur Stagnation geführt haben. Andere Gesellschaften haben für das Festhalten an der Tradition mit einem wachsenden Mangel an Anpassungsfähigkeit an die Strömungen der modernen Zeit bezahlen müssen. Japan hat seine feudale Vergangenheit zu einem Aktivposten gemacht, denn sie verleiht einer ganzen Gesellschaft ein so starkes Gefühl gegenseitiger Achtung, daß interne Schwierigkeiten die essentielle Einigkeit niemals zerstören konnten, mit der das japanische Volk Ausländern gegenübertritt. Dieser Geist der Einzigartigkeit war im Endergebnis viel nützlicher als etwa der Glaube Chinas an seine kulturelle Überlegenheit. Japan hat sein Gesicht nicht verloren, weil es sich der Methoden anderer Gesellschaften bediente; es konnte es sich leisten, fast jedes System zu übernehmen und doch seinen japanischen Charakter zu bewahren, der weder von Regierungsformen noch von Wirtschaftsmethoden abhängt, sondern von ganz bestimmten, komplexen, angeborenen, gemeinsamen sozialen Beziehungen. Die Tradition ist in Japan kein Hindernis für den Fortschritt, sondern verleiht diesem Land die emotionale Sicherheit und sogar den Antrieb, das Neue zu versuchen.

Nachdem Commodore Perry Japan »geöffnet« hatte – eine feine Umschreibung für einen Vorgang, der sonst überall den Beginn der Kolonisation bezeichnete –, paßten die Japaner ihre feudale Gesellschaft mit eiserner Entschlossenheit den Erfordernissen der modernen Welt an. Die kaiserliche Monarchie garantierte die Kontinuität, während Japan sich zu einer Industrienation entwickelte, die nach 50 Jahren stark genug war, eine größere europäische Macht – Rußland – zu besiegen und nach einer weiteren Generation selbst zur Kolonialmacht zu werden – was das Land in einen Weltkonflikt hineinzog.

Die Niederlage im Zweiten Weltkrieg konnte den ungewöhnlichen Zusammenhalt und die Spannkraft Japans nicht erschüttern. Man hatte den Eindruck, als verfügte Japan über ein hochempfindliches Radargerät, mit dem es das Gleichgewicht der Kräfte auf der Welt registrierte, um seine Institutionen den Gegebenheiten der neuen Lage anzupassen, während es darauf vertraute, daß solch eine Anpassung dem Wesen der japanischen Gesellschaftsstruktur nichts anhaben konnte. An die Stelle eines autoritär regierten Staates trat die parlamentarische Demokratie, wobei der Kaiser Symbol des spezifisch Japanischen blieb. Es entstanden neue Institutionen, Japan beseitigte die Kriegsschäden und war nach weniger als zwei Jahrzehnten mächtiger denn je.

Angesichts der wachsenden Konkurrenz in den wirtschaftlich erstarkenden asiatischen Ländern, die sich die Vorteile der dort vorhandenen billigen Arbeitskräfte zunutze machten – früher das Monopol Japans –, verlagerten die Japaner geschickt Arbeitskräfte und Hilfsmittel von Industrien, die von der Konkurrenz betroffen waren, auf andere, in denen sie ihre Überlegenheit sichern konnten. Ein System, das den Arbeitern ihre Arbeitsplätze für das ganze Leben sicherte, aber nicht zur Erstarrung führte. Natürlich hat die massive amerikanische Hilfe zunächst wesentlich zum Aufschwung Japans beigetragen, ebenso auch die niedrigen Verteidigungsausgaben als Folge des Sicherheitsvertrags mit den Vereinigten Staaten. Aber der Erfolg ist vor allem dem Zusammenwirken japanischer Institutionen und der Begabung der japanischen Bevölkerung zu verdanken. Das zeigte sich besonders an der Elastizität, mit der Japan die Energiekrise von 1973 gemeistert hat. Innerhalb von zwei Jahren war es einer Nation, die 90 Prozent ihres Bedarfs an Öl importieren mußte, gelungen, das Defizit in ihrer Zahlungsbilanz auszugleichen und durch eine gewaltige Anstrengung einen Bilanzüberschuß zu erwirtschaften. Ich glaube, die Japaner sind nach dem Kriege von allen großen Nationen die vorausschauendsten und intelligentesten gewesen, obwohl die führenden japanischen Politiker mit äußerster Zurückhaltung vorgegangen sind, wie das der kulturellen Tradition Japans entspricht.

Beim Amtsantritt der Regierung Nixon gab es zwei Fragenkomplexe, die uns im Hinblick auf Japan Sorgen bereiteten. Auf wirtschaftlichem Gebiet entwickelte sich die Handelsbilanz zunehmend ungünstig für die Vereinigten Staaten, und politisch versuchten wir Japan zu drängen, für die wirtschaftliche Entwicklung, die politische Stabilität und auch für die Sicherheit Asiens mehr Verantwortung zu übernehmen. Das waren ganz klare Ziele, aber weder ich noch meine Kollegen hatten bisher das feine Gefühl entwikkelt, das für das Verständnis der japanischen Kultur und Psychologie notwendig ist. Wir haben deshalb viele Fehler gemacht; ich glaube aber, wir haben eine Menge gelernt und schließlich ungewöhnliche Beziehungen anknüpfen können, obwohl wir der japanischen Empfindlichkeit zunächst einige unnötige Schocks versetzt haben. Am schwersten konnten wir begreifen, daß ungewöhnliche Entscheidungen in Japan von politischen Führern getroffen wurden, die auf ihren anonymen Stil besonders stolz waren. Sicher hat Japan bedeutende Premierminister gehabt. Aber ihr Vorgehen war bescheiden und unauffällig; sie machten den Eindruck, als wirkten sie in völliger Übereinstimmung mit der hinter ihnen stehenden Gesellschaft und als wären ihre Entschlüsse nicht Ausdruck individuellen Strebens. Sie mochten bei der Erfüllung ihrer Pflicht tüchtiger oder weniger tüchtig sein. Schließlich waren sie jedoch alle das Produkt einer ungebrochenen Tradition, die sich nicht durch beherrschende Persönlichkeiten durchsetzte, sondern ihre Ziele erreichte, weil die ganze Gesellschaft dahinterstand.

Da wir alle dazu erzogen waren, unsere Entscheidungen nach westlicher Art zu treffen, wobei die Betonung auf der Entschlußfassung liegt, fiel es uns außerordentlich schwer, die japanische Mentalität in diesem Bereich zu begreifen. Unsere Verhandlungsmethoden werden vom Gespräch beherrscht; wir versuchen den Gesprächspartner davon zu überzeugen, daß er dem von uns bevorzugten Kurs folgen sollte. Aber ein japanischer Führer trifft eine Entscheidung nicht, indem er seinen Untergebenen seinen Willen aufzwingt; seine Kunst besteht darin, sie so zu beeinflussen, daß sie freiwillig in die gewünschte Richtung gehen. Ein japanischer Führer gibt Entscheidungen nicht bekannt, er ruft sie hervor. Im Westen fallen die Entscheidungen sehr rasch, besonders wenn sie umstritten sind. In unserer Bürokratie muß jedes Machtzentrum überzeugt oder unter Druck gesetzt werden; darunter leidet die Spontaneität oder die Disziplin der Ausführung. In Japan geht dieser Prozeß dem Festlegen einer politischen Linie *voraus*. Der Entscheidungsprozeß nimmt daher lange Zeit in Anspruch, die Ausführung geht jedoch rasch und entschlossen vor sich; ihr besonderer Schwung hat seine Ursache darin, daß alle, die an der Ausführung beteiligt sind, an der Entscheidung mitgewirkt haben.

Die Japaner sind keine Freunde der Konfrontation, bei der es Gewinner und Verlierer gibt; sie beteiligen sich ungern an einem Unternehmen, dessen Ausgang sich nicht vorhersagen läßt. Entscheidenden Sitzungen geht der Besuch zahlloser Beauftragter voraus, die vorsichtig prüfen, welche Folgen sich aus den Wünschen des Verhandlungspartners ergeben. Auf solche Vorbesprechungen folgt eine Pause, in der der nationale Konsensus erreicht werden muß, bevor es schließlich zu einer Vereinbarung kommt. Deshalb sprechen japanische Minister bei internationalen Konferenzen nur selten; sie sammeln dort nur das Rohmaterial für den späteren Entscheidungsprozeß. Der Versuch, diesen Prozeß zu umgehen und einen japanischen Gesprächspartner zu einer Vereinbarung zu zwingen, endet gelegentlich mit einem Scheinerfolg, weil die legendäre japanische Höflichkeit stärker sein kann als die Vorbehalte gegenüber einer voreiligen Zustimmung. Doch nach solchen Vereinbarungen wartet man vergeblich auf die Ausführung. So erklärt sich der Erfolg der Okinawa-Verhandlungen und der Fehlschlag der Textilverhandlungen in den Jahren 1969–1970.

3. *Die Okinawa-Verhandlungen*

Die Besetzung Japans durch die Vereinigten Staaten nach dem Kriege war 1952 zu Ende gegangen, aber noch lange Zeit danach blieben Okinawa und die anderen Ryukyu-Inseln unter amerikanischer Militärverwaltung. Es ist nie ernsthaft bestritten worden, daß diese Inseln unter japanischer Souveränität standen. Wir erhielten den Besatzungsstatus aufrecht, weil Okinawa eine unserer wichtigsten Militärbasen in Asien war. Wir brauchten die dortigen Militärflugplätze für die Verteidigung Koreas und Taiwans; hier befanden sich auch die Ausgangsbasen für Vietnam und behelfsmäßige Reparaturwerkstätten für die Bomber des Typs B-52. Außerdem lagerten wir Kernwaffen auf der Insel. Aber wenn auch Okinawa strategisch so bedeutend war, daß wir es Ende der 60er Jahre immer noch besetzt hielten, so belastete es doch auf die Dauer unsere Beziehungen zu Japan. Insbesondere überschattete dieser Umstand den zwischen den Vereinigten Staaten und Japan bestehenden Sicherheitsvertrag, der das Kernstück unserer gesamten Asien-Strategie bildete. Der Vertrag kam 1960 zu einer Zeit zustande, in der in Japan leidenschaftliche antiamerikanische Demonstrationen stattfanden, die einen geplanten Besuch des Präsidenten Eisenhower unmöglich machten.* Der Vertrag war zunächst auf zehn Jahre abgeschlossen und konnte dann mit einjähriger Frist von jeder Seite gekündigt werden. Das bedeutete, daß antiamerikanische Elemente in Japan 1970 ihre Agitation gegen den Vertrag erneuern würden. Diese peinliche Situation ließ sich nicht vermeiden, wenn die Amerikaner nicht positiv auf das wiederholte japanische Ersuchen eingingen, den Status Okinawas zu revidieren. Japanische Nationalisten und Radikale waren sich einig, die Vorkämpfer in einem gegen Kernwaffen gerichteten Feldzug, der im Lande von Hiroshima und Nagasaki ein besonderes Gewicht hatte, zu sein; die Nationalisten verlangten die Herausgabe verlorenen japanischen Territoriums.

Als Präsident Johnson im November 1967 mit dem japanischen Premierminister Eisaku Sato zusammenkam, hatte man den Japanern gesagt, die Entscheidung über diese Frage müsse wegen der amerikanischen Präsidentschaftswahlen bis zum Jahr 1969 zurückgestellt werden. Aus diesem Grund war die Okinawa-Frage bei Nixons Amtsantritt ein dringendes Problem. Seit dem Gespräch zwischen Sato und Johnson hatten sich die Leidenschaften an diesem Thema erhitzt. Es war zu Demonstrationen gegen die Verwendung der Insel als Basis für die Operationen in Vietnam gekommen. Nach dem Besuch eines mit Kernkraft angetriebenen Flugzeugträgers in Sasebo waren im Wasser angeblich radioaktive Spuren festgestellt worden (die Vereinigten Staaten bestritten, daß diese Radioaktivität etwas mit dem Besuch des Schiffes zu tun habe). Die Volksvertretung auf Okinawa faßte im Februar 1968 einen Beschluß gegen die Stationierung von Bombenflugzeugen des Typs B-52 auf der Insel, und die sozialistischen Oppositionsparteien brachten im japanischen Parlament einen gleichlautenden Antrag ein. Im November 1968 wurde bei den ersten Wahlen dort ein Sozialist zum Regierungschef der Ryukyu-Inseln gewählt. Eine seiner ersten Amtshandlungen war die Erklärung, er werde einen Ausschuß einsetzen, der den schrittweisen Abbau der Militärbasen und die Übergabe der Inseln an Japan überwachen sollte.

Am Tage nach Nixons Amtseinführung ordnete ich die Anfertigung einer interministeriellen Studie zu unserer Japan-Politik an. Darin sollte Okinawa besonders berücksichtigt werden. Auf der ersten Sitzung des Nationalen Sicherheitsrats am gleichen Tage sprachen wir kurz darüber, daß die japanische Regierung dringend die Rückgabe von Okinawa verlangte. Auch auf der ersten offiziellen Sitzung mit den Joint Chiefs of Staff am 27. Januar kam dieses Thema zur Sprache. Die Chiefs hielten unsere Basen auf Okinawa für

* Nixon hoffte, diesen Besuch nachzuholen und als erster amerikanischer Präsident nach Japan zu reisen. Aber auch ihm sollte das nicht gelingen. Im November 1974 unternahm Gerald Ford die für Nixon geplante Reise nach Tokio.

ungeheuer wertvoll, und zwar nicht nur, weil sie unsere Operationen in Indochina erleichterten, sondern auch im Rahmen unserer gesamten strategischen Lage im Pazifik. Andererseits hatten sich die Chiefs auch schon der von mir unterstützten Beurteilung des Außenministeriums angeschlossen, daß eine weitere Annäherung an Japan politisch unbedingt erforderlich sei. Sie wollten jedoch sicherstellen, daß wir diese Basen auch weiterhin möglichst ohne Behinderung durch die Japaner benutzen konnten. Außerdem verlangten sie das Recht, auch in Zukunft auf der Insel Kernwaffen zu lagern. Wenn Okinawa wieder an Japan übergeben wurde und dort die gleichen Einschränkungen galten wie für unsere Basen auf den japanischen Inseln, dann durften wir sie nicht für militärische Operationen verwenden, ohne vorher mit den Japanern gesprochen zu haben. Eine Lagerung von Kernwaffen würde dann nicht mehr möglich sein – eine Einschränkung, auf die wir im Hinblick auf die japanischen Inseln eingegangen waren, weil Japan in dieser Beziehung als einziges Land, das einen Angriff mit Kernwaffen erlebt hatte, besonders empfindlich war. Dadurch ergab sich das schwierige Problem, diese Waffen umlagern zu müssen, denn wir verfügten in diesem Raum über keine dafür geeigneten Basen. Ich war jedoch entschlossen, in enger Zusammenarbeit mit dem Außenministerium eine Lösung zu finden, die den Bedürfnissen aller Beteiligten entsprach. Während unsere interministeriellen Studien noch bearbeitet wurden, erklärte Premierminister Sato im Februar 1969 vor dem japanischen Parlament, er sei »fest entschlossen«, Okinawa für Japan zurückzugewinnen und die Angelegenheit mit dem neuen amerikanischen Präsidenten zu besprechen. Als wollten sie diese Haltung noch besonders unterstreichen, veranstalteten Einwohner von Okinawa Massendemonstrationen vor einem amerikanischen Flugplatz und protestierten gegen die Stationierung der für unsere Operationen in Indochina verwendeten Bomber vom Typ B-52.

An dieser Stelle möchte ich ein Wort über meinen Freund Eisaku Sato sagen. Wie alle führenden japanischen Politiker arbeitete auch er anonym; er gab nie vor, über den nationalen Konsensus hinaus eine persönliche Entscheidungsvollmacht zu haben. Aber sein moralischer Einfluß war so stark, daß man deutlich erkannte, wie sehr er an der Herbeiführung dieses nationalen Konsensus beteiligt war. Selbstverständlich war er ein echter Japaner; er war außerdem ein aufrichtiger Freund der Vereinigten Staaten und sah in der Partnerschaft mit seinem ehemaligen Gegner die beste Garantie für Frieden und Fortschritt in Ostasien und im gesamten pazifischen Raum. In erster Linie fühlte er sich Japan verpflichtet; er war jedoch ein treuer Verbündeter Amerikas, und seine ganze Leidenschaft gehörte dem Frieden. Bei allen Verhandlungen bewies er ungewöhnliches Geschick und Klugheit. Er hatte es nicht verdient, daß die von Nixon hervorgerufenen Erschütterungen – die geheime Reise nach Peking und das im Sommer 1971 vorgelegte Wirtschaftspaket – seiner Amtsführung so große Schwierigkeiten bereiteten. (Wir glaubten, keine andere Wahl zu haben, wie ich in einem der folgenden Kapitel noch erläutern werde.) Er hatte die menschliche Größe, unsere engen persönlichen Beziehungen nicht darunter leiden zu lassen. Ich bewunderte seinen Charakter so sehr, daß ich im Juni 1972, während der beiden letzten Wochen seiner Amtszeit als Premierminister, seinetwegen nach Japan reiste, um mit ihm zu sprechen und ihm ein Essen zu geben. Ich wollte dadurch zeigen, welche Achtung wir vor diesem bedeutenden Politiker hatten. Auch nach seinem Ausscheiden aus dem Amt habe ich Japan niemals besucht, ohne ihn aufzusuchen. Ich bin stolz darauf, ihn zu meinen persönlichen Freunden rechnen zu dürfen. Als er 1974 mit dem Friedensnobelpreis ausgezeichnet wurde, sah er darin einen besonderen Ausdruck unserer guten Verbindungen. Für mich verkörperte er die gelassene innere Kraft, Weisheit und Würde, die zu den besten japanischen Eigenschaften gehören. Für alle, die an Frieden und Freiheit glauben, ist er viel zu früh gestorben.

Während die interministerielle Studie allmählich feste Formen annahm, hielt ich Nixon mit regelmäßigen Berichten auf dem laufenden. Am 8. März schickte ich ihm eine von den Joint Chiefs of Staff verfaßte Denkschrift, die von Verteidigungsminister Laird weitergereicht worden war und die Besorgnis der Chiefs wegen der Lagerung der Kernwaffen und der unbehinderten nichtnuklearen militärischen Verwendung der Basen zum Ausdruck brachte. Zehn Tage später verfaßte ich selbst eine Denkschrift für Nixon und erläuterte darin die wesentlichen Elemente der vor ihm liegenden Entscheidung. Politische Realität war, daß wir uns dem Drängen der Japaner auf Herausgabe der Insel nicht mehr widersetzen konnten; die Agitation gegen unsere Gegenwart dort bedeutete nicht nur eine physische Gefahr, sondern konnte auch die politische Stellung Satos und der regierenden Liberal-Demokratischen Partei in Frage stellen, die die seit zwei Jahrzehnten bestehenden engen Beziehungen zwischen Japan und den Vereinigten Staaten eingeleitet und aufrechterhalten hatte. Kurz gesagt, das militärische und politische Risiko, den Status quo weiterhin aufrechterhalten zu wollen, überwog die militärischen Bedenken dagegen, daß wir einen Teil unserer Flexibilität aufgeben mußten, wenn wir die Basen auf Okinawa unter japanische Souveränität stellten. Unsere Weigerung, eine Vereinbarung auszuhandeln, hätte in der Praxis sogar zum vollständigen Verlust dieser Basen führen können.

In dieser Frage war die Regierung der Vereinigten Staaten ausnahmsweise einer Meinung. Im April gelang es uns, über die Grundzüge unserer Japan-Politik zu einem Konsens zu kommen. Wir waren uns darin einig, daß Japan der Eckstein unserer Asien-Politik war und wir alles daransetzen mußten, die Beziehungen zu diesem Land zu stärken. Wir sollten versuchen, die Gültigkeit des Sicherheitsvertrages ohne Abstriche über das Jahr 1970 hinaus zu verlängern, weil wir glaubten, es werde wegen dieser Frage in Japan zu keinen innenpolitischen Spaltungen kommen, und Japan ermutigen, in Asien eine umfassende politische Rolle zu übernehmen und seine Verteidigungskapazität in gewissen Grenzen zu erhöhen. Allerdings wollten wir die Japaner nicht unter Druck setzen, wesentlich stärkere Streitkräfte zu entwickeln. Über diese Grundsätze einigten wir uns auf der Sitzung eines Prüfungsausschusses am 25. April, und Nixon gab unseren Empfehlungen auf einer Sitzung des Nationalen Sicherheitsrats am 30. April seinen Segen.

Auch bei der Lösung der technischen Fragen der Übergabe machten wir Fortschritte. Die Chiefs of Staff hatten sich damit abgefunden, die Zahl der Basen auf Okinawa zu verringern; sollten die Japaner nicht damit einverstanden sein, uns die uneingeschränkte militärische Verwendung dieser Einrichtungen für Operationen in ganz Asien zuzugestehen, dann konnten wir dieses Recht für die Verteidigung Koreas, Taiwans und Vietnams aushandeln, wenn wir Japan davon überzeugten, daß wir bei der Verteidigung Asiens gemeinsame Interessen hätten. In Wirklichkeit war dies eine rein theoretische Überlegung ohne praktische Auswirkungen. Man konnte sich nur schwer vorstellen, welche anderen Gebiete als die genannten wir von Okinawa aus verteidigen wollten. Schließlich ging es in der Hauptsache nur noch darum, daß die Joint Chiefs of Staff verlangten, wir sollten auch weiter auf dem Recht bestehen, Kernwaffen auf Okinawa zu lagern. Auf der Sitzung des Nationalen Sicherheitsrats am 30. April faßte der Unterstaatssekretär für politische Angelegenheiten und ehemalige amerikanische Botschafter in Japan Alex Johnson das Hauptproblem wie folgt zusammen: Wenn wir in dieser Frage richtig vorgehen, könnte die Übergabe Okinawas Japan veranlassen, für die Stabilität und die Verteidigung des asiatischen Raumes eine größere Verantwortung zu übernehmen. Aber die Frage der Kernwaffen war heikler; wir mußten für die japanischen Vorbehalte Verständnis aufbringen.

Die Verhandlungen über Okinawa, die auf die Sitzung des Nationalen Sicherheitsrats folgten, beweisen, welche Nervenanspannungen hätten vermieden werden können und wieviel wirksamer sich Regierungsarbeit gestalten ließe, wenn es dem Weißen Haus und dem Außenministerium gelungen wäre, auch in anderen Fragen besser zusammenzuarbeiten. Bei der Ausführung der Entscheidung Nixons vom 30. April übernahm Alex Johnson die Aufgabe, die täglich erforderlichen Maßnahmen der einzelnen Ministerien in Washington aufeinander abzustimmen; Botschafter Armin Meyer erwies sich in Tokio als geschickter Verhandlungsleiter. Meine Aufgabe war es, für ein diesen Verhandlungen zuträgliches Klima zu sorgen und mich einzuschalten, wenn es um wichtige Themen ging. Mir kam es in erster Linie darauf an, zu zeigen, daß der Präsident großen Wert auf einen günstigen Ausgang der Verhandlungen legte.

In diesem Sinn sprach ich mit dem japanischen Botschafter Takeso Shimoda am 21. März über die Rolle Japans in Asien. Er wies darauf hin, daß Japan bereit sein würde, im asiatischen Raum eine viel weitergehende Verantwortung zu übernehmen, wenn wir uns 1969 über Okinawa einigten. Es war mir klar, daß wir die Japaner zur Übernahme solcher Verpflichtungen nicht zwingen und diese Verpflichtungen auch nicht präzisieren konnten. Deshalb beschränkte ich mich auf die ebenso nebulöse Zusicherung, der Präsident werde mit positiven Erwartungen in die bevorstehenden Verhandlungen eintreten.

Nixons Entscheidung zu den technischen Fragen wurde den Behörden Ende Mai bekanntgegeben. Sie folgte den auf der Sitzung des Nationalen Sicherheitsrats gemeinsam erarbeiteten Empfehlungen: Wenn wir zu einer befriedigenden Vereinbarung über die Verwendung der Basen zur Verteidigung Koreas, Taiwans und Vietnams kamen, würde Nixon Okinawa wieder der japanischen Souveränität unterstellen und dabei die japanischen Vorbehalte zur Frage der Kernwaffen berücksichtigen – mit anderen Worten, er deutete an, daß er nicht auf dem Recht bestehen würde, Kernwaffen auf Okinawa zu lagern. Vier Tage nach dem Erlaß der Direktive des Präsidenten sikkerte ihr Inhalt durch und wurde – was für uns nicht ungünstig war – von der *New York Times* veröffentlicht. Unsere Verhandlungsposition war daher schon bekannt, bevor die Verhandlungen begonnen hatten.

Die offiziellen Verhandlungen zwischen amerikanischen und japanischen Beauftragten begannen im Juni 1969 über die üblichen diplomatischen Kanäle. Zu diesem Zeitpunkt war im amerikanisch-japanischen Dialog auch noch ein zweites Thema zur Sprache gekommen, das mit Okinawa nichts zu tun hatte, später jedoch damit verknüpft werden sollte. Es handelte sich dabei um Textilien. Während sich die Verhandlungen über Okinawa auf der Ebene der hohen Politik bewegten, wurde aus dem Textilproblem eine schlechte Komödie, die zu Rückschlägen führte und fast ein Fiasko ausgelöst hätte.

Aus verschiedenen Gründen wies unsere Handelsbilanz mit Japan ein chronisches Defizit auf. Ob das – wie die Japaner behaupteten – an der ungewöhnlichen japanischen Produktivität lag oder daran, daß die Japaner ihre Waren auf dem amerikanischen Markt zu Schleuderpreisen anboten und Handelsschranken für ihren eigenen Markt errichteten – wie einige unserer Handelsexperten behaupteten –, die japanischen Exporte nach Amerika, besonders für Fertigwaren, überstiegen bei weitem die amerikanischen nach Japan. Die Japaner hatten leichten Zugang zu unserem Markt, wir hingegen hatten auf dem japanischen Markt nicht die gleichen Möglichkeiten. Die Folge war eine scharfe und oft überwältigende japanische Konkurrenz für viele amerikanische Industrien. Die Handelspraktiken eines anderen Landes ließen ein Ansteigen der Arbeitslosigkeit in Amerika befürchten. Amerikanische Geschäftsleute, Kongreßabgeordnete und Beamte im Wirtschaftsministerium verlangten als Gegenleistung für amerikanische Zugeständnisse in Okinawa eine größere Flexibilität der Japaner in den Handelsbeziehungen mit den Vereinigten Staaten. Unsere Wirtschaftsverbände, die jeweils verschiedene Interessengruppen vertraten, bombardierten die Japaner mit einer Vielzahl von Forderungen und verlangten unter anderem eine Einschränkung des japanischen Exports von Textilien aus Wolle und Synthetik oder den Abbau der einschränkenden Bestimmungen gegenüber amerikanischen Kapitalinvestitionen. Die Vielfalt dieser Forderungen machte sie jedoch unwirksam, denn die Japaner gingen jetzt nur auf diejenigen ein, die ihnen am wenigsten unangenehm waren. Sie betrieben eine in sich geschlossene Gesamtpolitik, während wir nur eine Reihe von Einzelforderungen vorlegten. Damit hatten die Japaner die Möglichkeit, sich auszusuchen, was sie am wenigsten belastete, wobei es sich sehr oft um Waren handelte, deren Exportvolumen inzwischen längst zurückgegangen war. So beschlossen sie z. B. eine Liberalisierung der Bestimmungen für amerikanische Investitionen in Japan und waren sich dabei der Tatsache bewußt, daß es außerhalb der offiziellen Gesetzgebung zahlreiche administrative, gesellschaftliche und kulturelle Hindernisse gab, die schwer zu überwinden waren; sie gaben sogar bekannt, daß ein größeres gemeinsames Geschäft mit dem Unternehmen Chrysler vor dem Abschluß stehe. Ich berichtete Nixon davon und empfahl ihm, hier bestimmte Prioritäten zu setzen. Er war einverstanden und schrieb an den Rand meiner Denkschrift: »Diese Liberalisierung des Kapitalmarkts ist für uns politisch bedeutungslos. Wir müssen mit den Textilien vorankommen.«

Textilien waren für Nixon ein wunder Punkt. Die Textilindustrie im amerikanischen Süden gehörte zu den von der japanischen Konkurrenz am stärksten betroffenen; viele Fabriken hatten geschlossen werden müssen; außerdem verfügte sie über eine mächtige Lobby. Das hatte den Präsidentschaftskandidaten Nixon veranlaßt, den Delegierten und Wählern aus dem Süden im vergangenen Jahr eine eindeutige Zusage zu machen, ein Verfahren, das aus dem alle vier Jahre in den Vereinigten Staaten stattfindenden Wahlritual nicht mehr fortzudenken war. Er hatte versprochen, der Textilindustrie aus ihren Schwierigkeiten herauszuhelfen.

Die neue Regierung war entschlossen, diese Zusage Nixons zu erfüllen. Der Handelsminister Maurice Stans und die zum Stab des Weißen Hauses gehörenden Mitarbeiter Robert Ellsworth und Peter Flanigan wollten sich sofort mit den Japanern in Verbindung setzen und sie veranlassen, ihre Textilexporte freiwillig einzuschränken. Als innenpolitischer Dilettant hielt ich es nicht für richtig, nur über einen Industriezweig zu sprechen, bevor wir einen Gesamtüberblick über die politische und wirtschaftliche Lage gewonnen hatten. Ich zögerte die Sache deshalb hinaus und berief mich dabei auf die Verfahrensregeln bei den Entscheidungsprozessen des Nationalen Sicherheitsrats. Sehr bald wurde ich eines Besseren belehrt. Nixon sagte mir in aller Deutlichkeit, er wünsche eine Vereinbarung auf dem Textilsektor und als Berater des Präsidenten hätte ich mich seinen Wünschen zu fügen. Das war leichter gesagt als getan, denn ich verstand von der Materie so gut wie nichts. Ich mußte mich mit dem mir bis dahin völlig fremden Vokabular des Außenhandels vertraut machen und die Bedeutung von Begriffen wie »Exportsubventionstechniken« verstehen lernen. Ich mußte wissen, an welchen Punkten Handelsbeschränkungen in Kraft traten und welche »Warenkategorien« solchen Beschränkungen unterworfen warfen. Zum Glück ist es mir gelungen, das alles wieder zu vergessen. Im Gedächtnis haftengeblieben ist mir nur die Scheu unserer Wirtschaftsexperten angesichts des Verhandlungsgeschicks der Japaner, das sie veranlaßte, in den Verhandlungen jede nur denkbare Kategorie von Textilien zu berücksichtigen; unsere Leute waren überzeugt, wenn sie das nicht täten, würden die listigen Japaner jedes Schlupfloch ausnutzen, um die ganze Vereinbarung zu unterlaufen.

Sehr zu meinem Kummer und zu meinem späteren Bedauern sah ich mich also in diese Verhandlungen hineinkatapultiert. Meine Aufgabe war es, den mir von Maurice Stans und Peter Flanigan vorgetragenen Verhandlungspositionen das Gewicht des Präsidentenamts zu verleihen. Ich konnte diese Gesichtspunkte nur weitergeben, nicht jedoch darüber verhandeln, denn sobald ich nicht mehr auf dem Boden unserer Positionen stand, war ich verloren. Wie bei meinen späteren Verhandlungen mit Pompidou über Währungsfragen beharrte ich auch hier unerschütterlich auf meinem Standpunkt. Solange mir keine Alternative zur Verfügung stand und ich meinerseits nicht in die Versuchung geriet, meine Phantasie zu strapazieren, mußte die Gegenseite nachgeben, wenn sie zu einer Vereinbarung gelangen wollte.

Meine Tätigkeit begann, als Sato, wie das bei den Japanern üblich ist, einen guten gemeinsamen Freund zu mir schickte, der in der japanischen Regierung eine offizielle Position einnahm. Nun verhandelte der inoffizielle Unterhändler mit einem ahnungslosen Gesprächspartner. Man hätte leicht auf unsere Mitarbeit verzichten können, aber wir erfanden sehr bald ein sehr kompliziertes Kabuki-Spiel. Am 18. Juli suchte mich der Abgesandte Satos auf. Wir richteten einen geheimen Kanal ein, der die Bürokratien beider Länder umging. Allerdings unterrichtete ich infolge meiner Unkenntnis des Verhandlungsgegenstandes die Hauptbeteiligten auf unserer Seite gewissenhaft über jeden einzelnen Zug in diesem Spiel. Sato wollte sich mit Nixon über die Grundprobleme verständigen, und zwar sowohl über die Kernwaffen als auch über die Textilien. Wenn eine grundsätzliche Einigung erreicht war, sollten die Bürokratien beider Seiten die Details ausarbeiten. Ich unterrichtete Nixon von Satos Vorschlag, und er war begeistert: »Lassen Sie uns das sofort erledigen, ohne unsere Zeit lange mit dem Außenministerium zu vertrödeln.«

Nixon hatte sich von Anfang an um eine vorausschauende Japan-Politik bemüht. In seinem Artikel »Asien nach Vienam« hatte er 1967 in *Foreign Affairs* geschrieben:

»Wenn wir Japan heute keine eigenen Streitkräfte anvertrauen und ihm nicht die Verantwortung für seine Verteidigung überlassen wollten, würden wir das japanische Volk und seine Regierung zu einer Ohnmacht verurteilen, die, was immer in der schmerzlichen neueren Geschichte ihre Wurzeln sein mögen, nicht zu der Rolle passen, die Japan spielen *muß*, um seinen Beitrag zur Sicherheit des nichtkommunistischen Asien zu leisten.«

Im gleichen Artikel setzte Nixon seine Vorstellungen von der wichtigen Aufgabe Japans im Rahmen der regionalen Sicherheit auch in Beziehung zu seinen Auffassungen von der Weiterentwicklung der Rolle der Vereinigten Staaten:

»Viele Amerikaner sind kriegsmüde, sie sind nicht mehr bereit, Bündnisse einzugehen oder Auslandshilfe zu geben, und sie leiden unter den ständigen inneren Krisen; deshalb lassen sie sich für die Ideen eines neuen Isolationismus gewinnen. Und sie sind nicht allein; in der gesamten westlichen Welt besteht die Tendenz, sich nach innen zu wenden und nur noch die eigenen Probleme zu sehen, sich zu isolieren – und das ist gefährlich. Es kann aber für die nächste Generation weder Frieden noch Sicherheit geben, wenn wir nicht erkennen, welche gewaltigen Kräfte in Asien am Werk sind, wo mehr als die Hälfte der Weltbevölkerung lebt und das explosivste Potential schlummert.«

Ich verbrachte einige Tage damit, alle Fragen mit dem japanischen Beauftragten durchzusprechen, bevor ich mit dem Präsidenten die Reise zur Landung der Apollo 11 antrat, die uns anschließend um die Welt führte. Der Unterhändler und ich einigten uns auf die allgemeinen Grundsätze einer Textilvereinbarung, die im einzelnen auf diplomatischem Wege ausgehandelt werden sollten. Die Frage der Kernwaffen ließen wir zunächst offen, um sie später wiederaufzunehmen.

Die harmonische Atmosphäre wurde durch eine ganze Reihe von Umständen gestört, die man nicht voraussehen kann und die, wenn sie einmal eingetreten sind, sich offenbar nicht mehr aus dem Wege räumen lassen. Die amerikanische Armee hatte auf Okinawa irgendein Nervengas eingelagert. Ein Major, dessen Schönheitssinn ausgeprägter war als seine Intelligenz, beschloß, die Kanister weiß anstreichen zu lassen. Als die Kanister vor dem Anstrich mit einem Sandstrahlgebläse bearbeitet wurden, entstanden zufällig Löcher, und ein Teil des Gases entwich. Sofort griffen die Medien und der Kongreß den Zwischenfall auf, und Okinawa geriet in den Brennpunkt des öffentlichen Interesses in Japan wie nie zuvor. Drei Wochen lang beschäftigten sich vernünftige Leute ausschließlich damit, einen Ort in den Vereinigten Staaten zu finden, an dem das Gas gelagert werden könnte, aber kein Staat wollte zulassen, daß es auf dem Wege dorthin durch sein Territorium transportiert wurde. Schließlich brachte man es auf die mitten im Pazifik gelegene Johnston-Insel und vernichtete es dort.

Ende Juli stattete Außenminister Rogers Tokio einen Besuch ab (bis dahin hatte er den Präsidenten auf seiner Reise durch Südostasien begleitet), um die offiziellen Gespräche mit den Japanern über Okinawa fortzusetzen. Er wurde von Maurice Stans und dem Landwirtschaftsminister Clifford Hardin begleitet, der mit ihm die Gespräche über den Handel und andere wirtschaftliche Themen führte. Aus dem nach den Verhandlungen veröffentlichten Kommuniqué ging hervor, daß Rogers und der japanische Außenminister Kiichi Aichi »über das Problem der Rückgabe der Verwaltungsrechte in Okinawa an Japan« gesprochen hatten. Der japanische Gesprächspartner ließ jedoch sofort an die Presse durchsickern – und Rogers bestätigte das in einer Pressekonferenz am 3. August –, daß die Vereinigten Staaten der Rückgabe von Okinawa grundsätzlich zugestimmt hätten. Das bestärkte Nixon und Sato in ihrem Entschluß, die Gespräche über die schwierigeren Fragen auf inoffizieller Ebene fortzusetzen, wo der Inhalt nicht so leicht durchsickern konnte.

Die Verhandlungen kamen so gut voran, daß Sato im November zu den entscheidenden Sitzungen nach Washington eingeladen wurde, auf denen die Okinawa-Frage endgültig beigelegt werden sollte. Praktisch standen für die Regierungschefs nur noch zwei Probleme offen: die Lagerung von Kernwaffen auf Okinawa und das Problem des Textilexports, wobei die öffentliche Bekanntgabe von Zugeständnissen die innenpolitische Stellung von Sato hätte gefährden können. Von den für die Innenpolitik zuständigen Beratern des Präsidenten im Weißen Haus wurde mir zu Hause eingehämmert, daß der Präsident auf einer Regelung der Textilfrage bestehe. Ich war alles andere als begeistert davon, ein strategisch so bedeutendes Grundsatzproblem mit einer innenpolitischen Frage von vorübergehender Bedeutung verknüpfen und die Japaner in solch einer Angelegenheit praktisch erpressen zu sollen. Meine Stellung war 1969 aber noch nicht so gefestigt, daß ich mich den Auffassungen aller anderen Mitarbeiter des Präsidenten widersetzen konnte.

Während Nixon Konfrontationen vermied, weil er eine persönliche Aversion dagegen hatte, tat es Sato, weil er sich als kultivierter Mensch nicht darauf einlassen konnte. Daher hatten beide das gleiche Interesse an einem gut einstudierten positiven Ausgang der Verhandlungen. Aus diesem Grund erschien zehn Tage vorher der Beauftragte Satos, um mit mir die Vereinbarungen im einzelnen und den Wortlaut des anschließend zu veröffentlichenden Kommuniqués auszuarbeiten. Alex Johnson und der stellvertretende

Außenminister Marshall Green, die wußten, daß ich vertrauliche Gespräche mit dem Beauftragten Satos führte, empfahlen mir, noch nichts über die Entscheidung des Präsidenten (nicht auf einer Lagerung von Kernwaffen zu bestehen) zu sagen, sondern dies erst in letzter Minute zu tun, um in der Frage des Textilimports möglichst weitgehende Zugeständnisse zu erreichen. Ich erklärte dem japanischen Beauftragten kühl, die endgültige Entscheidung zur Kernwaffenfrage solle erst nach dem Eintreffen von Sato fallen, damit ein Erfolg ihm zum Verdienst angerechnet werden könne.

Diese Strategie bewährte sich zunächst, aber im Endeffekt sah sich Sato nicht in der Lage, sie anzuwenden. Er befand sich im Nachteil. Als er in Washington eingetroffen war, konnte er die Verhandlungen nicht an der Kernwaffenfrage scheitern lassen, denn das hätte die zwischen den Vereinigten Staaten und Japan getroffenen Sicherheitsvereinbarungen gefährdet, die die Hauptstütze der japanischen Außenpolitik darstellten. Der japanische Beauftragte sagte mir daher, Sato werde einem umfassenden Arrangement zustimmen, nach dem die Japaner ihre Textilexporte in die Vereinigten Staaten bis auf eine bestimmte Menge einschränken würden. Stans teilte mir mit, wo diese Grenze lag, und ich gab diese Mitteilung kommentarlos weiter; was mich betraf, hätte sie auch auf japanisch abgefaßt gewesen sein können. Der Beauftragte flog nach Japan zurück, um Sato zu unterrichten. Nach wenigen Tagen bestätigte er, daß die vorgeschlagenen Begrenzungen angenommen werden könnten. Jetzt schien der Erfolg des Treffens zwischen Nixon und Sato gesichert. Doch dann erhielt ich zwei Tage vor Satos Eintreffen einen aufgeregten Telefonanruf aus Tokio. Es war der Beauftragte Satos. Um sich zu tarnen und eventuell mithörende Geheimdienste zu täuschen, nannte er sich »Mister Yoshida«. Während er mir seine Schwierigkeiten erläuterte, sprach er von Sato als »mein Freund« und von Nixon als »Ihr Freund«. (Dieses Spiel »mein Freund – Ihr Freund« verfolgte mich über längere Zeit und hätte mich fast zum Wahnsinn getrieben.) In diesem Gespräch teilte er mir mit, daß Sato (»mein Freund«) das Textilproblem nicht in Geheimverhandlungen werde lösen können; er sei ganz einfach nicht in der Lage, seine Zusagen einzuhalten. Aus innenpolitischen Gründen sei ihm lieber, durch die Weiterführung der offiziellen Handelsgespräche in Genf zu der vereinbarten Lösung zu kommen. »Yoshida« sagte zu, daß dann das gleiche Ergebnis erzielt würde, das etwas umständlichere Verfahren jedoch notwendig sei, um in Japan einen Konsens zu erreichen. Ich setzte mich mit allen interessierten Stellen in unserer Regierung in Verbindung, und sie alle erklärten sich mit diesem Verfahren einverstanden. Wir hätten uns denken können, was nun geschah. Wenn Sato nicht stark genug war, sich an seine Zusage zu halten, wenn es um Okinawa ging, würde er es sicherlich auch nicht bei reinen Handelsgesprächen können, bei denen die Zugeständnisse hauptsächlich von den Japanern gemacht werden sollten, ohne daß wir die Möglichkeit hatten, sie unter Druck zu setzen.

Sato traf am 19. November 1969 im Weißen Haus ein. Er war der Vertreter eines Landes, dessen gesamte Sicherheit und Außenpolitik sich auf die Vereinigten Staaten stützte. Japan verließ sich auf amerikanische Stärke, Entschlußkraft und Führungseigenschaften. In seinem Toast bei dem an diesem Abend gegebenen Essen lobte Sato mit begeisterten Worten die amerikanischen Leistungen bei der Landung von Apollo 12, die eben stattgefunden hatte. Für Sato war das »nicht nur der Sieg einer überlegenen amerikanischen organisatorischen Leistung, sondern auch der Sieg des Ideenreichtums und des Muts des amerikanischenVolkes«.

Dieser Geist beflügelte auch sein Gespräch mit Nixon. In Nixon lernte er einen Mann mit einer gewandten geistigen Haltung kennen. Nixon interessierte sich nicht nur lebhaft für die Beziehungen zwischen den Vereinigten Staaten und Japan, sondern war als Privatmann schon sechsmal in Japan gewesen und hatte eine hohe Meinung von den Persönlichkeiten und Führern des Landes. Besonders bewunderte er Satos Halbbruder Nobusuke Kishi, den ehemaligen Premierminister, der zurückgetreten war, weil er den geplanten Besuch Eisenhowers 1960 hatte absagen müssen. Auch über Sato hatte Nixon bisher nur Gutes gehört.

Sato bestätigte das lebhafte Interesse seiner Regierung, den Sicherheitsvertrag mit den Vereinigten Staaten »über längere Zeit hinaus« zu erweitern. Er versicherte, eine Vereinbarung über Okinawa werde den Gegnern freundschaftlicher Beziehungen zwischen den Vereinigten Staaten und Japan den Wind aus den Segeln nehmen. Sato deutete an, nachdem das Problem Okinawa aus dem Wege geräumt sei, werde Japan seine Verteidigungskapazität erhöhen können. Nixon seinerseits bestätigte seine persönliche enge Beziehung zu Japan im Sinne des 1967 von ihm in *Foreign Affairs* veröffentlichten Artikels. Er forderte Japan auf, im Rahmen der Verteidigung des pazifischen Raums umfassendere Aufgaben zu übernehmen, und verlieh seiner Befriedigung darüber Ausdruck, daß Japan sich in jüngster Zeit bemüht habe, seine Luft- und Seestreitkräfte zu verstärken. Dazu sagte Nixon, er hoffe, Japan könne zur Stärkung des freien Asien wirtschaftliche und technische Hilfe für die Entwicklungsnationen in diesem Raum beitragen. Sato stimmte ihm in diesen Punkten zu, und das gemeinsame Kommuniqué betonte ausdrücklich Japans Beteiligung an der Sicherheit Südkoreas, Taiwans und Südvietnams. Außerdem verpflichtete sich Japan, »weitere aktive Beiträge zum Frieden und Wohlstand Asiens zu leisten«. Um diesen gemeinsamen Bemühungen einen symbolischen Ausdruck zu verleihen, wurde ein heißer Draht zwischen Tokio und Washington eingerichtet. (Diese ersten Anzeichen japanischer Aktivität wurden in Peking zunächst wenig freundlich aufgenommen. Bei meinem ersten Besuch in China beschuldigte uns Tschou En-lai, Japan wieder auf seinen traditionellen nationalistischen Weg zu führen. Ich brauchte einige Zeit, um ihn davon zu überzeugen, daß sich das Bündnis zwischen den Vereinigten Staaten und Japan nicht gegen China richte; ich sagte, es würde der sicherste Weg sein, den japanischen Nationalismus wiederzubeleben, wenn sich China und die Vereinigten Staaten bei ihrem Werben um Tokios Gunst gegenseitig Konkurrenz machten.)

Die Auswirkung dieser Entwicklung auf die Okinawa-Frage bestand darin, daß wir aus dem theoretischen Interesse Japans für die Sicherheit Koreas, Taiwans und Vietnams den Grundsatz der unbestrittenen Berechtigung ableiteten, zur Verteidigung dieser Länder konventionelle Waffen einzusetzen. Nun blieb nur noch die Frage nach den Kernwaffen offen. Nixon hatte sich bereit erklärt, auf die Lagerung von Kernwaffen auf Okinawa zu verzichten; wir hielten es jedoch für wichtig, die Zusicherung zu erhalten, daß wir sie im Notfall wieder dorthin verlegen dürften. Daraus entwickelte sich ein komplexer Gedankenaustausch zwischen »Yoshida« und mir, bei dem wir uns darum bemühten, eine Formel zu finden, die den innenpolitischen Notwendigkeiten auf beiden Seiten entsprach. Die Japaner verlangten eine Erklärung über die Behandlung von Kernwaffen entsprechend »der Politik der japanischen Regierung, wie sie vom Premierminister erläutert worden ist«. Das konnte alles bedeuten; im Sinne der Japaner war es das Verbot der Lagerung und des Einsatzes von Kernwaffen. Unsere Joint Chiefs verlangten andererseits eine Formel, die es ihnen ermöglichte, im Notfall Kernwaffen heranzubringen. In gewissem Sinne stritten wir uns um eine Schaufensterdekoration; eine so wichtige Entscheidung wie die Lagerung von Kernwaffen konnte nicht vom Wortlaut irgendwelcher Kommuniqués abhängig gemacht werden, die irgendwann einmal herausgegeben worden waren. Eine Änderung solcher Vereinbarungen bedurfte jedoch auf jeden Fall der Zustimmung *beider* Länder, die aber nicht zu erreichen war, bevor wir aus dem zum großen Teil von uns selbst erzeugten Dilemma herausgekommen waren.

Alex Johnson und ich fanden schließlich eine ebenso geniale wie nichtssagende Formel. Der amerikanisch-japanische Sicherheitsvertrag sah für Notfälle vorherige Konsultationen vor. Wenn wir diesen Umstand in dem Kommuniqué erwähnten, dann waren die Forderungen beider Seiten erfüllt: Sato hatte die antinukleare Haltung seiner Regierung gewahrt, und Nixon konnte behaupten, die Klausel gäbe uns das Recht, auch noch vor Eintreten eines akuten Notfalls die Frage der Stationierung von Kernwaffen auf Okinawa auf den Tisch zu legen. Ich legte »Yoshida« diese Formel vor, und er ließ sie von Sato genehmigen.

Jetzt erhob sich die Frage, wie die Formel entstehen und wer sie bekanntgeben sollte. »Yoshida« und ich arbeiteten ein Szenarium aus und wiesen unsere Vorgesetzten sehr genau ein, damit alles protokollgerecht ablaufen konnte.

»Yoshida« erkundigte sich bei Sato, der meinte, das könne gelingen.

Sato wollte zunächst die japanische Standardhaltung einnehmen und sich *jeder* Verwendung von Kernwaffen widersetzen. Darauf sollte Nixon mit einer sehr scharfen Formulierung unserer Höchstforderung antworten. Nach einiger Überlegung sollte Sato dann den vorher abgesprochenen Kompromißvorschlag machen. Nach einer kurzen Bedenkzeit für die anwesenden Beamten (oder für das Protokoll) würde Nixon auf Satos »Kompromißvorschlag« eingehen. Auf diese Weise war der Vorschlag von den Japanern ausgegangen und ihnen nicht aufgezwungen worden; das Protokoll war einwandfrei.

Nachdem wir diese peinliche Frage aus dem Wege geräumt hatten, bereitete uns der Rest keine großen Schwierigkeiten mehr. Nixon und Sato kamen überein, die Verwaltungsrechte auf Okinawa an Japan zurückzugeben und die technischen Gespräche mit dem Ziel zu eröffnen, die Übergabe bis 1972 zu vollziehen (der Termin wurde eingehalten; am 15. Mai 1972 wurde Okinawa offiziell an Japan zurückgegeben). Die Verwendung der Basen für den Fall eines Konflikts mit konventionellen Streitkräften wurde ermöglicht, als beide Seiten sich ausdrücklich darüber einigten, daß die Übergabe »ohne die Sicherheit des Fernen Ostens zu beeinträchtigen« stattfinden und deshalb »die wirksame Erfüllung der von den Vereinigten Staaten für die Verteidigung von Ländern im Fernen Osten einschließlich Japan übernommenen internationalen Verpflichtungen nicht behindern sollte«. Im Schlußkommuniqué über den Besuch Satos wurde ein Passus aufgenommen, demnach sich Präsident Nixon verpflichtete, im Hinblick auf Okinawa »die besonderen Gefühle des japanischen Volks gegenüber Kernwaffen« zu berücksichtigen. Mit anderen Worten, Okinawa sollte ebenso »kernwaffenfrei« bleiben wie das übrige Japan, ohne jedoch die Möglichkeiten für die gegenseitige Konsultation bei Notfällen zu präjudizieren, wie dies im Sicherheitsvertrag vorgesehen war.[2] Im privaten Gespräch brachte Sato Nixon gegenüber seine »tiefe Dankbarkeit« darüber zum Ausdruck, daß er die »großherzige« Entscheidung getroffen habe, Okinawa an Japan zurückzugeben.

So ging eine komplexe Verhandlungsrunde mit einem Akt des Weitblicks und der staatsmännischen Klugheit zu Ende. Krisen, die vermieden worden sind, machen keine Schlagzeilen. Oberflächlich betrachtet war nur Okinawa zurückgegeben worden, doch in Wirklichkeit war es uns gelungen, die guten Beziehungen zwischen den Vereinigten Staaten und Japan zu erhalten. Wir zogen die Kernwaffen von der Insel ab und akzeptierten bestimmte Einschränkungen hinsichtlich ihrer Verwendung durch konventionelle Streitkräfte. Damit vermieden wir es, alles aufgeben zu müssen. Unsere Basen auf

Okinawa bestehen seit 1972 weiter, ohne daß es eine japanische Einmischung oder eine wesentliche Opposition der öffentlichen Meinung dagegen gegeben hätte, und die Verhandlungen über Okinawa haben das Fundament für eine engere Partnerschaft zu Japan gelegt. Nixon strahlte und hatte nicht ganz unrecht, als er beim Abschied von Sato erklärte: »Bei solchen Gelegenheiten ist es üblich, zu sagen, daß in den Beziehungen zwischen den beiden Ländern eine neue Ära begonnen hat. Heute glaube ich jedoch, daß dies ohne Frage den Tatsachen entspricht und zwischen den Vereinigten Staaten und Japan eine neue Ära beginnt, und zwar nicht nur in unseren bilateralen Beziehungen im pazifischen Raum, sondern in der ganzen Welt.« Sato sagte in einem Brief etwa das gleiche: »Ich bin überzeugt, unsere beiden Länder sind jetzt in eine Ära gegenseitiger kooperativer Beziehungen eingetreten, die auf einem viel festeren Fundament stehen als je zuvor.«

Die Zufriedenheit über die Entwicklung unserer Beziehungen zu Japan erhöhte sich noch durch den Ausgang der am 27. Dezember 1969 in Japan abgehaltenen allgemeinen Wahlen, die die Liberaldemokraten Satos mit einer noch größeren Mehrheit an die Macht brachten, als man erwartet hatte (mit 288 von 486 Abgeordneten im Parlament). Nach unserer Auffassung war das eine Bestätigung des Verhandlungsergebnisses in der Okinawa-Frage. Die japanischen Befürworter eines guten Verhältnisses zu den Vereinigten Staaten sahen sich gestärkt; Sato würde jetzt in der Lage sein, im Fall seines Rücktritts die Wahl seines Nachfolgers zu beeinflussen. Nicht ganz zu Unrecht bezeichnete Nixon die Okinawa-Initiative in seinem außenpolitischen Bericht vom Februar 1970 als »eine der wichtigsten Entscheidungen, die ich als Präsident getroffen habe«.

4. Das Fiasko der Textilverhandlungen

Die Verhandlungen über die Textilimporte stellten uns vor ein wesentlich heikleres Problem. »Mister Yoshida«, der auch nach Washington gekommen war, um seine geheime Vermittlerrolle wiederaufzunehmen, rief mich am Abend nach der Ankunft Satos an, um mir zu sagen, daß sich Sato die Angelegenheit mit den Textilexporten noch einmal überlegt habe, in der wir übereingekommen waren, die Höchstmengen der japanischen Exporte in Genf auszuhandeln, und die Sache über Nacht noch einmal »überdenken« wolle. Ich sagte, es tue mir leid, daß er seine Zusage so rasch wieder zurücknehme. Am nächsten Morgen rief mich »Yoshida« wieder an und sagte, »sein Freund« werde sich an die Verabredungen halten. Nach den japanischen Wahlen werde Sato die Angelegenheit bei den offiziellen Gesprächen in Genf in der vereinbarten Weise regeln. Das könnte aber nur geschehen, wenn wir in unserem Kommuniqué (über den Besuch Satos in Washington) die Textilien nicht erwähnten. Da die Lösung in Verhandlungen gefunden werden sollte, die noch nicht begonnen hatten, konnte Sato das Ergebnis nicht schon im voraus bekanntgeben. Es hätte auch unsere Beziehungen belastet, wenn der Anschein erweckt worden wäre, wir hätten Okinawa im Austausch für Konzessionen im Textilhandel an die Japaner übergeben. Im wirtschaftlichen Teil des Kommuniqués wurde deshalb nur über ein anderes Lieblingsthema von Maurice Stans gesprochen; die Regierung Sato verpflichtete sich, Beschränkungen für Importe nach Japan und Investitionen ausländischer Firmen abzubauen. Das Textilproblem wurde mit keinem Wort erwähnt.

Dennoch schien alles erwartungsgemäß zu laufen. Am zweiten Tag seiner Besprechungen mit Nixon versprach Sato ausdrücklich, daß die Textilfrage nach den Wünschen des Präsidenten gelöst werden würde, und erklärte, die volle Verantwortung dafür übernehmen zu wollen. Hier stehe seine persönliche Glaubwürdigkeit auf dem Spiel, und er werde alles tun, was in seinen Kräften liege. Nixon sagte, das genüge ihm, und schüttelte Sato die Hand. Sato verwendete nicht das Wort »umfassend«, doch »Yoshida« versicherte mir am gleichen Abend in einem Gespräch, Sato werde sich an die Verabredung halten. Nach Satos Abreise rief mich »Yoshida« im Dezember wieder an und bestätigte Satos Zusage bezüglich der Vereinbarungen über die Textilien. Es werde eine umfassende Lösung geben, wenn auch dieses Wort nicht offiziell verwendet würde, um Sato innenpolitische Schwierigkeiten zu ersparen. Das war verständlich, denn Sato hatte für den 27. Dezember allgemeine Wahlen ausgeschrieben.

Bei Verhandlungen ist es gefährlich, Ergebnisse zu erwarten, die die innenpolitischen Kapazitäten eines Verhandlungspartners oder sogar beider überfordern. Das Textilproblem wurde nicht in dem Sinne gelöst, wie Nixon und Sato es verabredet hatten, weil praktisch niemand in beiden Regierungen wußte, wie das Ziel zu erreichen sei oder worum es eigentlich ging. Japanische Beamte auf niedrigerer Ebene lehnten unsere offiziellen Vorschläge, die sich auf die Vereinbarung Satos und Nixons gründeten, sofort ab. Ich rief »Yoshida« an, der mir wieder sagte, Sato werde sich an die Verabredung halten, halte sie aber geheim, weil er hoffe, das werde es ihm politisch und bürokratisch erleichtern, zum gewünschten Ergebnis zu kommen. Ich unterrichtete Alex Johnson über alle Einzelheiten und sagte: »Das ist ein Kabuki-Spiel.« Eigentlich war es eher eine Geschichte von Kafka.

Die offiziellen amerikanisch-japanischen Gespräche über den Textilhandel wurden auf verschiedenen Ebenen weitergeführt, doch nirgends glichen die Vorschläge der japanischen Regierung den Zusagen Satos. Sato stieß auf den harten Widerstand der japanischen Textilindustrie und ihrer Gönner im Ministerium für internationalen Handel und Industrie, dem japanischen Gegenstück zu unserem Handelsministerium. Sato hatte keine rechtliche

Handhabe, seiner Industrie eine Lösung aufzuzwingen, mit der sie nicht einverstanden war. Er bildete sogar sein Kabinett um und löste den japanischen Handelsminister ab, doch auch der neue Minister widersetzte sich den vereinbarten Zugeständnissen.

Unsere Seite war sich über das Problem einig. Um unsere Ziele zu erreichen, mußten wir, wie wir glaubten, zunächst eine sehr harte Haltung einnehmen, die Sato in die Lage versetzen würde, seine Vereinbarung mit Nixon als Kompromiß darzustellen. Doch unsere Beamten auf mittlerer Ebene, die nur aus der Haltung ihrer japanischen Verhandlungspartner entnehmen konnten, was für uns erreichbar sei, glaubten nicht, daß wir Höchstforderungen durchsetzen könnten. Sie verlangten, wir sollten von »realistischen Voraussetzungen« ausgehen, und weigerten sich, die in unserem Plan vorgesehene harte Haltung einzunehmen. Unsere Unterhändler stellten das als Ausgangsbasis auf, was wir als Endergebnis erwarteten, anstatt eine harte Haltung einzunehmen. Damit geriet Sato natürlich in eine unhaltbare Position, wenn wir erwarteten, daß er die amerikanischen Forderungen vollständig erfüllte. So kam es zu verzweifelten Telefongesprächen mit »Yoshida«, der mir vorwarf, wir hätten nicht wie versprochen die überzogenen amerikanischen Forderungen gestellt – sicher eine der wenigen Gelegenheiten, bei denen eine ausländische Regierung sich darüber beschwerte, daß man ihr ein zu konziliantes Angebot gemacht habe.

Während unserer Verhandlungen nahm im Kongreß der Druck zu, jetzt die schwerste Artillerie aufzufahren, die es in der Wirtschaftspolitik gibt – es sollten Gesetze eingebracht werden, mit denen die Einfuhr japanischer Textilien wesentlichen Restriktionen unterworfen wurde. Es bestand also die Gefahr, daß sich die Frage des Textilhandels nicht mehr gütlich regeln lassen, sondern daß es deswegen zu einer Konfrontation kommen würde.

Im Februar 1970 lud mich »Yoshida« nach Japan ein, um die Angelegenheit dort in Ordnung zu bringen. Ich hatte durchaus nicht das Bedürfnis, mich so intensiv mit einer Angelegenheit zu beschäftigen, von der ich nur wenig verstand und zu deren Lösung ich kaum etwas beitragen konnte. Deshalb bat ich Alex Johnson, mir eine Alternative vorzuschlagen. Alex riet mir, den Spezialisten für Außenhandelsfragen im Außenministerium, Phil Trezise, nach Japan zu schicken. »Yoshida« lehnte diesen Vorschlag ab und erklärte, die Verhandlungen könnten nur mit einem Kabinettsmitglied geführt werden. Nun fiel meine Wahl auf Maurice Stans. Nachdem wir »Yoshida« so weit entgegengekommen waren, rief er mich nach fünf Tagen an und sagte, wir sollten abwarten. Die Japaner hatten sich noch auf keine Lösung einigen können. Stans' Reise wäre vergeblich gewesen.

Statt dessen kam im März ein japanischer Unterhändler nach Washington und brachte unbefriedigende Vorschläge mit. »Yoshida« rief mich an und behauptete, die japanischen Vorschläge sähen nur unannehmbar aus. In

Wirklichkeit sei die japanische Haltung viel flexibler. Weder Alex Johnson noch Maurice Stans oder ich konnten das einsehen. In weiteren Telefongesprächen sagte »Yoshida« ein weiteres Entgegenkommen zu und bat mich, die Verhandlungen nicht abzubrechen. Wie üblich informierte ich Johnson und Stans und sagte »Yoshida«, wir würden auf seine neuen Vorschläge warten. Wir werden nie wissen, was hätte geschehen können, denn nun legte ein prominenter amerikanischer Geschäftsmann, ein Befürworter des freien Handels, der den Erlaß restriktiver amerikanischer Handelsgesetze vermeiden wollte, in Tokio seinen eigenen Kompromißvorschlag vor. Er tat das aus eigener Initiative, doch die Japaner nahmen Zuflucht zu seinen Vorschlägen. Sie gingen nicht ganz so weit wie die Vorstellungen des Außenministeriums, die zu »weich« gewesen waren, als daß Sato dagegen einen Kompromiß hätte anbieten können, und sie lagen unter dem, was Sato nach den Aussagen »Yoshidas« bereit gewesen wäre zuzugestehen. Kein Wunder, daß die Japaner sofort auf die Ideen des Geschäftsmannes eingingen. Stans und Johnson baten mich, »Yoshida« anzurufen und ihm zu sagen, der Geschäftsmann habe selbständig und nicht im Auftrag der Regierung gehandelt. Nixon sagte mir, ich solle das Geschäft mit Satos Verbindungsmann »aushandeln«. Es seien zu viele Leute daran beteiligt. Ich erklärte mich dazu bereit. Es wäre nicht klug gewesen, zuzulassen, daß die Japaner sich schließlich unter zu vielen Angeboten das für sie günstigste aussuchten.

Die Komödie ging noch zwei Jahre weiter und folgte dabei ungefähr dem gleichen Muster. Der japanische Handelsminister Kiichi Miyazawa kam im Juni 1970 nach Washington und traf sich dort mit Stans (mit meiner und Johnsons Zustimmung). Die Vorschläge Miyazawas widersprachen, wie Stans meinte, allem, was die Japaner im Laufe der Verhandlungen zugestanden hatten, und hatten nicht mehr die geringste Ähnlichkeit mit dem Sato-Plan (wie Stans grimmig kommentierte, nahm der Handelsminister eine »Kamikaze-Haltung« ein). Das veranlaßte den Präsidenten, »widerwillig« auf eine gesetzliche Regelung durch Importquoten zurückzukommen. Inzwischen gab ich Stans und Johnson deutlich zu verstehen, daß ich mich nur ungern an weiteren Verhandlungen beteiligen würde, sie baten mich aber, auch weiter mitzuarbeiten. Meine vertraulichen Kanäle schienen die einzige Hoffnung dafür zu bieten, daß wir einen Ausweg aus diesem Chaos fanden. Der Berater des Präsidenten für internationale Wirtschaftspolitik, Peter Flanigan, wurde im Herbst 1970 ebenfalls eingeschaltet, und wir unternahmen einen weiteren vergeblichen Versuch, zu einer Vereinbarung mit den Japanern zu kommen.

Im gleichen Herbst besuchte Premierminister Sato zur Feier des Jahrestages der Vereinten Nationen Amerika. Sein allgegenwärtiger geheimer Unterhändler reiste ihm voraus – aber diesmal war es nicht »Yoshida«. Der neue Mann erklärte, Sato werde es als eine Ehrensache ansehen, die Textilangelegenheit in Ordnung zu bringen, wenn er Nixon besuchte. Ich riet ihm dringend davon ab, die Angelegenheit zu erwähnen, wenn Sato nicht wirklich konkrete Angebote machen könnte. Nixon hatte Verständnis dafür, daß es manchmal unüberwindliche innenpolitische Hindernisse gibt, die sich den besten Absichten der Staatsmänner in den Weg stellen. Diese Erfahrung hatte er auch selbst gemacht. Ein neuer Mißerfolg hätte jedoch das gegenseitige Vertrauen erschüttern können.

Doch Sato bestand darauf, die Textilfrage noch einmal in Angriff zu nehmen. Es wiederholten sich die Vorgänge des vergangenen Jahres. Sato erklärte, er werde zu 14 von 16 Forderungen seine Zustimmung geben. Die Erledigung der beiden letzten Punkte wollte er bis zu seiner Rückkehr offenlassen, damit die endgültige Entscheidung in Tokio und nicht in Washington getroffen werden könnte. Nachdem sich Sato von Nixon verabschiedet hatte, fuhr er um das Weiße Haus herum zur West Executive Avenue und erschien unerwartet in meinem Büro. Er sagte, er wolle seine Zusage in Gegenwart meiner Mitarbeiter bestätigen. Dann wiederholte er, was er Nixon gesagt hatte.

Sato kehrte nach Tokio zurück, aber nichts geschah. Wir blieben in der Sackgasse. Ich zweifle nicht an Satos Aufrichtigkeit. Er war viel zu intelligent, um einer Entscheidung auf so plumpe Art auszuweichen, und viel zu ehrenhaft, um gegenüber einem Land, das er schätzte, und einem Präsidenten, den er achtete, solche Tricks anzuwenden. Wir hatten zuviel von ihm verlangt, er hatte mehr versprochen, als er halten konnte, und jetzt war es ihm unendlich peinlich, nicht zu seinem Wort stehen zu können. Die Schuld lag auf beiden Seiten.

Anfang 1971 gelang es dem Vorsitzenden des Bewilligungsausschusses im Kongreß, Wilbur Mills, in ungewöhnlich geschickten Verhandlungen mit der japanischen Textilindustrie zu einer Vereinbarung zu kommen. Die amerikanische Textilindustrie und das Weiße Haus erklärten sie für unbefriedigend. Der ehemalige Finanzminister und Sonderbotschafter David Kennedy übernahm 1971 die Leitung bei den Textilverhandlungen. Jetzt geriet dieses Problem in den Schatten der am 15. August 1971 von Nixon verkündeten neuen Wirtschaftspolitik; das war der zweite »Nixon-Schock« des Jahres 1971 (nach dem Geheimbesuch Chinas) und zum großen Teil das Ergebnis der fehlgeschlagenen Handelsgespräche zwischen den Vereinigten Staaten und Japan. Unter diesen Zwängen und angesichts der möglichen Einführung von Importquoten aufgrund einer Anordnung des Präsidenten nach dem 1917 erlassenen Gesetz über die Handelsbeziehungen mit ehemaligen Feindstaaten einigten sich die Japaner endlich am 15. Oktober 1971 mit Botschafter Kennedy.

Die Kritik warf uns später vor, die sogenannte Nixon-Kissinger-Diplomatie habe auch hier das Wesen des pluralistischen politischen Systems eines demokratischen Verbündeten nicht begriffen, in dessen Rahmen die politischen Führer den Entscheidungsprozeß nicht so beherrschen wie in Diktaturen.[3] Vielleicht habe ich nicht alle Feinheiten der innenpolitischen Struktur in Japan begriffen, aber das Problem, mit dem wir es hier zu tun hatten, verstand ich nur zu gut. In Wirklichkeit war es eine Verhandlung über vertrauliche Kanäle »im üblichen Sinne«; ich hatte gezwungenermaßen in jedem Augenblick die leitenden Beamten im Außen- und Handelsministerium auf dem laufenden gehalten, obwohl mich Nixon immer wieder davon abzuhalten versuchte. Auch die anderen Behörden hofften, die guten Beziehungen zwischen dem Weißen Haus und Sato könnten dazu beitragen, die Unsicherheit bei beiden Verhandlungspartnern zu beseitigen. Die Schwierigkeiten waren auch nicht daraus entstanden, daß Nixon eine unbestimmte Zusage von Sato mißverstanden hätte, wie behauptet wurde.[4] Sato ließ sein ausdrückliches Versprechen durch den von ihm beauftragten Mittelsmann immer wieder bestätigen. Der eigentliche Fehler war wahrscheinlich das Versprechen Nixons während seines Wahlfeldzugs von 1968, das einen außenpolitisch zu hohen Preis forderte.

Aber das wirkliche Problem lag natürlich tiefer und hat auch künftig fundamentale Bedeutung für alle demokratischen Industriestaaten. Obwohl Japan, Kanada, die Vereinigten Staaten sowie alle westeuropäischen Nationen politische und militärische Verbündete sind, sind wir natürlich auch wirtschaftliche Konkurrenten. In jeder Demokratie ist die Wirtschaft ein Machtfaktor, der seinen Einfluß ebenso geltend macht wie die politische Autorität, die in Wirtschaftsfragen Entscheidungen fällt. Noch keine Regierung hat das Problem gelöst, wie eine autonome nationale Wirtschaftspolitik verfolgt werden kann, ohne die Beziehungen zu den politischen Verbündeten zu belasten, die zugleich Handelskonkurrenten sind; noch weniger ist es uns bisher gelungen, die wirtschaftlichen Zielsetzungen so zu koordinieren, daß sie den Zusammenhalt der freien Völker stärken. Wir reden von gegenseitigen Verbindungen, aber wir haben nur zögernd akzeptiert, daß das ein bestimmtes Maß an Abhängigkeit einschließt.

Wir haben es daher heute unter den demokratischen Industriestaaten noch immer mit einem Widerstreit bei den Außenhandelsinteressen zu tun. Als Konkurrenzkampf und Protektionismus nach der Energiekrise 1973 bis 1974 wiederauflebten, gerieten die Industriestaaten in eine lang andauernde Rezession. Das Textilfiasko war einer der wenigen Rückschläge in der sonst eindrucksvollen japanischen Wirtschaftspolitik. Aber die Verwundbarkeit der amerikanischen Politik durch protektionistische Zwänge, die uns veranlaßte, so viel Energie für eine Vereinbarung mit Japan einzusetzen (um etwa brutale legislative Maßnahmen zu verhindern), bleibt eine ernstzunehmende Schwäche im amerikanischen System. Der Protektionismus ist das Hilfsmittel der wirtschaftlich Schwachen; eine klügere nationale Politik würde sich darum bemühen, die Mobilität der Arbeitskräfte und Rohstoffe zu fördern, um es zu ermöglichen, schwächere Industriezweige aufzugeben und sich an ihrer Stelle produktiveren zuzuwenden. Vor allem aber ist der Protektionismus nicht zu verantworten in einer Nation, die nach der Führung im Rahmen des Bündnisses der demokratischen Industriestaaten strebt.

Damit gerieten wir in einen Konflikt, bei dem es aus staatsmännischen Erwägungen notwendig war, auf wirtschaftlichem Gebiet die grundsätzliche Interessengemeinschaft zu betonen, die angesichts der offensichtlichen Bedrohung unserer Sicherheit von außen unserem Interesse widersprechen würde. Die Gefahr liegt andererseits darin, daß der verstärkte wirtschaftliche Wettbewerb gerade diese Interessengemeinschaft unterminieren könnte, die unsere Freiheit schützt und garantiert. Dieser Herausforderung werden wir uns noch stellen müssen.

X. Worte und Schatten: Die Entwicklung der Nahost-Strategie

Als ich mein Amt übernahm, wußte ich vom Nahen Osten nur sehr wenig. Ich hatte noch nie ein arabisches Land besucht und war mit der Liturgie der Verhandlungstechniken im Nahen Osten nicht vertraut. Zum erstenmal hörte ich bei einem Essen in der britischen Botschaft im Februar 1969 von einer der Grundregeln der Diplomatie in diesem Gebiet. Irgend jemand bediente sich der sakramentalen Sprache der Resolution 242 des Sicherheitsrats der Vereinten Nationen und murmelte etwas über die Notwendigkeit eines gerechten und dauernden Friedens innerhalb sicherer und anerkannter Grenzen. Mir kam diese Phrase so platt vor, daß ich dem Sprecher sagte, ich hätte den Eindruck, er wolle mich auf den Arm nehmen. Das war ein Fehler, den ich nicht wiederholen durfte. Am Ende meiner Amtszeit hatte ich mein Verhalten dem aller anderen erfahrenen Nahost-Unterhändler angepaßt; das Wort war zur Realität geworden, Form und Substanz waren zu einer Einheit verschmolzen. Ich war versunken in die Zweideutigkeiten, Leidenschaften und Enttäuschungen jener so erregenden und heroischen Region, die einen zum Wahnsinn treiben konnten. Wenn der Leser feststellen wird, daß die in diesem Kapitel geschilderte Diplomatie ein furchtbarer Sumpf aus endlosen Manövern und Verwirrungen ist, dann weiß er, was ich damals gefühlt habe.

Vor 1969 kannte ich dieses Gebiet persönlich nur durch drei kurze private Besuche in Israel während der 60er Jahre. Besonders lebendig erinnere ich mich noch an meinen Besuch im Kibbuz Ginossar. Hier war Yigal Allon zu Hause, der 1957 als Student an meinem internationalen Seminar in Harvard teilgenommen hatte und später als stellvertretender israelischer Premierminister und Außenminister mein Kollege wurde. Sein Kibbuz liegt am Ufer des Sees Genezareth. Jeder Quadratzentimeter dieses intensiv kultivierten Bodens trägt die Spuren des Glaubens und des Leidens unter den ungünstigen Verhältnissen der geographischen Lage und des Kampfes. Ich erinnere mich, auf der anderen Seeseite am Rande des Hanges der Golan-Höhen in Schußweite syrischer Gewehre ein einsames Fischerboot gesehen zu haben. Damals dachte ich, wie wenig doch die materialistischen Philosophen von menschlichen Motiven verstehen. Hier lebte ein Volk, das sich durch Jahrtausende der Verfolgung von seinem Glauben hatte stärken lassen und nun gekommen war, die Erfüllung seiner Träume zu finden, die während dieser ganzen Zeit mächtiger gewesen waren als die tragische Wirklichkeit. Aber ich dachte auch, daß sich die Bedeutung dieses Glaubens nicht in der heroischen Verteidigung eines Landes erschöpfen durfte, das sich in ein anderes belagertes Ghetto zu verwandeln drohte. Früher oder später mußte es möglich sein, sich mit den Männern und Frauen zu versöhnen, die auf jenen Höhen zu Hause waren. Der Friede im Nahen Osten war nicht nur eine physische Notwendigkeit, sondern auch die Verwirklichung eines geistigen Bedürfnisses. Damals habe ich noch nicht daran gedacht, daß ich mich eines Tages am Ringen um diesen Frieden beteiligen würde.

Auch verstand ich damals noch nicht ganz, weshalb die Flut der Worte, mit denen die verschiedensten Forderungen gerechtfertigt wurden, die fundamentalen Positionen eher verschleierte als beleuchtete. In jener unfruchtbaren Region der Wüste und der kahlen Berge, in der drei große Weltreligionen ihren Ursprung genommen hatten, ist man versucht, die Dinge zu übertreiben. Diese Versuchung verstärkt sich dadurch, daß die geographische Beschaffenheit des Landes der menschlichen Phantasie keine Grenzen setzt. Nur wer sich uneingeschränkt seiner Aufgabe verschreibt, kann in einer so feindlichen Landschaft und in einem so harten Klima überleben; der Trost des Menschen liegt in erster Linie nicht in der Natur, sondern im Glauben und in den menschlichen Beziehungen. Nirgends sonst findet man so viele scharf profilierte Führerpersönlichkeiten; nirgends spielen die Überzeugungen einzelner Staatsmänner eine so entscheidende Rolle. Der Mensch ist mit seinen Mitmenschen durch den Glauben verbunden, und das Wort hat hier oft entscheidende Bedeutung. Ob in der talmudischen Exegese der Israelis oder in der Neigung der Araber zur epischen Dichtung – allzuleicht überschreitet man die Linie, die zwischen dem, was der pragmatische Westen als empirische Realität bezeichnen würde, und der Sphäre der leidenschaftlichen Rhetorik liegt. Wehe dem unbedachten Außenseiter, der diese sprachliche Überschwenglichkeit wörtlich auffaßt und glaubt, eine

Lösung finden zu können, wenn er die feindlichen Parteien auffordert zu sagen, was sie wirklich wollen.

Was die am Nahost-Konflikt Beteiligten wirklich wollen, verbirgt sich tief in einer Mischung aus Überzeugungen, Ressentiments und Träumen. Die offiziellen Positionen gleichen den Schatten in Platos Höhlengleichnis – es sind die Reflexionen einer transzendentalen Realität, die sich mit dem trokkenen Legalismus eines normalen Verhandlungsprozesses nicht erfassen lassen.

Der Konflikt ist größtenteils das Produkt unseres 20. Jahrhunderts und nicht, wie oft behauptet wird, schon Tausende von Jahren alt. Der Zionismus und der arabische Nationalismus sind allerdings schon Ende des 19. Jahrhunderts entstanden, sie richteten sich jedoch damals nicht gegeneinander. Erst als das Osmanische Reich nach Jahrhunderten vom britischen Mandat abgelöst wurde und sich eine Aussicht für die Selbstbestimmung Palästinas ergab, begannen Araber und Juden, nachdem sie seit Generationen friedlich zusammengelebt hatten, mit ihrem tödlichen Ringen um die politische Zukunft dieses Landes. Unsere moderne Zeit, in der dieser innere Konflikt geboren wurde, schuf auch all die häßlichen Möglichkeiten, die sich für die Austragung des Konflikts ergeben. Die Morde des Nationalsozialismus gaben der Gründung eines jüdischen Staates eine moralische Dringlichkeit. Doch kaum war er entstanden und 1948 durch die Gemeinschaft der Völker abgesegnet worden, als er sich auch schon gezwungen sah, seine Selbständigkeit gegen die arabischen Nachbarn zu verteidigen, die nicht einsehen wollten, weshalb sie Opfer bringen sollten, um europäisches Unrecht gutzumachen, an dem sie nicht beteiligt waren. Israels Sieg in den Kriegsjahren 1948/49 schürte wiederum das Feuer des arabischen Nationalismus, wie traditionelle Regime, durch die Niederlage unglaubwürdig geworden, unter den Einfluß radikaler Ideologien gerieten, nämlich des Pan-Arabismus und Sozialismus. Dann wurde das Gebiet zum Brennpunkt des Kalten Krieges, was einerseits lokale Konflikte verschlimmerte, anderseits die Gefahr heraufbeschwor, daß auswärtige Mächte in eine größere Konfrontation hineingezogen werden konnten.

Israel hatte 1969 zwanzig Jahre existiert, ohne von seinen Nachbarn anerkannt zu werden, und war dabei von Guerillas heimgesucht, auf internationaler Ebene angegriffen und durch den Boykott der Araber bedrängt worden. Schon seine äußere Gestalt brachte zum Ausdruck, wie gefährdet dieses Staatswesen war; an der schmalsten Stelle zwischen der Mittelmeerküste und der Grenze am Jordan war es nur 15 km breit; die Hauptstraße zwischen dem geteilten Jerusalem und Tel Aviv lag an einigen Stellen weniger als 100 Meter vor dem arabischen Vorposten. Ringsum an den Grenzen standen unversöhnliche Feinde, und deshalb ließ sich die Außenpolitik Israels nicht mehr von seiner Verteidigungspolitik unterscheiden; Hauptziel dieser

Außenpolitik war das, was für die meisten anderen Nationen der Beginn jeder Außenpolitik ist – die Anerkennung des Existenzrechts durch die Nachbarn. Natürlich sah Israel in den 1967 eroberten Gebieten die Garantie seiner Sicherheit, nach der es gestrebt hatte, solange es existierte. Es verlangte sowohl ein Territorium als auch Anerkennung und wollte nicht zugeben, daß sich diese beiden Forderungen unter Umständen als unvereinbar erweisen würden.

Diese zwischen den Vorstellungen beider Parteien bestehende Kluft – die Wahrheit lag hier wie in allen Tragödien auf beiden Seiten – hat dem arabisch-israelischen Konflikt eine verbissene Sturheit verliehen. Wenn Wahrheiten aufeinanderstoßen, gilt ein Kompromiß als erste Niederlage. Vereinbarungen lassen sich nur auf Umwegen erreichen. Jeder Fortschritt hört auf, wenn die Verhandlungspartner zu den Details kommen. Das wurde zur Zeit unseres Amtsantritts besonders deutlich. Der Nahe Osten litt noch unter den unmittelbaren Folgen des Sechs-Tage-Krieges. Die Positionen hatten sich verhärtet. Alle diplomatischen Bemühungen waren in eine Sackgasse geraten, und die Haltung der Gegner wurde immer unversöhnlicher.

Am 5. Juni 1967 war es über die Grenzen Israels hinweg zu einer Explosion gekommen. Es war der Höhepunkt einer Reihe von Ereignissen, in deren Verlauf die arabische Rhetorik den Absichten der Araber davongelaufen war. Im Mai 1967 hatte die Sowjetunion Ägypten gewarnt und behauptet, ein israelischer Angriff gegen Syrien stehe kurz bevor. Diese sowjetische Behauptung war falsch; ob es eine bewußte Unwahrheit war, mit dem Ziel, Spannungen zu erzeugen und dafür billige Vorteile zu gewinnen, oder ein ehrliches Mißverständnis – jedenfalls kam dadurch ein schicksalsschwerer Prozeß in Gang. Präsident Gamal Abdel Nasser befahl zornig seine Armee, die seit 1956 praktisch demobilisiert hatte, auf die Sinai-Halbinsel und erklärte, er werde die Straße von Tiran sperren, die den Zugang zum israelischen Hafen Eilat vom Roten Meer her überwachte. Er forderte den Generalsekretär der Vereinten Nationen U Thant auf, die Sicherheitsverbände der Vereinten Nationen abzuziehen, die die Pufferzone an der internationalen Grenze zwischen Israel und Ägypten besetzt hielten. Es ist zweifelhaft, ob Nasser es auf eine militärische Entscheidung ankommen lassen wollte; vielleicht überraschte ihn auch die Bereitwilligkeit, mit der U Thant seiner Forderung nachgab. Es ist durchaus möglich, daß Nasser zunächst nur eine heroische Geste beabsichtigt hatte.

Manchmal kümmern sich die Ereignisse nicht um die Absichten der Beteiligten und geraten außer Kontrolle. Nachdem die ägyptische Armee die Streitkräfte der Vereinten Nationen an der Grenze abgelöst hatte, blieb Israel nichts anderes übrig als die Mobilmachung, denn das israelische Territorium war zu klein, als daß es einen ersten militärischen Schlag hätte auffangen können. Nachdem Israel mobilgemacht hatte, mußte es sich innerhalb weniger Wochen zum Kampf stellen, denn seine Wirtschaft konnte nicht auf die Arbeitskräfte verzichten, die durch die Mobilmachung in Anspruch genommen wurden, es konnte die Mobilmachung aber auch nicht aufheben, solange die ägyptische Armee an der israelischen Grenze stand. Doch die Mühlen der internationalen Diplomatie mahlten langsam. Auf Lagebeurteilungen folgten Konsultationen und Versicherungen. Die führenden Politiker der Welt diskutierten die verschiedensten Lösungsvorschläge, um die angekündigte Blockade der Straße von Tiran zu verhindern. Der Meinungsaustausch schleppte sich lahm hin, bis Israel am Morgen des 5. Juni die ägyptischen Luftstreitkräfte im Überraschungsangriff mit einem Schlag vernichtete. Der Krieg war nach sechs Tagen beendet, und Israel besetzte Gebiete in Ägypten, Syrien und Jordanien – den Sinai, die Golan-Höhen und das Westufer des Jordan. Die besetzten Gebiete waren dreimal größer als das Staatsgebiet Israels.

Im Anschluß an den Krieg von 1967 verstärkte sich der arabische Radikalismus entsprechend. Die Politik Ägyptens, des führenden Landes, und auch die eines großen Teils der arabischen Welt stand damals ganz unter dem Einfluß des unbeständigen Nasser. Die palästinensischen Guerillas in Jordanien machten sich immer deutlicher bemerkbar und bedrohten das Überleben des gemäßigten, prowestlichen Haschemitenkönigs Hussein; der Agitation der gleichen Gruppe war es zuzuschreiben, daß der Libanon 1969 keine handlungsfähige Regierung hatte. Die Sowjetunion verstärkte ihren Einfluß in diesem Gebiet durch die Entsendung massiver militärischer Hilfsgüter an Ägypten, den Irak und Syrien; die arabischen Frontstaaten, die 1967 die Beziehungen zu den Vereinigten Staaten abgebrochen hatten, gerieten materiell wie außenpolitisch in die Abhängigkeit der Sowjetunion. Welches die offizielle außenpolitische Haltung der Sowjets auch sein mochte, ihre Waffenlieferungen stärkten die Unversöhnlichkeit der Minderheitenpolitik im arabischen Lager, wie sie Ende August 1967 auf dem Arabischen Gipfeltreffen in Khartoum in der einstimmigen Proklamation der »drei Nein« zum Ausdruck kam – »nein zum Frieden mit Israel, nein zu Verhandlungen mit Israel, nein zur Anerkennung Israels«.

Allmählich erkannte man in Teilen der arabischen Welt, daß Starrheit nur zu einer Aufrechterhaltung der israelischen Präsenz in den besetzten Gebieten führen konnte. Während Syrien sich weigerte zu verhandeln, unternahmen Ägypten und Jordanien die ersten vorsichtigen Schritte in Richtung auf eine Verständigung. Sie forderten Israel zum Rückzug auf die Grenzen vor dem 1. Juni 1967 auf, gaben dabei jedoch ihre Bereitschaft zu erkennen, auf kriegerische Maßnahmen zu verzichten und das Recht jedes Staates auf Sicherung seiner Existenz und damit auch den Staat Israel anzuerkennen. Das war zwar eine erste Abwendung von der feindseligen Haltung, die die Araber seit zwei Jahrzehnten angenommen hatten, entsprach aber bei weitem noch nicht den Forderungen Israels: beidseitige Verhandlungen, gesicherte und anerkannte Grenzen (ein Euphemismus für Grenzkorrekturen) für Handel und Verkehr, offene Grenzen und die Garantie der freien Schifffahrt auf den internationalen Wasserstraßen. Auch die gemäßigten Araber wollten sich nicht mit weniger als dem totalen Abzug der Israelis aus den besetzten Gebieten zufriedengeben und lehnten direkte Verhandlungen ab (zumindest offiziell; Jordanien unterhielt in Wirklichkeit während dieser Zeit geheime direkte Kontakte mit Israel). Die radikalen Araber weigerten sich entschieden, mit den Israelis Frieden zu schließen. Die palästinensische Kommando-Organisation El Fatah lehnte in einer Erklärung vom Oktober 1968 »alle Kompromisse ab, die auf eine Beendigung der bewaffneten Auseinandersetzungen hinzielen«, warnte die arabischen Regierungen vor der Verfolgung solch einer Politik und forderte eine »freie, offene, nicht sektiererische und nicht rassistische Gesellschaft in Palästina«.[1]

Die Resolution 242, von der ich später noch so viel hören sollte, verschleierte diese Differenzen nur, als sie am 22. November 1967 mit Zustimmung beider Seiten vom Sicherheitsrat der Vereinten Nationen angenommen wurde. Sie sprach von einem »gerechten und dauernden Frieden« innerhalb »sicherer und anerkannter Grenzen«; sie verlangte eine Beendigung »des Kriegszustandes oder der Erklärungen, daß solch ein Zustand bestehe«, den Rückzug Israels aus den im jüngsten Konflikt besetzten Gebieten »und die Anerkennung der Souveränität, der territorialen Integrität und politischen Unabhängigkeit« aller Staaten. Es wurde aber sehr bald offensichtlich, daß die Beteiligten diese zweideutigen Begriffe nur akzeptiert hatten, weil sie sie jeweils in ihrem Sinne interpretieren konnten. Ägypten und Jordanien interpretierten die Forderung »Rückzug aus den besetzten Gebieten« als einen Rückzug aus *allen* besetzten Gebieten; Israel verstand unter »sicheren und anerkannten Grenzen« die Unmöglichkeit einer Rückkehr auf die Grenzlinien, die vor dem Ausbruch des Sechs-Tage-Krieges gegolten hatten. Rückzug bedeutete für Israel die Aufgabe der für seine Sicherheit erforderlichen Position und verlangte Gegenleistungen; für die Araber bedeutete der Rückzug die Rückgabe dessen, was ihnen nach ihrer Auffassung gehörte – deshalb betrachteten sie den israelischen Rückzug als ihr Recht und nicht als Zugeständnis Israels.

Diese einander diametral entgegengesetzten Auffassungen durchdrangen das ganze Nahost-Problem und verhinderten jeglichen echten Vertrag; jede Seite machte als Voraussetzung für ihren Eintritt in Verhandlungen das zur Bedingung, was das Verhandlungsergebnis hätte sein sollen. Ägypten erhob die Forderung, der israelische Rückzug solle der Erfüllung jeder anderen Bedingungen oder sogar jeder Verhandlung darüber *vorausgehen*. Israel verlangte zunächst beidseitige Gespräche, die den Israelis zwei Vorteile brächten. Sie bedeuteten Anerkennung und verringerten die Gefahr eines

Diktats der Großmächte. Jordanien hatte sich 1967 mit der Resolution 242 einverstanden erklärt, weil der Botschafter bei den Vereinten Nationen, Arthur Goldberg, zugesagt hatte, nach dieser Resolution würden wir uns für die Rückgabe des Westufers an Jordanien einsetzen, wobei kleinere Grenzkorrekturen in Kauf genommen werden müßten, und wir seien bereit, darauf hinzuwirken, daß Jordanien in Jerusalem ein Mitspracherecht bekäme. Da keine Verhandlungen stattfanden, waren diese Zusagen bedeutungslos.

Die Resolution 242 beauftragte Generalsekretär U Thant, einen Sonderbotschafter zu benennen, der mit den Beteiligten sprechen und versuchen sollte, Verhandlungen in Gang zu bringen. U Thant entschied sich für den schwedischen Botschafter in Moskau, Gunnar Jarring. Um festzustellen, ob es bei den streitenden Parteien gewisse Übereinstimmungen gebe, begann Jarring seine Mission damit, daß er an alle Beteiligten Fragebogen verschickte und sie aufforderte, ihre Grundsatzpositionen zu erklären. Nach monatelangen Ausflüchten entschlossen sie sich endlich – jede Partei in ihrer eigenen umständlichen Ausdrucksweise – zu sagen, was sie bereits öffentlich mit einfacheren, aber oft demagogischen Worten erklärt hatten. Als Jarring schließlich in den Nahen Osten reiste, stellte er fest, daß die wirklichen Positionen der einzelnen Parteien sich noch weniger miteinander vereinbaren ließen als ihre öffentlichen Erklärungen.

Hinter den Argumenten jeder Seite spürte man ein beträchtliches emotionales Pathos. Israel bestand auf einem »bindenden Frieden«. Nur ein Land, das niemals den Frieden gekannt hatte, konnte diesem Begriff solch eine Bedeutung zumessen. Denn was bedeutet ein bindender Friede zwischen souveränen Nationen, da doch ein Attribut der Souveränität das Recht ist, seine Meinung zu ändern? Drei Jahrhunderte hindurch war es zwischen Frankreich und Deutschland in fast jeder Generation zum Kriege gekommen; jeder dieser Kriege endete mit einem der Form nach »bindenden« Friedensvertrag, der den Ausbruch des nächsten Krieges nicht verhindern konnte. Auch die »offenen Grenzen« im Jahre 1914 verhinderten nicht den Ausbruch eines Weltkrieges, der Europa in seinen Grundfesten erschütterte. Die meisten Kriege in der Geschichte wurden zwischen Ländern ausgefochten, die zunächst im Frieden miteinander lebten; es war der besondere im Nahen Osten herrschende Wahnsinn, daß Kriege hier zwischen Ländern ausbrachen, die sich technisch bereits im Kriegszustand befanden.

Nasser verlangte den bedingungslosen Abzug aus allen besetzten Gebieten – dabei erklärte er aber nicht, welche Veranlassung Israel haben könnte, sich angesichts seiner zweideutigen Angebote, keinen Krieg zu führen, zurückzuziehen. Auch nannte er keinen Präzedenzfall für eine Friedensregelung, die sich allein auf den bedingungslosen Rückzug des Siegers vom Gebiet des Besiegten stützte. Aber für Nasser war der Gedanke an eine Anerkennung Israels ein persönliches Trauma, und die bloße Erwähnung dieses Begriffs lähmte ihn derart, daß er ihm keine konkrete Bedeutung beimessen konnte.

In anderen Teilen der Welt hätte sich aus solch einer Lage ein Zustand der Erstarrung entwickeln können, der von Zeit zu Zeit durch Kriege unterbrochen wurde, bis durch die Erschöpfung der Beteiligten ein Gleichgewicht hergestellt wäre, das sich durch Klugheit nicht erreichen ließe. Doch der Nahe Osten war in der zweiten Hälfte des 20. Jahrhunderts im Strudel der Weltpolitik. Zwar war man sich Ende der 60er Jahre noch nicht der Tatsache bewußt, daß das Erdöl knapp werden könnte, doch die Bedeutung des Nahen Ostens – der am Schnittpunkt der Kontinente und Zivilisationen lag – wurde bereits sehr klar begriffen. Die Sowjetunion, die Ende der 40er Jahre den Nahen Osten abgeschrieben hatte, weil er außerhalb ihres Einflußbereichs lag,[2] hatte sich zehn Jahre später mit Waffenverkäufen und zwanzig Jahre später mit der Entsendung Tausender von Militärberatern nach Ägypten in diesem Gebiet engagiert. Die sowjetische Präsenz dort bedeutete nach dem Zweiten Weltkrieg eine wesentliche Veränderung der geopolitischen Gegebenheiten. 15 Jahre lang verschärfte diese sowjetische Präsenz den bereits bestehenden Konflikt. Mit der Zeit wurden die Sowjets immer kühner. 1956 beteiligten sie sich am Rande an der Suez-Krise und äußerten vage Drohungen in Richtung auf ein militärisches Eingreifen, *nachdem* wir Druck auf Großbritannien und Frankreich ausgeübt hatten, was das Vorgehen der Sowjets erst ermöglichte. Nach 1967 verfünffachte sich die Zahl der sowjetischen Militärberater im Nahen Osten. Im Laufe der 60er Jahre nahm der sowjetische Einfluß in Ägypten, Syrien, dem Irak, Algerien, dem Sudan und später auch in Libyen in dramatischer Weise zu. Der Krieg von 1967, den die Sowjets mitverschuldet hatten, versetzte sie zum erstenmal im Laufe der Geschichte in die Lage, eine Flotte mit etwa 50 Kriegsschiffen im Mittelmeer zu stationieren.

Die Rolle der nicht unmittelbar am Konflikt beteiligten Mächte war fast ebenso komplex wie die der Beteiligten. Die Sowjetunion übernahm die Rolle des Fürsprechers der arabischen Sache; sie stellte sich hinter die arabischen Forderungen, bot jedoch keine Kompromisse an. Die westeuropäischen Länder sahen sich hin- und hergerissen zwischen ihrer Machtlosigkeit und den Sorgen, die sie sich wegen der wirtschaftlichen Gefahren machten, die ein weiterer Konflikt mit sich bringen konnte. Das Frankreich de Gaulles war am aktivsten und stellte sich nach dem Sechs-Tage-Krieg praktisch hinter die Araber. Was die Vereinigten Staaten betraf, so versuchte Präsident Johnson in einer Rede am 19. Juni 1967 die Klippen der Kontroverse dadurch zu umschiffen, daß er sich nicht festlegte; was die Grenzziehung, die Anerkennung und die Seerechte betraf, so warfen seine Ausführungen ihre Schatten auf das voraus, was später zu den geheimnisvollen Zweideutigkeiten der Resolution 242 führte. Ägypten hatte ebenso wie andere arabische

Staaten nach dem Krieg von 1967 die diplomatischen Beziehungen zu den Vereinigten Staaten abgebrochen. Wir hatten daher in den Hauptstädten der wichtigsten arabischen Staaten keine Botschafter mehr, dennoch verlangten diese Staaten bei den Verhandlungen unsere Unterstützung. Nasser verlangte, wir sollten zu seinen Gunsten Druck auf Israel ausüben, und bot zur Belohnung die Wiederherstellung der diplomatischen Beziehungen an.

Weshalb wir für die Wiederherstellung von Beziehungen, die unter ganz falschen Voraussetzungen abgebrochen worden waren, bezahlen sollten, wurde nicht gesagt.* Wir sahen uns um so weniger dazu veranlaßt, als er seine Außenpolitik auch weiterhin auf die guten Beziehungen zur Sowjetunion stützte und die radikalen Tendenzen in der arabischen Welt schürte.

Ich habe es immer für wichtig gehalten, dem Ausmaß der politischen Abenteuer im Nahen Osten Grenzen zu setzen. Deshalb empfand ich das Verhalten der Vereinigten Staaten während der Suez-Krise von 1956 als bedauerlich. Wir hätten verstehen müssen, daß wir mit der Weigerung, Ägypten beim Bau des Assuan-Damms weiterhin finanziell zu unterstützen, nicht eine Krise beendeten, sondern ihren Beginn bewirkten. Als es dann zu der Krise kam, haben wir uns dabei nach meiner Auffassung falsch verhalten. Was man auch über die Bedeutung des militärischen Eingreifens Großbritanniens und Frankreichs denken mag, ich war davon überzeugt, daß wir in den folgenden Jahren für unsere kurzsichtige Zurückhaltung würden teuer bezahlen müssen. Ich glaubte nicht, daß der rauhe Umgang mit unseren engsten Verbündeten Nasser oder seine Bewunderer zur Dankbarkeit bewegen würde; im Gegenteil, er würde wahrscheinlich in einem Kurs bestärkt werden, der den westlichen Interessen gegenüber grundsätzlich feindlich war. Die gemäßigten, durch die britische Macht und das britische Prestige gestützten Regierungen, besonders im Irak, würden wahrscheinlich durch unser Verhalten, das sie als Parteinahme für die radikalen Elemente, wie etwa Nasser, ansehen mußten, geschwächt oder gestürzt werden. Großbritannien und Frankreich würden sich, nachdem ihr Selbstvertrauen und ihr Bewußtsein, im Rahmen der Weltpolitik etwas zu bedeuten, erschüttert waren, beeilen, ihre internationalen Verantwortlichkeiten völlig aufzugeben. Die realen Machtverhältnisse würden uns dann zwingen, das so entstandene Vakuum im Nahen Osten und östlich von Suez auszufüllen und die gesamte moralische Last schwieriger geopolitischer Entscheidungen auf unsere Schultern zu nehmen.

Als ich ein hohes Staatsamt übernahm, war ich jedoch nicht in der Lage,

* Nasser hatte die Vereinigten Staaten beschuldigt, sie hätten in dem Krieg 1967 militärisch direkt auf der Seite Israels teilgenommen. Präsident Johnson verlangte, daß Nasser diese Anschuldigung zurücknehme; vorher könnten die diplomatischen Beziehungen nicht wiederhergestellt werden. Nasser folgte dieser Aufforderung durch die Presse, Johnson verlangte jedoch, Nasser solle diese Erklärung direkt gegenüber den Vereinigten Staaten abgeben.

meine Ideen im Hinblick auf die Politik im Nahen Osten in gleicher Weise durchzusetzen wie bei anderen Problemen. So hörte sich Nixon bei anderen Themen eine Zeitlang an, was die Ministerien zu sagen hatten, und handelte dann direkt vom Weißen Haus aus; damit nahm der Verantwortungsbereich meines Amtes ständig zu. Im Nahen Osten jedoch unterschied der Präsident zwischen meinen Planungen und meinen operativen Funktionen. Ich durfte planen, warnen und die Dinge hinauszögern; ich konnte sogar dafür sorgen, daß die notwendigen Überlegungen im Rahmen des Nationalen Sicherheitsrats angestellt wurden – aber bis Ende 1971 durfte ich mich nicht aktiv in der Außenpolitik betätigen, mit Ausnahme seltener Fälle, als es zum Beispiel beim Einmarsch Syriens in Jordanien im September 1970 zu einer akuten Krise kam.

Ich glaube, die beiden Hauptgründe dafür waren Nixons ambivalente Beziehung zu Außenminister Rogers und seine Beurteilung der innenpolitischen Bedeutung einer aktiven Nahost-Politik. Weil Nixons Mißtrauen gegenüber dem Außenministerium mich in den Vordergrund stellte und Rogers natürlich kränkte und enttäuschte, suchte Nixon ständig Mittel und Wege, seinen alten Freund zu trösten. Das geschah zum Teil dadurch, daß er bestimmte Gebiete der Außenpolitik in erster Linie dem Einfluß von Rogers überließ. Aber was Nixon mit der einen Hand gab, nahm er gern mit der anderen Hand wieder weg. Bereiche, die er bedenkenlos anderen überließ, waren solche, in denen ein Erfolg anscheinend nicht greifbar war, wie etwa Afrika, oder Bereiche, mit denen hohe innenpolitische Risiken verbunden waren. Für den Nahen Osten trafen beide Kriterien zu. Nixon rechnete damit, daß hier alle politischen Bemühungen fehlschlagen würden; außerdem mußte hier jedes Vorgehen den Zorn der Freunde Israels zur Folge haben. Deshalb war es nach seiner Auffassung nützlich, das Weiße Haus möglichst aus dieser Schußlinie herauszuhalten.

Außerdem fürchtete er, meine jüdische Herkunft könne mich veranlassen, mich zu sehr auf die Seite Israels zu stellen. Und wie andere Präsidenten verschmähte er es nicht, die natürliche Rivalität zwischen dem Außenminister und dem Sicherheitsberater auszunutzen, um seinen eigenen Einfluß zu stärken (obwohl er dies immer wieder bestritten hat).

Es gab aber noch einen Grund für die vergleichsweise aktive Rolle des Außenministeriums im Nahen Osten; er lag im Charakter des stellvertretenden Außenministers, der das Büro für den Nahen Osten und Südostasien leitete. Der sehr arbeitsame, gesellige und gelegentlich leicht erregbare Joseph Sisco war kein gewöhnlicher Beamter des Außenministeriums. Er hatte noch niemals ein Amt in Übersee innegehabt; nur auf Verlangen Dean Rusks war er zu einem hohen Rang befördert worden, den ihm die Beförderungsausschüsse, für die konventionellere Kriterien galten, nicht zubilligen wollten. Als er jedoch diesen Posten innehatte, wurde er zum lebendigen

Beweis dafür, was ein phantasievoller Mann mit Führereigenschaften im Außenministerium sogar unter einem Präsidenten leisten konnte, der entschlossen war, die Außenpolitik selbst zu leiten. Ungeheuer erfindungsreich, mit einem Talent für die Kriegslisten, die das Fleisch und Blut der Diplomatie im Nahen Osten sind, bot Joe Sisco oft mehr Lösungen an, als es Probleme gab, ergriff die amtliche Initiative und verlor ein von ihm in Angriff genommenes Vorhaben nie wieder aus den Augen. Er kannte sich in Washington aus und stellte sehr bald eine Beziehung zu mir her, denn er wußte, daß in der Regierung Nixon der Präsident die letzten Entscheidungen treffen würde. Wahrscheinlich brachte er schließlich ebensoviel Zeit damit zu, zwischen Rogers und mir zu vermitteln, wie mit seinen Vermittlungsversuchen zwischen Arabern und Israelis. Ein großer Teil der Informationen, die das Weiße Haus über die täglichen Initiativen des Außenministeriums im Nahen Osten erhielt, kam von Sisco und ging dann an mich oder Hal Saunders, meinen ranghöchsten Mitarbeiter in der Nahost-Politik. Joe brachte es fertig, seinen beiden Vorgesetzten treu zu dienen, Rogers und dem Präsidenten. Als ich Außenminister geworden war, ernannte ich ihn zu meinem Stellvertreter für politische Angelegenheiten. Das war die höchste Stellung für einen Berufsbeamten im Ministerium. In dieser Eigenschaft wurde er zu meinem unersetzlichen Mitarbeiter und guten Freund.

1. Initiativen in Hülle und Fülle

Wenn eine neue Regierung ihr Amt übernimmt, hält man es für selbstverständlich, daß sie die Probleme der Weltpolitik bewältigen wird; neue Präsidenten machen ihren Vorgängern immer wieder den Vorwurf, sie hätten bestimmte anstehende Probleme nicht vollständig »gelöst«. Für amerikanische Politiker ist es schwer zu verstehen, daß es in manchen Konflikten Gegensätze gibt, die sich nicht miteinander versöhnen lassen. Wo keine Kompromißbereitschaft besteht, werden Unsicherheit und Instabilität wachsen, wenn man versucht, vorzeitig eine Lösung zu erzwingen; Entwicklungen, die verlangsamt werden sollten, können sich beschleunigen; es entstehen Zwänge, die dann außer jegliche Kontrolle geraten. Jede neue Regierung muß lernen – und oft durch bittere Erfahrungen –, daß eine der schwierigsten Verantwortlichkeiten in der Politik darin besteht, für das entscheidende Eingreifen den richtigen Augenblick abzuwarten.

Die neue Regierung wurde bei ihrem Amtsantritt vielfach in Versuchung geführt, »etwas zu tun«. Anfang Februar 1969 meldeten israelische Quellen, in den anderthalb Jahren seit Beendigung des Sechs-Tage-Krieges bis Ende 1968 seien 1288 Sabotage- und Terroranschläge verübt worden; 920 Zwischenfälle an der jordanischen Front, 166 an der ägyptischen Grenze, 37 an der Waffenstillstandslinie gegenüber Syrien, 35 an der libanesischen Grenze und 130 im Gazastreifen. Die israelischen Verluste betrugen nach offiziellen Berichten während der gleichen Zeit 234 Gefallene und 765 verwundete Soldaten sowie 47 tote und 330 verwundete Zivilisten. Das war für ein Land mit 2,5 Millionen Einwohnern eine gewaltige Menge. Auf eine Nation von der Größe Amerikas übertragen, wären es 20000 Tote und 100000 Verwundete gewesen. Israel ließ zur Vergeltung vermutliche Guerilla-Basen in Jordanien aus der Luft angreifen; am 28. Dezember 1968 führte es einen stärkeren Luftangriff gegen den internationalen Flughafen von Beirut. Artillerieduelle über den Suez-Kanal hinweg waren eine alltägliche Erscheinung.

Für die amerikanische Außenpolitik herrschte kein Mangel an Gelegenheiten, sich einzuschalten. Auf die neue Regierung warteten vor allem zwei solcher Möglichkeiten: Am 30. Dezember hatten die Sowjets einen Friedensplan vorgelegt, nach dem die Resolution 242 verwirklicht werden sollte; er entsprach der arabischen Forderung nach totalem Abzug der Israelis und beschränkte den Frieden auf solch einen Minimalwert, daß der Plan von vornherein zum Scheitern verurteilt war. Am 16. Januar 1969 schlug Frankreich Vier-Mächte-Konsultationen zur Lage im Nahen Osten vor – unter den Vereinigten Staaten, der Sowjetunion, Großbritannien und Frankreich.

Auf der Sitzung unseres Nationalen Sicherheitsrats am 1. Februar mußten wir entscheiden, wie wir uns zu diesen Initiativen stellen sollten und ob wir grundsätzlich auch weiterhin eine so zurückhaltende Politik treiben wollten wie die Regierung Johnson. Es stellte sich sehr bald heraus, daß das Außenministerium die Initiative ergreifen wollte. Die Absichten oder die Strategie dieses Eingreifens sollten sich erst bei Verhandlungen entwickeln. Das Außenministerium glaubte, wir seien dazu verpflichtet, an der Überbrükkung der Kluft zwischen den streitenden Parteien mitzuwirken und sie auf die Möglichkeit eines Kompromisses unter Jarring hinzuweisen. Außerdem, so wurde argumentiert, könnten wir es uns angesichts des sich intensivierenden Kampfes nicht leisten, unbeteiligt zu erscheinen. Alle Beteiligten in diesem Gebiet behaupteten, davon überzeugt zu sein, daß die Vereinigten Staaten den Schlüssel zur Beilegung der Differenzen in der Hand hielten; deshalb, so meinte das Außenministerium, sollten wir auch wirklich aktiv eingreifen. Man hoffte, daß wahrscheinlich für alle Beteiligten wie auch die außenstehenden Mächte eine gemeinsame Basis gefunden werden könnte, wenn man nur in Verhandlungen träte. Was das sowjetische Problem betraf, so glaubte das Außenministerium, eine Friedensregelung würde die Strategie Moskaus, das aus den Spannungen in diesem Gebiet Vorteile ziehen wollte, zum Scheitern bringen. Wenigstens aber würde solch ein Kurs die sowjetischen Absichten auf die Probe stellen.

Nun sollte der Präsident seine ersten Erfahrungen mit der bürokratischen Dampfwalze machen. Es liegt in der Natur einer Bürokratie, mit fast unmerklichen Schritten auf ein Ziel zuzugehen, das sie unter Umständen selbst nur sehr undeutlich vor sich sieht. Der erste Schritt besteht gewöhnlich darin, den Präsidenten oder den Außenminister um die Vollmacht zu bitten, einen bestimmten Kurs »prinzipiell« zu »erkunden«, und dabei feierlich zu versichern, daß diese Entscheidung weder einen Präzedenzfall schaffe noch zu einem zweiten Schritt verpflichte und daß diejenigen, die diese politischen Schritte unternehmen, die Lage völlig in der Hand hätten. Doch der erste Schritt führt unweigerlich zu einer ganzen Reihe weiterer Schritte; die Überprüfung eines ernstzunehmenden Gegenstandes kann nur zeigen, welchen Schwierigkeiten man bei solch einem Unternehmen begegnet, und anregen, mit diesen Schwierigkeiten fertig zu werden. Sehr bald wird der Präsident aufgefordert, etwas zu unternehmen, um aus dieser Sackgasse herauszukommen, in die er durch seine eigene Politik geraten ist. Genau das wollen natürlich die Befürworter einer aktiven Politik erreichen; sie sind nur allzu eifrig darum bemüht, Vorschläge zu machen, die ihrer Auffassung nach alle Hindernisse beseitigen würden. Viele Nahost-Experten im Außenministerium waren unglücklich darüber gewesen, daß sich Präsident Johnson aus dem Konflikt herausgehalten hatte, und führten innenpolitische Gründe dafür an. Ihr Eifer wurde zudem durch die Einstellung bestimmter amerikanischer Diplomaten angeregt, die glaubten, eine Krise sei irgendwie noch keine wirkliche Krise, wenn wir nicht daran beteiligt seien. Daher stammte auch der Gedanke, daß niemand von uns den Eindruck gewinnen dürfe (wer das war, wurde nie gesagt), wir seien gleichgültig drohenden Konfrontationen gegenüber. Ich hatte ernste Zweifel daran, daß es richtig sei, sich in Verhandlungen zu stürzen, deren Ziele wir nicht definiert hatten und für deren Ausgang man uns verantwortlich machen würde. Ich stellte auch die Voraussetzungen für solche Empfehlungen in Frage. Ich hielt es für unwahrscheinlich, daß wir für die Beteiligten eine gemeinsame Basis finden könnten. Auch das uns angebotene Verhandlungsforum gefiel mir nicht. Da die Sowjetunion und Frankreich dem arabischen Standpunkt den Vorzug gaben (und dies die Briten erheblichen Zwängen aussetzte), konnte es in einem Vier-Mächte-Forum, wie Frankreich es vorgeschlagen hatte, zu einer gemeinsamen Front der anderen Beteiligten gegen die Vereinigten Staaten kommen. Andererseits konnten Zwei-Mächte-Gespräche – zwischen den Vereinigten Staaten und der Sowjetunion –, wenn dabei Fortschritte erzielt wurden, dazu führen, daß es der Sowjetunion zum Verdienst angerechnet würde, uns eine Lösung im Nahost-Konflikt aufgezwungen zu haben. Wenn aber diese Bemühungen fehlschlugen, würde man uns dafür verantwortlich machen.

Noch ernster als die Auswahl des Forums war die ständig drohende und fundamentale Voraussetzung – die ein Vertreter des Außenministeriums auf der Sitzung des Nationalen Sicherheitsrats am 1. Februar ausdrücklich erwähnte –, daß nämlich die Vereinigten Staaten die Zustimmung Israels zu bewirken hätten. Das bedeutete, daß man uns auffordern würde, einen Verbündeten zugunsten eines der Länder unter Druck zu setzen, die – mit Ausnahme von Jordanien – die diplomatischen Beziehungen zu uns abgebrochen und uns gegenüber eine allgemein feindliche Politik betrieben hatten und noch dazu unter dem Einfluß Moskaus standen. Ich hielt es deshalb für kaum ratsam, eine allgemeine Lösung unter amerikanischem Druck zustande zu bringen, bevor wir nicht deutlicher sahen, welche Zugeständnisse die Araber machen würden, und bevor nicht feststand, daß diejenigen, die Vorteile daraus zogen, Freunde Amerikas und nicht Schützlinge der Sowjetunion waren. Bis dahin hielt ich Verhandlungen zwischen Israel und Jordanien für viel richtiger, denn dabei würde es sich um solch einen Freund handeln, während wir bei israelisch-ägyptischen Verhandlungen die Kaution für einen Protegé der Sowjetunion bezahlen müßten. Kurz, ich dachte, daß es die Voraussetzung einer erfolgreichen Nahost-Diplomatie wäre, den sowjetischen Einfluß einzudämmen, so daß ein Fortschritt nicht sowjetischem Druck zugeschrieben werden konnte und gemäßigte Regierungen etwas Handlungsspielraum gewannen.

Am Tag nach der Sitzung trug ich dem Präsidenten meine Bedenken vor. Er hatte mich aufgefordert, mit ihm zum Walter-Reed-Army-Hospital zu gehen und den ehemaligen Präsidenten Eisenhower zu besuchen, der dort schwerkrank zu Bett lag und sieben Wochen später sterben sollte. Eisenhower saß, von Kissen gestützt, in einem Rollstuhl und sah noch elender aus als bei meinem letzten Besuch. Er nahm sich viel Zeit, Nixon davor zu warnen, daß über den Inhalt der Sitzungen des Nationalen Sicherheitsrats etwas durchsickern könne. Nixon berichtete ihm von unseren Nahost-Gesprächen. Eisenhower riet von einer intensiven Beteiligung Amerikas an den Verhandlungen ab. Wahrscheinlich dachte er an die Sorgen und Ängste, die ihm 1956 die Suez-Krise verursacht hatte. Deshalb hielt er es für richtiger, wenn die Beteiligten ohne fremde Einmischung eine Lösung fänden. Wenn wir aktiv würden, würde man uns schließlich zwingen, die Vermittlerrolle zu übernehmen, und, wenn es zu einer Vereinbarung käme, von uns verlangen, die Einhaltung dieser Vereinbarung zu garantieren. Dann aber blieben wir für alle Zeiten an die Schwierigkeiten im Nahen Osten gefesselt.

Am folgenden Tag war ich kaum ein paar Minuten in meinem Büro, als mich ein erboster Eisenhower anrief. Er hatte eben einen Bericht in der *New York Times* gelesen, wonach auf der Sitzung des Nationalen Sicherheitsrats beschlossen worden sei, daß die Vereinigten Staaten von nun an im Nahen Osten eine aktivere Politik betreiben wollten. Mit einer Energie, die mich seine Hinfälligkeit vergessen ließ – und einem deutlichen Vokabular, das seinem sonnigen Lächeln durchaus nicht entsprach –, kanzelte er mich ab, weil ich den Präsidenten im Stich gelassen und die Zahl der Teilnehmer an der Sitzung nicht aufs äußerste beschränkt hätte. Er sagte, es sei meine Pflicht, jeden Versuch der Bürokratie zu vereiteln, solche Nachrichten durchsickern zu lassen und damit den Präsidenten in eine Zwangslage zu bringen. Was geschehen war, bestätigte seine Warnungen vom vergangenen Abend; nun verlangte er, wir sollten uns aus dem Nahen Osten heraushalten.

Noch am gleichen Tag verfaßte ich für Nixon ein Memorandum mit meiner Stellungnahme. Ich rechnete damit, daß er sich für eine aktivere Politik entscheiden würde, und zwar sowohl als Reaktion auf das Drängen des Außenministeriums, als auch, weil er im Wahlkampf eine neue amerikanische Initiative versprochen hatte. Nun versuchte ich darzustellen, welchen Preis wir dafür bezahlen müßten und daß ich an dem Erfolg unseres Vorgehens zweifeln müßte. Ich sagte, es treffe zu, daß die Beteiligten selbst keine Lösung finden würden, solange sich die Konfrontation verschärfe und die Gewalttätigkeiten zunähmen. Daraus gehe aber nicht hervor, daß es uns eher gelingen werde, einen Ausgleich herbeizuführen. Ich bezweifelte, ob Nasser auf die Mindestbedingungen für den Frieden würde eingehen können, die Israel annehmen würde. Der Versuch, eine alle befriedigende Lösung zu finden, werde wahrscheinlich fehlschlagen; wir würden daher unser politisches Kapital verschwenden, die zu neuen Konflikten führenden Risiken erhöhen und uns die Möglichkeit nehmen, eine militärische Konfrontation in Grenzen zu halten, wenn es dazu käme. Wir sollten uns besser um eine Teillösung bemühen, wie etwa mit Jordanien,* das schon lange freundschaftliche Beziehungen zu den Vereinigten Staaten unterhielt. Ich drängte den Präsidenten, wenn er vorwärtskommen wolle, würde es zweckmäßig sein, sich vom Außenministerium nicht nur Vorschläge zum Verfahren unseres Eingreifens machen zu lassen, sondern auch einen Entwurf über konkrete Friedensbedingungen anzufordern – deren Artikulierung ja der Zweck der Übung war.

Am Nachmittag des 3. Februar führten Nixon und ich ein privates Gespräch. Er fühlte sich »eingemauert«. Er konnte den französischen Vorschlag nicht von der Hand weisen, denn das würde seine Bemühungen belasten, die Beziehungen zu de Gaulle zu verbessern; außerdem sah er im Nahen Osten einen Hebel, um die Sowjets irgendwie zur Zusammenarbeit in Vietnam zu bewegen. Auch wollte er sich nicht über das Außenministerium hinwegsetzen, das in dieser Frage geschlossen eine ganz entschiedene Meinung vertrat. Ich sagte ihm, meiner Meinung nach würden wir die

* Diese Beurteilung war, wie sich später herausstellte, falsch, weil Jerusalem und das Westufer des Jordan für Israel die am schwersten zu lösenden Probleme darstellten.

Sowjetunion eher zur Zusammenarbeit in Vietnam bewegen können, wenn wir im Nahen Osten, wo die von der Sowjetunion abhängigen Staaten schwächer waren als unsere Freunde, besonnen vorgingen, als wenn wir Gespräche führten, die die Sowjets aus einer peinlichen Lage befreien und ihnen eine glänzende Gelegenheit bieten würden, ihre arabischen Freunde von dem großen Nutzen ihrer Freundschaft zu überzeugen. Auch würden wir die Bürokratie nicht besänftigen, wenn wir auf ihren ersten Schachzug eingingen; sie würde mit Sicherheit sehr bald neue und besondere Instruktionen verlangen, die uns auf dem schlüpfrigen Weg ein weiteres Stück hinunterstoßen mußten. Wenn wir uns nicht vorsähen, würde man uns auffordern, die Verhandlungen jedesmal, wenn sie festgefahren waren, mit einem neuen amerikanischen Plan voranzubringen – und dann wären wir verpflichtet, alle Beteiligten gegen ihren Willen zur Annahme unserer Pläne zu zwingen.

Doch außenpolitische Entscheidungen sind nur selten das Ergebnis abstrakter Analysen. Aus schon erwähnten Gründen wollte sich Nixon weder den Vorstellungen des Außenministeriums widersetzen, noch de Gaulle verärgern oder die Sowjetunion zurückweisen. Da ich das spürte, empfahl ich eine Methode, bei der wir uns nicht unwiderruflich festlegten. Ich meinte, wir sollten uns weder für ein Zwei-Mächte-Forum noch für ein Vier-Mächte-Forum entscheiden, sondern uns dadurch einen gewissen Handlungsspielraum bewahren, daß wir *beide* Möglichkeiten akzeptierten. Der Fortschritt im Rahmen des Vier-Mächte-Forums sollte nach unserer Vorstellung von dem Ergebnis der Vorgespräche mit den Sowjets abhängig gemacht werden. So konnten wir versuchen, die Nahost-Gespräche mit unseren weiteren Interessen zu verbinden, wozu auch die Hilfe der Sowjetunion bei der Lösung des Vietnam-Konflikts gehörte. Im Vier-Mächte-Forum würden unsere europäischen Verbündeten weniger geneigt sein, sich mit der Sowjetunion gegen uns zu vereinigen, wenn sie wußten, daß uns auch der Weg zu einem Zwei-Mächte-Forum offenstand. Damit die Vorgänge nicht eine unkontrollierbare Dynamik gewannen, konnten wir verlangen, daß der Präsident die Ergebnisse der Vorgespräche prüfte, bevor wir in offizielle Diskussionen eintraten.

Der Präsident stimmte mir zu. Am 3. Februar unterrichtete ich Rogers und Sisco von seiner Entscheidung. Am 5. Februar erklärte das Außenministerium, wie angewiesen, daß die Vereinigten Staaten den französischen Vorschlag »günstig« beurteilten und wir bilaterale Konsultationen mit der Sowjetunion, Großbritannien und Frankreich beginnen würden, um »das Maß gegenseitigen Einverständnisses« zu entwickeln, das notwendig war, um ein baldiges Zusammentreffen der Vier »fruchtbar und konstruktiv« zu machen.

Mein Plan mißlang; er war zu komplex. Ich konnte wohl Planübungen anregen und versuchen, die bürokratischen Energien in andere Bahnen zu lenken, ich konnte jedoch die Verhandlungsführung selbst nicht überwachen. Das Außenministerium faßte das Taktieren des Weißen Hauses als innenpolitisches Beschwichtigungsmittel auf und beeilte sich, die »Vorgespräche« so rasch wie möglich abzuschließen. Nach weniger als zwei Wochen entdeckte ich, daß das Außenministerium schon den nächsten Schritt plante. Es entwickelte konkrete, umfassende Grundsätze für eine Friedensregelung im Nahen Osten – also genau das, was ich gehofft hatte, über Monate hinauszuziehen.

Im gleichen Maße, wie sich die diplomatische Tätigkeit beschleunigte, erhöhte sich auch die innenpolitische Unruhe. Eine Woche nach der Erklärung, daß wir Vier-Mächte-Gespräche »günstig« beurteilten, reagierten die Freunde Israels mit einer Heftigkeit, wie ich sie in den kommenden Jahren immer wieder erleben sollte. Darin spiegelte sich die Sorge Israels, daß Außenseiter versuchen könnten, direkte Gespräche mit den Arabern überflüssig zu machen. Eine aus sechs Kongreßabgeordneten bestehende Delegation unter Emanuel Celler aus New York, die die Führung beider Parteien im Kongreß repräsentierte, suchte am 13. Februar zuerst mich und dann den Präsidenten auf. Sie betrachteten den Beginn der Vier-Mächte-Gespräche als ein Zeichen, daß die Vereinigten Staaten auf eine erzwungene Lösung hinarbeiteten; sie mißtrauten dem Forum zutiefst und fürchteten, wir könnten uns in diesem Rahmen den französischen und sowjetischen Auffassungen annähern.

Wenn der Kongreß schon wegen des Verhandlungsforums Bedenken hatte, konnte ich mir vorstellen, mit welcher Empörung wir zu rechnen hatten, wenn es an die Substanz ging. Die tiefe Kluft zwischen den Positionen beider Seiten zeigte sich wieder am Inhalt der Interviews des ägyptischen Präsidenten Nasser und des israelischen Premierministers Levi Eshkol in einem amerikanischen Nachrichtenmagazin.[3] Der Ägypter verlangte als Voraussetzung für die Erfüllung der anderen Forderungen der Resolution 242 durch die Araber den totalen israelischen Abzug. Der Israeli erklärte, Israel werde sich unter keinen Umständen auf die Vorkriegsgrenzen zurückziehen, und er habe sehr spezielle Vorstellungen über die Voraussetzungen für einen »Frieden«. Die Lage komplizierte sich Ende Februar durch den Tod des Premierministers Eshkol, denn nun stand Israel vor einem politisch schwierigen Wahljahr, bis Golda Meir zur Nachfolgerin Eshkols ernannt und in den für den Oktober festgesetzten Wahlen in ihrem Amt bestätigt wurde.

Das bestärkte mich nur in meiner Überzeugung, daß die Zeit für konkrete Verhandlungen noch nicht reif sei. Die nun entstandenen strategischen Meinungsverschiedenheiten wurden nie richtig beigelegt. Die Bürokratie wollte sich so rasch wie möglich auf substantielle Gespräche einlassen, weil sie fürchtete, bei einer Verschlechterung der Lage werde sich der Einfluß der Sowjetunion verstärken. Ich glaubte, daß eine Verzögerung im allgemeinen in unserem Interesse lag, denn so konnten wir sogar den radikalen Arabern beweisen, daß ein Fortschritt ohne uns *niemals* möglich sein würde und wir uns auch nicht von den Sowjets unter Druck setzen ließen. Das Außenministerium wollte die Verhandlungen dadurch voranbringen, daß es wenigstens einige sowjetische Vorstellungen akzeptierte, um einen Kompromiß zu erleichtern. Ich wollte den Radikalen eine Niederlage beibringen – die ohnedies unsere Feinde waren –, indem ich bewies, daß im Nahen Osten die Freundschaft mit den Vereinigten Staaten Voraussetzung für diplomatische Erfolge sei. Als ich Sisco Mitte Februar sagte, wir wünschten *keine* raschen Erfolge bei den Vier-Mächte-Konsultationen im Rahmen der Vereinten Nationen in New York, widersprach ich damit allen Überzeugungen seines Ministeriums.

Inzwischen hatten die Sowjets unseren Köder sofort angenommen. Bei meiner ersten Begegnung mit Dobrynin am 14. Februar sagte er mir, die sowjetische Führung sei bereit, mit uns über den Nahen Osten zu sprechen, am liebsten außerhalb der Vereinten Nationen. Er wiederholte dies auch in seinem ersten Gespräch mit Nixon am 17. Februar. Nixon ging auf das Angebot, auf der Ebene des Weißen Hauses vertrauliche bilaterale Gespräche über den Nahen Osten zu führen, nicht ein; er vertrat den Standpunkt, der »Kanal« solle nur als Gegenleistung für eine Zusammenarbeit in der Vietnam-Frage zur Verfügung stehen.

Auf seiner Europa-Reise Ende Februar und Anfang März 1969 wurde der Präsident bei seinen Gesprächen mit den europäischen Politikern immer wieder aufgefordert, die Vereinigten Staaten sollten sich aktiv an der Nahost-Politik beteiligen. Die Briten und Franzosen wollten natürlich die Hauptverhandlungen im Rahmen des Vier-Mächte-Forums führen; sie lehnten aber parallele Gespräche zwischen den Vereinigten Staaten und der Sowjetunion nicht rundweg ab, wenn sie auch nicht sehr begeistert davon waren. De Gaulle bemerkte mit olympischer Erhabenheit, die Vereinigten Staaten und die Sowjetunion könnten über alles reden, worüber sie wollten, solange sie den Eindruck vermieden, die Welt untereinander aufteilen zu wollen. Über diese Verfahrensfragen hinaus – und abgesehen davon, daß de Gaulle sich für den totalen Abzug Israels gekoppelt mit Vier-Mächte-Garantien einsetzte – hatte kein führender europäischer Politiker eine konkrete Vorstellung davon, wie man die Beteiligten zu einer umfassenden Übereinkunft bewegen könnte. Die Details überließen sie großzügigerweise uns.

Anfang März wurde der Druck des Auslands und unseres eigenen Verwaltungsapparats so stark, daß sich eine aktive amerikanische Beteiligung nicht mehr vermeiden ließ. Schon vor der Entscheidung des Präsidenten sprach Joe Sisco mit Dobrynin über die Vorteile von Zwei-Mächte-Gesprächen. Siscos Begeisterung war nicht wenig von der Tatsache beeinflußt, daß er die Zwei-Mächte-Gespräche leiten würde, während die Vier-Mächte-Gespräche unserem Botschafter bei den Vereinten Nationen, Charles Yost, anvertraut werden sollten.

Der ein wenig verwirrte Dobrynin verlangte am 3. März beim Mittagessen von mir eine Klarstellung, in welcher Beziehung die Zwei-Mächte-Gespräche, die nach seiner Auffassung sofort beginnen sollten, zu dem Vier-Mächte-Forum stünden. Er versuchte mich damit auf die Folter zu spannen, daß er mich wissen ließ, die Sowjetunion sei bereit, über ein Paket von Vorschlägen zu verhandeln; mit anderen Worten, sie würde auf der gleichzeitigen Annahme des ganzen Inhalts dieses Pakets bestehen, und zwar im Gegensatz zur bisherigen arabisch-sowjetischen Forderung, das Verfahren müsse mit dem Rückzug der Israelis *beginnen*. Nun wollte er wissen, welchem Forum sein Plan vorgelegt werden sollte; ich hatte den Eindruck, daß er es vorgezogen hätte, einige delikatere Themen wie die Grenzziehung über den vertraulichen Kanal des Weißen Hauses zu verhandeln. Ich folgte unserer Strategie, wonach wir den Nahen Osten als Hebel für Vietnam benutzen wollten – und war mir der Tatsache bewußt, daß Nixon mich nicht gern mit dieser Aufgabe betrauen wollte; deshalb wich ich einer Antwort aus. Statt dessen empfahl ich Dobrynin, seine Gespräche mit Sisco fortzusetzen.

Am folgenden Tag, dem 4. März, erkundigte sich der israelische Botschafter nach unseren Absichten. Yitzhak Rabin hatte sich im israelischen Unabhängigkeitskrieg als Soldat ausgezeichnet und war als Stabschef der israelischen Streitkräfte einer der Architekten des Sieges im Sechs-Tage-Krieg gewesen. Abgesehen von seiner Intelligenz und Schweigsamkeit schien er für einen Botschafterposten wenig geeignet zu sein. Wortkarg, scheu, nachdenklich und jeder oberflächlichen Konversation abgeneigt, war Rabin nicht der Mann, den man sich gewöhnlich als Diplomaten vorstellt. Menschen, die sich wiederholten, langweilten ihn, und das Gewöhnliche war ihm zuwider; es war Rabins Unglück, daß beides in Washington reichlich anzutreffen ist. Er haßte Zweideutigkeiten, die aus der Diplomatie nicht wegzudenken sind. Ich schätzte ihn ganz besonders, obwohl er wenig tat, um sich beliebt zu machen. Seine Integrität und sein analytischer Verstand, mit dem er immer den Kern der Dinge traf, waren beeindruckend. Ich hielt viel von seiner Urteilsfähigkeit, oft auch im Hinblick auf Angelegenheiten, die mit dem Nahen Osten nichts zu tun hatten, und vertraute seinen Motiven auch dort, wo die Position seines Landes nicht mit der unseren übereinstimmte. Wir wurden gute Freunde und blieben es trotz aller Gegensätzlichkeiten, die unsere Pflichten uns manchmal aufzwangen.

In jenem ersten Gespräch konnte ich seine Frage nach unserem politischen Kurs nicht beantworten; wir hatten uns selbst noch nicht festgelegt. Aber ich war einigermaßen sicher, daß der Präsident sowohl im Rahmen des Vier-Mächte-Forums als auch in dem der bilateralen Verhandlungen vorgehen würde. Ich persönlich empfahl ihm, Israel sollte ein konkretes Programm entwickeln und darin seine Vorstellungen vom »Frieden« artikulieren, in dem es leben könnte; nur so würden wir Kriterien haben, nach denen wir beurteilen könnten, ob Fortschritte erzielt wurden.

Wie ich befürchtet hatte, führte mehr die Dynamik der Verhandlungen als eine wohlüberlegte Strategie zu Entscheidungen. Anfang März meldete Sisco den Erfolg, der meiner Auffassung nach klugerweise erst später hätte eintreten sollen; er hatte seine ersten Anweisungen befolgt und bat jetzt um weitere Instruktionen – an denen das Außenministerium schon seit Wochen arbeitete, damit der Präsident nur ja keine Zeit verlöre. Mit anderen Worten, weniger als einen Monat nach dem Beginn eines »überlegten, exploratorischen Verfahrens« wollten Sisco und seine Kollegen Nixon vorschlagen, wir sollten konkrete und umfassende Pläne auf den Tisch legen.

Die Argumentation des Außenministeriums enthielt jetzt das genaue Gegenteil von dem, was dem Präsidenten als Begründung für die Vorgespräche verkauft worden war. Während man vor einem Monat behauptet hatte, die Entscheidung, in Vier-Mächte-Gespräche einzutreten, bedeute hinsichtlich der Substanz keine Verpflichtung für uns, argumentierte man jetzt, inoffizielle Orientierungsgespräche könnten nicht weitergeführt werden, wenn wir nicht ein von bestimmten Grundsätzen ausgehendes Programm vorlegten. Man sagte, wenn wir unsere Ideen nicht zum Ausdruck brächten, würden wir von den anderen drei Mächten vor weniger ausgeglichene Vorschläge gestellt und festgenagelt werden. Deshalb müßten wir uns rasch entscheiden. Das Außenministerium drängte darauf, daß der Präsident sich spätestens bis zu dem für Mitte März vorgesehenen Besuch des israelischen Außenministers Abba Eban entscheiden sollte. Man müsse dem israelischen Außenminister sagen, daß wir das Dokument im Rahmen des Vier-Mächte-Forums und auch der Sowjetunion vorlegen wollten. Mein Bemühen, die Entwicklung etwas zu verlangsamen, war nun in weniger als vier Wochen völlig gescheitert.

Ich hatte meine Ansichten trotz der Ereignisse des vergangenen Monats nicht geändert. Am 5. März schrieb ich an den Präsidenten und faßte meine Bedenken wie folgt zusammen:

»Jedermann behauptet, man werde von uns erwarten, daß wir uns in allen Verhandlungen auf die Seite Israels stellen. Die Araber setzen voraus – sie tun das zu Unrecht, lassen sich jedoch nicht davon abbringen –, daß wir Israel zwingen könnten, alles zu tun, was wir wollen. Die Franzosen und Briten glauben, wir könnten mehr tun als bisher. Vielleicht begreifen nur die Sowjets – die die Grenzen ihres eigenen Einflusses in Kairo und Damaskus kennen – realistisch die Grenzen unseres Einflusses in Jerusalem, doch es nützt ihrer Propaganda zu sehr, wenn sie behaupten können, für die Israelis komme alles auf die Unterstützung durch uns an, als daß sie öffentlich die Wahrheit zugeben könnten.

Jeder sagt aber auch, daß man in diesem Jahr noch nicht mit der Beilegung des Konflikts rechnen könne, und zwar deshalb, weil Israel nach Eshkols Tod und im Wahljahr eine Politik betreiben müsse, die seine Fähigkeit, Kompromisse zu schließen, stark einschränke.

Als Begründung dafür, daß wir das Unmögliche versuchen sollten, wird im allgemeinen angeführt, daß erstens der Versuch als solcher im Nahen Osten stabilisierend wirken werde und zweitens eine Regelung in diesem Jahr die einzige Möglichkeit biete, den militanten Palästinensern das Handwerk zu legen. Es kann aber eine Situation entstehen, in der erstens ein zu intensiver Versuch die Lage noch mehr verschärfen könnte als gar kein Versuch, und daß zweitens eine Regelung die Palästinenser stärken und die arabischen Regierungen, die ihr zustimmen, schwächen würde.«

Unser Dilemma bestand darin, daß wir, setzten wir Israel unter Druck, die radikalen Araber und die von den Sowjets abhängigen Regierungen ermutigten, die das als Rechtfertigung ihrer Unnachgiebigkeit und ihrer guten Beziehungen zur Sowjetunion ansähen; aus dem gleichen Grund könnte ein solcher Druck Israel zu extremen Reaktionen verleiten, jedenfalls aber zu einer starren Haltung, in der es zu keinen Zugeständnissen mehr bereit wäre. Wenn wir andererseits jeden Druck auf Israel vermieden, würde uns die Schuld an allen Stockungen in den Verhandlungen in die Schuhe geschoben werden. Sollte sich Israel auf einen Kompromiß einlassen, würden die Palästinenser die Regelung wahrscheinlich blockieren und dabei von Syrien und dem Irak unterstützt werden; jede gemäßigte arabische Regierung, die der Regelung zustimmte, würde von den Radikalen angegriffen werden. Hussein und sogar Nasser würden sich solchen Angriffen aussetzen. Das Ergebnis wäre nicht nur ein Fehlschlag der Verhandlungen, sondern ein zunehmendes Chaos und neue Kriegsgefahr. Mit anderen Worten, angesichts des Einflusses und der Starrheit der Sowjets, der Militanz Nassers und des Einflusses der Fedajin glaubte ich nicht, daß der Nahe Osten für eine umfassende amerikanische Initiative bereit sei.

Das Außenministerium legte ein Papier über »allgemeine Grundsätze« vor, das genau in diese Richtung wies. Hier hieß es, das Ziel der Verhandlungen sei der Abschluß eines bindenden Vertrags, der allerdings nicht unbedingt ein Friedensvertrag sein müsse. Direkte Gespräche zwischen den Beteiligten seien in der ersten Phase »nicht unbedingt notwendig«, würden aber »an irgendeinem Punkt« aufgenommen werden müssen. Grundsätzlich dürften die Vorkriegsgrenzen nur geringfügig verändert werden, aber solche Grenzkorrekturen »sollten nicht das Gewicht von Eroberungen« haben.

(Was das Außenministerium unter dem »Gewicht von Eroberungen« verstand, war euphemistisch ausgedrückt der fast völlige Rückzug der Israelis; dieser Gedanke war schon am 10. September 1968 in einer Rede des Präsidenten Johnson aufgetaucht.) Hinter diesen Grundsätzen stand deutlich die Vorstellung, daß Gunnar Jarring im Namen der Vereinten Nationen, mit den Vierer- bzw. Zweiergesprächen als Rückendeckung, den Anfang machen sollte, daß die Bemühungen jedoch schließlich nur erfolgreich enden könnten, wenn die Vereinigten Staaten gegenüber Israel das volle Gewicht ihres Einflusses einsetzten. In einem früheren Entwurf der Denkschrift des Außenministeriums über allgemeine Grundsätze wurde der Rückzug Israels auf die Vorkriegsgrenzen zu Ägypten und Jordanien gefordert, mit Ausnahme geringfügiger Grenzkorrekturen am Jordan. In einer Besprechung mit Sisco gelang es mir, die Haltung des Außenministeriums ein wenig zu modifizieren, doch mit einer Explosion in Israel mußten wir ohnedies rechnen.

Am 10. März billigte Nixon die Empfehlung des Außenministeriums, Eban bei seinem Besuch das Grundsatzpapier vorzulegen; dann sollte das Papier Punkt für Punkt von Sisco und Dobrynin durchgesprochen und dem Vier-Mächte-Forum als Beratungsgrundlage vorgelegt werden. Nixon gab mir zu verstehen, daß er im Hinblick auf den Ausgang dieses Verfahrens ebenso skeptisch sei wie ich, er sagte aber, auf diese Weise sei das Außenministerium beschäftigt, während wir uns im Weißen Haus Vietnam, SALT, Europa und China zuwenden könnten. (Man darf nicht ausschließen, daß er Rogers eine entgegengesetzte Erklärung gab.) Auf einer öffentlichen Sitzung des Außenpolitischen Senatsausschusses am 27. März erläuterte Rogers stolz unsere neue politische Linie und sagte den Senatoren, es liege »im direkten Interesse der Vereinigten Staaten, ihren ganzen Einfluß dafür einzusetzen, was sie für nützlich und wirksam halten ...« Rogers sprach von »sicheren und anerkannten Grenzen« und einem »vertraglich gesicherten« Frieden und fügte dann die entscheidende Formel hinzu: »Unserer Auffassung nach sollten sich Berichtigungen der vorher bestehenden Grenzlinien auf das beschränken, was für die beiderseitige Sicherheit notwendig ist, und nicht das Gewicht einer Eroberung deutlich machen.«

Sisco und Dobrynin kamen in der Zeit vom 18. März bis zum 22. April neunmal zu Gesprächen zusammen, die nicht anders verliefen, als wir erwartet hatten. Das einzige Thema war das amerikanische Grundsatzpapier, und Dobrynin drängte Sisco immer wieder, die amerikanische Haltung noch deutlicher zu formulieren. Das bedeutete in diesem Zusammenhang, wir sollten in Problemen wie der Grenzfrage eine festere Haltung einnehmen, was in Israel nur Empörung auslösen konnte, denn dann hätte sich gezeigt, daß wir dem sowjetisch-ägyptischen Verlangen nach totalem Abzug nähergerückt waren. Am 24. März legten wir das Grundsatzpapier mit dem gleichen Resultat dem Vier-Mächte-Gremium vor. Wieder stand die amerikanische Haltung im Mittelpunkt der Debatte, wobei unsere Verbündeten versuchten, uns zu größeren Anstrengungen zu bewegen. »Größere Anstrengungen« bedeuteten hier dasselbe wie »ausführliche Vorschläge«. So drängte man uns immer weiter voran und verlangte immer wieder, wir sollten unsere Positionen modifizieren, um Verhandlungen zu retten, die wir selbst angeregt hatten, mit dem Ziel, den gegen uns ausgeübten Druck zu verringern. Ende März schickte ich dem Präsidenten einen Zwischenbericht über die Vier-Mächte-Gespräche:

»Während wir bisher die schlimmsten Gefahren vermieden haben, die darin liegen konnten, daß wir unsere Haltung nicht ausreichend vorbereiteten, kann uns die Last der Verantwortung für die Gespräche immer noch zufallen, wenn wir alle konkreten Vorschläge formulieren und die Israelis zur Zustimmung bewegen . . . Eine gute Definition für eine gerechte Vereinbarung wäre es, beide Seiten gleich unglücklich zu machen. Dazu brauchen wir die Hilfe der Sowjets, und die Sowjets müssen einen Teil der Verantwortung für einen unannehmbaren Lösungsvorschlag übernehmen.«

Wir hatten uns schon von der Haltung der Israelis distanziert; die Sowjets hatten aber keine Gegenleistung erbracht und unterstützten noch in jeder Beziehung den Standpunkt der Araber. Ich schlug nun vor, bevor wir neue Schritte unternähmen, eine einheitliche Haltung der Vereinigten Staaten im Hinblick auf eine Endlösung zu entwickeln, auf die Taktiken, mit denen sie zu erreichen war, auf die Art, wie wir sie in die Zwei- oder Vier-Mächte-Gespräche einführen und wie wir die Verhandlungen in beiden Gremien mit Jarring abstimmen wollten. Wenn wir das nicht täten, würde die ganze Anstrengung nur Verwirrung stiften.

Alle diese Prozedur-Manöver entbanden uns jedoch nicht von der Notwendigkeit, die Beteiligten selbst anzuhören – und das mußte uns wieder mit der harten Wirklichkeit konfrontieren.

2. *Besucher aus dem Nahen Osten*

Der erste, von dem wir etwas hörten, war der beredte Abba Eban, der Mitte März nach Washington kam, um Gespräche mit dem Weißen Haus und dem Außenministerium zu führen.

Ich hatte Eban auf gesellschaftlicher Ebene in Israel kennengelernt, als er noch Erziehungsminister gewesen war; dies war mein erster beruflicher Kontakt mit ihm. Ich habe noch nie jemanden kennengelernt, der das Englische so vollkommen beherrschte wie er. Seine Sätze waren glänzend konstruiert, aber so kompliziert, daß sie einige Anforderungen an die Intelligenz des Zuhörers stellten, der gleichzeitig von der Virtuosität des Sprechers fasziniert sein mußte. Die Worte flossen gleichmäßig dahin wie ein klarer Gebirgsbach, ohne an irgendeiner Stelle besonders betont zu werden. Es war unvorstellbar, ihn zu unterbrechen, denn man wußte, man würde es mit einer Sprache tun müssen, die im Vergleich zu seiner barbarisch klang. Kein Amerikaner und kein Engländer hat mir je so deutlich zu Bewußtsein gebracht, daß das Englische eine Sprache ist, die ich mir erst im Lauf meines Lebens erworben habe.

Die Beredsamkeit Ebans – für seine jeweiligen Verhandlungspartner ein erheblicher Nachteil – verband sich mit einer scharfen Intelligenz und der vollkommenen Beherrschung der diplomatischen Spielregeln. Er war immer gut vorbereitet und wußte, was er wollte. Und er hielt sich an den Grundsatz, daß es jedem, der dem israelischen Standpunkt nicht hundertprozentig zustimmte, an Objektivität fehle. Selbst die verständnisvollste Haltung – sagen wir eine neunzigprozentige Zustimmung – bedauerte er als »Ausweichen«, »Abschwächen« oder »Mangel an Mut«. Ich war nicht immer sicher, ob Ebans sachlichere Kollegen in Jerusalem seine Beredsamkeit so zu würdigen wußten wie ich; sein Premierminister schien ihn gelegentlich zu übergehen, um sich weniger orthodoxer Kanäle zu bedienen. Doch ich hatte kaum die Berechtigung, etwas gegen Kanäle einzuwenden, die einen Außenminister übergingen.

Eban stellte sich energisch gegen Vier-Mächte- und Zwei-Mächte-Gespräche, mit der Begründung, in beiden Gruppen werde der israelische Standpunkt nicht deutlich genug vertreten. Eban betonte die eine israelische Forderung, der die Araber seiner Meinung nach am wenigsten leicht nachgeben würden: Er bestand auf direkten Verhandlungen mit den Arabern und der Unterzeichnung eines gemeinsamen Friedensvertrages. Die Unterzeichnung eines Friedensvertrages sei von entscheidender Bedeutung, weil die Araber seit jeher schriftlich gegebene Zusagen besonders repektierten. Ich konnte ihn von dieser Meinung nicht abbringen, als ich ihm sagte, nach meinen bescheidenen Kenntnissen der arabischen Geschichte hätten sich die Araber an schriftliche Verträge nicht mehr und nicht weniger gebunden gefühlt als andere Völker.

Doch Eban war zu intelligent, um seine Zeit mit historischen Debatten zu verschwenden. Am 13. März führte er ein ausführliches Gespräch mit Außenminister Rogers, in dessen Verlauf ihm das allgemeine Grundsatzpapier vorgelegt wurde. Er lehnte es ab und bat, es nicht bei den Verhandlungen vorzulegen. Eban erhob entschiedene Einwände gegen unsere Formulierung der Grenzprobleme. Er glaubte, hier würde eine Frage präjudiziert, die nur von den Betroffenen selbst ausgehandelt werden könne. Damit wir nicht über irgendeinen anderen Teil unseres Grundsatzpapiers zu selbstzufrieden wurden, wies Eban die Absicht von Großmachtgarantien deutlich zurück. Er sagte, wenn man jedes Ereignis im Nahen Osten auf die weltpolitische Bühne hebe, dann verwandle man dieses Gebiet in ein zweites Berlin. Ägypten sei noch nicht bereit, den Frieden zu schließen, den Israel verlange. Er sei überzeugt davon, daß die sowjetische Gegenwart in Ägypten Nasser jede Möglichkeit nehme, flexibler zu sein. Aussichtsreicher seien Verhandlungen mit Jordanien, weil dieses Land nicht so unbescheiden sei und nicht unter sowjetischem Einfluß stehe.

Letzten Endes hielt Eban den Status quo nicht für untragbar. Israel wäre es viel lieber gewesen, wenn die Vereinigten Staaten keine aktive Rolle übernommen hätten, sondern Jarring seinen Kurs weiter verfolgte. Israel erklärte ostentativ seine Bereitschaft zu verhandeln, was allerdings die Aussichten auf eine umfassende Lösung betreffe, sei es jedoch zutiefst pessimistisch. Das bedeutete, daß es keine Möglichkeit gab, den bisher von uns eingeschlagenen Kurs weiterzuverfolgen, ohne einen massiven Zusammenstoß mit Israel herbeizuführen.

Die nächsten Besucher waren Araber, und auch sie waren nicht umgänglicher.

Als der ehemalige Präsident Eisenhower am 28. März starb, beauftragte Nasser seinen außenpolitischen Berater Mahmoud Fawzi, als Vertreter Ägyptens an den Beisetzungsfeierlichkeiten teilzunehmen. Daß Fawzi gekommen war, um den Führer eines Landes zu ehren, mit dem Ägypten keine diplomatischen Beziehungen unterhielt, war ein Zeichen besonderen Respekts und großer Höflichkeit. Fawzi war ein Gentleman, ein Berufspolitiker mit den geschliffenen Manieren eines gebildeten Ägypters und der Zurückhaltung eines Mannes, dem menschliche Schwächen nicht fremd sind. Da Ägypten meiner Ansicht nach ein sowjetischer Satellit war, nahm ich den Vorteil nicht wahr, engere Beziehungen zu Fawzi anzuknüpfen, wozu ich Gelegenheit gehabt hätte. Angesichts meiner späteren Erfahrungen habe ich dies bedauert.

Fawzis Besuch erfolgte fast 15 Jahre nachdem die Beziehungen zwischen Ägypten und den Vereinigten Staaten praktisch auf den Nullpunkt angelangt waren. In der Übergangsperiode hatte Nasser dem gewählten Präsidenten einen recht unzusammenhängenden Brief geschrieben und darin alles erwähnt, was er den Vereinigten Staaten vorzuwerfen hatte. Er hatte jedoch angedeutet, er sei bereit, die diplomatischen Beziehungen unter bestimmten Voraussetzungen wieder aufzunehmen. Das war auch sein Thema gewesen, als Gouverneur Scranton Anfang Dezember Kairo einen Besuch abstattete; Ägypten wollte die Beziehungen wieder aufnehmen, aber nur wenn die Amerikaner ihre Nahost-Politik in einem für Ägypten günstigen Sinne änderten. Anfang 1969 wiederholte Nasser seine Erwartung, die Amerikaner sollten mit einer Geste das Eis brechen. Dabei dachte er zum Beispiel daran, daß wir die Zusage zurücknehmen sollten, Israel Flugzeuge vom Typ Phantom F-4 zu verkaufen. Den Israelis hätte das sicher nicht gefallen. Zwar hatte ich den Eindruck, daß Nasser die Bedeutung überschätzte, die wir einer Wiederaufnahme der diplomatischen Beziehungen mit Ägypten beimaßen, doch ich schrieb im März an Nixon, wir hätten bereits einige der Schritte unternommen, die Nasser vorgeschlagen hatte (wenn auch aus anderen Gründen). Wir hatten eine aktive Diplomatie begonnen, wir hatten allgemeine Grundsätze vorgeschlagen; Rogers hatte vor dem Außenpolitischen Senatsausschuß über unsere Einstellung zur Grenzregelung gesprochen. Es schien in der Tat eine Basis für die Wiederherstellung der diplomatischen Beziehungen zwischen Washington und Kairo zu geben.

Vor diesem Hintergrund traf ich mich zweimal mit Fawzi, um seinen Besuch bei Nixon am 11. April vorzubereiten. Es stellte sich aber sehr bald heraus, daß Fawzi nicht bevollmächtigt war, die diplomatischen Beziehungen mit uns aufzunehmen. Er sollte in Kairo über unsere Reaktion berichten; die Beziehungen könnten nur dann wieder aufgenommen werden, wenn ein konkreter Fortschritt erzielt würde; er sagte aber nicht, was er darunter verstand. Er erklärte, Ägypten sei an solchen Fortschritten zum Teil deshalb gelegen, weil die Sowjets auf einen Frieden drängten. Sie schienen zu begreifen, daß sie ihren arabischen Freunden anders nicht helfen konnten; wenn die Verhandlungen sich festfuhren, würde das Ansehen der Sowjets in der arabischen Welt leiden.

Fawzis letzter Punkt war natürlich gerade die strategische Möglichkeit, die auch ich für die Vereinigten Staaten erkannte. Wenn der sowjetische Einfluß in Ägypten durch eine Verzögerung der Friedensregelung zurückging, hatten wir keine Möglichkeit, auf das erste sowjetische oder ägyptische Angebot einzugehen, besonders solange die Sowjetunion stärkere Kräfte in Ägypten unterhielt und die ägyptische Außenpolitik ihre Anweisungen von Moskau erhielt. Die von Fawzi angebotenen Bedingungen berechtigten jedenfalls nicht zum Optimismus. Ägypten weigerte sich, einen Vertrag mit Israel zu unterzeichnen; es wollte sich nur gegenüber dem Sicherheitsrat der Vereinten Nationen verpflichten, wo die Sowjetunion das Vetorecht hatte; es würde keine diplomatischen Beziehungen zu Israel herstellen; die Friedenstruppen der Vereinten Nationen sollten innerhalb einer Frist von sechs Monaten abgezogen werden können. Diese Bedingungen würden niemals ausreichen, den von Ägypten geforderten vollständigen israelischen Rückzug zu bewirken.

Fawzi versicherte Nixon am 11. April in höflicher Form, Ägypten sei bereit, seine militärischen Ausgaben zu kürzen und seine Mittel für den Ausbau der Wirtschaft im Lande zu verwenden. Er forderte die Vereinigten Staaten nicht auf, Israel zu einem Verhalten zu bewegen, das dessen Interessen widersprach, sondern forderte nur die gleiche Behandlung für Ägypten. Was die Wiederaufnahme der diplomatischen Beziehungen betraf, so meinte

Fawzi, die Zeit sei noch nicht reif dafür.

Bis heute habe ich die Motive Nassers nicht verstanden. Monatelang signalisierte er uns in dringender Form, daß er die Beziehungen wieder aufnehmen wolle. Er schickte den als versöhnlich bekannten Fawzi nach Washington. Fawzi verhielt sich sehr geschickt, aber in der entscheidenden Frage erlaubten ihm seine Anweisungen nicht, sich flexibler zu zeigen, was ihm offensichtlich selbst sehr unangenehm war. Wir konnten nicht erkennen, welche Vorstellungen Nasser davon hatte, wie Nixon mit der innenpolitischen Opposition, den israelischen Weigerungen und der sowjetischen Reserviertheit fertig werden sollte, um die Maximalforderungen eines Landes zu unterstützen, das sich weigerte, mit uns diplomatische Beziehungen aufzunehmen, und dessen Außenpolitik im Grunde unfreundlich blieb. Praktisch versuchte Nasser uns zu erpressen, ohne etwas gegen uns in der Hand zu haben. Als die amerikanische Regierung im Verlauf des gleichen Jahres präzise Pläne für die ägyptische und jordanische Grenzregelung vorlegte, die vorher von Nasser als annehmbar bezeichnet worden waren, weigerte er sich, diese Pläne zu akzeptieren, und war auch nicht bereit, diplomatische Beziehungen aufzunehmen. Er sonnte sich in seinem Radikalismus, den er zur Erfüllung seiner arabischen Ambitionen für notwendig hielt, und aus diesem Grunde sah er sich wahrscheinlich gezwungen, die Konfrontation mit uns im Nahen Osten und in der Dritten Welt aufrechtzuerhalten, auch wenn er damit unsere Bereitschaft in Frage stellte, uns seinen Wünschen zu fügen.

Ich bin überzeugt, die Vereinigten Staaten hätten sich zu Beginn der Amtszeit Nixons energischer für die Erreichung des Friedens eingesetzt, wenn Nasser flexibler gewesen wäre. Die Haupthindernisse für eine aktivere amerikanische Politik waren die antiamerikanische Außenpolitik Nassers und die beherrschende Rolle der Sowjetunion in Kairo. Fawzi konnte uns nicht davon überzeugen, daß diese beiden Faktoren nicht festgesetzte Grundsätze der ägyptischen Politik waren. Statt dessen verlangte Fawzi auf Anweisung Nassers mit all seinem Charme die Erfüllung aller ägyptischen Forderungen ohne Gegenleistungen: die Unterstützung der Vereinigten Staaten gegen Israel, die Unterstützung der Sowjetunion gegen die Vereinigten Staaten und die führende Rolle im Zusammenwirken aller radikalen Bewegungen in der ganzen Dritten Welt. Doch so läßt sich Außenpolitik nicht betreiben. Nasser hatte nicht die Wahl zwischen seinen rhetorischen Ambitionen und seinen Vorstellungen von den Grenzen der Fähigkeit Ägyptens, diese Ambitionen zu realisieren. Er starb, ohne eine Entscheidung getroffen zu haben. Erst sein großer Nachfolger, Anwar Sadat, sollte die Scherben kitten.

Das Scheitern der Mission Fawzis wirkte sich auch auf einen anderen arabischen Gast aus, den beherzten König Hussein von Jordanien, der sich nie auf einen Handel um die Freundschaft mit den Vereinigten Staaten eingelassen hat. Hussein war einer der sympathischsten politischen Führer, die ich kennengelernt habe. Der kleine König – wie unsere Beamten ihn liebevoll nannten – stellte sich energisch hinter die Sache der Araber, auch wenn seine arabischen Brüder seine Loyalität nicht erwiderten. Als ich ihn besser kennengelernt hatte, konnte ich mir vorstellen, wie sehr es ihn irritiert haben mag, wenn die Bürokratie auf seine legendäre Höflichkeit mit Unverstand und Pedanterie reagierte; während er selbst in solchen Situationen zu Eis erstarrte, redete er seinen Gesprächspartner immer häufiger mit dem höflichen Wörtchen »Sir« an. (Der Monarch titulierte sogar mich als »Sir«, als ich nur ein Berater des Präsidenten war.)

Er war ebenso mutig wie höflich. Einmal flog er als Pilot mit meiner Frau und mir in einem Hubschrauber, den er so dicht über die Baumwipfel steuerte, daß uns angst und bange wurde. Nancy wollte ihn veranlassen, etwas höher zu fliegen, und sagte unschuldig, sie habe nicht gewußt, daß Hubschrauber so niedrig fliegen könnten. Der König versicherte, sie könnten noch niedriger fliegen, und berührte während des letzten Teils des Fluges fast den Boden. Er hätte mich in diesem Augenblick mit dem Versprechen, höher zu fliegen, zu jedem politischen Zugeständnis bringen können.

Hussein bemühte sich, würdig und mutig die Rolle des arabischen Nationalisten und des Freundes der Vereinigten Staaten miteinander in Einklang zu bringen. Als prowestlicher Monarch im Strudel des arabischen Radikalismus bewahrte er sich seine Unabhängigkeit und ebenso die Achtung der anderen Herrscher in dieser Region, die vom dynastischen Prinzip weniger begeistert waren. Da er von der amerikanischen Hilfe abhängig war, ertrug er unsere schwerfälligen und manchmal demütigenden bürokratischen Verfahren mit Gleichmut, verlor niemals die Geduld, ließ sich aber auch nie herab, die Haltung eines unterwürfigen Bittstellers einzunehmen. Er war der erste arabische Führer, der sich bereit erklärte, über einen Frieden mit Israel zu sprechen, und der ständige, wenn auch fruchtlose Kontakte mit Jerusalem aufrechterhielt. Es war ein Unglück, daß die Stärke von Husseins Verhandlungsposition nicht seiner Bescheidenheit und die ihm zur Verfügung stehenden Alternativen nicht seinem guten Willen entsprachen. Er konnte deshalb weder selbständig handeln noch seine Zuflucht zu erpresserischen Taktiken nehmen, die im Nahen Osten das tägliche Brot der Außenpolitik sind. 1969 gründeten die Fedajin von der Palästinensischen Befreiungsorganisation einen Staat innerhalb seines Staates, brachten ihn aber damit nicht von seinem gemäßigten Kurs ab; einige Monate später begegnete er (s. Kapitel XV) mutig und entschlossen ihrer Herausforderung.

Bei seinem Treffen mit Nixon am 8. April betonte Hussein, der auch im Namen Nassers sprach, daß sich die beiden arabischen Führer an die Resolution 242 des Sicherheitsrats der Vereinten Nationen gebunden sähen und bereit seien, jede Vereinbarung mit Israel zu unterschreiben, *mit Ausnahme* eines Friedensvertrags. Hussein erkannte an, daß geringfügige Grenzkorrekturen notwendig seien. Wenn Israel den Gaza-Streifen an Jordanien zurückgebe, könnten am Westufer des Jordan gerechte Grenzberichtigungen vorgenommen werden. Im Rückblick wird man vielleicht bedauern, daß man sich nicht intensiver mit der Möglichkeit einer besonderen jordanisch-israelischen Regelung beschäftigt hat, bei der ein Austausch des Gaza-Streifens gegen Gebiete am Westufer möglich gewesen wäre. Hussein versicherte, er und Nasser seien bereit, über entmilitarisierte Zonen und den freien Zugang durch den Suez-Kanal und die Straße von Tiran nachzudenken. Er sagte, der Druck der arabischen Extremisten bewirke eine Annäherung zwischen Hussein und Nasser; Nasser sei »stark interessiert« an einer Wiederaufnahme der Beziehungen zu den Vereinigten Staaten. Aber die versöhnliche Wirkung dieser Aussage war nach den Gesprächen Fawzis mit mir und seiner enttäuschenden Begegnung mit Nixon, drei Tage später, weitgehend verpufft.

3. Diplomatie: Ständig neue Vorschläge

Die Sackgasse, in die die streitenden Parteien im Nahen Osten geraten waren, zeigte sich natürlich auch bei den Gesprächen der vier bzw. zwei Mächte. Die Lösung, die unseren Gesprächspartnern vorzuschweben schien, sollte uns in die Zwangslage bringen, den streitenden Parteien einen Frieden zu diktieren. Am 14. April sagte mir Dobrynin, bei den Zwei-Mächte-Verhandlungen müßten konkretere Vorschläge auf den Tisch gelegt werden, besonders zur Grenzziehung. Die Sowjets und die Araber verlangten von uns eine klare Aussage darüber, was die vagen Formulierungen über »geringfügige Grenzberichtigungen« und das »Gewicht der Eroberung« bedeuteten, wobei unmißverständlich zum Ausdruck kam, daß Israel sich *vollständig* aus den von ihm besetzten Gebieten zurückziehen sollte. Dobrynin versicherte mir, die Sowjetunion sei sehr daran interessiert, sich an einer Friedensregelung zu beteiligen, und meinte, wir sollten versuchen, gemeinsame amerikanisch-sowjetische Vorschläge zu machen; wenn die Vereinigten Staaten sich zu den einzelnen Grundsätzen konkreter äußern würden, werde die Sowjetunion die Araber veranlassen, diesen Vorschlägen zuzustimmen. Da Dobrynin praktisch verlangte, wir sollten das arabische Programm akzeptieren, war nicht klar, was er den Arabern noch »verkaufen« wollte. Ich hatte den Eindruck, daß er in der arabischen Welt den Eindruck zu erwecken suchte, die Sowjetunion sei für das Zustandekommen eines Friedens verantwortlich, den wir Israel aufgezwungen hätten. Im Rahmen des Vier-Mächte-Forums wurden wir in die gleiche Richtung gedrängt. De

Gaulle, der zu Ehren des verstorbenen Präsidenten Eisenhower persönlich zu dessen Beisetzung gekommen war, hatte Nixon am 31. März gesagt, die vier Mächte sollten versuchen, gemeinsam die Bedingungen für eine Friedensregelung auszuarbeiten. Wir wußten aber aus unseren Konsultationen in New York, daß jeder Teilnehmer eigene Vorstellungen von diesen Bedingungen hatte – und daß Israel sie alle für unannehmbar hielt. Auf jeder Sitzung wurden wir aufgefordert, Israel einen Frieden aufzuzwingen, für den wir kein Forum brauchten. Das war genau das Ergebnis, das ich vorausgesagt hatte.

In Amerika unterstützte die Mehrheit in beiden Häusern des Parlaments in einer für die Öffentlichkeit bestimmten Erklärung die Forderungen Israels: direkte Verhandlungen, einen vertraglich gesicherten Frieden und keinen Druck auf Israel, sich vorzeitig aus den besetzten Gebieten zurückzuziehen. Ebenso wie in Vietnam sollte es schließlich dazu kommen, daß wir mit uns selbst verhandelten.

So konnte es niemanden überraschen, daß die militärische Konfrontation sich verschärfte, als die Verhandlungen im März und April 1969 immer weniger Aussicht auf Erfolg zeigten. Während die Gewalttätigkeiten zunahmen, beklagte U Thant am 22. April, am Suez-Kanal herrsche »praktisch der Kriegszustand«; ein Sprecher Kairos erklärte den 1967 ausgehandelten Waffenstillstand an dieser Front für unwirksam. Die Zusammenstöße mehrten sich, als Israel auf die Angriffe der Fedajin aus Jordanien zurückschlug; der Libanon rief den Ausnahmezustand aus und unternahm damit den vergeblichen Versuch, die Kommandounternehmen der Fedajin, die von libanesischem Gebiet aus gegen Israel geführt wurden, zu unterbinden. Jetzt hatte der sogenannte »Ermattungskrieg« ernsthaft begonnen.

Mit anderen Worten, zwei Monate nach der neuen Initiative der Vereinigten Staaten standen wir praktisch wieder dort, wo wir angefangen hatten. Wir hatten wieder einmal bewiesen, was wir schon wußten: Die Beteiligten hatten ganz unterschiedliche Auffassungen von dem, was unter sicheren und anerkannten Grenzen, Zeitplan und Ausmaß des Truppenabzugs, dem Wesen der Anerkennung und natürlich den Verhandlungen selbst zu verstehen sei.

Eine ganz neue politische Lagebeurteilung war unerläßlich.

Was im Februar damit begonnen hatte, daß wir feststellen sollten, ob Verhandlungen überhaupt möglich seien, hatte sich im Mai zu der Vorstellung entwickelt, die Vereinigten Staaten hätten die Verpflichtung, die Verhandlungen dadurch zu retten, daß sie neue und detailliertere Vorschläge machten. Dabei kam man einfach nicht um die Tatsache herum, daß die Vorschläge der einen Seite von der anderen auf keinen Fall akzeptiert werden konnten. Auch durch die geschicktesten Verfahren ließen sich die Beteiligten nicht in eine Lage manövrieren, in der sie die Forderungen aufgaben, für die sie 20 Jahre lang in drei Kriegen gekämpft hatten. Die zwischen ihnen bestehende gähnende Kluft ließ sich nicht durch zweideutige Formulierungen überbrücken, in denen behauptet wurde, sie versuchten immer wieder, der Resolution 242 des Sicherheitsrats der Vereinten Nationen auszuweichen.

In dieser Lage war die entscheidende Frage für uns nicht, welche allgemeinen Vorschläge wir machen sollten, sondern ob wir bereit waren – wenn notwendig unter Druck –, dafür zu sorgen, daß unsere Vorschläge befolgt wurden. Bevor wir diese Frage beantwortet hatten – und das bedeutete, da die Vorschläge schon auf dem Tisch lagen, Druck gegen Israel –, mußten die Verhandlungen aus diesem oder jenem Grund stillstehen. Wenn wir uns an unsere vagen Vorschläge hielten, würden die Vier- und Zwei-Mächte-Gespräche scheitern und die Vereinigten Staaten würden dafür verantwortlich gemacht werden. Gingen wir in die Details, dann mußten wir mit einer neuen Konfrontation mit Israel rechnen, ohne die Freundschaft der Araber gewonnen zu haben. Im Gegenteil, die Sowjetunion und die Staaten in ihrem Schlepptau wären die Nutznießer. Weigerten wir uns aber, Israel unter Druck zu setzen – und zwar aus innen- oder außenpolitischen Gründen –, mußten die Verhandlungen wieder ins Stocken geraten. Für mich war das die unvermeidliche Folge des Versuchs, eine umfassende Lösung zu erreichen, während die Positionen der streitenden Parteien zu weit auseinander lagen; die Sowjets unterstützten den arabischen Standpunkt, und wir hatten noch keine Vermittlerrolle übernommen.

Rogers behauptete, wenn wir einen detaillierten Plan vorlegten, würde sich unsere Stellung verbessern, auch wenn er zurückgewiesen würde; nach seiner Auffassung ließ sich nicht feststellen, ob eine Lösung möglich sei, ohne daß man vorher die Haltung Ägyptens, der Sowjetunion und Israels genau präzisiert habe. Deshalb legte das Außenministerium jetzt einen vom Präsidenten zu genehmigenden Entwurf für eine detaillierte Friedensregelung zwischen Ägypten und Israel vor, der die Grenzziehung vor dem 5. Juni 1967 zugrunde lag. Ein Entwurf für einen Friedensvertrag zwischen Jordanien und Israel sollte in Kürze folgen.

Ich äußerte starke Bedenken dem Präsidenten gegenüber und sagte voraus, dieses Vorgehen würde wahrscheinlich dazu führen, daß wir es mit beiden Seiten verdarben. Israel würde sich mit der vorgesehenen Grenzziehung auf keinen Fall einverstanden erklären, und die Araber wären, solange Nasser auf seiner Haltung beharrte, nicht zum Frieden bereit. Unsere Beziehungen zu den Arabern würden sich nicht verbessern, aber die Stellung der Sowjets würde gestärkt werden; sie und ihre Freunde würden zuerst Einfluß gewinnen, weil sie uns soweit gebracht haben, und uns dann den Vorwurf machen, nicht weit genug gegangen zu sein, weil wir Israel nicht veranlaßt hätten, unsere Zusagen zu erfüllen.

Diese Fragen wurden am Vormittag des 25. April auf einer Sitzung des Nationalen Sicherheitsrats in Gegenwart des Präsidenten besprochen. Der Präsident traf keine Entscheidung, denn er war einerseits durch mein Memorandum gewarnt, stand aber andererseits unter dem Druck seiner Bürokratie. Er bat mich vielmehr nach der Sitzung, mit Sisco den Vorschlag des Außenministeriums zu modifizieren, um die Gefahren einzudämmen, die ich vorausgesehen hatte. Am 5. Mai genehmigte der Präsident das revidierte Papier, an dem wir aber nur ein paar kosmetische Korrekturen vorgenommen hatten. Jeder wußte, daß der Präsident sich in Fragen der Nahost-Politik nicht gegen seinen Außenminister stellen würde; meine Einflußmöglichkeiten waren deshalb sehr gering. Nach der neuen Version sollten die Vereinigten Staaten nicht sofort einen Gesamtplan für eine Regelung des Konflikts zwischen Ägypten und Israel vorlegen; seine Bedingungen sollten vielmehr schrittweise in Gesprächen zwischen Sisco und Dobrynin festgelegt werden. Zweitens sollten sich die Vereinigten Staaten nicht schon gleich verpflichten, Israel zum vollständigen Rückzug aus dem Sinai zu bewegen; die Lösung der Grenzfrage sollte vielmehr durch eine Formulierung offengehalten werden, in der es hieß, daß der Rückzug auf die Vorkriegsgrenze »nicht unbedingt ausgeschlossen« werden dürfe. Diese Veränderungen konnten die Dampfwalze des Außenministeriums zwar eine Zeitlang aufhalten, sie jedoch nicht zum Stehen bringen; sobald der Präsident sich auf eine endgültige Entscheidung festgelegt hatte, mußte sie eines Tages auch in irgendeiner Form zum Ausdruck gebracht werden.

Dies vor allem aus dem Grund, weil Joe Sisco die Verhandlungen auf keinen Fall verzögern wollte. Nachdem der Präsident der neuen Strategie zugestimmt hatte, begann er die zweite Gesprächsrunde mit Dobrynin. Dabei verschwendete er keine Zeit; die Gespräche fingen am 6. Mai an und wurden am 9. Juni beendet. Danach gab Sisco ohne zu zögern die Haltung der Vereinigten Staaten zu den Schlüsselfragen bekannt. Bald zeigte sich, daß die Sowjets uns nicht zustimmten, sondern mehr verlangen würden. Wir bestanden z.B. darauf, daß Araber und Israelis zu irgendeinem Zeitpunkt in direkte Verhandlungen eintraten. Dobrynin wollte das herunterspielen. Zur Grenzfrage erklärten wir, »die ehemalige internationale Grenze zwischen Ägypten und dem Mandatsgebiet von Palästina ist nicht auszuschließen«. Die Sowjetunion verlangte den vollständigen Abzug bis auf die Vorkriegsgrenzen, an denen nichts verändert werden dürfe. Wir wünschten die Entmilitarisierung des gesamten Sinai; die Sowjets waren dagegen. Wir verlangten die Öffnung aller internationalen Schiffahrtswege, wie der Straße von Tiran und des Suez-Kanals, während sich die Sowjets auf die Konvention von Konstantinopel aus dem Jahre 1888 beriefen, deren Sinn doppeldeutig war, wenn man sie auf heutige Verhältnisse anwandte. Auch im Hinblick auf das Flüchtlingsproblem gab es Differenzen. Am 11. Juni beschwerte sich

Dobrynin bei mir darüber, daß sich die Gespräche wieder festgefahren hätten; er behauptete, Sisco drücke sich nicht präzise genug aus, und besonders in der Grenzfrage seien seine Formulierungen zu »abstrakt« (was mir zeigte, daß sich Joe an seine Anweisungen hielt).

Die ganze Zeit ließ Israel auf seine unnachahmliche Weise erkennen, daß seine Unzufriedenheit über die neue amerikanische Initiative zunahm, und zwar obwohl Dobrynin unsere Lösungen vom arabischen Standpunkt aus angriff. Am 13. Mai erkundigte sich Botschafter Rabin nach dem Sinn dieses neuen amerikanisch-sowjetischen Dialogs und zeigte sich besonders besorgt darüber, daß wir vielleicht in der Frage der Grenzziehung nachgeben könnten. Er kritisierte auch andere Vorschläge. Israel hätte direkte Verhandlungen mit den Arabern vorgezogen. Die Premierministerin Golda Meir beklagte in einem leidenschaftlichen Brief an Präsident Nixon, die Vereinigten Staaten präjudizierten die Verhandlungen dadurch, daß sie die Lösungen für die Hauptfragen schon vorher festlegten. Um die Lage nicht außer Kontrolle geraten zu lassen, schlug Rabin vor, Frau Meir so bald wie möglich nach Washington einzuladen. Wir waren auf ein direktes Gespräch noch nicht vorbereitet. Auf meinen Vorschlag erklärte sich der Präsident bereit, Frau Meir für den Herbst einzuladen.

Neue Kämpfe unterbrachen das diplomatische Geplänkel. Im Mai, Juni und Juli wurde der Nahe Osten täglich von Kommandounternehmen der Fedajin aus Jordanien und Luftkämpfen über der ägyptischen und syrischen Front beunruhigt; Frau Meir drohte mit raschen und energischen Vergeltungsschlägen, die die arabischen Angriffe gegen Israel »siebenfach« zurückzahlen sollten. Im Mai sagte Nasser einem Reporter des Nachrichtenmagazins *Time*, eine Lösung sei möglich, wenn Israel sich zum vollständigen Abzug bereit erklärte sowie dazu, den Palästinensern die Rückkehr zu erlauben – doch beide Forderungen hatte Israel schon zurückgewiesen. Im gleichen Interview erklärte Nasser, er akzeptiere die »Realität« Israels, demonstrierte aber die Zweideutigkeit seiner Erklärung dadurch, daß er befahl, diesen Satz aus dem Kairoer Pressebericht über sein Interview zu streichen. In einer Rede am 23. Juli schien Nasser jedoch seine Haltung wieder geändert zu haben; jetzt erklärte er, Ägypten habe in seinem Krieg gegen Israel jetzt bald das Stadium der »Befreiung« erreicht, und verurteilte die Vereinigten Staaten und Großbritannien dafür, daß sie Israel unterstützten. Inzwischen beendete der sowjetische Außenminister Gromyko am 13. Juni einen Besuch in Kairo mit einem Kommuniqué, wonach sich die Sowjetunion verpflichtete, Ägypten in seinem Kampf zur »Beseitigung der Folgen der Aggression« mit allen Kräften zu unterstützen.

Am 17. Juni unterbreitete uns die Sowjetunion endlich einen Gegenvorschlag. Die sowjetische Antwort enthielt einige positive Elemente: Sie sprach von Bemühungen um eine bindende Vereinbarung und von der

Anerkennung Israels. Aber in den Hauptproblemen, die uns am meisten interessierten, hatte sie ihren Standpunkt kaum verändert. Direkte Verhandlungen wurden nicht erwähnt; Israel sollte sich genau auf die Grenzen von 1967 zurückziehen; die Frage nach der Freiheit der Schiffahrtswege blieb offen; bei der Definition des endgültigen Friedens war von einer Verpflichtung, die Guerillas auszuschalten, nicht die Rede; die Antwort ging auch nicht auf den Vorschlag ein, daß Israel ein Mitspracherecht darüber haben sollte, welche Palästinenser nach Israel zurückkehren durften.

Dennoch meinte Rogers, die sowjetische Antwort zeige genügend »Fortschritte«, um einen neuen amerikanischen Vorschlag zu rechtfertigen. Da Dobrynin zur Berichterstattung nach Hause zurückgekehrt war, schlug Rogers am 30. Juni vor, Joe Sisco solle nach Moskau reisen, um dort einige neue Ideen vorzutragen. Rogers war besonders daran interessiert, daß Sisco in Moskau die Vollmacht erhielt, nach eigenem Gutdünken im geeigneten Augenblick unsere »Trumpfkarte« auszuspielen – unser ausdrückliches Einverständnis mit der Wiederherstellung der Vorkriegsgrenzen zu erklären –, wenn die Sowjets uns in unseren Vorstellungen im Hinblick auf Frieden, Sicherheit und direkte Verhandlungen entgegenkämen.

Das hielt ich – vorsichtig ausgedrückt – für verfrüht. Ich sah in der sowjetischen Antwort kein wesentliches Zugeständnis. Im Grunde wollten uns die Sowjets zur uneingeschränkten Annahme des arabischen Programms bewegen, indem sie ausweichende und substantiel nichtssagende Formulierungen verwendeten. Sie waren offenbar nicht bereit, auf die Araber einen ähnlichen Druck auszuüben wie wir auf Israel. Die Antwort sollte anscheinend vor allem den von der Sowjetunion abhängigen arabischen Staaten beweisen, wie unersetzlich die Sowjets für sie waren. Wenn wir den Sowjets zustimmten, war ein Bruch zwischen den Vereinigten Staaten und Israel unvermeidlich. Dennoch konnte ich Rogers' Initiative nicht verhindern. Ich empfahl dem Präsidenten, der Reise Siscos zuzustimmen, solange wir in der Grenzfrage keine Zugeständnisse machten. Ich riet dem Präsidenten: »Ich würde ihm in dieser Lage nicht die Vollmacht geben, uns in der Frage des israelischen Rückzugs festzulegen. Damit wären wir Israel zu weit voraus und würden eine wichtige Position ein für allemal aufgeben. Ich glaube, die Russen – nicht wir – sollten den Köder auslegen.« Nach meiner Auffassung sollten wir verlangen, daß die Sowjetunion mit ihren arabischen Freunden einen Preis bezahlte, der dem entsprach, was man von uns im Hinblick auf Israel verlangte. Das würde unsere Verhandlungsposition stärken und die sowjetisch-ägyptischen Beziehungen belasten. Nixon gab mir recht; Sisco erhielt die Erlaubnis, nach Moskau zu gehen, durfte aber in der Grenzfrage keine neue Position einnehmen.

Sisco blieb vom 14. bis zum 17. Juli in Moskau. Seine Gespräche waren eine Wiederholung des Gedankenaustauschs in den vergangenen zwei

Monaten. Als er zurückkehrte, war auch er skeptisch in bezug auf die Flexibilität und die Absichten der Sowjets. Er berichtete dem Präsidenten, er habe keine Anzeichen dafür entdecken können, daß die Sowjets bereit seien, auf Nasser bezüglich eines Friedens und direkter Verhandlungen Druck auszuüben. Sie betrachteten Nasser vielmehr als ihr wichtigstes Instrument im Nahen Osten und seien nicht bereit, seine politische Stellung oder den Einfluß zu riskieren, den sie auf ihn hatten, indem sie ihn dazu drängten, einen Frieden zu Bedingungen zu schließen, die er nicht annehmen wollte. Anstatt Nasser unter Druck zu setzen, scheine es vielmehr ihre Strategie zu sein, auf ihrem Standpunkt zu verharren und unsere Position so lange zu schwächen, bis wir bereit seien, Israel ihre Bedingungen aufzuzwingen. Sisco kam zu dem Schluß, daß auch wir fest bleiben und abwarten sollten, und das hielt auch ich für richtig.

Nach Siscos Reise bestand während der folgenden zwei Monate keine Veranlassung mehr, die Initiative zu ergreifen. Doch obwohl das Weiße Haus und das Außenministerium in seltener Übereinstimmung im Augenblick nichts unternehmen wollten, mußte man mit einem Aufleben der diplomatischen Tätigkeit im Herbst rechnen. Mit dem Eintreffen ausländischer Staatsmänner zur Generalversammlung der Vereinten Nationen, zu denen auch die Vertreter der am Nahost-Konflikt beteiligten Staaten gehörten, würden sich wahrscheinlich Anlaß und Gelegenheit ergeben, einen neuen Versuch zu unternehmen.

4. Eine neue Initiative

Diese Erwartung bestätigte sich, denn im August lebte die Kampftätigkeit an allen Fronten auf und nahm am Suez-Kanal besonders gefährliche Formen an. Die Lage verschärfte sich noch, als ein geistesgestörter Australier in der Al-Aqsa-Moschee in Jerusalem einen Brand legte. Wie nicht anders zu erwarten, machten die Araber Israel dafür verantwortlich; Nasser und König Feisal von Saudi-Arabien riefen zum Heiligen Krieg zur Befreiung Jerusalems auf. Terroristen entführten ein Passagierflugzeug der TWA nach Damaskus, wo die israelischen Passagiere einige Wochen lang festgehalten wurden. Die israelische Arbeiterpartei bereitete sich auf die Wahlen im Herbst vor und verkündete, sie werde bestimmte Teile des besetzten Gebiets nicht herausgeben, ohne Rücksicht auf irgendwelche Friedensbedingungen.

Angesichts dieser düsteren Lage mußte unsere Politik noch einmal überprüft werden. Das Außenministerium drängte wie üblich auf eine neue Initiative, und ich bestand darauf, daß eine präzise Strategie ausgearbeitet wurde. Der sowjetische Außenminister Gromyko kam zur Generalversammlung der Vereinten Nationen; Rogers und unser Botschafter bei den Vereinten Nationen, Charles Yost, baten Nixon um Erlaubnis, im Namen der Vereinigten Staaten die Wiederherstellung der Grenzen von 1967 zu empfehlen, vorausgesetzt, daß die notwendigen Sicherheitsvorkehrungen getroffen würden. Sisco war etwas vorsichtiger.

Diese verschiedenen Zwänge zeigen, wie es in den Vereinigten Staaten zu außenpolitischen Entscheidungen kommt. Gibt es eine Position, auf die man ausweichen kann – wie viele Vorbehalte dabei auch bestehen mögen –, dann wird sie auch von irgend jemand vorgeschlagen, und zwar kommen solche Vorschläge zunächst aus privaten Kreisen oder von der Presse und werden schließlich als offizielle amerikanische Haltung auf den Tisch gelegt. Ein Präsident, der solche Rückzieher autorisiert, weil er glaubt, er werde die Folgen nicht tragen müssen, muß enttäuscht werden. Die bloße Existenz solcher Ausweichpositionen untergräbt die Standfestigkeit, an der zunächst gebilligten Position festzuhalten. Der Vorgang beschleunigt sich, wenn der Ehrgeiz der Bürokratie oder einzelner das Ausweichen auf neue Positionen begünstigt und die Befürworter glauben, damit Erfolg zu haben. Deshalb kam es jetzt wieder zu der uns schon vertrauten Diskussion, diesmal auf einer Sitzung des Nationalen Sicherheitsrats am 11. September. Die Vertreter des Außenministeriums behaupteten, wenn wir unsere Haltung nicht revidierten, sei ein Fortschritt unmöglich (ein Argument, das, wenn man es weit genug trieb, schließlich dazu führen mußte, daß wir in jeder Frage mit dem sowjetischen Standpunkt übereinstimmten). Ich hielt es nicht für klug, einen Vorschlag zu machen, den Israel mit Sicherheit ablehnen und der vielleicht nicht einmal von Ägypten angenommen werden würde, denn er enthielt Friedensbedingungen, die schon einmal zurückgewiesen worden waren. Wenn wir uns auf diesen Kurs festgelegt hatten, würden wir in der nächsten Runde unter Druck gesetzt werden, noch weiter zurückzuweichen und Israel die neuen Bedingungen aufzuzwingen.

Damit standen wir vor der gleichen strategischen Kontroverse, mit der wir im Februar begonnen hatten. Die Befürworter weiterer Zugeständnisse behaupteten, die Zeit arbeite gegen uns; je länger sich die Verhandlungen hinauszögerten, desto weniger wären die Araber bereit, auf unsere Vorschläge einzugehen. Ich behauptete, das Gegenteil sei richtig und eine weitere Verzögerung liege in unserem Interesse; Ägypten würde erkennen müssen, daß die Bevormundung durch die Sowjetunion sowie eine radikale Außenpolitik den Fortschritt behinderten und nur die Vereinigten Staaten eine Lösung herbeiführen könnten; die Verzögerung würde die sowjetische Machtlosigkeit demonstrieren und im Lauf der Zeit die Araber und besonders die Ägypter zu einer grundsätzlichen Umorientierung ihrer Außenpolitik zwingen. Meiner Auffassung nach befanden sich die Sowjets in einer schwierigen Lage, denn sie konnten ihr Ziel nur erreichen, wenn wir uns zur Zusammenarbeit bereit erklärten oder es zu einem Krieg kam, den die von ihnen protegierten arabischen Staaten verlieren mußten. Wenn wir ruhig auf unserem Standpunkt beharrten, mußten sie früher oder später etwas für unsere Hilfe bezahlen, und zwar entweder im Nahen Osten oder anderswo. Rogers fürchtete, die Vereinigten Staaten könnten bei den Vier-Mächte-Gesprächen isoliert werden; ich glaubte, das lasse sich im Rahmen eines solchen Forums nicht ausschließen und könnte, selbst wenn man es klüger anfaßte, nicht vermieden werden.

Vor der Sitzung des Nationalen Sicherheitsrats am 11. September hatte der Präsident John Mitchell an den Gesprächen beteiligt, um sich von ihm in innenpolitischen Fragen beraten zu lassen sowie darüber, welche Entscheidungen ihm offenstünden. Der Pfeifenraucher Mitchell war trotz seines barschen Auftretens ein diskreter und intelligenter Mann; von seinem späteren Schicksal ahnte man noch nichts; Nixon schätzte seine politische Urteilsfähigkeit. Er gab sich als objektiver Beobachter, dessen Aufgabe es war, die Interessen des Präsidenten zu schützen. Bei vielen Gelegenheiten bewies er seine politische Weitsicht. Jetzt warnte er Nixon vor den innenpolitischen Schwierigkeiten, die auf ihn zukamen – als Folge der Konfrontation mit Israel, die alle Hoffnungen auf einen Frieden zunichte machen würde.

Nixon war deshalb auf die Sitzung des Nationalen Sicherheitsrats gut vorbereitet und stellte Rogers und Sisco bohrende Fragen. »Redet ihr denn überhaupt mit den Israelis?« Wie würde wohl Israel darauf reagieren, wenn wir die Grenzen von 1967 akzeptierten? Rogers und Sisco versicherten, die Israelis würden mit dem ganzen Paket sehr zufrieden sein, denn es enthalte Elemente ihrer eigenen Definition vom Frieden. Ich bezweifelte das und sagte, wenn ich recht hätte und wir Israel nicht unter Druck setzen wollten, würden wir die Araber verärgern, die dann nicht nur behaupten würden, wir seien machtlos, sondern wir ließen es auch an gutem Willen fehlen. Der Präsident entschied, die Verhandlungen bis zum Besuch Frau Meirs nur »explorativ« zu führen. Bis dahin sollte eine Denkschrift über die Friedensbedingungen für Jordanien, Syrien und Ägypten angefertigt werden. Der Nationale Sicherheitsrat war vielleicht nicht das geeignete Instrument, Alternativen auszuarbeiten, doch mit seiner Hilfe ließen sich Entscheidungen hinauszögern.

Mitchell sagte mir später, der Präsident habe damals keine Vorstellung davon gehabt, wie es weitergehen sollte. Nixon sagte mir ein paar Wochen später, er sei mit mir der Ansicht gewesen, man solle noch keine spezifischen Vorschläge machen, um abzuwarten, welche Spannungen sich vielleicht zwischen den Sowjets und den Ägyptern entwickelten: »Den Gipfel und die Handelsgespräche können sie (Moskau) haben, aber ich will verdammt sein, wenn sie den Nahen Osten bekommen.« Rogers und Sisco wurden deshalb angewiesen, Gromyko nichts darüber zu sagen.

5. *Golda Meir*

Golda Meir kam am 25. September auf ihrer ersten Amerika-Reise als israelische Ministerpräsidentin nach Washington. Sie war ein Original. Ihre Erfahrungen als Kind im Rußland der Pogrome und als junges Mädchen unter den harten Lebensbedingungen in Palästina hatten sie gelehrt, daß nur der Vorsichtige eine Chance zum Überleben hat und der Erfolg nur dem beschieden ist, der bereit ist zu kämpfen. In ihrem von tiefen Furchen durchzogenen Gesicht drückte sich das Schicksal eines Volkes aus, das erfahren hatte, welcher Unmenschlichkeit der Mensch fähig ist. Ihre wachen Augen sagten deutlich, daß sie die ihr anvertrauten Menschen nicht kampflos dem gleichen Schicksal überantworten wollte. Dennoch sehnte sie sich nach der Erfüllung des Traumes vom Frieden für ihr Volk; ihre gelegentlich sarkastische äußere Schale verdeckte niemals das Mitleid, das sie über den Tod jedes israelischen Soldaten wie den Verlust eines Mitglieds der eigenen Familie empfand. Sie gehörte zu den Gründern ihres Landes. Jeder Zollbreit des Bodens, um den Israel gekämpft hatte, war für sie die unabdingbare Voraussetzung für das Überleben ihres Volkes und mußte gegen jeden Feind hartnäckig verteidigt werden. Die besetzten Gebiete durften nur gegen handfeste Sicherheitsgarantien aufgegeben werden. Frau Meir hatte einen durchdringenden Verstand, einen beißenden Humor und stand mit beiden Beinen auf der Erde. Große Worte konnten sie nicht beeindrucken, und subtile Verhandlungstaktiken interessierten sie nicht. Sie wandte sich sofort dem Kern der Sache zu. Auf Großspurigkeit reagierte sie mit Ironie und beherrschte das Gespräch durch ihre Persönlichkeit und ein feines psychologisches Empfinden. Mit mir ging sie um wie mit einem Lieblingsneffen, und deshalb wäre auch nur die Andeutung einer Meinungsverschiedenheit ein Verstoß gegen die in der Familienhierarchie herrschenden Gesetze gewesen und mit Empörung zur Kenntnis genommen worden. Aber solche Gefühlsausbrüche waren gewöhnlich kalkuliert. Meine Frau meint, die dramatischsten Theateraufführungen, die sie erlebt habe, seien die Gelegenheiten gewesen, bei denen Golda Meir und ich verschiedener Meinung waren. Frau Meir behandelte den Außenminister Rogers so, als könnte sie nicht glauben, daß die von ihm geäußerte Meinung seine eigene sei; als wäre sie überzeugt, wenn sie ihm nur die Mißverständnisse erklären könnte, wären alle Unklarheiten beseitigt, die nur durch die schlechte Formulierung der diplomatischen Telegramme entstanden seien; für diesen Fall stellte sie ihm ihre Vergebung in Aussicht. Frau Meir bezeichnete Nixon als einen alten Freund des jüdischen Volkes, was für diejenigen unter uns, die die ambivalente Haltung Nixons zur israelischen Frage kannten, eine erregende Neuigkeit war. Es hätte sich für ihn gelohnt, diesen Erwartungen zu entsprechen. Schließlich hat er viel für Israel getan, wenn auch nicht aus Zuneigung, so doch weil er ganz unsentimental glaubte, es liege in unserem nationalen Interesse.

Was Frau Meir Nixon vortrug, war ganz einfach. Die Vereinigten Staaten sollten nicht zulassen, daß sich Nasser um die Verantwortung für den Frieden drückte und es anderen überließ, Bedingungen zu stellen; die Sowjetunion sollte wissen, daß die Vereinigten Staaten die Vernichtung Israels nicht zulassen würden; die Araber sollten erkennen, daß Israel nicht schwach sei. Nur das könne den Frieden bringen.

Doch Nixon war nicht der Mann, der sich mit allgemeinen Redensarten zufriedengab. Die falschen Taktiken des Außenministeriums waren ihm zwar peinlich, er glaubte aber nicht einen Augenblick, daß sich der Friede automatisch einstellen werde, wenn wir nur festblieben. Er war – vor allem aus innenpolitischen Gründen – noch nicht bereit, Israel unter Druck zu setzen, und hatte keine Schwierigkeiten, Golda Meir amerikanische Hilfe gegen einen sowjetischen Angriff zuzusichern. Schließlich begünstigte er ein starkes Israel, da er es nicht so weit kommen lassen wollte, daß Amerika für Israel in den Krieg ziehen mußte – und das entsprach auch den Auffassungen von Frau Meir. Nixon glaubte, Nasser werde sich mäßigen, wenn er sich einem überlegenen Gegner gegenübersähe.

Dem Präsidenten lagen aber noch die Empfehlungen seines Außenministers vor; er konnte deshalb nicht versprechen, daß die Vereinigten Staaten keine neuen Friedensbedingungen mehr vorschlagen würden. So wich er einer klaren Entscheidung aus und erweckte den Eindruck, die israelischen Belange interessierten ihn mehr als die Sorgen seiner eigenen Bürokratie. Das war richtig, und deshalb legte er jetzt eine neue Formel auf den Tisch und sagte, Israel würde »harte gegen weiche Ware eintauschen«. Damit wollte er sagen, er werde israelische Bitten um Waffenlieferungen berücksichtigen, wenn Israel uns bei den Verhandlungen einen gewissen Spielraum ließe, den wir, wie er zu verstehen gab, nicht zu sehr ausnutzen würden.

Man könnte nicht behaupten, daß Frau Meir sich damit einverstanden erklärt hat. Vielmehr ließ sie es bei dieser Formulierung bewenden, deren Bedeutung sich erst in der Zukunft erweisen würde. Sie behielt sich vor, gegebenenfalls Widerstand zu leisten, und wollte sich einen rangniedrigeren Gegner aussuchen als den Präsidenten. Sie hatte auch sehr bald Gelegenheit dazu. Die Formel des Präsidenten über den Austausch »harter gegen weiche Ware« sickerte durch und wurde von der Presse aufgenommen. Die Medien interpretierten sie so, daß amerikanische Rüstungshilfe von nun an von der israelischen Flexibilität bei den Verhandlungen abhängig gemacht werden sollte. Die wütenden Proteste von Frau Meir richteten sich jetzt (wahrscheinlich mit Recht) gegen das Außenministerium, dem eine Zusammenfassung der Gespräche des Präsidenten mit Frau Meir gegeben worden war.

Nun drohten ernste Auseinandersetzungen innerhalb der Bürokratie. Am 27. September besuchte mich Dobrynin und wiederholte seinen Vorschlag, die Vereinigten Staaten und die Sowjetunion sollten sich über eine gemeinsame Haltung einigen, und zwar diesmal, um dem Sonderbeauftragten der Vereinten Nationen Jarring Verhandlungsrichtlinien zu geben. Ich lehnte diesen Vorstoß mit der Begründung ab, daß ein gemeinsames Vorgehen an anderer Stelle so lange »schwierig« sein würde, wie die Sowjets uns in Vietnam so wenig unterstützten. Ich hatte nicht die Absicht, gemeinsam mit der Sowjetunion etwas zu unternehmen, wenn die Sowjets erwarteten, auf unsere Kosten etwas umsonst zu bekommen. Doch meine Ablehnung veranlaßte Dobrynin nur, es jetzt über andere Kanäle zu versuchen. Er setzte seine intensiven Gespräche mit Sisco im September und Oktober fort. Sisco und Dobrynin knüpften an Siscos Besuch in Moskau an und erörterten alle Möglichkeiten einer Friedensregelung zwischen Ägypten und Israel. Am 14. Oktober meldete Sisco, er sei in Verfahrensfragen so weit vorangekommen (damit meinte er die Abhaltung indirekter Gespräche, wie sie Ralph Bunche 20 Jahre früher auf Rhodos geführt hatte), daß man in der nächsten Woche über die Grenzfragen sprechen könne.

Ich zweifelte an diesen »Fortschritten«. Meiner Meinung nach bedienten sich die Sowjets des Nahost-Problems – ebenso wie sie es mit SALT getan hatten –, um Nixon zur Zurücknahme seiner Drohung zu veranlassen, am 1. November im Hinblick auf Vietnam eine Grundsatzentscheidung zu treffen (s. Kapitel VIII). Auch das am 20. Oktober zwischen Dobrynin und dem Präsidenten stattfindende Gespräch konnte meine Sorgen nicht zerstreuen. Dobrynin las dem Präsidenten aus einem *Aide-mémoire* vor, in dem Washington dafür verantwortlich gemacht wurde, daß die Verhandlungen im Nahen Osten nicht vorankamen. Nixon erwiderte in scharfer Form und wies darauf hin, daß die Sowjets starr auf dem israelischen Rückzug beharrt hätten, ohne angedeutet zu haben, zu welcher Gegenleistung Ägypten bereit sei; das von den Sowjets unterstützte Land habe den Krieg verloren, Gebiete aufgeben müssen und sei nicht berechtigt, jetzt Forderungen zu stellen.

Während Nixon Dobrynin in die Schranken wies, bemühte sich Sisco um die Vollmacht, Dobrynin sagen zu dürfen, daß wir uns entgegen den notwendigen Sicherheitsgarantien mit den Grenzen von 1967 einverstanden erklären würden. Er wollte das bei einer für den 28. Oktober angesetzten Besprechung tun. Ich sprach mit dem Präsidenten darüber, der noch einmal erklärte, die Vereinigten Staaten sollten nicht vor dem für die Vietnam-Frage gesetzten Termin am 1. November die Initiative ergreifen. Nixon hatte sogar befohlen, daß vor seiner Vietnam-Rede am 3. November keine Kontakte mehr mit der Sowjetunion aufgenommen werden sollten. Sisco protestierte, denn Rogers hatte Gromyko zugesagt, Sisco werde sich am 28. Oktober mit Dobrynin treffen (das war kein überzeugendes Argument, denn Sisco hätte die Zusammenkunft jederzeit verschieben können). Doch Nixon war so sehr mit Vietnam, der Vorbereitung seiner Rede am 3. November und dem Moratorium beschäftigt, daß er jetzt noch weniger als sonst geneigt war, sich mit seinem Außenminister zu streiten. Widerwillig gab er nach. Bezeichnenderweise versuchte er sich damit abzusichern, daß er John Mitchell und Leonard Garment – den Berater des Präsidenten für jüdische Angelegenheiten – bat, die führenden Persönlichkeiten in den jüdischen Bevölkerungsgruppen in den Vereinigten Staaten in geeigneter Form davon zu unterrichten, daß der Präsident mit der Politik des Außenministeriums nicht immer einverstanden sei. Dabei deutete Nixon an, er werde dafür sorgen, daß die von ihm selbst genehmigten Initiativen zu nichts führten.

So waren wir in die unmögliche Lage geraten, daß Nixon meiner Strategie zustimmte, aber der Taktik von Rogers folgte. Weshalb sich Nixon in der Nahost-Politik mehr von den Vorstellungen seines Außenministers leiten ließ, habe ich schon zu Beginn dieses Kapitels begründet. Er wußte sehr gut, daß dieser diplomatische Kurs zu nichts führen würde; sobald er befürchten mußte, daß es dabei zu einer ernsten Konfrontation käme, folgte er meinem Rat und schwenkte um. Ironischerweise kam es dabei gerade zu der Entwicklung, die ich beabsichtigt hatte: Wir behielten die Initiative bei den Verhandlungen, und es zeigte sich, daß die Sowjets nicht in der Lage waren, Fortschritte zu erzielen.

Bis das erwiesen war, hatte es für die Vereinigten Staaten keinen Sinn, aktiv zu werden. Gelegentlich verspürte Nixon die Neigung, eine Lösung zu erzwingen. Auf eines meiner Ende 1969 verfaßten Memoranden, das den Pessimismus des Königs Hussein über die Friedensaussichten angesichts der harten Haltung Israels schilderte, hatte Nixon handschriftlich notiert: »Ich fange an zu glauben, wir sollten einseitig etwas unternehmen, um Israel vor der Vernichtung zu bewahren.« Doch sobald er sich die Sache genauer überlegte, konnte er sich nicht zum Handeln entschließen, denn 1969 hätte solch ein Vorgehen nur der Sowjetunion und ihren uns so feindlich gesonnenen Schützlingen genützt.

Am 28. Oktober legte Sisco Dobrynin endlich unsere Alternativvorschläge vor, die das Außenministerium schon die ganze Zeit hatte loswerden wollen. Danach verpflichteten sich die Vereinigten Staaten zur Anerkennung der Grenze zwischen Israel und Ägypten von 1967. Dieser Vorschlag enthielt Bestimmungen über eine Friedensregelung und Sicherheitsgarantien, von denen das Außenministerium – ohne dafür Beweise zu haben – annahm, sie seien attraktiv genug, um Israel zu einem Rückzug zu bewegen und die Sowjets zu veranlassen, Ägypten unter Druck zu setzen. Beide Hoffnungen sollten enttäuscht werden.

Im Gegensatz zu den Erwartungen des Außenministeriums löste unser Angebot nur eine unverbindliche Reaktion der Sowjets aus, und im Gegensatz zu dem, was Nasser bisher angedeutet hatte, trug die Anerkennung der Vorkriegsgrenzen durch uns nicht dazu bei, unsere Beziehungen zu ihm zu verbessern. Er hielt vielmehr am 6. Dezember vor der ägyptischen Nationalversammlung eine feurige Ansprache und erklärte, er werde die besetzten Gebiete mit »Feuer und Blut« zurückerobern und sich nicht auf halbherzige politische Lösungen einlassen. Dabei beschuldigte er die Vereinigten Staaten, zugunsten Israels militärisch eingegriffen zu haben. Nasser äußerte sich in seiner Rede so radikal, daß das Außenministerium ganz gegen seine Gewohnheit eine Erwiderung formulierte und erklärte, Nassers Verhalten bedeute einen »Rückschlag« auf dem Weg zum Frieden. Bald darauf bezeichnete der ägyptische Außenminister Mahmoud Riad unseren Friedensplan (einschließlich unserer Zugeständnisse in der Grenzfrage) als »noch schlimmer« als die bisherigen Vorschläge. Welche Haltung Israel einnehmen würde, war vorherzusehen. Unsere Zugeständnisse bei der Definition des Friedens, denen Israel hätte zustimmen sollen, wurden unter den Tisch gefegt. Israel protestierte in schärfster diplomatischer Form gegen unsere Vorschläge zur Grenzregelung. Israels Freunde in Amerika äußerten tiefe Besorgnis, dazu verschärften sich die Kampfhandlungen, besonders am Suez-Kanal. Ein Staatsstreich in Libyen im September 1969, der die Monarchie stürzte und Khadhafi an die Macht brachte, gefährdete die politische Zukunft in diesem Gebiet (und kostete uns das Vorrecht, dort Flottenstützpunkte zu unterhalten). Im Libanon waren besorgniserregende Auflösungserscheinungen zu beobachten; wir hielten Sondersitzungen ab, um zu beraten, in welcher Weise wir eingreifen könnten, wenn es dort zum Bürgerkrieg kam. Die mit uns befreundeten gemäßigten Führer im Nahen Osten – König Hussein, König Hassan von Marokko, Prinz Fahd von Saudi-Arabien, der Schah von Persien und die Libanesen – teilten uns entweder persönlich oder durch ihre Botschafter mit, wie verzweifelt sie über die wachsende Radikalisierung in diesem Gebiet seien.

6. Der Rogers-Plan

Aber wie Spieler in einer Pechsträhne wollten die Befürworter eines aktiven amerikanischen Eingreifens den Einsatz noch erhöhen. Ohne die klar definierte Haltung beider Seiten zu beachten, behaupteten sie, ein Kompromiß in der von uns vorgeschlagenen Form sei immer noch möglich; sie glaubten auch weiterhin, die Israelis würden in der Grenzfrage nachgeben, wenn wir die Friedensbedingungen zu ihren Gunsten modifizierten. Deshalb schlug das Außenministerium im November dem Präsidenten offiziell vor, die Vier-Mächte-Gespräche wieder aufzunehmen. Unserem Plan für Ägypten sollte ein Begleitpapier über eine Regelung mit Jordanien hinzugefügt werden, die im wesentlichen von den gleichen Prinzipien ausgehen sollte. Darin hieß es, wir könnten für einen Freund nicht weniger tun als für einen Gegner. Schließlich hätte Präsident Johnson Jordanien praktisch die Wiederherstellung der Grenzen von 1967 mit Ausnahme kleiner Grenzkorrekturen zugesagt, um es zur Annahme der Resolution 242 zu bewegen. Nun meinte das Außenministerium, die Weltöffentlichkeit werde in solch einem Vorgehen die Ausgewogenheit der amerikanischen Außenpolitik erkennen, was den Ausgangspunkt für spätere Verhandlungen ergeben könne, auch wenn im Augenblick nichts erreicht würde. Welche »Weltöffentlichkeit« es war, in deren Augen wir günstiger dastehen würden, wurde nicht gesagt, und es wurde auch verschwiegen, welchen Vorteil Vorschläge bringen sollten, die beinahe mit Sicherheit zu nichts führten. Niemand erklärte, weshalb dieses Papier eine bessere Wirkung haben sollte als das ägyptische Dokument, oder welchen Sinn es habe, die Zahl der abgelehnten Vorschläge zu erhöhen.

Als ich dem Präsidenten den Vorschlag des Außenministeriums vorlegte, wiederholte ich meinen inzwischen schon ermüdenden Refrain, daß alle diese Anstrengungen zur Nutzlosigkeit verdammt seien. Es war kein Plan vorstellbar, mit dem die zwischen beiden Seiten bestehende Kluft überbrückt werden konnte. »Ohne massiven Druck auf Israel kann es zu keiner Lösung kommen. Höchstwahrscheinlich werden sich die Gegensätze noch verschärfen. Es könnte sogar wieder zum Krieg kommen.« Ich fürchtete, das enttäuschte Israel würde unter Umständen einen Präventivschlag führen, oder die arabischen Länder würden zu kriegerischen Maßnahmen greifen, wenn wir uns nicht durchsetzten. Jede amerikanische Initiative, die fehlschlug, spielte den Sowjets in die Hände und stärkte die Radikalen.

Nixon setzte für den 10. Dezember eine Besprechung des Nationalen Sicherheitsrats an, auf der überlegt werden sollte, welchen Kurs wir einzuschlagen hätten. Bis dahin sollten keine weiteren Vorschläge gemacht werden. Außenminister Rogers wollte am 9. Dezember eine umfassende öffentliche Erklärung über unsere Nahost-Politik abgeben. Das Datum war ungünstig gewählt, denn die Rede würde am Tag *vor* der Sitzung des Nationalen Sicherheitsrats gehalten werden, auf der die Entscheidung zu diesem Thema fallen sollte. Rogers versicherte dem Präsidenten, er würde keine neuen Initiativen ergreifen. Er und Sisco überzeugten Nixon davon, daß die Rede die Entscheidungen des Präsidenten auf der Sitzung des Nationalen Sicherheitsrats am 10. Dezember nicht präjudizieren werde. (Es handelte sich hier um einen Versuch, den Nationalen Sicherheitsrat zu überspielen, der in einer anderen Frage und zu einem späteren Zeitpunkt niemals hätte gelingen können.)

Rogers sprach am Abend des 9. Dezember 1969 vor der Galaxy-Conference für Erwachsenenbildung. Mir ist bis heute nicht klar, weshalb er vor diesen zweifellos angesehenen Leuten ausgerechnet eine Erklärung zur amerikanischen Nahost-Politik abgeben mußte. Der Inhalt seiner Rede wurde bekannt unter der Bezeichnung »Rogers-Plan«. Der Außenminister erklärte, unsere Politik sei ausgewogen, und beide Seiten müßten Zugeständnisse machen. Er vertrat dabei die gleiche Haltung wie Sisco und Yost vor dem Zwei-Mächte-Forum und dem Vier-Mächte-Forum und verlangte, daß bei einer Friedensregelung die Voraussetzungen und Verpflichtungen zu bestimmten Fragen wie der Freiheit der Schiffahrtswege und der Souveränität genau definiert werden müßten; alle Beteiligten sollten mit Unterstützung von Botschafter Jarring zuverlässige Sicherheitsvorkehrungen ausarbeiten. Was jedoch die Aufmerksamkeit seiner Zuhörer besonders fesselte, waren die Ausführungen über die territorialen Fragen:

> »Wir glauben, daß die Beteiligten die anerkannten politischen Grenzen festlegen und sich darüber einigen müssen, daß jedoch Veränderungen an den vorher existierenden Grenzlinien nicht als Folge einer Eroberung angesehen werden dürfen, sondern sich auf unwesentliche Berichtigungen beschränken sollen, die der gegenseitigen Sicherheit dienen. Wir unterstützen keinen Expansionismus. Wir glauben, daß die Truppen zurückgezogen werden müssen, wie es die Resolution vorsieht. Wir unterstützen die Sicherheit Israels ebenso wie die Sicherheit der arabischen Staaten.«

In Anwendung dieser Grundsätze auf eine Vereinbarung zwischen Ägypten und Israel schlug Rogers den Rückzug der israelischen Streitkräfte auf die internationale Grenze zwischen Israel und Ägypten vor.

Schon wenige Stunden später wurde die Rede von allen Seiten angegriffen. Gerade weil sie Elemente enthielt, die schon vorher von beiden Seiten abgelehnt worden waren, mußte sie von allen Seiten angegriffen werden. Die arabische Presse, vor allem die ägyptische, faßte die Rede als amerikanischen Trick auf, mit dem die Vereinigten Staaten die Araber von ihrer Neutralität überzeugen wollten, und die zugleich die sowjetisch-ägyptischen Beziehungen unterminieren sollte. Die Sowjets gaben zunächst eine einigermaßen versöhnliche Erklärung ab, in der es hieß, die Rede von Rogers sei »längst fällig« gewesen; es komme jedoch darauf an, ob die Vereinigten Staaten Israel zum Rückzug bewegen könnten. Aber dann stellte sich die »Prawda« auf den ägyptischen Standpunkt und bezeichnete die Rede als amerikanischen Versuch, die eindeutige Parteinahme für Israel zu tarnen. Am Tage nach der Rede lehnte das israelische Kabinett jeden von außen kommenden Versuch ab, die Grenzen Israels festzulegen; die Premierministerin Meir sagte, Rogers »moralisiere«, und die Großmächte könnten nicht im Namen anderer Frieden schließen. Die Konferenz der Präsidenten der großen amerikanischen jüdischen Organisationen brachten ihre »schwere Besorgnis« zum Ausdruck; einige Kongreßabgeordnete stellten sich hinter sie. Eban reiste nach Washington, um erneute Verhandlungen mit amerikanischen Ämtern aufzunehmen.

In dieser Stimmung beriet der Nationale Sicherheitsrat am 10. Dezember über den Vorschlag des Außenministeriums, für Jordanien einen ähnlichen Plan vorzulegen wie für Ägypten. Was das Außenministerium veranlaßt hatte, auf seinem Standpunkt zu beharren, obwohl alles auf eine sichere Ablehnung hindeutete, muß der Untersuchung der Historiker überlassen bleiben. Wenn genügend bürokratisches Prestige in eine politische Linie investiert worden ist, mag es vielleicht leichter sein, ihr Versagen zu erleben, als diese Politik aufzugeben. Ich sagte Rogers – und dabei war ich vielleicht nicht ganz ehrlich –, nach seiner effektvollen Rede brauchten die Vereinigten Staaten doch eigentlich gar nichts mehr zu unternehmen. Aber ich hätte wissen müssen, daß sich die Dampfwalze nicht würde aufhalten lassen. Das Außenministerium empfahl dem Präsidenten, den detaillierten israelisch-jordanischen Friedensplan – dessen Entwurf ursprünglich nur zur Unterrichtung hatte dienen sollen – bei den Vier-Mächte-Gesprächen offiziell vorzulegen, um die Haltung der Vereinigten Staaten »abzurunden«.

Die Debatte hatte inzwischen ihren eigenen Stil entwickelt. Jeder, der besondere Vorschläge machen wollte, glaubte, das werde unser Ansehen in der arabischen Welt fördern. Ich war der Ansicht, daß wir, wenn wir nicht bereit waren, die Annahme unserer Vorschläge zu erzwingen, höchstens zwei bis drei Wochen nach ihrer Vorlage wieder vor der Wahl stehen würden, entweder mehr anzubieten oder die Verhandlungen platzen zu lassen. Besondere Sachkenner glaubten, man könne die Sowjetunion zur Mäßigung bewegen. Ich war überzeugt davon, daß die Vereinigten Staaten mit dauernden Zugeständnissen nur die Neigung der Sowjets verstärken konnten, sich zu Fürsprechern der arabischen Radikalen zu machen. Die Verfechter einer aktiven Politik glaubten, die Radikalen durch immer großzügigere Angebote auf unsere Seite ziehen zu können. Ich behauptete, daß es unmöglich sei, die Radikalen zu überzeugen; sie würden sich eher mäßigen, wenn wir von ihnen als Voraussetzung eines stärkeren amerikanischen Engagements einen Kurswechsel verlangten.

Auf der Sitzung des Nationalen Sicherheitsrats stellte ich die fundamentale Voraussetzung unserer Außenpolitik in Frage, wonach eine Verzögerung der Verhandlungen die Position der Sowjetunion stärke. Meiner Ansicht nach war das Gegenteil richtig; je länger sich die Verhandlungen hinauszogen, desto deutlicher würde es werden, daß die Sowjetunion die Wünsche der Araber nicht erfüllen konnte. Mit der Zeit mußten die von den Sowjets abhängigen arabischen Staaten zu der Einsicht kommen, daß eine Freundschaft mit der Sowjetunion nicht der Schlüssel zur Verwirklichung ihrer Ziele war. Früher oder später würde das – wenn wir die Nerven behielten – die radikalen Araber dazu zwingen, ihre Politik zu überdenken.

Das war meine Strategie, die nach 1969 in zunehmendem Maße unsere Außenpolitik bestimmte (und zwar ungeachtet der verschiedenen Vorschläge des Außenministeriums, die weniger an meinem als am Widerstand der streitenden Parteien scheiterten). In den Jahren 1972 und 1973 begann meine Strategie Erfolge zu zeigen.

Der Ausgang der Sitzung des Nationalen Sicherheitsrats am 10. Dezember widersprach in einer Hinsicht der Richtung der Gespräche. Nixon wollte sich nicht über seinen Außenminister hinwegsetzen, war aber auch nicht bereit, die Folgen einer direkten Konfrontation mit Israel auf sich zu nehmen. Deshalb beschloß er, den jordanischen Vorschlag vorzulegen, sich aber mit dem Weißen Haus so weit wie möglich davon zu distanzieren. Wieder hoffte er, daß sich die Kritik gegen das Außenministerium richten würde, während er den außenpolitischen Gewinn einstreichen könnte, wenn überhaupt damit zu rechnen war. Am 17. Dezember befahl Nixon die Vorlage des Jordanien-Papiers bei den Vier-Mächte-Gesprächen. Zugleich ordnete er an, Len Garment solle Frau Meir privat versichern, wir würden nicht weiter gehen und auch nicht auf der Annahme unserer Vorschläge bestehen.

Zwar ist es üblich, daß die Bürokratie sich bei der Verwirklichung von Direktiven, die ihr nicht gefallen, Zeit läßt, doch dann ist es auch wieder erfreulich anzusehen, mit welchem Eifer Instruktionen befolgt werden, die ihr gefallen und von denen sie fürchtet, sie könnten zurückgenommen werden. Botschafter Yost legte den Jordanien-Plan schon am 18. Dezember vor, 24 Stunden nach der Zustimmung des Präsidenten.

Trotz Nixons Zusicherungen entfesselten die Israelis der Rede Rogers' wegen, der Wiederaufnahme der Vier-Mächte-Gespräche und des Jordanien-Papiers einen öffentlichen und privaten Sturm. Frau Meir berief eine Sondersitzung ihres Kabinetts zur Beratung der Beziehungen zwischen den Vereinigten Staaten und Israel ein. Ein israelischer Beamter sagte Len Garment, Frau Meir sei »bitter enttäuscht« und »tief betrübt«; sie halte die Lage für »einen Skandal« und für »höchst bedauerlich«. Außenminister Eban erklärte öffentlich, die Vereinigten Staaten hätten Israel Einzelheiten aus dem Jordanien-Papier vorenthalten, bevor es vorgelegt worden sei, obwohl er am 16. Dezember mit Rogers zusammengetroffen sei. Beamte des Außenministeriums erwiderten, Rogers habe Eban den Plan in großen Zügen erläutert. Am 22. Dezember sprach eine Delegation führender amerikanischer Juden mit Rogers, um ihre Besorgnis auszudrücken. Das israelische Kabinett wies in einer offiziellen Erklärung die amerikanischen Vorschläge zurück; es hieß, Frau Meir betrachte sie als gefährliche »Beschwichtigung« der Araber.

Um die israelischen Befürchtungen zu zerstreuen, schlug Sisco vor, zu erklären, daß die Haltung der Regierung Nixon sich von der der vorigen Regierung wenig unterscheide – damit kam eine besondere Eigenart unserer

Politik zum Ausdruck, wonach eine neue Regierung niemals so sehr darum bemüht ist, Kontinuität zu demonstrieren, als wenn sie sich in Schwierigkeiten sieht. Außerdem empfahl er, das israelische Ersuchen um wirtschaftliche und militärische Hilfe so bald wie möglich positiv zu entscheiden. Dieser Empfehlung stimmte Nixon zu und setzte damit eine Entwicklung in Gang, bei der jeder Schritt in den Verhandlungen, den Israel nicht billigte, mit einer Intensivierung der Israel gewährten Hilfe gekoppelt wurde, ohne daß es zu einer wirklichen Verständigung zwischen den Vereinigten Staaten und Israel gekommen wäre.

7. Eine Strategie entwickelt sich

Zwar waren wir in weniger als neun Monaten von der Erörterung allgemeiner Grundsätze zur Vorlage spezifischer Pläne gelangt, aber es war uns nicht gelungen, auf diplomatischem Gebiet Fortschritte zu machen. Auch die Beziehungen zu Ägypten wurden nicht besser. Ein wesentlicher Grund mag darin gelegen haben, daß wir mit Ägypten kaum unmittelbaren Kontakt hatten und Nasser nur zu dem Schluß kommen konnte, je länger er wartete, desto günstigere Angebote würden wir machen. Er brauchte so lange nicht zwischen seinen sowjetischen Beziehungen, seiner radikalen Politik und der Unterstützung durch die Amerikaner zu wählen, wie die Amerikaner jeweils nach ein paar Monaten ein Zugeständnis machten, für das keine Gegenleistungen erbracht werden mußten. Unsere Haltung zur Grenzfrage hatte sich ständig nur in einer Richtung verändert – vom »Gewicht der Eroberung« zu »Grenzberichtigungen« bis zu »unwesentlichen Änderungen«. Auf der Seite der radikalen Araber und der Sowjetunion hatte sich zu der entscheidenden Frage, wie der Frieden aussehen sollte, nichts geändert. Die Sowjetunion hatte aber noch nicht begriffen, daß sie bei einer weiteren Verzögerung am meisten zu verlieren hatte; sie unternahm nichts weiter, als daß sie Nasser in seiner kritischen Haltung unterstützte. Am 23. Dezember, nachdem wir zwei Monate gewartet hatten, beantworteten die Sowjets endlich unseren Vorschlag vom 28. Oktober, mit dem wir uns im wesentlichen mit den Grenzen von 1967 einverstanden erklärt hatten. *Sie lehnten ihn ab.* Dobrynin beschwerte sich bei mir, die Verhandlungen über den Nahen Osten hätten sich festgefahren und führten zu nichts. Ich sagte ihm, wir hätten dem, was wir bisher gesagt hatten, kaum etwas hinzuzufügen. Wie so oft retteten uns die Sowjets auch hier dadurch, daß sie sich übernahmen. Die Vier-Mächte- und die Zwei-Mächte-Gespräche hatten sich endgültig festgefahren. Nixon teilte jetzt meine Ansicht, daß die Zeit für eine Friedensregelung noch nicht reif sei; ihm war es jedoch lieber, wenn unsere Initiative versandete, als irgendwelche ausdrücklichen Anweisungen zu geben.

Im Winter versuchte ich, seine Auffassungen in einem Entwurf für den ersten außenpolitischen Bericht des Präsidenten an den Kongreß zusammenzufassen. Um die Erwartungen der Öffentlichkeit zu dämpfen, enthielt der erste Entwurf einen Satz, in dem es hieß, der arabisch-israelische Konflikt sei »schwer zu behandeln«. Das Außenministerium stimmte ein Protestgeheul an und behauptete, mit dieser ungünstigen Beurteilung würden alle seine Bemühungen untergraben. Anstatt mich auf einen Streit einzulassen, milderte ich den Satz ab, dessen am 18. Februar 1970 veröffentlichte endgültige Version lautet, das arabisch-israelische Problem enthalte »Elemente, mit denen man nur unter Schwierigkeiten fertig werden kann«. Das besänftigte die Nahost-Experten, doch die stilistische Schwerfälligkeit des Satzes zeigte, auf wie schwachen Füßen der Kompromiß mit der Bürokratie stand. Hier bewahrheitete sich die alte Redensart, ein Kamel sei ein von einem Ausschuß entworfenes Pferd.

Doch während sich die Verhandlungen hinzogen, wurde immer deutlicher, um welche Grundprobleme es ging. Die offizielle Haltung der einzelnen Parteien war nur die Spitze des Eisbergs. Die arabischen Staaten waren mit Ausnahme Jordaniens zu einem wirklichen Frieden nicht bereit, der sich in normalen Beziehungen zu Israel ausgedrückt hätte, und konnten auch den Begriff der Sicherheit nicht konkret definieren. Israel weigerte sich, alle besetzten Gebiete zurückzugeben – wahrscheinlich nicht einmal für die allgemeine Anerkennung des Friedens, wie die Israelis ihn definierten. Der Konflikt zwischen den Beteiligten war in der Tat unlösbar.

Nasser erwartete, daß wir ihn davor bewahrten, die Folgen seines 1967 gezeigten Leichtsinns zu tragen. Er war jedoch nicht bereit, auf seine Rolle als Vorkämpfer des radikalen arabischen Nationalismus zu verzichten, die von ihm auf fast allen Gebieten der Weltpolitik eine militante antiamerikanische Haltung verlangte. Auch wollte er sich nicht von der Illusion trennen, daß sich die Vereinigten Staaten am ehesten zu etwas zwingen lassen würden, wenn die Sowjetunion sie erpreßte. Deshalb verhandelte er vor allem über Moskau und nicht direkt mit uns. Den Sowjets fehlte es entweder an Phantasie, oder sie stellten sich starr hinter die arabischen Maximalforderungen, um ihren Ruf als Verteidiger des radikalen Nationalismus zu wahren. Wir hatten also keinen Grund, für diese eigenartigen Verbündeten die Kastanien aus dem Feuer zu holen, und deshalb scheiterten 1969 auch alle Verhandlungsversuche.

Doch während alles drunter und drüber ging, wurde immer deutlicher, wie stark die amerikanische Position im Nahen Osten in Wirklichkeit war. Niemand konnte ohne uns Frieden schließen. Israel konnten nur wir beeinflussen, nicht die Sowjetunion. Israel war zu stark, um sich arabischem Druck zu beugen, und wir konnten jede diplomatische Tätigkeit blockieren, bis die Araber *ihre* Bereitschaft zeigten, für israelische Konzessionen Gegenleistungen zu erbringen. Wenn wir standhaft blieben und uns nicht überfahren ließen, mußte sich unsere stärkere Position immer mehr durchsetzen. Nixon fuhr weiter zweigleisig; er war von der Richtigkeit meiner Strategie überzeugt, stimmte aber der Taktik des Außenministeriums zu (um sie schließlich doch aufzugeben). Im Lauf der Zeit änderte sich der Kurs der amerikanischen Nahost-Politik und schlug die von mir empfohlene Richtung ein. Der Umstand, daß das bürokratische Verfahren ins Stocken geriet, zeigte die von mir gewünschte politische Wirkung: Ein Kurs, der keine Ergebnisse brachte, mußte mit der Zeit wenigstens einige arabische Führer zu der Überlegung veranlassen, ob es einen Sinn hatte, sich auf sowjetische Waffenlieferungen und eine radikale Haltung zu verlassen, wenn sie ihr Ziel erreichen wollten. Nachdem deutlich geworden war – gleichgültig aus welchen Gründen –, daß man uns nicht zu einer Lösung zwingen konnte, mußten die arabischen Führer allmählich erkennen, daß der sowjetische Druck auf uns und ihre eigene Unversöhnlichkeit nur zur Stagnation führten. Ich war davon überzeugt, daß sie eines Tages auf uns zukommen würden.

So wurde 1969 nach ausführlichen Debatten und langem Zögern das Fundament für die spätere Umgliederung des Bündnissystems im Nahen Osten gelegt. Bis dahin verging jedoch noch viel Zeit, Krisen mußten durchgestanden werden, und schließlich kam es zu einem weiteren schmerzlichen Krieg.

XI. Das gefährdete Bündnis: Europa und die Vereinigten Staaten

1. Schwierigkeiten auf dem Weg zu einem Erfolg in Europa

Alle amerikanischen Regierungen, die ihr Amt nach 1960 übernahmen, waren davon überzeugt, daß ihre Vorgänger die atlantischen Beziehungen vernachlässigt hatten, und erklärten, sie würden diesem Mangel mit neuen Initiativen abhelfen. Doch keiner Regierung ist es gelungen, die entscheidenden Verbesserungen zu erreichen, die sie sich zum Ziel gesetzt hatte. Ironischerweise sah es so aus, als vervielfältigten sich die Probleme, je mehr Energie man auf ihre Lösung verwendete.

Das war kein Zufall. Die atlantischen Beziehungen sind mit einer ständigen Nostalgie verbunden, die auf den Marshall-Plan zurückgeht. Damals löste ein kühner amerikanischer Vorschlag eine begeisterte und dankbar europäische Reaktion aus; es entstanden zahlreiche atlantische und europäische Institutionen, die eine großartige Entwicklung verhießen. Es war die Verwirklichung eines im geheimen gehegten Traums der amerikanischen Außenpolitik: Unter der moralischen Führung Amerikas entstand ein spontaner und authentischer Konsensus; eine Zusammenarbeit ohne ein Spur von Zwang; »veraltete« Vorstellungen des Nationalismus und der Machtpolitik waren verbannt.

In der fast überschwenglichen Begeisterung der Nachkriegsjahre übersah man, daß die Haltung der Europäer vielleicht nicht so neu war, wie es den Anschein hatte; sie ließ sich durchaus mit den nationalen Interessen der europäischen Völker vereinbaren. Die praktische Folge der neuen Annäherungspolitik ermöglichte es einem geschwächten und verwüsteten Kontinent, Sicherheit, wirtschaftlichen Beistand und technische Hilfe zu erhalten, ohne eine Gegenleistung erbringen zu müssen. Und doch wurde diese Erfahrung für eine ganze Generation führender Politiker in Amerika zum idealen Vorbild für alle internationalen Beziehungen. Sie dachten nicht darüber nach, ob die Vorherrschaft, wenn sie durch Großzügigkeit erträglich gemacht wird, akzeptabler erscheint. Der Wert der »neuen« atlantischen Beziehungen sollte nicht auf die Probe gestellt werden, solange sie sich entwickelten, sondern erst dann, wenn ihre erklärten Ziele verwirklicht waren. Erst nachdem Europa seine wirtschaftliche Macht und sein politisches Selbstvertrauen wiedergewonnen hätte und die europäischen Länder in der Lage wären, ihre eigenen Auffassungen *durchzusetzen*, – mit anderen Worten, wenn ihnen echte Alternativen zur Verfügung stünden – würden wir wissen, ob wir an der Geburt einer neuen Ära beteiligt gewesen waren oder an der Wiedererweckung eines traditionellen Modells.

Die Zeit der Bewährung begann in den 60er Jahren. Jetzt waren in der Tat wichtige neue Institutionen für die atlantische Zusammenarbeit und die europäische Integration entstanden. Die Konsultation war intensiver und ehrlicher als je zuvor in der Geschichte unserer Außenpolitik. Die wirtschaftliche Integration Europas begünstigte den Welthandel und die amerikanischen Exporte und schadete der amerikanischen Wirtschaft nicht, wie manche befürchtet hatten. Europa bewegte sich auf die politische Einheit zu – wenn auch nicht immer auf Wegen, die uns gefielen. Zugleich begann die Verwirklichung der Ziele der 40er Jahre zu Mißverständnissen und Spannungen beizutragen. Während Europa mächtiger wurde, gewann es auch mehr Selbstvertrauen; bei den Konsultationen stellten wir nicht mehr ausschließlich eine Übereinstimmung der Auffassungen fest, sondern jetzt kamen dabei auch immer stärker bestimmte Meinungsverschiedenheiten zum Ausdruck. Amerikanische Führer, die glaubten, sie hätten dem altmodischen Nationalismus im atlantischen Raum einen Dienst erwiesen, beschworen jetzt die »große Zeit des Marshall-Plans« mit einer Nostalgie, die sogar stärker war als der zweifellose Erfolg dieses Konzepts.

Doch internationale Beziehungen lassen sich nur in großen Zeitabständen neu ordnen; der Erfolg solcher Konzepte schließt eine kurzfristige Wiederholung aus. Sie können sogar durch den Versuch gefährdet werden, eine einzelne Gewaltanstrengung stereotyp wiederholen zu wollen. Während das Nachkriegs-Europa Gestalt annahm, gewannen die atlantischen Beziehungen in der ganzen Welt an Bedeutung, doch ihre Probleme waren jetzt weniger dramatisch. Paradoxerweise war die atlantische Zusammenarbeit am erfolgreichsten, wenn sie sich auf Haushaltsfunktionen konzentrierte. Erst als sie »architektonisch« wurde, kam es zu scharfen Gegensätzen. Während der Regierung Nixon war dies nicht anders. Ebenso wie ihre Vorgängerin war sie am erfolgreichsten, solange sie sich bescheidene Ziele setzte; Vertrauen zu gewinnen, Konsultationen in den Vordergrund zu rücken, für unsere Truppenstationierungen in Europa die Zustimmung im Lande zu gewinnen und die europäische Integration europäischen Initiativen zu überlassen. Zu jener Zeit jedoch warf man uns vor, wir »vernachlässigten unsere Verbündeten«. Als wir uns später entschlossen, unsere Außenpolitik von neuem zu intensivieren, standen wir vor dem gleichen Dilemma wie unsere Vorgänger und später auch unsere Nachfolger; man darf sich bei der Außenpolitik nicht die Erfüllung abstrakter psychologischer Vorstellungen zum Ziel setzen.

Während der ersten Jahre der Regierung Nixon befand sich das westliche Bündnis noch in einem Gärungsprozeß, der zum großen Teil auf ursprünglich europäische Initiativen zurückzuführen war; auf Wilsons Bemühungen um den Beitritt Großbritanniens zum Gemeinsamen Markt, auf Brandts Ostpolitik, auf das Interesse de Gaulles an der Wiederherstellung der guten Beziehungen zu Amerika, das später von Pompidou wieder aufgegriffen wurde. Wir wollten nirgends einen großen Durchbruch erreichen, sondern suchten den Beitritt Großbritanniens zum Gemeinsamen Markt zu fördern. Unsere Haltung war auch entscheidend für den Erfolg der deutschen Ostpolitik und der Berlin-Verhandlungen. Bezeichnenderweise sorgten wir auch für die Verbesserung der Zusammenarbeit mit Frankreich. Wir verteidigten erfolgreich die amerikanischen Truppenstationierungen in Europa gegen die leidenschaftlichen Bemühungen im Kongreß, sie abzubauen.

Im März faßte ich unsere außenpolitische Haltung in einem für den Präsidenten bestimmten Memorandum zusammen, das an dieser Stelle erwähnt werden muß. Nixon hatte mich gefragt, ob es noch notwendig sei, daß Amerika angesichts der fortschreitenden europäischen Integration im Rahmen des atlantischen Bündnisses seine führende Rolle behielt. Offenbar wollte sich Nixon in seiner Auffassung bestätigt sehen. Er war mit den Überzeugungen der Generation Arthur Vandenbergs aufgewachsen, als beide Parteien unsere bisher einmaligen Bindungen an Europa unterstützten. Nixons Frage gehörte zu der gleichen Kategorie wie seine gelegentlichen Überlegungen, möglicherweise kein zweites Mal für das Amt des Präsidenten zu kandidieren. Wenn er Fragen nach seiner politischen Zukunft stellte, wollte er eigentlich nur die Bestätigung, daß er unentbehrlich sei. Im Hinblick auf Europa erwartete er von mir, den Glaubensartikel zu bestätigen, der gegolten hatte, als seine politische Laufbahn begann; daß nämlich die Führungsrolle Amerikas unumstritten bleibe.

Das bereitete mir keine besondere Mühe, denn auch ich war von der Richtigkeit dieses Grundsatzes überzeugt. Ich erklärte, das amerikanische Gewicht und die amerikanische Führung würden noch gebraucht, weil die Europäer trotz ihres großen wirtschaftlichen Fortschritts noch nicht den Zusammenhalt, die innere Stabilität oder die Bereitschaft entwickelt hätten, ein Gegengewicht gegen die Sowjetunion zu bilden. Ich schrieb, die Einheit im Bündnis stelle an die Vereinigten Staaten drei Forderungen.

Erstens müßten wir in unserem Verhalten gegenüber der Sowjetunion nüchtern bleiben. Wenn wir zu ungestüm vorgingen, würden die europäischen Nationen sich Sorgen machen, daß die Vereinigten Staaten und die Sowjetunion sich auf ihre Kosten einigen könnten. Das würde sie veranlassen, ihre eigenen Initiativen zu intensivieren, vielleicht über ein vernünftiges Maß hinaus, um sich durch Sonderabmachungen mit der Sowjetunion zu schützen. Paradoxerweise würde das gleiche aber auch dann eintreten, wenn die Vereinigten Staaten den Kalten Krieg fortsetzten. In diesem Fall wären die europäischen Führer versucht, vor der Öffentlichkeit in ihren eigenen Ländern als »Vermittler« zwischen den kriegslüsternen Supermächten zu erscheinen. Die Vereinigten Staaten müßten gegenüber der Sowjetunion eine vorsichtige Politik verfolgen; diese Politik müßte stark genug sein, um die Interessen der gemeinsamen Verteidigung zu wahren; sie müßte flexibel genug bleiben, um unsere Verbündeten daran zu hindern, Moskau in die Arme zu laufen. Zweitens müßten wir bei allen Konsultationen sehr präzise und vorsichtig sein. Unsere Verbündeten müßten davon überzeugt sein, daß ihre Interessen bei Verhandlungen wie etwa bei SALT geschützt würden. Wenn wir unsere Verbündeten in dieser Hinsicht enttäuschten, konnten wir auch von den Europäern nicht verlangen, uns in allen interalliierten Fragen offen zu konsultieren. Drittens dürften wir die in Europa stationierten amerikanischen Streitkräfte nicht einseitig verringern, und zwar weder aufgrund finanzieller Beschränkungen durch die Exekutive noch als Folge einer isolationistischen Stimmung im Kongreß. Hier wurde unsere Führungsqualität auf die entscheidende Probe gestellt, denn eine wesentliche Verringerung der Truppenstärke würde, welches auch ihre Ursache sein mochte, die NATO schwächen und die Neigung zur Nachgiebigkeit gegenüber der Sowjetunion vergrößern.

Das waren die Grundsätze, die wir in unseren Beziehungen zu den atlantischen Verbündeten verwirklichen wollten. Dabei hatten wir nicht immer Erfolg. Doch in den ersten Jahren der Regierung Nixon gab es ermutigende Entwicklungen.

2. *Konsultationen*

Wie Nixon auf seiner ersten Europa-Reise Anfang 1969 zugesagt hatte, berieten wir uns in den folgenden Monaten sehr intensiv mit unseren Verbündeten. Im März 1969 traf Nixon in Washington mit dem kanadischen Premierminister Pierre Trudeau zusammen. Die Beziehungen Kanadas zur NATO waren seit jeher von besonderem Charakter. Anders als die europäischen Länder war Kanada nicht unmittelbar bedroht; anders als die Vereinigten Staaten konnte es zur gemeinsamen Verteidigung keinen entscheidenden Beitrag leisten; der kanadische Beitrag zur Verteidigung mußte im Vergleich zu dem der großen europäischen Mächte oder der Vereinigten Staaten relativ gering sein. Die Beziehungen zu Kanada hatten deshalb in erster Linie einen starken symbolischen Charakter. Kanada war bereit, dem Grundsatz der kollektiven Sicherheit dadurch Rechnung zu tragen, daß es gewisse militärische Kräfte zur Verfügung stellte; zugleich war es stark am Abbau der Spannungen interessiert.

Mit seiner ein wenig distanzierten Haltung und seiner hochqualifizierten politischen Führung hatte Kanada innerhalb des Bündnisses einen Einfluß, der zu seinem militärischen Beitrag in keinem Verhältnis stand. Seine Außenpolitik hatte weltweite Dimensionen, es beteiligte sich an den internationalen Bemühungen um den Frieden und leistete einen konstruktiven Beitrag zum Dialog zwischen den hochentwickelten Industriestaaten und den Entwicklungsländern. Zugleich hatte Kanada besondere Beziehungen zu den Vereinigten Staaten. Zwei Drittel des kanadischen Außenhandelsvolumens wurden mit uns abgewickelt, und seine Wirtschaft war so stark von der unseren abhängig, daß diese Frage in Kanada eine große innenpolitische Bedeutung hatte. Kanada hatte es mit Ambivalenzen zu tun, die sich zwar von denen der europäischen Länder unterschieden, aber doch ihre eigenen Schwierigkeiten erzeugten. Die engen wirtschaftlichen Beziehungen zu den Vereinigten Staaten waren notwendig, doch gelegentlich mußten die Kanadier auch ihre Unabhängigkeit demonstrieren. Das bedeutete konkret, daß eine ständige Spannung bestand zwischen der Abhängigkeit vom amerikanischen Markt und der Versuchung, diskriminierende wirtschaftliche Maßnahmen zu ergreifen. Die Erkenntnis über die Notwendigkeit gemeinsamer Verteidigungsanstrengungen stand in Konflikt mit der Versuchung, neutral zu bleiben und die Rolle eines internationalen Vermittlers zu übernehmen. Überzeugt von der Notwendigkeit einer Zusammenarbeit, aber von innenpolitischen Zwängen zur Konfrontation gedrängt, hatten die führenden Politiker in Kanada nur geringen Handlungsspielraum, den sie mit großer Geschicklichkeit zu nutzen wußten.

Man kann nicht behaupten, Nixon und Trudeau seien die idealen Partner gewesen. Trudeau stammte aus einer alten Quebecker Familie, war elegant, hochbegabt, irgendwie schwer zu durchschauen und intellektuell. Damit weckte er in Nixon alle Vorurteile, die dieser gegen die »vornehmen Leute« hegte, weil er glaubte, sie sähen auf ihn herab. Er mißbilligte die Rolle, die Trudeau im gesellschaftlichen Leben spielte, und hielt seine Haltung gegenüber dem Osten für zu weich. Doch wenn sie zusammen waren, behandelte Trudeau den amerikanischen Präsidenten ohne die geringste Andeutung von Herablassung, und Nixon brachte Trudeau Achtung und Aufmerksamkeit entgegen. Nach außen hin verlief ihre Zusammenarbeit reibungslos. Sie behandelten die auf der Tagesordnung stehenden Probleme und sparten sich die weniger freundlichen Äußerungen füreinander auf, bis sie wieder nach Hause zurückgekehrt waren.

Bei ihrer ersten Begegnung war das nicht anders. Trudeau unterstützte Nixons Haltung in der Frage der Verteidigung durch Flugabwehrraketen. Berichte, nach denen Kanada sich aus dem Oberkommando der NATO zurückziehen würde, erwiesen sich als falsch. Wirtschaftliche Angelegenheiten wurden Spezialisten übertragen. Man einigte sich, zu häufigen Konsultationen zusammenzukommen, und hielt sich später auch an diese Vereinbarung. Die Beziehungen zwischen den Vereinigten Staaten und Kanada bewiesen, daß das nationale Interesse über persönliche Sympathien oder Antipathien gestellt werden kann.

Als Präsident Eisenhower Ende März 1969 starb, kamen fast alle europäischen Regierungschefs nach Washington, unter ihnen auch Charles de Gaulle. Er trug bei seiner Ankunft die Uniform eines französischen Brigadegenerals. Nixon schickte mich zur französischen Botschaft, um ihn zu begrüßen und ihm zu sagen, daß ihm das Nachrichtenübermittlungssystem zur Verfügung stehe. De Gaulle, der niemals Englisch sprach, obwohl er vier Jahre in London gelebt hatte, drückte seine Anerkennung dadurch aus, daß er mir auf englisch sagte: »Sagen Sie Ihrem Präsidenten, daß er ein sehr höflicher Mann ist.«

Nixon und de Gaulle trafen sich im Ovalen Zimmer. Es sollte ihre letzte Begegnung sein. Vorher hatte ich Nixon gewarnt und ihm gesagt, er müsse vermeiden, »anzudeuten, daß Sie die allgemein bekannte ablehnende Haltung des Generals der Regierung Wilson gegenüber teilen«. Dies waren immer noch die Auswirkungen der Affäre Soames (s. Kapitel IV). De Gaulle verwickelte Nixon in ein ausführliches *weltpolitisches Gespräch,* in dem praktisch alles zur Sprache kam, was schon vor einem Monat in Paris Gegenstand ihrer Unterredung gewesen war. Jetzt kam jedoch ein neuer Akzent hinzu – de Gaulle warnte Nixon davor, die Zusammenarbeit mit Deutschland stärker zu intensivieren als geraten sei. Er lehnte die kürzlich zwischen Großbritannien und Deutschland getroffene Vereinbarung über die Produktion einer Zentrifugenanlage zur Herstellung von angereichertem Uran für

Kernreaktoren ab; er fürchtete, das könne der erste Versuch Deutschlands sein, in den Klub der Nuklearmächte aufgenommen zu werden; man dürfe den Ehrgeiz nicht wecken, der Europa in diesem Jahrhundert zweimal in einen Krieg gerissen habe. Nixon erwiderte höflich, er hoffe, zwischen Frankreich und Deutschland könne eine enge und freundschaftliche Beziehung aufrechterhalten werden.

De Gaulle machte bei dieser Gelegenheit schon einen recht resignierten und melancholischen Eindruck, als wäre er nur noch Zuschauer bei seinen eigenen Aktionen und spräche abstrakt von einer Zukunft, an deren Gestaltung er nicht mehr beteiligt sein würde, ein Vorbote seines einige Wochen später erfolgten Rücktritts. Ich mußte an eine bewegende Geschichte denken, die mir Bundeskanzler Kiesinger, der glaubte, de Gaulle werde nicht mehr lange als französischer Regierungschef im Amt bleiben, ein paar Wochen vorher in Bonn erzählt hatte. Wie Kiesinger berichtete, hatte de Gaulle die Beziehungen zwischen Frankreich und Deutschland während einer der regelmäßig stattfindenden Konsultationen zwischen dem deutschen und dem französischen Regierungschef wie folgt beschrieben: »Wir und die Deutschen haben einen langen gemeinsamen Weg hinter uns. Wir sind zusammen durch Urwälder gestreift, die von wilden Tieren unsicher gemacht werden. Wir haben von der Sonne verbrannte Wüsten durchquert. Wir haben schneebedeckte Gipfel bestiegen und überall nach einem verborgenen Schatz gesucht – meist als Konkurrenten und erst in allerjüngster Zeit gemeinsam. Und nun haben wir erfahren müssen, daß es keinen verborgenen Schatz gibt und uns nichts anderes geblieben ist als die Freundschaft.«

Bei den Beisetzungsfeierlichkeiten bot sich mir auch die Gelegenheit, mit meinem alten Freund, dem damaligen Verteidigungsminister des Vereinigten Königreichs, Denis Healey, über die fundamentalen Probleme der gemeinsamen Verteidigung zu sprechen. Healey und ich kannten uns seit Mitte der 50er Jahre, als wir beide Bücher über strategische Probleme verfaßt hatten. Healey war ungewöhnlich intelligent, gesellig, belesen und ein hervorragender Diskussionsredner. Sein unermüdlicher Intellekt veranlaßte ihn manchmal, seine Meinung rascher zu ändern, als seine Bewunderer begreifen konnten. Doch obwohl er wie die meisten Politiker die Stimmung des Augenblicks sehr genau zu registrieren wußte, war er immer konstruktiv und anregend.

Healey hatte mich in einem Privatbrief gefragt, was ich davon hielte, wenn sich die westeuropäischen Nationen innerhalb der NATO zusammenfänden, um ihre Haltung in Verteidigungsfragen miteinander abzustimmen. Die Aussicht auf das Zustandekommen eines europäischen Verteidigungsausschusses auf hoher Ebene warf eine interessante Frage auf. Die »Integrationalisten« in unserer Bürokratie wie auch außerhalb der politischen Institutionen setzten sich leidenschaftlich für ein wirtschaftlich vereinigtes Europa ein; zugleich waren sie entschiedene Gegner einer gemeinsamen europäischen Verteidigungsorganisation, die ihrer Ansicht nach das Bündnis spalten konnte.

Ich vertrat eher die gegenteilige Auffassung. In wirtschaftlicher Hinsicht waren Europa und Amerika in gewisser Weise Rivalen; in der Konkurrenz lag jedoch weder ein Risiko noch ein Nachteil. Auf militärischem Gebiet konnte man sich nicht vorstellen, daß es für Europa günstiger sein könnte, auf die Unterstützung der Vereinigten Staaten zu verzichten. Das entsprach auch unseren vitalen Interessen; die Nachteile eines unabhängigen Vorgehens waren erdrückend. Ich war überzeugt davon, daß ein europäischer Zusammenschluß auf dem Gebiet der Verteidigung weniger trennend wirken würde als die Schaffung einer europäischen Wirtschaftsgemeinschaft, die alle führenden Amerikaner einschließlich meiner selbst begrüßten. Nur wenn Europa sich gezwungen sah, selbständige Entschlüsse zu fassen, würde es die Notwendigkeit erkennen, seine Verteidigungsanstrengungen zu erhöhen.

Ich hielt diese Frage für so wichtig, daß ich den Präsidenten fragte, wie ich auf Healeys Brief reagieren sollte:

»Es gibt höhere amerikanische Beamte ... die meinen, ein europäischer Zusammenschluß könne zu einer dritten Kraft werden, die sich um Frankreich gruppiert und den wichtigsten Impuls zu ihrer Vereinigung vom Anti-Amerikanismus bezieht ...
Ich glaube, die Bemühungen, Europa im Rahmen der NATO stärker mit einer einheitlichen Stimme sprechen zu lassen, liegen schließlich in unserem Interesse, auch wenn es zunächst einige Schwierigkeiten geben könnte. Ein stärkerer europäischer Zusammenhalt entspräche auch Ihren Vorstellungen, wonach auf längere Sicht in Europa ein echter und stärkerer Gesprächspartner wünschenswert wäre.«

Ich schlug dem Präsidenten deshalb vor, daß ich Healey sagen wollte, wir betrachteten eine solche Entwicklung positiv, vorausgesetzt, daß diese Gruppierung nicht gebildet würde, um Frankreich zu isolieren. Wir wären bereit, den anderen Europäern zu sagen, »ein stärkeres und einiges Europa, das mit einer Stimme spreche, werde eher ein gleichwertiger Gesprächspartner sein und deshalb zu einer produktiveren atlantischen Gemeinschaft führen«. Nixon war mit meiner Interpretation einverstanden. So nahm die »Eurogruppe« allmählich Gestalt an, es kam jedoch zu keinem europäischen Konsensus in Verteidigungsfragen. Das lag daran, daß man sich nicht über die künftige politische Struktur Europas einigen konnte. Frankreich wollte, daß ein vereintes Europa mit einer Stimme spräche, aber nicht im Rahmen der NATO; es mußte die britische Initiative als Versuch ansehen, den britischen Beitritt zum Gemeinsamen Markt zu umgehen. Ohne Rücksicht auf die Entscheidung des Präsidenten zeigte die amerikanische Bürokratie nur geringes Interesse; sie unterstützte diese Bemühungen halbherzig und widersetzte sich immer wieder den Versuchen, diese Vorstellungen zu realisieren. Die anderen Europäer waren unentschieden. Theoretisch befürworteten sie ein vereintes Europa, sie fürchteten aber, der Versuch, eine europäische Identität innerhalb der NATO zu artikulieren, könne den Vereinigten Staaten den Vorwand liefern, ihr militärisches Engagement in Europa abzubauen.

Diese Haltung zeigte sich auch bei dem Treffen der Außen- und Verteidigungsminister in Washington zur Feier des 20. Jahrestages des Bündnisses. In einem Memorandum vom 9. April empfahl ich Nixon, besonders darauf hinzuweisen, daß wir auch weiterhin starke amerikanische Streitkräfte in Europa unterhalten wollten; jedoch gleichzeitig zu betonen, daß der Kongreß nur dafür gewonnen werden könne, wenn unserer Verbündeten entsprechende Beiträge leisteten. Zweitens sollte der Präsident der Vorstellung entgegenwirken, daß die Entspannung Fortschritte gemacht habe, nur weil die Sowjets in letzter Zeit weichere Töne angeschlagen hätten. Wir sollten zu erkennen geben, daß wir bereit seien, festzustellen, auf welchen Gebieten sich Fortschritte erzielen ließen, und daß es nicht nur darum ginge, in den Beziehungen zur Sowjetunion eine freundlichere Atmosphäre zu schaffen. Drittens empfahl ich im Hinblick auf die innereuropäischen Strukturen, die europäischen Mitglieder der NATO zur engeren Zusammenarbeit zu ermutigen, jedoch zu vermeiden, dafür eine besondere Methode zu empfehlen und uns weder daran zu beteiligen, Frankreich zu isolieren, noch die Vorstellung zu vermitteln, daß denjenigen, der das Bündnis verlassen hat, besondere Vorteile erwarteten.

Vor allem empfahl ich dem Präsidenten, den Grundsatz zu unterstreichen, »die Sicherheit dieses Bündnisses beruhe nicht nur darin, daß seine Struktur die erfolgreiche Abwehr eines Angriffs von außen ermögliche, sondern auch in der Fähigkeit unserer Länder, mit den Problemen *innerhalb* unserer Gesellschaft fertig zu werden«. Um das Verständnis für die gemeinsamen Interessen außerhalb und über die militärische Verteidigung hinaus zu entwickeln, vertrat ich auch eine Vorstellung, die Pat Moynihan für einen Ausschuß entwickelt hatte, der sich mit Problemen der modernen Gesellschaft beschäftigte. Als moderne Industrienationen hatten wir alle mit Problemen des Umweltschutzes oder der Verbesserung der Verkehrswege zu tun, und die Hilfsmittel und Phantasie der westlichen Nationen mußten in der Lage sein, die Lebensqualität zu verbessern.

Um nun ein konkretes Beispiel dafür zu geben, weshalb ständige Konsultationen notwendig seien, empfahl ich dem Präsidenten, vorzuschlagen, daß die stellvertretenden Außenminister mindestens einmal zusammentreffen sollten, bevor die halbjährlichen Außenministerkonferenzen stattfanden, um zu versuchen, besonders in Hinblick auf die Ost-West-Beziehungen eine Langzeitplanung zu entwickeln. Nixon nahm meine Empfehlungen an und legte sie im April 1969 in einer sehr überzeugenden Rede dem Nordatlantikrat vor.

Man hätte erwarten können, daß unsere Verbündeten, nachdem sie sich jahrelang darüber beklagt hatten, daß die Amerikaner zu wenig Interesse zeigten und sie ungenügend konsultierten, unsere Vorschläge mit Begeisterung aufnehmen würden. Dabei übersah man aber die psychologischen Barrieren. Das Verlangen der Verbündeten nach »Konsultation« bedeutete in der Praxis den Wunsch, die amerikanische Handlungsfreiheit einzuschränken; unsere Verbündeten andererseits waren durchaus nicht alle bereit, sich die gleiche Zurückhaltung aufzuerlegen. Ein politischer Planungsmechanismus stieß auf die »Unabhängigkeitsbestrebungen« Frankreichs und die wenig begeisterte Reaktion der Bundesrepublik Deutschland, die eine mehr auf die nationalen Interessen ausgerichtete Politik empfahl. Der zur Lösung von Problemen der modernen Gesellschaft gebildete Ausschuß stieß auf den Einwand, die NATO sei nicht gegründet worden, um sich mit solchen Fragen zu beschäftigen – das war etwas ganz anderes als die von allen alliierten Führern auf der Europa-Reise Nixons geäußerte Auffassung, die gemeinsame Verteidigung genüge nicht mehr, um die jüngere Generation zu inspirieren.

Das Schlußkommuniqué der im April zur Feier des Jahrestages abgehaltenen Konferenz war daher sehr zurückhaltend. Es forderte dazu auf, die Vorschläge des Präsidenten für periodische Konsultationen der stellvertretenden Außenminister »in Erwägung zu ziehen« und »zu untersuchen«, wie die einzelnen Länder »den Gedanken- und Erfahrungsaustausch verbessern könnten . . . ob durch Maßnahmen innerhalb der zuständigen internationalen Organisation oder auf andere Weise, um der Aufgabe gerecht zu werden, die Umweltbedingungen innerhalb der einzelnen Gesellschaften zu verbessern«. Man konnte deutlich erkennen, daß Europa wichtigen amerikanischen Initiativen zwiespältig gegenüberstand; es begrüßte eine Beteiligung der Vereinigten Staaten, solange seine eigene Handlungsfreiheit dadurch nicht eingeschränkt wurde. Zugleich stieß die neue Regierung in ihrem eigenen Land auf einen wachsenden Unwillen, unsere Verpflichtungen in Europa zu erfüllen, geschweige denn zu erweitern. Während der ganzen Amtszeit Nixons sollten wir es mit diesen Widersprüchlichkeiten zu tun haben.

3. Das Ausscheiden de Gaulles aus seinem Amt und die europäische Einheit

1969 gelang es uns tatsächlich, einen großen Teil der Spannungen abzubauen, die wir im Atlantischen Bündnis vorgefunden hatten. Die hohe Meinung, die Nixon von de Gaulle hatte, wurde erwidert. De Gaulle wich natürlich von seinen Grundvorstellungen nicht ab, verfolgte aber seine politischen Ziele nicht mehr so brutal. Der freundliche Empfang Nixons in Frankreich, die Teilnahme de Gaulles an dem Essen in der amerikanischen Botschaft und seine großzügige Geste, zur Beisetzung des Präsidenten Eisenhower in die Vereinigten Staaten zu kommen – das alles trug dazu bei, bisher bestehende Spannungen abzubauen. Die Verbesserung der französisch-amerikanischen Beziehungen wiederum ließ die besonderen Beziehungen, die zwischen Großbritannien und Amerika bestanden, nicht mehr als ein schwerwiegendes Hindernis für die Aufnahme Großbritanniens in die Europäische Gemeinschaft erscheinen. Diese Tendenzen verstärkten sich, als Präsident de Gaulle am 27. April 1969 ganz unerwartet aus seinem Amt ausschied. Er hatte in zwei Abstimmungen über im Grunde zweitrangige Fragen eine Niederlage erlitten. Einmal handelte es sich um die Struktur der inneren Verwaltung Frankreichs, und bei der zweiten Abstimmung ging es um eine Reform des Senats. Nach seinem Rücktritt kam der Verdacht auf, die Abstimmungen hätten wenigstens teilweise arrangiert sein können, um de Gaulle einen Vorwand für diesen Schritt zu liefern. Er hatte in Krisenzeiten dramatische Leistungen vollbracht, durch die er an die Macht gekommen war. Er hatte die neuen politischen Institutionen konsolidiert; und er hatte Französisch-Afrika entkolonialisiert und das französische Selbstvertrauen in der Heimat sowie das Prestige Frankreichs in den ehemaligen Kolonien bewahrt. Am Rande des Bürgerkriegs hatte er den Nationalstolz Frankreichs wiederhergestellt, indem er seinem Land in der europäischen Politik und im westlichen Bündnis eine zentrale Rolle zuwies. Seine herausfordernde Haltung gegenüber den Vereinigten Staaten hatte zum großen Teil den Zweck verfolgt, den Franzosen mehr Selbstsicherheit zu verleihen.

Doch die Studentenunruhen des Jahres 1968 hatten de Gaulle erschüttert. Die Herausforderungen, denen er sich anschließend stellen mußte, waren nicht so groß, daß sie seine Selbsteinschätzung hätten berühren können. Aufgaben wie die Sorge für ein dauerndes Wirtschaftswachstum und den Ausgleich der schwindenden Rohstoffreserven sowie die Organisation und Verwaltung eines bürokratischen Staates bezeichnete er verächtlich als die eines »Quartiermeisters«. Das war nichts für eine Heldengestalt. Die Abstimmungen vom 17. April ermöglichten ihm einen dramatischen Abgang und bewahrten ihn vor der gefährlichen Aushöhlung seiner Machtposition, die er so sehr fürchtete. Anschließend zog er sich in die Einsamkeit von Colombey zurück. Er empfing keine Politiker mehr, gab keine Erklärungen ab, arbeitete an seinen Memoiren und wartete auf den Tod.

Nach de Gaulles Rücktritt schrieb ich dem Präsidenten, mit welchen Folgen ich rechnete. Ich erwartete, daß Georges Pompidou als de Gaulles Nachfolger eine kompliziertere politische Situation vorfinden würde. De Gaulle war es gelungen, über den Parteien zu stehen. Die Rechte schätzte sein gemäßigtes innenpolitisches Programm und die Linke seine unabhängige Außenpolitik. Das künftige politische Leben in Frankreich würde meiner Auffassung nach gekennzeichnet sein durch »eine große, gut organisierte kommunistische Partei an der äußersten Linken und ständige Gewichtsverschiebungen bei den übrigen Parteien der Linken, der Mitte und der Rechten, die sich nur durch einen mühsamen Konsens an der Regierung halten könnten, was für positive politische Programme nur wenig Raum läßt«. Ich glaubte nicht, daß sich an der Substanz der französischen Außenpolitik vieles ändern würde, wenn sich der Stil vielleicht auch etwas mäßigen konnte. Auf lange Sicht glaubte ich jedoch, daß »es uns immer schwerer fallen wird, mit der französischen Außenpolitik zu leben. Wenn sich der Einfluß der Regierung schwächt, könnte es der Linken gelingen – wie das in anderen westeuropäischen Demokratien so häufig geschieht –, außenpolitische Initiativen, die ihr nicht gefallen, durch ihr Veto zu blockieren«. Diese Voraussagen erwiesen sich, wenn nicht als gänzlich falsch, so doch als verfrüht. Pompidou wurde ein starker, entschlossener und beherrschender Präsident, zumindest bis zu seinem letzten Amtsjahr, als er von einer grausamen Krankheit gequält wurde (er starb 1974).

Nach de Gaulles Rücktritt entstand unter der Leitung des Außenministeriums ein interministerielles Papier mit einer gründlichen Analyse, das voraussagte, Pompidou werde sich allmählich und unauffällig von de Gaulles Widerstand gegen die Mitgliedschaft Großbritanniens im Gemeinsamen Markt distanzieren. Er werde die Verbesserung der Beziehungen zu den Vereinigten Staaten beschleunigen, die unter de Gaulle schon eingeleitet worden war. Ich empfahl, während des Präsidenten-Wahlkampfs in Frankreich keine besonderen Initiativen zu ergreifen. Statt dessen sollten wir mit den jüngsten amerikanischen Bemühungen fortfahren, »der engeren politischen Zusammenarbeit mit Frankreich einen praktischen Inhalt zu geben«, und »diskret jede Tendenz unterstützen, die zu einer bereitwilligeren Zusammenarbeit der Franzosen mit der NATO führen könnte«.

Sehr bald nach dem zweiten Wahlgang, in dem Pompidou seinen Gegner Alain Poher besiegte, traf ich mich mit unserem Botschafter in Paris, Sargent Shriver, um mit ihm einen möglichen Besuch Pompidous in den Vereinigten Staaten zu besprechen. Meiner Meinung nach war es das einfachste, Pompidou an de Gaulles Stelle einzuladen, der sich bereit erklärt hatte, im Januar oder Februar 1970 in die Vereinigten Staaten zu kommen. Ich bat Shriver, sich bei Pompidou diesbezüglich zu erkundigen, damit wir ihm anschließend eine offizielle Einladung schicken konnten. Ich sagte Shriver, der Präsident sei durchaus bereit, über die Möglichkeiten der militärischen Zusammenarbeit mit Frankreich zu sprechen; er werde nicht zulassen, daß die »NATO-Theologie« einer Intensivierung der militärischen Zusammenarbeit zwischen Frankreich und den Vereinigten Staaten im Wege stünde. Auch die Möglichkeit einer begrenzten Zusammenarbeit auf dem Gebiet der Kernwaffen wurde dabei nicht ausgeschlossen.

Ich hatte jedoch im August 1969, noch vor seinem offiziellen Besuch, Gelegenheit, mit Pompidou zusammenzutreffen, als Nixon von seiner Reise nach Asien und Rumänien nach Amerika zurückkehrte. Der Präsident legte einen Zwischenaufenthalt auf einem Flugplatz in Großbritannien ein, um Premierminister Wilson zu unterrichten, und ich trennte mich vom Gefolge des Präsidenten, um Pompidou und den Nordatlantikrat über die Ergebnisse unserer Reise zu informieren (und mich auch mit Xuan Thuy zu treffen). Bundeskanzler Kiesinger wurde wenige Tage später in Washington erwartet und sollte dort unterrichtet werden.

Pompidou bedankte sich dafür, daß Nixon mich nach Paris geschickt hatte. Wie bei allen späteren Begegnungen mit ihm beeindruckten mich seine Höflichkeit und sein ungewöhnlich scharfer Verstand sowie die ein wenig zynische Art des Absolventen einer der *grandes écoles*, großer Bildungsstätten, die so viele französische Führer geformt haben. Er erklärte, er werde die Guam-Doktrin Nixons unterstützen, wonach die Asiaten eine weitergehende Verantwortung für ihre eigene Zukunft übernehmen sollten; das, so meinte er, treffe auch für Europa zu. Er nahm die Einladung, Anfang 1970 in die Vereinigten Staaten zu kommen, grundsätzlich an und erklärte sich bereit, uns auf Ersuchen in der Vietnam-Frage zu helfen. Er werde auf keinen Fall nach Gelegenheiten suchen, so sagte er deutlich, uns irgendwie zu behindern. Die Ursachen für die politische Distanz, die de Gaulle gegenüber den Vereinigten Staaten und Großbritannien gewahrt hatte, waren ohnedies aus dem Wege geräumt, nachdem Willy Brandt nach den Wahlen im September 1969 in der Bundesrepublik Deutschland die Regierung übernommen hatte. Man wußte, daß Brandt sich für den Beitritt Großbritanniens zum Gemeinsamen Markt einsetzte, und seine Ostpolitik ließ erkennen, daß Deutschland nun seinen unabhängigeren und nationalistischeren Kurs verfolgen würde. Das alles machte den Eintritt Großbritanniens in die Europäische Gemeinschaft für Frankreich attraktiver. Deshalb wurde auf einer Sitzung der Regierungschefs der Europäischen Wirtschaftsgemeinschaft am 2. Dezember 1969 mit Zustimmung Frankreichs erklärt, daß die Gemeinschaft bereit sei, mit Großbritannien zu verhandeln und »im Rahmen einer Vergrößerung [der Gemeinschaft]« die politische Zusammenarbeit in Erwägung zu ziehen. So erlebten die Vereinigten Staaten am Jahresende die Verwirklichung eines seit langer Zeit verfolgten politischen Ziels – die Stärkung der europäischen Einheit. Seit zwei Jahrzehnten hatte man geglaubt, ein vereinigtes Europa werde die atlantischen Beziehungen günstig beeinflussen, es werde unbedingt eine diese Beziehungen fördernde Politik betreiben und einen größeren Anteil der uns gemeinsam aufgebürdeten Lasten übernehmen. Ich hatte niemals geglaubt, daß die Folgen einer europäischen Integration sich auch nur annähernd so automatisch einstellen würden. Interessengegensätze in der Währungs- und Handelspolitik wurden bereits zunehmend deutlicher sichtbar. Man mußte damit rechnen, daß ein politisch vereinigtes Europa auch auf anderen Gebieten eigene Vorstellungen artikulieren würde. Auf einer interministeriellen Sitzung am 11. Dezember sagte ich, wir würden bei Fragen, die etwa die Ost-West-Verhandlungen oder die protektionistischen Tendenzen beträfen, die sich aus einer Stärkung des Gemeinsamen Marktes ergäben, auf eine entschiedenere gesamteuropäische Haltung stoßen.

Aber es war ein Luxus, sich mit solchen Problemen zu beschäftigen, denn sie ergaben sich als Konsequenzen des Erfolgs. Unsere Zurückhaltung gegenüber der europäischen Einheit hatte die Aussichten Großbritanniens wesentlich verbessert; unsere Weigerung, uns in innereuropäische Streitigkeiten einzumischen, hatte sowohl die europäischen als auch die atlantischen Beziehungen gestärkt. Natürlich waren die Verfechter der bisherigen Politik einer ausgesprochen amerikanischen »Führungsrolle« mit unserer Zurückhaltung nicht zufrieden.[1] Auf eine Anfrage Nixons schrieb ich ihm am 29. Dezember:

»Diejenigen, die glauben, wir sollten die Politik der vorausgegangenen Regierung fortsetzen und uns nach den Vorstellungen, die unserer Ansicht nach für Europa am besten sind, in innereuropäische Angelegenheiten einmischen, haben unsere Zurückhaltung kritisiert. Auf beiden Seiten des Atlantik gibt es noch eine Gruppe von Gelehrten, ehemaligen Staatsbeamten und Journalisten, die glauben, wenn die Vereinigten Staaten die Entwicklung zu einer europäischen Vereinigung nicht in Schwung hielten, werde diese Bewegung sterben, besonders seit die Furcht vor den Russen, die als Antriebskraft gedient hatte, größtenteils geschwunden war.

In Wirklichkeit haben sich unsere Beziehungen zu Europa in einem gar nicht abzuschätzenden Maß verbessert. Die neue Haltung, die Sie auf Ihrer Europa-Reise zu erkennen gegeben haben und die sich darauf stützt, daß wir die gleichen Interessen vertreten wie die Europäer und die Konsultationen zu allen wichtigen, Europa betreffenden Fragen wesentlich intensiviert haben, ist ungewöhnlich positiv aufgenommen worden. Ein gutes Beispiel dafür sind die durch Ihr Eingreifen wesentlich verbesserten

Beziehungen zu Frankreich. Ich persönlich bin überzeugt davon, daß Sie auf dem richtigen Wege sind, und das ist mir im Gespräch mit vielen Europäern der verschiedensten politischen Färbung bestätigt worden.«

Im Laufe des Jahres 1969 waren die Völker des Atlantischen Bündnisses sehr stark mit innenpolitischen Problemen beschäftigt. Wir hatten es mit Vietnam zu tun, die Europäer mit Regierungswechseln, wirtschaftlichen Problemen oder mit der europäischen Integration. Alle Verbündeten standen vor einer ganz neuen Herausforderung. Es ging um das Problem, ihre Sicherheit zu bewahren, während sie zum erstenmal versuchten, die Beziehungen zum Osten systematisch zu verbessern, und um die Möglichkeit, unsere Solidarität mit einer Politik der Entspannung zu vereinbaren.

4. Die gemeinsame Verteidigung: Die amerikanischen Vorstellungen

Drei Fragen beherrschten die Diskussionen zur Verteidigungspolitik der NATO. Erstens ging es um den Wert der strategischen Doktrin von der »flexiblen Reaktion«, die von der NATO 1967 unter amerikanischem Druck offiziell übernommen worden war. An zweiter Stelle stand die Verteilung der »Last« der gemeinsamen Verteidigung zwischen Europa und den Vereinigten Staaten. Dabei ging es insbesondere darum, ob es den europäischen Ländern möglich war, größere Verteidigungsanstrengungen zu unternehmen. Das dritte Problem war die Stärke der in Europa stationierten amerikanischen Streitkräfte.

Verteidigungsminister Robert McNamara setzte für die NATO die offizielle Strategie der flexiblen Reaktion durch, nachdem Frankreich aus dem integrierten NATO-Oberkommando ausgeschieden war. In den fünfziger Jahren galt für das Atlantische Bündnis die Strategie der massiven Vergeltung – jeder Angriff gegen Europa sollte sofort durch einen massiven amerikanischen Gegenschlag mit Kernwaffen beantwortet werden. Da die Sowjets ihren Vorrat an Kernwaffen ständig vergrößerten, mußten sich die Vereinigten Staaten umstellen und ein breiteres Spektrum an Alternativen finden.

Gemäß der Doktrin von der flexiblen Reaktion konnten wir, wenn notwendig, immer noch einen massiven Vergeltungsschlag mit Kernwaffen führen, doch dazu sollte es erst nach einer Eskalation der Kampfhandlungen kommen. Der Krieg sollte zunächst mit konventionellen Waffen geführt werden, und der Einsatz von Kernwaffen sollte entsprechend der Bedrohung durch den Feind allmählich erfolgen, um sich zum entscheidenden Schlag zu steigern. Unsere europäischen Verbündeten hatten sich nur sehr ungern mit dieser Strategie einverstanden erklärt, und das auch nur nach mehr als fünf Jahre dauernden Diskussionen. Sie betrachteten das mit Recht als ein Symptom dafür, daß die Vereinigten Staaten zunehmend weniger bereit waren, ihre nukleare Kapazität einzusetzen. Sie fürchteten, die Abneigung der Amerikaner gegen den Einsatz von Kernwaffen werde die Sowjets veranlassen, das Ungleichgewicht der konventionellen Streitkräfte für sich auszunutzen. Mit anderen Worten, eine Strategie, die die Gefahr eines Atomkrieges verringerte, würde den Ausbruch eines konventionellen Krieges wahrscheinlicher machen.

McNamaras Haltung beherrschte auch noch das Denken unserer Regierung. Am 17. Juni 1969 warnte ich den Präsidenten:

> »In der Regierung scheint die Auffassung zu herrschen, unsere Gesamtstrategie (und auch unsere strategischen Auffassungen im Hinblick auf den Einsatz taktischer Kernwaffen) habe kaum etwas mit der Verhinderung oder Führung eines konventionellen Krieges zu tun. Diese Auffassung scheint sich auf zwei Schlußfolgerungen zu gründen:
>
> a) Unsere strategischen Streitkräfte können zur Verhinderung eines konventionellen Krieges nur dann beitragen, wenn wir über eine glaubwürdige Kapazität verfügen, einen starken ersten Schlag zu führen, die wir allerdings nicht erreichen können.
>
> b) Ein Krieg mit taktischen Kernwaffen in Europa würde wahrscheinlich mit unserer Niederlage enden, deshalb haben wir keine Veranlassung, zum Ausgleich der Schwächen unserer konventionellen Bewaffnung taktische Kernwaffen einzusetzen.«

Wenn diese Beurteilung richtig war, standen wir vor einem fast unlösbaren Dilemma. Wenn der Rückgriff auf unsere strategischen Streitkräfte zu riskant wurde und ein Krieg mit taktischen Kernwaffen voraussichtlich zu unserer Niederlage führte, waren wir praktisch nicht mehr in der Lage, Europa wirksam zu verteidigen. Man konnte natürlich sagen – und viele taten das –, daß Nationen, deren Bevölkerungszahl und Bruttosozialprodukt zusammengenommen mindestens das Dreifache betrugen wie in der Sowjetunion, fähig sein sollten, sich in einem konventionellen Krieg gegen die Warschauer-Pakt-Staaten zu verteidigen. Die Schwierigkeit lag jedoch darin, daß kein Verbündeter einschließlich der Vereinigten Staaten bereit war, die erforderlichen Verteidigungsanstrengungen zu unternehmen. (Als mein Stab die Sitzung des Nationalen Sicherheitsrats am 10. September vorbereitete, schätzte er die zusätzlichen Kosten für eine wirksame Verteidigung Europas mit konventionellen Streitkräften allein für die Vereinigten Staaten auf zwölf Milliarden Dollar jährlich, während der Kongreß gerade jetzt eine drastische Kürzung des Verteidigungsbudgets verlangte.) Auch durfte man nicht damit rechnen, daß die Europäer ihre Verteidigungsanstrengungen so weit erhöhen würden, daß die zur Abwehr eines Angriffs mit konventionellen Waffen erforderlichen Streitkräfte aufgestellt werden konnten. Sie standen unter innenpolitischem Druck, und man verlangte von ihnen eine Intensivierung der Entspannungspolitik; die massive Erhöhung der Verteidigungsausgaben war politisch nicht durchzusetzen. Zudem waren die Europäer der Meinung, wenn sie ihre konventionellen Streitkräfte verstärkten, werde das die Amerikaner veranlassen, einen Teil ihrer Kräfte aus Europa abzuziehen. Die Folge war ihrer Auffassung nach eine Schwächung des nuklearen Schutzes, während sich die konventionelle Verteidigungskapazität nicht erhöhte.

Diese Überlegungen hatten Premierminister Wilson dazu geführt, bei Nixons Besuch in Europa zu bestätigen, daß er eine neue strategische Doktrin befürworte, vorausgesetzt, sie führe nicht zu einer wesentlichen Erhöhung der Verteidigungsausgaben. De Gaulles Zweifel daran, daß die Sowjets »nach Westen« marschieren würden, entsprangen ähnlichen Überlegungen; er war überzeugt davon, daß, auch wenn die Sowjets einen Anfangserfolg erringen sollten, die Vereinigten Staaten keine andere Wahl hätten, als ihre gesamte Abwehrkapazität – einschließlich der strategischen Waffen – einzusetzen, um Westeuropa nicht zu verlieren. Deshalb interessierte sich de Gaulle mehr für eine eigene kleine strategische Nuklearkapazität als für eine Stärkung der konventionellen Streitkräfte in Europa, um eingreifen zu können, wenn die Vereinigten Staaten – was nicht zu erwarten war – nicht erkannten, was im amerikanischen Interesse lag. Grob gesagt, in Europa herrschte die Ansicht vor, daß ein Ungleichgewicht der Stärke der konventionellen Streitkräfte annehmbar, ja sogar erwünscht sei, weil die Verteidigung Europas sich letzten Endes auf die Abschreckung durch amerikanische strategische Kernwaffen gründe.

1969 überprüften die Vereinigten Staaten die Strategie der NATO. Für uns gab es im wesentlichen vier Alternativen:

Die Stationierung schwacher amerikanischer Kräfte in Europa, die nur als »Stolperdraht« wirken sollten.

Die Stationierung konventioneller Streitkräfte, die eine Verteidigung Europas für kurze Zeit (90 Tage) übernehmen konnten (das war die gegenwärtige Strategie der NATO).

Die Stationierung konventioneller Streitkräfte, die dazu ausreichten, Europa ohne Rückgriff auf Kernwaffen lange Zeit gegen die vorhandenen Streitkräfte des Warschauer Pakts zu verteidigen.

Die Stationierung konventioneller Streitkräfte, die stark genug waren, den Angriff des Warschauer Pakts auch dann abzuwehren, wenn der Gegner mit einer totalen Mobilmachung seine ganze Kapazität eingesetzt hatte.

Analysierte man diese vier Strategien, wurde nur allzu deutlich, wo unsere Schwächen lagen. Das Stolperdraht-Konzept mußte abgelehnt werden. Es widersprach der Notwendigkeit, daß wir Zeit gewinnen mußten, um die so schicksalsschwere Frage, ob wir es auf einen Krieg mit Kernwaffen ankommen lassen wollten oder nicht, gründlich zu überlegen. Außerdem würde der bei dieser Strategie notwendige Truppenrückzug unsere europäischen Alliierten demoralisieren. Auch eine zeitlich begrenzte Verteidigung Europas mit konventionellen Streitkräften wurde abgelehnt. Vor der Sitzung des Nationalen Sicherheitsrats am 10. September wies ich den Präsidenten darauf hin, daß alle unsere Regierungsbehörden, mit Ausnahme der Joint Chiefs of Staff, der Meinung waren, unsere Alliierten in der NATO würden sich dieser Strategie widersetzen, weil sie einen längeren Konflikt in Europa voraussetzte und Zweifel an unserer Bereitschaft weckte, zur Verteidigung Europas Kernwaffen einzusetzen. Das galt noch mehr für die vierte Alternative, die Verteidigung mit konventionellen Streitkräften auf unbestimmte Dauer. Eine Analyse der finanziellen Kosten der vier Strategien schränkte unsere Auswahlmöglichkeiten noch mehr ein. Die Verteidigung mit konventionellen Streitkräften über längere Zeit würde uns zwingen, entweder alle innenpolitischen Projekte zu streichen oder, wenn der Präsident sich auf die Projekte beschränkte, zu deren Durchführung er sich bereits verpflichtet hatte (Reform der Wohlfahrtseinrichtungen, Neuverteilung der Steuereinnahmen und Maßnahmen zur Regelung des öffentlichen Verkehrs in den Großstädten), die Steuern um vier Prozent zu erhöhen.

So zwangen uns die Bedenken der Verbündeten und finanzielle Gründe, bei der bisherigen Strategie zu bleiben, nach der die konventionellen Streitkräfte ausreichen sollten, Europa neunzig Tage lang zu verteidigen. Untersuchte man dieses Konzept jedoch genauer, offenbarten sich seine Schwächen. Unsere Untersuchungen zeigten, daß sogar den Vereinigten Staaten für eine Verteidigung über neunzig Tage hinweg auf allen entscheidenden Gebieten keine ausreichenden Vorräte an militärischem Nachschub zur Verfügung standen. Unsere Fähigkeit, Widerstand zu leisten, ließ sich nicht nach irgendeinem theoretischen Durchschnitt errechnen, sondern war davon abhängig, wie groß der Vorrat an dem Material war, von dem wir am wenigsten besaßen. Der Versuch, im Pentagon zu erfahren, welche entscheidenden Rüstungsgüter am knappsten seien, löste solch eine Verwirrung aus, daß wir deutlich erkannten – der Vorrat an bestimmten kriegswichtigen Materialien würde lange vor Ablauf der neunzig Tage erschöpft sein. Da die Waffen nicht standardisiert waren, konnten die Reserven des einen Alliierten nicht von einem andern verwendet werden. Außerdem war es nicht möglich, die Nachschublage in der ganzen NATO zu beurteilen, weil jeder Verbündete die Verbrauchsquoten anders berechnete. Welche Kriterien hier auch zugrunde gelegt wurden, die NATO selbst hatte den von ihr errechneten Bedarf noch nicht erreicht; es herrschte ein furchtbares Durcheinander.

Ebenso wie unsere Vorgänger versuchten wir mit diesem Problem fertig zu werden, indem wir unsere Verbündeten aufforderten, ihre Verteidigungsausgaben zu erhöhen. Mel Laird hatte vor einer Sitzung des Planungsausschusses der NATO am 28. Mai um Vollmacht gebeten, unsere Verbündeten aufzufordern, ihren Beitrag zur NATO von 1971 bis einschließlich 1975 jährlich um durchschnittlich vier Prozent zu erhöhen. Ich hatte Lairds Empfehlung befürwortet, und der Präsident hatte ihr zugestimmt. Die Alliierten wollten sich jedoch mit einem bestimmten Prozentsatz nicht einverstanden erklären; sie waren nur bereit, sich zu einer »mäßigen« Erhöhung ihres Verteidigungsbeitrages zu verpflichten, ohne zu sagen, wie die Erhöhung der Verteidigungsausgaben berechnet werden sollte. Solange es keine realistische Strategie gab, für deren Durchführung die notwendigen Kräfte zur Verfügung standen, ließ sich das Problem praktisch nicht lösen. Eine endgültige Lösung wurde bis heute nicht gefunden.

Auf den ersten – und auch auf den zweiten – Blick mußte der Eindruck entstehen, daß über die Bedeutung einer weiteren Stationierung amerikanischer Truppen in Europa innerhalb der neuen gesamtstrategischen Lage nicht mehr diskutiert zu werden brauchte. Da man damit rechnen mußte, daß das nukleare Gleichgewicht demnächst hergestellt sein würde, wuchs die Bedeutung der amerikanischen und europäischen konventionellen Streitkräfte auf dem europäischen Kontinent. Doch wir wurden von einer ganz anderen Richtung her unter Druck gesetzt. Die Schockwellen des Erdbebens in Vietnam erreichten nun auch die in Europa stationierten Streitkräfte. Die Senatoren Mansfield und Fulbright und viele andere erhoben Einwände und sahen in unseren überseeischen militärischen Verpflichtungen ein zu starkes Engagement der Vereinigten Staaten in der ganzen Welt, das das Kriegsrisiko erhöhe. Sehr bald brachten sie im Senat entsprechende Resolutionen ein. Hier kam auch der Unmut darüber zum Ausdruck, daß die Europäer, die in ihrer bisherigen Geschichte militärisch autonom gewesen waren, zwanzig Jahre nach Ende des Zweiten Weltkriegs nicht bereit waren, die Streitkräfte aufzustellen, die sie für ihre Verteidigung brauchten. Darüber hinaus erforderte unsere sehr ungünstige Zahlungsbilanz angeblich eine Senkung der Devisenkosten, die zum Teil durch eine Truppenreduzierung in Europa erreicht werden konnte. Damit wurde ein Teufelskreis in Gang gesetzt: Je stärker der Druck in den Vereinigten Staaten wurde, Truppen aus Europa abzuziehen, desto geringer war die Neigung unserer Verbündeten, ihre Streitkräfte auszubauen, denn sie fürchteten, das werde zu einer weiteren Verringerung der amerikanischen Truppen führen.

Unter der Regierung Johnson hatten die Vereinigten Staaten bereits, wenn auch vorsichtig, mit dem Truppenabzug aus Europa begonnen. 1967 bis 1968 waren Teile einer Division und einige Verbände der amerikanischen Luftstreitkräfte in die Vereinigten Staaten zurückgekehrt, insgesamt fast 60000 Mann. Die Ausrüstung der abgezogenen Verbände blieb in Europa zurück, und es wurden periodische Übungen abgehalten, um zu demonstrieren, daß wir in der Lage waren, die Streitkräfte in Europa auf dem Luftwege rasch zu verstärken. Doch diese Maßnahmen gingen an der entscheidenden Frage vorbei. Die Europäer zweifelten nicht an der Fähigkeit, sondern an der Bereitschaft der Vereinigten Staaten, ihrer Verpflichtung nachzukommen, sie zu verteidigen. Es ging also nicht darum, was wir auf dem Luftweg leisten konnten, sondern um unseren politischen Willen.

Das einseitige Truppenverringerungsprogramm der Regierung Johnson – man hatte es damit gerechtfertigt, daß die Kosten gesenkt werden sollten – schöpfte angeblich nur das »Fett« ab, indem überflüssige Verwaltungseinheiten abgezogen wurden, und es hieß, die Schlagkraft dieser Truppen sei dadurch nicht beeinträchtigt worden. Solche Behauptungen waren nicht neu. Folgte man dieser Argumentation, dann hatten wir entweder die schwerfälligste und aufgeblasenste Militärverwaltung, die man sich denken kann, oder die Schlagkraft unserer Truppen war so gering, daß der Abzug einer beliebigen Zahl von Verbänden auch nichts mehr ausmachte. Die Regierung Nixon stand vor dem Problem, wie sie auf die Vorschläge einer Truppenreduzierung reagieren sollte, und zwar gerade zu einer Zeit, als wir unsere Verbündeten drängten, mehr für ihre Verteidigung zu tun.

Nun wurden wir Zeugen einer glänzenden Leistung Melvin Lairds. Knapp drei Monate nachdem er unsere Verbündeten aufgefordert hatte, ihre Verteidigungsausgaben um jährlich vier Prozent zu erhöhen, beschloß Laird, die amerikanischen Verteidigungsausgaben im Rahmen der NATO einseitig zu kürzen. Anfang September 1969 schlug Laird vor, die der NATO zur Verfügung gestellten Seestreitkräfte um einen Angriffsflugzeugträger, sechs Anti-U-Bootträger und 48 Zerstörer (die heute an der pazifischen Küste eingemottet sind) zu kürzen. Dazu empfahl er, die Bereitschaftsstufe der strategischen Armeereserveeinheiten, die für den Einsatz im Rahmen der NATO vorgesehen waren, herabzusetzen und – dies hatte politisch noch größeres Gewicht – auch die Alarmbereitschaft der 24. Infanteriedivision, die im Fall einer Krise wieder der NATO unterstellt werden sollte. In Lairds Denkschrift stand der entscheidende Satz: »Weitere Veränderungen bei unseren der NATO zugeteilten Streitkräften werden unter Umständen als Folge der Kürzung der Verteidigungsausgaben notwendig werden, die bereits verkündet sind und jetzt geprüft werden.« Im Grunde war Laird ein überzeugter Anhänger der NATO. Weshalb wollte er jetzt die der NATO zur Verfügung stehenden Streitkräfte in so herausfordernder Weise verringern?

Der Hauptgrund war merkwürdigerweise Lairds Bemühen, das Verteidigungsbudget und damit auch die Verteidigungskapazität der NATO auf dem gegenwärtigen Stand zu halten. Er stand unter dem Druck der Budget-Behörde (die von ihrem stellvertretenden Direktor James R. Schlesinger vertreten wurde) und des Kongresses, die verlangten, unser Verteidigungsbudget über die Abstriche, die Nixon bei seinem Amtsantritt für notwendig gehalten hatte, hinaus um mindestens fünf Milliarden Dollar zu beschneiden. Laird rechnete damit, daß zahlreiche Persönlichkeiten innerhalb und außerhalb der Regierung sich für die Interessen der NATO einsetzen würden. Wenn er nun beweisen konnte, daß Abstriche am Verteidigungsbudget sich unmittelbar auf die NATO auswirkten, würde vielleicht der Druck der Leute, die weitere Streichungen verlangten, nachlassen oder wenigstens in Grenzen bleiben. Er entschied, daß es die beste Art wäre, den Eifer für Budgetabstriche in der Exekutive und Legislative zu dämmen, indem man sie möglichst schmerzhaft machte. Wie sich herausstellte, hatte Laird recht.

Damit aber seine Strategie Erfolg hatte, mußte sie mutig in Angriff genommen werden, und an Mut hat es Laird nie gefehlt. Je plausibler sein Manöver war – das war wesentlich für seinen Erfolg –, desto mehr gefährdete es unsere Stellung in der NATO. Als ich Nixon Lairds Empfehlungen vorlegte, schrieb ich ihm dazu:

»Sowie diese Tatsachen bekannt werden, wird man sie in der NATO vor dem Hintergrund anderer Anzeichen sehen, die darauf hindeuten, daß die Vereinigten Staaten ihre Verpflichtungen gegenüber Europa zurückschrauben. Der Personalabbau und die Stellungnahme des Verteidigungsministers Laird zu den verschiedenen Punkten werden als Anzeichen für eine bestimmte Tendenz angesehen werden. Die Tatsache, daß dieser Abbau an Schlagkraft und Einsatzbereitschaft vollzogen ist, bringt uns natürlich zum Problem der Konsultationen ...«

Um die Situation wieder einigermaßen unter Kontrolle zu bekommen, schickte ich den Ministerien am 17. Dezember eine Direktive, mit der jede weitere Erwähnung der Truppenverringerungen in der Öffentlichkeit oder innerhalb der NATO untersagt wurde, bevor nicht »ein Bericht an den Präsidenten über das, was bisher geschehen ist«, fertiggestellt sei, der auch Empfehlungen für eine Konsultation der NATO enthielt.

Aber Laird war schneller als ich. Zehn Tage nach seinen ersten Empfehlungen schickte er dem Präsidenten ein anderes Memorandum, in dem er uns an die verborgenen Warnungen in seinem vorausgegangenen Papier erinnerte, wonach weitere Abstriche möglich seien: »Es hat sich jetzt herausgestellt, daß dies der Fall ist ... Sobald unsere detaillierte Analyse abgeschlossen sein wird, werden weitere Umstellungen bei unseren der NATO zur Verfügung gestellten Seestreitkräften notwendig sein ... Wahrscheinlich wird man sagen, die Truppenverringerungen entsprächen nicht den von Ihnen gegenüber den Europäern getroffenen Feststellungen, wonach wir glaubten, die Streitkräfte der NATO sollten in der gegenwärtigen Stärke aufrechterhalten werden.« Laird sagte dem Präsidenten damit, er müsse entweder das Verteidigungsbudget erhöhen oder sein den europäischen Regierungschefs gegebenes Wort brechen.

Laird erklärte nicht, was sich innerhalb von zehn Tagen ereignet haben konnte, um weitere Abstriche notwendig zu machen, oder weshalb er das Weiße Haus vom Umfang der von ihm beabsichtigten Maßnahme nicht schon vorher unterrichtet habe. Natürlich wollte er den Präsidenten mit dem Truppenabzug aus Europa zwingen, die Mittel für das Verteidigungsbudget zu erhöhen. Das Ganze wurde noch unglaubwürdiger, als Laird zugab, die Joint Chiefs of Staff glaubten, durch diese Abstriche werde die Lage für die Vereinigten Staaten noch riskanter: »Ich stimme den Chiefs zu, glaube aber, daß diese Abstriche angesichts unserer Verpflichtungen gegenüber SEA (Südostasien) und der gegenwärtigen schwierigen Finanzlage gemacht werden müssen.« Hier wurde der oberste Befehlshaber erpreßt und sollte gezwungen werden, entweder sein Verteidigungsbudget zu erhöhen (was er wegen der Opposition im Kongreß nur ungern tat) oder die Mittel für Südostasien zusammenzustreichen und damit seinen Verhandlungsspielraum in Vietnam zu verringern.

Da Laird nun einmal in der stärkeren Position war, konnte es nur noch größere Verluste bedeuten, wenn man den Kampf fortsetzte. Es gelang Laird, seinen Plan durchzusetzen. Ich bemühte mich jedoch, dafür zu sorgen, daß es nicht wieder zu einseitigen Truppenverringerungen kam. Am 19. September schrieb ich an den Präsidenten und erläuterte in großen Zügen Lairds Entscheidungen und die Einwände der Joint Chiefs of Staff. Ich empfahl, im Rahmen des Nationalen Sicherheitsrats einen Prüfungsausschuß für das Verteidigungsprogramm zu bilden, damit das Weiße Haus und die anderen Ministerien bei Lairds Entscheidungen ein Mitspracherecht bekamen. Nixon ging auf diese Empfehlung ein. Der Ausschuß wurde gebildet und leistete wertvolle Arbeit. Das Weiße Haus gewann jedoch in der Verteidigungspolitik niemals einen so starken Einfluß wie in der Außenpolitik. Laird war zu geschickt; die Joints Chiefs waren zu mißtrauisch, um sich von außen in ihren Zuständigkeitsbereich hineinreden zu lassen; und wir hatten zu viel mit der Entwicklung und Durchführung der geopolitischen Gesamtstrategie zu tun. Wenn es aber dem Verteidigungsausschuß im Nationalen Sicherheitsrat nicht gelang, die Verteidigungspolitik entscheidend zu beeinflussen, dann konnte er auch einseitige Schritte nicht abbremsen. Das zeigte sich, als Laird im Oktober auf das gleiche Thema zurückkam. Er schlug eine Verringerung der Reserveverbände vor und meinte, man sollte das nebenher auch den Verbündeten in der NATO mitteilen. Ich empfahl dem Präsidenten dringend, diesem schrittweisen Verfahren ein Ende zu bereiten, da wir sonst den Eindruck erweckten, hier handle es sich um einen langsamen, aber unaufhörlichen Rückzug. Nixon war einverstanden. Von nun an gelang es uns, einseitige Verringerungen bei den von uns der NATO zur Verfügung gestellten Streitkräften zu verhindern.

Unsere Verbündeten, die die Feinheiten der amerikanischen Innenpolitik nicht durchschauten, begriffen nicht sofort, daß dies alles eigentlich nur zu ihrem Besten geschah. Auf der ersten Sitzung des neuen Verteidigungsausschusses des Nationalen Sicherheitsrats am 21. Oktober sagte der Vorsitzende der Joint Chiefs, General Wheeler, wir würden mit unseren Verbündeten große Schwierigkeiten haben – und gab mit Recht denjenigen die Schuld, die das Verteidigungsbudget gekürzt hatten, und nicht Laird. Seine Vermutung bewahrheitete sich. Am 14. November kam der Generalsekretär der NATO, Manlio Brosio, nach Washington und äußerte sich pessimistisch über die Aussicht, die Truppenstärke in Europa zu erhöhen, während Amerika Truppen abzog. Er berichtete auch über ein im Bündnis wachsendes Interesse an Verhandlungen mit den Sowjets über beiderseitige Truppenverringerungen. Da die Vereinigten Staaten ihre Kontingente ohnedies verringern wollten, könnte die NATO doch dafür sowjetische Zugeständnisse aushandeln.

Um gerecht zu sein, muß man sagen, daß Laird sein Hauptziel erreicht hatte. Einige politische Gruppen waren so besorgt, daß sein Budget nur um das Notwendigste gekürzt wurde. Auf die Dauer wirkte sich das für die NATO und die Verteidigungshaltung der Vereinigten Staaten sehr günstig aus. 1969 jedoch erschwerte es die Formulierung einer schlüssigen neuen NATO-Strategie und die Zusammenarbeit mit unseren Verbündeten.

Im Grunde hatte uns Laird auf ein fundamentales Problem aufmerksam gemacht. Zweifellos drohten die Streichungen am Verteidigungsbudget unsere Außenpolitik zu belasten. Für das folgende Jahr standen wir vor dem gleichen Dilemma. Im Juni 1970 begannen die Planungen für das Budget des Rechnungsjahres 1972. Das Budget-Büro (es hatte jetzt die neue Bezeichnung Office of Management and Budget) sah ein Verteidigungsbudget von 76 Milliarden Dollar vor. Mit meiner Unterstützung begann Laird wieder erfolgreich zu manövrieren. Seiner Auffassung nach waren 79 Milliarden Dollar das absolute Minimum, an dem keine Abstriche mehr vorgenommen werden durften; er schrieb dem Präsidenten, wenn davon noch drei Milliarden gestrichen würden, müsse man mit schlimmen Folgen rechnen. Die Folgen eventueller Kürzungen malte er in den schwärzesten Farben – nach dem Erfolg, den er im vergangenen Jahr gehabt hatte, fiel ihm das auch nicht schwer. Nach seiner Darstellung mußten wir in diesem Fall auf vier Flugzeugträger verzichten, zwei Divisionen der Armee auflösen, 130–140 der ältesten B-52-Bomber außer Dienst stellen und andere wichtige Rüstungsprojekte auf Eis legen (wenn eine Kürzung um drei Milliarden Dollar solche Auswirkungen hatte, war es erstaunlich, daß sich mit dem ungekürzten Budget nur so wenige neue Waffen bauen ließen).

Um genau feststellen zu lassen, welche Möglichkeiten wir hatten, berief ich eine Sitzung des Ausschusses für das Verteidigungsprogramm ein. Der Vorsitzende des Rats für Wirtschaftsempfehlungen, Paul McCracken, fürchtete, ein Gesamthaushalt in Höhe von 237 Milliarden Dollar würde

»die Finanzexperten zu Tode erschrecken« und den Bundesfinanzausschuß unter Umständen veranlassen, die Konjunktur zu dämpfen. Das wiederum könnte die schlimmsten Folgen haben – eine Wirtschaftsrezession und neue inflationäre Tendenzen. McCracken verlangte einen Abstrich in Höhe von sechs Milliarden Dollar. Das war das Doppelte von dem, was das Budget-Büro empfohlen hatte. Auf der anderen Seite erklärte der stellvertretende Verteidigungsminister David Packard, jede Kürzung der Verteidigungsausgaben müsse sich katastrophal auf unsere Sicherheit auswirken.

Die Entscheidungen wurden zudem dadurch erschwert, daß die Teilstreitkräfte ihre Anforderungen nicht ausreichend begründen konnten. In den Jahren, als relativ hohe Summen für Verteidigungsausgaben zur Verfügung standen, hatte jede Waffengattung ihre Lieblingsprojekte vorangetrieben, und zwar meist davon ausgehend, was technisch möglich war. Die mit Zustimmung der Joint Chiefs of Staff vorgelegten Anforderungen entsprachen sozusagen einem Nichtangriffspakt der verschiedenen Waffengattungen, hatten aber mit einer zusammenhängenden Strategie nichts zu tun. Nun sagte ich meinen Kollegen: »Wir müssen ein Papier erarbeiten, das dem Präsidenten sagt: ›Wenn Sie das tun, wird es jene Folgen haben.‹« Wenn wir nicht mehr in der Lage waren, das sowjetische Militärpotential zu vernichten, wie stark sollten dann unsere strategischen Streitkräfte sein? Welche Auswirkungen hätte diese neue Lage auf die Verteidigungskapazität der an der Peripherie der sowjetischen Einflußsphäre liegenden Länder und Europas? War es möglich, die Verteidigung dieser peripheren Gebiete für unbestimmte Zeit auf eine Strategie auszurichten, die auf eine Vernichtung der Zivilbevölkerung hinauslief? Zu einer Zeit, da die amerikanische Drohung, einen allgemeinen Krieg mit Kernwaffen zu beginnen, an Glaubwürdigkeit verlor, standen wir außerdem unter dem Druck, auch alle anderen Streitkräfte zu reduzieren. »Wir verringern unsere konventionellen Streitkräfte und ziehen uns aus Gebieten wie Korea zurück.* Wie sollen wir diese Gebiete verteidigen? Diese Frage muß der Präsident beantworten. Er muß wissen, wohin wir steuern.«

Die Einigung über die Vorlage für den Präsidenten war sehr schwierig. Niemand hatte ein Interesse daran, die strategische Doktrin und die Streitkräfte der NATO allzu genau unter die Lupe zu nehmen. Solch eine Überprüfung hätte sehr wohl zeigen können, wie unausgewogen die Aufstellung von Streitkräften war, die einen Kompromiß darstellte zwischen dem Wunsch der Europäer nach einer garantierten Reaktion der Vereinigten Staaten mit Kernwaffen und unserem Versuch, dafür zu sorgen, daß die strategischen Kernwaffen nur im äußersten Notfall zum Einsatz kamen.

* Das bezog sich auf einen Plan, eine Division aus Korea abzuziehen. Zum Ausgleich dafür wollten wir die südkoreanischen Streitkräfte mit Rüstungsmaterial unterstützen.

Eine ernste Prüfung der Strategie der NATO für den Einsatz konventioneller Streitkräfte wurde ferner durch die Sorge verhindert, daß sich dabei ein Mangel an wichtigsten Rüstungsgütern herausstellen könnte, der sich bei der gegenwärtigen Stimmung in den Parlamenten und den Medien nicht beseitigen ließ und deshalb den Vorwand für einseitige Truppenverringerungen liefern würde.

Auf allen Sitzungen wies ich immer wieder darauf hin, daß zwischen unserer Strategie und den verfügbaren Kräften ein Mißverhältnis bestehe. Niemand leugnete das, aber auch niemand war bereit, etwas daran zu ändern. Auf einer Sitzung erwies es sich als unmöglich, den Begriff »begrenzt wirksam« zu definieren, der für eine Kategorie von Waffen in unseren Planungspapieren verwendet worden war. Um die Angelegenheit zu entscheiden, berief ich für den 18. August 1970 eine Konferenz der Joint Chiefs of Staff mit Nixon ein. Sie verlief nach dem gewohnten Muster; jeder Generalstabschef erläuterte, weshalb sein Anteil an dem empfohlenen Budget das Mindestmaß dessen darstelle, was er zur Erfüllung seiner »Aufgaben« brauche. Jeder setzte voraus, daß diese Aufgaben eine Selbstverständlichkeit seien, und definierte sie daher auch nicht näher. Den Präsidenten verwirrten solche vorgefaßten Meinungen und die technischen Details, deswegen konnte er auch nicht beurteilen, ob die vorgetragenen Argumente gerechtfertigt waren oder nur den vermeintlichen Bedürfnissen der einzelnen Waffengattungen dienen sollten. Gewöhnlich traf beides zu.

Am folgenden Tag, den 19. August, fand eine Sitzung des Nationalen Sicherheitsrats zur Beratung des Verteidigungsbudgets statt. Sie zog sich über längere Zeit hin, ohne daß etwas Entscheidendes herauskam. Nixon gab theoretisch unanfechtbare Erklärungen ab, die aber nichts daran ändern konnten, daß nur eine bestimmte Summe für die Verteidigungsausgaben zur Verfügung stand; unsere Kapazität wurde letzten Endes von der Höhe dieser Gelder bestimmt und nicht von seinen Ermahnungen. Nixon hielt es für unbedingt notwendig, ein »schmales« Budget vorzulegen, um noch weiteren Abstrichen durch den Kongreß zuvorzukommen. Es gelang nur, die Abstriche von sechs Milliarden auf viereinhalb Milliarden Dollar zu verringern; doch der Kongreß strich anschließend noch weitere drei Milliarden Dollar. Ich brachte meine Bedenken in einem Schreiben an Nixon wie folgt zum Ausdruck:

»Es besteht die Gefahr, daß wir – so absurd das klingen mag – wieder in eine Periode abgleiten, in der wir uns auf eine Strategie der massiven Vergeltung verlassen. Wir dürfen unsere konventionellen Streitkräfte nicht aus dem Auge verlieren. Wir müssen Streitkräfte haben, auf die wir uns verlassen können. Wir müssen in der Lage sein, das Ausland von unserer Schlagkraft in einer Lage zu überzeugen, in der ein allgemeiner Krieg mit Kernwaffen keine wahrscheinliche oder vernünftige Alternative mehr ist. Unsere Verbündeten beurteilen uns nach unseren konventionellen Streitkräften – mit ihnen haben sie Kontakt, und sie sind die Wirklichkeit.«

In einem Memorandum wies Mel Laird im November darauf hin, daß auch er sich um das gefährliche Nachlassen unserer konventionellen Kapazität Sorgen mache.

Laird, Packard und ich trösteten uns damit, daß wir das Fehlende in den Jahren ausgleichen wollten, in denen das jetzt aufgestellte Budget nicht galt. Im Augenblick wurden wir jedoch leider in die entgegengesetzte Richtung gedrängt. Die Entscheidung, die allgemeine Wehrpflicht aufzuheben und nur noch eine Freiwilligenarmee zu unterhalten, führte zu einem weiteren Abbau des Rüstungsprogramms. Außerdem zwang diese Entwicklung zu einer Erhöhung der Besoldung, so daß schließlich fast 60 Prozent des Militärbudgets für Personalkosten aufgewendet werden mußten. (Die Sowjetunion verbrauchte dafür nur 30 Prozent.) Damit stand für die Entwicklung neuer Waffen ein viel geringerer Betrag zur Verfügung. Doch trotz der besseren Bezahlung meldeten sich nicht genügend Freiwillige, und es trat Personalmangel ein. Im November 1970 fehlten den amerikanischen Streitkräften in Europa an der Sollstärke etwa 17000 Mann; dieser Fehlbestand war zu zwei Dritteln seit Juli eingetreten.

Selbst die Beibehaltung der gegenwärtigen Mannschaftsstärken würde auf erhebliche Hindernisse stoßen. Senator Mike Mansfield, der Mehrheitsführer im Senat, nahm die Ostpolitik Brandts zum Vorwand, einen wesentlichen Truppenabbau in Europa zu verlangen.[2] Jedes Nachlassen der Spannungen führte zu dem Druck, die Streitkräfte zu verringern, die eigentlich das Nachlassen der Spannungen bewirkt hatten. Es gab Befürworter eines Abbaus der militärischen Präsenz der Vereinigten Staaten in Europa, die glaubten, jetzt sei der richtige Zeitpunkt; andere betrachteten die Stationierung amerikanischer Truppen in Übersee als wirtschaftlich untragbar.

Senator Stuart Symington begründete seine Auffassung gegenüber dem stellvertretenden Außenminister Martin Hillenbrand wie folgt:

»Die Bevölkerung der Vereinigten Staaten verlangt eine Senkung der Kosten, die wir in Europa haben, und außerdem glaubt sie wie alle Wirtschaftler, mit denen ich gesprochen habe, das werde beträchtliche und günstige Auswirkungen auf die amerikanische Wirtschaft haben.«[3]

Die *Freunde* der NATO im Kongreß meinten im Hinblick auf die Lastenverteilung, wenn Europa nicht mehr tue, sollten wir weniger tun (wegen unserer schwer zu beseitigenden Zahlungsbilanzschwierigkeiten). Die »Lastenverteilung« hatte in der Tat die gleichen objektiven Folgen wie die auf unsere Bilanz wirkenden Zwänge: sie war eine Station auf dem Wege zur Verringerung unserer Streitkräfte in Europa und unseres Beitrags zur europäischen Sicherheit.

Unsere europäischen Alliierten waren sich ihrer militärischen Verwundbarkeit bewußt, fürchteten den Teilabzug amerikanischer Streitkräfte und hatten innenpolitische Schwierigkeitem beim Ausbau ihrer Verteidigung. Deshalb beobachteten sie unsere Debatte mit großer Sorge. Gleichzeitig befürchteten sie, daß wir mit dem Abzug unserer Truppen verstärkten Druck auf sie ausüben würden, ihre Verteidigung weiter auszubauen. Sie suchten nach einem Ausweg aus diesem Dilemma und fanden zwei – wenigstens vorübergehende – Möglichkeiten.

Diese beiden Möglichkeiten waren in einem Satz des außenpolitischen Berichts des Präsidenten vom 18. Februar 1970 enthalten:

»Das Zustandekommen einer gemeinsamen Auffassung über die Grundfragen der Sicherheit wird unsere Fähigkeit wesentlich erhöhen, vernünftig und realistisch mit den Möglichkeiten und Zwängen fertig zu werden, die es im Hinblick auf Veränderungen gibt. Dazu gehört auch die in diesem Land vertretene Auffassung, unsere Truppenstärken in Europa sollten verringert werden, und es sei möglich, bei Ost-West-Gesprächen über einen ausgewogenen beiderseitigen Truppenabbau zu sprechen.«

Der energische, tüchtige und verschlagene Generalsekretär der NATO, Manlio Brosio, interpretierte einen von den Mitarbeitern des Präsidenten formulierten Satz als Signal, etwas zu unternehmen. Er schlug vor, die NATO solle ihr Verteidigungskonzept überdenken, um die Amerikaner zu veranlassen, ihre Truppen langsamer zu reduzieren. Er war auch die treibende Kraft hinter dem wachsenden Interesse der NATO für Verhandlungen mit dem Osten über den beiderseitigen Abzug von Truppen in Mitteleuropa, ein Vorhaben, das später offiziell als »beiderseitige und ausgewogene Truppenreduzierungen« oder MBFR bezeichnet wurde. Wie Brosio bei einer inoffiziellen Zusammenkunft mit Nixon in Neapel im Dezember 1970 freimütig zugab, stand dahinter die Absicht, einseitige amerikanische Entschlüsse abzubremsen. Man ging davon aus, daß der amerikanische Kongreß keine unwiderruflichen Maßnahmen treffen würde, bevor die Überprüfung beider Initiativen abgeschlossen war. Das Aufleben des Gedankens beiderseitiger Truppenverringerungen war kein Zeichen eines lebhaften Interesses für dieses zweifelhafte Ziel, sondern der – von der amerikanischen Regierung gar nicht ungern gesehene – Versuch, einseitigen amerikanischen Truppenverringerungen zu begegnen.

Die von Brosio angeregte Überprüfung der Verteidigungspolitik in Europa zog sich über einen großen Teil des Jahres 1970 hin. In diesem Rahmen sollte die »Eurogruppe« (das auf die Initiative von Healey im Jahr zuvor gebildete europäische Gremium) ein Programm mit neuen Maßnahmen zur Stärkung der Verteidigung entwerfen. Damit wollte man der Kritik im amerikanischen Kongreß begegnen, wo man behauptete, die Europäer täten nicht genug. Nixon unterstützte dieses Vorhaben, als er auf seiner Mittelmeer-Reise im September 1970 in Neapel mit den NATO-Befehlshabern zusammentraf und darauf hinwies, unserer Auffassung nach verlangte eine »Lastenverteilung« zusätzliche europäische Verteidigungsausgaben, nicht aber irgendwelche Finanztricks, mit denen die Vereinigten Staaten für die Stationierung amerikanischer Truppen in Europa bezahlt werden sollten. Wenn Nixon sagte, daß die Amerikaner in Europa nicht die Rolle von Söldnern übernehmen wollten, dann war das anständig und theoretisch richtig; es half aber Mel Laird nicht bei dem verzweifelten Versuch, sein Budget auf irgendeine Weise zu entlasten (wie etwa die Bereitschaft der Bundesrepublik, für den Unterhalt unserer Kasernen aufzukommen und amerikanische Waffen zu kaufen, um das Verteidigungsbudget der Vereinigten Staaten zu entlasten). Mel Laird wirkte in der Tat Wunder, als es ihm gelang, die Truppenstärken unserer der NATO zur Verfügung gestellten Verbände auf dem gleichen Stand zu halten und das Fundament für eine Modernisierung unseres strategischen Arsenals zu legen. Doch eine Modernisierung der NATO kam nicht in Frage, solange wir alles daransetzen mußten, den Kongreß an einer Reduzierung unserer Truppenstärke zu hindern. Der Korrespondent der *Washington Post* in Bonn wies am 5. Oktober in einem längeren Artikel darauf hin, daß die Erklärungen des Präsidenten zu diesem Thema den Europäern ihre Befürchtungen nicht genommen hätten: »Nachdem wir das Problem lange Zeit verdrängt haben, weil wir hofften, es werde sich irgendwie von selbst erledigen, beginnen die europäischen Mitglieder der NATO zu erkennen, daß sie kaum noch Zeit haben, den amerikanischen Kongreß an einer wesentlichen Verringerung der Streitkräfte zu hindern, die die Vereinigten Staaten der NATO zur Verfügung gestellt haben.«

Angesichts des vorgesehenen Verteidigungsbudgets gab es keinen Zweifel mehr, in welche Richtung uns der Kongreß und die öffentliche Meinung unweigerlich trieben. Zwar überstieg der Dollarbetrag des Verteidigungsbudgets den des alten geringfügig, aber angesichts der Inflation und der erhöhten Kosten der Freiwilligenarmee stand real eine viel geringere Summe zur Verfügung. Unsere Verbündeten waren nicht bereit, die Lücke auszufüllen, sie nahmen in ihren Verteidigungsplan für das Jahr 1970 Maßnahmen auf, mit denen sie höhere finanzielle Verpflichtungen vermieden. Der Bericht der NATO über den Zustand der Verteidigung war im Dezember 1970 fertig und wurde dem Nordatlantik-Rat vorgelegt. Der Gesamtbeitrag zur Infrastruktur der NATO (Luftschutzbunker, Kasernen und andere feste Einrichtungen) betrug für fünf Jahre 420 Millionen Dollar; für den Ausbau der nationalen Streitkräfte sollten im gleichen Zeitraum 450–500 Millionen Dollar ausgegeben werden, und für andere Maßnahmen standen noch etwa 79 Millionen Dollar zur Verfügung. Insgesamt waren das etwa eine Milliarde Dollar oder über fünf Jahre verteilt 200 Millionen Dollar jährlich. Dabei ließ sich nicht sagen, wieviel an diesem Plan wirklich neu war, oder ob es sich nur um eine neue Art der Buchhaltung handelte. Günstigstenfalls war es eine Erhöhung, vergleichbar knapp einem halben Prozent unseres Verteidigungsbudgets. Dieser Betrag war viel zu gering, als daß wir damit der Lösung des Problems hätten näherkommen können. Bestenfalls konnte man sagen, daß sich die Tendenz in Richtung auf eine allgemeine Verringerung der Verteidigungsausgaben umgekehrt hatte.

Unsere Verbündeten rechneten, kurz gesagt, mit dem *deus ex machina* des beiderseitigen Truppenabbaus der NATO und des Warschauer Pakts. Sie wollten uns veranlassen, den Verbleib der amerikanischen Streitkräfte in Europa vom Ausgang solcher Verhandlungen abhängig zu machen und gleichzeitig zusätzliche Ausgaben mit der Begründung vermeiden, daß sie als Folge von Abrüstungsvereinbarungen irrelevant werden könnten. Damit ergab sich eine ganze Reihe neuer Probleme. Ich hatte keine Einwendungen gegen die Verwendung der MBFR als Bremse für einseitige, durch den Kongreß veranlaßte Streichungen. Aber meine Zweifel im Hinblick auf die Komplexität und die Nachteile eines solchen Verfahrens waren seit dem vergangenen Jahr nicht geringer geworden. Ich schrieb dem Präsidenten:

»Wir haben bisher noch keine klare Stellungnahme zu MBFR entwickeln können, die eine Möglichkeit erkennen ließe, die militärische Lage der NATO auf dem gegenwärtigen Stand zu halten oder zu stärken. Allerdings könnte ein geringer beiderseitiger Abbau kaum nachteilige Folgen haben. Wir wissen auch noch nicht, über welche ›beiderseitigen Beschränkungen‹ man verhandeln könnte, die eine Stärkung des Warschauer Pakts verhindern würden, ohne der NATO zu schaden. Bei der Analyse dieser Probleme kratzen wir erst an der Oberfläche.«

In dieser Lage konnten wir auf der Sitzung des Nationalen Sicherheitsrats am 19. November 1970 bei der Beratung der NATO-Strategie nicht viel mehr tun als feststellen, in welchem Dilemma wir uns befanden. Ich faßte das strategische Problem in einem an den Präsidenten gerichteten Memorandum wie folgt zusammen:

»... wir und unsere Verbündeten müssen so starke konventionelle Streitkräfte unterhalten, daß wir einer sowjetischen Aggression oder der in ihren vorhandenen Streitkräften liegenden Bedrohung begegnen können. Wenn wir und unsere Verbündeten die Strategie der NATO nicht umstellen und die Streitkräfte nicht in die Lage versetzen, das zu leisten, dann werden wir sehr bald die allmähliche ›Neutralisierung‹ Westeuropas erleben. Damit es nicht dazu kommt, müssen wir energisch handeln, um die konventionelle Leistungsfähigkeit der NATO zu erhalten, und zugleich eine Strategie für ihren Einsatz entwickeln, die in dieser grundsätzlich neuen strategischen Situation mit Erfolg angewendet werden kann.«

Solche Bemühungen wurden bis 1974 durch die als Folge des Vietnam-Krieges durchgeführten Abstriche an den Verteidigungsausgaben unmöglich gemacht.

Die Sitzung des Nationalen Sicherheitsrats vom November 1970 war ungewöhnlich ergiebig. Die Bürokratie verzichtete auf die üblichen Manöver, weil sich alle ranghöheren Berater des Präsidenten in den Grundfragen einig waren. Es wurden zwei wichtige Entscheidungen getroffen: Wir bestätigten aufs neue unsere Verpflichtung, in Europa Streitkräfte zu stationieren, und beschlossen, die ganze Frage des beiderseitigen Truppenabzugs noch einmal zu prüfen. Damit gewann das Programm zur Stärkung der Verteidigung in Europa, so gering die Mittel dafür auch sein mochten, wieder einen Sinn. Auf dem Treffen der Verteidigungsminister des Bündnisses im Dezember verlas Außenminister Rogers einen Brief Nixons, in dem es hieß, angesichts der erhöhten Verteidigungsanstrengungen in Europa würden die Vereinigten Staaten ihre Streitkräfte in Europa belassen und verstärken und sie nur im Rahmen eines mit dem Osten ausgehandelten beiderseitigen Truppenabzugs verringern.

Im wesentlichen war das jedoch nur ein Notbehelf und konnte auf die Dauer nichts nützen. Ein Bündnis, das seine Stärke nur bewahren konnte, wenn es Verhandlungen über eine Verringerung der Truppenstärke anbot (einem Gegner, der genau wußte, unter welch gewaltigem Druck, die Truppenstärken einseitig abzubauen, die Verbündeten standen), befand sich in keiner sehr kreativen Phase, besonders da die Struktur seiner Streitkräfte ohnedies große Mängel aufwies. Eine fundamentale Überprüfung der Lage mußte so lange warten, bis wir nach Beendigung des Vietnam-Krieges unseren nationalen Zusammenhalt wiedergefunden hatten.

5. Ost-West-Beziehungen in Europa

1969 wuchs überall im Westen die Unzufriedenheit über die Erstarrung, die als Folge des Kalten Krieges eingetreten war. Alle politischen Führer glaubten ihre Friedensliebe beweisen zu müssen; die Sowjetunion wußte diese Stimmung sehr geschickt auszunutzen. Wenige Monate nach dem brutalen Einmarsch in die Tschechoslowakei hatte sie die *westlichen* Regierungen in eine Lage manövriert, in der sie sich verpflichtet fühlten, ihren guten Willen in den Ost-West-Beziehungen unter Beweis zu stellen.

Bei jedem Zwischenaufenthalt auf seiner ersten Europa-Reise Anfang 1969 hatte Nixon Gespräche darüber geführt, wie er auf die sowjetischen Ouvertüren reagieren sollte. Alle Regierungschefs hatten ihm geraten, so rasch wie möglich in die SALT-Verhandlungen einzutreten und sie im Verlauf dieser Gespräche zu konsultieren; niemand bestritt, daß die Sowjets wegen der starken Nachfrage der Bevölkerung nach Konsumgütern und wegen des von China ausgehenden außenpolitischen Drucks jetzt zu einer echten Entspannung bereit waren. Sie suchten ihre außenpolitischen Beziehungen und den Handel auszudehnen. De Gaulle empfahl dringend, an die Sowjetunion heranzutreten. Als der Vorsitzende der Freien Demokratischen Partei der Bundesrepublik, Walter Scheel, der bald das Amt des Außenministers übernehmen sollte, Nixon im Juni besuchte, erklärte er ausdrücklich, die Europäer fürchteten ein amerikanisch-sowjetisches Kondominium nicht mehr; nicht nur daß die öffentliche Meinung in Europa in ihrer überwiegenden Mehrheit eine Entspannung befürworte, sondern sie wolle an diesem Prozeß auch teilnehmen.

Obwohl Nixon skeptisch war – und ich teilte seine Meinung –, bedeuteten diese gleichlautenden Appelle für uns eine ernste Herausforderung. In den vergangenen Jahrzehnten war die amerikanische Starrheit von der Linken in Europa scharf kritisiert worden, und deshalb war die NATO in allen europäischen Ländern ein umstrittenes Thema. Die führenden Politiker in Europa sahen sich nun gezwungen, auf die Entspannung auszuweichen und sich als »Brücke« zwischen Ost und West anzubieten. Wenn Amerika nicht nachgab, riskierten wir in der Tat, im Bündnis isoliert zu werden und Europa auf einen Kurs zu drängen, auf dem es neutralisiert werden konnte. Auch in Amerika würde man uns wegen unserer kriegerischen Haltung Vorwürfe machen, und die durch Vietnam ausgelöste Hysterie würde sich auf andere Gebiete der Politik ausdehnen.

Aus allen diesen Gründen kamen wir zu dem Schluß, daß wir das Bündnis am besten zusammenhalten konnten, wenn wir uns im Prinzip mit der Entspannung einverstanden erklärten, aber klar definierten, welchen Weg sie gehen sollte. Auf seiner Europa-Reise wurde Nixon niemals müde, das Evangelium seiner Regierung zu predigen: Wir seien bereit, in eine Ära der Verhandlungen einzutreten, es blieben jedoch wesentliche Elemente der Konfrontation bestehen; bei den Verhandlungen müsse es um ernsthafte, konkrete Fragen und nicht nur um eine Auflockerung der Atmosphäre gehen. Dazu seien Einigkeit und Stärke im Atlantischen Bündnis lebensnotwendig. Die Sowjets dürften sich nicht der Hoffnung hingeben, sie könnten das Bündnis dadurch spalten, daß sie mit einigen Bündnispartnern eine Entspannungspolitik betrieben, mit anderen aber nicht. Wir seien entschlossen, eine Tagesordnung zu entwerfen, die es den Sowjets nicht erlaubte, sich die Themen nach Gutdünken auszusuchen oder allein zu bestimmen, was als Entspannung anzusehen sei, und den Westen in Sicherheit zu wiegen.

Das erste schwierige Problem waren die SALT-Gespräche. Als Nixon sein Amt übernahm, war eines der am häufigsten wiederholten Argumente der Befürworter einer Begrenzung der strategischen Rüstung, daß die Europäer sie wünschten. Als wir die Gespräche 1969 vertagten, um uns über die verschiedenen Möglichkeiten klarzuwerden und SALT mit anderen Fragen zu verbinden, wiesen auch tatsächlich viele führende Politiker in Europa auf die Dringlichkeit dieser Frage hin. Sie konnten das leicht tun, denn sie brauchten die Entscheidung nicht zu fällen. Einer meiner Mitarbeiter schrieb mir nach der Europa-Reise: »Man kann ein zunehmendes Verlangen nach Entspannung erwarten, wenn auch nur, weil es viel angenehmer ist, daran zu denken als an militärische Probleme.« Aber die unvermeidliche europäische Ambivalenz zeigte sich, als die Verhandlungen, nach denen man so dringend verlangt hatte, sich wirklich näherten. Sobald wir ein Datum für die Eröffnung der SALT-Gespräche festgelegt hatten und begannen, unsere Verbündeten zu unterrichten, fingen sie an zu begreifen, welche strategischen Folgen sich ergeben könnten. Eine Vereinbarung zwischen der Sowjetunion und den Vereinigten Staaten zur Begrenzung der strategischen Rüstung mußte von einem strategischen Gleichgewicht ausgehen. Eine andere Verhandlungsbasis gab es nicht; und in unseren Mitteilungen an die Verbündeten sagten wir auch ganz deutlich, daß als Folge der ständigen sowjetischen Aufrüstung dieses Gleichgewicht auch *ohne* eine Vereinbarung näherrücke. Der damalige holländische Außenminister Josef Luns sagte dem Präsidenten, die Möglichkeit, daß die Vereinigten Staaten und die Sowjetunion gleich stark sein könnten, sei eine der schockierendsten Vorstellungen, von denen er je gehört habe. Ähnlich äußerte sich auch Bundeskanzler Kiesinger, als er sagte, er habe die strategische Lage in den vergangenen Jahren nicht sehr gründlich verfolgt; es sei eine irgendwie »zum Denken anregende« Überraschung gewesen, feststellen zu müssen, daß zwischen beiden Seiten das Gleichgewicht beinahe erreicht sei. Unsere Verbündeten hatten keinen Grund, überrascht zu sein, aber allen Grund, sich Sorgen zu machen: Die strategische Parität mußte die Gefahren erhöhen, die sich aus der Überlegenheit der konventionellen Streitkräfte ergaben, die die Sowjetunion auf dem europäischen Kontinent schon seit langem unterhalten hatte.

Der britische Vertreter bei der Konferenz des NATO-Rats am 30. Juni fragte, ob dies angesichts der gegenwärtigen Rüstungsentwicklungen auf beiden Seiten der richtige Augenblick für Gespräche sei. Der Botschafter der Bundesrepublik, Rolf Pauls, traf am 4. Juli bei einem Gespräch mit mir den Nagel auf den Kopf: SALT bezeichnet das Ende der strategischen Überlegenheit Amerikas; die Sowjetunion würde unseren Vorsprung entweder durch die eigene Aufrüstung oder durch Verhandlungen aushöhlen. Ich antwortete, ich könne mir nicht vorstellen, daß die größte Industriemacht der Welt dazu verurteilt sei, in einem Wettrüsten zu unterliegen. Doch angesichts der für die Entwicklung neuer Waffen in den 60er Jahren getroffenen Entscheidungen, der technologischen Entwicklungsmöglichkeiten, der durch Vietnam verursachten inneren Spaltungen und der großen Schwierigkeit, die Zustimmung des Kongresses für strategische Projekte zu bekommen, wußte ich, daß Pauls recht hatte. Die Reaktion der Europäer auf diese Entwicklung faßte ich für Nixon am 10. Juli wie folgt zusammen:

> »Man kann mit Recht annehmen, daß die ursprüngliche Begeisterung für SALT allmählich nachläßt. Ein Grund dafür sind die Besorgnisse um die Auswirkungen einer SALT-Vereinbarung. Einige Länder fürchten offenbar, daß eine Vereinbarung, die sich auf Parität gründet, der Sowjetunion eine wesentliche Überlegenheit bei den konventionellen Streitkräften in Europa zugesteht. Das Resultat wäre, daß sich das Abschreckungsmoment gegen sowjetische Angriffe schwächen könnte. Es gibt auch Befürchtungen, vor allem in Deutschland, daß die Verbindung zwischen SALT und politischen Fragen nicht mehr aufrechterhalten werden kann.«

Zum Glück für alle Beteiligten zögerte die Sowjetunion, das für die Eröffnung der Verhandlungen vorgeschlagene Datum zu akzeptieren. Das gab uns die Möglichkeit, unsere internen Untersuchungen abzuschließen und mit unseren europäischen Verbündeten zu befriedigenden Absprachen zu kommen.

Wir konnten allerdings unsere Verbündeten nicht ganz von ihren Sorgen befreien, obwohl sie zum großen Teil dadurch entstanden waren, daß sie uns zur Entspannung gedrängt hatten und nun vor ihren Folgen zurückschreckten. Am 4. Juli hatte ich Botschafter Pauls gewarnt – und nicht nur im Scherz – und ihm gesagt, unsere Verbündeten sollten künftig mit dem, was sie uns vorschlugen, vorsichtiger sein, denn es wäre wohl möglich, daß wir ihren Empfehlungen folgten. Die Gefahr für Europa entstand nicht durch einseitige amerikanische Zugeständnisse als Folge der Entspannung, sondern dadurch, daß bei einer strategischen Parität das Ungleichgewicht der Kräfte auf dem europäischen Kontinent früher oder später entscheidend sein konnte. Die Regierungen der verbündeten Staaten waren aus den verschiedensten, meist innenpolitischen Gründen nicht bereit oder nicht in der Lage, die für die Herstellung des erforderlichen Gleichgewichts notwendigen Maßnahmen zu ergreifen; unter solchen Umständen lebten sie zunehmend gefährlicher. Daran konnten auch noch so ernstgemeinte Versprechungen nichts ändern. Wollte man jedoch den Zusammenhalt im Bündnis wahren und zugleich Ost-West-Verhandlungen über viele Themen führen, so mußte man über die Welt, in der wir lebten, über unsere gemeinsamen Ziele und die Erfordernisse der gemeinsamen Verteidigung zu übereinstimmenden Auffassungen gelangen.

6. Berlin und Brandts Ostpolitik

Die Beziehungen zwischen der kommunistischen und der westlichen Welt werden in ihrer Struktur und Beschaffenheit nie gleichförmig sein. Die SALT-Verhandlungen beschränkten sich auf die Vereinigten Staaten und die Sowjetunion, auch wenn sich unsere Verbündeten in der NATO lebhaft dafür interessierten. Die Berlin-Frage ging alle Alliierten des Zweiten Weltkrieges etwas an, die für die Stadt die völkerrechtliche Verantwortung übernommen hatten: Großbritannien, Frankreich, die Vereinigten Staaten und die Sowjetunion. Da Berlin genaugenommen noch militärisch besetzt war, hatte die Bundesrepublik nicht das Recht, zu verhandeln. Die seit zwei Jahrzehnten fast ununterbrochen andauernde Krise hatte deutlich gezeigt, daß die Freiheit Berlins paradoxerweise davon abhing, daß die Stadt militärisch besetzt blieb. Das war die einzige rechtliche Grundlage, auf der die Vereinigten Staaten und ihre westlichen Verbündeten dem Druck der Sowjetunion und der DDR Widerstand leisten konnten, so anormal das eine Generation nach Beendigung des Zweiten Weltkriegs auch sein mochte. 1959 und dann wieder 1961/1962 war die Freiheit Berlins durch die Standhaftigkeit des Westens, an den Besatzungsrechten festzuhalten, und durch die Unfähigkeit Chruschtschows, seine Politik durchzusetzen, gerettet worden. Doch nichts konnte die geographische Wirklichkeit einer Stadt verändern, die, 160 km tief in kommunistischem Gebiet isoliert, Schikanen ausgesetzt war und ständig erpreßt werden konnte. Ihre Verwundbarkeit symbolisierte die Unsicherheit der Ost-West-Beziehungen; sie war der lebende Beweis für die große Bedeutung unseres Konzepts der Koppelung. Wir konnten Berlin nur verteidigen, wenn wir seine Freiheit mit anderen Fragen verbanden, die für die Sowjets wichtig waren. Jede Politik, die die Berlin-Frage gesondert behandelte, brachte den Westen in eine ungünstige Verhandlungsposition, weil Berlin militärisch so verwundbar war.

Das Berlin-Problem wurde fast zufällig schon zu Beginn der Amtszeit Nixons wieder akut, vor allem infolge des Auslaufens der verfassungsmäßigen Amtszeit des deutschen Bundespräsidenten, der 1969 neu gewählt werden mußte. Bundestag und Bundesrat beabsichtigten, die Sondersitzung zur Wahl des Bundespräsidenten wie schon früher im alten Reichstagsgebäude in West-Berlin abzuhalten. Im Dezember 1968 protestierte das sowjetische Außenministerium offiziell bei dem Botschafter der Vereinigten Staaten, Llewellyn Thompson, gegen die Abhaltung dieser Sitzung in Berlin. Die Regierung Johnson überließ es ihrer Nachfolgerin, die Protestnote zu beantworten. Am 22. Januar 1969 legte Außenminister Rogers Präsident Nixon den Entwurf der amerikanischen Antwort vor, mit der der sowjetische Protest zurückgewiesen werden sollte. Ich stimmte Rogers' Entwurf zu, empfahl jedoch – unter der Voraussetzung, daß die Deutschen einverstanden waren –, die Antwort erst abzuschicken, wenn die Wahl des Bundespräsidenten, die am 5. März stattfinden sollte, viel näher gerückt sei. Es schien mir nicht in unserem Interesse zu liegen, jetzt einen unproduktiven und wahrscheinlich sehr scharfen Notenaustausch zu provozieren. Die Antwort wurde daher verschoben.

Nun begann die DDR den zivilen Verkehr nach Berlin geringfügig zu behindern. Am 28. Januar und am 11. Februar empfahl ich dem Präsidenten schriftlich, kühl zu bleiben; ich glaubte nicht, daß die Sowjetunion zu diesem Zeitpunkt die Konfrontation mit uns wünschte. Außerdem teilte ich dem Präsidenten mit, welche Maßnahmen unsererseits für den Fall geplant waren, daß die Behinderungen weitergingen oder sich verschärften. In meinen schriftlichen Empfehlungen für das erste Gespräch des Präsidenten mit dem sowjetischen Botschafter Dobrynin am 17. Februar schlug ich folgendes vor: »Ich halte es für besonders wichtig, daß Sie Dobrynin von dem Irrtum befreien, die sowjetisch-ostdeutsche Behinderung des Zugangs zu Berlin in Verbindung mit der Sitzung des Bundestages am 15. März in dieser Stadt gehe die Vereinigten Staaten nicht unmittelbar an.« Am 17. Februar äußerte sich Nixon sehr scharf zu diesem Punkt. Dobrynin, dem daran lag, zu zeigen, daß die Sowjetunion den Präsidenten so bald nach der Amtsübernahme nicht auf die Probe stellen wollte, beeilte sich, Nixon zu versichern, Moskau suche keine Konfrontation.

Am 22. Februar, dem Tag vor der Abreise des Präsidenten nach Europa, ließ mir Dobrynin eine Botschaft zukommen, in der er uns dringend bat, die Regierung Kiesinger zur Absage der Wahlen in Berlin zu bewegen. Damit würden wir »unnötige Spannungen vermeiden und die Tendenz zu zunehmenden Spannungen abbrechen«, hieß es in der sowjetischen Note. Ich lehnte diesen Vorschlag ab. Solch ein Ansinnen würden wir nicht an Kiesinger stellen. Ich warnte Dobrynin scharf vor einseitigen Maßnahmen; um die Warnung zu unterstreichen, befahl der Präsident auf meine Empfehlung eine Verstärkung des militärischen Verkehrs auf den Zugangsstraßen nach Berlin.

Wie ich schon berichtet habe, bestätigte Nixon während seines Berlin-Besuchs am 27. Februar in einer Rede in der Siemens-Fabrik noch einmal sehr deutlich die Verpflichtung der Vereinigten Staaten, die Freiheit der Stadt zu erhalten: »Niemand soll sich verrechnen: Keine einseitige Maßnahme, kein illegaler Akt, keine Form des Drucks, aus welcher Richtung auch immer, wird die Entschlossenheit der westlichen Nationen erschüttern, ihren rechtmäßigen Status als Beschützer der Bevölkerung des freien Berlin zu verteidigen.« Nach unserer Rückkehr und kurz vor den Wahlen in Berlin beschwerte sich Dobrynin sanft über die Rede des Präsidenten. Ich erwiderte, der Präsident habe bestehende Verpflichtungen nur noch einmal bestätigt; wir würden jede Behinderung des Zugangs zu Berlin als außerordentlich schwerwiegend ansehen. Nichts könne mehr zum Abbau der Spannungen beitragen als ein geregeltes Verfahren für den Zugang nach Berlin. Nun erwähnte Dobrynin zum erstenmal »positive Möglichkeiten« für Verhandlungen zu diesem Thema. Die Wahl des neuen Bundespräsidenten Gustav Heinemann fand ohne weitere Zwischenfälle am 4. März in Berlin statt. Wir hatten unsere erste, wenn auch nicht sehr ernste Konfrontation mit den Sowjets durchgestanden.

Diese Mini-Krise setzte eine Reihe von Maßnahmen in Bewegung, die schließlich zu offiziellen Berlin-Verhandlungen führten. Keine der Westmächte und wahrscheinlich nicht einmal die Sowjetunion hatten das Anfang 1969 beabsichtigt. Das Verfahren kam erst allmählich in Gang, nach vielen Fehlstarts erreichte es im Spätsommer 1971 seinen Höhepunkt mit einer neuen Vier-Mächte-Vereinbarung, die wenigstens vorübergehend die schon 25 Jahre dauernden Spannungen um Berlin beendete.

Angesichts der Andeutungen Dobrynins wiederholte Nixon in seinem Brief an Kossygin vom 26. März sein Angebot, über Berlin zu sprechen. Kossygin antwortete am 27. März, die Sowjetunion habe keine »Einwände« gegen Berlin-Gespräche, allerdings trage die Bundesrepublik die Verantwortung für die dort entstandenen Spannungen. Ich riet dem Präsidenten, das Thema nicht länger nur bilateral zu behandeln: »Ich bezweifle, daß jetzt der geeignete Zeitpunkt für ausführliche Gespräche gekommen ist. Nach den deutschen Wahlen* könnten wir diese Frage in einer Unterredung mit der neuen Regierung in Bonn zur Sprache bringen und anschließend überlegen, ob und wie wir mit Moskau weiterverhandeln wollen.«

Als die Sowjets von den Vereinigten Staaten keine Antwort erhielten, wandten sie sich an die Öffentlichkeit. Am 10. Juli hielt der sowjetische Außenminister Gromyko eine Rede und bestätigte darin die sowjetische Bereitschaft zu »einem Gedankenaustausch darüber, wie Komplikationen im Hinblick auf West-Berlin jetzt und künftig vermieden werden können«. Brandt, der damals noch Außenminister war, hatte seine Verbündeten seit der Ministerratssitzung der NATO im April gedrängt, rasch in Verhandlungen über »Verbesserungen« des zivilen Zugangs zu Berlin einzutreten, ohne uns zu sagen, wie wir das machen sollten; jetzt setzte er sich energisch dafür ein, das Angebot Gromykos sofort anzunehmen. Ich hatte den Eindruck, daß seine Eile zum Teil auch mit den bevorstehenden deutschen Wahlen in Zusammenhang stand. »Rasch« bedeutete jedoch bei dem schwerfälligen Apparat der alliierten Konsultationsverfahren eine Verzögerung von vier Wochen. Am 7. August teilten wir der Sowjetunion gemeinsam mit den Briten und Franzosen unsere Bereitschaft mit, Vorgespräche zu führen.

Die Sowjetunion wartete jedoch länger als einen Monat und übermittelte

* Die für September 1969 angesetzten Bundestagswahlen.

uns eine im Grunde genommen enttäuschende Antwort. Sie erklärte sich mit Vier-Mächte-Gesprächen einverstanden, weigerte sich aber, über eine Verbesserung des Zugangs zu Berlin zu verhandeln. Die Gespräche sollten sich vielmehr auf die Einschränkung der Aktivitäten der Bundesrepublik in West-Berlin konzentrieren.

Als Dobrynin am 20. Oktober mit Nixon zusammentraf, erwähnte er wieder die Möglichkeit bilateraler amerikanisch-sowjetischer Verhandlungen und schlug einen Gedankenaustausch vor. Wie ich schon in Kapitel V berichtet habe, hielt ich den Präsidenten davon ab: »Ich glaube, wir sollten in diesem Stadium nicht den Eindruck erwecken, daß wir bilaterale amerikanisch-sowjetische Gespräche über Berlin führen wollen. Die Sowjets würden sie nur dazu benutzen, unter den Verbündeten Mißtrauen zu säen und uns gegeneinander auszuspielen. Ich glaube, wir täten am besten daran, diese Frage für den Augenblick dem Forum der vier Mächte zu überlassen und selbst nicht zu viel zu unternehmen.«

Nach der Amtsübernahme der neuen Regierung Willy Brandt verlagerte sich im übrigen der Schwerpunkt der sowjetischen Berlin-Politik nach Bonn.

Nach den allgemeinen Wahlen in der Bundesrepublik Deutschland am 28. September 1969 übernahm eine neue, aus Sozialdemokraten und Freien Demokraten bestehende Koalition die Regierungsgewalt und verpflichtete sich zu einer neuen Öffnung gegen den Osten.* Der Führer der Freien Demokraten, Walter Scheel, hatte in seinem Gespräch mit Nixon am 13. Juni schon von diesem außenpolitischen Richtungswechsel gesprochen und ihn damit begründet, daß die Hallstein-Doktrin – die die Aufnahme diplomatischer Beziehungen zu nichtkommunistischen Regierungen, die Ostdeutschland anerkannten, untersagte – die Bundesrepublik von der Dritten Welt isolieren würde. Engere Beziehungen zwischen den beiden deutschen Staaten müßten entweder durch neue vertragliche Regelungen oder auf der Basis anderer Rechtsformen hergestellt werden.

Eine solche Politik brachte jedoch auch Gefahren mit sich. Das Außenministerium wies in einem sehr gründlich durchdachten Papier vom 6. Oktober darauf hin, daß die neue Koalition nicht gleichzeitig eine aktive Politik gegenüber der DDR verfolgen und die Integration der Bundesrepublik in eine westeuropäische Gemeinschaft anstreben könne. Das Außenministerium kam zu dem Schluß – und ich stimmte damit überein –, daß »eine aktive gesamtdeutsche und Ostpolitik unter einer SPD/FDP-Koalition den Vorrang haben wird«.

* Nixon hatte fälschlich angenommen, daß Kurt Georg Kiesinger weiter Kanzler bliebe, da die Christlichen Demokraten als stärkste Partei aus den Wahlen hervorgegangen waren. Er hatte ihn deshalb angerufen, um ihm zu gratulieren. Als die Sozialdemokraten und die Freien Demokraten eine Mehrheitskoalition bildeten, meinte Brandt großzügig: »Irren ist menschlich, um so mehr auf solch eine Entfernung.«

Über diese Sorgen äußerte ich mich auch in einem Memorandum an den Präsidenten:

»Man darf nicht vergessen, daß Männer wie Brandt, Wehner und Verteidigungsminister Helmut Schmidt zweifellos davon überzeugt sind, eine verantwortungsbewußte Politik der Versöhnung und Normalisierung mit dem Osten zu führen, und daß sie nicht beabsichtigen, durch diese Politik in einen Konflikt mit den westlichen Bindungen Deutschlands zu geraten. An ihrer grundsätzlichen Westorientierung kann es keinen Zweifel geben. Aber ihr Problem liegt darin, daß sie einen Prozeß unter Kontrolle halten müssen, der im Falle eines Fehlschlags ihr politisches Überleben gefährden und bei einem Erfolg eine Dynamik annehmen könnte, die unter Umständen die innenpolitische Stabilität Deutschlands aus den Angeln heben könnte.«

Ich hatte den Eindruck, daß die neue Ostpolitik Brandts, die viele als eine fortschrittliche Politik der Suche nach Entspannung ansahen, in den Händen bedenkenloser Leute zu einer neuen Form des klassischen deutschen Nationalismus werden konnte. Von Bismarck bis Rapallo war es das Wesen der nationalistischen Außenpolitik Deutschlands gewesen, zwischen Ost und West zu manövrieren. Im Gegensatz dazu hatte sich die amerikanische (und deutsche) Außenpolitik seit den 40er Jahren darum bemüht, die Bundesrepublik fest im Westen zu verankern, im Atlantischen Bündnis und später in der Europäischen Wirtschaftsgemeinschaft.

Mit der Wahl Brandts wurde das Grundproblem der deutschen Außenpolitik wieder sehr deutlich. Die deutsche Nation war seit zwei Jahrzehnten in zwei Staaten aufgeteilt. Durch einen brutalen Gewaltakt hatte die Sowjetunion dem östlichen Drittel des Landes gegen den Willen der Bevölkerung ein kommunistisches Regime aufgezwungen – die sogenannte Deutsche Demokratische Republik. Es war in der Tat absurd, daß die Gemeinschaft der Völker es hinnehmen, ja sogar unterstützen sollte, daß in Mitteleuropa, wo der Nationalismus seinen Ursprung hatte, fremde Truppen die Einsetzung eines Regimes erzwangen, das niemals freie Wahlen hätte gewinnen können. Der gleiche »Imperialismus« in Asien oder Afrika hätte zu wütenden Protesten und Demonstrationen geführt. In Mitteleuropa war es ein Zeichen der Vernunft, es beim Status quo zu belassen.

Jede Regierung der Bundesrepublik war verpflichtet, die Wiedervereinigung auf ihr Banner zu schreiben. Aber in der gegenwärtigen Lage war dies nur unter der Voraussetzung des völligen Zusammenbruchs der Sowjetunion möglich. Die westlichen Verbündeten waren bereit zu warten; sie wollten für die Wiedervereinigung keine großen Risiken eingehen – zum Teil auch deshalb, weil ein wiedervereinigtes Deutschland bei vielen Westeuropäern und einigen Amerikanern Befürchtungen im Hinblick auf eine neue deutsche Vorherrschaft weckte.

Die Bundesrepublik konnte nicht einfach warten; sie brauchte ein plausibles Konzept für die Behandlung der Frage des geteilten Deutschland. Während der 50er und 60er Jahre hatten die Regierungen der Bundesrepublik immer wieder versucht, aus diesem Dilemma herauszukommen, indem sie das ostdeutsche Regime ächteten. Doch 1970 hatten immer mehr Länder die DDR anerkannt und sich dabei nicht um die Drohung Bonns gekümmert, daß es die Beziehungen zu solchen Ländern abbrechen werde (das war der Inhalt der Hallstein-Doktrin). Diese Politik ließ die Bundesrepublik zunehmend in die Gefahr geraten, sich selbst und nicht Ostdeutschland zu isolieren. Mitte der 60er Jahre hatte sich die Bundesrepublik veranlaßt gesehen, im Hinblick auf die osteuropäischen Länder eine »Ausnahme« zu machen, und zwar mit der fadenscheinigen Begründung, sie seien nicht frei in ihren Entscheidungen.

Ich hatte Adenauer und seine weise Politik aufrichtig bewundert, mit der er alle anderen Überlegungen der Notwendigkeit unterordnete, seinem Land den Ruf der Zuverlässigkeit und Standhaftigkeit zurückzugewinnen. Aber in den 70er Jahren mußte die Wiedervereinigungspolitik Adenauers die Bundesrepublik zunehmend in Konfikte mit ihren Verbündeten und den neutralen Staaten treiben. Bonn hätte sich, wenn es diesen Kurs weiterverfolgt hätte, unter Umständen in einer Krise mit dem Osten praktisch allein gesehen. Es war Brandts historisches Verdienst, daß er die Deutschland aufgezwungenen Belastungen und Ängste auf sich genommen hat.

Ich kann nicht behaupten, daß ich sofort zu dieser Einsicht gelangt bin. Aber nachdem ich das Unvermeidliche erkannt hatte, versuchte ich, es durch die enge Zusammenarbeit mit Brandt und seinen Kollegen in eine konstruktive Richtung zu lenken. Das Aufleben des Nationalismus war immer eine Gefahr, in welche Richtung die Bundesrepublik auch gehen mochte; der Nationalismus ließ sich am besten durch eine von Vertrauen getragene Beziehung vermeiden, die einen anderen Kurs wenig erfolgversprechend und riskant erscheinen ließ. Wir waren entschlossen, uns darum zu bemühen, die latente Unvereinbarkeit zwischen Deutschlands nationalen Zielen und seinen Bindungen an die atlantische und europäische Gemeinschaft abzuschwächen.

Denn das eigentliche Motiv der sowjetischen Ouvertüren gegenüber der Bundesrepublik und anderen Verbündeten war eine selektive Entspannung – die Spannungen in den Beziehungen zu einigen Verbündeten sollten abgebaut werden, während die Sowjetunion uns gegenüber eine unnachgiebige Haltung bewahrte. Das zeigte sich auch darin, daß die Sowjets angebliche Interessenkonflikte zwischen uns und unseren Verbündeten hochspielten; sie wollten uns offenbar in eine Lage hineinmanövrieren, in der es den Anschein hatte, daß wir den Abbau der Spannungen verhindern wollten. Welches ihre Strategie auch war, es stand die Absicht dahinter, das Bündnis zu spalten und uns zu isolieren. Wir waren dem jedoch keineswegs hilflos ausgeliefert. Die Bundesrepublik verfügte nicht über die Mittel, ihre Ostpolitik auf rein nationaler Basis zu verfolgen – und unsere anderen Verbündeten brauchten den von uns zur Verfügung gestellten Sicherheitsschirm. In der Berlin-Frage war die Stärke der Verhandlungsposition beider Seiten zu unausgeglichen; die Stadt war isoliert und Ostdeutschland besetzt; deshalb brauchte die Bundesrepublik die Unterstützung ihrer Verbündeten. Hier war eine Verknüpfung der verschiedenen politischen Erfordernisse notwendig. Wenn die Ostpolitik Erfolg haben sollte, mußte sie mit anderen Fragen verknüpft werden, die das Bündnis als ganzes betrafen; nur so würde sich die Sowjetunion zu Kompromissen bewegen lassen.

Das war unsere Haltung, als Brandt uns am 13. Oktober, bevor die neue Regierung die Amtsgeschäfte offiziell übernommen hatte, bat, seinen persönlichen Vertrauten Egon Bahr zu empfangen. Ich kannte Bahr aus der Zeit, als Brandt Regierender Bürgermeister von Berlin und er sein Pressesprecher gewesen war. Wir hatten unsere Bekanntschaft erneuert, als er den politischen Planungsstab während Brandts Amtszeit als Außenminister leitete. Bahr war ein ungewöhnlich intelligenter Mann und vertraute selbst stark auf seine Fähigkeit, Formeln zu finden, um scheinbar ausweglose außenpolitische Situationen zu bewältigen. Er war entschlossen, die Beziehungen der Bundesrepublik zum Osten zu verbessern; er glaubte, gute Beziehungen zu sowjetischen und ostdeutschen Persönlichkeiten würden ihm bei diesen Bemühungen helfen. Seine Eitelkeit verführte ihn dazu, mit diesen Kontakten zu protzen, und das wurde von seinen Gesprächspartnern gelegentlich zweifellos ausgenutzt. Seine Feinde – und das waren viele – warfen ihm eine prosowjetische Haltung vor; viele mißtrauten seiner angeblichen Verschlagenheit. Bahr gehörte zwar zur Linken, aber ich hielt ihn jedoch vor allem für einen deutschen Nationalisten, der Deutschlands zentrale Lage ausnutzen wollte, um mit beiden Seiten zu feilschen. Er gehörte zu den Leuten, die immer geglaubt hatten, Deutschland könne seiner nationalen Bestimmung nur gerecht werden, wenn es freundschaftliche Beziehungen zum Osten unterhielt oder wenigstens keine Feindschaft aufkommen ließ. Offensichtlich war Bahr kein überzeugter Anhänger der westlichen Gemeinschaft wie die Politiker, die wir aus den früheren deutschen Regierungen kannten; er war auch frei von allen gefühlsmäßigen Bindungen an die Vereinigten Staaten. Für ihn war Amerika nur ein Gewicht, das auf die richtige Art und zur rechten Zeit zugunsten der Bundesrepublik auf die Waagschale gelegt werden mußte. Was seine angebliche Verschlagenheit betraf, so neigte ich zur Auffassung Metternichs, daß nichts schwieriger ist, als mit einer absolut ehrlichen Persönlichkeit Verhandlungen zu führen. Mir fehlte es jedenfalls nicht an Selbstvertrauen, Bahrs Taktik zu begegnen.

Ich empfing Bahr deshalb in der Absicht, eine Beziehung herzustellen, die der Zusammenarbeit diente. Es kam dabei nicht darauf an, daß ich davon überzeugt war, die Ostpolitik würde zur Verewigung der Teilung Deutschlands und nicht zur Heilung dieses Risses beitragen. Die Regierung Brandt bat uns nicht um Rat, sondern um unsere Zusammenarbeit auf einem politischen Kurs, dessen Grundrichtung schon vorausbestimmt war. Ich war dafür, Bahr zu empfangen, um das Mißtrauen abzubauen, das durch Nixons unglücklichen Telefonanruf bei Kiesinger in der Wahlnacht entstanden war. Ich hielt es für wichtig, *mit* Brandt zusammenzuarbeiten, anstatt *gegen* ihn. Hätten wir uns gegen ihn gestellt, hätten uns das beide deutsche Parteien übelgenommen, die glaubten, man müsse Brandt eine Chance geben. Außerdem wurde Brandts politischer Kurs von allen Verbündeten unterstützt. Eine Ausnahme machte vielleicht Frankreich, das jedoch seine Opposition nicht deutlich zu erkennen geben wollte. Langfristig war die von Brandt angestrebte Versöhnung in Mitteleuropa historisch richtig, auch wenn er seine Politik so begeistert und zielstrebig verfolgte, daß es seine Verhandlungsposition schwächte.

Das erste Ergebnis der Anmeldung Egon Bahrs zu einem Besuch in Washington war eine Meinungsverschiedenheit mit dem Außenminister über Verfahrensfragen. Rogers war gegen diese Reise und begründete das nicht zu Unrecht damit, daß die Verhandlungen im Außenministerium geführt werden sollten. Rogers und ich verhandelten miteinander wie die Leiter zweier selbständiger Dienststellen und schlossen eine Übereinkunft: Ich würde Bahr empfangen, aber nicht mit ihm verhandeln, und der stellvertretende Außenminister für europäische Angelegenheiten, Martin Hillenbrand, würde dabeisein. Es kam aber doch zu einer nicht unwesentlichen Abweichung meiner Vereinbarung mit Rogers, als Bahr, nachdem er das Weiße Haus durch die Vordertür verlassen hatte, durch den Keller zurückkam, um privat mit mir zu sprechen, vor allem, um einen Kanal herzustellen, über den wir außerhalb des offiziellen Verfahrens in Kontakt bleiben konnten. Ebenso wie über den Kanal mit Dobrynin nach Moskau, mit Pakistan nach China und gelegentlich nach Israel oder sogar Ägypten entstand durch meine Kontakte mit Egon Bahr ein Nebengleis für das Weiße Haus, auf dem Nixon das Außenministerium umgehen konnte.

Bahr unterrichtete uns über den von Brandt beabsichtigten Kurs. Er betonte, diese Politik solle in Zusammenarbeit und Freundschaft mit den Vereinigten Staaten verfolgt werden, ließ aber kaum einen Zweifel daran, daß die Politik selbst kein Gegenstand von Diskussionen mehr sein könne. Das wichtigste Ergebnis des Gesprächs war, daß Brandt sich laufend mit uns beraten sollte und wir mit ihm zusammenarbeiten würden. Am 11. November gab der neue Außenminister Walter Scheel bekannt, daß Bonn demnächst in Gespräche mit der Sowjetunion über eine Vereinbarung zum gegenseitigen Gewaltverzicht eintreten würde. Ein offizieller Vorschlag wurde am 16.

November gemacht.* Die Westalliierten beschlossen indessen, den sowjetischen Vorschlag vom 24. September in bezug auf Berlin mit eigenen detaillierten Vorschlägen zu beantworten. Wir wollten eine Garantie für den unbehinderten zivilen Straßenverkehr von und nach West-Berlin, eine Regelung und Vereinfachung für die Besuche von Westberlinern in Ost-Berlin und die Erleichterung des Postverkehrs, des Telefondienstes und anderer Kommunikationsmöglichkeiten zwischen den beiden Hälften der Stadt erreichen. Die entsprechende Note ging am 16. Dezember ab.

Auf einem Treffen der Außenminister der NATO-Staaten im Dezember, das auf Drängen der Vereinigten Staaten angesetzt wurde, verknüpften wir eine Reihe von Fragen miteinander, um der »selektiven Entspannung« einen Riegel vorzuschieben und Brandts Verhandlungsposition zu stärken. Wir machten unsere Zustimmung zu einer europäischen Sicherheitskonferenz abhängig von dem Fortschritt bei den Berlin-Gesprächen und den sowjetisch-deutschen Verhandlungen. Die Ostpolitik wurde in ein Gewebe von Verhandlungen eingebettet, das die Verhandlungsposition der Bundesrepublik stärkte, aber auch Grenzen setzte, über die die Deutschen nicht ohne die Zustimmung der Verbündeten hinausgehen konnten. Von den in Aussicht genommenen Verhandlungen war die europäische Sicherheitskonferenz vielleicht die komplizierteste.

7. Die europäische Sicherheitskonferenz

Über die Idee einer europäischen Sicherheitskonferenz hatte es schon seit anderthalb Jahrzehnten zahlreiche Ost-West-Gespräche gegeben. In den 50er Jahren hatte die Sowjetunion sie wiederholt vorgeschlagen. Sie war aber ebenso häufig als durchsichtiger Versuch abgelehnt worden, die deutsche Wiederbewaffnung und die Entwicklung der NATO zu verhindern, ja sogar *jede* amerikanische Beteiligung an der Politik in Europa unmöglich zu machen, denn in den Vorschlägen wurde eine Beteiligung der Vereinigten Staaten gewöhnlich ausgeschlossen, weil sie kein »europäisches Land« waren. In den 50er Jahren empfahl außerdem eine Reihe kluger Beobachter – der bekannteste war George Kennan – den Abzug amerikanischer und sowjetischer Streitkräfte aus Mitteleuropa. In dem damals herrschenden Klima wurde dieser Vorschlag nicht ernst genommen, wenn auch nur deshalb, weil die Strecken, über die die Vereinigten Staaten und die Sowjetunion zurückgehen sollten, zu ungleich gewesen wären.

* Dadurch, daß sie zunächst an die Sowjetunion herantrat, hoffte die Regierung Brandt den Weg für spätere Verhandlungen mit der DDR und den anderen benachbarten Satelliten der Sowjetunion zu ebnen. Die Große Koalition hatte versucht, Kontakt mit osteuropäischen Ländern aufzunehmen, ohne sich vorher an die Sowjetunion zu wenden; diese Kontakte waren von der Sowjetunion blockiert worden.

Bei Nixons Amtsantritt hatten sich die politischen Verhältnisse verändert. Im Juli 1966 hatten die Warschauer-Pakt-Staaten eine »Erklärung über die Stärkung des Friedens und der Sicherheit in Europa« abgegeben und eine europäische Sicherheitskonferenz empfohlen. Im April 1967 schloß sich eine Konferenz europäischer Kommunisten dieser Empfehlung an. Im Dezember 1967 sahen sich die Regierungen der westlichen Staaten innenpolitischen Zwängen ausgesetzt, ihre bisherige Opposition aufzugeben. Im Harmel-Bericht an die NATO vom Dezember 1967, benannt nach dem belgischen Außenminister, kam das kollektive Bestreben des Bündnisses zum Ausdruck, »stabilere Verhältnisse« mit Osteuropa herzustellen, und über diesen Bestrebungen standen auf der Prioritätenliste nur noch Maßnahmen zur Abschreckung einer Aggression. Auf dem Treffen der Außenminister der NATO in Reykjavik im Juni 1968 kam die Bereitschaft zum Ausdruck, über einen beiderseitigen und ausgewogenen Truppenabbau (MBFR) zu sprechen – das war der neue Fachausdruck für das Auseinanderrücken der Machtblöcke, in diesem Fall der NATO und der Staaten des Warschauer Pakts.

Die kommunistische Politik wird oft als diabolisch schlau und kompliziert bezeichnet, und man behauptet, sie folge auf genau vorgezeichneten Wegen nur einem einzigen Ziel, der Weltherrschaft. Ich hatte nicht diesen Eindruck. Im Gegenteil, mir kam die sowjetische Außenpolitik im allgemeinen sehr starr vor; auch wird sie nicht als besonders subtil in die Geschichte eingehen. Die Sowjetunion hatte in der Tat erstaunlich wenig Erfolg damit, ihrer Sache auf diplomatischem Wege oder auf der Grundlage des moralischen Konsens zu dienen. Jeder Erfolg war nicht der diplomatischen Geschicklichkeit zuzuschreiben, sondern der Drohung mit massiver militärischer Macht oder sogar dem realen Einsatz dieser Mittel.

Doch die sowjetische Diplomatie hat eine Stärke – ihre ungewöhnliche Ausdauer, die an die Stelle der Vorstellungskraft tritt. Die Sowjets haben es nicht mit innenpolitischen Zwängen zu tun, die sie ständig veranlassen, neue Ideen zu entwickeln, um aus einer festgefahrenen Situation herauszukommen. Der sowjetischen Außenpolitik wird keine Starrheit vorgeworfen, wenn sie jahrelang die substantiell gleichen Vorschläge in andere Worte kleidet. Das Politbüro belohnt niemanden dafür, daß er immer wieder neue Wege sucht, ein Vorgang, der einen großen Teil der amerikanischen Außenpolitik zu Verhandlungen mit uns selbst werden läßt. Die sowjetische Politik folgt dem Grundsatz »steter Tropfen höhlt den Stein« und weicht auf die Dauer den Widerstand der weniger beständigen Demokratien auf. Die westlichen Regierungen werden von innen her unter Druck gesetzt, die sowjetischen Vorschläge »im Prinzip« anzunehmen oder wenigstens darüber zu sprechen. Sobald das Thema als legitim anerkannt worden ist, wendet sich das Gespräch sofort den Bedingungen zu, unter denen die Vorschläge angenommen werden könnten. Das Verlangen nach Entspannung wirkt sich für die sowjetische Seite günstig aus. Der Wunsch, zu einer Vereinbarung zu kommen, erzeugt ständig den Druck, wenigstens etwas an dem sowjetischen Vorschlag zu finden, was man akzeptieren könnte.

So war es in gewisser Weise auch mit der Idee der europäischen Sicherheitskonferenz. Sie war in den 50er Jahren als unmöglich abgetan, in den 60er Jahren abgelehnt und schließlich in der Folgezeit allmählich akzeptiert worden, wenn auch nur in Ermangelung eines Besseren. Das sowjetische Verlangen wurde unterstützt durch die allgemeine Sehnsucht nach Beendigung des Kalten Krieges, zum Teil unter dem Eindruck der durch Vietnam bewirkten Desillusionierung. Während die führende Rolle der Vereinigten Staaten innerhalb des Bündnisses immer mehr in Frage gestellt wurde, hielt die öffentliche Meinung in den verbündeten Ländern Ausschau nach Alternativen zur Garantie ihrer Sicherheit. Während sich die Vereinigten Staaten allmählich aus Europa zurückzuziehen schienen, gewann die Idee von einem beiderseitigen Truppenabzug Interesse. Es gab Kreise, die in einer beiderseitigen Truppenverringerung etwas an sich Wünschenswertes sahen; andere stellten sich hinter diese Idee, um den einseitigen Abzug der Vereinigten Staaten aus Europa, der angesichts unserer schwierigen innenpolitischen Lage unvermeidlich schien, zu verhindern oder die Sowjets zu einem entsprechenden Verhalten zu veranlassen.

Die Sowjetunion drängte weiter auf die Abhaltung der europäischen Sicherheitskonferenz, teilweise um das offensichtliche Interesse des Westens auszunutzen, teilweise um die Aufmerksamkeit von der Tschechoslowakei abzulenken. Am 17. März 1969 wurde auf einer Konferenz der Warschauer-Pakt-Staaten in Budapest die baldige Abhaltung einer europäischen Sicherheitskonferenz offiziell vorgeschlagen. In diesem Vorschlag hieß es, die politischen, wirtschaftlichen und kulturellen Kontakte sollten gestärkt werden; man verlangte die Anerkennung der Unverletzlichkeit der Grenzen einschließlich der Oder-Neiße-Grenze (zwischen der DDR und Polen) und der Grenze zwischen der DDR und der Bundesrepublik; die gegenseitige Anerkennung der Bundesrepublik Deutschland und der DDR als souveräne Staaten; den Verzicht der Bundesrepublik Deutschland auf ihren Anspruch, das ganze deutsche Volk zu repräsentieren, und die Anerkennung der Abtrennung West-Berlins von der Bundesrepublik. Das war, kurz gesagt, das sowjetische Maximalprogramm für Europa, das im Namen der Erhöhung der europäischen Sicherheit vorgelegt wurde.

Am 3. April legte Dobrynin die Vorschläge des Warschauer Pakts über den Kanal dem Weißen Haus vor. Er begleitete die Vorlage sogar mit einem Zugeständnis. Er sagte mir zum erstenmal, daß die Sowjetunion gegen die Teilnahme der Vereinigten Staaten an einer bis dahin als »ausschließlich europäisch« bezeichneten Konferenz nichts einzuwenden habe. Außerdem machte er mich besonders darauf aufmerksam, daß in der Bundapester

Erklärung nicht mehr die Forderung enthalten sei, die Bündnissysteme in Europa müßten aufgelöst werden; mit anderen Worten, Moskau erklärte sich mit dem Fortbestehen der NATO großzügigerweise einverstanden.

Ich war nicht bereit, die Zurücknahme zweier absurder Forderungen als Zugeständnis zu betrachten. Am 4. April schrieb ich dem Präsidenten und wies darauf hin, daß »jeder, der ernsthaft an einem Fortschritt in Europa interessiert ist, weiß, daß wir [an der Konferenz] teilnehmen müssen; die Sowjets dürfen nicht glauben, daß sie uns einen Gefallen tun, wenn sie eine so selbstverständliche Sache anerkennen«.

Trotzdem löste der anscheinend versöhnliche Ton der Sowjets innerhalb des Bündnisses ungewöhnlich positive Reaktionen aus. Während seines Besuchs in Washington anläßlich der Beisetzung Eisenhowers sagte der damalige italienische Premierminister Mariano Rumor zu Nixon, trotz der propagandistischen Absichten, die hinter den sowjetischen Vorschlägen stünden, erfordere die innenpolitische Lage in Italien eine Antwortbereitschaft. Es ist keine geringe Leistung, ein propagandistisches Manöver positiv zu beantworten, noch schwieriger aber ist es, zu verhindern, daß daraus ein schlüpfriger Pfad wird, der in den Abgrund führt. Brandt befürwortete eine europäische Sicherheitskonferenz aus dem merkwürdigen Grund, sie werde die amerikanische Präsenz in Europa legitimieren. Pompidou sprach sich dafür aus als ein Mittel zur Vermeidung einseitiger deutscher Ouvertüren gegenüber dem Osten und sagte, es sei besser, solche Initiativen im multilateralen Rahmen zu ergreifen. Die Briten sahen darin eine Gelegenheit, den Kalten Krieg zu überwinden.

Unter solchen Voraussetzungen wären wir, wie ich dem Präsidenten sagte, in der NATO isoliert, wenn wir die sowjetischen Vorschläge ablehnten. Wir sollten jedoch unsere Zustimmung grundsätzlich vom Fortschritt in konkreten europäischen Fragen, besonders im Hinblick auf Berlin, abhängig machen. In einem Memorandum vom 8. April schrieb ich:

> »Ohne solche Fortschritte werden wir es wahrscheinlich erleben, daß sich die osteuropäischen Länder an der starren sowjetischen Haltung orientieren, während die westlichen Teilnehmer einander in ihren Bemühungen zu übertreffen suchen, ›aus einer festgefahrenen Situation herauszukommen‹. Am Schluß . . . werden die Aussichten, die europäischen Fragen zu lösen, wahrscheinlich noch geringer sein. Deswegen sollten wir besonderen Wert darauf legen, über konkrete Probleme zu sprechen und innerhalb der NATO eine gemeinsame westliche Haltung zu solchen Fragen zu entwickeln.«

Das wurde zur grundsätzlichen Haltung der Vereinigten Staaten; es war die gleiche Haltung, die auch auf der Außenministerkonferenz der NATO im April 1969 entwickelt worden war.

Damit wurde für die Behandlung des Problems der europäischen Sicherheit ein langsameres Tempo angeschlagen. Bis zur nächsten Konferenz der NATO-Außenminister im Dezember konnten keine entscheidenden Schritte unternommen werden; alles hing davon ab, ob konkrete Probleme behandelt wurden – das war jetzt die unabdingbare Voraussetzung der Teilnahme der Vereinigten Staaten; vorher mußten in der deutschen Frage Fortschritte erzielt werden.

Ein diplomatischer Prozeß kann jedoch, wenn er einmal angelaufen ist, nicht durch formelle Erklärungen allein aufgehalten werden – besonders wenn sie aus dem Büro des Sicherheitsberaters im Kellergeschoß des Weißen Hauses kommen. Eine vernünftige Politik muß aus dem geduldigen Zusammentragen von Nuancen bestehen; man muß dafür sorgen, daß jeder einzelne Schritt im Rahmen einer zusammenhängenden Strategie erfolgt. Nur selten lassen sich politische Probleme nach dem Schema der Schwarzweißmalerei beurteilen; meist gibt es für die Interpretation eine Vielzahl von Schattierungen; wichtige Abweichungen von einer politischen Linie beginnen als winzige Schwankungen, deren Wirkung man erst erkennt, wenn man sie auf die Zukunft projiziert. Es ließ sich daher nicht vermeiden, daß im Zusammenhang mit der europäischen Sicherheitskonferenz die gleichen Probleme der Verkoppelung und der Philosophie der Ost-West-Beziehungen auftraten, die die Regierung schon die ganze Zeit gespalten hatten. Das Weiße Haus stellte sich auf den Standpunkt, daß unsere Teilnahme an der europäischen Sicherheitskonferenz von sowjetischen Zugeständnissen bezüglich Berlin und der innerdeutschen Verhandlungen abhängig gemacht werden sollte. Das Außenministerium sah in einer Sicherheitskonferenz ein geeignetes Forum, in dessen Rahmen Fortschritte erzielt werden konnten, vielleicht in bezug auf einen ausgewogenen Truppenabbau, vielleicht im Hinblick auf die Koexistenz. Es lehnte eine Koppelung solcher Fragen ab und brach, wie üblich, schrittweise den Widerstand des Weißen Hauses.

Inzwischen kam Dobrynin mit dem Vorschlag der Warschauer-Pakt-Staaten, eine europäische Sicherheitskonferenz in der ersten Hälfte des Jahres 1970 einzuberufen. Zwei Themen sollten auf der Tagesordnung stehen: der Verzicht auf die Anwendung oder Androhung von Gewalt in den Beziehungen zwischen den europäischen Staaten und die Erweiterung der Handels- und Wirtschaftsbeziehungen sowie des technischen und wissenschaftlichen Austauschs. Ich lehnte sowohl das Datum als auch die Tagesordnung ab. Wir konnten uns nicht mit einem Zeitpunkt einverstanden erklären, bevor nicht bei anderen Verhandlungen Fortschritte erzielt worden waren, vor allem in bezug auf Berlin; auch konnten wir nicht zulassen, daß die Sowjets das Hauptgewicht auf die Anerkennung des Status quo in Europa legten, bevor nicht die Ergebnisse der Bonner Ostpolitik deutlicher waren; Bonn, nicht wir, sollte die Verantwortung dafür übernehmen, daß man die Teilung

Deutschlands akzeptierte. Es hatte auch keinen Sinn, die wirtschaftlichen und technischen Bindungen zu erweitern, solange Spannungen bestanden. Der Präsident erließ entsprechende Anordnungen.

Mit einiger Befriedigung konnte Rogers dem Präsidenten von der Konferenz der Außenminister der NATO-Staaten berichten:

»Was die europäische Sicherheitskonferenz und die Ost-West-Beziehungen angeht, ist die NATO zu einer realistischen und vorsichtigen Haltung gelangt; es wurde die Notwendigkeit betont, die Lage eingehender zu erkunden und dafür zu sorgen, daß bessere Voraussetzungen für einen Erfolg geschaffen würden, bevor wir uns bereit erklären, an einer solchen Konferenz teilzunehmen. Wir sind innerhalb des Bündnisses auch übereingekommen, daß die NATO gegenüber Osteuropa bestimmte Initiativen ergreifen solle, zu denen die Vorbereitung einer Verhandlungsposition für einen gegenseitigen und ausgewogenen Truppenabbau sowie die Unterstützung von Initiativen in der Deutschland- und Berlin-Politik gehören ... Es zeigte sich wenig Begeisterung für eine Konferenz um der Konferenz willen ...«

Es war uns in der Tat gelungen, der sowjetischen Strategie der selektiven Entspannung die Spitze zu nehmen, indem wir Schlüsselfragen miteinander koppelten. Die Sowjets wünschten eine europäische Sicherheitskonferenz, konnten sie aber nur durchsetzen, wenn sie Fortschritte in der Berlin-Frage zuließen, wo wir als Besatzungsmacht das Vetorecht hatten. Brandts Ostpolitik neigte zur Bestätigung des Status quo in Europa ohne Rücksicht auf das, was wir unternahmen, aber Brandt würde nicht in der Lage sein, die Ratifizierung seiner Vereinbarungen mit der Sowjetunion oder mit der DDR in seinem Parlament zu erreichen, wenn nicht auch ein Vertrag geschlossen wurde, der eine Verbesserung des Zugangs zu Berlin zur Folge hätte. Wenn wir einen kühlen Kopf bewahrten, würden wir die Entspannung fördern und das Tempo dieser Entwicklung bestimmen können, um damit die Wünsche unserer Verbündeten nach Verringerung der Spannungen zu befriedigen und Verhandlungen zu führen, bei denen es um konkrete Fragen ging, die sich auch mit unserem Sicherheitsbedürfnis vereinbaren ließen.

8. 1970 – Führende europäische Politiker besuchen Washington

Es gab viel zu besprechen, als die westeuropäischen Regierungschefs Nixons Europa-Besuch aus dem vergangenen Jahr erwiderten und von Ende Januar 1970 an im Abstand von jeweils einem Monat nach Washington kamen. Der erste Besucher war Harold Wilson; ihm folgten Ende Februar Georges Pompidou und Anfang April Willy Brandt.

Wilson spielte wie immer, wenn er mit Nixon zusammentraf, den freundlichen Onkel. Er benahm sich wie ein Bankdirektor aus einer kleinen Stadt, der zu der Überzeugung gelangt war, mit seinem leichtsinnigsten Kunden am besten fertig zu werden, wenn er ihm sagte, er habe seinen Ruf als sparsamer Mann zu wahren. Er stellte Nixon Brandts Ostpolitik so vorteilhaft dar, als gäbe es gar keine andere Möglichkeit. Nixon, der sein Mißtrauen gegenüber Brandt nicht überwunden hatte, sagte nur, daß er sich dieser Politik nicht widersetzen würde. Gleichzeitig verschmähte es Wilson nicht, sich der Ostpolitik zu bedienen, um sein Ziel, den Beitritt Großbritanniens zur Europäischen Gemeinschaft, zu fördern, mit der Begründung, die Mitgliedschaft Großbritanniens könnte dazu beitragen, die nationalistischen Ambitionen der Deutschen in Grenzen zu halten.

Ein wichtiges Gesprächsthema war Biafra, eine vom Stamm der Ibo bewohnte Provinz Nigerias, die sich selbständig machen wollte. Die Grenzen der afrikanischen Staaten waren von den Kolonialmächten rücksichtslos nach rein administrativen Gesichtspunkten gezogen worden und gingen quer durch Stammes- und Sprachgebiete. Die nationale Einheit innerhalb der bestehenden Grenzen war einerseits ständig in Gefahr und wurde andererseits leidenschaftlich verteidigt. Spaltungen – verursacht von Stammesverbänden – drohten die bestehende Ordnung zu zerstören; war einmal ein Präzedenzfall geschaffen, war keiner dieser Staaten mehr sicher. Die Organisation für Afrikanische Einheit unterstützte entschieden den Krieg der nigerianischen Bundesregierung zur Erhaltung der Einheit des Landes. Das tat auch Großbritannien, das davon überzeugt war, wegen seiner kolonialen Erfahrungen besonders viel von afrikanischen Problemen zu verstehen.

Aus irgendeinem Grund war Biafra bei den amerikanischen Präsidentschaftswahlen von 1968 zu einem Wahlkampfthema geworden. Nixon hatte erklärt, die Vereinigten Staaten täten nicht genug, das Leiden der Zivilbevölkerung in der vom Krieg zerrissenen Provinz zu lindern. Unser Außenministerium teilte die Auffassung der Briten, daß wir uns mit dem Infragestellen der nigerianischen Souveränität die Feindschaft des erfolgreichsten afrikanischen Staates und das Mißtrauen aller anderen zuziehen würden. Ich glaube eher, Nixon vertrat teilweise deshalb die gegenteilige Auffassung, weil er kein geringes Vergnügen daran hatte, einigen von denen, die ihn wegen seiner angeblichen moralischen Defekte anzugreifen pflegten, zu zeigen, daß auch sie unter Berufung auf die Menschenrechte einen Nützlichkeitsstandpunkt vertraten.

Während des Wilson-Besuchs im Januar 1970 näherte sich der Bürgerkrieg in Nigeria seinem blutigen Ende. Die Zentralregierung stand kurz davor, die abtrünnige Provinz zu überrennen. Unabhängige Untersuchungen zeigten, daß anderthalb Millionen Menschen in Biafra verhungern würden, wenn nicht sofort umfassende Hilfsmaßnahmen eingeleitet wurden. Die nigerianische Regierung verlangte, alle Hilfsgüter über sie zu leiten. Das Weiße Haus bemühte sich darum – und Roger Morris aus meinem Stab setzte sich leidenschaftlich und energisch dafür ein –, die Hilfsgüter direkt in das vom Hunger bedrohte Gebiet zu liefern. Ich stellte mich hinter Morris. Das tat auch Nixon, der glücklich war, endlich etwas für eine humanitäre Sache tun zu können. Britisches Zögern und die unentschlossene Haltung des Außenministeriums ließen die Sache jedoch bald im Sande verlaufen. Es ist uns nicht gelungen, ein unabhängiges Hilfsprogramm in die Wege zu leiten. Die Truppen der nigerianischen Bundesregierung besetzten die Provinz und unterdrückten alle Unabhängigkeitsbestrebungen. Ein Vorhang des Schweigens senkte sich über die ganze Angelegenheit. Am Schluß gelang es der nigerianischen Bundesregierung, sich mit den geschlagenen Ibos zu versöhnen. Wilson beeinflußte wesentlich die Politik Nixons und dämpfte seine interventionistischen Anstöße. Angesichts unserer langfristigen Interessen hatten er und das Außenministerium sicher recht.

Ein zweites wichtiges Ereignis während Wilsons Besuch war seine Teilnahme an einer der regelmäßig stattfindenden Sitzungen des Nationalen Sicherheitsrats. Nixon revanchierte sich auf diese Weise dafür, daß auch er bei seinem Besuch in London im Februar 1969 an einer Sitzung des britischen Kabinetts hatte teilnehmen dürfen – ein einmaliges historisches Ereignis. In beiden Fällen handelte es sich zum Teil um eine Scharade, denn in Anwesenheit eines ausländischen Regierungschefs konnten ernstere Fragen nicht besprochen werden – um so weniger, als Nixon gern Diskussionen vermied, deren Ausgang nicht von vorneherein feststand. Thema war die amerikanische Europa-Politik, was sich für Wilsons Teilnahme besonders gut eignete. Es stellte sich heraus, daß die bürokratischen Maßnahmen vor der Sitzung viel interessanter waren als die Sitzung selbst. Mein Büro hatte sich schon ein Jahr darum bemüht, vom europäischen Büro des Außenministeriums ein Optionspapier zu diesen Fragen zu bekommen. Das Ministerium hatte sich meinem Wunsch energisch widersetzt. Es glaubte, die Europa-Politik gehöre ausschließlich in die Zuständigkeit des Außenministeriums, und wollte nicht zugeben, was leider mit der Vorlage von Optionen verbunden war: die Möglichkeit, den politischen Kurs zu ändern.

Nachdem die Angelegenheit durch die Behandlung untergeordneter Probleme monatelang verzögert worden war, entstand endlich ein für die Regierung verfaßtes Optionspapier. Die dem Präsidenten vorgelegten Alternativen eröffneten keine besonders interessanten Perspektiven: Erstens die Beibehaltung des »gegenwärtigen Kurses«, zweitens die Unterstützung eines »erweiterten Europa« (Beitritt Großbritanniens und stärkere Integration) oder drittens eine Distanzierung der amerikanischen Außenpolitik von Europa. Hier war man wieder der Standardmethode der Bürokratie gefolgt, wonach eigentlich nur eine Option realisierbar blieb, die in die Mitte eingeordnet wurde, damit man sie besser erkennen konnte. Ich sagte im Scherz, die klassische Auswahl wäre, die Politiker vor die Wahl zu stellen, ob sie sich für den Krieg mit Kernwaffen, die Fortführung der gegenwärtigen Politik oder die Kapitulation entscheiden wollten. In diesem Fall ging die Bürokratie kein Risiko ein. Die Optionen eins und zwei waren gleich; unser gegenwärtiger Kurs war die Stärkung Europas. Eine Distanzierung Amerikas konnte die Lage nur verschlimmern und wurde weder von unserer Regierung noch von unseren Alliierten unterstützt. Deshalb waren sich alle Beteiligten sofort einig, dem schon vorher festgelegten Kurs zu folgen und eine »Stärkung Europas« zu unterstützen. Nixon formulierte das Evangelium:

»Ich habe nie zu denen gehört, die glaubten, die Vereinigten Staaten sollten das Geschehen in Europa beherrschen. Es liegt im Interesse der Vereinigten Staaten, wenn in Europa eine starke wirtschaftliche, politische und militärische Völkergemeinschaft entsteht und wenn sich das Vereinigte Königreich dieser Gemeinschaft anschließt. Ich gebe einer Politik den Vorzug, in der Europa selbständig handelt, jedoch parallel zu den Vereinigten Staaten. Ein starkes, gesundes und unabhängiges Europa ist gut für das Gleichgewicht der Kräfte in der Welt. Wenn die Vereinigten Staaten zu viel Einfluß gewinnen wollten, hätte dies nur negative Folgen. Was wir wünschen, ist eine freundschaftliche Konkurrenz mit den Vereinigten Staaten.«

Wilson erklärte vor dem Nationalen Sicherheitsrat großzügig, die Sitzung habe ihn »als interessante Form des Arbeitsverfahrens einer Regierung fasziniert«. Darin zeigte sich entweder Wilsons persönliche Vorliebe für alles Amerikanische, oder es war ein klassisches, britisches Understatement. Als »faszinierend« konnte man bestimmt am wenigsten ein Verfahren bezeichnen, in dem Alternativen vorgelegt wurden, die niemand berücksichtigen konnte, oder die nach monatelanger Vorarbeit den politischen Kurs empfahlen, dem man bereits folgte – die Unterstützung des britischen Strebens nach Mitgliedschaft in einem zunehmend integrierten Europa.

Nach wenigen Monaten zeigte sich, daß alles nicht ganz so einfach war. Die Aussicht auf eine »Stärkung Europas« klang politisch vielversprechend, doch solch ein Europa konnte auch ein gefährlicher wirtschaftlicher Konkurrent werden und Spannungen erzeugen, die in den 60er Jahren, als man diese großzügigen Pläne ins Auge faßte, noch nicht erkennbar waren. Zu dem Zeitpunkt sollte Harold Wilson jedoch nicht mehr Premierminister sein. Im Juni schrieb er allgemeine Wahlen aus und war von seinem Sieg ebenso überzeugt wie alle wichtigen Persönlichkeiten bei uns, bis auf Nixon, der sich von seiner Meinung, Heath werde siegen, nicht abbringen ließ und nach dessen Wahlsieg immer wieder darauf zurückkam, daß er mit seiner Voraussage recht gehabt habe.

Die Beziehungen zu unserem nächsten Gast, dem französischen Präsidenten Georges Pompidou, erwiesen sich als komplexer. Er war der Erbe der gaullistischen Tradition und fast zehn Jahre lang de Gaulles Premierminister gewesen. De Gaulle hatte ihn nach der Studentenrevolte von 1968 entlassen. Wäre de Gaulle nicht im Frühjahr 1969 zurückgetreten, wäre Pompidou wahrscheinlich ganz an die Peripherie der französischen Politik geraten. Er sprach nur selten von de Gaulle, doch wenn er es tat, spürte man, daß er sich tief verletzt fühlte. Ich kann mich nicht daran erinnern, daß er auch nur ein einziges Mal von den positiven Eigenschaften seines Vorgängers gesprochen hätte, er erwähnte dagegen sehr häufig dessen Reserviertheit und destruktives Mißtrauen. Auch er konnte sehr zurückhaltend sein. Er zeigte königliches Verhalten, und das entsprach der monarchischen Stellung, die die Verfassung der Fünften Französischen Republik dem Präsidenten eingeräumt hatte, der für eine Amtszeit von sieben Jahren gewählt wird (und auch wiedergewählt werden darf). Er war sich der Vollmachten seines Amtes deutlich bewußt und sah darin nicht zu Unrecht das Symbol der wiedergewonnenen Einheit Frankreichs, seines Selbstvertrauens und seines Einflusses.

Pompidou war ein ungewöhnlich intelligenter Mann, strahlte Würde aus und hatte Charakter. Seine aufmerksamen Augen unter den dichten Brauen verrieten die Skepsis eines Sohnes der Auvergne, jener rauhen französischen Region, deren Bauern eine stürmische Geschichte hinter sich haben, in deren Verlauf sie der Selbstlosigkeit ihrer Nachbarn nicht übermäßig vertrauten. Ungewöhnlich gebildet, war er einer der wenigen Staatsmänner, mit denen über andere Dinge als Politik zu sprechen Vergnügen bereitete. Er besaß die Gabe des Skeptikers, den Dingen auf den Grund zu gehen, und die Neigung des französischen Intellektuellen, alle Probleme so kompliziert darzustellen, daß sich darin eher der eigene Intellekt spiegelt als noch unverdaute Kriterien, mit denen sich weniger komplexe Persönlichkeiten zu beschäftigen pflegen. Dazu hatte er einen beißenden Humor.

Im Hinblick auf die Vereinigten Staaten befanden sich Überlegungen nationalen Interesses in ambivalentem Konflikt mit den Vorurteilen des französischen Intellektuellen. Pompidou begriff, daß eine Fortführung der Konfrontationen aus der Amtszeit de Gaulles zur Isolierung Frankreichs führen mußte. Eine Herausforderung der Vereinigten Staaten konnte nur so lange ein nützliches Mittel für die Bestätigung der nationalen Identität der Franzosen sein, wie die Vereinigten Staaten ihrem Unmut nur durch Worte Ausdruck verliehen. Bei einer Kraftprobe mußte sich die relative Schwäche Frankreichs zeigen. Gezwungen, zwischen Frankreich und den Vereinigten Staaten zu wählen, müßten die meisten europäischen Nationen – besonders die Bundesrepublik Deutschland – ihre französischen Bindungen aufgeben. Pompidou war daher entschlossen, dem gleichen Weg zu folgen, der mit den Gesprächen zwischen Nixon und de Gaulle bereits eingeschlagen war, um die Feindseligkeiten zwischen beiden Ländern zu beenden. Wie de Gaulle bestand er darauf, dies auf einer bilateralen Basis zu tun; er mißtraute multilateralen Organisationen oder Entscheidungen, weil er glaubte, sie wirkten sich negativ auf die französische Identität aus.

Zugleich war Pompidou wie viele Franzosen zutiefst mißtrauisch gegenüber den Vereinigten Staaten, weil er meinte, von dort könne schließlich nichts Gutes kommen. Mit Ausnahmen so untypischer Vertreter wie Nixon und am Rande auch ich hatte Pompidou nur wenig Vertrauen, daß die Amerikaner etwas von Weltpolitik verstünden, gar nicht zu reden von so schwierigen Dingen wie der politischen Philosophie. Er befürchtete, die für uns charakteristische Kombination aus gutem Willen, politischer Macht und Energie werde die Vereinigten Staaten dazu führen, zerbrechlichere Strukturen wie die Europäische Gemeinschaft zu zerstören oder die Sicherheit Europas durch eine übermäßige Feindschaft oder Versöhnungsbereitschaft gegenüber Moskau aufs Spiel zu setzen. Wie die meisten seiner Landsleute zweifelte er nicht daran, daß wir von den Franzosen insofern etwas lernen konnten, als sie solche Fragen subtiler zu behandeln wußten. Er bemühte sich darum, ein Gegengewicht gegen unseren angeblichen Leichtsinn zu schaffen, obwohl er in einem bisher nicht dagewesenen Maß an gemeinsamen Plänen mitarbeitete.

Trotz all seiner Zweifel und seines angeborenen Mißtrauens verbesserten sich unsere Beziehungen zu Frankreich während Pompidous Regierungszeit in dramatischer Weise. Er schien Nixon zu schätzen, weil der Präsident die weltpolitischen Zusammenhänge begriff und Frankreich gegenüber manche freundliche Geste gezeigt hatte. Dazu gehörte auch Nixons Teilnahme an dem zu Ehren Pompidous in New York gegebenen Essen, nachdem es in Chicago zu häßlichen Demonstrationen gekommen war (auf die ich noch zu sprechen kommen werde), und seine Reise nach Paris zu den Beisetzungsfeierlichkeiten für de Gaulle in Notre Dame. (Nixon war sogar das erste Staatsoberhaupt, das seine Teilnahme zusagte und damit zahlreiche andere Regierungschefs veranlaßte, seinem Beispiel zu folgen.) Dafür war Pompidou, wie ich es später schildern werde, ungewöhnlich hilfsbereit, als es darum ging, meine geheimen Kontakte zu den Nordvietnamesen herzustellen. Er ging dabei so weit, daß er mir für meine Reisen in Frankreich sein eigenes Düsenflugzeug zur Verfügung stellte. Ich unterrichtete ihn regelmäßig über meine Gespräche mit den Nordvietnamesen, und zwar ausführlicher als die meisten unserer eigenen hohen Beamten. Er wahrte absolute Diskretion und verlangte für seine Freundlichkeit niemals irgendwelche Gegenleistungen.

Die Herstellung der guten Beziehungen wurde zweifellos auch dadurch erleichtert, daß Pompidou der erste »normale« Präsident der Fünften Republik war, in dem Sinne, daß er sein Amt durch Wahlen erlangt hatte und nicht deshalb, weil ein Bürgerkrieg vor der Tür stand. Er war der erste Präsident, der eine systematische Außenpolitik betreiben konnte, die sich mit anderen Problemen beschäftigte als mit der Überwindung von Kolonialkriegen oder den Bemühungen um französische Autonomie. Dabei stellte sich heraus, daß de Gaulle eine bessere Grundlage geschaffen hatte, als seine amerikanischen Kritiker zugeben wollten. Seine Ansicht, Frankreich könne nur dann eine bedeutende internationale Rolle spielen, wenn es seine eigenen Interessen verfolgte, erwies sich als richtig. Die Vorstellung, ein unabhängiges Frankreich würde dem Westen nützen, wurde, als de Gaulle sie aussprach, für lächerlich gehalten; doch er sollte recht behalten. Unter Pompidou und später unter seinem großartigen und fähigen Nachfolger Valéry Giscard d'Estaing folgte die französische Außenpolitik oft einem schwierigen Kurs, sie war jedoch ernsthaft und konsequent. In ihren Grundsätzen ließ sie sich mit unseren Vorstellungen vereinbaren, wenn auch ihre Taktiken gelegentlich entnervend waren. Zeitweilig war sie sogar stetiger und vernünftiger als unsere Politik (wie Ende der 70er Jahre in Afrika).

Frankreich vertrat die Auffassung, daß in der Weltpolitik eigene Maßstäbe galten, und stand damit in immer stärkerem Gegensatz zu anderen europäischen Verbündeten, zu denen sogar Großbritannien gehörte. Großbritannien hatte immer noch die Erfahrungen und das intellektuelle Kapital einer Großmacht und wurde von politischen Führern regiert, die eine sehr positive Einstellung zu den Vereinigten Staaten hatten. Aber mit jedem Jahr, das verging, verhielten sich die Briten so, als käme es immer weniger auf ihre Entscheidungen an. Sie boten ihren Rat an, der gewöhnlich sehr klug war, versuchten jedoch nur selten, ihre Ratschläge in der eigenen Politik zu verwirklichen. Die britischen Staatsmänner gaben sich damit zufrieden, uns gegenüber die geachteten Ratgeber zu spielen. Und Brandt hat in seinen Erinnerungen stolz erklärt, sein Land habe keine weltpolitischen Ambitionen mehr.[4] Unter den Verbündeten der NATO hatte daher nur Frankreich weltpolitischen Ehrgeiz und versuchte, die Mittel in die Hand zu bekommen, seine Vorstellungen zu verwirklichen. Ganz im Gegensatz dazu, was in den 60er Jahren vorausgesagt worden war, erwies sich die unabhängige Politik Frankreichs als wesentliche Hilfe. Dies traf besonders in Afrika zu, wo sich Frankreich niemals durch die sentimentale Illusion täuschen ließ, der Kontinent lasse sich durch einen ostentativen guten Willen von den physischen und ideologischen Realitäten der heutigen Welt isolieren.

Natürlich brachten die französische Geschichte und ein kartesianisches Erziehungssystem gelegentlich eigenartig komplizierte Theorien über die Motivationen anderer, besonders der Amerikaner, hervor, die die französische Politik zeitweilig veranlaßten, sich gegen Täuschungen abzusichern. Doch französische Führer haben viel einer Tradition zu verdanken, die es nicht für notwendig erachtet, sich für Überlegungen zu entschuldigen, die das nationale Interesse betreffen. Ihr Land verlor immer dann am meisten, wenn es sich an ideologischen Feldzügen beteiligte oder sich zu sehr auf andere verließ; es blühte, wenn es die Imperative des Gleichgewichts der Kräfte begriff. Der französische Präsident und Nixon hatten die gleiche Wellenlänge, wenn sie über weltpolitische Probleme sprachen.

Pompidou benutzte die Gelegenheit meiner ersten geheimen Zusammenkunft mit Le Duc Tho im Februar 1970, mich in seine reizende Wohnung auf der Ile St. Louis zum Essen einzuladen, im alten Herzen von Paris, in Sichtweite von Notre Dame. Mit sichtbarer Nervosität sah er seinem ersten Besuch in den Vereinigten Staaten als Präsident Frankreichs entgegen. Es gab Berichte über geplante Proteste gegen den Verkauf moderner Flugzeuge an Libyen durch die Franzosen. Außerdem scheute er offensichtlich die Begegnung mit unserer so aufdringlichen Presse. Ich versuchte ihn in beiden Punkten zu beruhigen. (Über den Umgang mit den Medien hätte ich ihm nichts zu sagen brauchen; er hatte eine natürliche Begabung, mit der Presse fertig zu werden. Die Demonstranten waren eine andere Sache; sie erzeugten ein Fiasko.) Wir sprachen über die Tagesordnung seines bevorstehenden Zusammentreffens mit Nixon. Ich versicherte ihm, wir würden ihn nicht in eine peinliche Lage bringen und uns auf die praktische Zusammenarbeit konzentrieren, nicht jedoch auf die theoretische Rechtfertigung dieser Zusammenarbeit. Ich sagte, Nixon habe vor, an einem Essen in der französischen Botschaft teilzunehmen, dies sei die erste Einladung dieser Art, die er angenommen habe, seit er ins Weiße Haus gekommen sei. Pompidou betonte, er sei bereit, über alle uns gemeinsam interessierenden Themen zu sprechen, solange man ihn mit der Liturgie von der Integration der NATO verschonte. Er werde sich zwar nicht von de Gaulles Verteidigungspolitik abwenden, halte aber viel von der praktischen Zusammenarbeit auf militärischem Gebiet.

Nixon mußte nicht dazu gedrängt werden, sich auf die praktische Seite der Zusammenarbeit zu konzentrieren; dies entsprach seinen eigenen Neigungen. Bei seinem ersten Zusammentreffen mit Pompidou ging er eingehend auf sein Lieblingsthema des Gleichgewichts der Kräfte ein und sagte, ein wirtschaftlich starkes Europa liege im amerikanischen Interesse, das gleiche gelte auch für Japan. Pompidou ging sofort auf das Thema ein, das ihm offenbar am meisten am Herzen lag – die deutsche Ostpolitik. Wie alle seine Kollegen behauptete er, er vertraue Brandt, fürchte jedoch, daß Brandts Politik nationalistische Tendenzen auslösen könne, deren Festhalten dann unmöglich wäre. Die Ungeduld der Deutschen mache ihm Sorgen. Zwei verlorene Weltkriege hätten nicht vermocht, die Deutschen zu überzeugen, denn nur die gemeinsamen Anstrengungen der ganzen übrigen Welt hätten diesen Sieg zustande gebracht. Der deutsche Nationalismus könne wieder zum Ausbruch kommen und, wenn die Deutschen notgedrungen gelernt hätten, geduldig abzuwarten, dann könne dieser Nationalismus sich als noch gefährlicher erweisen. Es war die Furcht vor einem wiedererstarkten Deutschland, versicherte Pompidou, die ihn veranlaßt hatte, de Gaulles Opposition gegen den Beitritt Großbritanniens zu einem Vereinten Europa aufzugeben. Pompidous Argumente unterschieden sich gar nicht so sehr von denen, die Wilson noch vor zwei Wochen geäußert hatte. Großbritannien sollte dem Gemeinsamen Markt beitreten, um Deutschland in Schranken zu halten. Pompidou ging sogar so weit, von einer Achse London–Paris als Gegengewicht gegen den unkontrollierten deutschen Nationalismus zu sprechen. Sogar Brandt war für den Beitritt Großbritanniens, wenn auch offenbar aus einem anderen Grund. Er wollte der Kritik derjenigen begegnen, die ihm vorwarfen, er neige zu sehr nach Osten. Diese Überlegungen standen auch hinter seiner Grundsatzrede, die er Anfang Dezember in Den Haag gehalten und in der er sich für einen britischen Beitritt zum Gemeinsamen Markt eingesetzt hatte. Kurz gesagt, die Öffnung Brandts nach Osten hin hatte die unbeabsichtigte Folge, die westeuropäische Integration voranzutreiben. Zwei der drei wichtigsten europäischen Regierungschefs mißtrauten den Tendenzen, die vom dritten in Gang gesetzt wurden, und der dritte mußte dieses Mißtrauen durch irgendeine Geste zerstreuen; das geschah durch den Beitritt Großbritanniens zum Gemeinsamen Markt.

In seiner Haltung gegenüber der Sowjetunion folgte Pompidou der gaullistischen Linie. Er mißtraute den Absichten der Sowjets zutiefst und fürchtete die zunehmende sowjetische Stärke, befürwortete aber eine Entspannungspolitik. Pompidou glaubte, die Sowjets fühlten sich von China bedroht und brauchten Ruhe im Westen. Ihr Wunsch nach Entspannung entspreche deshalb nicht nur einem Gefühl, sondern einer wirtschaftlichen, politischen und militärischen Notwendigkeit. Sie brauchten auch wirtschaftliche Unterstützung, besonders für Osteuropa. Wahrscheinlich würden sie versuchen, diese Wirtschaftshilfe von Deutschland zu bekommen, doch Deutschland sei als sowjetischer Partner zu gefährlich, und zwar sowohl für die Sowjetunion als auch für den Westen. Deshalb sei Frankreich entschlossen, sich in seiner Entspannungspolitik von Deutschland nicht zuvorkommen zu lassen (damit schuf es unbeabsichtigt die Voraussetzungen für ein Wettrennen nach Moskau). Engere Kontakte zwischen dem Westen und der Sowjetunion seien, wie Pompidou sagte, auch um ihrer selbst willen erwünscht – schließlich schwächten sie Moskau dadurch, daß sie die liberaleren und reformfreudigen Elemente in der sowjetischen Gesellschaft ermutigten. Pompidou erklärte nicht, weshalb sich der Kreml einer Politik zuwenden sollte, die seiner Analyse folgend zu einer Verwandlung des Systems führen mußte. Vielleicht wollte er auch sagen, daß dort, wo die Staaten miteinander konkurrieren – und das gilt besonders für die Supermächte –, oft eine Politik betrieben wird, deren Zukunftsaussichten verschieden beurteilt werden, und daß er uns die bessere Chance gab. Wahrscheinlich ging es Pompidou vor allem um das Erbe Richelieus. Die Verhinderung einer Wiedererstarkung Deutschlands an Frankreichs Grenzen stand für ihn im Vordergrund gegenüber der Furcht vor einem ferneren Rußland, das schließlich im Verantwortungsbereich der amerikanischen Außenpolitik lag.

Pompidous Besuch war ein Erfolg, wenn man bedenkt, daß keine akuten Probleme gelöst werden mußten. Die Gespräche verliefen in herzlichem Ton, und beide Regierungschefs hatten bis auf den Komplex der Entspannung ähnliche Ansichten über Fragen, die Europa und das Bündnis betrafen. Es wurden praktische Vorbereitungen für ständige vertrauliche Konsultationen getroffen, und wir richteten einen »heißen Draht« ein, wobei Pompidous Berater Michel Jobert und ich den Kontakt aufrechterhalten sollten. Pompidou und Nixon kamen überein, mit bilateralen militärischen Gesprächen auf Stabsebene zu beginnen. Zu dem einzigen peinlichen Zwischenfall kam es in Chicago, wo Pompidou und seine Frau von Demonstranten bedrängt wurden, die gegen den Verkauf französischer Flugzeuge an Libyen protestierten. Pompidou hätte fast die Reise abgebrochen. Es gelang nur mit Mühe, ihn zum Bleiben zu bewegen; ein Grund dafür war auch Nixons Zusage, an dem für Pompidou in New York gegebenen Essen teilzunehmen.

Manchmal haben auch unscheinbare Dinge geschichtliche Bedeutung. Der Zwischenfall bestärkte Pompidou in den zwiespältigen Gefühlen, die er den Vereinigten Staaten entgegenbrachte. Intellektuell hielt er enge Beziehungen für wichtig, doch gefühlsmäßig sah er den Zwischenfall stets als Beleidigung Frankreichs und grobe Unhöflichkeit gegenüber seiner Frau an. In seinem letzten Lebensjahr (er starb an Krebs) verstärkten seine Leiden die Emotionen, die mit seiner Ablehnung des Europa-Jahrs in Zusammenhang standen. Die leidenschaftlichen Diskussionen um dieses Thema verschärften sich außerdem durch die Haltung Joberts, der inzwischen Außenminister geworden war und mit seinen Reden große Unruhe in die alliierte Diplomatie brachte.

Im April 1970 kam Willy Brandt nach Washington. Nixon erwies ihm die besondere Aufmerksamkeit, ihn für ein paar Tage vor dem Beginn der offiziellen Gespräche im Präsidentenbungalow »Aspen« unterzubringen. Wie es vor wichtigen Gesprächen des Präsidenten Sitte geworden war, traf ich Brandt in Camp David beim Essen, um ihn über die Haltung des Präsidenten zu unterrichten und auch seine Meinung zu hören. Als Brandt mich empfing, trug er die Marinejacke mit dem Präsidentenwappen und seinem Namen darauf, die jeder Gast geschenkt bekam, der dort aufgenommen wurde. Er fühlte sich durch die Einladung nach Camp David (wo ausländische Besucher sonst keinen Zutritt hatten) sehr geschmeichelt und genoß die Gastfreundschaft in der Unterkunft des Präsidenten. Er war aufgeräumt und bemühte sich darum, unser Vertrauen zu gewinnen, sorgte sich aber offensichtlich wegen unserer Reaktion auf seine Ostpolitik.

Ich beruhigte ihn und gab ihm zu verstehen, daß wir nicht versuchen würden, ihn zu einer Kursänderung zu veranlassen. Wir würden keine besondere Verhandlungsstrategie unterstützen. Auch würden wir zu den Verhandlungsbedingungen nicht Stellung nehmen. Dafür müsse er selbst die Verantwortung übernehmen; auch in die innenpolitische Debatte in Deutschland würden wir uns nicht einschalten. Wir würden Brandt in seinen politischen Zielen unterstützen, uns zu seinen Methoden nicht äußern, ihn auffordern, in engen Konsultationen mit seinen Verbündeten zu bleiben, und ihn vor übertriebenen Erwartungen warnen. Außerdem würden wir ihm das Gefühl der Partnerschaft geben, denn damit begegneten wir der latenten Gefahr einer nationalen deutschen Außenpolitik am besten. Brandt war sehr erleichtert.

Das Zusammentreffen zwischen Brandt und Nixon verlief in einer erstaunlich herzlichen Atmosphäre, obwohl keiner der beiden Männer, wenn das Schicksal ihnen nicht die Führung großer Nationen aufgebürdet hätte, die Gesellschaft des anderen gesucht hätte. Nixon hatte Vorbehalte gegen Persönlichkeiten, die er der Linken zuordnete, und Brandts Gewohnheit, lange Pausen des Schweigens einzulegen, machte ihn nervös. Nixon versuchte sein Versehen in der Wahlnacht mit einem freundlichen Toast beim Essen wiedergutzumachen und sagte, er werde von jetzt an seine Telefongespräche nur noch über die Vermittlung laufen lassen, denn bei seinem Anruf in der Nacht nach den deutschen Bundestagswahlen habe er die falsche Nummer gewählt. Noch wichtiger war jedoch, daß Brandt Washington mit dem beruhigenden Gefühl verlassen konnte, seine Gesamtpolitik werde hier gebilligt.

In seinen Erinnerungen schreibt Brandt, Nixon und ich hätten ihn in einer Beziehung nicht ganz richtig verstanden. Er hätte sagen wollen, der sowjetische Vorschlag für eine europäische Sicherheitskonferenz stelle »ein neues Bindeglied zu Europa dar, das sich weder aus legalen Rechten ableiten ließ, die im letzten Krieg erworben worden waren, noch allein durch den Nordatlantik-Pakt entstanden« sei.[5] Darin irrte er sich. Wir hatten ihn durchaus verstanden. Er hatte uns nur nicht überzeugen können, und wir hielten es für taktvoller, nicht näher darauf einzugehen. Das »Neue« an der europäischen Sicherheitskonferenz war die Teilnahme der Sowjetunion an ihren Vorbereitungen. Wir waren durchaus bereit, mit den Sowjets über anstehende Fragen zu verhandeln; wenn aber die Zustimmung der Sowjets notwendig war, um unsere Rolle in Europa zu legitimieren, so hielten wir dies für gefährlich. Für uns mußte eine europäische Sicherheitskonferenz ganz anders gerechtfertigt werden.

Seltsamerweise spielte Vietnam bei den Besuchen der europäischen

Regierungschefs nur eine Nebenrolle. Die öffentliche Meinung in Europa, soweit sie von den Medien vertreten wurde, war gegen diesen Krieg. Die europäischen Regierungschefs hatten jedoch keine Einwände. Ich kann mich an kein kritisches Wort eines führenden europäischen Politikers während der ganzen Dauer dieses Krieges erinnern, nicht einmal im privaten Gespräch. Sie schienen im gleichen Dilemma zu stecken wie wir. Sie wünschten ein baldiges Ende des Krieges, weil sie glaubten, die politische Unruhe in ihren Ländern sei von den amerikanischen Universitäten und Intellektuellen nach Europa herübergekommen, und weil sie befürchteten, der Konflikt könne auf die Dauer unsere Kapazität verringern, mit der Bedrohung ihrer Sicherheit fertig zu werden. Sie wollten aber auch nicht, daß die amerikanische Glaubwürdigkeit Schaden nähme. Brandt und Wilson nahmen zu dieser Frage nicht Stellung, sondern deuteten nur ihr Verständnis an, als Nixon unsere Vietnam-Strategie erläuterte. Pompidou sagte, solange Amerika den Willen zeige, den Krieg zu beenden – und das taten wir seiner Auffassung nach –, werde er unsere Taktiken nicht kritisieren. Er wußte, wie hart und zeitraubend der Prozeß des Disengagements für Frankreich in Algerien gewesen war. Als Edward Heath britischer Premierminister geworden war, erklärte er ausdrücklich, wenn sich die Amerikaner unter Voraussetzungen aus Vietnam zurückzögen, die man als den Zusammenbruch des amerikanischen Willens interpretieren könnte, dann würde das unter Umständen zu einer neuen Runde sowjetischer Aggression in Europa führen. Es läßt sich nicht sagen, ob dies die ehrliche Meinung der europäischen Politiker war oder ob sie eine Stellungnahme taktvoll vermieden, weil sie ohnedies keine Entscheidung treffen konnten und ihre Beziehungen zu ihrem wichtigsten Verbündeten nicht gefährden wollten. Aber darauf kommt es weniger an; verborgene Motive sind ein Thema für Memoiren. Das politische Geschehen wird nur durch das beeinflußt, was wirklich gesagt wird.

Der Besuch der drei europäischen Regierungschefs in Washington zeigte, daß die Außenpolitik in den europäischen Ländern wieder den traditionellen Verlauf zu nehmen begann. Die Briten hatten Nixon gesagt, sie würden unter Umständen wieder ihre historische Rolle übernehmen, für das Gleichgewicht der Kräfte auf dem europäischen Kontinent zu sorgen. Die Franzosen sprachen von der Notwendigkeit, Moskau nicht aus den Augen zu lassen, um beobachten zu können, wie sich die Beziehungen zwischen Deutschen und Sowjets entwickelten. Deutsche und Franzosen näherten sich nach den Gesprächen in Washington deutlich Großbritannien, und zwar jedes Land aus besonderen nationalen Gründen. So unterschiedlich die Motive auch sein mochten, man stimmte darin überein, daß Großbritannien in den Gemeinsamen Markt aufgenommen werden sollte. Kurz vor dem Eintritt Großbritanniens in den Gemeinsamen Markt standen wir zum erstenmal vor den vollen Auswirkungen dessen, was wir in die Wege geleitet hatten.

9. Neue Überlegungen zum Gemeinsamen Markt

Da nun eine erweiterte Europäische Gemeinschaft zur Realität werden sollte, stellte sich heraus, daß die von Gefühlen bestimmten Theorien vergangener Jahrzehnte das Problem zu sehr vereinfacht hatten. Ein wirtschaftlich starkes Europa würde selbständiger sein, man mußte aber auch dafür bezahlen. Während sich die Zollunion, die konkrete Manifestation der Gemeinschaft, auf die amerikanischen Exporte auszuwirken und Europa auf dem Weltmarkt mit uns zu konkurrieren begann, wurde unsere Geschäftswelt unruhig. Ihre Sorgen beeinflußten bald die Entscheidungen der amerikanischen Regierung. Zum erstenmal wurden die atlantischen Beziehungen zu einem kontroversen Thema, und im Frühjahr 1970 veranlaßte ich über die atlantischen Beziehungen eine offizielle interministerielle Studie.

Im Herbst 1970 kamen die Befürchtungen hinsichtlich der Auswirkungen einer erweiterten Europäischen Gemeinschaft besonders deutlich in den Äußerungen unserer Wirtschaft zum Ausdruck. Die Ministerien für Finanzen, Handel und Landwirtschaft folgten dem erprobten Verfahren des Pentagon und verfaßten eine Analyse über die möglichen Folgen einer Erweiterung des Gemeinsamen Marktes, dem Großbritannien und, wie man damals glaubte, auch Norwegen angehören würden*, also für den »ungünstigsten Fall«. Sie sahen in diesem Gebilde ein wirtschaftliches Monstrum, das den Welthandel und die Währungsstruktur beherrschen, die amerikanischen landwirtschaftlichen Erzeugnisse und Fertigwaren verdrängen und seine Fangarme allmählich bis in die Dritte Welt ausstrecken würde. Diese letzte Sorge war dadurch geweckt worden, daß die Länder des Gemeinsamen Marktes ihren Nachbarn im Mittelmeerraum und in den ehemaligen Kolonien exklusive Handelsrechte gewährten und diese auch von ihnen erhielten. Wenn alle ehemaligen britischen Kolonien an diesen Handelsvorrechten beteiligt würden, vergrößerten sich die Gefahren erheblich. In einer Studie für den Nationalen Sicherheitsrat hieß es:

»Auf die Dauer könnten wir einem ›erweiterten Europa‹ gegenüberstehen, dessen Gemeinsamer Markt wenigstens zehn Vollmitglieder umfaßt. Dazu kämen als assoziierte Mitglieder die neutralen Länder der EFTA (Europäische Freihandelszone), und zumindest die Mittelmeerländer und die meisten afrikanischen Staaten würden unter bevorzugten Bedingungen in diese Handelsbeziehungen eingeschlossen werden. Der ganze so entstandene Block würde 50 Prozent des Welthandels auf sich vereinigen, verglichen mit unseren 15 Prozent; seine Währungsreserven würden das Doppelte der unseren ausmachen, und er würde uns in allen in-

* Die norwegischen Wähler lehnten in einer Abstimmung am 26. September 1972 die Mitgliedschaft in der Europäischen Gemeinschaft ab.

ternationalen Wirtschaftsorganisationen immer wieder überstimmen können.«

Die Erregung der mit wirtschaftlichen Fragen befaßten Ministerien entzündete sich an einer Passage im außenpolitischen Bericht des Präsidenten vom Februar 1970, die nach Auslegung derjenigen, die am Entwurf nicht beteiligt gewesen waren, einem Freibrief für den wirtschaftlichen Nationalismus der europäischen Staaten gleichkam:

»Wir unterstützen nach wie vor die Stärkung und Ausweitung der Europäischen Gemeinschaft. Wir erkennen an, daß unsere Interessen mit Sicherheit durch die Entwicklung Europas berührt werden und wir vielleicht im allgemeinen Interesse Opfer bringen müssen. Wir glauben, daß der Preis, den wir für ein wirklich vereinigtes Europa wirtschaftlich werden zahlen müssen, durch den Gewinn an politischer Vitalität des gesamten Westens aufgewogen wird.«

Das Finanzministerium und andere Behörden glaubten, dieser Absatz könnte die Europäer ermutigen, wirtschaftlichen Druck auf uns auszuüben. Es wäre in der Tat von einer Regierung unbedacht gewesen, eine Politik, die in Amerika auf so heftigen Widerspruch stoßen mußte, auf einen einzigen, nicht klar zu interpretierenden Satz in einer Präsidentenrede zu gründen. Doch dieser Absatz schuf eine gute Diskussionsgrundlage für ein Gespräch zwischen den Ministerien. Auf einer interministeriellen Sitzung am 13. Mai verlangten diese Ministerien eine ernsthafte »neue Interpretation« des Berichts des Präsidenten – in Wirklichkeit eine Kriegserklärung gegen die Handelserleichterungen und vielleicht sogar gegen das Konzept der Europäischen Gemeinschaft. Die Ministerien verlangten von uns, bei den bevorstehenden Verhandlungen über den britischen Beitritt zur Europäischen Gemeinschaft den Kampf aufzunehmen.

Das Außenministerium (das sich nicht besonders verpflichtet fühlte, den von mir und meinem Stab entworfenen Bericht zu verteidigen) war über diesen Angriff gegen die bisher geltenden Grundsätze der amerikanischen Außenpolitik entsetzt. Wir hatten die Ausweitung und die weitere Integration der Europäischen Gemeinschaft vorangetrieben, besonders in den 60er Jahren, manchmal sogar energischer als die Europäer selbst. Die Europa-Politik war das unangefochtene Spezialgebiet des europäischen Büros des Außenministeriums gewesen, das bisher die Auffassung vertreten hatte, für Großbritannien gebe es keine andere Alternative als den Beitritt zur Europäischen Gemeinschaft. Nun, da sich diese Entwicklung ihrem Höhepunkt näherte, wurden ihr nicht durch irgendeinen führenden französischen Staatsmann Hindernisse in den Weg gelegt, sondern die Ablehnung kam von einer Seite, von der man es am wenigsten erwartet hätte – aus amerikanischen Regierungskreisen –, und es wurde nicht nur die Substanz bedroht, sondern auch die Dringlichkeit dieses Unternehmens in Frage gestellt.

Das europäische Büro des Außenministeriums leistete mit der bewährten Taktik der Verzögerung und Verschleierung Widerstand. Man diskutierte stundenlang darüber, ob es in einem interministeriellen Papier zum britischen Beitritt heißen sollte, die europäische Integration »würde« oder »könne« Probleme mit sich bringen. Das Außenministerium wehrte sich tapfer gegen jede zusammenfassende Beurteilung der negativen wirtschaftlichen Auswirkungen der erweiterten Gemeinschaft. Es fürchtete, die amerikanische Opposition werde zum Sündenbock abgestempelt werden, wenn die Verhandlungen über einen britischen Beitritt scheiterten.

Doch während das Außenministerium theoretisch recht hatte, übersah es die politischen Realitäten, besonders in einem Jahr, in dem der Kongreß neu gewählt werden sollte. Es geriet in Gefahr, in eine Lage manövriert zu werden, in der es den Anschein erweckte, die amerikanischen Interessen zu »weichherzig« zu vertreten. Die Stimmung im Kongreß fand sehr bald Ausdruck in einem diskriminierenden Handelsgesetz, vorgelegt vom mächtigen Vorsitzenden des Bewilligungsausschusses, Wilbur Mills, das sich deutlich gegen Europa und Japan richtete. Es hätte für gewisse Importgüter wie Textilien und Schuhe hohe protektionistische Handelsschranken errichtet. Im Sommer und Herbst 1970 drohte in der Tat ein Handelskrieg; die Länder des Gemeinsamen Marktes würden wahrscheinlich Maßnahmen gegen unsere Agrarexporte ergreifen. Paul McCracken warnte den Präsidenten am 2. Juli vor dieser Gefahr und bat ihn, mit Mills zu sprechen.

Ich war im wesentlichen der gleichen Ansicht wie McCracken und das Außenministerium. Ich hatte niemals geglaubt, ein vereinigtes Europa werde automatisch unsere Lasten übernehmen. Meiner Ansicht nach hatten wir in den 50er und 60er Jahren eine zu einseitige strategische Entscheidung getroffen. Durch die Unterstützung der wirtschaftlichen Vereinigung Europas hatten wir gerade die Dimensionen gefördert, in denen wir am ehesten mit einer Konkurrenz hätten rechnen müssen und wo unsere Interessen am wahrscheinlichsten in eine andere Richtung gingen. Als wir dagegen die europäische Gemeinsamkeit auf dem Gebiet der Verteidigung nicht förderten – wenigstens nach dem Fehlschlagen des ersten Projekts im Jahr 1954 –, vernachlässigten wir damit ein Gebiet, auf dem sich die Interessen der atlantischen Gemeinschaft wahrscheinlich am meisten deckten. Ich zog jedoch die europäische Einheit in jeder Form der Kakophonie widerstreitender Nationalitäten vor, deren Machtlosigkeit sie früher oder später veranlassen mußte, auf eine ernste Beschäftigung mit der Außenpolitik zu verzichten, wodurch sie zu Objekten der Weltpolitik, wenn nicht gar vollständig neutralisiert würden. Wir konnten es uns nicht leisten, die europäische Einheit zu zerstören, weil wir dadurch den politischen Einfluß gerade der Gruppen in Europa untergraben hätten, die ein starkes atlantisches Bündnis unterstützt hatten. Die enge Bindung eines großen Teils Afrikas, der Mittelmeerländer wie Spanien, Marokko und Tunesien, gar nicht zu reden von Israel, an Westeuropa lag im geopolitischen Interesse des Westens. Die Beziehungen dieser Länder zu Europa zu behindern wäre der Gipfel politischer Torheit.

In einem am 30. Juni verfaßten Memorandum für den Präsidenten setzte ich mich entschieden für unsere außenpolitischen Ziele ein. Einfuhrbeschränkungen für Textilien und Schuhe würden gerade die Länder treffen, die große innenpolitische Schwierigkeiten hatten: Spanien, wo unsere Verhandlungen über die Einrichtung von militärischen Basen scheitern konnten und wo wir unsere Beziehungen zu den Nachfolgern des Franco-Regimes aufs Spiel setzten; Italien, wo der Kommunismus an Boden gewann, und Japan. Um jedoch eine Entscheidung des Präsidenten zu erwirken, genügt es nicht, sich einer Empfehlung zu widersetzen; man muß eine Alternative anbieten. Außenpolitisch machte ich den Vorschlag, in Verhandlungen einzutreten, um der Europäischen Gemeinschaft unsere Sorgen vorzutragen; innenpolitisch empfahl ich einen Mechanismus, der wirtschaftspolitischen Ministerien die Möglichkeit geben sollte, ihre Ansichten dem Präsidenten vorzulegen. Danach sollte der Ausschuß der stellvertretenden Minister im Nationalen Sicherheitsrat durch Vertreter der mit Wirtschaftsfragen befaßten Ministerien erweitert werden, durch die die wirtschaftlichen Auswirkungen der Europäischen Gemeinschaft beobachtet werden konnten. Auf diese Weise erfüllten wir den Wunsch der Ministerien, den Bericht des Präsidenten neu interpretieren zu lassen, behandelten die Angelegenheit aber zugleich als außenpolitische und nicht als wirtschaftliche Frage, denn das Außenministerium übernahm in dem mit diesem Thema befaßten Ausschuß den Vorsitz. Daß die Ergebnisse der Beratungen des Ausschusses dem Präsidenten vorgetragen werden sollten – die Ministerien für Finanzen, Handel und Landwirtschaft fürchteten eine Vorherrschaft des Außenministeriums –, war eine Garantie dafür, mich einschalten zu können (auch wenn ich nicht das letzte Wort behielt), wenn rein kommerzielle Überlegungen außenpolitische Notwendigkeiten zu überschatten drohten.

Am 10. Oktober begannen die Vereinigten Staaten ihre Verhandlungen mit der Europäischen Gemeinschaft. Die europäische Delegation wurde von dem westdeutschen Liberalen Ralf Dahrendorf geleitet. Er war Vertreter einer Partei, die in der Mitte des politischen Spektrums stand und die Interessen des freien Unternehmertums wahrnahm. Am 15. Oktober verlieh Dahrendorf bei einem Gespräch mit mir seiner »tiefen Sorge« über die Tendenzen in der amerikanischen Handelspolitik Ausdruck. Doch seine Analyse von den Aussichten der Europäischen Gemeinschaft war nicht gerade ermutigend. Dahrendorf rechnete mit dem Beitritt Großbritanniens, glaubte aber, daß die Gemeinschaft nicht mehr an eine politische Vereinigung dachte und die einzelnen Länder sich für die wirtschaftliche Integration um ihrer selbst willen einsetzten. Bei der Sitzung des interministeriellen Ausschusses am

13. Mai hatte ich gesagt, eine solche Entwicklung sei für uns die ungünstigste. Ohne ausgleichenden politischen Fortschritt mußte eine zu brutaler Konkurrenz und amerikanischen Gegenmaßnahmen herausfordernde wirtschaftliche Integration dazu führen, daß die Befürworter der Allianz auf beiden Seiten des Atlantik den Mut verloren.

Die prekäre und unter wachsenden Spannungen leidende Beziehung zwischen den Vereinigten Staaten und Europa spiegelte sich in einer kurzen Notiz des Präsidenten. An den Rand eines Memorandums vom 13. November, in dem ich ihn über den Verlauf der Verhandlungen mit der Europäischen Gemeinschaft unterrichtete, schrieb er: »K – ich habe den Eindruck, wir ›protestieren‹ und ziehen weiterhin bei unseren Verhandlungen mit der Gemeinschaft den kürzeren. Die Landwirtschaft ist das erste Beispiel. Der Kongreß ist einfach nicht bereit, diese allzu passive Haltung unserer Vertreter bei solchen Verhandlungen noch länger zuzulassen.« Nixon war ein viel zu überzeugter Vertreter des atlantischen Gedankens, als daß er diese Konfrontation länger hätte untätig mitansehen können. Er appellierte an Wilbur Mills, jedoch ohne Erfolg. Die protektionistischen Tendenzen waren zu stark; Mills ließ sich nicht überzeugen, und das restriktive Handelsgesetz lag dem Kongreß noch während des ganzen Sommers und Herbstes 1970 vor. Die schweigende Mehrheit hatte den Eindruck, die Vereinigten Staaten ließen sich »in der Welt herumstoßen«. Unsere Wirtschaftsverhandlungen mit Europa zogen sich fast ein Jahr hin, ohne daß wir zu irgendwelchen Ergebnissen kamen, bis Nixon im August 1971 das Thema wenigstens zeitweilig vom Tisch fegte, als er sich am 15. August in einer dramatischen Entscheidung dazu entschloß, auf alle Importe einen Zusatzzoll in Höhe von 10 Prozent zu erheben, die Konvertibilität des Dollars in Gold zu beenden und eine Lohn- und Preiskontrolle einzuführen.

Nach den ersten Kontakten zeigte sich, daß das westliche Bündnis gegenüber der gemeinsamen Verteidigung eine ambivalente Haltung einnahm, in seiner Beurteilung der Beziehungen zum Osten unsicher war und sich nur über die Erweiterung der Europäischen Gemeinschaft einigen konnte, was wiederum eine wirtschaftliche Kontroverse mit den Vereinigten Staaten auslöste. Doch die Konsultationen führten zu einer immer deutlicheren Artikulierung der gemeinsamen Ziele. Die politische Führung im Westen begann sich mit den fundamentalen Problemen zu beschäftigen. Man fing an, die richtigen Fragen zu stellen, auch wenn es noch einige Zeit dauern sollte, bis man die für alle akzeptablen Antworten fand. Ein Konsens zwischen demokratischen Staaten ist von Natur aus schwieriger zu erreichen als eine Vereinbarung mit autoritär regierten. Der Übergang von der Bevormundung zur Partnerschaft ist nie einfach. Doch jetzt befand sich das westliche Bündnis auf dem Wege zu beweisen, daß die Gemeinschaft freier Völker in einer neuen Generation gedeihen konnte.

Anmerkungen

II. Kapitel

1. Michel Crozier, *The Bureaucratic Phenomenon*, Chicago 1964, S. 44ff., 187f.
2. Melvin R. Laird, *The Conservative Papers*, Garden City, N. Y. 1964, Einführung.
3. Siehe auch Roger Morris, *Uncertain Greatness*, New York 1977, Kapitel II., »*Coup d'Etat* at the Hotel Pierre«.
4. Der entsprechende Abschnitt in Nixons Rede zu seiner ersten Amtseinführung lautete:

   »Nach einer Periode der Konfrontation beginnen wir eine Ära der Verhandlungen.

   Alle Nationen sollen wissen, daß wir während der Amtszeit dieser Regierung für jedes Gespräch offen sein werden.

   Wir streben nach einer offenen Welt – offen für Ideen, offen für den Austausch von Waren und Menschen –, nach einer Welt, in der kein Volk, sei es groß oder klein, in zorniger Isolation leben soll.

   Wir können nicht damit rechnen, daß wir uns jeden zum Freund machen, aber wir können versuchen, uns niemanden zum Feind zu machen.

   Unsere potentiellen Gegner fordern wir zum friedlichen Wettstreit heraus – nicht bei Gebietseroberungen oder bei der Ausdehnung des Herrschaftsbereichs, sondern in dem Bemühen, das Leben des Menschen reicher zu machen.

   Während wir den weiten Raum erforschen, wollen wir gemeinsam in neue Welten vorstoßen – nicht um diese neuen Welten zu erobern, sondern im Sinne eines Abenteuers, das wir miteinander teilen.

   Laßt uns mit denen, die bereit sind, sich uns anzuschließen, die Rüstungslasten verringern, die Struktur des Friedens stärken und den Armen und Hungrigen helfen.

   Doch all die, für die Schwäche eine Versuchung darstellt, sollen nicht daran zweifeln, daß wir so stark sein werden wie notwendig und das so lange wie notwendig.«

III. Kapitel

1. Ich habe über den Begriff der »Eindämmung« in meinem Buch *Nuclear Weepons and Foreign Policy*, New York 1957, Kapitel II, gesprochen. Eine ausgezeichnete Analyse dieses Begriffs findet sich auch in Coral Bell, *Negotiation from Strength*, New York 1963.
2. US Congress, Senate, Committee on Armed Services and Committee on Foreign Relations, *Hearings on the Military Situation in the Far East*, 82. Kongreß, 1. Sitzung, 1951, S.2083.
3. Ansprache in Llandudno, Wales, 9. Oktober 1948, zitiert in *New York Times*, 10. Oktober 1948.
4. »Central Issues of American Foreign Policy«, in Kermit Gordon, Hrsg., *Agenda for the Nation*, Washington 1968, S. 614.

IV. Kapitel

1. »Central Issues of American Foreign Policy«, in Kermit Gordon, Hrsg., *Agenda for the Nation*, Washington 1968, S.595.
2. *The Troubled Partnership: A Re-appraisal of the Atlantic Alliance*, New York 1965, S. 40.
3. Siehe Walt W. Rostow, »Limits and Responsibilities of American Power«, Rede an der Texas A & M University, 4. Dezember 1968, *Department of State Bulletin*, Bd. LX, Nr. 1541, 6. Januar 1969.
4. Siehe Francis M. Bator, »The Politics of Alliance: The United States and Western Europe«, in Gordon, Hrsg. *Agenda for the Nation*, S. 339.
5. Alastair Buchan, *Europe's Futures, Europe's Choices*, New York 1969, S. VII.
6. Siehe André Malraux, *Felled Oaks: Conversation with de Gaulle*, New York 1971, S. 30.
7. »Central Issues of American Foreign Policy«, in Kermit Gordon, Hrsg., *Agenda for the Nation*, S. 599.
8. Ansprache des Präsidenten de Gaulle am 31. Mai 1960 in *Major Addresses, Statements and Press Conferences of General Charles de Gaulle, May 19, 1958 to January 31, 1964*, New York 1964, S. 75.
9. Ebenda, S. 78.
10. Ebenda, Pressekonferenz vom 15. Mai 1962, S. 176.
11. Ebenda, Pressekonferenz vom 5. September 1960, S. 92f.

V. Kapitel

1. V. I. Lenin, *Selected Works*, New York 1943, Bd. 9, S. 242 und 267, in Nathan Leites, *A Study of Bolshevism*, Glencoe 1953, S. 347.
2. Nikita Chruschtschow, Bericht an den 20. Parteikongreß der KPdSU vom Februar 1956, *Current Digest of the Soviet Press*, Bd. 8, 7. März 1956, S. 11f.

3. Nikolai Podgorny, *Prawda*, 20. November 1973.
4. Lenin, a.a.O., Bd. 10, S. 119, in Leites, a.a.O., S. 495.
5. Michael T. Florinsky, *World Revolution and the USSR*, New York 1933, S. 216.
6. *New York Times*, 23. Mai 1943.
7. Sumner Welles, *The Time for Decision*, Cleveland und New York 1944, S. 406.
8. Averell Harriman, *Peace with Russia*, New York 1959, S. 168.
9. »Why We Treat Different Communist Countries Differently«, Ansprache von Außenminister Rusk, Washington, 25. Februar 1964, *Department of State Bulletin*, Bd. L., Nr. 1290, 16. März 1964, S. 393.
10. Robert E. Sherwood, *Roosevelt and Hopkins: An Intimate History*, New York 1948, S. 870.
11. Siehe Max Frankel, »Where Do We Go From Victory?«, *The Reporter*, 22. November 1962, S. 24.
12. Schlußansprache auf der Genfer Außenministerkonferenz am 16. November 1955, *Documents on International Affairs 1955*, Oxford 1958, S. 73 ff.
13. »Central Issues of American Foreign Policy«, a.a.O., S. 609.
14. *The Necessity for Choice*, New York 1961, S. 195 f.
15. Zbigniew Brzezinski, »Peace and Power«, in *Encounter*, Bd. XXXI., Nr. 5, November 1968, S. 13.
16. Marshall D. Shulman, »The Future of the Soviet-American Competition«, in *Soviet-American Relations and World Order: The Two and the Many*, Adelphi Paper Nr. 66, London 1970, S. 10.
17. Clifford-Rede zitiert von Senator Albert Gore vor dem amerikanischen Kongreß, dem Senat und dem Außenpolitischen Ausschuß, *Strategic and Foreign Policy Implications of ABM Systems, Hearings before the Subcommittee on International Organisation and Disarmament Affairs*, 91. Kongreß, 1. Sitzung, 21. März 1969, S. 165.
18. Siehe auch Stephen S. Rosenfeld, »Nixon's Trip Plans May Affect Talks«, *Washington Post*, 6. Juli 1969; James Reston, »President Nixon's Avoidable Blunders«, *New York Times*, 29. Juni 1969, und Leitartikel in der *New York Times* vom 30. Juni 1969.

VI. Kapitel

1. *U. S. News & World Report*, 16. September 1968, S. 48.
2. *The Necessity for Choice*, New York 1961, S. 202. In meinem 1965 erschienenen Buch über Europa habe ich der Vorstellung des Präsidenten de Gaulle in gewisser Weise zugestimmt, der China als ein notwendiges Gegengewicht gegen die Sowjetunion ansah, obwohl ich damals dazu neigte, China auch als ein objektives Problem für die »globalen Verant-

wortlichkeiten« der Vereinigten Staaten zu betrachten. *The Troubled Partnership*, New York 1965, S. 59–60.

3. Das meiste, was wir über die Vorgänge am Ussuri wissen, gründet sich auf die Veröffentlichung beider Seiten. Diese Berichte werden analysiert in Thomas W. Robinson, *The Sino-Soviet Border Dispute: Background, Development, and the March 1969 Clashes*, The Rand Corp. 1970. Siehe auch Neville Maxwell, »The Chinese Account of the 1969 Fighting at Chenpao«, *The China Quarterly*, Nr. 56, Oktober–Dezember 1973, S. 730.
4. Maxwell, a.a.O., S. 731.
5. Siehe *Washington Star* vom 28. und 29. August 1969. Die Zeitung *Star* fühlte sich berechtigt, von den Regeln über die Nichtverbreitung von »Hintergrundinformationen« abzuweichen, weil sie zu diesem Essen nicht eingeladen worden war.

VII. Kapitel

1. Kusnezow zitiert bei Charles E. Bohlen, *Witness to History 1929–1969*, New York 1973, S. 495 f.
2. Albert Wohlstetter, »Is There a Strategic Arms Race?«, *Foreign Policy*, Nr. 15, Sommer 1974, S. 3 ff.; »Rivals But No ›Race‹«, *Foreign Policy* Nr. 16, Herbst 1974, S. 48 ff.
3. Das war der Titel eines Buches von Senator J. William Fulbright, *The Pentagon Propaganda Machine*, New York 1970/71.
4. Erwin Knoll and Judith Nies McFadden, Hrsg., *American Militarism 1970*, New York 1969, S. 11. Siehe auch John W. Finney, »45 in Congress Seek Rein on Military«, *New York Times*, 3. Juni 1969.
5. Neil Sheehan, »Congress Group Hopes to Use ABM Fight to Curb Other Arms«, *New York Times*, 10. Juli 1969.
6. Siehe *Congressional Quarterly*, 30. Mai 1969, S. 847. Siehe auch den Leitartikel vom 8. März 1969 in *Saturday Review* (»The Anti-Ballistic Missile Decision: President Nixon's Vietnam?«), abgedruckt in *New York Times* vom 11. März 1969, S. 19.
7. Carl Kaysen, »Military Strategy, Military Forces and Arms Control«, in Kermit Gordon, Hrsg., *Agenda for the Nation*, Washington 1968, S. 549–584 (Zitat auf S. 549); Charles L. Schultze, »Budget Alternatives after Vietnam«, ebenda S. 13 f.
8. Graham Allison, Ernest May und Adam Yarmolinsky, »Limits to Intervention«, *Foreign Affairs*, Bd. 48, Nr. 2, Januar 1970, S. 246.
9. *New York Times*, 21. April 1969.
10. *New York Times*, 18. Mai 1969.
11. *New York Times*, Leitartikel vom 7. und 9. Februar 1969.
12. Abram Chayes und Jerome B. Wiesner, Hrsg., *ABM: An Evaluation of*

the Decision to Deploy an Antiballistic Missile System, mit Einführung von Senator Edward M. Kennedy, New York 1969.

13. Erklärung von Senator Edward M. Kennedy vor dem Ausschuß für Nationale Prioritäten im Demokratischen Politischen Rat, 24. Februar 1970. Siehe auch *New York Times*, 25. Februar 1970.
14. Nixons Aussagen wurden zwar zunächst als Hintergrundinformationen gemacht, aber später zur Veröffentlichung freigegeben und sind erschienen in *Public Papers of the Presidents of the United States: Richard Nixon: 1969*, Washington 1971, S. 544 ff.

VIII. Kapitel

1. Daß alle Schlüsselentscheidungen auch Anfang der 60er Jahre der Öffentlichkeit bekannt waren, wird überzeugend dargestellt von Henry Fairlie, »We Knew What We Were Doing When We Went Into Vietnam«, *Washington Mounthly*, Mai 1973.
2. »The Vietnam Negotiations«, *Foreign Affairs*, Bd. 47, Nr. 2, Januar 1969, S. 211 ff.
3. Wer sich besonders für Geheimdokumente interessiert, kann diese vom Stab des Nationalen Sicherheitsrats erstellte Zusammenfassung der Reaktionen und der Geheimdienste auf NSSM 1 in der *Washington Post* vom 25. April 1972 nachlesen.
4. Siehe Kapitel XII, Anm. 11.
5. Nach den Haager Konventionen von 1907 hat ein neutrales Land die Verpflichtung, nicht zuzulassen, daß sein Territorium von einem kriegführenden Land benutzt wird. Wenn das neutrale Land nicht bereit oder in der Lage ist, das zu verhindern, hat der Kriegsgegner des ersten Landes das Recht, entsprechende Gegenmaßnahmen zu treffen. Siehe auch Vortrag des Rechtsberaters des Außenministeriums, John Stevenson, vom 28. Mai 1970 vor der Rechtsanwaltskammer von New York, wo er unsere rechtliche Position im Hinblick auf Operationen in Kambodscha durch amerikanische und südvietnamesische Streitkräfte vom 30. April bis zum 30. Juni 1970 erläutert hat, in *Department of State Bulletin*, Bd. LXII vom 22. Juni 1970, S. 765 ff.
6. Der vollständige Rechtsausschuß hat mit 26 gegen 12 Stimmen beschlossen, die öffentliche Anklage *nicht* zu erheben. Die zitierten sehr farbigen Sätze und andere Unterlagen findet man in dem Dokument des amerikanischen Kongresses *Report of the Committee on the Judiciary on the Impeachment of Richard M. Nixon, President of the United States*, 93. Kongreß, 2. Sitzung, 20. August 1974, S. 298 (Abgeordneter Waldie: »Massive Bombenangriffe gegen das neutrale Kambodscha«); S. 308 (Abgeordneter Drinan: »Das Verhalten des Präsidenten noch schockierender . . .« usw.); siehe auch S. 307 und 312 (Abgeordneter

Drinan: »Ein massiver Bombenangriff«, »massive Bombardierungen in einem neutralen Land«); und S. 328 (Abgeordneter Holtzmann und neun andere: »Die systematische Bombardierung eines neutralen Landes«).

7. Robert F. Kennedy, *To Seek a Newer World*, New York 1968, besonders S. 207–218. Kennedy schrieb: »Ein Truppenabzug ist jetzt unmöglich« (S. 186), und »ein Verhandlungsfrieden muß für beide Seiten weniger sein als ein Sieg . . . Die Seite, die ihre Minimalforderungen aufgibt, würde praktisch kapitulieren«, S. 196f.

8. Siehe John W. Finney, »Rockefeller Coup Gave Platform a Dovish Tone«, *New York Times*, 6. August 1968.

9. Clark M. Clifford, »A Viet Nam Reappraisal«, *Foreign Affairs*, Bd. 47, Nr. 4, Juli 1969.

10. Der Text des Briefes, den Nixon am 15. Juli an Ho Tschi Minh geschrieben hatte, und der Text der Antwort Ho Tschi Minhs wurden gleichzeitig mit Nixons Vietnam-Rede am 3. November 1969 vom Weißen Haus freigegeben.

11. »*Denkschrift an den Präsidenten*, 10. September 1969, von Henry A. Kissinger, betrifft: Unser gegenwärtiger Kurs in Vietnam.

Ich bin über unseren gegenwärtigen Kurs in der Vietnam-Politik zutiefst besorgt. Mit dieser Denkschrift will ich Sie über die Ursachen meiner Sorgen unterrichten. Sie behandelt keine Alternativmöglichkeiten, sondern soll Ihnen nur Hintergrundinformationen geben. Sie kennen meine Empfehlungen.

Während die Zeit sowohl gegen uns als auch gegen unseren Feind arbeitet, verläuft sie im Sinne unserer Strategie noch schneller als im Sinne der Strategie des Feindes. Diese pessimistische Auffassung gründet sich auf meine Ansichten über Hanois Strategie und den voraussichtlichen Erfolg der verschiedenen Elemente unserer eigenen.

1. Amerikanische Strategie

Praktisch versuchen wir, das Vietnam-Problem an drei eng miteinander in Beziehung stehenden Fronten zu lösen; (1) innerhalb der Vereinigten Staaten, (2) in Vietnam und (3) auf diplomatischer Ebene. Um unsere wichtigsten Ziele auf diplomatischem Wege zu erreichen, müssen wir an *beiden* anderen Fronten einigermaßen erfolgreich sein.

a) Vereinigte Staaten

Der Druck der öffentlichenMeinung auf Sie, den Krieg rasch zu beenden, wird sich während der kommenden Monate verstärken – und ich glaube, er wird sich erheblich verstärken. Während die Meinungsumfragen zeigen mögen, daß sehr viele Amerikaner mit der Kriegführung unserer Regierung heute zufrieden sind, gibt es jetzt durchaus schon Anzeichen dafür, daß diese Unterstützung durch die

Öffentlichkeit immer geringer wird. Die Pläne für Studentendemonstrationen im Oktober sind bekannt, und wenn auch viele Amerikaner die Aktivitäten der Studenten ablehnen werden, werden sie zugleich an ihre eigene Opposition gegen die Fortführung des Krieges erinnert. Wie ich weiter unten ausführen werde, glaube ich nicht, daß die »Vietnamisierung« den Druck, den Krieg zu beenden, wesentlich verringern kann; sie könnte diesen Druck sogar nach einem bestimmten Zeitpunkt noch verstärken. Besonders bezeichnend ist die deutliche Opposition vieler »gemäßiger« Persönlichkeiten, die die öffentliche Meinung beeinflussen, besonders in der Presse und in den Oststaaten (z. B. die Zeitschrift *Life*). Die Folge des Wachsens der intensiven Sorge der Öffentlichkeit muß es sein, daß die öffentliche Meinung polarisiert wird. Sie werden dann in einer ähnlichen Lage sein wie seinerzeit Präsident Johnson, wenn Ihre Lage auch substantiell anders sein mag. Sie werden zwischen den Falken und den Tauben stehen.

Dieser von der Öffentlichkeit gegen die amerikanische Regierung ausgeübte Druck wird die innenpolitischen Spaltungen noch verschärfen, deren sich die Öffentlichkeit und Hanoi bereits bewußt sind. Erklärungen von Regierungsbeamten, die den Versuch unternehmen, die Falken oder die Tauben zu beschwichtigen, werden Hanoi verwirren, es aber auch in seinem Entschluß bestätigen, die Verzögerungstaktik fortzusetzen.

b) Vietnam

An der Vietnam-Front müssen drei Elemente berücksichtigt werden: (1) unsere Bemühungen, den »Krieg zu gewinnen«, und zwar durch militärische Operationen und Befriedungsaktionen, (2) »die Vietnamisierung« und (3) die politische Stellung der Regierung von Südvietnam.

(1) Ich glaube nicht, daß wir nach unseren jetzt geltenden Plänen den Krieg innerhalb von zwei Jahren gewinnen können, wenn es auch sehr wichtig ist, ob es uns gelingt, dem Feind zu schaden oder nicht.

(2) Die »Vietnamisierung« muß daraufhin beurteilt werden, wie weit sie uns erlaubt, die Kriegführung den Vietnamesen zu überlassen, und welche Auswirkungen sie auf Hanoi und die öffentliche Meinung in den Vereinigten Staaten haben wird. Was die Fähigkeit der südvietnamesischen Streitkräfte angeht, einen größeren Teil der Lasten zu übernehmen, die die jetzt geltenden MACV Pläne vorsehen, bin ich nicht optimistisch. Diese Pläne sehen eine Periode von 30 Monaten vor, innerhalb derer wir die Verantwortung für die Kriegführung der südvietnamesischen Regierung übertragen können. Ich glaube nicht, daß wir noch so viel Zeit haben.

Außerdem wird uns die »Vietnamisierung« im weiteren Fortschreiten auf diesem Weg immer größere Schwierigkeiten machen.

Der Abzug der amerikanischen Truppen wird auf die amerikanische Öffentlichkeit wie gesalzene Erdnüsse wirken: je mehr amerikanische Soldaten nach Hause kommen, einen desto rascheren Truppenabzug wird man verlangen. Das könnte schließlich praktisch dazu führen, daß man von uns den einseitigen Truppenabzug verlangt – vielleicht innerhalb eines Jahres.

Je mehr Truppen abgezogen werden, desto stärker wird Hanoi ermutigt werden – die Nordvietnamesen sind die letzten, die wir über die Fähigkeit der Südvietnamesen täuschen können, unsere Aufgaben zu übernehmen. Sie haben die Möglichkeit, die südvietnamesischen Streitkräfte anzugreifen, um uns die ganze Zeit in Schwierigkeiten zu bringen, oder sie können warten, bis wir starke Kontingente abgezogen haben, bevor sie es tun (wahrscheinlich nachdem sie längere Zeit weitere Truppen in den Süden eingeschleust haben).

Jeder amerikanische Soldat, der das Land verläßt, wird für den Süden eine größere Bedeutung haben, denn er wird einen höheren Prozentsatz der amerikanischen Kräfte darstellen als der vor ihm in die Heimat Entlassene. (Wir müssen jetzt natürlich nicht weiter Kampftruppen abziehen, sondern können uns zunächst darauf beschränken, bei den nächsten Kontingenten vor allem Versorgungstruppen abzuziehen. Aber früher oder später werden auch die Kerntruppen an die Reihe kommen).

Es wird immer schwerer werden, die Moral der Zurückbleibenden aufrechtzuerhalten, gar nicht zu reden von der Moral ihrer Mütter.

Die »Vietnamisierung« wird vielleicht erst in den letzten Stadien zu einer Verringerung der amerikanischen Verluste führen, denn unsere Verlustziffer wird unter Umständen mit der Gesamtstärke der amerikanischen Truppen in Südvietnam nichts zu tun haben. Um 150 amerikanische Soldaten wöchentlich zu töten, muß der Feind nur einen kleinen Teil unserer Streitkräfte angreifen.

Die »Vietnamisierung« hängt davon ab, die Regierung vom Südvietnam auf eine breitere Basis zu stellen, und Thieus neue Regierung ist nicht wesentlich stärker als die vorige (siehe unten). Die beste Methode, die Regierung Südvietnams auf eine breitere Basis zu stellen, wäre es, den Eindruck zu erwecken, daß die Regierung in Saigon Erfolge hat oder sich wenigstens halten könnte. Eine je größere Unsicherheit über den Ausgang des Krieges herrscht, desto geringer werden die Erfolgsaussichten für die ›Vietnamisierung‹.

(3) Was die Regierung von Vietnam angeht, stehen wir vor einem Dilemma: Die gegenwärtige südvietnamesische Regierung kann ei-

ner politischen Lösung nicht näher kommen, ohne ihre eigene Existenz ernsthaft zu gefährden; aber zugleich ist sie nicht weit genug gegangen, um eine solche Lösung wahrscheinlich zu machen.

Es ist beunruhigend, daß es Thieu nicht gelungen ist, seine Regierung auf eine breitere Basis zu stellen, doch nicht weil er keine größere Zahl der Teehauspolitiker in Saigon in seine Regierung aufgenommen hat. Es ist beunruhigend, weil diese Politiker offenbar nicht glauben, daß sich Thieu und seine Regierung in der Zukunft an der Macht halten können, und weil die neue Regierung kaum Beziehungen zu neutralistischen Persönlichkeiten hat, die bei einer künftigen Regelung eine Rolle spielen könnten. Dabei berücksichtigen wir noch nicht einmal, daß es ihm nicht gelungen ist, sich politisch in den nicht katholischen Dörfern durchzusetzen. Wenn die amerikanischen Truppen abgezogen werden, wird Thieu dazu noch stärker von der politischen Unterstützung durch das südvietnamesische Militär abhängig sein.

c) Die diplomatische Front

Wir haben nicht genügend Aussichten auf Fortschritte in Vietnam, um Hanoi in Paris zu wirklichen Zugeständnissen zu bewegen. Die Unnachgiebigkeit der Nordvietnamesen liegt auch daran, daß sie mit einer wachsenden innenpolitischen Position in den Vereinigten Staaten gegen unsere Vietnam-Politik rechnen. Es sieht aus, als seien sie bereit, diese Entwicklung abzuwarten.

2. Die Strategie der Nordvietnamesen

Zweifellos haben die militärischen Aktionen im Süden dem Gegner schwer zu schaffen gemacht, und er kann dort nicht die Initiative ergreifen. Die Statistiken über die feindliche Aktivität sowie neuere Berichte Giaps deuten darauf hin, daß Hanoi eine Strategie des ›verlängerten Krieges‹ verfolgt. Sie besteht offensichtlich aus Unternehmungen kleinerer Verbände, die an einzelnen Stellen zuschlagen, wobei es darauf ankommt, den amerikanischen Truppen hohe Verluste beizubringen (besonders durch Raketen und Granatwerferfeuer.) Das zeigt deutlich, daß der Gegner selbst Verluste vermeiden will und die amerikanischen Truppen mehr mit psychologischen als mit militärischen Mitteln bekämpft.

Diese Beurteilung der feindlichen Strategie wird durch unsere Schätzung über die Einschleusung feindlicher Truppen bestätigt. Nach den Meldungen unseres Nachrichtendienstes könnte der Gegner trotz wachsender innenpolitischer Schwierigkeiten noch stärkere Verbände einschleusen. Der einzige logische Grund dafür, daß er es nicht getan hat, liegt darin, daß – zumindest während einiger Monate – hier nicht mehr Männer gebraucht wurden, um die Strategie der Kriegsverlängerung fortzuführen. Es ist sehr unwahrscheinlich, daß der Gegner versucht, uns seinen Wunsch nach einem beiderseitigen Truppenabzug zu ›signalisieren‹, obwohl man das nicht ganz ausschließen kann. Dafür gibt es auch auf diplomatischer Ebene keine Anzeichen – außer in der Verknüpfung der Punkte 2 und 3 des PRG-Programms von Xuan Thuy –, und ich glaube nicht, daß sie uns soweit trauen, daß sie einen höheren Prozentsatz ihrer Männer abziehen würden, als wir es auf unserer Seite getan haben.

Hanois Verzögerungsstrategie entspricht der nordvietnamesischen Doktrin über den Revolutionskrieg und der Tatsache, daß der Gegner mit zunehmenden Schwierigkeiten in den Vereinigten Staaten rechnet.

3. Schlußfolgerungen

Kurz gesagt, ich glaube nicht, daß unsere Fortschritte in Vietnam groß genug sein können, um die Öffentlichkeit in den Vereinigten Staaten (und die amerikanische Regierung) bei der Stange zu halten; Hanoi verfolgt eine Strategie, die es längere Zeit durchhalten kann – es sei denn, es erfolgte eine grundsätzliche Veränderung der Lage wie etwa chinesisch-sowjetische Feindseligkeiten. Deshalb meine wachsenden Sorgen.«

12. In meiner Denkschrift an den Präsidenten vom 11. September 1969 heißt es unter anderem:
»Denkt man an die zu optimistischen Berichte über Vietnam in den vergangenen Jahren, dann wird es praktisch unmöglich sein, das amerikanische Volk davon zu überzeugen, daß sich die Lage für den Feind wesentlich verschlechtert hat und daß, wenn wir Geduld haben, *die Zeit für uns arbeitet.* Vor allem sind wir uns nicht klar darüber, in welchem Verhältnis die Lage beim Gegner zu der Lage auf unserer Seite steht – darin haben wir uns zu oft getäuscht. Zweitens, selbst wenn wir annehmen, daß die Lage auf unserer Seite günstig ist, wissen wir nicht, wie wir das politisch ausnutzen sollen – und die politischen Aussichten in Südvietnam sind sehr ungewiß. Drittens hat es die amerikanische Regierung mit einer außerordentlich skeptischen und zynischen amerikanischen Öffentlichkeit zu tun – der Präsident hat recht, wenn er nicht zu optimistisch erscheinen will, um glaubwürdig zu bleiben. Schließlich ist die Stärke der alliierten Lage einem großen und lautstarken Teil der Kriegsgegner in diesem Lande gleichgültig – sie wollen den Krieg um jeden Preis beenden.«
13. *The New York Times Magazine*, 21. September 1969.
14. Am 1. März 1969 hat die *Times* erklärt, das Nachlassen des feindlichen Offensivdrucks böte uns die Gelegenheit für neue Verhandlungen. Die versöhnliche Reaktion der Kommunisten auf Nixons Rede vom 14. Mai wurde am 18. Mai als Grund dafür bezeichnet, daß die Vereinigten Staa-

ten mit einem neuen Truppenabzug beginnen. Am 10. Juni bezeichnete ein Leitartikel die Tatsache, daß die 10 Punkte der NLF dem Programm Nixons so nahe kämen, als einen Grund für die Vereinigten Staaten, über eine Koalitionsregierung zu verhandeln. Leitartikel vom 28. Juli und 25. und 31. August bezeichneten das Nachlassen der Kampftätigkeit als Begründung für eine amerikanische Deeskalation und einen Waffenstillstandsvorschlag.

15. In einem Leitartikel vom 9. März 1969 hieß es, daß die feindliche Frühjahrsoffensive beweise, ein militärischer Sieg der Vereinigten Staaten sei unmöglich, und die Friedensgespräche müßten weitergehen. Am 28. Juli wurde die Verzögerungstaktik der Nordvietnamesen bei den Pariser Gesprächen als Grund dafür bezeichnet, den amerikanischen Truppenabzug zu beschleunigen. Die feindlichen Angriffe am 11. und 12. August veranlaßten die *Times* am 16. August, eine amerikanische Deeskalation und einen Waffenstillstandsvorschlag zu empfehlen.

16. Siehe Leitartikel vom 26. Dezember 1968 und vom 19. Januar 1969 (beiderseitiger Truppenabzug); vom 30. Januar und 21. März (die Vereinigten Staaten sollten den beiderseitigen Abzug anregen); vom 18. Mai (einseitiger Truppenabzug der Vereinigten Staaten); und 31. Mai (Zeitplan für den Abzug der amerikanischen Truppen).

17. 30. Januar 1969 (»anregen«); 21. März (»beginnen«); 31. Mai (»50–100000 Mann als »wesentlich« bezeichnet); 10. Juni (»erster Schritt auf das Auseinanderrücken hin«); 17. September (»zaghaft«, »unbedeutend«); 27. September (»nicht »ausreichend«); 2. Oktober (»symbolisch«).

18. Siehe Leitartikel vom 14. Mai 1969 (Koalition-Wahlausschuß); 10. Juni (vorläufige Koalition).

19. 3. April 1969 (weniger Kommandounternehmen); 5. August, 15. Oktober 1969 (Wunsch nach Waffenstillstand).

20. 19. Januar 1969 (beiderseitiger Truppenabzug), 30. Januar (Abzug amerikanischer Truppen); 3. April (Verringerung der Zahl der Kommandounternehmen; Abzug amerikanischer Truppen); 14. Mai, 15. Mai, 10. Juni (Koalition – Wahlausschuß); 18. Mai (amerikanischer Truppenabzug); 5. August, 16. August, 30. August (weniger Offensivoperationen; Waffenstillstand an Ort und Stelle); 7. September (Feuereinstellung während der Beisetzung Ho Tschi Minhs).

21. Zum Beispiel 28. Juli 1969 (Abzug amerikanischer Truppen).

22. 19. Januar, 30. Januar 1969 (Truppenabzug nach Einstellung der Bombenangriffe); 3. April 1969 (Verringerung der Kommandounternehmen nach Einstellung der Angriffe mit B-52); 15. Mai (Koalition-Wahlausschuß nach Rede vom 14. Mai); 18. Mai (einseitiger Truppenabzug nach Rede vom 14. Mai); 10. Juni (vorläufige Koalition nach

Bekanntgabe des Truppenabzugs im Juni); 5. August, 16. August, 30. August (Waffenstillstand, Defensivtaktik der Bodentruppen nach Bekanntgabe des Truppenabzugs im Juni); 2. Oktober (nach Bekanntgabe des Truppenabzugs im September).

23. Zum Beispiel 5. Mai 1969 (weiteres Streben nach militärischem Sieg); 17. Mai (Offensivoperationen sind nicht eingestellt worden; Verzögerungen beim Truppenabzug); 16. August (der Waffenstillstand ist nicht vorgeschlagen worden, und es gibt keine Deeskalation); 25. August (Verzögerungen beim Truppenabzug); 31. August (Fortsetzung des militärischen Drucks; Nichtbeachtung der beruhigten Kampflage; Verzögerungen beim Truppenabzug); 2. Oktober (aggressive Taktiken der Bodentruppen; symbolische Bedeutung des Truppenabzugs; Nichtbeachtung des Waffenstillstandes während Hos Beisetzung).
24. Zum Beispiel 5. Mai 1969 (Verhaftung von Gegnern; Verschleppung der Landreform); 17. Mai (Verhaftung von Gegnern); 25. August (Ernennung eines neuen Premierministers); 12. September (Nichteinhaltung des Waffenstillstandes während der Beisetzungsfeierlichkeiten für Ho).
25. Zum Beispiel 1. März 1969 (vollständige Einstellung der Bombenangriffe); 15. und 17. Mai 1969 (Rede vom 14. Mai); 16. August, 2. Oktober 1969 (Truppenabzug usw.).
26. Zum Beispiel 1. März 1969:(Nachlassen der kommunistischen Angriffstätigkeit); 9. Mai 1969 (10 Punkte); 18. Mai 1969 (erste Reaktion auf Rede vom 14. Mai); 28. Juli, 25. und 31. August 1969 (Nachlassen der Kampftätigkeit); 16. August 1969 (das Einschleusen von Truppen aus dem Norden hat »praktisch aufgehört«).
27. 9. März, 5. Mai 1969 (Belebung alliierter Angriffsoperationen); 25. und 31. August 1969 (Nachlassen der Kampftätigkeit).
28. Zum Beispiel 3. April 1969 (Verringerung der Kommandounternehmen); 5. und 17. Mai (defensive Haltung, Abzug amerikanischer Truppen); 18. Mai (Abzug amerikanischer Truppen); 10. Juni (vorläufige Koalition); 5. September (Waffenstillstand bei der Beisetzung Ho Tschi Minhs).
29. *New York Times*, 15. Mai 1969; *Washington Post*, 23. Juni 1969.
30. *New York Times*, 15. und 30. Mai 1969.

IX. Kapitel

1. Die Angaben in diesem Abschnitt stammen aus der nicht geheimen Aussage des Generals Earle Wheeler vor einem Unterausschuß des Kongreßausschusses für die Streitkräfte vom 25. April 1969.
2. Dieser Teil des Nixon-Sato-Kommuniqués lautet wie folgt:
»Der Premierminister hat im einzelnen die Einstellung des japanischen Volkes gegenüber den Kernwaffen und die Politik der japanischen

Regierung, die auf diese Einstellung Rücksicht nimmt, beschrieben. Der Präsident gab seinem tiefen Verständnis Ausdruck und versicherte dem Premierminister, *ohne Rücksicht auf die Haltung der Regierung der Vereinigten Staaten im Hinblick auf das bisherige Konsultationssystem gemäß dem Vertrag über gegenseitige Zusammenarbeit und Sicherheit* wird die Rückgabe von Okinawa so erfolgen, wie es der Politik der japanischen Regierung entspricht, die der Premierminister erläutert hat.« (Unterstreichungen vom Autor.)

3. Siehe zum Beispiel I. M. Destler u.a., *Managing Alliance: The Politics of U.S.-Japanese Relations*, Washington 1976, S. 156, ein Buch, das im übrigen die Ereignisse zutreffend darstellt.
4. Siehe Roger Morris, *Uncertain Greatness*, New York 1977, S. 104ff.

X. Kapitel

1. Politische Grundsatzerklärung der Fatah vom 19. Oktober 1968 nach einer Meldung in der *New York Times* vom 20. Oktober 1968.
2. Siehe den Bericht Andrei Schdanows auf der Konferenz der Kommunistischen Parteien zur Errichtung der Kominform im September 1947, abgedruckt in den Mitteilungen des außenpolitischen Ausschusses des amerikanischen Kongresses unter dem Titel *The Strategy and Tactics of World Communism, Report to Subcommittee, Nr. 5 on National and International Movements*, Dokument Nr. 619, Anhang I, 80. Kongreß, 2. Sitzung 1948, S. 211. Schdanow erklärte, der Nahe Osten befinde sich im Übergang von der britischen in die amerikanische Einflußsphäre.
3. Siehe das Interview von Arnaud de Borchgrave mit Nasser in *Newsweek* vom 10. Februar 1969 und sein Interview mit Eshkol in *Newsweek* vom 17. Februar 1969.

XI. Kapitel

1. Siehe auch Artikel von C. L. Sulzberger in der *New York Times* vom 1. Dezember 1969.
2. Siehe auch *Congressional Record* vom 18. Mai 1971, S. 721, zitiert in John Newhouse u.a., *US-Troops in Europe: Issues, Costs, and Choices*, Washington, S. 5.
3. Siehe US Congress, Senate, Commitee on Foreign Relations, *United States Security Commitments Abroad: United States Forces in Europe, Hearings before the Subcommittee on United States Security Agreements and Commitments Abroad*, 91. Kongreß, 2. Sitzung, Punkt 10, Aussagen vom 24. Juni 1970, S. 2243.
4. Willy Brandt, *People and Politics: The Years 1960–1975*, Boston 1978, S. 247.
5. Ebenda, S. 289.